金石萃編

五

（清）王昶 撰

（清）吴榮光
（清）翁方綱 等 批校

國家圖書館出版社

第五册目録

賜進士出身 誥授光祿大夫刑部右侍郎加七級王昶譔

宋五

謝天書述功德銘

碑凡五巨石合成一碑並高九尺第一石廣三尺第二石廣二尺五寸第三石廣五尺三寸第四石廣四尺五寸第五石廣三尺文共五十四行行二十八字正書額高三尺五寸廣五尺題曰登泰山謝天書述二聖功德之銘十三字篆書在泰安府城南門外東南濠岸東偏北向

御製御書并篆額

登 泰山謝 天書述 二聖功德銘

朕聞一區宇而恢德教安品物而致昇平此邦家之大業也考茂典而薦至誠登 喬嶽而荅 純錫此王者之昭事也結繩已往茫茫而莫知方册所存章章而可辨罔不開先流福累洽儲休長發其祥永錫不類故能禋祀 上帝肆覲群后追八九之遐躅侚億兆之歡心是以武王勳獨夫集大統而成王以之東巡高帝平三猾戢天祿而武帝以之上封曩以五代陵夷四方分裂噉敷九域顧影而求存嚮嚮萬民籲天而仰訴不有 神武多難何以戡不有 文明至治何以復恭惟 太祖啓運立極英武聖文神德讎功大孝皇帝積慶自始受命無疆歷試于艱難終陟于 元

后 威靈震疊 讋澤汪翔無往不賓有來斯應濟民於塗炭登物於春臺俾乂萬邦成湯之甚盛咸宜九德文王之有聲 啓運于前垂裕於後 太宗至仁應道神功聖德文武大明廣孝皇帝洪基載紹 景貺誕膺如 日之昇燭于率土如 天之廣覆于羣生人文化成神道設教尊賢尚德下武後刑金石之音 明靈是格玉帛之禮蠻貊來同書軌畢臻典彝無闕 上靈降鑒虞舜之溫恭庶民不知唐堯之於變 重熙之盛冠絶于古先 增高之文已頌乎 成命逡巡其事 謙莫大焉肆予沖人獲守不構其德不類其志不明弗克嗣興罔識攸濟屬以陽春届節 靈文錫慶曰是濟河耆老鄒魯諸生啟予以 神休邀予以 封祀不遠千里來至闕庭朕惕然而莫當彼確乎而莫止俄而王公藩牧卿士列校獻封者五上伏閤者萬餘以爲 景命惟新珍符紛委不可辭者 天意不可拒者羣心 天意苟違何以謂之順道羣心苟鬱何以謂之從人是宜登 介丘成 大禮敦諭雖至勤請彌固竊念乾坤垂祐 宗祏儲祉導揚嘉氣僅洽小康唯夫疆埸以寧干戈以息風雨以順稼穡以登無震無驚既庶既

富皆 天之賜也豈朕之功歟雖則 告成功紀
巍巍非涼德之克堪也然而序 圖籙答 殊禎
非眇躬之敢讓也 天孫日觀 梁甫仙閭五嶽
之宗萬物之始 升中燔柴舊章斯在繼承 先
志懿範遵已定之經祗事 圜丘 嚴配肅因心
之孝於是詔輔臣以經置命群儒而講習給祠祀者罔
有不至供朕身者無必求豐故 玉幣犧牲朕之所
勤也羽儀服御朕之所簡也精意篤志夙興夕惕誠明
洞達 顯應遝彰自 天垂恩正真親臨於雲馭
奉 符行事予育敢怠於政經粵以暮秋之初恭饗

清廟告以陟配孟冬之吉虔登 岱宗俾乎對
越奉 寶籙於座左升 祖宗以並侑禮之正也
孝之始也乃禪 社首厥制咸若于時 天神畢
降 地祇畢登 肹蠁可期奠獻如覩其薦也雖
懃乎明德其感也實在乎至誠亦復酌酆宮之前聞遵
甘泉之受計百辟委珮五等奉璋肆告施仁舉善勸治
稽考制度採摭風謠文物聲明所以揚 二聖之洪
烈歡娛慶賜所以慰百姓之來思盍又 兩儀之純
嘏 七廟之餘慶邦家之盛美蒸黎之介福豈予寡
昧所可致焉惟當寤寐寅畏夙夜惕厲不自滿假不自

逸豫寵綏庶國茂育群倫以荅 穹昊之眷命焉勒
銘山阿用垂永世銘曰
節彼 岱嶽 巍然東方 庶物伊始 靈威其彰
自昔受命 反始 穹蒼 燔柴于此 七十六
王 顧惟寡薄 恭嗣洪猷 乾乾慄慄 雖休勿休
元符昭錫 餘慶遐流 群情所迫 盛明爰修
前王丕顯 是日告成 伊予沖眇 無德而名 永
懷眷佑 祇荅 景靈 聿崇 嚴祀 用達
精誠 殊祥疊委 寓縣奔馳 禮無違者 神實格
思 藏封石累 刻字山嵋 蒸民永泰 繁祉常垂

大中祥符元年十月二十七日 御書院奉 勅摹勒刻石
帝既侈言天書之妄復爲太山之封而作此銘遂太
祖太宗以及其身語多浮夸文亦拖沓正書僅能方
正無少鈎磔想帝亦不能辦此或王旦輩爲之潤色
而尹熙古之流握管耳碑方廣幾埒開元太山銘字
減小不能強半而文筆手腕則不啻若泰山之于鄒
嶧矣 石墨鐫華
祥符天書述以頌太祖太宗之功德其眞書絕佳予
得之豐城學士萬卷樓是石刻元文貞公遺山觀登
岱宗顧未及見予得見之幸矣取以配唐開元太山

石本誰曰不宜鮚埼亭集

右碑錢辛楣少詹云宋史禮志載玉冊玉牒文而未及此銘略之也碑陰明巡按吳從憲題篆書泰陰碑三字俗呼爲陰字碑聶劍光泰山道里記云是碑有二一勒山下所謂陰字碑也一勒山上在唐磨厓碑之東字徑二寸明嘉靖間俗吏鄞人汪坦大書題名又汝南人翟濤題名及書德星巖三字並鑱蓋于上每行毀三四十字不等尚有字句可讀篆額登泰山謝天書述二聖功德之銘十三字完好如初文獻通考王欽若言唐高宗元宗二碑之東石壁南向平峭

欲即崖成碑以勒聖製上曰朕之功德固無所紀若頌揚述不過謝上天敷佑敍祖宗盛美爾命勒石北向以答天貺元好問東遊略記云嶽頂封禪壇下有唐宋磨厓據此則眞宗述功德銘先經磨勒岱巔後又立碑城南也乃後人第知有城南之碑不復知有岱頂之碑矣山左金石記

右碑在城南郭原上五石合成製若屏障以圖臺在山頂故字從北面取對越之義山頂磨厓一碑已爲諸人題名鑱毀過半字大小與山下碑同而行數有不同又按東軒筆錄云呂升卿爲京東察訪遊泰山

題名于眞宗御製封禪碑之陽刊刻搨本傳于四方後二年升卿判國子監會蔡禧爲御史言其題名事以爲大不恭遂罷升卿判監據此則眞宗之爲是銘先經磨勒岱巔又立碑城南也明矣金棨泰山志

按眞宗封禪泰山刻石有五此其一也餘四碑並見後文刻石有二其一磨崖在岱頂德星巖明嘉靖鄞人汪坦大書東安邵鳴岐等題名一則又汝南人翟濤奉當事僚友同遊引漢陳荀諸賢之聚太史以德星奏一事自爲題記復書德星巖三大字眞宗銘文大半鑱毀今不錄此碑文與磨崖全同泐

者三字今據泰安縣志所載補之碑北向屬泰山之陰故陰題泰陰碑三字以訛傳訛遂謂之陰字碑矣碑文述事大致與宋史禮志所載皆同至太祖謚號稽之禮志正與此同而太祖本紀卷末乃云大中祥符元年加上尊謚曰啓運立極英武睿文神德聖功至明大孝皇帝按此乃天禧元年正月九日所加非大中祥符元年紀誤也封禪之事當太宗卽位之八年已詔十一月二十一日有事于泰山後以乾元文明二殿災詔復停止碑故云太宗皇帝已頒成命逡巡其事謙莫大焉眞宗封

禪之事成于天書天書之事源于雪澶淵受盟之
恥宋史王旦傳云帝幸祕閣驟問杜鎬曰古所謂
河出圖洛出書果何事耶鎬應之曰此聖人以神
道設教耳帝繇此意決是天書之事實成于神道
設教一語也此碑乃云太宗皇帝人文化成神道
設教尊賢尚德下武後刑若以神道設教爲太宗
之所欲行者亦善于文飾矣碑立于大中祥符元
年十月二十七日是月戊子朔二十七日爲甲寅
乃封禪禮畢發奉符之日也後四碑皆刻于二年
據玉海載祥符二年五月戊午出泰山謝天書述

二聖功德銘玉女像記示輔臣十月丙午以御製
泰山銘贊賜丁謂等九軸因請以御製泰山銘及
九天司命天齊王周文憲王文宣武成王贊於朝
堂宣示百官召近臣就三司觀之帝曰此但記一
時事何足宣示宰臣王旦等固請從之十一月壬
子朔泰山太平頂磨崖刊聖製畢據此則碑以二
年五月撰成十一月刻成其題元年十月二十七
日者追用禮成之日也禮志載圖臺奉祀官並于
山上刻名今未見

元聖文宣王贊

碑高八尺四寸五分廣四尺一寸三分分兩截上贊下詔皆十六行贊行十八字詔行二十三字行書在曲阜孔廟

玄聖文宣王贊并序

御製

若夫撿玉 介丘 迴輿闕里緬懷於 先聖躬謁於
嚴祠以爲易俗化民既仰師於彝訓崇儒尊道
宜益峻於徽章增薦崇名聿陳明祀想形容於盛德爰
刻鏤於斯文贊曰
立言不朽垂教無疆昭然令德偉哉素王人倫之表帝
道之綱厥功實茂其用允臧升中既畢盛典載揚洪名
有赫懿範彌彰

加號詔
王者順考□□懋建大猷崇四術以化民昭宣教本總
百王而致理丕變人文方啓迪於素風思肇揚於鴻烈
先聖文宣王道膺上聖體自生知以天縱之多能實人
倫之先覺元功侔於蕳易景鑠配乎貞明惟列辟以尊
崇爲億載之師表肆朕寡昧欽承命靈曷嘗不遵守彝
訓保乂中區屬以祇若 □符告成喬岳覲風廣魯之
地飭駕數仞之墻躬謁遺祠緬懷遐躅仰明靈之如在
肅奠獻以惟寅是用徵蕳策之文昭□觳之德聿舉追

崇之禮庶伸嚴奉之心備物典章講之□□訪告多士
昭示朕懷宜追謚曰　玄聖文宣王祝文特進署仍
令所司擇日備禮冊命并修飾祠廟祭器□廟內制度
或未合典禮並令改正給近便五戶以奉塋域□差官
以太牢致祭故茲詔示想宜知悉
大中祥符元年十月二十四日東封禮畢十一月一
日　車駕幸曲阜縣謁奠　先聖文宣王命刑部尚
書溫仲舒等分奠七十二弟先儒禮畢幸孔林是日
詔先聖加號　玄聖文宣王　御製贊又　詔吏
部尚書張齊賢等交日以太牢致祭詔兗公顏子進

封兗國公十哲閔子已下進封公曾子已下進封侯
先儒左丘明已下追封伯五年八月廿二日奉　敕
諸道州府軍監各於　玄聖文宣王廟刻　御製贊
并詔十一月　日奉　敕改謚曰　至聖文宣王
此真宗東封還過曲阜奠孔子而作碑二方上刻御
製贊下刻加號詔真行書無名氏疑亦書院待詔尹
熙古輩爲之雖不離院體而亦有聖教遺意據碑奉
勅諸道府州監各于文宣王廟刻贊并詔不止曲阜
余所收乃曲阜碑蓋他處易燬而孔林獨存耳（石墨鐫華）
秦至無道而創封禪儒人排之未遠于天人之故也

天地之秀孔子未生散于山川孔子既出鍾于泰嶽
是以自秦之後沿漢及唐未有不登封太山而降禮
曲阜者載在史冊非如七十二君之荒忽也故不知
者謂因尊岱而及孔子不知造物之意尊孔子而本
于孔子之所由生也即以祥符之主詐爲天書以誣
上帝況于嶽神而于孔子獨爲抑志躬贊躬書下及
弟子此其心亦有一罅之明者然惟知中國之有泰
山可借以雄于外夷而不知孔子之大聖又泰山所
藉以爲重者使能充此一念向慕之誠旁求孔子之
徒盡行孔子之道則天清地平山川奠丽尚何契冄

之可畏哉泛舉舊章而不知根本要領之所在跡其
所行尚遠遜于漢唐之季宜其卒不能洒其耻也贊
或假手潤色字必其所勉爲皆不必以章布之法繩
之矣（墨林快事）
宋史禮志是年十一月幸曲阜備禮謁廟本紀加謚
孔子爲元聖文宣王遣官祭以太牢給便近十戶奉
塋廟（關中金石記）
按玉海先是詔有司檢討漢唐褒崇宣聖故事欲
追謚爲帝或言宣父周之陪臣周止稱王不當加
帝號故第增美名春秋孔圖曰孔子母感黑帝而

生故曰元聖莊子曰恬淡元聖素王之道遂取以爲
爲稱二年五月戊午以御製御書元聖文宣王讚
示輔臣六月丙午詔刻于石壁石壁者卽碑也曲
阜縣志云碑凡五版中卽此碑其旁則羣臣分贊
碑陰有幸魯封誥手勅題名明宏治十二年嘉
靖十五年重書於石然則此是重摹之本末題一
段連及五年改謚至聖當是後人所加其元聖之
謚乃元年十一月四日下詔而碑題一日者蓋以
謁廟之日爲製贊之日也

封祀壇頌碑

碑連額高一丈二尺二寸三分廣六尺五分四十四
行行一百字行書額題大宋封祀壇頌六字篆書在
泰安府城
東南四里

大宋封祀壇頌

天書儀衞使　封禪大禮使推忠協謀同德佐理功
臣金紫光祿大夫中書侍郎兼刑部尚書同中書門
下平章事集賢殿大學士監修國史上柱國太原郡
開國公食邑四千七百戶食實封貳千壹伯戶臣王
旦奉　勅撰
翰林侍　詔朝散大夫國子博士同正騎都尉臣裴
瑀奉　勅書幷篆額

臣聞天地之交著明含章炳煥於庶物禮樂之用象功
崇德昭格于至神　王者宣淳耀之烈建中
和之極於是錫　天瑞出坤珍覺悟於
蒸民鮮不登泰山□梁父幸崇於明祀蓋天地之文闕
下民何以法象爲禮樂之用廢後世何以祖述焉是知
勒皇績騰茂實交三神之歡著一王之法述符命繼昭
夏申乎大報示於無窮極典章之備物真帝王之盛節
者也粵自遂初始造書契增高益厚載九皇之德朴略
而難名時邁省方垂六經之文紬繹而可舉沿襲之規
禱廣巡狩之儀□□五載際於虞典一紀因乎周制肵

以彰善癉惡□民設教者矣爾後道非下濟德異升聞
或緘秘祝之辭或黜諸儒之議先治兵而釋旅乃肆□
□□□順□□□□行殊爲民祈福之意光武紀號
□石藏于故封開元陳□□玉牒之不秘典章斯在風
烈可觀□□難行禮從茲絕洎四方之俶擾屬五代之
陵夷但恣尋戈不遑置器俎豆之事掃地將盡塗炭之
俗籲天無辜陰隲下民誕□□□□□□□□□
□□□□聖光啓丕運　皇宋三
葉在□天下五十載矣　太祖啓運立極英武聖
文神德應功大孝皇帝之創鴻業也名膺帝籙運契天

飛微輒道之降鄗牧野之誓以帝軒之神武□漢□□
□□□□□□赐陟元后集大勳望風而海外駿奔
端扆而天下寧宴　太宗至仁應道神功聖德文
武大明廣孝皇帝之恢寶圖也天縱多能體膺上聖猶
齊濬哲居寶以成德文明中正開物以成務凝神□□
□道□□度策賢良率士致覆盂之安丕基成磐石之
固　崇文廣武儀天尊道寶應章感聖明仁孝皇
帝聖道日躋大明繼照尹京邑也神明之政四方是則
踐承華也元良之德萬國以貞圖□□理訟□咸格遵
顧命而主神器極孺慕而纂　宗祐守□□□

□□□冠於百王熙庶政叙彝倫智周於萬物□爵出
祿褒德念功若臨照之代明法雲雷之作鮮繼志述事
樹經久之規弛禁省官布寬大之令□張文理荐視學
於上庠振舉武經□□□近甸厚時風而敦世教訓
戎昭而數軍實爾者邊吏致告時巡□□□□□□□
檄猋□揚天聲秉武節悙□□□民繼好一介交聘
靡宣金革之威六師不陣還於衽席之上緩帶噎哺而
式和民則弢弓□刃而止嚴武備於是修墜典緝遺文
命秩宗講二王之禮訓奉常考六代之樂渴讜議則下
周爰□詔□□□則申□□□□□獄訟申飭理官

簡孚而用平刑□□而行輕典敦叙公族立建戚藩夫
牙之制是崇麟趾之詠斯洽設獮狩之禮止於從時修
宴射之儀于以觀德勞身焦思有文飾之憂勤革履弋
綈遵漢文之恭儉卜　郊宅位案歷上　陵□□
極之　□□久廢之禮易脂澤而哀慟入石室而涕洟至
性感於人神馨德格於上下紆宸議政勵精于日昃金
華侍講不寐於宵分校正蘭臺之書增建石渠之閣規
模廣於麗正典籍備於宣明深味道腴以資治本帝堯
稽古虞舜好問以聲身而爲律度執規矩以定□□百
姓爲□推恩而逮下萬方有罪引咎而在予德教被於

無垠皇明燭於有截兵偃刑措道茂化醇百嘉阜昌庶
萌樂育獨運陶甄之上丕闡鴻均之祚訪空峒之道探
康衢之謡夷夏大和天人交感必彰嘉應以表靈通門
賜承天節臨獻歲真官奉其　丕□告以先期秘檢
煥於　靈文□于清旭受釐宣室躬□丹書錫無疆
之休諭大中之理繇是覃如春之澤易紀年之號且斯
文未作伏羲氏觀象以畫八卦有神馬負圖之瑞洪水
方割夏后氏底績以導百川受元夷使者之命比□相
慶異代同符□眉□□之伭謳謡于外鴻筆麗藻之彦
頌美於內於是東土耆艾閭里諸生連袂而來抗章以

請淯思皇之士郎序之戎藩嶽大臣緇黃衆品伏闕叩
首請封禪者無虛日矣僉以爲祥瑞雜沓　天意也
中外傾矚人事也牂牁越嶲朱崖象郡之地俱入於提
封□□□東甌江□鄗黍之類悉從於班貢矣羣情悃
愊式佇於慶成　上帝顧懷不可以謙拒書上者至
于五　上不得已而俞之誕告庶邦載形明詔將
以奉揚　先烈非謂告厥成功申命輔弼之臣論
以簡易之道經始勿亟無擾于民且山爲嶽鎮之宗地
□□禮之國周孔垂教乃始封載誕之邦陰陽相代是
育粹炳靈之府當僝工之際蕆事之初明誠以孚

鑾駕先苔應龍有翼蜿蜒而下垂醴泉無源濆沸而
自涌芝含三秀市地而羅生日麗九華得天而絢采鱗
介之細草木之微□異効奇紛綸疊委而□遊心粹清
凝思蠲牲乃因華胥之夢再覩姑射之神告以　玉書
降於神房之麓著之黃素得於季夏之初揆日奉迎脩
禮祗若爰疇咨於封祀固將合於　穹旻亟命有
司草定大典採摭清議討論舊章即事用希其禮多闕
酌義訓以革正參制度以折衷古文遺禮之靡記識耶
博士之未達上資鑾覽洞析於精微無望清光悉發於
禮要繆卜淯日掌故奏儀申必告之誠躬祠　清廟

以既盈之月有事介丘先齋紫宸載止禁籞屏箾韶之
脩樂以極靜專却太官之常膳以御菲薄清蹕式道雲
會星□□□蹕之啓行奉　天書以先路脩設儀衛
增置官屬極恭肅而尊　天貺也采章之盛藻縟原
隰武衛之雄震疊區寓八方述職萬旅騰裝讓塗而行
外廬不閉奔走會同之際端肅而無譁屭發栗烈之時
融和而可愛民絕札瘥之患物有蕃廡之詠供帳不移
而□儲供不戒而脩歷東郡之屬邑抵澶淵之□□軍
國異名修文事而有武備士誦夾侍掌方志而道地圖
風伯清塵招搖參乘周覽臨濮少留汶陽戒撍庶官申

嚴執事靖恭爾位恪謹攸司羽衛具陳乘輿乃出垂翠
緌而鳴寒玉載瓊□而擁雲罕天□景從禁旅前驅八
神齊奔萬物咸覩卿雲待族仙禽成侶俯法從而交蔭
覽德煇而翔舞□光下燭抱珥騰芒觀雲式瞻奏牘狎
至溢簡編而不可載考圖諜而未始聞下詔肅祗柴望
而告至儲精蠖濩淵默而齋居祀前一日未質明脩法
駕至於山趾更衣於帷殿　上乃乘輕輿陟絕巘躋日
觀出天門築圜臺於山上度地宜而循古制也升山之
前夕曾雲蔚興嚴飆暴起達曙振野而未已有司失職
而是憂洎　寶籙先登華蓋徐至焚輪止息寥泬

清濁者胚渾之初判眹羣靈之先嘗辛亥祀
昊天上帝設　天書位於左亥登歌樂作奉迎
饌位顯奉　符而錯事也　二聖嚴配定位側
向以申恭事表繼志而奉　天也亞獻終獻作之
樂章以爲禮節一其儀而申昭事也祝史正辭祕刻勿
用黎元蒙福孚佑是祈克其己而厚勤䘏也裘冕俯僂
金石鏗越捧珪幣奠犧象絡金繩而斯畢飛紫燎而上
達舒遲暨禮陟降盡恭明德之馨至誠之感苾芬以薦
肹蠁如答通帝鄉之岑寂接雲漢之昭回協氣上浮纖
羅不動神策錫靈長之祚日卿奏殊尤之瑞垂紳委珮

蹈舞齋室之前龍抃山呼響震層霄之外山下設壇四
成如圜丘之制乃命茂親以承大祭祟□□□以斯□
潔粢豐盛而在列萬靈咸秩四隩來同　九宮貴
神實司水旱吾民是依動繫憸舒厥職尤重命築壇於
山下封祀壇東率禮吉蠲詔大僚以尸其事壬子祀
地祇於社首百司承戒慎之至也三獻盡
誠禮無違者翌日　朝覲壇覲羣后輯五瑞千品成
列萬國胥洎英莖韶夏以備作儀侏兜離而交設風行
赦令雷動歡聲視網之仁普需蓼蕭之澤遐被大明之
照徧燭於蔀家崇朝之潤周濟于天下昭示　聖

作以志　元封日星炳其天章鸞龍奮其仙翰威
祚德之　廟貺遂　光表之鴻猷金玉其相典典
墳而並鶩神靈是保揭日月以長新復有道濟生民名
在祀典功德兼茂跡用尤著者煥乎　睿文特形
贊□刊於翠珉貽厥方來而乃祀喬嶽之靈幸列真之
宇俾加賁飾用極褒崇養老申合飲之私勞□推□復
之惠命方納賈採詩觀風聘有道而省高年平權衡而
考制度官克用乂黜幽之典靡行化洽可封歸厚之民
咸若悍獒攸恤幽隱咸達乃　翠華之旋軫臨曲阜
之故墟升講肆之堂屈順風之拜徘徊設奠眷想遺風

褒　聖之禮有加䘏後之恩彌渥既經□□□□截□□
□□邦周公旦啓真王之封太公望進昭烈之號咸建
廟貌領於祠官接節迴鑾軾閭表墓徧走羣望罔不遺
靈河濟之區海岱之壤南暨淮漢北際常趙梯航萬國
冠帶諸酋四遠雲來千里星屬聽清蹕□□□□容得
隮仁壽之□□□□□事扶老□□□□□□六龍
迴御七萃解嚴太史揆辰近臣奉祀藏侑神之金匱上
加謚之寶冊舉歸格藝祖之禮親饗　太宮考
攸至築勳之典惠綏列辟畫　聖人之能事成天
下之壯觀前□所紀纔十二□□儀斯廢僅三百載□

□□□□□□天命□□□□實惟其時　烈祖
造新邦臻大定經制而未遑　神宗求至理
致升平業成而中罷遺茲景鑠屬在　欽明丕顯
詒謀奉成　先□□□大號永□□名□□　昭
姓考瑞□大統也勒石垂□昭茂功也人神以和禮□
□備盛德也　□□宅位　祖考嚴配大孝
也報本　穹昊歸功　宗祏謙尊而從衆欲
禮畢而受嘏稱克讓之風高視于前古矣下尺一之詔
嚴禁止之□□□行葦靡□□□好生之德□□於羣
心矣服純衣而在□御□□□數□□別滌□□致美
黻冕璪乘輿服御之物罷周廬次舍之制則惟新禮器
增飾壇壝故　翼翼之心精意以享有典有則必
躬必親寅恭天至也既如彼　蒼蒼之意惟德□
□□□事□□□□瑞報况神速也□□此宜乎擁鴻
休介繁祉後　天而老象日之升垂萬葉之耿光
爲百王之稱首者也臣位冠台衡親逢旦暮承上公之
乏相　盛德之事與夫茂陵草遺忠之奏周南典
留滯之歎非可同年而語矣矧又恭膺□□□□□
嘗□述茲聽以紹帝皇之墳素表金石之篆刻嗣丕
天之大律□□世之鴻範者也寡韋平之經術無

蕤許之才筆大懼構昧不能發揮徒蹈踴於燥吻實偪
俛而塞　詔賡謌舜德曷繼於臯陶紀頌漢巡有
媿於亭伯貽之來裔以闡丕□其辭曰
增高益厚　王者上儀　制禮作樂　莫大於斯　應
運接統　垂鴻逆鼇　茲事禮大　惟聖難之　岱宗
炳靈　巖巖峻峙　和鑾響絕　牲瑄禮弛　缺其神
懽　邈踰星紀　乃聖挺生　乘時斯起　惟宋肇興
受天顧諟　盡黜苛政　式叙彝倫　以洗汙俗
乃吊匪民　革其不譓　被以至仁　威靈有赫　軌
跡易遵　與民更始　其命惟新　寶曆日隆　神武
不測　厥角獻琛　水讋陸□　惠澤滂流　皇猷允
塞　陰隲下民　懋建皇極　照被六幽　化行蠻貊
累盛重光　乾乾翼翼　展義省方　觀風耀德
偃伯靈臺　濟民壽域　寶興增重　永協大同　禎
符荐錫　告厥成功　諭乎至理　迪彼[illegible]風　保
清淨　錫祚□□　化洽無外　道惟大中　百度以
貞　六符斯正　傾輸羣心　稱述瑞命　僉議勒封
以期升侑　休烈日彰　神筞天授　徇民從欲
展寀告成　屬車時邁　法從天行　濟濟鵷序　巘
巘鸞聲　星言汝上　雲會岱亭　穹崇絕巘　寥邈

圓靈　躬陟上封　聿申昭事　祖考來格　禮樂昭
脩　感以至誠　亨其精意　欸謁歸功　謙謙蓋至
嚴配克誠　蒸蒸不匱　柔祇昭報　燔祀聿修
二儀訢合　百神懷柔　帝容載穆　靈貺殊尤　肆
覲輯瑞　端委凝旒　萬國以朝　四夷接武　行葦
之仁兮敦洽　蓼蕭之澤兮周溥　茂遂羣生　浸漬
萬寓　慶集丕圖　風還遂古　騰茂飛英　超三邁
五　赫赫顯號　穰穰鴻禧　百祿是荷　萬壽無期
遂及黎庶　永洽淳熙　法昊穹兮剛健不息　踵
黃軒兮清淨無為　自天之錫　百世承之

大中祥符二年七月十五日立

右碑文所紀禮節始末多與宋史禮志合惟王旦傳不載太原郡開國公其天書儀衛使傳作天書儀仗使爲不同也文中升講肆之堂通作肄案禮玉藻肆束及帶注云肆讀爲肄蓋二字形聲相近故易致誤也縣志云碑陰尚有題名拓者遺之山左金石志

按泰山志封祀禮本行于嶽頂眞宗命名曰太平頂而御書刻石卽在唐磨崖之東此下三壇碑文皆從祀大臣奉勑所撰故各就其壇之所在以紀述鉅典其地寬平不致勞費人力也泰安縣志唐高宗築封禪壇於泰山南四里許名其壇曰舞鶴臺宋眞宗東封築封祀壇卽在舞鶴臺東碑文下截漫漶者自數字以至十餘字然大段尚可讀也泰安縣志又稱封祀壇頌碑陰列題名今未見稽之禮志本不言此壇碑陰有題名

社首壇頌碑

碑高八尺一寸五分廣三尺六寸五分五十一行行一百十一字額題大宋禪社首壇之頌八字並正書　在泰安府高里山神祠之東

禪社首壇頌并序

天書儀衛副使封禪禮儀經度制置等使推忠協謀
佐理功臣金紫光祿大夫禮部尚書知樞密院事修
國史上柱國太原郡開國公食邑三千五百戶食實
封一千四百戶臣王欽若奉　勑撰

涒灘御歲應鍾旅月　國家建號之四十九禩
皇帝紹統之十有二載燔柴喬嶽成禮於勤封廻
蹕方丘薦誠於厚載人神交感祚祉來宜爰命下臣式
揚嘉頌粤自聖明御極寰宇太和民知教而措刑俗致
理而偃武熙熙庶彙如陟於春臺惕惕宸心若臨於秋
駕縟德上達　乾文下垂方純嘏以誕膺故至神
而合贊見於乙夜同日星之揚輝告以先期若寒暑之

不忒履端之月成魄之辰晝漏初傳朝暾未耀仰蒼龍
之內闕覩貴素之奇文豈必元龜負圖而出洛何須赤
雀銜書以及豐　上沖屬內增寅恭外積克勤精
意仰荅　靈心感應冥符祺祥不絕雲成五色表
嘉瑞於太平星見离方薦殊徵於萬壽由是索前王之
令躅秩祀典之無文思大饗於季秋用昭告於
上帝咨爾之詔將戒於有司徯予之謡爰興於東土鄒
魯之士海岱之民竭乃一心若律呂之相召來於千里
如符契之不愆進盛禮於元封獻露章於魏闕以爲有
唐之季天步艱難朱梁巳還寓縣離析蒸黎塗炭兵甲

日尋薦紳無仁義之談鈇鉞肆虔劉之患　上天
悔禍肇啓於昌期百姓與能勃興於　明主
太祖啓運立極英武聖文神德玄功大孝皇帝炎靈
應統籙錯膺圖奉唐侯之固辭避陽城而罔獲克安九
服成不陣之功祗事百靈受無疆之福　太宗至
仁應道神功聖德文武大明廣孝皇帝大明繼世至德
在人文告以懷柔武威而震讋憲章號令俯洽於殊方
文物聲明仰踰於往古　崇文廣武儀天尊道寶應
章感聖明仁孝皇帝稟粹二儀鍾靈五運紹成基於累
盛荷景貺於重熙通於神明錫類之孝格于上下廣覆

之仁若乃弋綈爲衣書囊爲帳恭儉之至也泣辜于市
扇暍于塗慈惠之隆也仄席掄才反支受訟聽政之勤也
齋居議刑弛懸決獄愼罰之深也至若恭默思道勵翼
求賢振恤惸嫠諮詢讜直昚徽五典昭明百官禮無大
而不揚情無小而不達道彌高而思彌下業愈盛而志
愈微故得鳥獸可窺水火不奪萬民以治五教在寬
天降之祥物安其所所謂集玄黃之景祐攬步驟
之上儀者也夫登岱宗禪粱甫對越天地嚴配
祖宗揆玉以禮神刻石而紀號千八百后其道皆同七
十六君其蹟可視矧夫盛德大業巍乎若斯天瑞人謀

昭然如彼誠宜荅三靈之祐順九域之心考時日於玄
官詢制度於宗伯肆覲羣后懷柔百神蒼璧以祀天黝
犢以祭地發惟新之大號受不巳之厖禠豈獨一方區
區之誠實亦六合嚮嚮之望　上於是臨法坐而
延見命謁者而喻旨嘉其將順之心示以惕厲之意以
爲禎祥申錫但荷於洪休封禪告成難居於盛美故當
徐議無復過談莫不瞻珠旒伏文石抃於得請然後口
從克讓之詔雖行敦執之言益固於是鈞衡之元輔帷
幄之碩儒三臺之具臣五營之列校郡國之上計庠序
之橫經斑白緇黃之儔椎結文身之衆相與集闕闕趨

鈞陳述庶民徯后之謨敘歷代不刊之訓且曰天高地
下大禮生其中君令臣行百度遵其治罔蹈道而無福
罔失政而無□道莫大於奉明神政莫隆於典茂典故
遂古而下方冊所摽未有長發真源永孚休命靡數在
已美利及人而不宗祀　昊穹昭配祖禰奉符東
岱展采仙閭者也而況巡狩之文毛舉於虞典登封之
義囊括於周詩六經著其讜言百王以爲盛則衰世思
之而罔克治世避之而不能□□武陏文其讓也正世
祖廟諱宗其修也宜陛下高邁羲農俯視舜禹　天
鑒厥德亦伏之符既膺后來其蘇東人之念方積觀民

展義今也其時錯事增高辭之豈獲雖復輿情可郄宸
慮難廻其如　三神之景命何　二聖之盛
烈何優詔不許者四封章固請者五於是□　靡
穹之顧諟徇黔首之勤求俯而從之蓋不獲已乃頒明
命戒有司曰自天之休既鍾于　列聖累洽之慶
復屬于沖人若乃登名山朝萬國雖盛德之事其何以
當而率士之情復無以拒蓋將申於大報敢云告厥成
功咨爾有位之臣曁于藏役之者犧牲玉帛禮於神則
極其□□輅旂常奉於吾則從其儉委樞近之佐以先
置審授其成謀聚文儒之士以撰儀洞稽乎舊制其令

也至當故下無以干其工也不繁故衆思自厲德音一
發民望如春誠感上通神心若契至乎聖賢之祖述禮
樂之沿襲或有舊史失傳精義莫續羣臣極慮靡究其
端　睿旨發□□盡其理凡所刊正二十餘條於
是奉常遵爲彝訓又若秘牒有一信冊有六燔瘞俯□
追琢難成將以貞珉代乎溫玉雖復有司固請俞詔勉
從在乎宸心惕然罔措果於內府訪得其真蓋往日之
所營僅朞月而乃就取之琢刻用於神祇克集厥功靡
愆于素足以見　先聖有開□□　吾君善
繼之孝也且夫　天之臨也不貳　天之鑒

也至明聽之□聲吉凶見乎象數而降命善惡基乎人
盛德之典巍巍乎其莫述鴻休之至紛紛乎其無窮當
夫揆日有期鳩工在始地不愛寶吐素液以流甘龍飛
在天騰卿雲而絢彩神葩焜燿挺秀而朝藪瑞氣□□
揚輝而晨映眈目鷙獸匿蹟空山蟄手毒蟲潛形蟄戶
在井之鮒粲百鍊以成鱗繞樹之禽凝六出而挺質沃
日漲海既遏其驚波航葦巨河復遵其故道九穗兩岐
之秀四犢一角之奇或騈實而共枝或先秋而告稔班
虎豕丈之繭靈雲其蔕之爪轟鶴羣臻聽隼鏞而自若
慈烏獨□□眷鍾而有常瀼瀼沆瀣以如飴邐邐明靚

而呈素中天之月露煥發之重輪曲沼之泉澄相鮮之
曆巳一封使者告慶交馳六藝書生頌美載路蓋巳無
得而踰也矧又甚於斯焉昔者五老告期但聞一至兩
騎受職豈復重來未有眷佑彌昭殊休再降巍然嶽
峇通甃泉頌　繇字之文述　蒼元之意於
是備時乘之駕迎　寶命之符是月大雨霶霈密
雲葱鬱潤甫田而雖洽治馳道以方勤及乎端謀爰來
乘輿將出則頰陰並散杲曜徐昇紫氣覆於離宮白雲
映乎廣殿時億之福豈易測乎於萬斯年必可保也瞻
言南域舊産靈茅方志雖存郡人罕識及夫詔書採擷

者老營求絕世之珍故蕃殖而久廢不貢之責方寤衆
以爲夔還生三脊之奇用貢五天之籍夷吾曩記斯實
同符開元舊文諒多愧色既而協良日薦虔誠寅奉
靈文祗見　祖廟謝會昌之純錫告配侑之
崇名于時人集八方塵飛九陌齋明之夕澍雨以淸皇
衢祼鬯之辰喬雲以覆世室非煙燭野瑞日流空肅肅
金颸襲星罕而徐轉翩翩玉羽扈河口而羣嬉·
二后在天降鑒於至治百世觀德協變於無垠猶謂斯
禮不行其來巳久雖感蒐於闕典慮未盡於至誠乃復
屆黃屋之崇高習泰壇之薦享恭畏之色罔異於奉祠

闕疑之文並從於折衷官師聳勵神騶益歆既而令旦
戒辰鳴鑾遵路百工承式七萃啓行八校止齊聞蕭蕭
之鳴馬九斿時動見習習之祥風鼓吹不喧率由舊則
金石咸寢肇自　聖謀至若念封禮之方陳矜嚴
是務慮有司之弗給簡易爲先乃損屬車別名鑾駕盧
大輅以安　祕錄見奉　天之誠御步輦以
出國都形愛民之志連營感抃接壤歡謠四望則衣袂
成帷中塗則壺漿若市豈貲諫諍巳罷乎從畋何待討
論動歸乎至賾葦茆咸却誠玉食以齋心草木不傷法
蒲車而育物若乃次舍所設菲薄攸安棟宇之基未嘗

改作閈閎之勢罔或增新惟纚幕以環周或正口而躬
處頌祇之庭在邇接神之冊儲靈屬夜漏之未央覩榮
光之欻見瑞踰沈璧祥協起口至乃命庶官走羣望尊
卬后土別祀九宮禮瀆海之諸神饗射牛之列帝所謂
闡皇猷於磬宇昭上德於億年者也暨夫屆廣魯臨岱
宗庶民奉迎罔不率舞東后來覲靡有後其八表之民
駿奔競至未名之寶櫛比咸臻壇壝以陳簠簋以具由
誠於百執必信而必誠昭感乎萬靈有嚴而有翼越以
孟冬之月庚戌之朝望泰之高峯昧爽而陟比黃之大
典亥日而修其或俯曾崖履危隥慮人之勞也乃降輦

焉及乎款雲封望齋室想神之在也亦躚步焉徒御發
登罔逢乎驟雨羽衛成列俄息乎終風平視太虛下觀
旭景靜將地接動與天偕澄宸慮以杳冥望法象而髣
髴於是被鷩袞搢大圭神六變而來思色三獻而彌厲
侑以　宗祖禖乎天經　丹書載陳表儲休
於　上帝玉牒不祕示無私於下民而又饗彼羣
神于茲山下犇圜丘之式伸徧祀之心謹晷度以合時
望煙燎而交影衣冠在列笙磬同音是夕也天門之巔
士虞載渴甘醴忽湧無源自澄侁侁奉宸飲之而不竭
日觀之上人莫能升明神斯臨有儀可象濟濟在列覩

之而相目此又感召之章灼休嘉之殊尤也翌日禮
　皇祇禪社首方澤之形泰折廣樂之音八成象其
色則黃牲昭乎絜則釃酒岳鎮海瀆靡不格思墳衍郵
畷罔不咸在眷乃　坤元之德配乎柔克之尊生
植羣倫包函方夏廣大博厚所以養材流謙居貞於焉
載物伸茲大報在乎至虔肅若奠獻之儀祗率
穹昊之制勤恭厲翼盛典由是無違雜遝紛綸柔靈以
之薦祉清蹕將至倏振鸞颻晃服纔升俄爲霽景權火
之影邈在雲霄登歌之聲散於坰野唯誠明而是竭忘
陟降之爲勞於是昭仁心從物性楚夏所貢羽毛之衆

莫不出於苑囿放之郊原次復詔秩宗修勤禮三帛二
牲執贄以見右賢左戚辨等而居鷩冕蒼佩者充庭魚
甲貝胄者列侍　宸顏穆若安可望其清輝能事
巍乎徒得觀於洪烈既而布大令均渥恩禮高年修墜
典幽蟄咸振密網並蠲霈慶賜而春行覃徽鑠而日麗
采詩察俗遠協於夏書納賈觀民式遵於王制與庶舉
孝崇德報功鰥寡惸獨之流罔不咸恤律度量衡之法
由是得中復除之恩浹於四極酺醵之惠際於九圍當
其御郡樓宴鄉老有在沼之介族附游童之衣裾色奪
金英狀徵榆莢壽蓋踰於千載祥實冠於四靈昔者聞

韶而鳳來拊石而獸舞言其善應豈復殊塗罷萊蕪之
鐵官貰龜陰之壙土襁負相屬菑畬盡開至於邈想古
賢緬懷神道增文憲昭烈之稱謂伸仁聖炳靈之封崇
以爲列上清而監觀者真仙故加保生廣生之號育良
材而利用者疊嶂故修靈巖廣禪之祠惠洽於人雖小
不捨新玉女之像是也福流於物雖大必營創會真之
宮是也猶且枉星旆降玉軑幸闕里祀孔堂琬饗之利
載揚芬德璽綬之薦用益徽名祓飾廟廷增修禮器出
幣帛以賜宗黨頒經史以聚學徒下自諸生咸膺其進
爵上暨先正肇荷其追封好賢之心周於百世尊儒之

道形於萬方豈止序門入以陪祠錫齊畔而給役椒
天寶以治平在運崇五廟之洪名大中以懷復成功加
二宗之尊謚而 皇上孝思不匱至德潛符展禮
太宮歸尊偉號始以寶冊親授三公拜手而遣
肅祗之至也復以蕭薌躬謝 六室涕洟而進追
慕之積也足以薦 乾坤之祐增 宗祏之
美慰 昊天罔極之感伸明發不寐之懷旣而王
公協辭夷夏同志遵順美之前訓增可久之徽稱始固
守而不從旋曲成而俯受懿夫法乾剛而覆下是謂儀
天用韜默以居中故爲尊道叶吉而圖書開奥寶應攸

昭上封而河嶽效祥章感斯著典禮備舉簡冊載光軒
曰徇齊彼何尚也湯云甚武茲豈遠而猶復紀
錫符之辰建單慶之節郡國清醮以荅於明威士庶縱
遊用樂乎神運生成則禁乎屠宰隱惻則止乎刑辟古
今之盛節殫矣皇王之休聲備矣臣學乎舊史偶乎昌
辰敢商榷於前修竢揄揚於景鑠竊再拜而言曰在昔
帝嬀其臣有五夏興於禹商始於卨宗周建邦本於后
稷有唐命氏肇於庭堅而伯益旣典朕虞亦佐禹績秦
德不競天祿未窮故我 聖朝集茲大統宜乎比
隆於三代垂裕於萬齡者焉洪惟 陛下纂承寶

圖建用皇極含道德之甘實具慈儉之馨香煦然發榮
可得而述昔者河流載湛里社方鳴別緯集於降婁三
統在乎單閼暨夫再歲果誕 眞人蓋奎爲魯分
之星乃司文物泰寔兖州之鎮爰主發生豈非運屬
文明化符生育法從臨於洙泗祀典修於云亭之
應乎此蓋受命之殊貺也御辨之初維藩之域綠龜薦
瑞元輔矢謨以爲至柔者毛至剛者介今則以至柔之
物附至剛之姿天何言哉民胥效矣必將武事休偃文
德懷柔是時也戈甲方馳封疆尚聳旣而玉帛繼好書
軌大同罷尉候之官成鍵櫜之治此又嗣統之丕祥也

夫感人心而致和平莫先於孝興王道而致雅頌無尚
於仁昔者主器震方辭宫臣之常禮則成帝之避馳道
也宅憂倚廬終三年之通制則高宗之在諒闇也按元
辰之蹕行哭而朝陵則顯宗之伸永慕也覽後庭之籍
動容而出嫂則文皇之召至和也寬一成附重之刑制
三流惟輕之典則高帝之約法也升北辰魄寶之座創
先蠶壽星之祭則孝文之重祀也修前代之園寢訪功
臣之子孫則武王下車之事也絶番禺之藥矢毀尚方
之獵具成湯祝網之心也再駕戎輅則周宣之治兵也
三郊吉土則虞舜之肆類也順時令閲車徒因三時之

閱習五中之法神武之用也臨便座幸上庠較藝以掄
材談經以興學時文之化也蓬閣翬飛牙籤雲矗實南
風之聖作聚東壁之羣書崇修之美也親視簨虡躬聽
笙竽新甲令以募工師製升歌以詠詒訓述作之大也
絕域之民留滯未返測然禁彰慮豐給而遣仁及於懷土
也司貨之吏掊克爲能渙乎出令寬政爲先道濟於溥
天也紀祥符之寶曆元狩之故事也新儀衛之庶僚太
微之彝制也明照於前古覩其失而不揚德之盛也辭
高於往代有其善而不伐謙之至也孝德著矣仁聲洽
矣積是純懿發爲茂功則巨禮之行殊禎之應由

天意也非人力也矧復兩漢而來建都於雍五嶽之
地皆在於東居異於辯万方理且殊於師古今
國家宅梁宋之域當　穹壤之中禮得其宜事歸
於正故可以仰遵五典高繼九皇抑又贏秦上登僅至
中路　天有所不佑也漢武秘祝不示羣臣道有
所未廣也光武欲其速成將竄封於玉檢力有所未豐
也高宗黷茲巨典接神以椒房禮有所不肅也肅宗建
議在初輔臣殊志出爵伊始庶尹興言人有所未允也
若乃篤　天祐迓神釐遠邇協心上下交泰唯精
唯一盡善盡美未若今日之備也又不以功成而自大

治定而自矜炳　乾文號神嶽仰懷　天
不敢以怠遑俯述世功用歸乎德美此實歷代之所未
有　上聖之所獨臻也下臣不佞恭獻頌云
惟　天佑　聖惟　聖奉　天寶
命隆兮惟　辟治民惟民戴　辟萬國同兮
祖武　宗文重規疊矩建大中兮奉
符錯事登封降禪告成功兮報　本反始爲民
祈福示至公兮　洪猷盛德高視古昔垂無窮兮
右碑文王欽若撰文系銜皆與宋史本傳合惟封太
原郡開國公傳未載也封祀朝覲諸碑皆有書人姓

名此碑獨無而書體甚精整其中訛字如弋綈作弋
綈蒼璧禎祥作禎詳咸蒐厥典咸作感平視太虛平
作乎煥乎天經煥作禐覲禮作勤禮璽綬作璽緩恢
復作惔復宗祏作宗祐簨簴作簨虡東壁作東壁側
然作測然天祜作天祐皆是又辯万方理句似亦有
誤錢辛楣少詹云文稱涒灘御歲應鐘旅月國家建
號之四十九禩皇帝紹統之十有二載眞宗以至道
三年丁酉即位至大中祥符元年戊申實十二歲上
距太祖建隆元年庚申蓋四十九歲矣又云履端之
月戍魄之辰仰蒼龍之內闕覩黃素之奇文謂是年

正月三日天書降左承天門也又云[illegible]
[illegible]泉頌綠字之文述蒼龍之意謂六月乙未天書再
降于醴泉北也又云升北辰睨寶之座創先蠶壽星
之祭案本傳欽若嘗請置先蠶并壽星祠升天皇北
極帝坐于郊壇第一龕故述其事于碑刻也元又案
此碑別無年月惟涒灘御歲應鐘旅月二語爲大中
祥符元年舉行封禪之期而立碑要與三壇同時故
並列焉 山左金石志

按碑在高里山神祠東角門泰安縣志高里山在
縣西南三里社首山在高里山左二山相聯顧炎
武考古錄云宋真宗大中祥符元年十月壬子禪
社首今高里山之左有小山其高可四五丈志云
即社首山在嶽旁諸山中最卑小不知古人何取
於此意者封於高欲其近天禪於下欲其近地且
山卑而附嶽址便於將事初陟高山之後不欲更
勞民力耶又攷高里山神祠本名亭禪山漢武帝
太初元年禪高里即此其後因蒿里之歌訛稱蒿
里好事者從而附會建十王殿於高里社首之間
廟中有元明重修碑皆不能詳其創建盍由來亦
久矣據此則高里社首兩山本相近行禮在社首

而立碑在高里者取其有神祠可依託也宋史禮
志詔王旦撰封祀壇頌王欽若撰社首壇頌陳堯
叟撰朝覲壇頌圜臺承祀官並於山上刻名封祀
九宮社首壇奉祀官並於社首頌碑陰刻名扈從
升朝官及內殿崇班軍校領刺史以上與蕃夷酋
長並於朝覲頌碑陰刻名是社首朝覲二碑皆有
碑陰刻名也今攷縣志惟稱封祀壇頌碑陰列題
名餘二碑皆不言有碑陰也又攷縣志稱三壇序
頌皆儷體各洋洋數千言蓋時尚楊億體裁其文
率多鋪張繁麗而殘缺者什三四故未錄今驗此
碑儷體文約五千字但殘缺者只十二字餘俱完
整可錄也文云權火之影邈在雲霄朝覲壇碑云
權火高舉宋史禮志山下壇設權火蓋皆本於後
漢郊祀志云上宿郊見通權火即爟火通用字也
周禮夏官司爟注杜子春云爟爲私火元謂爟讀
如予若觀火之觀今燕俗名湯熱爲觀則爟火謂
熱火與

封禪朝覲壇頌碑

碑連額高一丈一尺廣四尺四寸文三十八行行五
十四字行書額題大宋封禪朝覲壇頌八字篆書在
泰安府城
南[illegible]許

大宋封禪朝覲壇頌并序
封禪鹵簿使推忠協謀佐理功臣金紫光祿大夫行
尚書左丞知樞密院事修國史兼羣牧制置使上柱
國潁川郡開國公食邑二千三百戶食實封捌伯戶
臣陳堯叟奉 下闕
翰林待 詔朝散大夫國子博士同正騎都尉臣尹
熙古奉 勅書并篆額
臣聞配侑尊嚴王者所以敦其孝也朝宗覲遇
聖人所以明其禮也又若因名山而遂封煥 先業而
跡著蹕七十二君之遐武永萬八千歲之丕□□輯五

玉壇賓諸侯巍巍煌煌事之大者非命夫通博之士繹
蓬□□□之學阬□□□□重九經之思又安可藻潤
功德流播 徽懿臣顓蒙寡聞黯淺無取稟 詔
滌慮拜手而颺言曰 宋受 天命帝
六合子萬姓以 聖繼聖垂五十載稽神道而設
教感民生之歸厚 烈祖 神考耀武振德
罄乾維而張宇盡坤倪而畫野夷暴削壘黜僭邊僞懷
生胥□滋液 釄化 上帝降鑒昌大洪緒
崇文廣武儀天尊道寶應章感聖明仁孝皇帝
之御天下也 三葉嗣統重离繼明恭敏而克仁徇

齊而允廸青宮主鬯承天序而寅畏黃屋正位奉
先志而夕惕若乃敦乎要道刑于率土始則謹色養□
□匱□□□□□□□孝之至也郊丘者三竭精□
□□獻朝 □□者一孌悽感於霜露祀之大也
六御宸陛精較□□振滯淹於韋布罄遺潛於巖穴文
教之隆也 再駕革輅觀省朔野貞師律以威亮□戎
人以禮樂武經之著□□□□□□□□□□□□車
內□□實情達幽仄欽恤之深也 體釁功之藏用爲
而勿有推赤心而與物坦然無間誠明之廣也友于天
族敦乎教也惠綏耆年勉夫養也斲雕復朴必始于宮

室劭農禁□率先乎稼穡昭夫儉也黃□一□□□□
□□□助編□□室務得□而□謹乎授也六職交乂
百揆時序猶復仿古無怠論學彌益邀覽乎九皇之道
畢講乎三代之訓□厖黎獻勤恁方轂 蒸蒸之德旣
格于神明生生之仁終逹于齵卯太初遂布於景氣靈
臺邃偃於師節混一文□勅載壇場□□□□易戰
□措兵者也於是河海夷晏巖廊穆宣 瑩釁覽□宅
衷 操斗極而播憲□天常立民經清淨之鄉御乃六
氣之辯富壽之域隆乎三登之祥四隩納誠五緯遵軌
日星薦祉而訢合草木効靈而始見千品萬類乃綸□

□□□冲□□□□□□□□天意若曰振古絶德寔無
與讓軼世靈契允宜□荅繇是真介來儀　寶命
中錫抒三篇淵默之訓　啓萬祺綿長之兆普天磬世
靡不欣戴惟　蒼旻登□之祐乃　□□垂鴻之
慶□烏之祥祗載其異雨□□既何□□□□□□
自天之祕實獲御邦之緼于是洙泗諸生龜蒙羣彥發
詠歎於庠塾□謳吟於衢路揚裳連襼波屬鱗萃既而
宰衡幃幄之輔熊羆羔雁之列迨于千夫長百夫長黃
冠緇衣台背兒齒相與不約而信不謀而同伏覩□□
□□□□□封□□□□　陛下系纂　聖統

光闡丕業立隆以為極執契而司會□斯成矣□□平
矣□□和矣昆蟲草木罔不孚矣所宜鋪鴻藻而熙帝
載飛英甤而振絶禮遵　昊天之成命慰東魯之
徯　后觀風□□□之業展□□□□侯之□允謂□德
□□錫符奉符以行事響響之請不為進越　皇
帝虔鞏敦諭四讓不獲既而垂旒深念前席而言曰惟
我二聖付以大寶海內海外悉主悉治□
懷　錫羨之慶丕冒詒翼之敎一變□□朕何有焉
又敢欽介□□告□功□□□揚耿光奉遺懿宜景鑠
報嘉瑞斯事□體乃朕之志且夫無懷已降夷吾所記

追建武之儀開元之制綿蕝草具宜創其廢無煩民集
顯　神恭朕之禮罔憚菲薄奉　禋之容姑務豐大
□□有□□錫厥職繇是□□□□□□□□□□
□之說紬漢室優游之議順以創制閱嘉言於既往修
紹丕典黜空文之無謂既歷古而肄習乃折衷於
睿聖輔臣先事而祗命崇嶽騈日而薦瑞醴泉蚩湧神
龍儵見靈芝三秀而絡野嘉穀合穎而充畝星弁□液
忽恍□□□□□□□□□寥泬之書再降既告
廟而成禮□□□□□戒告卿雲先後而觸布遼鶴翩
翩而旅集　麚兕益重坤珍愈出月孟冬日辛卯

皇帝乃闢宸居清康衢儀　金輿鏓衡之御肅
寢兕弥龍之制都人山立而辰抃□□□□□□神
撿先路貢士前道九葩之蓋蔽寥廓以徘徊十極之音
含正始而容與俄而常伯陪乘大丙弭節千官扈蹕而
星拱九龍効駕而飈舉萬騎雜沓洶洶兮海運九斿繽
紛烈烈兮雲布歷河沂榮光湛乎百丈戾嶽趾愛□□
乎四彗猛士髮□□□廟髦轇轕而彌隰周廬徼道植
鏦縣旍既□闢齋宮之靖冥滌清衷於蠖濩雲罕儀路
鉤陳轉蹕奉　寶符而先置儀　宸仗而延屬大
風示異當□石而遠止寒谷應感將裂膚而俄燠倏忽之

變陰陽不測　皇帝於是登喬嶽陞天□□玉輦
步巖際俯曜靈於渤澥觀衆山之培塿崇臺冠空而蝺
吻翠旌周阿而捷獵辛亥昒爽卽事靈闕登
太祖以配　天奉　太宗而侑饗大圓
軒豁懸寓澄爽列宿照爛於浮景盛禮登降於□□□
□□□□□□□□音諧而大樂六變百神降而釃酒
三獻蕭□□用權火高舉圭璧之序嚴紫霄而有容金
石之文凝絳烟而無際秩衆靈而在下命羣官而分饗
備物之盛實列萬國　錫年之祥乃過億世旣卽次
而儀幣旋復□而撿玉盼鑿□□□□□□于鴻明

之報白雲起封始氛氳於膚寸神光□礷實炳蔚而五
色翌日廻鳴鑾禪　社首禮遂畢於登降誠乃格
于上下復本反始二儀之氣始和執圭奉璋肆覲之禮
攸舉且夫壇壝三成益大□小之制侯氏□□□
君勞臣□□□□□□次掌舍設梐司儀辯等卓馬具
禮始眡館而穆穆俄就旂而濟濟　皇帝乃登清
壇翳雲芝負斧扆明章施臚句□□而交達琛賮述職
而□平九儀櫛比兼寓贋至航海告傳圭之荐毛□慶
干呂之瑞巍□□□穹隆□□□虎之□□□□業
鷄竿斿旄簫歌以詠德佾舞而象事禮憲備成訖無遺

者旣而王公庶尹岳牧羣長胥進而言曰夫旂衙者
天合符者聖　陛下以大業鉅封對越
景命區域疎化人祇協慶禮物具八方之產祀□□
千□□盛□何山郭□□□獻海鰈之充貢哉　父
天母地之孝于以之脩君臨子事之義於是乎盡洋洋
乎蕩蕩乎民無得而稱焉謹伏壇□上千萬壽　帝
曰异□豆籩靜嘉器之文也牲牷肥腯祭之餝也非朕
所以請　上帝於下民之意也□朕□薦薦于□
□□神之□享于惟馨庶乎盡物首義用缶納□□旨
無以異矣又曰諮爾有方之衆明聽予誥先王克謹

天戒臣人克有常憲肆朕祇畏荷□　况施爾其愼
厥終一乃心弼予夙夜之治□□元元之命罔忽厥□
□速于戾□□□□九垓□陽□□旣禮止而樂闋遽
雷作而雨觧渙汗兮大號□休兮茂典置學聿空囹犴
斯弛執熱者濯居窮者遂在逖者復處幽者賁員首方
足悉巳□□蠕動翾飛罔不嚮跂逖祥禽於空潤遂珍
獸於遐□集百靈而受職與□□而更始所謂□□□
□景福雲行雨施不崇朝而徧天下者也覲之明日撫
彝章□先古太常陳詩而觀俗典禮同律而考度正班
爵之上下闕市肆之晨衆獨寺屏以□□章教條而咸

舉旣而振　皇儀而施軿訪儒宮而□□浸仁澤
於遺□合凱□於下國歡聲□溢　□□載揚嘉氣欝
葱擁　宸輿兮歸格棨動飲至霈□樂胥　昭德
垂休邈乎無極　皇帝於是敷睿藻紀雲闕始則
推　□□□純錫終則讓　祖宗之顯烈義畫
增麗堯文濬發□□天經而昭布表日□而高揚至于
□□□之□□□祀典之淸芬上則敎尊於世次而功
施於民形褒議而流永增徽稱而益振煥乎　宸製
鑴之貞珉信闕典而咸秩垂聖範而□□□□哉懷庭
之道曠而復屬　盤維之基亘而弥遠□乎人
和年登而神降□吉倪寬所謂帝王之盛節抑亦日天
下之壯觀　聖作物睹不其然乎太史臣曰
主□有聖明而不宣布有司之過也臣虔奉
咫尺叅侍□□□□揚厲竊謂萬一雖不足究宣
駿德光大隆業恭□□□尊名□爵炳灼於無窮□
□□□□□謹爲頌曰
於穆我宋　受天明命　烈祖造邦　神宗繼聖　靈
旗指麾　洪基保定　神教誕敷　民德丕正　明明
我后　集慶□□　稽古立訓　惟儉是宜　羣方允
迪　庶彙緝熙　天縱至聖　日用焉知　上□降鑒

□□□□　雙駱恭□　六□□□　周伯□□
老人効靈　乾符坤珍　溢于祥經　上德不德　謙
而益光　寅奉祖考　肅祇靈黃　天昶其德　盛靈
洪長　眞介存至　元符屢彰　濟濟多士　亹亹蒸
民　塡衢溢郛　集于紫宸　□啓伊□　武功至仁
□□伊何　□□□□　□讓不獲　靈章□□
□命有位　蕆事岱宗　虔巡効駕　周邁宣風　八
極四海　雲蒸霞從　巖巖魯詹　高軼乾宇　旣祓
旣登　以禋以旅　二聖克配　三辰散處　六變成
文　□靈□□　蒼璧靈酒　□□齊栗　肸蠁禋燎
飄颻鍾律　翌日降□　皇祇是出　允猶翕河
百神咸秩　禪之明日　乃嚴壇壝　于是肆覲　岱
以陳儀　桂桓載列　筍簴依施　儼爾珪組　翼乎
熊羆　王公庶尹　再拜稽首　聲□□□　上千萬
壽　□曰欽哉　一德斯懋　元首股肱　惟爾佐佑
慶澤遂敷　宥民赦獄　渙汗涵濡　滋液滲漉
洗滌煩類　發揮亭毒　施及夭胎　罔不生育　乃
程律度　乃齊日時　升擢方穀　懲艾不祇　凡百
有位　以悅以□　大禮克畢　□□□□　□乎哉
登靈封兮報　靈功　禪厚地兮薦　淸衷　揭方

明兮車服以肅　覃慶澤兮槑綱遂空口　聖宋之光
宅兮與黃比崇宜乎金聲之玉振之萬斯年兮無窮

大中祥符二年七月十五日立

按泰安縣志云舞鶴臺東爲封祀壇宋眞宗所築封
祀壇西爲朝覲壇宋眞宗東封羣臣朝覲地今改爲
山川壇陳堯叟碑卽在壇側堯叟官階與宋史本傳
同獨未載潁川郡開國公書碑者尹熙古其官與書
封祀壇碑裴瑀相同書法亦似出一手可異也山左金石志

天貺殿碑

碑高一丈二寸廣四尺五寸文三十二行行八十一字行書額題大宋天貺殿碑六字篆書在泰安縣岱廟

大宋天貺殿碑銘并序

翰林學士中大夫行尚書兵部員外郎知　制誥同
修　國史判史館事柱國南陽郡開國侯食邑一千
一百戶賜紫金魚袋臣楊億奉　勅撰
翰林待　詔朝奉大夫國子監博士同正騎都尉臣
尹熙古奉　勅書并篆額

臣聞　軆天之覆物也陰騭而無私　上帝之臨
下也高明而有赫偉昭回而成體其聽孔卑杳寂寞以
希聲厥應如響故周書紀其輔德義易載其益謙百祿
咸宜于以隆其永命庶徵時若于以降乎嘉生斯皆自
我民而聰明表其道之貞觀者也至乃秉陽而健垂象
於日星得一以淸成章於雲漢東壁列位主圖書之祕
文魄寶綸精極河洛之命紀蓋乾之緼至賾矣天之文
有爛矣眇覿太古鋪觀往諜三五之世德化醇茂故伏
犧受龍圖以作八卦軒轅得龜篆以朝萬靈放勳獲玉
泥靑繩之文帝舜膺赤文綠錯之瑞夏商以降績用昭
明故大禹夢蒼水之符帝乙拜黷玉之字西伯之赤雀
止戶武王之白魚入舟皆盛烈通於神祇茂勳格於穹

厚緜是奇物譎詭以効質珍圖炳煥以告休宜純禧而
奮景炎形寶訓而示靈眷斯固殊尤絕迹曠千載而罕
逢倬異倜儻爲百祥之稱首不然者又何以運契於中
和之極兆發乎至治之期雜霸已還寂寥而無紀合符
之盛啓廸而必先者哉　崇文廣武儀天尊道寶
應章感聖明仁孝皇帝陛下之御天下十有二載也纂
二聖之丕基擧八紘之鴻緒中口
底定庶邦協和玉燭陽明珠躔軌道頌聲載路協氣橫
流百工惟時五兵不試仁風行於無外　洪化馳而若
神品物茂遂而由儀羣黎富庶而知敎徽纆之刑幾措

弦誦之聲相聞人自謂於羲皇家悉爲於鄒魯行葦勿
踐忠厚之性成天綱弥疎寬大之德著渟源載復洽具
畢張　皇上方端居穆清之中獨運陶甄之表執
粹精而思道宅清明而在躬極深研幾淵默雷震揚兢
絢景煇光日新固巳　濬哲之懿升聞憯怛之愛敦洽
金玉其度追琢而惟精雲日之表就望而無極當其
愛景長至陰魄下弦斗城靚深虎闈穽寮　建章萬戶
管籥之有嚴衛尉千屯譙何而載肅銀漢左界玉繩西
傾挈壺之漏屢移　膝席之對云罷方將　凝神於蠖
濩寧體於清閟靜慮合於希微　嘉應通於肹蠁俯及

乙夜聞乎嚴扃煥發靈光燦若白晝乃有　真靈降於
霄極臚語示乎休徵將求衣而趨對忽乘飈而滅迹
　天子於是申以齋戒致其精明爰乃獻歲發
春之初祇受　大中祥符之錫九賓宿設　親拜於廣
庭八神前驅奉申於黃道寘之恭館藏於東序乃復
肆眚於縣寓易號於初元惠賚浹於五管爵秩加於羣
后均合飲之澤以尙齒推給復之典以貴農　皇明
誕敷純嘏均被繇是徇東人之勤請考乾封之舊章將
以　陟介丘禪社首奉符而行事刻號以告成揚
二聖之休光爲天下之壯觀列城除道有司議

儀龜筴告猶雲氣呈瑞宜象物之咸若　徯我后以來
蘇　三神眷懷萬邦和會而靈心昭荅　麟應沓臻以
爲庶人靡常猶畢星之好雨羣小多辟或夏蟲之疑冰
雖況施之殊倫輿情之成口猶復先甲而申告以儆于
　淸衷方將應期而紹至以彰乎絕瑞惟元年仲夏
既望之後夕　上復夢神人諭以諄諄之意期以
來月錫符於　泰山於是濬發　德音申儆執事有依
類託寓之異當疾置飛馳以聞粵勒鍾紀銘鑄渾叶度
肇自初吉以及生明惟茲巖巖之峯荐發穰穰之瑞祥
光夜燭成十煇之姿卿靄朝躋結九葩之狀是月之六

日也粵有梓匠晨詣靈液亭給斤斸之役草露方渥人
迹罕至忽得　黃素於灌莽之上其文有　皇
帝崇孝育民壽曆遐歲之言周章震駭魂思飛越亟以
白引進使曹利用宣政使李神福即共捧持以詣封禪
經度制置使臣欽若臣安仁緘縢載嚴騎置來獻
　皇上周旋欽翼夙夜齋明醇粹內充典章兼舉　靈貺
命廊廟之元宰暨左右之信臣分授使前奉導
馹傳云至詔蹕出迎羽衛星陳官師景從弁冕端委親
拜受于苑中　麟圖秘文復徧示于羣下先是陰雲待
族大雨濯枝霑泥治道之是艱露服濡禮之爲懼是日

也懸寓燈霽佳氣鬱葱杲杲之馭上躋光華在旦叢叢
之姿迭媚紛郁垂文五弦之風載薰九光之霞成綺神
人胥悅䟽轂來同剡乃綿蕞之儀素已草具　翠葆之
駕乃先啓行旣脩物以吉蠲俾有司而翊衛載以威輅
入于　應門星旌先驅金奏並作　　天子方復弭
鸞旗而稅龍馭撫寶案而坐帷宮穆穆皇皇以俟夫．
元符之至也□而步自閶闔率先羣司納之殊庭是
爲　祕寶且復討論前載追求遺範煇景下燭泰旣作
畤珍瑞云獲漢亦起宮其後因軌迹而增崇建名稱而
不朽者非可以悉數也乃　詔會郡申飭攸司爰就

靈區茂建清宇授規於哲匠董役以廷臣樸斵前施塈
塗咸備法大壯而取象會不日以克成直寒門□□之
庭鎮阿閣神房之麓雲封崛起迴對於軒楹泉流洌清
載環於階墄祇若　天貺表以徽名旣而愼擇靈辰揭
之題榜乃有鸞鶴集于雕甍清唳引之墜羽而去斯又
九皐之仙質千歲之純精挺胎化之姿告　壽昌之
兆者也及　　親封泥檢載揚檦燎降自陰道　禪
于方丘會朝明堂肆覲東后　靈澤及于四海神化馳
于六幽　　天子乃撫節盤桓憑軾游豫周爰博覽
以屆于兹　瞻堂構以改容臨清流而發歎金爐朱火

修潛德以升聞羽葢清塵彰健行之不息　旋軫飲至
天成地平因時討功金相玉振且以爲古之哲后褒紀
瑞命方牘所述踵武可徵至若甘露黃龍標於年曆芝
房朱雁播於樂章或作繪以彰施或緝經以論著皆所
以昭荅報降垂示方來爰　詔下臣頌兹　徽烈恭惟
　　紫書祕諜荐錫于　玉晨福應之大者也
　靈宮眞宇列峙于喇野　制作之盛者也非有遷
雄之博物通達崔蔡之發揮清麗鄒枚之論辨曹王之
氣質又曷能敷陳　景鑠述宣鴻明著之金石
之刻流乎億萬之祀如臣膚淺豈能演暢拜　命之

下燥吻惟勤頌歎游揚雖豁於素蓋博約溫潤寧企於
前修伏紙怔忡□□□□銘曰
太始權輿　邃古之初　結繩而治　斯文闕如　三
五迭興　受命合祛　河洛開奥　乃出圖書　岐周
發祥　鳳止高岡　火流於屋　魚躍於航　靈眷諄
諄　赤文煌煌　金策之賜　剪紛啓疆　卯刀之讖
□□□□　祕圖讖契　曠絕靡常　惟皇建極
與天合德　有開必先　神休叵測　清夜戒期　聖
容斯覿　旭日朝躋　眞符云獲　節彼崇巘　天帝
之孫　刺經定議　發祉闓□　泉流毖湧　和景晏

温　□元申錫　明靈有赫　雲篆騰晶　氷紈襲積
殊類響荅　奇應山沓　樵烝禮成　蓼蕭慶洽　□
邃宇翬飛　揭榜雕楣　建茲顯號　式昭鴻禧　□
□□□　翠帽揚□　福應之盛　燀光在茲　魯邦
奕奕　泰觀巍巍　封雲薈蔚　溟井漣漪　翛然宏
構　永鎮方祇

大中祥符二年十一月十七日

案大中祥符元年六月天書復降於泰山醴泉北乃迎置含芳園十月辛卯帝發京師以玉輅載天書先道凡十七日至泰山遂舉封禪之禮此碑專紀其事

文極工麗書碑者尹熙古大中祥符六年天齊仁聖帝碑亦熙古書惟彼碑系銜進階朝散大夫守司農少卿上騎都尉與此碑朝奉大夫國子博士騎都尉不同也碑立于大中祥符二年十一月葢在封禪禮成天貺殿竣工之後矣山左金石志

按此碑在岱廟內西北臺泰安縣志岱廟有三分上中下此碑在城內西北隅之岱廟是爲下廟碑旣立此則當時天貺殿亦必建於此而志無明文豈卽所謂竣極殿耶竣極殿名見縣志自謝天書至此凡五碑皆紀眞宗東封典禮而磨崖刻文及三壇立碑皆仿唐開元舊制然開元惟磨崖尚傳于世餘三壇碑皆佚其文之存于泰安志者亦惟封祀朝覲兩碑社首之頌無攷矣此宋壇碑文皆完善可讀而世罕傳文惟近時山左金石志與金太守棨新纂泰山志皆據拓本全錄之稽之五禮通考但載開元銘而不及眞宗之諸碑葢由宋人碑版椎拓者少碑又散處泰安之僻境非登岱之通途故不盛傳耳此五碑詞華理富多者五千餘字少者亦幾二千字鉅製宏篇可徵北宋人文之盛至其事之荒誕禮之繁縟皆侫倖者爲之不足深論楊億善爲文著作繁富遺佚已久今傳世者僅武夷新集二十卷而檢集中不載此文賴有此碑以存以此知金石之有功于前哲非淺也

永興軍文宣王廟大門記

碑高七尺六寸廣三尺七寸六分二十二行行四十四字正書篆額在西安府學

大宋永興軍新修　元聖文宣王廟大門記

朝奉郎尚書比部員外郎知　制誥知軍府兼管內勸農使上輕車都尉賜紫金魚袋孫僅撰

朝奉郎尚書屯田員外郎通判軍府兼管內勸農渠河事上騎都尉賜緋魚袋冉宗閔書

左班殿直監軍資庫張格篆額
孔子之道屈於三代之末伸於千古之下故其生也位
□□□沒也爵極王者王者之居自有制度不壯不麗
則偪下甚矣是軍古京邑也斯廟古國學也自後郊建
都降□□府百司之盛空餘壞垣三輔之雄宛若列郡
然而故地雖易舊名尚存是以民到于今或以監名呼
之丁未歲冬僅奉　命由守至止之翌日舉行故
事首趍牆仞攵年上丁釋奠□奉蘋藻環視乎內殆非
前聞石壁外周既異乎藏書之所苔碑中立又殊乎麗
牲之具至於齋戒之室講習之堂□□之器三者交闕

加之閈閎不峻闤闠俯近隘類晏宅陋同顏巷因退思
曰文舉相北海旌康成之門衡孝若遊獻□頌曼倩之
祠宇況　儒宮先覺　聖域元龜百代所宗万民取
則雖未能更諸爽塏極乎輪奐□可坐視其卑庳而不
為之啟張者耶乃審制度以造俎豆由是祭器列焉乃
賜冪塵以嚴啟閉由是重門闢焉□□□衮以建廳事
由是洗心者肅焉鮮顯者萃焉巍巍乎高耽耽乎深俾
及門者趍庭者昇堂者入室者攝齊□□□□得步驟
修敕於其外進退周旋於其內信可以移西教於風俗
被六藝於人倫混涇渭於洙泗之流變□□□□□□之

地功既畢會　國家宋詩書之義章　封禪之儀
既檢玉於介丘□□□□　闕里寅奉祀典順考禮
文因開元之舊封增　鸞聖之新號徽名允洽盛
德惟新儻門閭未崇則牌□□□□□□幽贊有開必
先不然何繕完修飾迎合　天意之如此昔魯恭王聞
金石之韻舊宅載存鍾□□□□□□尺壁斯靚較
之今日寧後古人考室有期正彝無愧庶後之觀者知
元后之勃興吾道守臣之誕□　詔褒豈獨
效春秋家流謹下缺
大中祥符二□□□□己酉六月甲申朔十一日甲午

立　安文璨刻字
陝府西諸州水陸計度轉運使兼本路勸農使下缺
陝府西諸州水陸計度轉運使兼本路勸下缺
銀青光祿大夫撿挍尚書左僕射使持缺部署騎都
尉鴈門郡開國侯食邑一千六百戶下缺
上缺德郎試大理評事兼監察御史范巽
上缺監押兼在城巡撿馬守欽
上缺傜兵馬都監兼在城巡撿張延招
觀察推官承奉郎試大理評事王獻可
節度推官承奉郎試大理評事楊舒

碑側三行正書

大名史公奕王官麻邦寧被檄遊京兆同觀石經泰和五年春三十五日博陵崔選繼至

宋史禮志是年以國諱改元聖文宣王爲至聖文宣王五月通封十哲爲公七十二弟子爲侯先儒爲伯

關中金石記

按此碑大中祥符二年六月立撰文者知軍府事孫僅宋史附孫何傳僅字鄰幾何弟汝陽人咸平元年進士景德初累官同知審官院知永興軍大中祥符元年加比部員外郎代還知審刑院此碑結銜與傳合不書何年代還據碑則二年尚在永興也書者冉宗閔無傳永興軍爲唐之京兆府文宣王廟即國子監舊址碑故云故地雖易舊名尚存民到于今或以監名呼之軍之有學始于景祐二年范雍知軍時所立此時祇有廟也碑云丁未歲冬僅奉命出守丁未爲景德四年碑又云因開元之舊封增元聖之新號此是大中祥符元年十一月事是時封禪回蹕幸闕里因加封元聖至五年十二月改謚至聖宋史禮志謂以國諱改謚按宋代世世無諱元者或因是時加號北嶽爲安天元聖再改之也碑側三行金章宗時題名内云泰和五年春三十五日春三下脱月字

晉國大長公主設醮題記

在乳香記左側高品李知常題記之下十行行十九字至二十三字不等正書

皇宋大中祥符二年歲次己酉十月□□朔二十九日庚戌入内内侍省内侍高班張永和奉　宣爲　晉國大長公主祈福特詣　西岳廟請道士二七人悟真大師賈得升張德昇□□□□□□□□劉德孚楊善□楊善宗□知□武子□李知章王□□□文生修建消災靈□道場□□□□□□□□□□大醮壹座至十一月三日罷散又至四日　晉國大長公主自□銀二鋌别建　靈寶道場三晝夜亦設大醮壹座□刊石爲誌

十一月八日題記

大長公主即延慶公主下嫁石保吉以淳化元年改封即以是年十二月薨逝悟真大師賈得升陳希夷弟子文内又有張德□應是張德昇見雁蕩報祀記

關中金石記

按宋史公主傳太祖六女長曰魏國次即公主初封延慶下嫁石保吉太宗即位封許國淳化元年

攺晉國眞宗初進長公主大中祥符二年進大長
公主是年十二月辛巳朔日薨逝此碑殆因公主
病劇遣內侍張永和設醮西嶽有此題記也設醮
在十月二十九日戊戌上泝其朔日干支以庚戌
推之是壬午也自庚戌下至薨逝僅一月耳公主
薨于大中祥符二年關中金石記云淳化元年攺
封郎以是年十二月薨逝者誤也公主爲眞宗之
姑薨年不知其幾薨之明年石保吉亦卒年五十
七則公主之年約略相當矣是時石保吉官鎭安
軍節度方在鎭所詔歸視主及薨眞宗爲之罷承

天節上壽及明年元旦朝會而此時則因病設醮
恩禮之隆茂以加矣

沙門靜己書偈碑

碑高六尺八寸廣三尺三寸五分十八行行三十六字行書在西安府學

□□□禪師偈

勅謚□□禪師述

長安沙門靜己書

僧省中篆額

偈文不錄

大中祥符三年正月一日保福禪院主僧義遠建

助緣進士劉蒙　進士段晪　王利　田德元

勾當國子監人鄧德誠　僧□□

持法華經僧審凝　勝業院主僧□□

安文晟刊

此與鈔高僧傳序碑并在西安府學俗并呼鈔高僧
傳余視之乃某禪師所述偈語非上乘而書出僧
靜己行草甚類英大師疑二碑同時建靜己英之徒
也石墨鐫華

此刻唐抦先塋記後額已失禪師泐其名關中金石記

賜進士出身 誥授光祿大夫刑部右侍郎加七級王昶譔

宋六

華嶽題名八十六段

李濬題名石橫廣一尺五分高九寸四行行八字正書

樞密直學士知秦州李濬於大中祥符三年二月三日
赴任經□□謁下缺

按李濬爲李超之子宋史附潘美傳李超者冀州信都人爲禁卒常從潘美軍中主刑刀美好乘怒殺人超每濬緩之美怒解輒得釋以是全者甚衆

人謂其有陰德子濬字德淵中進士景德初累判吏部銓權樞密直學士尋知開封遷右司郎中出知秦州暴疾卒濬與李宗諤同歲同月後一日生其卒也亦後一日衆以爲異據李宗諤傳宗諤以大中祥符五年五月卒年四十九則濬之卒年月與春秋若干皆有可攷而知此題在大中祥符三年二月是其官秦州蓋兩年餘也

韓國長公主設醮題記在乳香記右側上截七行行十四字至十七字不等正書

大中祥符三年歲在庚戌三月庚辰朔七日丙戌入內
內侍省內侍高班張懷則奉 宣爲 韓國長公主消
災祈福於
西岳廟請道士二七人修建雲寶道場三晝夜散日設
五岳謝恩大醮一座□刊于石□記雲臺觀悟眞大師
賈得升題

宋史本傳楊國大長公主至道三年封宣慈長公主咸平五年進魯國下嫁柴宗慶歷徙韓魏徐福四國仁宗立進鄧國大長公主以眞宗本紀攷之封韓國後應是衛國非魏國也本紀是年閏二月帝幸第視疾即指此事案太宗七女惟此歷封韓國爲長公主若雍國大長公主亦改封韓非此石記關中金石記

按宋史公主傳太宗七女第四女即公主蓋眞宗之妹也眞宗紀大中祥符三年閏二月戊寅幸韓國長公主第視疾是月辛亥朔戊寅爲廿八日而張懷則奉宣詣西嶽廟修建道場消災祈福在三月七日計其行程數日則奉宣啟行與視疾同時事也祈禱後逾月即愈仍差張懷則赴西嶽禱謝記文見下

韓國長公主禱謝題記在乳香記右側中段作兩截書上設醮記八行下人名四行字數各不等正書

入內內侍省內侍高班張懷則爲 韓國長公主疾愈

丞
命再來禱謝
嶽靈請道士二七人開啟靈寶道場三晝夜散日設
清醮壹座行事禮畢而退時大中祥符三年四月□八
日
悟眞大師賈得升題記
勾當人員二人
通引官周寶
右都押衙李元吉
虞候傅□

宋垂遠等題名 在拱極觀碑右側下截五行行二十四字左行隸書後張綽題三字行書
庚戌歲季秋月廿日閤門祗候宋垂遠奉
命提點京西刑獄公事 詔旨給假迎侍 北堂
與弟秘省正字寧遠知邑棘丞師仲宰知京兆昭應縣
張綽進士麗房同告謁
靈祠 張綽題
按宋史傳宋璿字寶臣華州渭南人長子明遠次
子柔遠三子垂遠關中金石記誤作次子據此題有弟寧遠
史所不載此題云庚戌季秋提點京西刑獄公事
庚戌爲大中祥符三年京西舊分南北兩路後併
爲一路南路所屬爲襄陽府鄧隨金房均郢唐七
州光化一軍北路所屬爲河南潁昌淮寧順昌四
府鄭滑孟蔡汝五州信陽一軍垂遠家于渭南請
假省母則於北路爲近也垂遠父璿傳稱卒于淳
化四年年六十一至此年距璿之卒又十八年度
其母年幾八十矣稱母爲北堂始見於此
三麗房等題名 在拱極觀碑右側上截作兩層書上四行字已磨泐疑爲隸書下題名八行行五字正書
獨尊
□天門

□□□渭涙渾
□此瑞彩閒雲奔
三班奉□□□奉 命排□并修建 行宫大中祥符
三年季秋二十有五日與進士麗房同謁 清廟
李懷□設醮題名 石殘缺橫廣一尺二寸十行行僅存六字
缺內侍省缺殿頭李懷□缺宣將祀汾陰缺車民祈福
於
西嶽廟內□拜缺啟道場七晝夜缺設醮一座至丁缺
禮畢次日東行缺闕專刊石銘
□齋悟眞

按此題記泐其年月据記有將祀汾陰四字宋史
禮志眞宗東封又明年以羣臣請詔許四年春祀
汾陰后土此云將祀則在三年矣
李自正題名在張舜民題名之左三行行五字六字不等左行正書
嶽神册帝之明年孟春望寓居李自正題
按此題無年月但云嶽神册帝之明年西嶽加封
金天順聖帝係大中祥符五年事則此爲六年所
題也
張懷彬等題名在述聖頌碑額述字之下七行行十一字十二字不等正書
天書九載孟春十日入內供奉張懷彬道場於岳祠入

內高班孫可久投龍於僊谷偶會入內高品李懷疑自
涇原承受解秩歸 闕時與知縣大理寺丞張綽同焚
香于
金天順聖帝致誠而退孫題
按天書九載卽大中祥符九年
王懷珪設醮記石高一尺廣八寸八行行十二字左行正書
大中祥符九年六月□□日入內侍省內侍高品王懷
珪奉 宣於 嶽廟 眞君觀道場□七晝夜罷散日
設醮一座續□ 勑差太府少卿蔡汶賚□□祝版
祭告同會于 □祠

大理寺丞知縣事張綽書
長安普濟廣教大師澄遠
李知常設醮題記在乳香記左側上截六行行十五字正書
大中祥符□年六月十四日
入內內侍省內侍高品李知常奉
宣賚□□恭詣 金天王廟及
眞君□二處請道士二七人悟眞大師賈得升等□建
靈寶道場三晝夜散日設醮各□□共七百二十分刊
石爲記
許文德題名石高六寸五分廣五寸三行行九字正書

□□兼兵馬監押
將仕郎守縣尉許文德天禧三年十月二日題
送御書奉神述碑記石高一尺三寸廣九寸八行行八字九字十一字不等行書
□□管勾部送
御製御書奉
神述碑石壹片赴
西嶽廟殿上西畔於天禧四年十月二十七日巳後午
前丙時豎立訖故記之
入內內侍省內侍殿頭鄧保□
文有云巳後午前丙時豎立所稱丙時卽二十四路

法也其法出之淮南子天文訓子午卯酉爲二繩丑
寅辰巳未申戌亥爲四鈎東北爲報德之維西南爲
背陽之維東南爲常羊之維西北爲號通之維所謂
四維者乾巽坤艮四路也故下又有斗指子則冬至
指癸則小寒指丑則大寒指報德之維則立春指寅
則雨水指甲則驚蟄指卯則春分指乙則清明指辰
則穀雨指常羊之維而立夏指巳則小滿指丙則芒
種指午則夏至指丁則小暑指未則大暑指背陽之
維而立秋指申則處暑指庚則白露指酉則秋分指
辛則寒露指戌則霜降指號通之維而立冬指亥則

小雪指壬則大雪等說道家傳黃帝宅經多有其法
世蓋襲用之而不知其出於淮南矣又云神述碑一
庁玉篇有庁字云平也又有廳字云客廚此蓋以庁
爲廳案聽事之所爲廳古無庁廳二字是即用聽字
矣關中金石記

按春明退朝錄載大中祥符四年車駕次華陰上
見岳神數里迎謁召問老巫阿馬婆對如上所見
上加敬禮詔封爲金天王仍上自書製碑文以寵
異之其碑高五十餘尺濶丈餘厚四五尺天下碑
莫及也其餘刻扈從太子王公以下百官名氏數

作壯麗巧無倫比焉即此記所謂管勾部送御製
御書奉神述碑石壹庁之事也庁乃廳字之省見
集韻語已詳夢英詩碑關中金石記謂以庁爲廳
非也奉神述碑製作壯麗惜揭本未見而所刻扈
從太子王公百官名氏皆無從攷證

眞宗御製詩殘字 碑已斷裂僅存二塊一高一尺九寸廣一尺八寸兩截書上七行下六行每行二三字至四五字不等一高一尺八寸廣一尺四行字數無攷行書

缺□一首賜
勅丁□缺
缺□映遠空令　汾陰□缺

缺□神功如披　紆宸翰缺
缺中會有靈　厚載缺
缺□觀積靄　□缺
缺囘輿聊　□缺
缺祀
缺□篇□□□□□
缺□□親祠□缺
缺□缺

按宋詩紀事搜採眞宗詩得七首而此詩未見則
亦以殘缺過甚不能錄存也詩有汾陰囘輿親祠

等字知爲祀汾陰以後賜從臣之作附列於欽又
攷玉海大中祥符四年四月丁未作西祀還京歌
有寬簡育羣生虔恭居大寶之語賜近臣和庚戌
三司使丁謂等請以汾陰路聖製歌詩命大臣書
立石此詩前序殘泐之中有勅丁二字或即勅丁
謂等之文姑附識之

李昭通等華嶽殘詩 在拱極觀碑左側上下皆泐共八行字數無攷行書

□□□□□學士使于汾陰 缺
□□□□是行各賦小詩以刻貞 缺
嶽神□□作鳴□□再揖香 膠眞 缺
□□□□□□撿昭壤而今已 樂壇 缺
方聽齋代說天地同 和自 缺
□□鑿□□□葱葱預有期 李昭通森 森松栢蔭□
迊巨鎮金方 缺
□□□祀搴惟馨 共工五千危仞倚晴空 襟帶關河地望
雄鳴蹕和 缺
□□□□□□□汾陰星駕翩翩謁翠岑側出三峯
如筆□須知 缺

按此詩亦殘缺僅見李昭通姓名宋史傳有李昭
慶爲繼隆子李昭遜爲繼和子並處耘孫而獨無

昭通宋詩紀事亦無攷詩可讀者三句其全篇當
是七律前有序云各賦小詩則非一人作也序有
汾陰嶽神等字亦從祀汾陰而謁嶽神者

錢若水等觀稼謁廟殘題 石高八寸廣六寸四行行六字左行正書

□□□錢若水
寺丞直史館陳
承 命觀稼□
閔同謁斯廟

按史傳錢若水字澹成一字長卿河南新安人眞
宗即位累加工部侍郎充集賢院學士判院事修
太宗實錄累知開封府又遣巡撫陝西緣邊諸郡
此題觀稼謁廟殆即巡撫陝西時事而眞宗紀不
詳巡撫爲何年題名又無年月可系姑附於眞宗
之末

段微明設醮記 石高一尺五分廣七寸七行行十字至十八字不等左行正書

乾興元年二月十五日奉
宣差入內內侍省內侍高品段微明往慶成軍□寧宮
太寧廟各開啓道場七晝夜罷散日□□赴西嶽廟并
眞君觀各開啓道場三晝夜各設淸醮一座已上
□帝謝三月一日

御𢹂禮畢却迴赴闕書曰
題云奉宣差入内內侍省內侍高品段微明往慶成
軍太寧宮太寧廟開啟道場慶成軍即河中府滎河
縣以大中祥符中陞爲軍太寧宮即后土祠禮志曰
大中祥符四年改奉祇曰太寧宮石刻宮名泐一字
知爲太字 關中金石記
按眞宗紀乾興元年正月甲寅帝不豫徧禱于
山川神祇是月庚子朔甲寅正十五日也段微明
奉宣當是因不豫而致禱者

范雍華嶽題名 石高一尺十寸廣四寸五分四行行九字十字不等正書

陝西轉運使尚書兵部員外郞賜紫金魚袋范雍卓與
壬戌歲四月七日恭謁　嶽祠
題云陝西轉運使尚書兵部員外郞賜紫金魚袋以
傳攷之當由京東轉運副使歷河北轉運使及陝西
也史不及兵部員外郞是其缺略 關中金石記
按宋史傳叙范雍歷官不詳號年東都事略則云
天禧中爲京東河北轉運使徙京西路入爲三司
戶部副使擢龍圖閣待制陝西都轉運使召還又
以爲安撫使其轉運陝西不詳何年計自天禧中
至此閱三四年約畧與此題名合其官兵部員外
郞則東都事畧亦失書又詳檢史傳雍之官陝西
前後凡三次其初轉運在京東河北之後其次爲
都轉運在入爲三司度支之後其後安撫環原在
勾當三班院之後此題名乃在初次轉運時殆東
都事畧失書也

上官沖等題名 在周約題名之左四行字数不等左行正書
乾興元年五月初六日三班奉職上官沖暨進士周愼
從躬謁　中祠

范雍再謁祠題名 石高一尺一寸廣五寸五分四行行十字十三字不等正書
雍去年題名在後

今歲自三司度支副使遷此官復爲本路轉運使再謁
靈祠天聖癸亥九月十四日
題云今歲自三司度支副使遷此官復爲本路轉運
使以傳合之蓋由陝西轉運使入爲三司戶部副使
又徙度支以尚書工部郞中爲龍圖閣待制陝西都
轉運使耳 關中金石記
按此卽范雍第二次赴官陝西所題史傳及東都
事畧皆作都轉運使題名無都字癸亥是天聖元
年

劉巨川題名 在張承搆題名之下共四行行十三字正書

中散大夫尚書虞部郎中劉巨川近自□南郡首授代
歸闕經由　靈宇恭謁　聖容時大宋天聖三年四月
十山□
宋漢臣題名石横廣一尺三寸高一尺一寸十一行行十二字左行正書
壬戌歲乙巳月庚子朔辛亥日漢臣自永興軍知鄠縣
奉　敕就移州判嘉州專禱　靈祠西去赴任太子中
舍□臣進士□□□同行從□甲子歲丁□月解罷至
乙□歲戊□月赴　闕當歲壬午月壬午朔丁酉日奉
敕同判華州於乙酉月庚戌朔辛亥日祭禱　靈嶽殿
中丞宋漢臣題

文稱壬戌歲乙巳月又稱甲子歲丁丑月又稱乙丑
歲戊寅月又稱當歲壬午月乙酉月壬戌當是乾興
元年甲子爲天聖二年乙丑則三年也攷文安公牡
丹詩爲漢臣所刻是漢臣其時人關中金石記
按此題年月日皆用干支而不言數今以遼史朔
考考之壬戌是真宗乾興元年乙巳爲四月辛亥
是十二日也甲子爲仁宗天聖二年丁□月者二
月建丁卯也關中金石記誤云丁丑乙□歲戊□月者天聖
三年乙丑正月建戊寅也壬午月壬午朔丁酉日
者五月十六日也乙酉月庚戌朔辛亥日者八月
二日也謂天聖二年二月解罷三年正月赴闕五
月同判華州八月祭禱靈嶽也宋漢臣無傳
杜詵等題名石横廣二尺五分高一尺一寸六行行五字六字不等左行正書
奉禮郎杜詵光禄主簿蘇舜欽將作主簿司馮旦京兆
掌書記趙訥京兆戶曹張復太廟下缺
按題名五人無年月可系五人中惟蘇舜欽有傳
舜欽字子美易簡孫初以父任補太廟齋郎調滎
陽縣尉玉清昭應宮災詣登聞鼓院上疏尋舉進
士改光禄寺主簿玉清昭應宮災乃天聖七年六
月事姑以此題附天聖後

陳執中題名題名刻在韓賞告華嶽碑下截右旁其三行行十八字正書
陳執中自天章閣待制□龍圖閣直學士知永興軍
府景祐四年太歲丁丑十月五日齋謁
嶽帝之祠謹誌
執中宋人所謚爲榮靈者乃其書則不俗也其碑之
前右方下又有元豐乙丑王子文題名金石文字記
宋史本傳執中字昭譽明道中安撫京東進天章閣
待制使還知應天府徙江寧府再遷工部郎中改龍
圖閣直學士知永興軍案此所云與史傳合關中金石記
題名殘石石横廣一尺三寸高五寸五分五行行四字左行正書

□仲孺　□謁　金天帝祠　□元二年三月

又

進士鄭摶

按紀號元字泐上一字當是寶元

王堯臣藍元用等題名石横廣一尺高九寸九行行九字左行正書

翰林學士龍圖閣學士睢陽王堯□□充使英州團練
使内侍副都知大梁藍元用被　詔綏撫涇原慶曆壬
午仲冬五日恭謁　金天帝祠
翰林王□經畫西事國子監□□□□殿直藍有方
侍

題云被詔綏撫涇原又云經畫西事以史攷之卽王
堯臣也堯臣以翰林學士知審官院陝西用兵爲體
量安撫使韓琦徙秦州范仲淹徙耀州堯臣言二人
不當置之散地又薦种世衡狄青有將帥才慶曆二
年九月趙元昊自鎮戎軍原州入寇乘勝掠平凉關
中震恐仁宗思其言復以琦仲淹爲招討使使堯臣
再撫涇原其所論沿邊城砦設險阨要賊徑通屬及
備禦輕重之策動關利害故史節載其文以仁宗本
紀攷之是年十月甲寅有遣使安撫涇原路之文而
不署姓氏夫堯臣能識韓范於既敗之後擧种狄於
未用之先所見已爲卓然又經略西兵朝廷多從其
計至以疏請諸事付之各鎭再取爲法是堯臣之出
爲當時重有關係之人本紀反略之宋史之採摭失
當於此可見關中金石記

葉清臣等題名在程琳題名石幢第五六兩面各三行行二十字

翰林侍讀學士尚書戸部郎中知永興軍府事本路安
撫使兵馬都部署吳興郡侯葉清臣慶曆丁亥秋赴官
便道恭款　神祠明年四月蒙　恩召還再經
宇下于時通判永興軍府劉紀駐泊都監王仲平管勾
機宜韓鐸知涇陽縣施邈同州觀察推官李孚佑從行

按宋史傳清臣字道卿蘇州長洲人天聖二年進
士累擢起居舍人龍圖閣學士權三司使公事出
知江寧府踰年入翰林爲學士父憂服除宰相陳
執中素不悅之卽除翰林侍讀學士知邠州改澶
州進尚書戸部郎中知青州徙知永興軍浚三白
渠溉田踰六千頃會河決商湖北道艱食復以爲
翰林學士權三司使此題慶歷丁亥秋赴官欵祠
明年四月蒙恩召還再經宇下則此題在慶歷八
年戊子陳執中入相始于慶歷五年至皇祐元年
八月罷是慶歷七八兩年正執中當國之時也赴

官在七年之秋召還在八年之夏其官永興僅踰
半年而浚渠溉田有惠于民如此史傳未嘗斷載
年月不覩此題不知其勤民之敏也因表出之
王榮題名二題名俱在唐李貽孫題名之右各一行字數不等正書
廟令王榮慶歷七年八月十四日題
進士張孔孫謁
施昌言題記石連額座高一尺六寸廣九寸五行行八字隸書
慶曆七年烼脩
西嶽祠成十月十弍日天章閣待制知華州事施昌言
恭侍　謁祀

按陝西通志不載是年修廟事昌言字正臣通州
靜海人傳稱其由三司度支副使除天章閣待制
河北轉運副使降知華州
田況題名在程遵路題名之下四行行七字八字不等左行正書
慶曆丁亥仲冬望口樞密直學士田況被
命赴涇原與弟渶同謁
按宋史傳田況字元均趙元昊反夏竦經畧陝西
辟爲判官言治邊十四事累官陝西宣撫副使東
都事略載其除龍圖閣直學士知成德軍徙秦州
進樞密直學士知渭州

謁嶽廟題名在田況題名之左五行行八字九字不等左行正書
慶曆丁亥仲冬口口口工部郎中口口口口口使口口
口口前隴州汧陽縣事口口謁　靈祠
程琳謁嶽祠題名幢長四尺二寸八面每面寬七寸五分題名刻前四面各三行行十七字正書
推誠保德功臣宣徽北院使武昌軍節度鄂州管內觀
察處置等使光祿大夫檢校太傅使持節都督鄂州諸
軍事行鄂州刺史兼御史大夫充陝西路安撫使兼鄜
延路經略使馬步軍都部署判延州軍州事管內勸農
使上柱國安定郡開國公食邑三千九百戶食實封七

百戶程琳丁亥歲六月十三日塗次華陰恭謁　嶽祠
大理寺丞通判華州于待問大理寺丞簽署永興軍節
度判官楊士彥前越州諸暨主簿陳傑廣文館進士留
慶祖男太常寺太祝嗣隆嗣弼嗣恭姪男太常寺奉禮
郎嗣直從行
按宋史琳字天球永寧軍博野人累遷工部尚書
加大學士河北安撫使改武昌軍節度使知永興
軍陝西安撫使以宣徽北院使判延州仍爲陝西
安撫使所載與題名互有詳畧而無年月可攷題
名云丁亥歲六月則慶歷七年也東都事畧云寶

元二年遷工部尚書加資政殿大學士河北安撫
使拜武昌節度使知永興軍明年拜宣徽北院使
判延州則當在康定元年與題名不合傳不書琳
子此則有男嗣隆嗣弼嗣恭又有姪男嗣直可補
史缺

程琳再題名在石幢第七八兩面各三行行二十字正書

程琳皇祐己丑三月十六日蒙　恩制除同中書門下
平章事三月十九日奉　勑就差判大名府兼留守司
事河北安撫使二十八日被　詔入　覲四月十八日
再經華陰恭謁　嶽祠太常博士蔡挺殿中丞楊士彥

男太常寺太祝嗣隆嗣弼嗣恭嗣先侍行

內有云太常博士蔡挺即工部尚書蔡敏肅公也字
子政史但載從王堯臣范仲淹兩次宣撫陝西不及
程琳并不及爲太常博士俱是缺略關中金石記

按程琳自慶歷七年丁亥六月安撫陝西途經華
州謁廟題名至是皇祐元年己丑四月移判大名
被召入覲復經華陰有此題名也同中書門下平
章事傳載而無年月其云兼留守司事河北安撫
使則史與東都事畧皆從畧蔡挺爲蔡希言子其
從王堯臣范仲淹宣撫陝西皆在景祐及慶歷初
年傳不書其從程琳約畧在范仲淹之後也男嗣
隆嗣弼嗣恭已見前題而此又多一嗣先其前題
所有之姪男嗣直則此題不及

傳口題名在汧國公題名之後六行字數不等正書

皇祐三年七月廿九日轉運使尚書兵部郎中傳口奉
詔歸　闕恭謁　靈口

李杞題名在唐裴頻題名之右四行行七字八字不等正書

華州渭南縣主簿權華陰縣事李杞伏謁　靈祠皇祐
辛卯仲冬初二日題

蘇軾有臘月遊孤山訪惠勤惠思二僧詩又有李杞

寺丞見和前篇復用元韻答之詩疑即其人關中金石記

按李杞即熙寧中經畫蜀茶者坡詩所謂茶爲西南
病甿俗記二李言杞與稷也宋史無傳而續通鑑長
編載其事甚詳馮應榴蘇詩注

孫昌夏大濰題名石高四寸五分廣四寸四行行五字六字不等正書

孫昌夏大濰遍觀唐賢題名歲次庚子孟夏十六日口

成麟題名題名上缺在王希倩之左四行字數無攷左行正書

缺璿　夏陽縣尉成麟
缺前趙王府司馬梁亘
缺軍院易

缺歲九月廿有二日記
張恭禮設醮題記在乳香記右側下截五行行十三字正書
嘉祐四季三月初五日入内内侍省内侍高品張恭禮
奉聖旨於　西嶽□□□□□□七晝夜請道士
二七人罷散日設醮一座二百四十分位謹刊石記之
程遵路題名在唐沂國公題名之後十行行五字左行隸書
試校書郎程遵路恭謁祠下嘉祐七年三月十四日
内侍省□□設醮題記在乳香記左側下截十一行行七字八字不等正書
□入内内侍省此下五行磨泐字數莫辨約四十餘字
夜各請道士一十四人治平二年正月十二日命同壇

金石萃編卷一百二十八　宋六　三

道士□□觀主雷□□題刻
史炤題名石橫廣七寸五分高五寸餘上已殘缺五行每行約七字正書
缺少卿史炤自□州路轉運使奉□還　朝恭謁　□
下治平三年十□廿三日題
閻詢題名在華岳廟碑後蔡延慶題名之下一行二十四字正書
諫議大夫閻詢還　朝恭謁　金天帝戊申重陽日二
子籍簡侍行
宋史詢傳詢字仲商州神宗初轉右諫議大夫改邠同
二州提舉上清太平宮使此詢自署諫議大夫是從
商州還朝道經於此留題耳關中金石記

按戊申是神宗熙寧元年
楊遂題名在華岳廟碑右一行三十二字正書
宋馬軍都使容州觀察使新環慶副都總管楊遂熙寧
庚戌七月廿七日恭謁　靈嶽
題云宋馬軍都使容州觀察使新環慶副都總管楊
遂宋史本傳遂作燧云開封人累遷榮州團練使京
城左廂巡檢英宗即位以爲鄧州防禦使步軍都虞
候歷環慶涇原鄜延三路副都總管至馬軍副都指
揮使由容州觀察使拜寧遠軍節度殿前副都指揮
使卒謚莊敏地理志容州屬廣南路關中金石記

金石萃編卷一百二十八　宋六　三

按據傳所載楊燧歷官與題名雖合但俱在英宗
即位以後此題熙寧庚戌爲神宗即位之三年又
傳載官容州在環慶之後與題名小異
陳繹等題名在華岳廟碑第十一行入神胥悅字之下二行行三十七字四十四字不等行書
宋熙寧二年九月守彰化十一月移本路轉運副使制
置解鹽使明年十一月移京東轉運使十二月三日過
華陰河南陳繹題應體用科彥古進士彥恭彥成侍行
馮翊保之二解元盧定趙豫同謁于　金天祠下
案宋史本傳繹字和叔開封人神宗立爲陝西轉運

副使入直舍人院修起居注知制誥拜翰林學士以
侍講學士知鄧州史不及爲京東轉運使者誤也關中金石記
按此是由陝西移京東遂經華陰而有此題也子
三人彥古彥恭彥成傳稱繹不能肅閨門子與婦
一夕俱殞于卒伍之手不知其第幾子也體用科
即才識兼茂明於體用科乃制舉六科之一景德
二年及仁宗初俱增置詳見宋史選舉志

劉忱題名在華岳頌碑楊遂題名之下四行行十二字左行年號一行在前並正書

提點刑獄尚書職方郎中劉忱之任蒲中躬謁　祠下

男唐工唐老唐紀唐傑唐詢侍行
熙寧辛亥孟夏二十日

忱即議遣河東疆界者見宋史神宗本紀關中金石記

呂贇題名在李濬題名之右五行字數不等左行正書

口郡呂贇自京師口長安過謁口口男大忠大鈞大臨
大觀侍　熙寧四年五月五日

題內有大忠大鈞大臨大觀名范育呂大鈞墓表云
考贇比部郎中贈左諫議大夫六子五子相繼登科
知名當世其季賢而早死君其弟三子也攷宋史呂
大防傳云兄大忠弟大鈞故大鈞爲弟三子文云贇
自京師口長安當是自京師至延安時大防知延州
贇至其任所也關中金石記
按呂贇史附大防傳大防父贇官比部郎中家于
藍田范育撰大鈞墓表則云考贇贈左諫議大夫
宋史大鈞傳又云知三原縣請代贇入蜀移巴西
縣贇致仕大鈞亦移疾不行不知贇又任蜀中何
官贇有六子其季早死則存者五子而史列傳者
四子惟大觀無傳長大忠字進伯次大防字微仲
三大鈞字和叔四大臨字與叔當大防知延州時
此四子想皆未入仕也史稱大忠大防大臨同居

切磋論道考禮大鈞從橫渠學大臨受學伊川之
門

張孝孫題名在邱據題名之右一行年號小字書于行下正書

張孝孫恭謁　靈祠熙寧辛亥中元日題

按辛亥爲熙寧四年

林顏題名石殘缺僅高七寸廣三寸五分二行字數無考正書

缺林顏恭謁　熙寧辛亥中冬八日

陳絢題名在唐李蟦題名之左二行字數不等左行正書

解梁陳絢河東薛昌朝缺辛亥十月同過　祠下

蔡延慶題名在華岳頌碑後紀元之上二行字數不等正書

治平丁未領本路提點刑獄謁　祠下後六年蒙　恩
除天章閣待制秦鳳等路都轉運使過　祠下恭謁
金天帝宋熙寧六年癸丑正月二十九日東萊蔡延慶
仲遠題
按題稱東萊蔡延慶宋史蔡齊傳齊字子思其先
洛陽人曾祖綰爲萊州膠水令因家焉齊無子以
從子延慶爲嗣延慶字仲遠中進士第通判明州
歴福建路轉運判官提點京東陝西刑獄此題云
治平丁未簽英宗治平四年事也傳又云神宗初
以集賢校理累直舍人院判流内銓拜天章閣待

制秦鳳等路都轉運使即此題所載熙寧六年事
也
劉航等題名在華岳頌碑首行之左一行三十四字
河南監牧使劉航仲通提舉牧羊公事丘舜中聖徒同
謁　祠下熙寧癸丑仲秋十七日題
按癸丑爲熙寧六年
呂公等題名在石幢程珠已丑題名第二面上二行字數不等左行行書
紫微呂公祈雪汝上盧訥洛陽程旨樊川王讜從熙寧
癸丑仲冬十九日讜題
宋史神宗本紀熙寧六年十一月丙寅大雪案是歲

八月壬申朔此云仲冬十九日祈雪當猶在丙寅之
前也關中金石記
按首題云紫微呂公而不署名趙希弁讀書志載
東萊呂紫微雜說一卷爲呂本中居仁之說本中
當官中書人故稱曰紫微据此則此題紫微呂公
嘗爲呂本中檢宋史呂本中傳本中係公著之曾
孫好問之子紹興六年召赴行在特賜進士出身
擢起居舍人兼權中書舍人則此題之非本中明
矣宋史神宗紀熙寧五年二月丙寅以知鄭州呂
公弼爲宣徽南院使判秦州或即其人癸丑爲熙

寧六年据遼史朔考是年十一月庚子朔丙寅爲
廿七日當是十九日祈雪而廿七日大雪也秦中
祈雪于前而京師紀大雪於後由京西至秦中一
路降雪當不懸殊也
陳絃題名在華岳頌碑爲之頌曰之下二行行十八字二十二字不等正書
熙寧七年三月二十二日尚書職方員外郎陳絃自秦
倅移開封令恭謁　金天祠下彥默彥潤彥正侍行
按陳絃史無傳亦不見他書其子三人皆用彥字
爲名與陳繹同似絃與繹同弟兄行也餘無可考
益恭益昌等題名石前缺横廣一尺二寸高八寸約七行行十二字正書

缺七年二月二十三日自知永興軍府事奉
詔乘傳歸　闕將長子太子中舍益恭次子左侍禁益
昌長孫太常寺奉口郎愼言祇謁　靈宇題名舊石
李倪祈雨題名在華岳頌碑陳繹題名之下一行十一字
李倪奉　敕祈雨甲寅三月晦
崔𪋻題名石殘缺存高六寸廣二寸餘二行字數不等左行正書
崔𪋻恭謁　祠下辛酉重九
李道昌同至
郝隨題名在景德口仲卿題名之後三行行六字正書
中侍郝隨子口因被
宸旨道場到此
張𤣱卿題名在華岳頌碑蔡延慶題名之上五行字數不等正書
張𤣱卿被命之利路恭謁
祠下男試祕書省校書郎康伯侍行熙寧十年三月十
九日題
吳中復題名在景德口仲卿題名第五六行之下四行行四字左行隸書
吳中復罷京地　謁
祠下男口夲禮則　缺
俞次皋等題名在華岳頌碑陳紘之下二行行十七八字不等左行行書
元豐元年十月十三日侍親出師華池與友人鮮于溱

宋彰恭謁　祠下鄞江俞次皋謹題
題云出師華池者知慶州也華池以熙寧四年改名
合水此存舊稱關中金石記
按俞次皋無攷題云侍親出師華池而自書其貫
爲鄞江據宋史俞充傳云俞充字公達明州鄞人
熙寧中累遷成都路轉運使後擢天章閣待制知
慶州則次皋卽充之子也
謁嶽廟殘題石殘缺僅存四行行七字八字不等左行正書
元豐戊午口月二十七日再謁
嶽祠時自本路移河北与雲臺武子口　同來孫迥孫
按關中金石記作孫迥謁祠記戊午爲元豐元年
薛昌朝等題名石高六寸廣四寸四行行五字左行正書
薛昌朝昌年昌誇范師軻同謁　祠下元豐戊午仲冬
廿九日
蔡延慶再題名在華岳頌碑楊遂題名之後一行二十九字正書
元豐已未夏日龍圖閣直學士涇原路經略使赴　召
謁祠下蔡延慶仲遠題
云自龍圖閣直學士涇原路經略使赴名者本傳延
慶以應辦熙河軍須功進龍圖閣直學士王韶入朝
攝熙帥不及爲涇原經略使者略也關中金石記

按已未爲元豐二年
王希倩題名在陳絢題名之左三行字數不等左行正書
判官王希倩、蔣之奇元豐已未六月四日
按此題但云判官而不詳其地似屬上下尚有磨
泐之文王希倩無考蔣之奇傳稱字穎叔常州宜
興人神宗朝新法行爲福建轉運判官遷淮東轉
運副使歷江西河北陝西副使在陝西經賦入以
給用度邊粟皆支二年移淮南擢江淮荊浙發運
副使元豐六年漕粟至京比常歲溢六百二十萬
石錫服三品可知元豐六年以前正之奇官陝西

之時而官爲副使並非判官可知判官自屬王希
倩而蔣之奇當別有官名已磨泐也
劉陶題名在昭應碑崔頍題名之下二行字數不等左行正書
通直郎劉陶恭謁　祠下元豐五年正月十九日
趙諒題名在麗奎策壇記第七行下空處三行字數不等正書
元豐五年孟秋月被
命華山雲臺觀謹於
祠下朝拜文思副使趙諒記押
諒自署爲文思副使者武階也有文思使又有副使
東染院使應轉洛苑使有戰功得轉文思使東染院

副使應轉洛院副使有戰功得轉文思副使其無遷
之例如是關中金石記
按雲臺觀在華陰縣華山下陝西通志云後周武
帝時有道士焦廣獨居雲臺峯餌粒餐霞常有三
青鳥報未然之事武帝親詣山庭臨軒問道因於
谷口置雲臺觀唐宋之亂希夷先生實修是觀而
隱居焉又宋史禮志眞宗神御殿十有四一曰華
州雲臺觀集眞殿此題祠下朝拜必是趙諒奉命
奠獻神御殿也末有押字𢇃見此題
薛紹彭題名在司空圖詩之左三行字數不等正書

樂安薛紹彭
日沙口勅　元豐六年六月十六日
王顗等題名在唐劉士深題名之下八行行四字五字不等正書
缺口王顗張彥世自東都來恭拜　祠下雲臺楊宗壽
巨亟張宗慶同至元豐六年九月十七日
陳康民等題名石高八寸廣五寸五行行九字正書
口口陳康民大中維陽口口時伯唐安王可道通之同
謁敬　嶽祠元豐七年歲次甲子八月初二日謹題
王子文設醮題記在述聖頌標題之下三行字數不等正書
元豐乙丑歲戊寅月被　旨設醮于　嶽祠癸丑恭薦

齋誠王子告畢奉議郎知華州軍州事王子文謹記男
知章侍次
按此題所紀干支有舛誤者乙丑爲元豐八年戊
寅則正月也是月丙申朔宋史神宗紀正月戊戌
帝不豫則三日也乙巳命輔臣代禱景靈宮乙卯
分遣羣臣禱于天地宗廟社稷而不言禱于嶽瀆
此題知華州王子文設醮嶽祠則是守土之官被
旨禱祀而史畧之也癸丑在壬子之後此題先癸
丑而後壬子其誤顯然壬子爲十七日癸丑爲十
八日設醮之期或三晝夜而畢或七日而畢從無

兩日而畢者禱景靈宮在乙巳爲正月十日設醮
之旨或即降于是日數日而華州得旨行事則癸
丑當不誤壬子誤也
薛俅題名在郘應碑下截唐蘇敦題名之右四行行十一字至十四五字不等正書
中大夫致仕蒲津薛俅恭奠　西嶽金天帝元祐元年
十一月十日記
男宣德郎知華陰縣事兼兵馬監押昌道孫太廟齋
郎錞鈞鎬鎰鋨鐸偕侍
張舜民題名在唐口庾題名之左四行字數不等行書
元祐二年自狮還幽往來皆拜　嶽祠張舜民芸叟記

後八年歲乙亥自關東再過
按史傳舜民字芸叟邠州人中進士第爲襄樂令
元豐中在靈武作詩坐謫監郴州酒稅赦還司馬
光薦其才氣秀異剛直敢言以館閣校勘爲監察
御史左遷通判虢州提點秦鳳刑獄召拜殿中侍
御史固辭改金部員外郎以此題證之自虢還幽
者通判虢州時還邠州之鄉也司馬光之薦當在
元祐元年至二年則已左遷後八年歲乙亥爲紹
聖二年其時當是召拜還京也舜民又自號浮休

居士書史會要稱其擅豪翰其蹟雜見羣玉堂法
帖中則此題完善僅渺一字宜亦可貴矣
游師雄題名石高七寸餘廣四寸四行行五字左行正書
游師雄奉使關中祭禱祠下元祐三年正月九日
按史傳師雄字景叔京兆武功人學于張載第進
士爲儀州司戶參軍遷德順軍判官元祐初爲宗
正寺主簿執政將棄四砦訪于師雄以爲不可棄
因著分疆録遷軍器監丞鬼章擣夏人爲亂使師
雄與邊臣措置擒鬼章遷一官爲陝西轉運判官
提點秦鳳路刑獄黍攻宋史神宗紀及夏國傳棄

四岩茵薦米脂浮圖安疆是元祐四年六月事鬼章爲亂是
熙寧元年事皆與傳有錯互此題元祐三年正月
奉使關中不能詳其爲何事也師雄家于京兆關
中形勝故實皆所熟閑嘗繪唐太宗昭陵圖題記
于後今附刻長安志以傳其所著分疆錄則未見
也

祐晟祀嶽廟題記 石高一尺一寸廣六寸五行行十四十二字不等正書

得時閑士祐晟往涇原路看安撫李　侯備三口至
聖帝口虔誠焚香燒紙保扶生平如意時已巳孟夏
二十三日巳時記之俟再來　祐晟

按祐晟不著姓已巳又不知何年自號得時閑士
以題石不多見也下有燒紙保扶等字俗語已見
於此時

劉承搆題名殘石 石高二尺一寸廣六寸三行行六字正書

朝議郎前大理寺丞劉承搆爰口謁廟口口題

杜純題名 石橫廣一尺四寸高一尺五分四行行九字十一字不等正書

轉運使濮陽杜純挈家恭謁　祠下元祐戊辰閏月初
十日男閎奉　命書

題云轉運使濮陽杜純本傳云元祐元年范純仁韓
維王存孫永交薦之除河北轉運判官歷徙陝西轉
運使 關中金石記

按戊辰是元祐三年閏月者閏十二月也

陳知新題名 在唐李貽孫題名之右三行字數不等左行正書

右朝請郎權知華州軍州兼管內勸農事護軍借紫陳
知新以時雨久愆禱祭　祠下元祐辛未秋七月十日
男東侍行

按陳知新史無傳辛未爲元祐六年是年夏旱禱
雨宋史本紀及陝西通志祥異門俱不書

吕至山等題名 在景德口仲卿題名之右五行字數不等左行正書

吕至山朝謁

男試校書郎康成
外甥進士唐受侍行康成題

宋吕至山有草堂寺題名在建中靖國元年故列
此

口澤仁題名 在景德仲卿題名之右四行行四字左行年號右行在末行之下隸書

口澤仁被旨赴闕率　馬　敦古謁祠下崇寧四季五月廿
八日

王叙題名 石高一尺一寸廣六寸六行行五字左行正書

崇寧乙酉口被召還　闕恭拜　祠下提舉口口軍等
路常口口事王叙

按乙酉爲崇寧四年

席旦題名石週圍殘缺存高九寸廣七寸三行字數無攷正書

鈌閣直學士席旦
鈌侍郎　守成都恭大觀元年

李傳題名在石幢程琳丁亥題名第四面上三行字數不等正書

朝奉郎新差知耀州李傳專心致齋恭詣　帝祠供養
大觀四年十月二十一日

席旦再題名在昭應碑第六行將至于成歲句之下一行二十九字正書

顯謨閣直學士席旦政和壬辰再守成都恭謁　祠下
二月二十三日奎益從

按史傳旦字晉仲河南人七歲能詩元豐中舉進士徽宗召對累擢顯謨閣直學士知成都府徙鄭州入見坐進對淹留黜知滁州久之帝思其洽蜀功復知成都以前後兩題名證之前題爲大觀元年是初守成都時此爲政和二年壬辰歲題乃再守成都時也子二奎益傳但云益字大光紹興初參知政事傳稱旦能詩而各詩選本皆無其名殆久佚矣

蘇莊等題名在程琳石幢額上共六面面各四字正書

□和乙未仲冬巳巳提點刑獄蘇莊提舉茶事王千恭謁祠下

按乙未爲政和五年十一月丙寅朔巳巳則四日也王千官提舉茶事宋史食貨志元豐元年置都大提舉茶場官置同提舉官徙司秦州大觀元年改名提舉茶事司尋命茶場茶事通爲一司題名不言司字省文也

梁激題名在石幢葉清臣題名第一面上三行字數不等左行正書

交印東還恭謁　金天帝祠下宣和辛丑重九二日朝請大夫前知華州東平梁□

按辛丑爲宣和三年

王正叔題名在汧國公題名之後二行行四字左行正書

酉叔輔之同遊于芒

按正叔王正叔也宣和時人慈恩草堂俱有題名又按華嶽題名陝西畢巡撫沅修華嶽廟訖工取篆隸正行殘石之字悉陷置廡壁不下數百枚今擇其有人地官職稍可辨者搨錄之凡宋人題名今存八十六段

金石萃編卷一百二十八終

賜進士出身　誥授光祿大夫刑部右侍郎加七級王昶譔

宋七

重刊旌儒廟碑

碑高六尺四寸廣三尺八寸二十七行行四十八字正書篆額在臨潼縣學

大宋重刊有唐旌儒廟碑并序

兵部侍郎賈至撰

都官郎中徐琁書

觀象考靈本乎靈辯方正位稽乎極體靈御極先乎教
教之大莫大於儒旌儒有祠我新典也昔秦滅羲軒之

制廢唐虞之則大搜學徒竭索儒黨懷書捧檄鱗集闕
至然後罪九流之異論尤百氏之殊術無辜殺身有道
併命宛骸積於坑谷流血淬於泉壤蹈仁義而死者不
可勝紀開元末　天子在驪山之宮登集靈之臺考
圖驗地周覽原隰見鄉名坑儒頹壍猶在慨然感亡秦
之敗德哀先儒之道喪殭死千載遊䰟無依乃　詔
有司是作新廟牲幣有數以時饗祀因祠命鄉號曰旌
儒人神和悅怨氣消散於戲秦皇帝以神耊邁古并吞
六合掃天下以一箠翦羣雄如梟草建官罷侯大權在
己自軒轅巳降平一宇宙未有若此之耊也夫戡亂以
耊守耊以文文以正崇耊以權勝秦皇知權之可以取
不知正之可以守向使天下既定守正崇儒遵六經之
謨訓用三代之文質則黃軒盛美湯武宏業之不若也
觀坑焚之意乃欲蓋先王能事竊作者鴻名鼓衆耳以
前聞逞私慾於當代此儒之所忌秦之所志悲夫儒以
恭儉爲宗秦則疲弊生人極力宮室儒以道德柔遠秦
則竭耗中國勞師四夷儒以宥過議賢秦則刻法峭刑
賊虐諫輔儒以述先好古秦則師心徇智播棄墳典夫
如是則秦不得不滅儒不得不坑事使然也　今
天子矯覆車之前軌崇明祀於後葉秦之所廢我之所

興斯區夏無疆之休子孫萬代之福也昔武王封比干
墓則招諫之道勸矣晉文表綿上田則志過之名立矣
漢高護信陵冢則尊義之風著矣未若激揚大教廟食
衆賢上以輿天地之經次以存顛覆之鑒下以絕厲災
之眚建一祀而三德具焉鯫臣不敏敢作頌曰
於維先王設教崇儒乃作六經爲代典謨降及夫子三
千其徒再揚清風文在茲乎天喪斯文道有通塞蹇生
暴秦反道敗德竊善攘美師心徇惑焚書坑儒萬古悽
惻牢落千祀微范九原驪山之北坎焰猶存草樹無顏
愁雲晝昏時聞夜哭知有冤䰟　帝在華清登高訪

古憫默穎塗悲凉榛莽上感也秦覆車遺蓋下哀羣悊
饗祀無主爰降　嘉詔聿修淸祠饋之牲牢奠酹以時
幽幽廟門肅肅霊儀冥寞求食長無餒而粤自漢初迄
于隋閏亦有令主尊儒尚訓闕典罔崇斯文莫振昭昭
神理長懷幽憤　　我后濬悊聰明文思敷宏大敎
咸秩神祇鬼無妖災人不癘疵俾爾蒼生福壽無期小
臣作頌敢繼刪詩
聖宋三葉皇帝統位之十二年　至德動天祥苻薦
降遂修大禮於喬擬告厥成功繂自三泉尉奉職貢
以及明年春　恩除知宰是邑不數月以政簡民泰

遊訪郊野去縣西南三里曰令公谷谷口崖壑深邃
臨之惴惴然乃秦坑儒之所也頹垣圮基舅鼬廟口
乃唐旌儒之廟也豐碑薛剝文字殘缺郎兵部賈公
之詞也讀其文十無三四矣自唐室亂迨踰百祀
豐潔之饗寂寥無聞因嗟先儒之塗炭痛斯文之將
墜不有更制必將泯絶旌顯之詞旣滅幽坑之憤復
興遂命磨礱重新書刻庶以副　　聖君考古旌
善之道也止欲立於舊址則弗免樵童牧豎之所斵
毁風雨塵蘚之所凍剝乃遷于邑中　宣聖廟從經
久也冀遊覽者不勞於命駕博識者坐究其始終旌

儒之德坑儒之暴善惡之跡不假復書但叙其移碑
之歲月爾時大中祥符三年太歲庚戌五月十五日
將仕郎試秘書省校書郎知京兆府昭應縣事張綽
記并重書篆額
將仕郎守昭應縣尉兼主簿事左惟永
鄉貢進士王口口建立
陝府西路諸州軍提點刑獄公事朝奉郎尚書都官
員外郎上輕車都尉賜緋魚袋李口
陝府西路諸州軍同提點刑獄公事東頭供奉官內
閤門口口郭盛

陝府西諸州水陸計度轉運使兼本路勸農使朝散
大夫行尚書司封員外郎上騎都尉賜紫金魚袋薛
顏
陝府西諸州水陸計度轉運使兼本路勸農使朝請
大夫行尚書屯田員外郎輕車都尉賜紫金魚袋李
士龍
觀察支使宣德郎試大理評事兼監察御史范巽
節度推官承奉郎試大理評事楊舒
朝散大夫守尚書工部侍郎兼永興軍府兼管內勸
農使同管勾駐泊兵馬事兼提轄乾耀商華坊丹同

等州巡撿捉賊事輕車都尉清河縣開國伯食邑九
百戶賜紫金魚袋張秉
朝奉郎尚書屯田員外郎通判永興軍府兼管內勸
農□□事上騎都尉賜緋魚袋冉宗閔
觀察推官將仕郎試秘書省校書郎姚拱
河中逐有方鐫

關西道雍州昭應縣坑儒谷在縣東南五里始皇以驪山溫處令人冬月種瓜招天下儒者議之各說不同因發機陷之唐元宗改爲旌儒鄉立旌儒廟賈至爲碑文 太平寰宇記

右碑賈至撰廟在臨潼縣西南二十里驪山半原橫阬村舊名阬儒鄉引漢書注顏師古曰新豐縣溫湯之處號愍儒鄉西南三里有馬谷谷之西岸有阬相傳爲秦阬儒處衛宏詔定古文官書序云秦旣焚書患苦天下不從所改更之法將諸生到者拜爲郎七百人乃密令冬種瓜于驪山阬谷中溫處瓜實成詔博士諸生說之人人不同乃命就視之爲伏機諸生方相難決發機從上塡之此則愍儒之地也唐天寶中改爲旌儒鄉立旌儒廟按史記始皇三十五年因盧生侯生亡去遂疑諸生在咸陽者爲訞言以亂黔首于是使御史悉案問諸生諸生傳相告引乃自除犯禁者四百六十餘人皆阬之自除云者猶自守免罪也則所阬者在四百六十餘人之外並無數目未知衛宏所云種瓜冬實七百人決難有何据也 金石錄補

文云天寶中改坑儒鄉爲旌儒鄉册府元龜云天寶元年改驪山爲會昌山仍于坑儒之處立祠以祀遭難諸儒 關中金石記

右重刊旌儒廟碑按唐書地理志昭應縣有旌儒鄉有廟故坑儒明皇更名碑本唐兵部侍郎賈至撰都官郎中徐琔書在昭應縣西南二里令公谷即秦坑

儒之所也大中祥符初知昭應縣事張綽以碑年久剝落重書勒石移置城中至聖廟并記其顛末于碑左方宋史地理志臨潼縣唐昭應大中祥符改此碑立于大中祥符三年五月縣名尚未改史以昭應爲昭德傳寫之訛爾碑末知永興軍府張秉結銜云同管勾駐泊兵馬公事兼提轄乾燿商華坊丹同等州巡檢捉賊公事與咸平二年劉知信結銜又異此皆史家所未詳也 潛研堂金石文跋尾

按碑立于大中祥符三年後列銜名十人以史傳攷之薛顏字彥回河中萬泉人累擢三司鹽鐵判

官丁謂薦代爲峽路轉運使遷尙書虞部員外郎
陳進反勾當廣南東西路轉運司事賊平遷金部
員外郎改河東轉運使祀汾陰徙陝西是其官員
外是金部并司封官陝西在四年并三年與碑不
同張秉字孟節歙州新安人景德初累拜工部侍
郎出知永興軍府祀汾陰爲東京留守判官其知
永興在四年祀汾陰以前與碑合餘俱無攷鐫者
河中遂有方風俗通遂秦邑其大夫封于遂因氏
焉前漢蒙鄉侯遂普王莽大司馬遂並後趙遂明
其見于元史者有修武人遂曾會見于明史者有

鎭撫戰死之遂德山仁和人遂端柳城人遂中立
安平人遂杲見于明詩綜者有遂昶遂希韓惟宋
代不見于史籍因表出之

汧陽縣普濟禪院碑

碑高六尺七寸廣三尺七寸五分三十二行行五十五字行書篆額在汧陽縣

汧陽縣龍泉山普濟禪院碑銘并序
宣德郎守尙書都官員外郎知隴州軍州兼管內勸
農事上騎都尉賜緋魚袋借紫閻仲卿撰
京兆府廣慈禪院文學沙門善集習晉右將軍王羲
之書并篆額

偉哉大雄氏之設教也始自周昭降乎西土終傳漢虔
乃遍中華羣生得悟於三乘萬化爰歸於一印超騰聖
果變金地而有因指救迷途周沙界於無際於是人寰
之內梵刹傾依塵網之間法輪常轉上以助　皇
王之異政下以皷洪海之長瀾歷代承宗空門相望並
著龜而取鑑酌善惡以歧分口無古以無今知有名而
有統栖禪聚學莊嚴須輯於祇園行道司特翕習勤瞻
於佛相普天之下負風揔持率土之濱清淨求本探龍
宮而何極窮花藏以尤深齊日月以爭輝共乾坤而可
久縱陵谷遷易難搖於四洲而風雨晦明常登於五位

闡揚解脫之理莽除煩腦之根億萬斯年人天作會圓
通了義瑞應彌彰噫非上士勤行之者其孰能与於此
乎今汧陽縣龍泉山普濟禪院起自唐武德中創建迩
後因時而毀鞠爲茂草形勝基搆宛爾在焉直至開平
四年豐德山僧鑒幽届此叅遊企慕靈跡曰栖足之地
賢聖擇之化俗之方資緣可已負畚荷揷就巖谷之平
口是板是築架臺殿以浮光脩竹叢林乍迎春景緇流
梵唱豈異仙居同光二年完葺未周有天蓋山宏表禪
師惠然而來移住於此於廣順元年奄化付門人進明
僅四十餘載値顯德中廢置建隆內存舊洎開寶元年

賜紫僧進詞又繼明以居之經營度財弗遑寧息重成
興替益增感口太平興國三年方降　勅改爲普
濟禪院今之院主僧定莊克嗣其裔懇志虔恪積世五
代聯緜永昌踰時百年光景如昨觀其峻宇高下飛泉
淺深據汧隴之東陲而實鷄之南極古木轉虬龍之狀
秋霞張綺繡之輝金磬初聞似傳聲於碧落朱樓半出
疑接影於清涼非凡喜踰於王城安泉靡殊於鷲嶺晨
昏動止俱生十智之心歲月香燈對守八關之禁前走
長安之道高連吳岳之雲其口異也可以攀七葉崙其
虛廣也可以召千羅漢凋楹刻桷妙用神機曲檻迴廊

丹青絕筆比往之制度十倍其功當今之規模罕處其
上若夫太華之陟屺樊川之花巖天台之國清中條之
萬固皆幽奇貫絕車蓋罕到之處而或列於兹境者亦
未許同日而論耳曾何必瓊瑤瑪瑙凝口於砦除琉璃
旃檀累成於龕室然後以言其眞淨福利也惟達識而
能議之于以見主斯院者夙夜而不怠其事焉其定莊
早猷頻籠竪持法口紹分流之派滋連葉之榮揞披糞
掃之衣式報眞如之願察其舉措諒足多焉至於蔬圃
新畦松蘿舊塢彩繪塑像金碧盈堂道俗咸欽檀施餘
積幸從心匠匪曰天成是使戒聚之徒爭訪以如織言

祥之譽歎愜而動人仲卿景德四載冬罷守于鄜來牧
隴右涉汧陽路次之北賞其山之鬱秀或對曰龍泉山
院明年秋奉　上旨給假西都還衬乃紆步以登
于是焉其堧塏雅致則精微萬態目不能捨任鋪舒而
罔及也忽有定昭定暉率羣僧進言謂院之得額而實
無碑情激再三不敢固請仲卿以其脫洒拔塵事狀可
錄式因公餘含毫盡瀲理而摭實復爲銘曰
惟此南洲尊崇佛事傳由西土森羅漢寺現白毫相布
黃金地代歷幾千法稱不二其一天地覆載聖教攸先日
月臨照梵刹相連禪宗有覺沙界無邊清淨之化聲色

之緣其二高懸慧日下燭重昏塵勞解網方便開門修持
之道布施之源體若夫子記諸善言其三莊嚴多般種種
供養珎寶窮奢重重瞻仰其神自通其文弥廣鑒戒足
徵報應寧爽其四汧陽指東龍泉居北院宇隆盛嵐煙登
陟園林蔽空雲霞隱色基構口旋嘉名永得其五峨眉西
顧彩鳳東隣門臨四達勢接三秦風清銷署地暖涵春
顯兹勝槩貽之後人其六殿閣孤摽工巧增飾中庭耽耽
飛簷翼翼樹老飄紅潭腥湧黑安樂道場何往弗克其七
端齊鶴樹儼若蓮宮諸漏巳盡空王大宗美哉靈跡厥
揚眞風一垂貞範將播無窮其八　武威安文璨刻字

大中祥符三年歲次庚戌十一月丙子朔九日甲申

建　院主僧定莊典座僧定昇修造主講金剛經

僧定昭維那僧定賜供養主持瑜珈大教僧定暉佛

殿主僧定真直歲僧定臨勾當僧定暐

左班殿直兵馬監押兼在城巡檢李濟

承奉郎守國子博士騎都尉賜緋魚袋監酒稅軒轅

𥳽

朝散大夫行尚書職方員外郎知軍州兼管內勸農

事上輕車都尉□紫穆說

將仕郎試秘書省挍書郎□汧源縣事權推官楊偕

將仕郎試秘書省挍書郎守司法參軍權判官楊正

用

內品宣德郎守內侍省內□伯武騎尉監酒稅梁延

意

將仕郎守司理參軍王修已

將仕郎守司戶兼錄事參□鄭義方

將仕郎守汧陽縣尉王曦

將仕郎守汧陽縣主簿李守節

將仕郎守汧陽縣令張國寶

碑在汧陽于侍御永清始獲之亟稱賞以爲不減聖教余得一紙觀其書非惟不及聖教抑且不及隆闡法師碑時代爲之非書者責也書者爲僧善儔署曰習晉右將軍王羲之書其年爲大中祥符此時蘇黃四家未出故書雖遜古猶有唐風 石墨鐫華

廣慈禪院者郎府城之香城寺也爲晉天福時改名古有集書無稱習書者習書應是依仿爲之此碑筆畫雖近却甚拙陋如闇字作門內陷右軍時必無此體尤爲無所據矣 關中金石記

關中金石記云古有集書無稱習書者習書應是依仿爲之筆畫雖近却甚拙陋如闇字作門內陷右軍

時必無此體余案碑中譌字尚多如虔字似虔門右似冈迎字似邨眖字左目右犮奢字从夾乾字从凡至冠絕作貫絕容可通用樊籠作煩籠殆不可通矣闇字內左作卩右作乃下日似陷字而亦非也 抱經堂文集

按陝西通志普濟禪院舊名龍泉寺在汧陽縣東十五里龍泉山龍泉一名瀧泉有泉出山下故名此碑撰者閻仲卿史無傳閣之作閣宋人作字往往增偏傍以爲異文不必盡合六書集韻云閣或作𨴽既可以加土卽可以加阜其例一也後列銜

名十一人以史傳攷之李濬附潘美傳李超之子
字德淵冀州信都人然不言其官在城巡撿或別
一人楊偕字次公坊州中都人少從种放學于終
南山舉進士釋褐坊州軍事推官知汧源縣再調
漢州軍事判官數上書論時政又上所著文論召
試學士院不中改永興軍節度推官又上書論陝
西邊事復召試不赴卽遷祕書省著作佐郎是其
官祕書省在知汧源縣之後與碑不同李守節有
傳乃周三臣李筠之子開寶中官和州團練使者
非此人餘俱無攷

藍田縣文宣王廟記

碑高六尺四寸三分廣三尺五寸五分十六行行四十字隸書在藍田縣

藍田縣重修□聖文宣王廟記
沃州僧嗣端書
居至尊之位立至聖之教者皆可以行帝王之道居位
則澤及壹時身既歿而位且絕立教則化行万古身雖
歿而道愈尊自姬周歷有唐　聖宋稱古之居至尊
行帝王之道者以唐虞夏商爲稱首尊其号則曰堯舜
禹湯故後之臣下有以文言達　君上必曰登堯邁
舜而夫子立至聖之教行帝王之道千載之下歷有唐

　聖宋王者幸闕里陳釋奠志　萬乘之尊行北
面之禮在唐崇號曰文宣於今增封曰□聖如是則夫
子之道可易量哉故再須　明詔而自國至於郡自
郡至於邑與七十二子重煥晬容歷億万斯年長享廟
食士君子由　先師之教居郡邑之長者得不盡心乎
藍田縣舊隷正畿古稱名邑俗飫詩書鄉富禮義何廟
貌頹虺多歷年所榱桷摧風雨服冕委塵泥□如在而
安仰歎何陋之茲甚人忘本根官孰完葺富春孫侯穆
之由牓□登進士第初官師古所至稱治去年自蘭臺
佐著作權宰是邑既視事之明日觀　先師堂室卑陋

愀然變容首出俸資始議必葺卽有齋郎白文政趙洙
洎舉公士族子弟共一十九人昌言曰願贊成其事家
輸錢緡戶減儲蓄市杞梓之材逾月而山委購般王之
匠匪朝而子來棟宇窮宏壯之妙繪素畢輪奐之功塑
十哲侍坐於正殿之間畫衆賢環立於兩序之下山龍
華蟲藻服具擧籩豆簠簋祭器陳列不勞而成如嚮斯
答君子曰非孫侯至德移風俗至誠通神明何速成之
若是也儲事孫侯爲同年長解印之暇枉道來覲命文
紀實不敢勞讓旹大中祥符四年　皇帝紀汾陰
之月壽進士董儲記

將仕郎夀守縣尉兼主簿張九錫　將仕郎守縣尉
兼主簿張懷吉　將仕郎守秘書省著作佐郎知縣
事孫穆之　進士姚慶　立
安璨刋字

孫穆之者宰是邑修孔廟而進士董儲記僧嗣端書
董文靡弱殊無足採嗣端分隸則深得唐人法者后
署大中祥符四年皇帝祀汾陰之月攷史爲二月是
時契丹歲幣三十萬而水發徐兖旱連江淮無爲烈
風金陵大火帝方且侈天書之妖舜漢武唐元之蹟
無怪其后世之不振也石墨鐫華

按碑云富春孫侯穆之登進士第初官師古此語未詳或謂其居官師法古人也所至稱治去年自蘭臺佐著作權宰
是邑覩先師堂室卑陋首出俸資始議必葺云云
檢陝西通志旣不載修廟之事於學校復不載其
政績於名宦又檢杭州府志選舉文苑循吏皆無
其人可見此碑從不傳於世宜据此以補兩志之
缺也書者沃洲僧嗣端石墨鐫華稱其分隸深得
唐法然摸拘之模从襄作懷則誤矣命文紀實不
敢勞讓勞讓卽勞謙之意猶固讓也然唐碑有作
牢讓者

龍門銘

碑高九尺一寸廣五尺三寸十三行行二十五字正書在洛陽

□製御書并篆額

夫□而爲□□而爲谷設險阻於地理資□距於國都
足以表　坤載之無疆示神州之大壯者也刱復洪源
南導高岸中分夏禹濬川初通闕塞周成相宇肇建王
城風雨所交形勢斯在靈葩珍木接畛而揚芬盤石檻
泉奔流而激響寶塔千尺蒼崖萬龕祕等覺之眞身刻
大雄之尊像豈獨勝遊之是屬故亦　景貺之
潛符躬薦兩圭祀　汾陰而祈民福言旋六轡臨維
宅而覲土風旣周覽於名區乃刋文於貞石銘曰
高闕巍峩　羣山迤邐　乃固王城　是通伊水
形勝居多　英靈萃止　螺髻徧摹　鴈塔高峙
奠玉河濱　回輿山趾　鳴蹕再臨　貞珉斯紀
大中祥符四年三月十一日

李燾通鑑長編云大中祥符四年二月辛酉具法駕
詣脽壇二月己卯車駕入西京今碑云躬薦兩圭祀
汾陰而祈民福言旋六轡臨維宅而覲土風卽其事
也玉海云祥符四年三月癸未作游龍門詩有寶塔
一新輝勝槩玉毫□飾醫䝉功之句又作龍門銘書

史會要稱眞宗善書得晉人風度觀此碑欲出蔡襄之上宋代未有過之者朱子評書云書學莫盛於唐然人各以其所長自見而漢魏之楷法遂廢入本朝來名勝相傳亦不過以唐人爲法至於黃米而欹傾側媚狂怪怒張之勢極矣朱子之言如此予觀眞宗書乃無此弊當時見之得不灑然心服邪（中州金石記）

按龍門銘又謂之伊闕銘金石攷云眞宗御製伊闕銘大中祥符四年即謂此銘也此碑今尚可搨沕者五字不知施誠撰河南府志金石卷內何以注云佚也

老子度關銘并四子贊

碑高六尺四寸廣三尺八寸六分作五層首層度關圖二層銘二十六行行十三字隸書三層會眞圖四層讚二十七行行八字正書額題四子會眞之圖六字篆書下層跋二十八行行七字草書在盩厔縣

老子度關銘

夫聖達之心無適無莫神化之迹或闇或章儻遺烈之昭然即生民之仰止函谷關者　老君西昇之途也若夫含眞上悳闡教彊名屋藏室以栖眞邁流沙而匿景仲尼問禮既吐於微言文始受經復占於眞氣斯竝存之前載播厥方來若乃萬壽之季至神之道臻乎妙有豈易殫云踐華之郊疏河之境僊馭所歷車轍如存揭已關梁見崤函之阻紀斯縣邑彰靈寶之休所謂人往而教存世殊而地久朕恭祠坤載因舉時巡淵默之風永懷於瞻望清靜之治靡捨於宗師將振清塵俾垂翠琰銘曰

教父潛眞　神龍比德　方事神游　爰符默識　聖言聿昭　生民爲則　載望函關　永存軌蹟　靈玅無疆　清輝罔極　齋軨云經　貞珉迺刻

大中祥符四年帝祀　后土于汾陰駕至函谷關製文勒石

大德庚子歲重刊于　衛祖說經之臺

四子讚

唐嵩嶽宗玄先生吳筠述

南華眞人

南華原道宗玄遠故不測動與造化游靜合泰和息放曠生死外逍遙神明域況乃資九丹輕舉歸太極

沖虛眞人

沖虛冥至理體道自然通不受子陽祿但飲壺丘宗洽然竟何依撓跳游太空未知風乘我爲是我乘風

通玄眞人

通玄貴陰德利物非市朝悠然大江上散髮揮輕橈已

陳緇帷說復表滄溟謠滅迹竟何從遺文獨照耀

洞靈眞人

亢倉致虛極潛迹依遠岫智去愚獨留日虧歲方就鄉
人謀尸祝不欲聞俎豆尚賢非至理堯舜□爲陋

終南山古樓觀大宗聖宮立石

大道隱□□起　　　　𤣥元降世著五千文垂清靜自
然之教爲□□□雖易知易行而巧僞成性反若登
天之難四子繼出發揮祖述其道始行由是言之四
子爲　𤣥元艮弼歟故世稱四輔唐開元間大興𤣥
學封四子眞人號尊四子書爲經且以南華光明碩

大擴充其教功若聖門之孟子位諸三子之上蓋朝
典也經臺舊有吳尊師賛圖自經板蕩惟江表僅存
今則璧返秦庭珠還合浦不翅披雲霧而覩青天何
其幸歟乃復寫之琬琰與天下公其必有目擊道存
者矣大德辛丑歲旦日住臺一虛叟題

按老子度關銘檢玉海載眞宗御製獨不見此文
惟樓觀之緣起則云關令尹傳曰尹喜結草爲樓
精思至道周康王聞之拜爲大夫以其樓觀望故
號此宅爲關令草樓觀卽觀之始也一云周穆王
尙神仙因尹眞人草樓在終南山之陰召幽逸之

人尹軌杜沖謂之道士居於草樓之所號草樓觀
又据冊府元龜唐元宗開元十年四月帝夢京師
終南山趾有天尊之象求得之于盩厔樓觀之側
此又唐時興建之始也樓觀之制陝西通志云唐
高祖自以系出老氏元宗尊爲元元皇帝詔改樓
觀爲宗聖觀宋端拱三年詔改順天興國觀元中
統元年改爲宗聖宮前爲四子堂及文始三清二
殿再進則望氣樓後爲宗聖宮宮後林莽翠繞有
臺據高岡之上曰說經臺此碑稱古樓觀之大宗
聖宮蓋觀之改宮始于皇統而碑爲大德年間所

立故稱宮也四子者南華爲莊子沖虛爲列子通
元爲文子洞靈爲亢桑子四眞人賛爲唐吳筠撰
至元大德庚子辛丑二年之間住臺道士合宋銘
唐賛刻石立于說經臺上題記於後自稱一虛叟
而不署姓名庚子爲大德四年辛丑爲五年

石保吉碑

碑下缺約高一丈四尺七寸廣五尺八寸三
十五行字數無考正書篆額在洛陽石碑窪

大宋故推忠保節同德守正翊戴功臣鎭安軍節□陳
州管內觀察□□□使開府儀同三司撿挍太師同中
書門下平章事使持節陳州諸軍事行□□刺史兼管

內勸農使上柱國駙馬都尉西平郡開國公食邑一万
三千九百戸□□□□□□□□□□□□
翰林學士同修　玉清昭應宮使太中大夫行右諫
議大夫知　制誥判登□檢院柱國隴西郡開國侯
食邑一千三百戸食實封貳伯戸賜紫金魚袋臣李
宗諤奉　勅撰
翰林待　詔朝請大夫守將作少監□□騎都尉臣
白憲奉　勅書并篆額
臣聞　哲王紹慶基而撫運必有方召之佐然後
隆保大定功之業良臣摠明略以輔世非遇　勛
華之主不能展開物成務之績翊乃興邦茂勳之後奕
葉重侯之貴聯姻　帝室膺降嬪築館之榮致位
　公朝極出藩入輔之盛從□□□□□□□
親覩□□□□□□□□舊封克闕下具美歷考前
聞未有如　故陳師西平公者也　皇帝南汾
祈穀之年　華陽旋衡之日　大宮飲至方捨
爵以榮勳雲臺觀像遽興懷而念舊以為紀功鑄簡已
藏虎觀之書相質松阡未舉龜趺之制爰頒　詔旨
申命詞臣俻□□□之辭冀揚不朽之烈臣乏公西□
識闕下懼敢憑實錄以示方來按石氏之世家本姬周而

肇姓康叔封受社而開國大夫碏立義而揚名世冑聿
昌英賢間出蟬聯錫□史不絕書稽乎譜系閥閱之盛
其所由來舊矣　公諱保吉字祐之本家於真定後
徙居浚儀今為大梁人也大王父諱銳累贈太子□侍
中積善在躬韜光□耀終協其昌□□□□大闕下流光
慶鍾貽厥勗清風以垂燕翼樹陰德以大門閭惟烈考
鎮安軍節度使守中書令贈尚書令追封秦王諱守信
輔　皇宋之開基為元勳而佐命位崇上將名冠列
藩平叛壘於惟揚剪鸄階於上黨　聖祖篤塤篪
之□契君臣之分尤隆　□□□□□□之純誠終
始之恩獨渥優游五鎮翊闕下□政備存表道之碑莫之
與京此不具載　公即秦王之第二子母曰秦國太
夫人魏氏嶽瀆孕靈熊羆兆夢髫童心而好弄挺奇節
以不羣論兵究三略之書撫劍學萬人之敵九苞威鳳
過標瑞世之姿千里神駒早動過庭之歎□王之節制
汝上也公實□行□□□□□內都指揮使恭惟
□□賢□闕下太祖皇帝第二女也以　帝子之
尊漸公宮之教降星津而下嫁開王第以疏封將擇名
才必先貴冑公以列侯之子膺副馬之求式協　帝
俞允符時望選尚之日授銀青光祿大夫檢校工部尚

書左衛將軍駙馬都尉襄武弁衛周廬星紀載遷寵私
荐洽遷撿挍尚書左僕射行□州刺史闕下太宗皇帝丕
承　寶命嗣守　瑤圖展愛沁園益鍾
眷眷推恩爵館特峻徽章進位撿挍司空充本州防禦
使三年肆類　上帝珪璧嚴　泰畤之祠四
年薄伐太原金鼓下實沉之壤公陪竹宮之望拜扈
革輅以親征旣□□□之□□□□□□□□□□
□□□□□階金紫闕下拜朔州觀察使九年夏六月先
王薨於淮陽　先皇帝痛股肱之虧悲梁木之
壞永惟同德之舊遂推延世之恩有子象賢克家濟美
公侯必復金革從權起於苫凷之中寵以旌幢之貴制
授起復雲麾將軍右金吾衛大將軍□州刺史感襄軍
節度使祥琴旣御命□□□□進階光祿大夫俄緾卩□
之哀闕下太行之險是爲襟帶之地素重腹心之寄僉言
綏撫允屬勳賢受　詔知河陽軍州事大河之北魏爲
咽喉歷代巳來號爲巨屏歲乇銳旅以備盛秋守土捴
戎素有難才之歎須條鞠旅遂膺兼領之榮移知天雄
軍兼　兵馬都部署公以　王□□□□□□□□
□□□□有若於生知法令之行闕下衆也畏愛兼資
而入莫敢犯故連營士卒仰三令之嚴闔境蒸黎戴二
天之惠端拱初　帝籍展躬耕之禮卒土覃遂行之
慶建牙易地瀕海毀邦加撿挍太傅滄州橫海軍節度
使進封西平郡開國公又明年加特進授邢州□□軍
節度使夫加地進□□□□□□□□有功也轉
賜金漢法所闕下風聲輿情卒籲以借晉璽書勞賚而
美故兩遷龍節而猶撫銅臺不後紀號改元就陽報本
常先軍椓之貢屢進□□之□　皇帝膺寶運以
承乾繼　大明而出震誕敷寵澤首眷元侯惟彼
棠郊控於桃塞西□秦關百二□□□□□□□四
畿千里□□□□□□分陝□治闕下督府長史充保
平軍節度使歲在乙亥邊城晏開控弦之衆內侵插羽
之書狎至虎臣式遏侚稽月捷之音　鑾輅有征遂
□□巡之馭　詔以公充河北諸路行營都部署公
禀　九重之成算先　萬乘以啓行受命忘
□有穰苴之□□師闕下皇威而淸朔塞攘敵之效公實
首之旋加開府儀同三司景德元年　國家以公
有□□禦邊之績有龔黃惠民之□疇庸之際注□弥
隆議賞南宮亟舉旌賢之命改轅西楚遂升論道之司
加同中書門下平章事□州武寧軍節度使其闕下排陣
使受　面命於亻坐遽星馳而戎道捴精銳之旅

軍於澶淵北門之外一旦戎騎數萬徑及城下公不俟
擐甲獨當其鋒即日　乘輿至於侯服　駐
蹕之始亟幸北城按節勞軍歡聲雷動二師迎□□前
□六師賈勇以增□　皇下闕迴鑾於丹闕　示
慈折俎爰加禮於元戎錫宴於州之行宮賜射於宮之
後巷　上射侯連中公与襄師次第中焉
上閤之喜遽命弓發矢隨而解之從官奉觴稱賀左右
咸呼萬歲即時俱有襲衣寶帶雕鞍名馬之賜是時□
□稽首下闕宸謀之獨斷□北卜以布堅□亻强弩以當
前鋒苟閉壘以自安豈交兵而□勝公於　宸扆

之側慷慨自陳曰臣無鷹犬之材蒙被驅策仰賚
廟勝獲覩謐寧誠賴繼隆其申□海逃曠敗以期幸
媿勤勞而蔑聞襄師復頓首懇言□□□□□□石某
之下□□□上器公能□賢而崇下闕賜巨觴極歡而罷
及　騄駬旋軫幕府□勳首益□封式隆寵數明年
　肇禋行慶易壞推恩改陳州鎮安軍節度使宛
丘奧區順□而近先王舊治之地布遺愛以在人高牙
繼世之榮嗣仁風而及物折薪之□未獲前修元□□
□□□　天眷□□□□□昭易改號既均於大
慶下闕於來朝修□　上奉符而行公鳴珂以從

攝事岱宗之下捧俎封祀之壇及□祭於方祇洎歸榮
於　清廟皆以侍中執事陟降　帝右率禮無
違加撿按太師進邑千戶實食四百箅詔歸鎮屬
　大長公主美□有加艮□未劾□□□□□□
□□□□□之藥終歎於無□□□□□□□□□
逝不下闕勉力赴朝不敢言病洎涉旬而會篤方請告以
家居王人太醫相望於道　天衷不懌　翠葆亟
臨初　上之來公雖困憊之甚不忘恭慎之儀尚
跼躍以門迎靡掩紳而卧見　上駭公羸惙促
命左右掖以就榻委曲□□□□形于色公□□而涕

淚交下□□而下闕舍以何之嗚呼以大中祥符三年四
月二日晡時啓手足於豐義坊之私第　天子初
□而覽奏拊几以震驚念同體之是戚歎戢艮之何速
坐不俟旦亟開苑門命昭宣使入內內侍省內侍都都
知恩州刺史秦翰徑至其第□襄□□翌日□□都官
郎中□□□□假□鴻臚持節下闕爲之助舉曲臺之謚
典給溫明之秘器地臨洛汭曹京兆之新阡家象祁連
霍將軍之故事卽以其年六月二十六日具鹵簿鼓吹
奉公靈柩歸河南府洛陽縣平樂鄉宣武原祔　先王
之塋与　大長公主合葬焉從周制也昔　先王歸

□之日五十七而薨公享任与年若合符契雖（闕下）而克
終盡善公又過之惟公儲大昴之純精禀空桐之勁氣
襟量豁無於城府志節確如於石席慕前哲之行事思
立功於當年其臨民則遵守朝經嚴明有制治戎則申
明軍政果敢必行折獄訟於片言究學問於餘力御家
嗃嗃守易象之格言事　主兢兢奉詩人之深誡□以
嫉爲□□出於（闕下）之人常厚禮以延納其或邊隅告警
羽檄徵兵每擐革以上言□顏行而効命有踴躍用兵
之志多縱橫制勝之謀前後三摠丈人之師六換元戎
之幕風聲茂著勳望攸崇及豳塞通驩輶軒修聘公以

戚里台衡之重主霊□宴射之儀北使瞻十丈之奇姿
覩六鈞之絶藝歎月角山庭之（闕下）胥室英才中的獨推
於武子而已哉若夫位高能讓范宣子之存心功成不
伐孟之側之爲德昔亞夫絳侯之子也握兵漢室乏明
哲以保世官郭曖汾陽之嗣也尚主唐朝鮮勳庸以書
甲令夫如是則不驕而滿不溢善其始而令其終求之
□□公無媿於古人矣同氣三人長曰保與負雄武之
稱有（闕下）終於棣州防禦使季曰保從器宇恢宏風韻灑
落挺天鍾之秀氣遽促脩齡屈海運之雄圖靡登貴仕
終於東頭供奉官閤門祗候男十人崇儀副使貽孫禮

賓副使孝孫並驥騄奇材珪璋令器剸犀干鏌俱瑩神
鋒摛廈楩楠終膺顯□餘□□□亡姪二人崇儀副使
慶孫西頭供奉官（闕下）女十有二人長適內園副使王承
德次適右侍禁符承祐次適左侍禁閤門祗候薛貽廓
次衣道士服法名靈通次男女五人自王氏長女而下
凡九人並早亡次適西頭供奉官吳守嚴次二人在室
大勳之後昭世祀以無疆盛德之門鏤冊書而有耀將
□□佳城而流懿範播□石以永清芬而（闕下）豐碑對聳
虎承　睿旨恭述斯文銘曰
赫赫皇宋　天集駿命　祖功宗德　重熙累盛

帝運會昌　王圖多慶　允資鉅賢　以輔元聖
煌煌西（闕）　才爲時生　星辰孕秀　岳瀆鍾靈
白猿授射　黃石傳兵　盤矛擅譽　探穴揚名（闕下）
肯搆承家　建侯胙土　兩世旌麾　一門龍虎
乃守宛丘　先疋舊封　乃服□□　奕葉上公
緇衣濟美　油幕臨戎　朝推碩德　人仰英風
天臨銅臺　親秉武節　時公先驅　奮揚威烈
將師而行　□人氣□（闕下）　控弦犯塞　亟幸澶淵
時公受命　禦侮河壖　皇威誕震　睿略遐宣
卒臻偃伯　無復騷邊　愛國忘家　丹誠蘊積

推美讓功　令猷充塞　宸慯浹洽　聖言奬激
榮□二字　寵踰三錫　奉符喬岫　□宗仙□下闕
□祠攝事　恪慎如初　齋心匪懈　執禮無踰
鳳去秦樓　忽歸遼廓　夢奠兩楹　俄悲夜壑
梁木其摧　將星遽落　邦國殄瘁　晁旒震愕
荷池飾壞　滕室開銘　筠編勲伐　煙閣儀形
邙阡舊壤　□樹新□下闕
大中祥符四年歲次辛亥十一月庚午朔四日建
勾當人會福□貴　都勾當元隨押衙李拱　翟□
均鄒從善王德用翟文會鐫字

保吉守信之子保興弟傳俱見東都事略白憲書復有大中祥符七年中嶽中天崇聖帝碑在登封字亦端雅中州金石記

碑多漫滅書撰人名氏俱不見今案其叙保吉歷官始末與宋史互勘太平興國初遷愛州防禦使以碑攷之尚有進檢校司空起復爲威塞軍節度以碑攷之尚有雲麾將軍右金吾衛大將軍其由大名改横海也碑仍紀加檢校太傅進封西平郡開國公而本傳皆不書史從略也又碑言保吉占籍家于眞定後徙浚儀史但云開封浚儀人是没其祖居所自于文太不備此更宜以碑爲據也保吉葬平樂鄉宜武原先王之塋然則守信墓亦在此惜其碑無傳而傳訛致誤故附著于此俟訪得之爲補續也授堂金石三跋

按碑爲李宗諤撰白憲書史傳宗諤字昌武七歲能屬文大中祥符五年五月卒歷官與碑結銜同此碑立于四年十一月距其卒不遠矣白憲史無傳書譜引嵩陽石刻記祗載其所書中嶽中天崇聖帝一碑不載此碑亦不詳事蹟碑稱考守信追封秦王史傳及東都事略皆云追封武威郡王碑云太祖皇帝第二女降星津而下嫁此即延慶公

主也累封晉國大長公主先一年薨病時設醮西嶽有題記已見前卷碑稱第二女隆平集作第五女宋史公主傳太祖六女三主早亾長魏國次即延慶若爲第五女則早亾者皆二三四女矣太宗紀太平興國三年祀圜丘四年伐太原端拱元年耕藉田眞宗景德元年親征澶淵碑所載皆合其卒也碑不云薨而云啓手足保興碑同又卒後與公主合葬不云禮也而云從周制也皆他碑所未見者碑云舉曲臺之謚典則應有加謚而文内未見史傳云謚莊武隆平集及東都事略皆作壯武未知

孰是卒之前碑云請告家居翠葆亟臨是卒于家
也諸傳皆不言其告歸此則碑之異者又書孟子
反爲孟之側論語注魯大夫孟之側杜預曰之側
孟氏族字反碑葢書其名也序末云虎承睿旨恭
述斯文虎疑是虔生女十二人第四女則衣道士
服法名元通當時風尙如此猶太宗之女邠國公
主爲尼號圓明大師眞宗之女昇國公主入道號
清虛靈照大師是也

石保興碑

碑高一丈四尺四寸廣五尺九寸五分三十六行行一百五字行書篆額在洛陽石碑𡎚

大宋故棣州防禦使光祿大夫檢校太□□持節棣州
諸軍事行棣州刺史兼御史大夫上柱國西平郡開國
公食邑三千四百戶食實封貳伯戶贈貝州觀察使石
公神道碑銘
翰林學士通奉大夫行尙書戶部郎中知　制誥同
修國史□史館事上柱國南陽郡開國侯食邑一千
一百戶賜紫金魚袋臣楊億奉　　勑撰
翰林待　詔朝散大夫守太府少卿同正騎都尉賜
紫金魚袋臣尹熙古奉　　勑書并篆額
夫功加于時周官藏於盟府忠以奉上馬史列於世家

葢智勇之誕生必在乎將相之族慶靈之回復允鍾乎
公侯之門若乃馮厚於德基濟美於勳閥若季孫之仕
魯是爲世卿條侯之仕漢繼掌兵柄□□餘比光弗□
人見之於西□公矣　公諱□□字□□其先□□□
周之胄盛於淇衛之邦春秋所記官族甚盛孝謹之譽
既符於西京偉麗之姿實顯於晉室積累深遠蕃衍扶
疎今爲大梁人也惟烈考諱守信以河目龜文之表通
龍韜鶡冠之學□□祖以光啓王業奉□宗以四征□
□握兵星□□□□□□□　　太祖宣戡亂
之功佐佑　　太宗極常尊之數周旋無悔高

朗令終凡節制五鎭而一保釐西都歷位守中書令追
册爲尙書令衛王累封秦王而曾王父諱銳累贈太保
兼侍中曾祖妣王氏追封趙國太夫人王父□累贈太
師兼中書令祖妣王氏追封魏國太夫人皆由□□之
貴□□□王之□□母曰秦國太夫人魏氏蘊積善慶
誕生畯良公始在孩提居然頴秀岐嶷之表本乎天資
偏伍之容彰於兒戲先王見而異之拊其背曰軍旅之
事仲尼辭以未聞詩禮之資卻縠由之登用不學牆面
古典所非遺子金籯昔人不取因遣就外傅俾之講習
□□□□□併曉□□□而不遺多識前言博通大義建

隆初以任子之令補東頭供奉官始年十四□□尚食
副使　太祖方創業垂統訓師阜財丕昭皇
靈式遏亂略寤寐人傑講求武經成湯之日新是圖文
王之朝食靡暇每東□延訪之□西淸□□之□必□
□□□□□□□其能或質之以煩挐俾剖釋其槃
結或叩之以疑似俾殫射其否臧咫尺不違□機攸愼
公應對明辯風義甚高　太祖奇之卽拜如
京使且有意於進用也屬紫壇蒼璧將事於親□禋案
帷□□嚴於宿寢命公爲御營四面都巡檢□□□□
□□□□道□□□居岑寂羣靈受職而咸洎
至尊高枕而攸寧未幾領順州刺史專域之重荐啓於
侯封兩綬之榮仍忝於內侍　太宗皇帝天
飛在運帝籙升名四夷奉琛諸侯輯瑞閩越舉亡而宿
衛勾吳獻□於有司九州攸同三乘澈□□□□□
□□□□□□□□□□靡懷秉武節而躬討公從
容進對慷慨請討願得執殳以備前驅□掄而當一隊
　太宗嘉之以爲御寨四面都巡檢深入之
舉止誅於元惡干掫之寄允賴於□□帝□無□□之
虞群下□□□之罰太原平錄其勞加實封
太宗盎知其有馭衆之略將付以治戎之任天街之

北窺氛未消引弓之民仍歲爲寇自晉人失幽陵之地
周室復三關之壤列鄣相望盛兵□□□有李□守□
之能□□□防□之□□□命公爲□陽關駐泊都
監公內□□□外□□□□□□□□□容□生
養威懷必勝之略單醪所及絕甘而悉周爟火斯傳對
博而無廢威名以震紀律用張會先王捐館宛丘公郎
見星而往行哭孺慕哀感路人倚廬絕漿僅成死孝有
詔起復□□將軍順州團練使□世之賞□□於元□
□壘之□乃□□□□雍熙□□□□□□□□□
□支之生羌連党項之雜種犯關縱擾以千靈誅命公

爲銀夏綏麟府州故關都巡檢使秋氣始至塞外早寒
□□□□膠折弓勁公因率麾下以□戎索由巷□塞
並黑□□□□中戎人數千騎安義於□□立分精騎
二千持短兵伏於□側戎人□□□□□以□□
□急擊斬首百餘級逐北數十里鼓儳泜水胎合於沉
機獻馘泮宮聿騰於善頌□詔褒諭英聲著聞俄丁內
艱殆將滅性中旨抑奪急于用才出爲澶州駐泊都監
以緩軍政朔方猶□□車未□□貢銀夏徼巡之寄兩
河□□佳兵未戢復□高陽□□□□□知□□
軍未幾知莫州軍州事涿鹿之野百雉□制惟雄文□

之邪九合之□所出公綏帶爲治雅歌自娛疆事益修
條□咸叙　太宗念服戎之斯久屬乘塞之
甫寧□□□□□修覲俄爲西京水南北都巡檢使
實先王□守之地多□□去□之人□□□□素□□
□第美櫝成列俯邇於塋阡慰勤孝之□懷多□公之
清宴時星方猶朗□□方馳公慨然歎曰金革未息吾
恐不得久居此矣月餘真拜蘄州團練使京兆府駐泊
兵馬鈐轄兼管華□□商巡檢兵馬捕□等事戎酋假
息□□於陜踈邊壘戒嚴不忘於備□□□□鎮□□
所集兼總數道以當一面徙公爲延州路鈐轄兼管界

都巡檢使至道中命范廷召爲都部署俾公副之總萬
旅以□征□五□而□會山川聚米虜已見於成擒甲
冑起□才皆思於賈勇既致千□之□乃爲絕漠之行
錫□□□容毘□金鼓之□□□□有□□□□□
□拒王師公以其蠢蠢之妖無假堂堂之陣遴敢死士
數百人銜枚夜襲盡滅其族無有噍類自是吳移越移
等□公□□□恩望風來歸適與賊遇□□池彼既□
□公□□□□出□□□□□□中流矢而踣公挺
立□□□□敢向□□□□□□□□□□□□
□□□我而我武益奮兇黨遂奔左輪未再皇嘗言病

梗書月至安敢寧居朝命班師不獲窮討公書銳氣以
克壯恨渠魁之未殲謂軍吏曰彼朝□者非臨陣先遁
將擒□□下矣□　太宗□□□公□□
□□　皇帝□任舊人慎重邊寄命公知威
虜軍事明年單于萬騎長圍孤堞雲梯並進衝盡於九
攻頹壞僅存危極於三版公以衆寡既懸利於堅壁激
勸斯在莫如揮金大發官帑以□□士□□□執□□
□□之□□□□□□事寧□□□□□□
□既□□□□矢石雨下殺傷甚多烏烏聲樂宿夕
皆遁完守之績帝用嘉之就拜棣州防禦使俄以足疾

移知邢州又改知澶州事衆潦並集淇河暴漲激竹箭
之迅浪溢金隄之□防公洗心以齋□□致□考古制
以沉□□□□□□□冀於弭患□□□水
□攸□是□□苗亦有秋樂和之聲騰於里諺保鄣之
効藺于　天衷而美珎有加劄章荐至亦既受代肩輿
而歸賜告家居以便頤養王人太醫晨夕訪問嗚呼不
幸以□□□年秋八月十一日啓手足於□義坊之第
享年五十□　□□聞訃嗟悼□久□□□
□□□□守□監護喪事凡百費用悉從官給以明
年秋八月甲午歸葬於河南洛陽縣平樂鄉宣武村梓

澤原之先塋鼎夫人洪農縣君楊氏祔焉禮也夫人郎
故保大軍節度使廷璋之□女□□德儀于通門先
公而亡不□□□□□□□□□□崇儀□□□□
□□□□□□內朝嘗爲小相角巾東道方庭大宗實
華胄之恭人鍾高閎之積慶次曰懿孫西頭供奉官溫
良自守淑愼靡渝俯及勝冠已彰肯構五女長適西頭
供奉官閤門祗候程繼忠故□州團練使□元之子次
適侍禁□永崇故鎮□將軍節度使廷□之子次適□
□子□□□政□適供奉官曹伸今殿前都指揮使宿
肺璪之子次在室惟程氏李氏及幼女皆天孫二人長

宗道右班殿直次尚勞孫女一人亦幼母弟故鎮安軍
節度使撿挍太師同中書門下平章事駙馬都尉□中
書令諱保吉□□□□□□□□□□□□□□□
□□□□□偉望冠于友邦胡不永年茲用太息
季弟保從東頭供奉官閤門祗候夙負美材未騁膴仕
亦悲早世莫申永圖中書之二子曰貽孫崇儀副使孝
孫禮賓副使咸挺英概無忝貽謀□下之徵□大□□
公之歷官□□□□□□□□□□□□□□□□
□□□□□公菜邑累千室其祿位之盛矣五典
郡政八司戎律屢韙使幬三護大營斯倚任之重矣公

至性純孝勤於致養先王太夫人或晦明微疹息偃弗
康冠帶侍旁□調自手藥先嘗而乃進□宿露以□□
出於誠心未遑卜□而□□□□□□□□□
□□□□□美閨門稱悌至於擊劍之妙飲羽之
能絕出輩流莫可倫儗穰苴兵法孔明陣圖艮匠之占
圯橋之略悉探其賾必索其精加以涉獵史傳應荅無
滯吟詠情性卯課特工莅澶淵日作言懷詩一篇叙止
足之意得比興之體傳□人□作□□□□□□□
□□□□□漢藉攸記翁歸兼文武之才惟四美
之難偕於公斯無闕矣矧又體貌魁傑志懷沉毅重夫

然諾兼金是輕嫉彼回邪過門必騁善保基緒重世而
莫京謹守廉隅歷官而無過咎所謂人倫之□子王國
之吉士者□大中祥符□年□□□□之□□□流根
之□　貝州觀察使貽燕之祉久而益光褒
命之數茲焉爲異公本名貞　太祖改賜今
諱允協充閭之慶以成知臣之美公亦拜君之賜退思
而有光裕父之蠱聿修而無忝載德之盛良可述焉諸
孤等以窀穸郎安歲月增逝□□□□□□□□
□□□□□刊貞響猥須　俞旨屬於下臣顧
慙空疎謬當論譔九原可作方惻於　宸襟一字之

褒虔遵於直筆銘曰
先民有言　立功不朽　公于出征　屢折戎醜　大
易之訓　積善慶餘　公之肯構　克昌門閭　紫禁
承榮　倫侯列爵　印兮纍纍　綬兮若若　通都列
城　居官有恪　二矛重弓　從軍信樂　擊鼓其鏜
我□□□　□□□□　□□□□　□□□□
威名日彰　嗚呼不弔　今也云亡　曲洛東流　維
嵩南峙　鞏樹蒼蔻　周原瀰迆　逝者如斯　人生
到此　眞宅言歸　新阡鬱起　日車奔兮風駟馳
□舟趍兮灰琯移　夜漫漫兮佳城閉　露瀼瀼兮宿
草滋　□□□□□□　□□德兮□□　□□□□
□□　欲報德兮無期　託斯文兮篆刻　尉終天之
孝思　礱密石兮表幽域　亘方來兮無愧辭
大中祥符四年歲次辛亥十二月庚子朔十一日庚
戌建
翟詢翟文□刻
勾當人張　羅

保興守信之子碑載事蹟與宋史頗合而歷官較詳
保興先爲銀夏綏麟府州故關都巡檢使丁內艱起
爲澶州駐泊都監史載澶州駐泊在徙銀夏綏府都
巡檢使之前當以碑爲正餘銜亦少有異同碑云公
本名貞太祖改錫今諱史云本名保正太祖取興宗
之義改之東都事略亦作保正宋人避仁宗嫌名故
也按碑保興葬于河南洛陽縣平樂鄉宣武鄉梓澤
原之先塋今墓見存尹熙古者書史會要云官翰林
待詔工篆得撥鐙法所書爲一時之絕觀其行書有
唐人風格而出于王右軍信可愛也東都事略保興
傳甚畧而宋史甚詳當据此碑而作然則金石之傳
其功不小矣中州金石記
碑下截已損缺就識尚可句碑言保興當太祖時進
如京使卽爲御管四面都巡檢史不備載碑言爲京
州府兵馬駐泊鈐轄兼管華缺二字商巡檢兵馬捕盜
等事徙爲延州路鈐轄兼管界都巡檢使則史較此
爲略也保興本名保正碑云本名貞此由仁宗諱禎
當時史館收此並避貞故遂易貞爲正而元修宋史
相仍不改故耳碑久爲金石攷收及但誤爲石守信
則非小誤也府志同此誤　書有二王遺法尤爲宋刻所希
授堂金石三跋
按此碑撰者楊億書者尹熙古史傳億字大年建
州浦城人七歲能屬文淳化中詣闕獻文命試翰

林賜進士第景德三年以後歷官與碑合大中祥符五年以疾告此碑立于四年在未疾之前一年尹熙古無傳此碑諱字皆泐惟題稱棣州防禦使石公考諱守信弟諱保吉季弟諱保從前後證之可定其爲石保興碑也碑泐其卒年据傳是咸平五年又享年五十下泐一字据傳是五十八碑云以明年秋八月甲午歸葬係六年而立碑在葬後八年殆因弟保吉卒營葬時同請于朝而後皆奉勅撰書以立也保吉碑立于大中祥符四年十一月四日此碑立于四年十二月十一日是在立保吉碑後一月餘然保吉碑已有豐碑對聳之語是二碑並立也保興葬所平樂鄉宣武村先塋與保吉同是同祔一處所謂對聳當即指此碑則其父守信自必有碑不可攷矣碑書先世自曾祖以下皆詳及其妣保吉碑不書彼此少異餘則未有異例也碑書二子長子名泐据史名元孫次曰懿孫史則不書然保吉碑又載姪二人崇儀副使慶孫西頭供奉官下泐當是元孫史稱元孫以蔭爲東頭供奉官或東西互異耳而慶孫則史未見豈元孫之兄耶抑保從之子耶保從早世兩碑不言其

有子然史於保興傳有云保興世豪貴累財鉅萬悉爲季弟保從之子所廢是保從有子矣碑言保興能詩莅澶淵日作言懷詩一篇今宋詩紀事不存是久佚也

金石萃編卷一百三十

賜進士出身　誥授光祿大夫刑部右侍郎加七級王昶譔

宋八

中嶽中天崇聖帝碑

碑高一丈四尺二寸六分廣六尺二寸三十三行行八十二字行書在登封中嶽廟

大宋中嶽　中天崇聖帝碑銘并序

翰林學士中大夫行尚書主客郎中知　制誥史館

修撰知審刑院事柱國太原縣開國子食邑五百戶

食實封壹伯戶賜紫金魚袋臣王曾奉　勑撰

翰林待　詔朝奉大夫守　府少卿同正輕車都尉

臣白𢀉奉　勑書并篆額

□□登封　岱宗之四年有事於　汾陰后土親

奠黃玉對越　□□乃並洪河抵太華經塗温洛望

秩　維嵩言旋上都誕受　丕祉無德不報靡闕

不思於是尊　五嶽之祠脩加等之禮分命近□莅

薦　㠑稱詔遣冊禮使攝太尉□諫議大夫龍圖閣

直學士陳彭年副使攝司徒光祿少卿沈繼宗奉玉書

衮章加上　中嶽中天崇聖王曰　中天崇聖

帝申殊典也粤若剛柔旣位形器肇分上則圓蓋左旋

星辰爲之紀下則黃圖俯察山嶽奠其方卑□□□门

陳翕闢之精攸託是故昭彰景緯實叅化育之權錯峙

崇巒式表　神明之壤用能妥綏厚載磅礴無垠宣

一氣以施生降　列眞而主治事光虞典脩五載之

時廵績著夏王正九州之封畧惟中□之絶巘直關塞

之□區　京邑在其旁經瀆流其域萬邦輻湊霜露

之所均二室天開風雲之所蓄仙館靖冥宅其下玉漿

□溢湛其間頳木□其幽經紫芝擢乎靈藪唅□□堅

始終乎鶉火之墟喂㟪羣峯包舉乎坤元之紐龍巒月

童之陟降浮丘子晉之游□畫野透迤干霄挺拔寓彼

至剛之質洪惟　不測之神至於輔德降祥祝融由

其典夏生賢命世申伯以之蕃周霈膏潤於原田殖寶

藏於邦國博大崇高而可仰聰明正直以無私茲所以

盛尸□之儀首□沈□法歲時祈報垂往載以不刊牲

幣吉蠲走殊方而胥暨者也遐觀祕□傳考　靈蹤

自書契之云興郎等威之斯辨異軒冕服章之數爲山

林川澤之宗旣秩祀於三公亦禮均於四望漢孝武之

□爰啓戶□唐天冊之年聿遵時邁　洪猷益茂昭

薦惟賁逮乎□德重熙坤□荐委乃特疏於王爵用溥

洽於　神休雖事煥彌文而名非極摯汙隆在運消

長□時若乃　鉅宋之有天下也仗黃鉞以開階違

朱口而統靈掃僭僞荒乇之跡追皇王揖讓之風
烈祖以功格　上旻赫威靈於九服　神宗以
德綏羣品薄文軌於四遐翼子詒孫重規疊矩卜年有
永弈世其昌　崇文廣武感天尊道應眞佑口上
口欽明仁孝皇帝躬濬拓之姿撫鴻明之運出乎震而
齊乎巽就如日而望如雲宣九德以在躬宏之一戎而纂
業愼恤刑典鄙凝脂之煩苛蠲布政經同馭朽之兢畏
絕濫巾於丘壑寬盍澈於農桒宮罔飾於釆椽澤口口
於行葦萬民以察庶口伊凝破觚爲圜返羣情於太素
懷遠以德篤交聘於殊鄰口靈以朝　諸口志敦不
匱被袞而郊　上帝神享克誠故得時協混同歲臻
豐楙　高穹委鑒　眞馭戒期荐錫　寶符丕
昭口靈登　岱畢封崇之禮臨口展合荅之祠刻翠
崖之欝蒼踐　隆口之崛口升煙瘞玉闢祭之義口
修垂象賁生應見之祥紹至遂成口　志對越純休
洎乎五玉會朝　六飛口軫負緣二口口望三川既
竝走於祠官亦周爰於土口瞻言　翠嶠增肅
皇情口口至以弟勳益爲民而儲祉順時行慶　大
賚及於幽遐恭己嚮明寂慮周乎沖漠爰稽往誥肇易
鴻名亟下詔於口口俾口儀於置口用口昭報磬達清

更以爲在　天者五精既隆稱謂麗　地者列鎮
當極推崇壽載之義則均佽助之功曷爽登于　帝
籙允契　靈心先是東巡之年已加　崇聖之號
逮茲間歲愈洽徽章于時孟冬戒辰輴軒飭駕儼法坐
闕端闈臨遣以示乎必躬信辭以申乎有恪公卿就列
使介奉塗擁翠口之車載温珉之冊山龍盛服羽衛多
儀脩物孔昭歸　尊斯在戊申發軔於京闕辛酉致
饗於　廟廷四牡趍風六樽登薦其始至也凝露布
濩色晦平林其將升也霽景晏温光含邃宇嘉氣吐蜿
蜒之狀喬雲呈綵綷之姿及清醮之肅陳復素口之絲
灑口殊禎於史牘浹餘潤於農疇昔者三境登晨乃靈
氛之協兆五車受職亦時雪之先期千古同符萬邦攸
仰矧復鋪皇　眷訓紬繹微言發爲垂象之文顯述
奉　神之旨須於著位告厥多方同星日之耀芒口
典墳而擅美啓矇昏之耳目示制作之楷模遂令率土
承流盈廷獻議口刊翠響偏揭　嚴祠衆口上通俞
音誕布琢佗山而列峙攄口藻以相輝文籍以還莫斯
爲盛而又　壺闈之式　像設攸存　懿號未
彰群黎安仰思舉正名之典用昭作合之崇象服有加
褘衣允穆郎以其年十二月遣使致告特尊爲　貞

明后莫不義敦咸秩曲盡於精虔慶洽惟新永光於億
矩　昊蒼有成命我實受之　神祇有常奉
我實主之禮文之廢墜惟　聖人修之典冊之嶽數
惟　掊后行之然則出雲播氣福善庇民啓紛沓之
殊徵保延淇之　景祚鎮靜坤軸口墜都畿
紌佑之功斯爲至矣　懷柔之道庸可闕乎得不
馨昭事之儀懋質威之志犛旒玉藻飾　如在之晬
容騂犢明粢展惟馨之潔祭采物於焉而大脩格思由
是而可期赫偉觀於八紘奮景炎於億載事存因革禮
浹幽明煌煌焉秩秩焉眞竹素之英口而　帝皇之

盛則者矣是宜發揚　懿鑠篆刻豐碑俾民聽之弗
迷惚　山聲而共永允資麗藻煥彼　殊延而臣
猥以瑣才濫膺　明詔屬辞比事雖慕於口秋相質
披文懼遺於　德美旁稽舊典以爲斯銘其辭曰
沇潛定位　坱圠殊形　或融或結　爲紀爲經　奠
方作鎮　含澤儲靈　生物不匱　得一以寧　節彼
嵩高　峙兹中土　帝宅開疆　仙臺胥宇　霜露所
均　梯航攸聚　四國是維　口畿式序　奚其主治
邈矣淸眞　宣功博載　授職高旻　財成庶類
陰騭齊民　列辟嚴奉　牲口有倫　乃視公爵　隆

周集慶　乃啓王封　口唐累盛　奉若　貞期　對揚
景命　將極推崇　聿口廟聖　炎精撫運　蒼震承
基　天臨赤縣　口偃退圻　祀事肅增　祠官口釐
勤恁大寶　交修　上儀　謁款　隆脽　口塗太室
口慕仙館　裵回雲蹕　何以致誠　於焉望秩　明
詔誕敷　徽言有述　温珉載刻　羽衛斯皇　登于
帝籙　飾以口章　信辞郁郁　鑾車鏘鏘　法座臨
遣　縟禮具揚　四牡于徂　殊庭戾止　潔志旁達
靈心遄喜　霰雪霏灑　卿雲蔚起　口德歆馨
嶯祥口祉　昔在治口　祗惕　明威　道荀中否　神

亦靡依　赫赫口后　聿彰鴻徽　祭則受福　先而
不違　顯號克崇　丕猷允穆　流詠琬珉　飛英策
祝　峻晶孟安　高巖口矗　等固　瑤圖　永綏坤軸
大中祥符七年九月七日建
中書省玉冊官文林郎守高州司馬　御書院祗候
臣王欽刻字
碑稱封岱之四年謂大中祥符四年也五嶽自唐時
已加二字王號眞宗東封岱宗加仁聖二字親謁西
嶽加順聖二字中嶽南嶽北嶽史無加號之文然此
碑云加上中天崇聖王曰中天崇聖帝則崇聖二字

固已先加此時特易以帝號耳中嶽后稱貞明而文獻通考宋史禮志俱作正明者葢避仁宗嫌名也宋史陳彭年沈繼宗傳不云爲中嶽冊禮使亦史之畧也潛研堂金石文跋尾

李燾通鑑長編云大中祥符四年五月詔加上中嶽曰中天崇聖東都事畧載其詔曰峻極之嶽神靈主焉其加上五嶽帝號即碑所云也白憲書名不甚顯觀其筆蹟雖使蘇靈芝李邕爲之不能復過北宋人物之盛亞于唐代矣中州金石記

按此碑立于大中祥符七年王曾白憲奉勅撰書史傳曾字孝先青州益都人由鄉貢試禮部廷對皆第一宋之三元景德初累遷右正言知制誥兼史館修撰遷翰林學士知審刑院再遷尚書主客郎中知審官院以上歷官傳皆不著年載据碑皆在大中祥符七年以前也白憲無傳說已見前中嶽中天崇聖帝號据本紀乃四年五月乙未所加禮志亦同文獻通考誤作五年而皆不言以前先已加之此碑云先是東巡之年已加崇聖之號則崇聖二字是東封時所加也貞明后號本紀不書禮志則云又加上五嶽帝后號通考作五年十一月戊

戊詔加此碑云即以其年十二月遣使致告是亦四年也其冊禮使臣本紀不書通考亦但載制詞此碑則加帝號時書陳彭年沈繼宗二人加后號則不詳碑載真宗尊號沕者二字据本紀是崇文廣武感天尊道東都事畧作帝應真佑德上聖欽明仁孝十八字也此號是五年閏十月丙子所加碑所不詳碑云孟冬戒辰輶軒飭駕儼法坐闢瑞閣臨遣以示乎必躬信辭以申乎有恪戊申發軔于京闕辛酉致饗于廟庭與本紀所書十月戊申御朝元殿發五嶽冊之語合葢加號在五月乙未而遣使

在十月戊申也

賜陳堯咨勅

石横廣四尺一寸七分高二尺四寸二分十九行行十三字行書在西安府布政司廨

龍圖閣直學士尚書工部郎中知永興軍府陳堯咨

書

勅堯咨省所奏永興軍城裏井泉大半鹹苦居民不能得甜水喫用臣親自相度府城東二里已來有水一條名曰龍首渠其水清泠甘甜只將五七十人開一小渠引注入城四散於街市居民門前流過却由城壕之內闔郭士庶人民僧道盡得甜水喫用皆上感聖恩事具

悉卿幹用適時精心率職方委于藩之任尤資治劇之才而能相厥土之高卑究斯民之利病靡煩庶役潛導迅流直貫城闉俯周廛閈既蠲邪而難老亦播澤以無窮矧龍首之清渠寔漢京之舊跡克脩廢墜深副倚毗閱乃奏章遽茲推美其於歎尚不捨寤興故茲獎諭想宜知悉夏熱卿比平安好遣書指不多及　十五日

大中祥符七歲甲寅九月九日立

堯咨自署官與史本傳合傳云長安地斥鹵無甘泉堯咨疏龍首渠注城中民利之卽指其事堯咨字嘉謨堯叟之弟 關中金石記

按龍首渠因龍首山得名在西安府城山在城北十里水經注蕭何因龍首山營未央宮山長六十餘里頭入于渭尾達樊川云昔有黑龍從南山出飲渭水其行道因山成跡山卽基闕不假築高名山記云龍首山西北高處爲秦長樂漢未央稍東南六坡爲隋城唐西内其東爲唐南内興慶龍池之所其北爲唐東内大明宮含元宣政紫宸蓬萊金鑾諸殿南内東南引滻水入城爲龍首渠入東苑爲龍首池龍首殿皆以山得名此碑是陳堯咨知永興軍時濬渠利民奏聞眞宗因降勅獎諭堯

咨卽自書勅而勒石也碑結銜與史傳合而傳無年載可攷東都事畧亦同惟隆平集載堯咨咸平三年登進士擢知制誥景德三年貶鄆州團練副使大中祥符九年復知制誥遷集賢院又遷龍圖閣直學士知永興軍据此則知永興在九年而此碑立于七年已居此官似隆平集誤以七爲九也濬渠固利民而堯咨性豪侈所爲作不法史傳諸書皆同朱子名臣言行錄稱堯咨精于弧矢自號小由基爲知制誥出守荆南回其母馮氏問之曰汝典名藩有何異政堯咨曰州當孔道過客以堯咨善射無不歎服母曰汝父訓汝以忠孝輔國家今不務仁政善化而專卒伍一夫之技豈汝先人之意耶以杖擊之金魚墜地夫善射尚無戾于吏治而母訓之嚴已如此此賢母之可爲法者因附識之碑以九月九日立勅文有夏熱卿比平安好之語下注十五日不詳何月大約是六月所降也

北嶽醮告文

石高六尺五寸四分八面每面廣一尺三分四行行四十字行書篆額在曲陽縣北嶽廟

北嶽醮告文

御製

中散大夫太子中舍上輕車都尉臣白憲奉　勑書
并篆額
維大中祥符八年歲次乙卯二月壬子朔二十五日丙
子皇帝　稽首言伏以列辟之規有邦之典必依憑於
神化用保祐於生民禮存大享之言書著咸秩
之訓上下之祀必在於交修八神之和乃臻於多福所
以勵明誠於鑒寀奉嘉薦於苾芬庶使　不測之靈
誕昭於　忽怳無疆之應允洽於　希微竊念猥
以眇躬紹茲大寶荷　監觀於　穹昊承　積
累於　祖宗致百福之來同由　三神之儲祉

向自交馳玉帛倒載干戈尉候聊存風俗無外古先盛
德之事罔不繁興　圓淸眷佑之心由其丕顯叢春戒
序吉日協期夕夢先通　秘文嗣降既而徇鄒魯之望
幸脩云岱之上封　緑錯之圖疊承於　錫美紫煙之
燎言獲於升中以至輯玉於魏雕旋軫於郟鄏款
后祇而躬祈穡事朝　山園而再展孝思　颸
馭下臨　璿源遡悟珎臺肇葺　寶字奉安將以
伸適追嚮乾鞏定國陽之位方荅乎　天祺詣渦
曲之涯先朝乎　道秘歷平臺而駐蹕尊藝祖而建
都盛則纘揚彌文悉舉率土脩貢輿誦多歡律吕回環

未盈七載禮容首冠俄已三成自先置之辰汔飲至之
日鴻猷景鑠既已有融　美貺禎圖抑復無筭尔乃甘
泉滋液神草紛披珎木交柯靈禽接羽矞雲炳蔚嘉氣
氤氳日月揚於榮輝星宿應於瑞諜考於曩古蓋墳史
之未傳萃于方今乃耳目而咸熟至若齊璇璣之七政
和玉燭之四時通範圍之書文惠海域之黎獻千倉之
積盈儲峙於大農三尺之繁措刑辟於司寇顧惟眇薄
成此治平欲仰報於　百靈用永安於九寓乃詢甲
令于掌禮之官乃訪秘科于脩真之士載念始禧儀於
岱嶽俄歆至於譙都或豐厥牲牷或潔斯蘋藻

或崇壇而斯建或　靖館而斯臨雖復欽翼內增齋明
上達然而茫茫　曾宙杳杳　方輿其載無聲其
功不宰高也明也豈禪竈之所詳知　經之緯之豈豎
亥之所徧步穹壤之表非可以臆論鬼神之形莫諳乎
縷見寒門所會旣秩序而靡彰塗山所朝亦壇宇而曷
識　璇臺珠闕邈處於鴻濛之中金簡瑱函莫盡於
杳冥之際其有黙熙　妙用幽贊　丕功或　命
龐之云毗或　造化之攸輔烈風迅雨仰其節宣
精氣遊魂資其陶冶或高處於淸都紫府或下居於名
山秘洞或　德及庶物世罔之聞或　力濟羣生八

弗之諭雖茂承於　純嘏而終闕於豐禋茲謂弗
欽何伸大報由是內懷響若遠考徧于庶達實威以禱
況施矧復載稽地志緬眺　靈區挺　高嶽
以奠方號　下都而介治　神鄉福地咸紀寶章
秉煙御風常廻　欻駕是以擇陽和之序瞻　峻極
之峯祗遣輶車遐脩醮席縷形善禱馨達至虔夫國之
所保者民民之所尚者生生之所切者食食之所豐者
歲儻或疵癘靡作富庶允登壽考可期順成常洽然後
八荒之外俗變風移九服之中導德齊禮衣冠不異何
止於綏刑文告靡施孰煩於用武是則　天之祐
也　神之顧也敢不勵乃志懲乃心以保乎盈成
以戒乎逸豫兢兢爲務庶協於永圖翼翼在懷實期乎
來格　無任懇倒之至謹言
御書院祗應臣王守清鐫

北嶽安天元聖帝碑

碑連額高一丈三尺八寸廣四尺四寸三十二行行七十字行書在曲陽縣北嶽廟

北嶽安天元聖帝碑銘并序

翰林學士太中大夫行給事中知　制誥兼龍圖閣
學士祕書監同修　國史集賢殿修撰知禮儀院上
柱國招信縣開國子食邑六百戶賜紫金魚袋臣陳
彭年奉　勅撰
翰林侍　詔承奉郎守少府監主簿賜緋臣邢守元
奉　勅書并篆額

臣聞　天有成命所以啓貞期國有崇名所以伸
大報是知接　丕統擁　元符蓋　明靈之幽
贊考懿典興闕文乃邦家之欽奉而況地有喬嶽以奠
於坤維　嶽有至神以毗於　乾化含澤
布氣罔不蕃滋正位辨方實分壇域若乃俯當坎位仰
應辰星目以茂丘奠茲朔易宜乎禮秩之有盛感應之
无垠者也　崇文廣武感天尊道應眞佑德上聖
欽明仁孝皇帝膺元纂於　上穹繼　傳源於遂
古紹　祖武　宗文之烈承　天清地寧
之基五營八校之兵罔興燮伐三德九事之政靡不誕
敷咸池濛汜之鄉由其底定楛矢没羽之貢亦既來臻
至道非子雲之可談盛德豈吉甫之能頌故宜舉列辟
未行之典祈生民無疆之休粤以　靈文申錫之四
年郊丘飲至之十月上下之祀於是交脩小大之神以
之咸序瞻言巨址茂顯明威由是考曠絶之鴻規成欽
崇之縟典以爲奉　徽稱於王爵未答炳靈增偉號
於　帝圖允昭輔德爾乃盤根千里設險兩河廻

穴直於虛危是爲神域形勢隣於邊碣信曰名峯神[illegible]
甘泉靈虵瑞璧禮述并州之鎮史傳蔄子之符爲
皇朝受姓之區迹　先帝觀兵之地肇隆基命
首冠羣方疇德　聰明克膺丕律乃詔曰　北
嶽安天王可增號　北嶽安天廱聖帝既而治廱
之士涓吉日於惟艮掌故之臣練鴻儀於有秩奉常布
令未央會朝百執交趍八音在御采章之色熠燿於
明庭雲日之祥焜煌乎昧旦　上被華袞秉鎮圭
步自青蒲臨於黼坐出板詔命輶軒以尙書工部侍郎
馮起攝太尉太僕少卿裴莊攝司徒奉玉冊袞服于曲

陽之祠　上誠明內積乾鞏外增緬想　威靈有
同覲止恭冊將陛於文陛郎爲之興瑞節已出於端闈
然後乃罷於是列藻衛引清笳交戟夾於華軒列纛抗
於夷路六騄之騶鳴銅吹而蕭蕭九旗之斿映朝霞而
渾渾自神皐而龘駕屆靈阯而駐麾耆童聚觀秩成帷
而汗成雨次舍所歷車不殆而馬不煩載協元辰順揚
大禮先之以嘉薦是饗而是宣繼之以祝辭克誠而克
信奉瑑玉之策上升龍之衣殿邦之臣率官聯而侍祀
授命之使達朝旨而報釐於是　神鑒至勤　天
番元吉紛紛而降六出以滋艮田蒻蒻而收千箱終成

稔歲致茲上瑞屬在　乃神復以配　磅礴之靈
挺娥嬉之德中鎮之治協象於犧經作合之功齊聲於
周雅增號曰　靖明后思河渊之茂德正褕狄之
丕名所以昭秘祉於咸宜展徽章於盡善既而公輸殫
藝倕將效工增梅梁之規以成其大壯題銀牓之字用
示於方來當　景鑠之紹伸必丕徵之昼見或嶪乎
方地爲英爲甘或麗於會穹爲慶爲矞布之輿誦積于
禎圖足以見　天地之心聳華夷之聽載念
翕闢斯辨融結云分麗霄極而著明是名列緯峙方隅
而定位乃曰靈山昭回之輝既輔於臨鑒峻極之勢亦

助乎資生雖高下而殊形盖生民而咸仰雖古今而異
制抑明祀而常脩而況藏疾以昭仁設險以爲固出油
雲而布澤稼穡是滋育珎木而中村斧斤斯取龍蛇所
宅瑶琨寔繁植物之依故無算也羣生之利艮則多焉
所以有邦聿崇薦享虞書之典既曰望于周詩之篇亦
云祈爾秦之創統圭幣言加漢之承平壇壝載闢豈獨
傳云乎㡿禮謂之獲者哉矧復膺期運於千齡爲
宗主於萬國欽承乎　上帝丕冒乎蒸民天下歸
仁壽之封海外同車文之迹　丹書綠圖之瑞繼乎
温洛榮河五玉兩圭之祠盛乎泰壇方澤人之多幸千

倉儲庾之餘資史不絕書景風甘露之嘉瑞盡　兩
儀之所祐百靈之所扶故當濬蕆　宸襟述宣丕祉
疇咨令典順考禎猷遵必報之言協至公之舉尊名嘉
號卅　帝籙之會昌備物多儀顯國容之豐洽然則
明神之職𪊨定於羣倫　元后之心大庇於區宇
靈命攸執蓋黔黎之所依精意以伸乃肹蠁之來鑒
德之馨也于以薦神神其聽之由夫享德今　皇
上以熙盛之德祗達於克誠　名山以正直之神茂
膺於徽典人祇胳合福祿来成與夫歲奉三祠聞於往
日邑封百戸著于舊章此其盛哉彼奚取也夫報况授

職之應　高嶽之鴻靈祈福庇民之心　昌朝之
純懿期億載之傳信捨斯文而曷觀金刻所憑筆精攸
屬臣顧慙懵學獲侍凝嚴雖罄謏才何伸嘆頌備副車
之問莫對於　德音刊樂石之銘徒膺於　恩詔
既拜手而聞命乃洗心而屬辭銘曰
茫茫　后土實載羣倫弈弈峻嶽必有　明神彰厥丕
跡佑此黎民咸秩之祀舊史相因来同之應多福常臻
猗歟常山奠茲朔土其高累千厥名兼五嘉卉寔生靈
泉攸吐顯靈儲瑞聞於往古饗德依人輔于　明主巍
巍　昌運赫赫　大君　王猷誕布　帝德升聞乃成

至治乃受　祕文鴻儀曷弈嘉應紛紜浹洽區宇輝
映典墳順考舊章肇揚邦禮言奉　帝名仰禱　靈祉
刻字溫璧遣使文陛載以齋車翊之緹騎吝吉元日達
誠潔祭流輝銀牓增號　椒莛楝粢曲寤黍稷芬馨顯
茲　景貺冠于祥經人神交感命辭嘉亨縑緗協美琬
琰刊銘
大中祥符九年歲次丙辰四月甲戌朔二十一日甲
午建　臣王文秀刻
東染院使銀青光祿大夫撿校工部尚書知定州軍
州兼制置營田管內勸農事充鎮定等路駐泊兵馬

鈐轄兼御史大夫騎都尉彭城郡開國侯食邑一千
五百戸臣劉承宗
眞宗既封泰山祀汾陰而褒及恒山之神也陳彭年
故并端人語多容婿邢守元書亦習聖教而有得者
但結體太疎倘遇王縉便當避三舍矣知右軍乎石墨
鐫華
文云粵以靈文申錫之四年郊邱飲至之十月詔曰
北嶽安天王可增號北嶽安天元聖帝按宋史眞宗
紀大中祥符四年五月乙未加上五嶽帝號作奉神
述十月戊申御朝元殿發五嶽册碑稱十月者據奉

册之日也說文鄈河東臨汾地卽漢之所祭后土處
此云鄈邱飲至謂汾陰祀后土禮成也册禮之使爲
攝太尉尙書工部侍郎馮起攝司徒太僕少卿裴莊
通鑑長編紀事具載東嶽南嶽西嶽中嶽奉册使副
官職姓名獨遺北嶽當據此以補其闕宋史裴莊傳
大中祥符祀汾陰遷太僕少卿爲北嶽加號册禮副
使撰北行記三卷以獻卽其事也職官志定州兼安
撫使馬步軍都總管碑後列知定州軍州事劉承宗
結銜稱充鎭定等路駐泊兵馬鈐轄蓋其時定州尙
未設安撫司也（潛研堂金石文跋尾）

按北嶽之在曲陽本書卷七十三北嶽府君碑陰
之巳詳茲不贅眞宗親製醮告文首云大中祥符
八年歲次乙卯二月壬子朔二十五日丙子謹之
宋史本紀不書其事（文獻通考同）禮志有云帝自製
嶽醮告文遣使醮告卽建壇之地構亭立石柱刻
文其上而不著年月以前後兩碑證之知撰文時
告在八年刻文立石在九年也醮告文爲白宸書
則嵩陽石刻記所未及者此碑爲陳彭年邢守元
奉勅撰書史傳彭年字永年撫州南城人景德三
年累遷右正言充龍圖閣待制賜金紫大中祥符

中進秩工部郎中加集賢殿修撰三年改兵部郎
中龍圖閣直學士遷右諫議大夫兼秘書監賜勳
上柱國六年召入翰林充學士兼龍圖閣學士同
修國史祀太淸宮副丁謂爲經度制置使又同知
禮儀院禮成加給事中國史成遷工部侍郎九年
拜刑部侍郎參知政事正月九日侍眞宗朝天書
如厠眩仆還家二月卒傳所載歷官如此以碑校
之則加給事中以前歷官雖較傳爲略而存者皆
有年可攷遷工部侍郎以下碑皆不及（宋史宰輔表亦不書）
彭年爲（參政）祀太淸宮乃七年正月事則此文當卽撰

於是年或在八年與醮告文同時所出若九年四
月立碑彭年卒巳兩月矣書者邢守元無傳

朱昂等送陳瞻赴任詩

石橫廣四尺高二尺九寸
廿三行行二十一字正書

送新知永州陳秘丞　瞻　赴任
翰林學士知　制誥判史館事朱昂
赴郡逢秋節晨征思爽然過橋猶見月臨水忽聞蟬野
色藏溪樹香風撼渚蓮此行　君得意千里獨搖鞭
尙書比部員外郎直史館洪湛
零陵古郡枕湘川　太守南幃得意年茶味欲過衡岳

寺橋香先上洞庭舡錦衣照耀維桑地（同年家于衡山今出其下）石
鷰黺飛欲雨天若到浯溪須艤棹次山遺頌想依然

祕書丞直集賢院劉隲

秋風清緊鴈初飛半醉搖鞭出　帝畿名郡又分紅
旆去故鄉重見錦衣歸剖符雖暫宣　皇澤覲草終
須直　紫微從此南軒多倚望好詩芳信莫教稀

開封府推官秘書丞直史館孫冕

桂林南面近徽黃又愛江鄉出　帝鄉　新命不
辭提郡印奮山重喜過衡陽樓臺滿眼瀟湘色道路迎
風橘柚香知有　太平經濟術政閑時節好飛章

秘書丞李防

昔年同醉杏園春別後花枝幾番新彼此官遊疎翰墨
等閑交面喜　絲綸（此至拜□已領印符）榮親未必須萊子晝
錦何當只買臣布政莫爲三載計　清朝臺閣懸□
人

按陳瞻史無傳其知永州也作詩送之者五人其
中劉隲孫冕二人見宋詩紀事餘無攷紀事云劉
隲官工部員外郎直集賢院有詩見西崑酬唱集
孫冕字伯純新淦人雍熙進士天禧中尚書禮部
郎中直史館出守蘇州此石刻不題年月据孫冕
守蘇州在天禧中則其官推官當在天禧以前因
總附於大中祥符之末

保寧寺鐘樓碑

碑連額高九尺二寸廣三尺九寸二分二十八行行五十字正書篆額在興平縣

京兆府興平縣保寧寺浴室院新修鐘樓碑記

鄉貢進士冉會撰并書

弟三班借職監商稅商篆額

粤自鶴林入滅大雲之教方行金字垂文甘露之源攸
邈是以廣大千之世界闡不二之法門用導群迷俾登
正覺故得朱星紫氣炳煥於禎祥銀樹金花精虔於供

養所謂神道設教於不滅民德歸厚於無邊爰從魏晉
已來降及齊梁之際竺乾之法漸暨於西方貝多之言
盛傳於中夏蘭若棡比固非五里以鳴牛浩刼輪迴曷
覩三年而拂石前則達摩惠可更珍七聖之財後則羅
什圖澄愈大三乘之本蓋有裨於王化寔無柰於國經
遂俾　當宁之尊益堅於信尚而變可封之俗盡
溺於修持剃乃削髮毀形者實繁有徒貪福畏禍者無
遠弗屆是故捨圭田之利以飾白蓮之宮殫圓府之財
用嚴紫金之像刹宇之勢相望於康莊鍾唄之音交遞
於雲漢欲以圓如來万字之印開菩提七寶之房者矣

咸平縣居龍渭之陽隸鶉都之右周稱槐里唐号金城乃石星殞異之鄉實澴井獸祥之地咽喉甸服襟帶神皐田疇上腴民物豐富故車航之混混信往來之憧憧驗以版圖提封幾乎万井觀其地志列樹廣乎三條顧象雷之居方乃劇縣之要害保寧寺茲邑之大招提也面正离方位當乾鄗三扉顯敞上規閶闔之形百雉紆餘俯臨闤闠之隘煥乎淨土昭然化城惟此邦之居民多專心而佞佛香燈之供幾乎重賦木石之功殆乎勝人故此寺鍾樓者乃浴室沙門知遵所修也知遵紹諸祖之基稟先師之訓深成客行克持淨名更精初地之因僅守小乘之戒而心實無相身尙有爲乃觀寶地之庭攸闕豐山之器則何以聲乎晝夜節於迷遐歸依之間莫安於四衆叅請之際或失於六時師乃堅匪石之純誠鳩潤屋之餘利十方之所景附千室之所悅隨憖萃豐財克成能事師於咸平中遂詣坊州大冶鑄斯洪鍾□□□既成尙秘秋分之韻在懸攸擊漸揚霜降之音其鑄也同夏鼎之功其名也類景鍾之大伊薄厚而得所在侈奄以居中豈可同樂府以編形並靈臺而振響師乃成茲重器載以大車不逾朞旬便臻攸館艱危荐歷功庸克全於是乃擇良辰遂營層搆當乎蒼震之

位居於定星之中蕆事弥精庀徒胥悅運斤者成風之妙荷鍤者如雲之繁既豐摸斲之形復煥丹青之飾陰虬增絢陽馬騰光名翬飛以神行紺獸蹲而峯峙觀壯麗之象極般爾之全能聽輪奐之詞叶趙文之善頌信可侔井幹之制度擬麗譙之規摸雖一匱以從嶶俄三休而崇峻形勝斯萃物力告殫簨簴攸張舉万鈞而在上鯨魚用刻扣九耳以居旁象在其中盡覩有緣之相聲聞于外咸臻極樂之方足以通法界之威靈感神龍之護衛西霞非擊乃天風之自鳴大海初聞故刼輪而不下方袍之士允蔑於至誠比屋之家愈遵於善道師以懿勤式備勝利斯周忽夢兩楹之間示寂雙林之下盍以歸三空之勝境亟七覺之妙花俾白鶴以哀鳴動青牛之悲感師之善果夫豈偶然上足弟子共以門人克隆堂構堅挺鷄鳴之操不忘蟻術之勞每於焚脩之餘恪奉莊嚴之事復乃淨心蓮而不撓傳法印於無窮曾寓迹公齋游心道素忽因暇日多訪仁祠與其嗣師常相往復故聞其鍾則切於待扣登其檻則何止銷憂是以先師之令名已垂於僧史先事之營事尙闕於文言曾輒以謏才恭承重請察勤拳而弥固在牢讓以靡遑不然何以啓迪鴻猷形容盛事覩此干雲之狀還疑

變化以云爲聯斯雝雝之音豈徒鏗鏘而已矣但磬空
疎之識聊書崇制之因僶俛成文祗副來命
天禧二年歲在戊午六月壬辰朔十八日己酉立
小師前院主僧善明　院主僧善海建　供養主僧
善林　典座僧善通　善江　師孫□成　三綱僧
永□　本眞　法智　官□□僧□□
將仕郎守武功縣主簿權籌尉郝□
承奉郎守大理寺丞知縣事兼兵馬監押冉宗元
將仕郎守縣尉陸□　刻字安文晟
文甚華贍足傳行書亦整健商自署官爲三班借職
監商稅者三班借職武臣之初階監商稅隸太府寺
都提舉所謂諸州易務雜買務雜買場者是也關中金石記
按陝西通志保寧寺但云在興平縣西街不詳興
建始末其浴室院鐘樓亦無攷書碑篆額之冉曾
冉商兄弟史固無傳書譜亦不列其名

教興頌

碑高二尺一寸二分廣四尺一寸三分十八行行二十一字篆書篆額

大宋教興頌并序
虛儀先生譔
趙郡唐英書
前朝顯德季年□□□□沖人嗣位海嶽震盪鬼神不
寧玉版旣終金碑□□巍乎神器殆若綴旒六合繇是
竦觀三靈以之改□神道輔德百姓與能邇無異言遠
無異望眷　我皇□靈數在躬嗣夏配天不失舊物
車旗正朔無改於□□文物聲明載采於周禮罰壺關
之叛平淮甸之□　□首戴干戈躬擐甲冑六挍之怒
未泄二兇之□俄平日者文表起戎保權告難北軍爰
整南服乂□磔湘鳥以四分斬巴虵於千斷席卷吳會
氣飛衡巫不四三年書軌渾同天地交泰則自古帝王
敎興之道未有如建隆之盛哉無愧之辭敢以爲頌
維周嗣皇昏沖不綱二世而亾　維宋肇基受命咸宜
天人□祇　維帝龍飛應運□時雲行雨施維天爲大
無□不蓋民斯愛戴於鑠　我皇神武會昌天地同光
授鳌宣室景靈昭質無疆唯卹洞庭漣漣巴陵遷遷億
萬斯年
皇帝嗣明离之三葉歲在未月建午日丁卯
攝太常寺太祝李夢徵傳本　安粲刻字
虛儀先生不著姓名不知爲何人但碑頌爲太祖作

臣子頌君而以先生稱何不恭之甚也按宋史乾德四年命慕容延昭等討湖南將張文表未至而文表巳爲武平節度使周保權所殺延昭等又克潭州執保權湖南悉平碑所云文表起戎保權告難正指此也碑後所署歲月云皇帝嗣明离之三葉歲在未月建午日丁卯攷太祖開寶四年辛未是時宋有天下十二年矣所云三葉蓋十二年也金石存

右教興頌題云盧儀先生撰而不著其名序云日者文表起戎保權告難北軍爰整南服乂口頌云洞庭漣漣巴陵遷遷億万斯年蓋叙宋初平湖南事也宋

史文苑傳有馬應者薄有文名多服道士衣自稱先生開寶初倣元結中興頌作教興頌以述太祖下荆湖之功欲刊石于永州結頌之側縣令惡其夸誕不以聞此頌三句一轉韻與中興頌同格署先生而不名知其爲馬應所撰也碑後題年月云皇帝嗣明离之三葉歲在未月建午日丁卯山陽吳玉搢以爲開寶四年辛未予攷開寶四年五月乙未朔無丁卯日其時宋有天下十二年爾雖三改元不當云三葉且太祖開刱之主不得云嗣明离也碑末書攝太常寺太祝李夢徵傳本則勒石之時去開寶初已遠矣宋自太祖至真宗有天下者三世葉者世也云三葉其在真宗之世乎真宗景德四年丁未五月丙申朔無丁卯日惟天禧三年己未五月丁巳朔丁卯乃月之十一日也故定以爲天禧三年云潛研堂金石文跋尾

按碑題大宋教興頌文云則自古帝王教興之道未有如建隆之盛哉教興二字蓋取左傳其興也悖焉之義教字說文所無廣韻云教卒旋放之貌司馬相如子虛賦媻姍勃窣上金隄顏師古注謂行於叢薄之間也勃窣即教卒是教與勃通左傳音義云悖蒲忽反一作勃同是唐初古本有作與

也勃焉者勃悖教三字聲義並同故借教爲勃碑又云皇帝嗣明离之三月以離爲离從鄭氏易也宋人尚知古字如此惜唐英之名無可攷矣

中嶽醮告文

柱高五尺二寸八面周廣四尺六寸三十二行行三十八字行書篆額在登封中嶽廟

中嶽醮告文

御製

翰林侍　詔朝奉郎行少府監主簿賜緋臣劉太初

奉　勅書并篆額

文與前北嶽醮告文同不録

中書省玉冊官　御書院袛候臣沈慶
臣晉文寶鐫
天禧三年九月　日建
按太初爲翰林待詔以書爲職其書有唐人風故可
觀也宋諸奉勅書碑皆御書院祇候刻字設有專官
以共其事此他代所未及也說嵩
文用石柱起爲稜觚磨平面面刻之宋史禮志眞宗
自製五嶽醮告文遣使醮告卽建壇之地搆亭立石
柱刻文其上余今所得中嶽廟者此盖其一而以文
案之則大中祥符八年歲次乙卯二月壬子朔二十
五日丙子也志于年月從略得此可證明也授堂金石三跋

摩騰入漢靈異記
碑横廣六尺高二尺七寸三十五行行二十五六七字不等行書在洛陽白馬寺
摩騰入漢靈異記第四中錄出白馬寺舍利
己巳之歲四月八日　孝明皇帝駕幸鴻臚卿寺
謁二三藏問對數次弥加禮重得迦葉摩騰□
陛下曰寺之東鄰是何館室　皇帝曰彼中疇
昔無故忽然勇起可及丈餘人或之平尋復隆阜其上
往往時發光明民所異之乃聞上國政因該祀典遂名
洛陽土地之神其所阜者土俗謂之聖塚今在道中凡
所祝告皆隨懇願自□而下蟬聯命享情未知由三藏
曰噫余嘗於中印度躬覽合藏其中所云如來滅度百
年之後有阿恕伽王起八方四千七寶塔安佛舍利郁
闍羅漢運以神通將右手掩日放八萬四千光攝衆寶
塔□彼光內旁覩四維上極空界八萬四千同時而葬
支曰東土支那有一十九處云□有□□時而出余今
至此屢目神光無異中印□光明□今陛下所言聖塚
者乃十九數中之一必不虛焉是時二三藏遂命
皇帝□百寮同詣彼廟列聖塚之前三藏敷座與而
歸禮　皇帝與宰臣亦禮當禮次聖塚上現一圓
相影二三藏禮　皇帝三身如鑑照容分明內現
其餘臣寮但覩其光不現其身□相謂曰我輩寡福不
現其身由是□□□各見□身獨在光內皆曰其冂偏
照於我已而二三藏以梵語□□而衆咸稱未之如也
時　皇帝聖情悅懌□□素□感恨流涕語二三
藏曰朕若不偶二師□能覺佛遺祐矣自是方深信
釋迦牟尼眞身舍利之塔也　皇帝遂勅所
師令稟三藏制度崇是浮啚自是年二月一日起□至
庚午歲十二月八日□功告畢凡□□高五百尺岌若
岳峙塔□齊雲寺通白馬至後周二年四月八日塔上

現五色神光天香氛氳罔知何至而自光中口一金掌持起寶塔可高尺餘色如瑠璃內外明澈自午及申口口方隱時

皇帝洎宰臣并士庶咸瞻勝相欽玩無数人之右遶光亦右遶人之左旋光亦左旋皆憗嘆仰不知所以然而然也當是口口口千衆中有梵僧九口僧伽摩羅等咸謂正是阿恕伽王口口所造之塔口樣也竺乾亦有三處我曾數禮奉因是靈感弥益信心口流終古長興二年二月八日記

巨宋天禧五年正月七日重建

西蜀武都山僧景遵書

西京口口口白馬寺主淨口大師賜紫文翊

景遵無書名而字體絕類聖教序北宋人書猶有晉唐風格良可愛也中州金石記

按河南通志白馬寺在河南府城東漢明帝時摩騰竺法蘭始自西域以白馬馱經來初止鴻臚寺遂取寺爲名置白馬寺通志但詳興建之始而於入漢靈異無一語及之殆亦以此碑所載語近夸誕不足錄也摩騰事詳高僧傳已見前卷碑云已巳之歲四月八日孝明皇帝駕幸鴻臚卿寺此指漢明帝也己巳爲永平十二年明帝以永平七年正月十五日夢金人遂遣王遵等西訪佛法至月氏遇摩騰竺法蘭將四十二章經載以白馬同回洛陽時十年丁卯十二月三十日也此則紀十二年帝幸鴻臚寺禮聖塚因建浮圖事然前已云已巳歲四月八日後云自是年二月一日起至庚午年十二月八日功畢先四月而後二月其語不可解也又云後周二年四月八日塔現五色神光末云長興二年二月八日記所稱後周不知何時若云五代之後周則不應在長興之前若云宇文周則無年號可紀不知爲何帝之二年文之謬悠如此至其以鴻廬爲鴻臚以所師爲所司又不足論已

杭州放生池碑

碑連額高一丈四尺六寸廣七尺二寸五分二十一行行三十三字正書篆額在杭州府西湖寶石山麓

杭州放生池記

朝奉大夫給事中知杭州軍州兼管內隄堰橋道勸農市舶使提舉杭蘇一路兵甲巡檢公事護軍太原縣開國男食邑三百戶賜紫金魚袋王隨撰

錢塘僧思齊書

宣德郎守大理寺丞監杭州清酒務吳遵路篆額

粤若星辰麗天斗宿分揚州之域江漢爲紀浙河控餘
杭之地斯郡也民俗繁侈山水奇秀揔軍戎之重乃東
南之鉅屏無兵火之沴爲吳越之福壤羅城之西有湖
曰錢塘或謂上湖亦云西湖寶刹相望繚岸百餘寺煙
景可愛澄波三十里實二浙之佳致一方之上游也天
禧三年秋七月　相國太原公自巖廊之任膺廉符
之寄坐召棠以敷化訟息而刑清奉　漢條以班春
境肅而物泰未朞月衆心熙熙然如登柱史之臺矣明
年秋八月　公祇奉　詔召入覲　象闕澤國
留昔穤之頌　當宁厚晝接之眷因　上言是湖也
最爲勝境俯瀕　佛宫居人𩟗食盡取其中　國
家每以歲時　祈乃民福星聄至止精設於
蘭若羽服陳儀恭投於龍簡顧禁採捕仍以放生池名
爲請　皇帝仁及萬有　惠濟羣品　法神武
之不殺守慈儉以爲寶　奏牘誠激　凝旒喜動
濬發　中旨普令蕆青　絲綸適降巳改觀於方
塘罔罟靡施免有歎於赬尾既厚生生之樂永煥
巍巍之業隨忝職瑣闥承乏方面獲覩善利思勒於金
石媿無好辭聊紀於歲月者巳時天禧五年三月二十
七日記　陶珉趙克和鐫

朝奉郎行太常博士運判軍州兼管内隄堰橋道勸
農同監市舶司事騎都尉借緋林從周　承奉郎守
大理寺丞知錢塘縣事楊告　文林郎守錢塘縣尉
張仲顏
中散大夫行尚書都官員外郎通判軍州兼管内隄
堰橋道勸農同監市舶司事上輕車都尉李□□
承奉郎試大理評事知觀察判官廳公事段少連
登仕郎試秘書省校書郎錢塘縣主簿李禩
兩浙路提點刑獄勸農副使左侍禁□閤門祇候王
世文　左班殿直閤門祇候兵馬都監兼在城巡檢
臧遉　觀察推官承奉郎試大理評事苗□
兩浙路提點刑獄勸農使朝奉大夫行尚書度支員
外郎護軍借紫朱□　左班殿直閤門祇候杭蘇
等八州軍都巡檢使孫逢　節度推官文林郎試秘
書省校書郎□□
兩浙諸州水陸計度轉運使兼提點市舶司本路勸
農使朝奉郎尚書度支員外郎上騎都尉賜緋魚袋
借紫方仲荀　左班殿直閤門祇候兵馬都監兼在
城巡檢韓允文　承奉郎試大理評事知節度掌書
記□□

兩浙諸州水陸計度轉運使兼提點市舶司本路勸
農使朝奉大夫尚書工部郎中柱國賜紫金魚袋曹
定　西染院副使駐泊兵馬都監同提舉杭蘇一路
兵甲巡檢公事李昭度　登仕郎守少府監丞知仁
和縣事李口

按此碑在杭州西湖北岸昭慶寺西石塔頭旁連
民居環以土垣故雖露立山坡風雨凌轢外蹟若
多剥蝕而字徑三寸大書深刻搨而讀之了了可
辨文僅泐五字全篇載西湖志藝文卷中今取以
校補碑臨大路之北路南爲陳氏就莊乾隆四十

七年間昶重修西湖志館寓莊中與此碑觚突相
接編訂之暇往往步屧山岡徘徊碑下者久之碑
爲王隨撰僧思齊書吳遵路篆額宋史列傳王隨
字子正河南人東都事畧河陽人眞宗朝擢知制誥累知
揚州加右諫議大夫權知開封府仁宗爲太子拜
右庶子仍領府事坐事奪知制誥改給事中知杭
州隨外若方嚴而治失于寛性喜佛慕裴休之爲
人故其撰此碑述瀕湖佛宫禁民採捕語多親切
碑繫銜云兼管內隄堰橋道勸農市舶使提舉杭
蘇一路兵甲巡檢公事此與他知軍銜不同浙西

水利以河渠爲亟河渠以隄堰橋道爲重宋史河
渠志熙寧元年十月詔杭之長安秀之杉青常之
望亭三堰監護使臣並以管幹河塘繫銜常同所
屬令佐巡視修固以時啓閉据此碑則在天禧中
已以隄堰橋道繫銜不待熙寧初矣職官志載巡
檢司有沿邊溪峒都巡檢或蕃漢都巡檢或數州
數縣管界或一州一縣巡檢掌訓治甲兵巡邏州
邑擒捕盜賊事此王隨以杭蘇一路兵甲巡檢繫
銜乃所謂數州數縣管界之巡檢也書史會要稱
釋思齊杭人書師柳公權有所書放生池碑在杭

州即此碑也吳遵路見宋史循吏傳字安道父淑
見文苑傳遵路第進士累官至殿中丞爲秘閣校
理章獻太后稱制遵路條奏十餘事語皆切直忤
太后意出知常州章獻稱制乃仁宗初即位時事
遵路之官大理寺丞監杭州清酒務蓋在眞宗朝
官殿中丞以前之任史從略也後列銜名十八人
史傳載楊告字道之漢州綿竹人同學究出身累
調南劍州判官知南安六合錢塘寧國縣大理寺
丞通判江寧州据此碑則大理寺丞在知錢塘縣
時已有此官段少連字希逸開封人舉服勤詞學

累知崇陽縣擢杭州觀察判官据碑則試大理許事傳所略也亦俱無攷碑云斯郡也爲吳郡之福壤羅城之西有湖曰錢塘或謂上湖亦云西湖羅城者卽杭州城也吳越備史唐昭宗大順元年閏九月錢鏐築新夾城環包家山泊秦望山而迴凡五十餘里景福二年七月錢鏐新築羅城自秦望山由夾城東亘江干泊錢塘湖霍山范浦凡七十里此卽羅城之始也西湖志云西湖古稱明聖湖又以其在錢塘故稱錢塘湖又以其輸委於下湖故稱上湖其地負會城之西故通稱西湖碑言天禧三年秋七月相國太原公自巖廊之任膺麾符之寄明年秋八月公祗奉詔召入覲象闕相國太原公謂王欽若也宰輔表三年六月甲午王欽若自中書侍郎同平章事以太子太保免本傳云商州捕得道士譙文易畜禁書能以術使六丁六甲神自言嘗出入欽若家得欽若所遺詩帝以問欽若謝不省遂以太子太保出判杭州仁宗爲皇太子自以東宮師保請歸朝復爲資政大學士西湖之禁採捕正在是時傳亦從畧也

金石萃編卷一百三十終

金石萃編卷一百三十一

賜進士出身　誥授光祿大夫刑部右侍郎加七級王昶譔

宋九

增修中嶽廟碑

碑高一丈二尺七寸廣五尺八寸四分三十三行行七十五字行書篆額在登封中嶽廟

大宋增修中嶽　中天崇聖帝廟碑銘并序

朝散大夫行尚書比部員外郎知　制誥判大理寺

輕車都尉賜紫金魚袋臣陳知微奉　勅撰

翰林待　詔朝散大夫太子中舍同正臣邢守元奉

勅書并篆額

臣聞融結斯分岧嶤列峙秀出奠方之勢財成育物之功嶽鎮之炳靈也陰陽靡測變化難窮周大塊以無方助鴻鈞而不宰　至神之妙用也交修享祀對越神祇望秩于山川薦馨于簠簋有國之茂典也尊崇顯號增葺　殊進備物以致嚴祈禱而庇俗帝王之精意也四□還相爲用然後能罄昭事而膺純錫矣非　聖人撫運則何以臻于是乎巖巖維嵩作鎮中夏控制轘轅之域連延郟鄏之區拳石流形自胚渾而特起土圭測影驗寒暑之無愆舜典紀乎時巡周詩壯其峻極加以功宣化育德輔沈潛四象相生惟

土也周流乎八卦羣山既列惟崧也磅礴乎三川居然
神秀之姿莫測崈高之狀是使眞仙攸託珎瑞沓臻石
壇騰金辟之輝天井濬蛟龍之宂鳳笙鶴馭嘉子晋之
嬉游石髓玉漿見茂先之博識草木以之而效異峯巒
由是而標奇貝葉扶疎疑生於淨土神芝菌蠢幾秀於
中林許由韜晦而不還漢武封崇而有自三臺峭拔想
翠輦以會臨二室穹隆顧赤霄而可接宜乎配天而比
峻鎮地而稱雄者也洪惟　至靈宅茲勝壤居中正
位受　命於紫淸毓粹含章顯仁於博厚體嫗煦生
成之造茂　聰明正直之儞得一生三冥符於道妙
知來藏往莫究乎幾微丕應屢彰羣情斯屬眷惟歷代
率勵明誠顧名級以是分亦典章而盡在袞衣焜耀視
公爵於成周羽蓋葳蕤進王封於天寶雖申仰止未極
推崇允契　昌辰彌昭盛則　烈祖以建邦立極
禁暴勝殘革五代之澆漓副萬方之愛戴啓　炎靈
之祚本自一戎宣震耀之威咸淸九服蕩除僭僞馴致
治平言念珎祠實居溫洛式奉苾芬之祀聿增輪奐之
規正乎信辭不我殊祉　神宗以時膺下武化洽同
文澈烽燧於邊陲列膠庠於郡國干戈載戢美播乎聲
詩俎豆斯陳動遵乎典禮瞻彼靖冥之館素繫陰騭之

仁寅奉有加修營靡息貲緜長於永曆聳壯觀於黎氓
誕集蕃釐爰鍾濬哲　崇文廣武感天尊道應眞佑
德欽明上聖仁孝皇帝撫　重熙之景運嗣
二聖之元基觀乙夜之書詳求治本布陽春之澤溥浸
含生鑒因革於前王洽謳謠於庶品參天兩地法亭毒
以無私一日萬機示躬親而靡倦威加卉服德被鴻荒
顓頊絜誠必先乎祭祀唐堯稽古用廣乎文思溫恭旣
邁於有虞勤儉更逾於伯禹好問則裕成湯唯務於永
圖建官惟賢周武於焉而大定升王猷於八表式帝命
於九圍欽恤刑章命輶軒於列郡昭宣德化賜束帛於
高年睦鄰遂息於征徭教學遹臻於友悌下勸農之詔
異力穡而有秋精取士之科以得人而為盛仁心格乎
動植孝感達于幽遐按蹕　諸陵肅展奉　先之
志燔柴吉士虔伸報本之儀一變澆風爰臻淨治然猶
兢兢馭朽翼翼持盈端委嚮明茂對重離之位儲精垂
思深窮衆妙之門黃屋非心　紫口降鑒元夷之使戒
之以先期　綠字之書授之於獻歲諭以大中之旨崇
乎淸淨之風同河洛之秘文符　皇王之嘉瑞欽承
寶命迭舉　鴻儀撿玉岱宗仰荅　慶靈
之祐奠琮口壤止祈豐稔之祥秘祝無間蒸黎是賴旣

畢頌祇之禮仍覃在宥之恩禹會斯嚴俾諸侯之肆覲
秦川載覽飭萬乘以言旋惟法御之經塗迨祠官之舉
職皆申潔祭咸秩無文矧彼崧高鎮兹京邑宅中圖大
斯惟岳鼎之郊生甫及申實乃降神之嶽夙存　廟
貌多歷歲時厥制未隆斯民何仰道不終否時逢會昌
粵惟守土之臣實奉保釐之寄因崇祀事周覽逛除露
奏以聞輿加必葺況升名帝籍早奉於徽章　列像
神臯載嚴於恭館重以覃研　聖慮彪炳　乾文
奉　神既折於徽言垂世永存於懿鑠而　宅靈
之地棟宇未崇增肅　宸襟特須明詔大中祥符紀

號之六年癸丑歲季夏月於是乎命中使登高丘造嚴
祠數　睿旨涓吉日恊靈辰梓匠授其全謨林衡度
其貞幹因乎舊制煥以新規礱巨石以瑰琦廣餘基而
顯豁風斤載運雲錙偕興鳩功靡奪於農時經費咸資
於御府崇墉繚繞屹若雲連秘宇深沈呀如洞啓文梔
鏤檻燦琳碧以相輝銀牓璇題對煙霞而絢彩而又
神靈之迹應見之徵假繪事以章施俾民瞻而竦畏
聿成壯麗愈洽豐融龍袞珠旒端　睟儀於正寢禕
衣闕翟昭　盛服於中闈羽衛駢羅簪裳拱侍以至
會同　四岳森列羣神環像設於回廊赫　威容

於福地嚴警巡之次盖法周廬敞齋宿之宮爰資潔志
若乃牲牷克備鼎俎惟寅嘉薦倘乎吉蠲至誠通於肸
蠁垂鴻不朽率禮無違至乙卯歲季夏月載歷炎涼厥
功告畢增修殿宇并創造碑樓等共八百五十間移塑
尊像及裝□新舊功德畫壁等共四百七十所至
矣哉荐與雲楕載擁　神休眞介福之奥區乃集靈
之邃宇也宜乎茂昭純嘏丕冒黎元躋眷蔚之容洏滋
品彙峻巍峩之質等固　蘿圖必資鴻碩之流式志
修崇之美而臣才非穎曜學本空疎徒塵切近之司莫
著揄揚之效遽承　芝撿輙叩蕪音徵黄絹之辭誠

金石萃編卷一百二十一　宋九

慙麗藻刻翠珉之字曷暢　徽猷但謹歲時敢爲銘
曰
太極肇判　二儀乃分　草木麗地　山川出雲　風
雷噴薄　氣象絪緼　惟兹列鎮　實煥前聞　崧高
峩峩　蟠亘千古　如轂處中　如日當午　遠控伊
洛　挺生申甫　羣岳之宗　列眞之府　崛起隆阜
　削成奇峯　崔嵬既結　純粹攸鍾　山聲表瑞
漢益戸封　土德符慶　唐致時雍　靈壤開基　明
神是宅　廟貌斯存　威嚴有赫　雲惟高張　嚴扉
巨闢　輔彼　柔祇　居爲勝域　粤惟往古　咸勵欽

崇 軒裳孔異 爵秩增隆 國章雖盛 臣位攸同
允厲 昌運 爰推至公 縟典有加 鴻儀載肅
濬發 天衷 昭升 帝籙 扆座斯皇 口旒允穆 備
極寅恭 惟新戩穀 祠遊夙設 歷歲滋深 金鋪
雨駮 玉戺苔侵 宜崇偉觀 式契靈心 守臣飛
奏 宸旨遐臨 乃降輶軒 爰徵梓匠 卽膺謀新
重規大壯 架險陵虛 稱雄四望 神化難名
翬飛莫狀 虹梁偃蹇 藻井芬敷 雲羅掩映 霞
綺縈紆 高齊絕巘 永鎮名區 刊諸琬琰 禁以
樵蘇 籩豆有楚 犧牲是薦 笑祝陳信 罇彝致

奠 能事斯畢 明靈乃眷 祚我 皇圖 彌鍾錫羨
乹興元年歲次壬戌六月己亥朔十六日甲寅建
御書院祗應臣沈政臣鄒義等刻字
校乾興元年二月眞宗崩仁宗卽位碑文稱崇文廣
武感天尊道應眞佑德欽明上聖仁孝皇帝則眞宗
天禧三年以前所上尊號也蓋修廟之役始事于祥
符六年癸丑畢功于八年乙卯知微奉勑撰文亦在
此時更數年而後勒之石耳王曾中嶽廟碑陳彭年
北嶽廟碑所書尊號欽明二字在上聖之下宋史東
都事略並同獨此碑欽明在上聖上不可曉潛研堂金石文

跋尾
碑爲大中祥符六年癸丑至乙卯歲增修殿宇創造
碑樓而作陳知微宋史有傳邢守元書亦謹飭似唐
人又有所書北嶽安天王元聖帝碑中州金石記
按中嶽廟自大中祥符四年加號中天崇聖帝至
七年立碑文已見前此碑云六年季夏命使修廟
是加號立碑正在修廟之時矣修廟之役拗于六
年季夏畢于八年季夏功僅兩年而立碑則距竣
工後八年奉勑撰文者陳知微史傳稱知微字希
顔高郵人由荊湖南路轉運使拜比部員外郎知

制誥判吏部銓兼刑部又判司農寺糾察在京刑
獄天禧二年加玉清昭應宮判官俄以疾卒而不
言其判大理寺署之也其卒在天禧二年則此文
作於二年以前矣書者邢守元無傳天下金石志
但載其所書北嶽安天聖帝碑而不及此碑是其
所遺也

永定陵采石記

碑高八尺一寸五分廣四尺許三十一行行六十五字正書篆額在偃師縣

永定陵修奉採石記
京西諸州水陸計度轉運使朝請大夫行尚書兵部

員外郎護軍□□瑾篆額
文林郎守河南府緱氏縣主簿管勾採取般運　山
陵石段樂輔國撰
若乃土圭定國卜洛處二宅之雄地鎮秉靈維嵩冠五
岳之首風雨之所會陰陽之所和□然□天地之心緯
爾是　　皇王之宅□□□□實曰名都　　我
國家運葉隆興　　創業垂統削平多壘奄宅中區
京邑乇□□之師城闕有□□之衆□水陸五
□之□□□□萬□之饒所以□淮汴之□游爲
都畿之勝地比之全盛又絶擬倫伏自　　太祖

太宗應順天人追尊　　祖禰欽崇　　藏
懿號□奉　　寢園乃於宅鼎之□以□
金之地爰從吉兆實建宏□□舉　　□□□□□
□□□□□道應聿鍾　　萬世之基　　大行
皇帝祗□　　璿圖恢融　　寶命啓廸精妙逢
□粹和□□□□二聖之令猷超九皇之懿範
睿文冠古宸經天緯地之源　　神武膺期□□□
反正之業　　仁以守□　　孝以奉　　先
四時罔絶於畋遊七廟祢敦於　　恪謹爰自
君臨兆庶　　德服華夷運　　神策於邊荒

執利器於掌握四夷□叙不施烽燧之輝百姓乆安不
識軍旅之事綿□恬泰盛節交修翠巘泥金聿舉增高
之典神雕奠璧復施益厚之功以至延　　欸馭於
　　寰淸授　　珎符於　　秘殿奉
希夷之誨昭示　　仙源瞻　　睟穆之容延昌
寶祚顯　　道宗之積累則　　幸亳以
朝眞荅　　紫□之貽□則欵陽郊而薦
號顧　　能事之畢舉仍　　宸念以增虞
旰昃萬機　　□勞庶務六一丹就□□無舐
鼎之緣二十功成□后有攀　　髯之歎莫不哀纏

聖嗣痛結　　宮闈　　六龍未達於杳
冥四海□聞於遏密倏臨遠日爰土廣阡指瀍澗之濵
□蒼梧之野庀徒集事豈易其人□　　命威塞軍
節度使侍衛親軍步軍副都指揮使夏公守恩充修奉
部署　　左騏驥使忠州防禦使入內都知藍公繼宗
充修奉鈐轄　　二公　　先朝拔擢之恩副
當宁選掄之寄同心戮力夙夜在公仗鉞而來□以
便宜從事募諸道□士工匠來赴力役　　表請文武
官□使命分掌其事雖欽承　　治命以儉約而處
先而遵法古儀在堅固以爲事計用數砌　　皇堂

石二万七千三百七十七□門石一十四侍從人物象
馬之狀六十二□□名山悉比尋訪緱氏縣南有粟子
嶺者蓋少室之西山萬安之東嶺也多產巨石巖稜溫
潤罕與爲比輔國□居庵下仍屬隄封首□□□□□
計置還□□□□□乃　命中貴內殿崇班李知常
左侍禁李丕遠與輔國同辦其事部領工匠四千六百
□山并般運其□二萬七千茲山也□入煙蘿□□峭
□□□行□杳絕居民固無甘泉以充日用汲引甚遠
飲歠或愆士民之心方增勞止忽有石泉一眼湧出并
巖谷□有清泉一派□□山址其源深而流長其味甘

而且美挈缾而至□□雲屯熬熬之心不勝其樂儻匪
一人之孝感　二公之至誠不能致也拜井
水湧詎已於耿恭刺山泉飛靡專於李廣挺生傑出何
代無人此山舊□神祠綿歷□歲棟宇摧壞且基址具
存□□□□繼其完葺揆諸材瓦假力餘工曾未浹旬
儼然新廟冀其降福以庇茲民復有靈虵出爲瑞應其
色皎潔其狀蜿□爰有飛章達于　天聽特
詔中使頒　睿旨賫名香率道流二七人建靈
場三晝夜并設清醮以荅神貺而又屢宣　宸慈
撫恤士伍餌以醫藥　賚以物帛羣情感激罔不盡

心每梯霞躡雲沿崖抱棧若履平地咸欲先登鐫琢之
聲聞數百里凡所攻採應手而得號令所出□同影響
般輦相繼有若風雷而未及前期厥數大備自暮春之
令序逮歊蒸之届辰以日繫時其功就畢洎乎充用抑
有羨餘輔國獲處下風叨預陳力備觀事實仍仰
巍猷秉筆直書詞亦無媿至於崇奉　陵域種植
松楸嚴肅　威儀秘邃　宮闕規模宏壯制
度久長亦　二帥之輸忠諸君之協贊固不可得而
備言也聊書採石一時之事乃萬分之一二矣時乾興
元年八月十日記

左侍禁提舉　山陵逐程排頓及馬遞鋪管勾採取
般運石段李丕遠書□刻字
內殿崇班提舉　山陵逐程排頓及馬遞鋪管勾採
取般運石段李知常
山陵修奉鈐轄左騏驥使忠州防禦使入內內侍省
都知勾當皇城□□整肅隨　駕□□藍糸宗
山陵修奉部署侍衛親軍步軍副都指揮使威塞軍
節度使夏守恩
億按碑漫漶尋其可與史證者惟藍繼宗見禮志志
云山陵按行使藍繼宗言據司天監定永安縣東北

六里曰卧龍岡堪充山陵今碑云繼宗充修奉部署又云山陵修奉鈐轄以見繼宗必初爲按行而後又充修奉史載或不備附於此見之也職官志使職兼領者親祀南郊則有大禮禮儀鹵簿橋道頓遞五使籍田泰山封禪汾陰奉祀恭上寶冊南郊恭謝皆如之案橋道頓遞使當太祖崩而太宗時尹開封固嘗任之尋又兼五使則志於大喪充使職者亦當列之志内然竟未收入何與豈以國恤諱而不書與記所載李丕遠李知常並有提舉山陵逐程排頓及馬遞鋪等職蓋亦頓遞使之遺也故著之以補史闕匽師金石錄

按此碑篆額者但存其名瑾而泐其上二字以史考之當是鍾離瑾也傳稱瑾字公瑜廬州合肥人由淮南轉運副使歷京西河東河北轉運使改江淮制置發運使累遷尚書刑部郎中碑結銜云京西諸州水陸計度轉運使當即傳載京西轉運使而兵部員外郎傳特從畧耳撰者樂輔國無傳史有樂史之子黃目傳稱黃目字公禮撫州宜黃人世仕江左李氏其子理國爲衛尉寺丞定國爲大理評事疑輔國亦黃目之子或史畧之也文稱緱氏縣南有粟子嶺有石泉一眼湧出因葺舊祠爲新廟復有靈蠅出爲瑞應今撿河南通志皆不載惟云眞宗陵在鞏縣城西南蓋當時山陵在鞏縣采石在緱氏也碑文叙夏守恩藍繼宗二人碑末增叙李丕遠李知常二人二李無傳夏守恩傳稱字君殊并州榆次人天聖初加步軍副都指揮使威塞軍節度使爲永定陵總管史惟總管與碑之稱部署異餘官皆同然云天聖初則史誤也山陵是乾興元年事非天聖初藍繼宗宦者傳稱字承祖廣州南海人仁宗即位遷左騏驥使忠州防禦使永定陵修奉鈐轄與碑合碑下云勾當皇城司則繼宗原官下又有整肅隨駕等字舉以入銜則傳所無眞宗謁陵東封祀汾陰繼宗皆隨駕此必當時欵銜有此名而史畧之又繼宗之爲按行事并一次太宗時按視大小洛門二砦元德章穆三后葬爲按行園陵使特修奉永定陵傳無按行之文而别見於禮志碑亦不言先按行而後修奉且碑文明言充修奉部署者夏守恩充修奉鈐轄者藍繼宗偃師金石錄云繼宗充修奉部署誤也

鞏縣重修至德常寧觀記

碑高四尺八寸七分廣三尺二十三
行行四十二至四十八字不等行書

鳳翔府虢縣重修至德常寧觀記

進士高安撰

進士趙綱書

嵇康言神仙雖目所不覩而傳記所載其必有之此乃
特稟異氣非積學能成議者紛紜莫能一致其謳徵詠
妙則謂之昌言其攻短捨長則稱爲誕說或引軒轅黃
帝埋弓劒攀龍髯以證必然之理或舉秦皇漢武梁滄
海拜竹官以明無□之驗眞僞迷於千□襃貶興於百
家若迺黼黻冲虛丹青紫府湧泉源於言下橋星辰於
筆端則王母雙成凜然可揖或指斥道教折衝仙籍散
風霜□春晝森矛楯於青簡則列子莊生昭然可告俾
下士遂其朕負□聞昧於是非殊不知今古相遙天地
至廣動植賦象質類性垂魚化虎變木連理草三秀萬
物□□□□□之不可信也若然則濡毫之士不得不
探幽賾微深抑希夷之境況復責詞蟬蛻之地當凝思
搦管意□焉而罔决將取監前聞始知叔夜之論最爲
絕妙而刎於留情丹鼎引領金闕慕緱山之舉手窮桃
源以索路落落動羽化之思飂飂起凌雲之心能不噬
昧縟言挹酌精義得非徹骨入神之所寶惜乎量排翟

輔軻之士未易輕喻也按縣圖經有常寧觀在邑之南
斯則前代賜額之巨官也流俗傳昔有劉眞人輕舉是
地歷五代離乱碑碣堙沒止有石蓮座誌百餘言說劉
經張陵樊夫人全家上□以證其事似符流俗之傳疑
者雖屋宇殘毀□至磨滅斯又若人民欽其前聞不忍
使芳跡之永絕也故觀之內惟有石像一尊古殿一座
風雨暴露香火寂寥至　邑令嚴公來莅此縣率
道布政厚德薄刑復覩　聖□勝槩□興靈迹具
舉故慨然有葺脩之志於是命歧下賜紫道士顏項公
自忠以主之俄有高泉道人趙公從讓自號慙愧導引
辟穀僅三十載課釋典持□□俱盈數十萬卷混眞好
酒時發微機可謂負拔俗之大名蹈高世之芳躅知
嚴令之賢誠足振其大道繇是捨錢數十萬市瑰材
召頎匠新大殿建道堂敞客廳廓廚宇回廊曲檻青頂
綠檽翼翼嚴宫朞歲而就若乃宗聖教貴遺址萬工千
木倫□公門草故鼎新速於衆力儻非尊道之名宰博
施之逸士則前古福地竟爲禾黍矣若夫驗興廢明會
遇又匪偶然矣　嚴令奮經始之謀慙愧挺圖終之
誓言必合動無拒若商聲之應宮迅流之赴海聞之可
以清人神觀之可以快人意是能築宏基於久隳鼓眞

風於巳墜者也而况趙公願心方銳若侯九仞之山速
成而簣土始進其能自止乎不幾年更覩其棲閣□□
金碧燭日也□邑民矣才學無□□□□□屬　嚴
公秩甫满□命爲記安亦欲紀公之休烈𠕋願多讓敢
自謂雄文□但紀古觀中興年祀矣時
大宋天聖五年歲次丁卯九月一日戊戌朔九日丙
午建
儒林郎行縣尉兼主簿張文質
賜紫道士觀主顧項自忠
承事郎守虢縣令嚴望之

高泉道人趙從讜建
小師道士□□□□　　清河張志刊字
按宋之虢縣屬鳳翔府元時省入寶鷄縣今檢陝
西通志祠祀寺觀卷寶鷄縣不載至德常寧觀

勸慎刑文
石高六尺六寸八分廣三尺六寸五分
三十三行行六十一字正書在西安府

勸慎刑文并序
正奉大夫守禮部尚書充集賢院學士判西京留司
御史臺柱國南安郡開國公食邑四千三百戶食實
封陸伯戶賜紫金魚袋晁迥述

序曰嘗覽朝士所述戒殺生文服其善利居□□續之
以賛而資助之大旨惜乎生物之性焉惟人萬物之靈
厥理尤重因而别撰勸慎刑文明引善惡報應亦冀流
播警悟當官之吏疚心于刑廣樹無疆□□也　文
曰易稱君子明慎用刑而不留獄至矣哉前經格言凡
斷獄者旣明且慎而不滯留吏訓詳悉無□于此
國家歲舉恤刑之詔賜天下長吏條□甚備而年祀寖
遠因循怠忽若能視之如新奉行彌篤哀矜服念不失
其職此乃以惻隱之仁崇樹勝因□□他等萬萬夐殊
矣□得情勿喜先哲垂戒者蓋□道化之末而及于禮

禮防之末而及于刑刑以輔政弗獲巳而用之也不當
銳意以快其心然有便宜從事□用其刑者必須事出
權變以去巨蠹安齊民焉□非可常用苟不以此但好
深刻爲盡理酷暴爲絶倫窮極殘忍自徼赫赫之名者
非公也是私也違古聖欽哉之訓其有濫而不明輕而
不慎用情樂殺於人者殃咎響答安可勝紀布在信史
可舉大端有如西漢寗成以郎謁者事景帝猾賊任威
稍遷至濟南都尉其治如狼牧羊號曰乳虎至武帝即
位爲内史而外□□毁成之短成遂抵罪髡鉗又周陽
由居二千石中最爲暴酷後爲河東都尉與其守勝屠

公爭權相告言勝屠公自殺而由棄市又義縱爲定襄
太守掩獄□□罪二百餘人及賓客昆弟私入相視者
亦二百餘人皆捕鞫奏請殺之後爲右內史以廢格沮
事棄市又王温舒爲河內太守好殺行威捕郡豪連坐
千餘□□奏殺之及爲右內史有人告温舒受錢姦利
事其罪至族温舒自殺又尹齊爲淮陽都尉所誅滅甚
多及死仇家欲燒其尸妻亡去歸葬又嚴延年爲河南
太□冄刑刻急總集屬縣因論殺之流血數里河南號
曰屠伯其母謂延年曰天道神明人不可獨殺也我不
意當老見壯子被刑戮我今東歸與汝掃除墓地耳歲

餘延年果坐事棄市東漢段紀明爲司隸殺蘇不韋并
滅其族及紀明爲陽球所誅天下以爲蘇氏之報焉又
胡种爲司隸按尉與王宏有隙及宏遇李傕之難□獄
种遂迫促殺之宏臨命詬曰胡种樂人之禍禍將及之
种後眠輒見宏以杖擊之因發病數日而死後魏時御
史中尉王顯以宿憾奏中庶子元壽與誹謗□廷宣武
賜壽死臨刑顧謂其子曰我棺中可置紙百張筆兩
枚欲訟顯於地下若高祖之靈有知必取顯及孝明即
位顯尋被殺隋時梁敬眞爲大理司直□帝忌魚俱羅
令敬眞治其罪遂希旨奏俱羅擊賊敗衂陷之極刑未

幾敬眞有疾見俱羅爲之厲數日而死唐郭霸爲監察
御史嘗推芳州刺史李□□榜捶□□不勝而死其後
見□□從數十騎止其庭曰汝枉陷我我今取汝霸周
章惶怖援刀自刳其腹斯須蛆爛矣又崔器爲御史中
丞性陰刻樂禍奏其陷賊官□□死後器病脚腫月餘
漸亟瞑目則見京兆尹達奚珣器但叩頭□稱大尹不
自由如此三日不止而死又舒元輿爲監察御史亳州
境有羣賊剽劫而累政□□不獲刺史李繁潛設機謀
悉知賊之巢穴盡加誅斬時議責繁不先啓聞於廉使
涉擅興之罪遣元輿覆治之素與繁有隙復以初官銳

於生事乃盡反其□□奏繁濫殺無辜勑賜繁死及元
輿被禍人謂有報應焉後唐西方鄴爲寧江軍節度使
爲政貪虐判官譚善達每箴其失鄴怒令左右告善達
受人金下獄榜□遂殺於獄中無幾寢疾時見善達入
其戶俄卒於治所惡報之類有如此者善報之類諺曰
無之西漢丙吉以故廷尉監被詔治巫蠱吉力拒使者
以保長安□武帝感寤因赦天下恩及四海至宣帝知
吉有舊恩將封侯以報而吉疾病帝憂其不起太子太
傳夏侯勝曰臣聞有陰德者必饗其樂以及子孫今吉
非死□也果病愈後五歲代魏相爲丞相又于公者其

閭門壞父老方其治之于公曰少高大閭門令容駟馬高蓋車我治獄多陰德未嘗有所冤子孫必有興者至口口國爲丞相永爲御史大夫封侯傳世東漢何敞六世祖比干爲汝陰縣獄吏决曹掾平活數千人後爲丹陽都尉獄無冤囚武帝征和三年三月辛亥大陰雨口有老嫗可八十餘求寄避雨口甚而衣履不霑漬雨止送至門謂比干曰公有陰德天錫君策以廣公之子孫當佩印綬因出懷中符策狀如簡以授比干口口本始元年自汝陰徙平陵代爲名族又虞詡祖父經爲郡縣獄吏按法平允務存寬恕嘗曰東海于公高爲里門而

其子定國至丞相吾决獄六十年矣雖不口于公子孫何必不爲九卿故字詡曰升卿詡後爲尚書僕射又袁安明帝時爲楚郡太守治楚王獄所申理者四百餘家皆蒙全濟章帝時安位至司徒生蜀口口守京京弟敞爲司空京子湯爲太尉湯子成爲左中郎將成弟逢逢弟隗皆爲公後魏高允爲中書侍郎轉令監評刑三十餘載内外稱平每謂人曰吾在口口時有陰德救濟人命若陽報不差吾壽應享百年矣九十八而終唐徐有功則天時爲司刑丞酷吏周興來俊臣丘神勣等搆陷無辜皆抵極法詔下大理口口功皆議出之前後濟活

數十百家累遷口刑少卿以諫奏抂誅者三經斷死而執志不渝酷吏由是少衰時人比漢之于張焉先是潤州刺史竇孝諶妻龐口口奴所誣當坐斬有功明其無罪至明皇時孝諶子希瑊請以己官讓有功之子以報舊恩有功之子由是遷官又陸元方則天時爲宰相臨終曰吾陰德口口口矣庶幾乎福不衰其後元方子象先爲宰相景倩爲監察御史景融爲工部尚書景獻爲屯田員外郎景裔爲庫部郎中並有美譽噫所勸無忘慎刑勸口口口區區援引皆正經正史敢告深識之士三復而盡心焉

此宋晁迥述自古酷吏循吏之報應以爲用刑者勸文冗似黥鬼而書方整勁拔有歐陽率更法稍遜其遒逸耳碑無書者姓名以后慎刑箴碑証之當爲盧經書石墨鐫華

慎刑箴

石高六尺六寸三分廣三尺三寸五分二十一行行四十四字正書篆額在西安府

慎刑箴并序

正奉大夫守禮部尚書充集賢院學士判西京留司御史臺柱國南安郡開國公食邑四千三百户食實封陸伯户賜紫金魚袋晁迥述

河口府進士盧經書
將仕郎守鳳翔府岐山縣主簿龐房篆額
書曰欽哉欽哉惟刑之恤哉又曰與其殺不辜寧失不
經好生之德洽于民心禮曰刑者侀也侀者成也一成
而不可變故君子盡心焉斯乃古先垂世之文布在方
策之著明者也　聖朝順考古道以御萬邦建官
率屬尤重其事漢書曰張釋之爲廷尉天下無冤民于
定國爲廷尉民自以爲不冤噫凡親民莅政司刑典獄
之官若能明慎深切法漢之張于二賢則仁德之口無
出於此至如賤卿相之位固當然也魯莊公曰小大之

獄雖不能察必以情路温舒曰天下之患莫深於獄搥
口之下何求而不得又周勃有大功歷尊位威望素震
及坐事被攝猶歎獄吏之貴是知愚弱之民苟嬰縲紲
則鍛口誣服者可勝言哉故俗語曰畫地爲獄議不入
刻木爲吏期不對此皆悲痛之辭也迴嘗接深識鉅賢
先生之論口爲食祿之士固當惻隱濟衆自求多福殖
福之法必須善利及人善利之要莫若慎刑最爲急務
餘皆不足爲比口先生又云慎刑之至者既知其幽圄
可恤當視所治之人皆如己子必在乎始末疚心而軫
念焉無怠忽無苛留口報應之的其禍稱是理貫神明

灼然無疑又云聽訟折獄至于評刑亦第之閒必具四
德公清首之先正自心勿爲勢利所遷一也明察次之
究其事始勿至變亂成惑二也仁恕又次之既得其情
哀矜而勿喜三也平允又次之獄具取決無庸上下相
叅以刻爲明四也四者備矣何慶如之迴先述勸慎刑
文明引經史中善惡之報達諸聰口今又作此慎刑箴
續而助之敢告英才上智必信勤行與諸同志者更相
尊諭廣樹陰德大則合仁者安仁之安口亦獲智者利
仁之利也懿哉當職幸垂精鑑其箴曰
刑之所設　禁暴防淫　慎口戒濫　利澤惟深　如

燭於闇　如拯於沉　所以君子　必盡其心　慎刑
本仁　仁者多壽　濫口獲報　天網不漏　嚴毋先
見　于公有後　顧布斯文　置諸座右
皇宋天聖六年歲次戊辰五月乙未朔十二日丙午
上石立於永興軍　至聖文宣王廟
陝府西諸州水陸計度轉運使兼本路勸農使宣德
郎守尚書兵部員外郎護軍賜紫金魚袋李周士
陝府西諸州水陸計度轉運使兼本路勸農使中大
夫尚書刑部郎中直史館上柱國賜紫金魚袋杜詹
安衆禪院主悟本大師惠口監刻字

迥既作慎刑文又爲是箴刻石永興軍文宣王廟即今西安府學碑立于天聖中是時迥判西京已年八十餘矣召宴太淸樓旣而獻斧扆愼刑箴是此耶中多爲長吏語似非上天子者迥爲殿中丞時失入死四奪二秩故晚年津津愼刑如此耳書碑者進士盧經大有歐法并可存也 石墨鐫華

按前篇愼刑文及此篇愼刑箴皆晁迥撰愼刑文述用刑善惡之報應此碑則勸人廣樹陰德而用韻語系于末箴云願布斯文寘諸座右則非對君上言矣史傳載迥字明遠世爲澶州淸豐人自其

父佺始徙家彭門舉進士累拜工部尚書集賢院學士判西京留司御史臺仁宗即位遷禮部尚書居臺六年以太子少保致仕天聖中進太子少傅獻斧扆愼刑箴大順審刑無盡燈頌凡五篇卒贈太子太保謚文元迥通釋老書以經傳傅致爲一家之說云云其所著道院集十五卷晁公武郡齋讀書志載入別集云五世祖文元公歷官臨事未嘗挾情害人以售進保全護固如免髮膚之傷眞宗數稱其長者李獻臣言其服膺墳典耆年不倦自少遇異人指導心要不喜術數之說疑文滯義須

質正後已文章典贍書法楷正時輩推重其所著昭德新編三卷法藏碎金錄十卷錄入四庫全書總目提要謂昭德新編爲其晚年所作因居昭德坊故以名書法藏碎金錄乃天聖五年退居昭德里所作皆融會佛理隨筆記載據此則此二碑所作亦在退居昭德里時矣碑中述古人用刑之禍福大致亦勉人爲善而兼入于釋氏者此文非對君之語非獻上之箴其用以獻者殆別一篇且傳載獻箴頌五篇在進太子少傅之後此碑刻于天聖六年結銜無太子少傅字則作于致仕之初年

益可證之文元壽至八十餘其子孫如公武等皆以文學名至二百年弗替爲善之報綿延無窮以視漢之于張抑又過之矣此亦足爲世勸也

文安公牡丹詩

石高五尺三寸七分廣三尺三寸二十八行行三十六字行書

廣平□□僕射文安公牡丹詩十首

□應春虞卽□春輸面□相□沓新諧得必傳天上事摘來眞是掌中身百花推戴教爲主□日妖□欲□人無可奈何□愛惜少偷金蘂咽芳津

日華鮮麗露華濃梳洗香朝競□容來在夢中甘化蝶

入伊心裏不如蜂宮娥捧擁西施醉天樂宜鬪號國風
高栁浮口須繼燭玳簪分載酒千鍾
春心相惜寂相親湘葉忩忩換翠裙雙蔕喜如嬪二女
一枝愁似寡文君艷繁誰卷真珠看香好曾歆琥珀聞
深染鮫綃籠玉檻莫教飛去作卿雲
烟容粉態傍歌樓半似窺人半似羞把筆乍題先巧笑
凭欄微嘆不迴頭吹乾玉笛香猶在槌破靈鼉愛未休
更得黃鸝將粉蝶東西南北說風流
澹黃容止間深檀委嫡香紅露未乾和淚似嫌春漸老
向人如說夜來寒粧成有樣教天媛禮絕無心下國蘭

針繡筆描俱未是好風相倚笑邊鸞
錦爲行障繡爲衾不殺遲遲色已深花譜揚名居一品
藥欄纔見賞千金誰忘正爲褰珠箔得意惟能挑玉琴
洛水橋南三月裏兩無言語各知心
風排香陣拂瑶墀　御苑新晴爛漫時十五素娥羞水
色三千紅面洗烟脂宫腰嬾酒思輕舞檀口偎牋欲詠
詩鐵石心腸爲君變多情多恨一枝枝
水精冠葉鏤春冰巧思鐫研倣未能風　砑紅綃光點血
暖銷金鏤細含稜韶容旖旎終無比晚艷低徊更可憎
戲脫仙衣親手覆香身柔軟力難勝

春風平地謫花仙紅裊生香下九天艷欲背身垂玉筯
動如移步索金蓮含情待去爲雲雨忍笑佯來聽管絃
朧月輕寒應不慣夜深渾擬傍叢眠
許多顏色涅春嬌就裏輕紅寂口饒生處地須名紫府
落時魂想返青霄霞英散焰燒纖手藥粉飄香著步揺
輕剪自憐支節痛倚煙啼露一無憀
牡丹詩後序
牡丹本木芍藥擅名於唐開元天寶間詞人才子競爲
賦詠若李翰林舒元輿李山甫皆馳騖於文苑儒林中
聖宋翰林主人僕射文安公牡丹詩十首體制風雅不

讓前賢編集浩大未遍傳於天下之口觀其詞彩瀋渼
千態萬狀規諷刺倖得詩人之微旨寓草木之英無瑞
時濟俗之用而當世之盛一賞一翫有破產移風之蠹
詩之麗以則採之者宜精詳之　廣平寺丞階
文安公緒業字人有扈因刊斯詩于石俾傳諸好事者
以孟堅受知　文安公命爲序於後孟堅感懼不獲已
而述時乾興初紀號孟春月望日前漢中綱紀掾沛國
劉孟堅謹序
朝奉郎守國子博士同判原口軍州兼管內勸農事
上騎都尉賜緋魚袋宋漢臣於天聖九年五月口口

重建
香城禪院主賜紫□□出石　安文晟刻字
自唐以来咏牡丹者多矣未有連章累韵大極鋪揚
如此者自太白以美人擬牡丹後之咏者類宗之又
未有比物精工緣情綺靡如此者則十律卽謂之牡
丹傳神之第一咏亦可也卽其中詩格卑弱體裁浮
艷時有顧花神之丰采光惟足以當之則惟恨其不
盡寧厭其過況今之繁豚宋日不啻倍蓰則此詠又
其嚆矢耳字亦老健淸眞行法之有典則每群英絢
爛撫玩吟哦乍覺案上砌頭鼻端舌本互生異境園

林不可少此快事　墨林
按廣平僕射文安公者宋白也史傳白字太素大
名人建隆二年擢進士甲科乾德初獻文百軸試
拔萃高等累官兵部尚書進吏部尚書大中祥符
三年丁內艱五年正月卒贈左僕射謚文安有集
百卷宋史藝文志及直齋書錄解題並列于目則
當宋時未嘗散佚然呂東萊編宋文鑑此詩未載
厲樊榭宋詩紀事輯宋白詩僅十一首牡丹詩十
首無一存者是百卷之集久無傳而此碑復不顯
於世採輯之家所未及也詩後序云廣平寺丞階

文安公緒業謂文安公後人也撰序者劉孟堅自
云孟堅受知文安公命爲序於後時乾興初紀號
宋白嘗三掌貢士孟堅當是門下士白之卒在大
中祥符五年至是孟堅作序距卒後十年此碑宋
漢臣以天聖九年重建又距作序後十年漢臣不
知爲文安之諸子與否傳稱白子憲臣良臣忠臣
此漢臣或亦其兄弟行也

絳州重修夫子廟記

石高六尺九寸四分廣三尺九寸廿二行行五十八字至六十一字不等行書

大宋絳州重修夫子廟記

朝散大夫尚書祠部郎中充秘閣挍理知軍州兼管
內勸農事上護軍借紫李垂撰
三墳而下聖人非一首出千古爲聖之至　我夫
子焉周公而上聖曰堯舜曰大禹文王曰湯武周公而
下曰孔子子沒千百年而迄於今不復生謂聖人者達
者曰亘萬世終天地不復生謂聖人也盖周孔之作盡
之矣後之有如周公如孔子烏越諸道越諸爲過過於
不及迷大中之用烏聖耶烏賢耶楊朱墨翟之書詳其
所存亦君臣父子之說然王霸乎入悖我天常時或之
謂孔墨焉索於辭果肆而爲叛者又奚及耶孟軻荀況

揚雄韓愈之徒正性天質孜孜思及落筆行事推誠理
人蔚爲而其文光炳焉而其德耀顯晦周變卒持於道
匪謂聖而謂賢者所謂周孔之作盡之矣止曰大儒曰
大賢念堯舜之聖得位而治民克受賜於當時禹湯文
武皆時而已非所謂教補千古法御無窮者故禹沒湯
喪生物塗地孰愈乎周孔立言天地俱□五材萬類動
悉其要一日去之中國不夷則狄矣夫周公之法制人
者也孔子之教誨賢者也祖述憲章知堯舜至仁桀紂
至暴歸其義君臣治而家國下闕之及斯者爲大賢過斯
者爲不及所謂亘萬世終天地不復生謂聖人也李唐

承平爵我以王禮我以王禮我攸宜爵我之王未正也
子王下闕道王故久焉丘明是以爲素臣子於周王其尊
矣謂天子得曰王孔子得曰王暨嬴秦偏皇帝之號距
唐靡革若四夷小酋長戎將帥之負勳者□□□□□
孔子何爲尊韓愈唐臣也誌詞於碑不曰王曰孔子旨
其是矣維絳古晉之膏壤風物充鐃氓庶繁益今其修
奉於佛滛□□鬼□夫子廟雖　國章下郡縣告
長吏必完其官必欽其祭咸不能脩禮進饑而屋隘堂
隳墟如不祀祀將弗恭矣咸平二年朝請大夫尚書□
□郎中上柱國譙國夏侯公濤來□於茲旣恤其四窮

又安其四業知化肅公蔄思欲葺祀事行禮容獨以夫
子爲先及廟象弗完念新厥制下闕誰曷德祀□而靡脩
曷滛祀□而靡廢面賢識愚肉食罔耻吾將緣□地以
拓其垣堵起崇堂以儼其貟服揖重樓積羣書以誘其
學校架長廊給下闕祭□始誠末孰予其之衆庶□詵符
縉百萬鞾圡斤木奉若公旨四年承奉郎太常博士河
南梁卿昭璉同執郡司貳公之摸請制如一下闕公遂歸
　朝嗚呼梁卿□天厭賢不幸而卒於我廟事墳
焉弗興五年宣德郎尚書都官貟外郎汾陽郭侯堯卿
代公而茲三賢同道其下闕望封維寧斯效儗南鬼西佛

各推教始彼光佩僞業豊守祿位胡不思之甚歟以是
　國朝用檢邪邑滛祀□宇悉議除之一穩一檻
盡削其職書曰葛伯不祀湯始征之則祀非後者也且
恕責無他合中而已旣弗命祀而祀辜乃如之庶命祀
而弗祀辜亦如之則四方孰我不供乎移附刑書則萬
世孰我不供乎君子曰孔子沒亘萬世終天地不復生
謂聖人也可謂至聖矣王以道弗王以位可謂正名矣
典祀著法可謂制禮矣垂一命未行　召試閣下
於故梁卿得崇朝硯席之遇卿暨同理於絳垂嘗掌法
於解與夏侯公以夫子廟辱指爲記□□□兼局尋貟

報命逮公歸鄉卒聖人之門勉志而述亦少補於故鄉之意因知夫子没不復生謂聖人也又知李唐之封非尊我闕下不供也語是三者然辭質義膚庶有成於理□□□□□□□□□□六月癸未朔二十八日庚戌重立

晉右軍將軍王羲之書　逸民□跌望集刻

絳州夫子廟記宋人集右軍書聖教序猶是真跡中集者此又從序書及他石摹刻形似之外風流都盡矣然記得朱紫陽好胷孟德書劉共父好魯公書朱以時代譏之劉荅固耳吾唐忠臣若漢賊也朱乃屈

笑此夫子廟記不當勝作柴師序耶吾姑爲此石解嘲弇州山人稿

絳州夫子廟記集王逸少書摹刻手俱精雅第中忽雜以一二草書杜撰不入格宋人傖父之態居然畢露矣金石史

按此碑泐其年號但存六月癸未朔二十八日庚戌重立據遼史朔考六月之爲癸未朔者在仁宗天聖十年又以宋史李垂傳證之垂字舜工聊城人咸平中登進士第遷著作郎館閣校理累修起居注罷知亳州遷潁晉絳三州明道中還朝出知均州卒史不詳其知絳州在何年其爲明道以前已屬可据則此碑確爲天聖十年立也但垂之去絳亦正在是時碑何以云重立是所未詳也

解州鹽池新堰箴

碑高七尺五寸三分廣三尺三寸一分十八行行約七十字行書

解州盐池新堰箴并序

朝請郎守尚書祠部員外郎充集賢校理知解州軍州□□□□農□□□□□□□□□□□□□鴞□□騎都尉賜緋魚袋借紫張□□中尹下缺

晉右軍將軍王羲之書　後郊跌跌集勒

趙郡李𠻦題篆

天聖九年冬十月奏請營兩池新堰　詔□□之越明年春正月擇盐官曰文□□□□喜安□□□千人責碁□而□之歷仲春厥功成壯矣□板築輿於□□鑿潛於□□□□鄣護真瀞壘之固也烏乎盬澤之區郵瑕之地其利衍沃則三代無取焉自元魏□還更變□定□□□□富彊專於所入貧弱仰而絶望歸國家則侵漁日□刑□□□□是□□□□迭□□　唐立一定之法重使權益刑名設兵以防之樹棘以禁之置屯以禦之建官以統之芻藁營藏連絡□□衡石參較

出納萬計官運商載晝夜如流資□□無筭之饒減天
下□□□賦曰公曰私各有定分侵漁之弊自兹稍息
至朱梁干紀昭宗刼遷□□相仍經制無度耶□□薄
民賦寡入彊梁乘□得以肆貪守衛慆謀公竊相半至
是□□□□□□□之觀夫鬻數□□□□斯革
太祖以欽承正統剗□諸夏　太宗以□隆丕
業奄有四海遠乎　真皇御極　嗣聖纂圖
□□□□□□□道聲教所□靡不□□□□斯民
動羅深辟體漢皇之約法遵成湯之解網昔之苛刻特
從末減故下　詔計贓罪之死者止從□徒三年

自是近池之人□而獲□者□多矣　皇王之惠
其至也哉夫禁禦稍寬寬則僞出法令經久久則奸生
奸僞相滋抵犯何極統而□之乃自然之□也去年春
□有□□州盐禁者　□□行之□□□汾陰□
畢□□□供奉官蔡公□領池事偶一日舉職餘閑因
歷覽而議之曰樹棘爲禁其可固乎設兵爲防其可□
乎不忠不固則表裏之□□□爲其禦哉且峻刑辟而
踈禁衛則民□□利而□之□□衆矣斯何□□□詈
以陷飛走之類乎何哉盖利誘其人茫茫然殺者不知
乎□□生者不知乎苟免若然則下□之弊急可救之

矣救□□□在乎設隄防以塞民欲民欲既塞□盐禁
之刑於兹而自錯矣苟至□□□是謂民安而刑清非
一時之利乃萬世之利也蔡曰設防之□□乎曰未若
起堰於上浚壕於下使外不能入□□能出□□□驕
精卒巡守要害自□人無其心而奸僞息矣夫如是□
□□可□蔡曰諾遜是即日議定其狀馳騎以聞屬
二聖□育元元意綏于懷乃眷勤請遽下命而營
成之自是□□□□□略無犯者□新其堰者非心護
其寶也抑亦護其民也具中人之性者必知之矣既知
之則可□相誨導俾遷善而無犯也不然則網罟之陷

易如反掌耳故爲盐池新堰箴以昜之其□□
盐池渺瀰環圓百里種斂千夫出□萬計因曰脂膏乃
生奸弊奸弊既生法令斯啓孰謂其嚴設兵邏之孰謂
其峻樹棘□□□□□□兵多自欺連延公竊開張禍
基□□侍臣慆□□獻　帝命曰俞俾營新堰乃
立制度乃分程限期以三旬厥功可建詢擇撿領曰恩
曰鼎霜肅威稜風嚴號令畚鍤交飛役□□□□□下
浚如城□濾新堰伊何其利孔多□爲□盜無得□過
昔也疏禁如張網羅今也固護如登太和勉旃解人□
□天真勿念□□僉乎湮□勿思鹽寶思乎害身聞斯

行諸揚之口口

大宋天聖十年歲次壬申十月己亥朔五日癸卯記

碑半已磨損今案其序鹽澤之守設兵以防之樹棘以禁之置屯以歛之建官以統之與宋史食貨志參較所云廵邏之兵百人目爲護寶者合而新堰修建則又以設防滋弊故易之而便利于民也今史獨缺此事何與序言即日議定其狀馳驛以聞又云乃眷勤請遽下命而營成之當時改制之規奉命于上而又獲有成效不宜盡沒其實使才臣計畫不著於世也碑前題銜朝請郎守尚書祠部員外充集賢校理

知解州軍州下缺騎都尉賜緋魚袋借紫張名缺又有仲君字益其奏請營兩池新堰在天聖九年冬十月而碑記之立則在十年十月兩池者解縣安邑也集勤字人拓本過暈重不可辨是役也以箴詞內云摠領曰恩曰鼎殆一時之人任事者故并著之亦以吾儕喜發人之名因事輒見如此授堂金石三跋

按兩池築新堰宋史食貨志不詳山西通志鹽法門載畦池之制五幅爲塍塍有渠十井爲溝溝有路臬之爲畦釃之爲門池如仰盂畦居灘際地勢南卑於北畦旁各開水爲港長與畦等汲引水上畦底如砥邊封爲埂中復留塍以段分之此治畦之法如此而亦不詳築堰之事要之池鹽旋曬全藉蓄水則築堰爲蓄水之良法此碑可補河東鹽法紀載所未備此碑與前碑重修夫子廟記皆集右軍書而此摹勒較勝惟所題後郊跋跗集勒者殊不可曉

金石萃編卷一百三十二終

金石萃編卷一百三十二

賜進士出身誥授光祿大夫刑部右侍郎加七級王昶譔

宋十

零陵縣華嚴巖詩刻四段

石橫廣二尺七寸高二尺七分十六行行十二字正書

癸酉仲夏自□道□　華嚴山主正師上人□□相
遇今忽至止且云□□□□□□□携酒□□　□□
□□□□□□□□□□麟臺致政丁謂

壞衲相過㢠服迎可憐□靜□營營我思江上忘身計
師出山中乞寺名振錫遲還心未住江浙湖湘名山勝□□□□布

金園□意方平□□□華嚴也零陵泉石三湘最莫踏□□□
□□
康定元年季秋九日開山住持沙門
小師知遷　□□□德　忍守　□□□記

又橫廣二尺三寸五分高一尺四寸八行行五字行書

□蔟僧房路屈盤不踰城郭到林巒何人爲假丹青手
寫入輕綃掛壁看
元祐八年邢恕和牀

又橫廣二尺四寸高二尺十三行行十六七八字不等行書

先詒滄江守三池丁祭宿□□賦
洙泗□□日夜行天高地下昨猶今□□□□六經意
識得皇皇萬古心宗□百官誰不見□□□□知音
同人得似三池盛屬目冠□□若林
𢀖假守二水秋丁釋奠宿齋靖惟湖□□學自　周
元公倡之　五峯南軒繼之遠有端緒因記先君舊
賦和韻述懷錄呈別駕併柬僚友寶祐元年秋八月
丁未會稽虞　𢀖
正學昭昭貴力行湖湘一派到于今好翻愚島詞鋒手
審察濂溪理窟心二水秋清巖奠禮九經□□□□音
詠歸也覺西風□□□□□□林

又高一尺八寸廣一尺三寸五分五行行七字行書

人如泡影隨時滅□□華嚴振古存今世摩挲前世刻
晩鐘山寺□黃昏
景定癸亥中

按零陵縣屬湖南永州府華嚴巖在縣南方輿勝覽唐時爲石門精舍據法華寺南隅崖下此所揭詩皆磨崖一爲丁謂與正師上人詩題曰癸酉仲夏是歲爲明道二年時謂自崖州貶所徙雷州又徙道州授祕書監致仕故又題麟臺致政也次爲邢恕元祐八年所題時恕方責監永州酒攱浯溪

集有恕遊浯溪一絕其間題華嚴當即同此遊也
次爲虞琏字仲展無攷末一詩不著姓名癸亥爲景
定四年

重修昇仙太子大殿記

碑高八尺廣三尺八寸十六行行四十七字正書篆額在偃師縣緱山仙君廟

聖宋西京永安縣緱山通天觀重修昇仙太子大殿記
朝奉郎尚書度支員外郎直集賢院同判河南府輕
車都尉謝絳撰
將仕郎守河南府右軍巡判官王願篆額
豫章僧智成書

夫大道希微而不可詰者尸萬化之育而歸於自然
上帝杳冥而所以尊者宅太虛之奥而蘊於無迹有生
御辯裁如委蛻列眞炳靈欻若脫屣是皆籍在仙品格
于殊鄉茫乎邈焉未易究極者矣　昇仙太子柰華
帝胄遺業少海注瑟對輿臣之間挹袂接浮丘之游去
龍樓於震宮作鳳吹於洛曲三年上賓於帝所七日舉
手於雲阿陞右弼於玉晨職金庭於桐栢丹符素券親
受紫陽空洞靈音迭歌句曲遺俗疑慕遜聞吸日之謠
故山横絕碑有順風之拜因是標槩作爲叢祠光塵藹
如匾處增勝唐天后聖曆中親製紀勒設置守衛厥後

靡易基兆再新覩宇年籥寖遠欒梁不支殿屋之餘鞠
爲宿莽初天聖四年今　西都分憲趙公以祠部郎
中治　園邑也曾出境上即欽廟廷念高構之衰乘
民政之隙謀作大壯以舍眞像　公首捐資用及率
籲里人呂仲簡等相與佽助聿來營之粤自伻圖迄于
役罷日力勿亟夫家不勞地爽且靈蔚爲福庭重陛叢
楹兹焉落成山月林風徘徊有待雲璈玉簫肸蠁如接
晬容淵穆而再儼蜺仗娑麗而肅設控象眞之妙境奠
景室之神隩音徽未泯軒臺西向而可畏岸谷相變靈
光巋然而獨存可與夫姑射仙山人能飲露建安舊壤

洲名墜馬者比焉以余稔聞與荐懼逸歲月見咨譔述
不獲讓云時明道二年六月一日記
中奉大夫太常少卿權西京留司御史臺上柱國天
水縣開國男食邑三百戶賜紫金魚袋趙世長建
孫將仕郎守河南府永安縣尉垂祐同立
太原□思道刊字
助緣人進士□拱　學究趙靜　董正　馬驤
教練使呂若沖　姪仲宣　勾當人　馮遂
碑文工整字亦端秀有唐虞褚風格緇流辦此當有
書名而不聞其人或有捉刀者與中州金石記

億按碑記西京留司御史臺趙世長首捐資用重營殿宇也首列朝奉郎尚書度支員外郎直集賢院同判河南府輕車都尉謝絳譔絳見宋史傳云會修國史以絳爲編修官史成遷祠部員外郎直集賢院又云因請便養通判河南府案碑所謂同判河南府是其時也但碑以尚書度支而史作祠部宜以碑爲正至篆額爲王顧顧於史無傳今可見者將仕郎守河南府右軍巡判官職官志軍巡判官無左右之文錄此以補史所未備歐陽集有河南府司錄張君墓表云得金谷古塼命太原王顧以丹爲隸書今篆額者亦即其人則篆隸顧蓋兼之矣古人材而且藝蓋足寶也表言張君卒在明道二年八月王顧既爲之書塼納壙而篆額亦以是年六月必與希深同居幕府也希深以文學知名余觀碑所記襍於神仙方士家言蓋不稱其體製余故不具論碑陰宣和己亥題名一右側元符庚辰題名一紹聖元年題名一左側元祐庚午題名一偃師金石錄

按昇仙太子殿興建原委已詳六十三卷中茲不複述此碑撰者謝絳篆者王顧絳平時與歐公交善絳父太子賓客濤卒歐公嘗爲銘其德及絳卒歐公復爲誌其墓文見文忠公集中稱絳以文知名至於爲政無所不達其歷官政績大致與宋史本傳相同至云天聖中與修眞宗國史遷祠部員外郎直集賢院通判河南府歲滿權開封府判官再遷兵部員外爲三司度支判官亦與史同以臆揣之當由絳兩官度支判河南時爲員外郎遷兵部時爲判官歐公於判河南脫略其度支修宋史者本此爲傳亦因之失書耳又歐公撰河南府司錄張君墓表在嘉祐二年其張君墓誌銘亦歐公撰王顧以隸書金谷古塼納壙中在明道二年自明道二年至嘉祐二年相距二十五年而歐公但云王顧之死已六七年矣不詳王顧事實亦不言其官位賴此碑知明道二年官守河南府右軍巡判官也檢書譜亦但引歐公張君墓表數語爲王顧立傳不及他書蓋王顧失傳久矣

玉兎淨居詩

石高二尺四寸四分廣三尺四寸四分十六行行十七十八字不等行書

朝請郎守尚書度支員外郎充集賢校理知解州軍州兼管內勸農提點兩池事輕車都尉賜緋魚袋借紫張仲尹

晉右軍將軍王羲之書 慈雲寺沙門靜萬集
晉之神山縣有淨居曰玉兎建樹之本記悉倫之天聖
八年秋寺僧應公袖墨本事跡訪余爲詩因覽源流實
曰勝槩感激勤至何以周辭乃成一章章二十句雖文
涉陵泼事無新異與今作者藻思弗侔盖所以塞其來
意用旌好事云耳
何事同眞館標名作淨坊金園存廢址玉兎刼殊祥躍
漢勞罝網環山瑩雪霜來疑崑岫出去訝月輪藏隱顯
經千載葉修蓄一方寶壇隳道祖華牓耀空王奥域居
全晉靈祠接慶唐煙霞生四面樓殿起中央暎日杉陰

合飄空磬韵長伊余聞勝槩寧惜寄篇章
明道二年中秋日講經論修造主僧志應立石
當郡栗文德刻
此晉之玉兎寺志應請之張仲尹詩之靜萬集右軍
書之集書起自文皇聖教后之興者蔑以加矣此書
尚不及絳州碑僅存形似耳詩則余不敢知也石墨鐫華
按宋之晉州神山縣今爲浮山縣屬平陽府山西
通志玉兎寺在浮山縣西南十里故神山縣廢城
也唐武德二年平陽西北今汾西地有玉兎見遣
使祭之勅建玉兎觀麟德初兎復見勅增修萬歲
通天二年兎又見履空而行遣中使王文恭求獲
玉兎偕平陽守杜承衍躬往兎出徐步趂之經數
日兎至平陽東神山縣西南隅而隱隱處穿地丈
餘獲玉石兎上貢命建玉兎觀于其地長安二年
河東路巡按使刑部尚書李景副使王永署平陽
守錢光演同遊觀中于風穴山脚下見一僧引十
餘巨虎頂放白光言此地有虎患吾伏之告以姓
氏言訖而化因奏改觀爲寺此玉兎淨居之始末
也通志又云寺有宋明道二年僧靜萬集王右軍
書賈昌朝王隨詩今碑是張仲尹詩與通志不合

詩言寶壇隳道祖華牓耀空王即指改觀爲寺之
事云靈祠接慶唐者開元十四年建慶唐觀天聖
五年改爲天聖宮詩特循舊稱爲慶唐在縣南三
十五里羊角山麓

會聖宮碑
碑高一丈八尺七寸廣八尺三寸三十六行行八十四字正書篆額在偃師縣
大宋新修西京永安縣會聖宮碑銘 并序
翰林學士金紫光祿大夫行給事中知 制誥判集
賢院勾當三班院上柱國樂陵郡開國侯食邑一千
二百戶食實封壹伯戶臣石中立奉 勅撰

翰林待 詔御書院祗候臣李孝章奉 勅書并
篆額
臣聞宅萬邦而垂統者 帝王之丕業也故
奉 先之道 崇其孝而爲大亘百世而流
光者 祖宗之懿德也故 錫羡之□
□其耀而弥顯成周之卜惟洛食驗風雨於神樞炎劉
之作我上京游衣冠於高寢蓋以欽其世烈奠厥靈居
履霜露以𢇁裳聿凝 宸感列枌榆而建社參
國章非夫 昜奕垂休無以襲 烝烝之□
巍之盛 吉蠲致饗無以□

寶系有開 皇眷攸屬 我國家應
五運之會接 三神之歡 炎上騰精赫
淳耀而斯渥 靈長啓祚濬 洪源而
莫紀 太祖誕受 休命恭膺
正統下民欣戴洽謳歌而有歸協氣橫流偉符瑞之交
薦 振一戎而大定 總萬延而克昌
化廸清平 □□□衍 太宗挺
惟睿之德恢 至治之具 聲明震疊
紀律昭宣 嘉靖庶邦以攬乎權綱之要 欽承
大卞以建平中和之極舜階舞羽□□□來格羲□□

□□□□□□□□□業聿臻太□ 眞宗
紹復 丕基憲章遂古 重華協
帝天啓於 神謨 濬哲惟商日躋於
聖政宅犨萌於醇粹納百揆於雍和展釆介丘
□□ □□之兕 鳴鑾景亳以揚希闊之
儀徵胡瑣而□頤 □有容而必照卓越之
度不可稱巳 皇上財成 景化祇適
先猷蘊 清□而在躬守 慈□以爲寶
御 六□之辨 □和於天人 躬千
畝之耕 憂勤於稼穡 嚮明成南面之□

□□如流水之源 欽恤庶刑以徹乎脂綱
之密 詢求多士以來乎骨鯁之□貴金玉以垂
度一支脉以敎風 □□而德洞淪冥 信周翊沐
與廉舉孝所以灼于邪光□□□□民所以厚于時□
□□□□拓至道也 □陛下能行之
虔躬勞謙聖則也 陛下能守之滋液之休披圖
而可見福貟之廣 關纘以惟明 其居也
靜而淵 其動也博而利俗躋壽而胥悅家懷讓□
□□ 順考□道 欽奉天經 眷
三川之舊都乃 列聖之攸宅土圭測景契陰陽

之和文龜負圖開神明之奧水繹繹以凝耀氣葱葱而
發祥　兆域有嚴　封樹相望　三后在天
□□□護□以儲□陟配于京既崇於歸格
因山爲體自成於宏敞分繚垣而屹立植雙表以齊平
折衷其宜高視前世以謂　墳衛之禁素舉於彝章
蘋藻之奠未廣於寅奉謹按地志嵩王山者冠於諸阜
僉□□□協太史之明□錫鳳臺之紀號前瞻少室偉
靈異之所驪邽負太行邈　穹旻之設險控川陸之
兼會介周鄭之通衢嵩顏谿以中開溪聲浩其雙接自
天聖八年孟春之初□議胥□□　壽原之爽塏擬

閟宮之靚深揆緯裁基以程乎豐約審曲面勢以
極乎經營人以悅來匠以心競林衡僝木文梩綺栢之
質山積而登用大壯取象上棟下宇之飾翬飛而增麗
粲餘霞於鏤楶歷倒景於□□　殊庭砥平界道繩
直礱他山之石□□□於交楯節雎陽之柞以峻於頳栁
據寶勢之夌兢迭　初陵之岑寂圓淵綺煥翔鵾
仰而弗逮重橑櫛比尺蠖動而成響翼長廊之四注旅
萬楹而有閑輪焉奐焉稽百□之詠去泰去甚振三代
之規章程砌峇而神迷其方登降照爛而目眩其際不
愆于素圖或告勞越明年閏十月十有五日宮成隱若

中天宛如化出乃降　溫詔命曰　會聖揭諸
銀牓煥在琁題保　天祚於寖昌雄　神功於不
朽於是宏開　秘殿儼設　睟容珠幄煥黃藻
旒晻藹鼎峙而分　聖位玉溫而聳　天暉
想　豈豈穆穆之風　尊嚴可象仰
顒顒卬卬之德表　則斯存率拱侍於勳臣灼□
儀於近列其中則朱堂天邃瓊壁環周絢妙繪以交施
象　內朝之有肅銀璫左貂給事殿省之列旅陳
于外璧□金屋充選掖庭之綴序分乎內衛組樹羽澂
越鈞天之奏鱗差於後百司具備五采咸彰正爵辯儀

趨翔而中節隨形象□炳煥以揚輝落成之日特遣使
以奉安之昭殊禮也復陳　法醮旋啓　清
塲延　駕歘之高眞集屏塵之上士　紫極靈章叩青
金仙羽觴淩汗漫以交舒
冥而上達於閶宮五日許士庶朝謁衣纓雜襲綺組繽
紛掎裳連襼以並趨蹈德詠仁而胥樂表裏悅穆室家
相慶□□□典煥乎惟新每星馹展軨天畿促駕或銜
　如綵之吉或被追鋒之召旆悠悠而照野人憧
憧而假途咸造于庭以申虔奉疏瀹澡雪以滌於塵□
□踸曲拳以遵於臣禮著在甲令垂爲員猷揚世𣂏之

威□□　朝家之軌範爰命中使總莅其官闓闢
有程督察無曠仍即其東南之地特崇其像設之居寶
色煥乎焜煌禪林美乎縈□霓軒雲閣隆九仞於鹿□
□梵晨鐘交二音於鷲嶺曲池涵功德□□衆果散淸
涼□□□□獅臻法筵大啓廣宣　妙諦以扇一
極之風恪奉　眞游以濟三乘之轍四事之資給
豐矣百福之莊嚴備矣若乃寒暑易候寅昏警時陳□
□之□儀展祈禨之精意仙唄交發將□□以共淸嬰
香馥芬與煙雲而競合等海聚之無疆期道濟於不窮
神其格思　化感無外此乃

金石萃編卷一百三十二　宋十　三

陛下聿追來孝翕受敷施濬發　睿心于以加於
百姓賓威　景命于以奉於十倫宜乎　純
嘏來同　丕應紹至需　殊休之汪濊洽
靈寢之鴻平丹羽巢阿紛綸而表慶仙衣拂石延
楙以齊榮永底蒸□之生茂揚　盛德之事者矣臣
職廛扃禁學昧縑緗踢影　丹帷肙承荅於
淸問褒功樂石莫攄發於英辭仰被　俞音內
增惕厲敢揚　懿範庶示方來銘曰
炎靈啓運　赤伏呈祥　造我區夏　揚其烈光　眞
系有屬　□徽聿昌　緹油茵藹　瓜瓞綿長　於鑠

三后　繼天作聖　□冒生民　紹開闢
命　則堯爲大　與黃比盛　九服咸歸　萬景攸正
我皇嗣統　化洽深淳　昭章雲漢　獨運陶鈞
禹不自假　湯惟又新　漏□踰渥　弛罟推仁　奉
若　先猷　崇茲孝志　在祀彌恤　因心
罔匱　對越　淸廟　備成福事　孺慕與
懷　時思展義　乃眷溫洛　實惟帝都　壽陵高敞
拱木紛敷　風樹不止　春露既濡　□崇胥宇
永奠靈區　爰建　淸宮　俯臨劇縣　率
見昭考　以時致薦　列堵若星　揮斤軼電　凹凸

金石萃編卷一百三十二　宋十　四

凝采　丹靑點絢　雲屋天搆　陽榮霧披　以安
靈扆　以奉　仙祺　垂旒寫照
澤玉含姿　克昌厥後　永言　孝思
傍啓　梵庭　廣營　佛寶　禪
慧攸集　土木兼造　珠幡映日　金繩界道　讚唄
□□　薰修致禱　惟　祖德兮貽謀　惟　帝心兮
荷休　誠僾肅之所感　期戩穀以來求　經始勿亟
兮卜茲寶勢　告厥成功兮靡逾閒歲　壯崇址兮控
三川　佑丕圖兮垂億□
景祐元年歲次甲戌九月丁亥朔十三日己亥建

中書省玉冊官　御書院祗候臣□□□
入内内侍省内侍高班勾當　會聖宮同監修碑樓
臣楊承政
入内内侍省内西頭供奉官監修碑樓權勾當　會
聖宮臣蕭繼元
禮賓副使勾當　御藥院提點管勾　會聖宮臣任
承亮
宮在北邙山鳳臺山上爲宋時祭陵飲福之所宋史
云天聖八年春正月作會聖宮于西京永安縣以奉
三聖御容歐陽修亦有會聖宮頌云國家采漢書原

廟之制作宮于永安以備園寢碑立于景祐蓋天聖
年作宮至是始成也宋時永安金改芝田縣令爲偃
師芝田鄉碑云按地誌訾王山者冠於諸阜僉曰奧
區考水經注洛水又北逕偃師城東東北歷郭中逕
訾城西司馬彪所謂訾聚也訾王山當以訾聚得名
矣中州金石記
金石攷景祐元年吕仲元撰志載元祐九年建宋臣
石中立撰文或係重修爲文以記童鈺按歐陽公有
會聖宮頌未見石刻現有會聖宮碑乃景祐元年石
中立撰李孝章書金石考以爲吕仲元撰不知何據

縣志亦爲元祐九年亦誤億案玉海天聖八年正月
辛巳詔内臣張懷恩於永安縣訾王山上建三聖宮
漢原廟之制九年二月宮成甲辰以爲會聖宮三月甲寅
奉安三聖御容改訾王山爲鳳臺山今碑所謂訾王
山首冠諸阜僉曰奧區協太史之明占錫鳳臺而紀
號即此事也史文于改山名畧而不書至碑云自天聖八年孟春
之初首議胥宇下云越明年閏十月十有五日宮成
宋史仁宗本紀八年春正月辛巳作會聖宮於西京
永安縣與玉海同至云三月甲寅奉安太祖太宗真
宗御容于會聖宮則脱書九年矣今碑文所載越明

年閏十月十有五日宮成下云宏開秘殿儼設睟容
則在九年十月與玉海記九年三月者月則適殊而
言八年三月奉安御容者又差隔一年則更誤也會
要云閏十一月十五日宮成遣三司使晏殊迎三聖
畫像奉安攷是年十一月不置閏會要當於十字衍
一字其餘皆同此碑碑當時所書必非舛誤宜依碑
爲正偃師金石錄

永興軍牒

碑高一丈一寸廣四尺七寸作兩截書上十六行下十四行字數二十六至八十三不等正書篆額在西安府學

中書門下　牒永興軍
西蜀眉陽僧惟悟書
宣德郎試秘書省校書郎權節度掌書記管句府學
陳諭篆額
戶部侍郎知永興軍范雍奏
國家剗甲敦儒宅中開緒繼人文而布度建皇極以凝
猷三公論道於巖廊九牧假功於方岳內則啓集仙之
署招纈口㲀外則崇太學之官典教冑子臣伏見本府
城中見有係官隙地欲立學舍五十間乞於國子監請
經典史籍一監仍撥係官莊田一十頃以供其費旁經

明行修者爲之師範召篤學不倦者補以諸生俟
勅旨
牒奉
勅依奏許建立府學仍勘會於係官荒閑地土內量撥
伍頃充府學支用及令國子監賜與九經書籍不得假
借出外及有損汚散失仍令本軍常切選差官一員管
句候得替批上曆子遞相交割牒至准
勅故牒
景祐元年正月五日
刑部侍郎參知政事宋

戶部侍郎參知政事王
工部尚書平章事李
門下侍郎兼吏部尚書平章事呂
畤
大宋景祐二年歲次乙亥二月八日立石
應高蹈丘園科府學講授高口
節度推官宣德郎試大理評事趙惟清
朝奉郎試大理司直兼監察御史權觀察判官周宗
範
節度判官朝請大夫試大理司直兼殿中侍御史何
口

禮賓副使兵馬都監在城巡檢兼管勾駐泊軍馬公
事蔚信
禮賓副使駐泊兵馬都監兼管鈐轄本城軍馬公事
賈璘
朝奉郎尚書比部員外郎通判永興軍府兼管內勸
農事上輕車都尉賜緋魚袋梁吉甫
六宅使昌州刺史駐泊兵馬鈐轄兼管勾屯駐本城
就糧兵馬公事盧守懃
邠州觀察使駐泊馬步軍副都部署兼管勾屯駐本

城就粮兵馬公事張遵
金紫光祿大夫行尚書戶部侍郎知永興軍府兼管
內勸農使管句駐泊軍馬提點乾耀商華坊丹同等
州巡檢兵甲公事上柱國高平郡開國公食邑三千
八百戶食實封一千二百戶范雍
皇叔推誠保順同德協恭贊治崇仁亮節守正佐運
翊戴功臣永興鳳翔等軍節度管內觀察處置等使
守太師尚書令兼中書令行雍州牧鳳翔牧荊王賜
劒履上殿詔書不名食邑二万二千三百戶食實封
壹萬戶□□

專知官滑仁□
按此碑乃景祐元年范雍知永興軍奏請立學舍
須經史撥莊田朝廷依奏而給此牒也立學大事
宋史及東都事畧俱不書選舉志於仁宗即位但
載賜兗州學田及命藩輔皆得立學而不及永興
立學賜田之制文獻通考學校門不詳范雍之奏
隆平集學舍一條祇紀書院之制而郡縣學畧焉
陝西通志西安府學宋以前全不載是以無從與
碑參攷也牒載令國子監賜九經書籍不得假借
出外損污散失令本軍選官一員管勾督相交割

朝廷慎重經籍之道詳審精密於此可見年月後
列銜四人有姓無名以宰輔表攷之刑部侍郎參
知政事者宋綬也戶部侍郎參知政事者王隨也
工部尚書平章事者李迪也門下侍郎兼吏部尚
書平章事者呂夷簡也後列銜名十一人內三人
泐其名餘八人中惟梁吉甫史附梁鼎傳鼎子華
陽人而不詳事蹟盧守懃見宦者傳字君錫開封
祥符人累官昌州刺史明道中罷爲永興軍兵馬
鈐轄徙鄜延路再遷六宅使范雍本傳累官尚書
禮部侍郎太后崩罷爲戶部侍郎知陝州改永興

軍正與碑給牒之年合餘人無攷蔚信之姓蔚似
即尉字想宋時加艸作蔚然史書所載尉姓至北
齊而止隋唐以下不但無蔚且無尉矣末列皇叔
泐其名宗室傳太宗第八子元儼仁宗即位封定
王拜太尉尚書令兼中書令賜詔書不名天聖七
年封鎮王又賜劒履上殿明道初拜太師換河陽
三城武成節度封孟王改永興鳳翔京兆尹封荊
王遷雍州鳳翔牧悉與碑合則碑所泐者乃元儼
也功臣之號宋史職官志及文獻通考賜皇子皇
親文武臣僚外臣共有三十八字注云初加四字

次加兩字此碑所載功臣號共二十字大抵初加四字餘十六字則八次遞加也又史志載賜中書樞密臣僚者有推忠二字賜皇子皇親者亦有推忠二字此碑推誠二字史志所無餘十八字俱與史合且泛觀他碑之賜臣僚者亦有推誠二字則推誠非碑誤而史志作推忠者誤也文獻通考同此誤

永興軍中書劄子

碑高六尺二寸三分廣三尺五分十一行行二十八字正書在西安府學

戶部侍郎知河陽軍范雍奏臣昨知永興軍體量得前資寄住官員頗多子弟輩不務肯構唯恣嘲詠輕薄鬬

訴詞訟自來累有條約與諸處不同有過犯情理重者並奏聽
勑裁然終難悛草蓋由別無學校勵業之所是致輕悍成風臣到任後奏乞建置府學兼賜得九經書差官主掌每日講授據本府分析即今見有本府及諸州修業進士一百三十七人在學關中風俗稍變頗益文理見是權節度掌書記陳諭管勾欲乞特降
勑命指揮下本府管勾官員令常切遵守所立規繩不得隳廢候
勑旨右奉
聖旨依奏劄付永興軍准此者

景祐二年十一月一日宣德郎試祕書省校書郎節度掌書記管勾府學陳諭立 安亮刻

按碑載景祐二年范雍知永興軍以寄住官員子弟不務肯構恣行過犯因請建置府學賜九經書每日講授見有修業進士一百三十七人在學關中風俗稍變乞勑命指揮令常遵守規繩不得隳廢奉聖旨依云云宋史傳雍字伯純河南人仁宗朝累遷尚書禮部侍郎章獻太后崩罷爲戶部侍郎知陝州改永興軍傳但載其關中饑疫雍爲賑恤而不載建學教士之事夫寄住官員子弟不守

家風務爲嘲詠鬬訟雍設學教之使不致比匪蕩檢則縉紳之家蒙其益者多矣此誠爲治之大不可畧也因表而出之

文宣王廟講學堂記

碑連額高九尺六分廣二尺六寸三分十九行行五十四字正書篆額題講學堂記四字在曲阜孔廟

兖州仙源縣至聖文宣王廟新建講學堂記

泰寧軍節度行軍司馬朝散大夫撿校左散騎常侍騎都尉賜紫金魚袋成昂撰

承奉郎守將作監主簿孔彥輔篆額

知景靈宮事宗一大師賜紫孫正己書

昂志從師學觀　夫子道庶幾識其門閫奧
贊言當會歸蕩蕩是生足矣假天與幸於百歲固心无
吝於一日也戊戌秋造　帝恩允臺中郎就
戎典午卜老東蒙庚子春預從　御禮備員
亞獻陪祭于　廟屬中有工度堂構始思貢
新成侯酬宿願初匠事云畢幾造至極比求乎一意何
擁畜間年而趣無所得豈聖道藏畜不可見乎將大權
反合難爲狀也幸覽韓公愈處州碑曰天下通祀惟社
稷與孔子爲然以社稷壇而不屋取異代佐享豈如孔
子巍然當座用王者禮以門人爲配自　天

子已下北面拜跪薦祭誠敬禮如親弟子者又以自古
多有以功德得位而不得常祀不得位而得常祀者其
祀事皆不如孔子之盛所爲有生人已來未有如夫子
者其賢過於堯舜遠者韓以孟子言其効歟昂適不得
已但廣明孟意覬實賢過之言耳夫道以無用妙以神
名德涉有動率以形累聖人有以見其本知其末以无
不可以无顯必用有明以有不自於有生必待无造然
有以形爲扃有極无以神用運无窮蓋神者無不應者
也應設至微不可以有極測有者有所係者也係設至
大不得與无窮稱若乃无有混融短長相取處无窮以

觀有極者窮窮則理應生變變則易故爲新神行而理
通難復堯舜之應靈有期文武之卜世有數將无窮也
居有極以計无窮无窮者通通則物或有矜矜則轉得
爲失形滯而物窮雖復天地以覆載能常日月以運行
能久恐有極也大哉　我夫子貫本末以研
幾持中正而應動恍惚萬變優游一致物當崩壞我得
經緯於後先理在會通我得彌綸於終始斷御群有用
出至無豈固時來以必位叙而後伸其道也夫故以言
乎見者莫窺以言乎作者莫覩爭者見之不得奪讓者
見之不得與高之者不知其然抑下之者不知其以舉

過不及者進退賢不肖者跂俯猗歟知後之世侯一方
子百里者可祭而不可瀆刑四海化地民者可則而不
可侮爲師之善盡垂百王主善之慶永貽萬古老氏所
云善建者不拔善抱者不脫子孫祭祀不輟斯言至矣
斯言至矣杜牧亦嘗有言自古稱夫子之德莫如孟子
稱夫子之尊莫如韓吏部昂也愚敢體神而明之稱
　夫子道乘變而文之爲講學堂記當耶當耶壯哉
斯堂也棟宇崇崇戶牖空空師席斯正學人斯同淵乎
元旨淡乎素風云誰有極極我无窮
皇宋景祐四年七月八日重立

吳興沈壁刻字

按曲阜縣志載此碑云額篆甚奇孔彥輔所書也
其文雜用老氏之言無足錄此碑末題景祐四年
重立則當有舊碑不知立於何時額篆全仿鍾鼎
籀文彥輔爲孔子四十五代孫字德甫年十八爲
仙源縣主簿秩滿除將作監主簿後知仙源縣官
至國子監博士據景祐二年孔道輔祖廟祭文後
列將仕郎守將作監主簿彥輔正郎書此額之時
也文爲成帛撰結體艱澀將以文其淺陋不獨雜
用老氏之言而已山左金石志謂其文淺陋不足
錄者似未確也書者道士孫正已書譜無其名

零陵縣華嚴題名八段

石橫廣一尺六寸五分高一尺五寸三分四行每行字數不等正書左行

闕一行

勅不辨

國子博士監市征孫蒼舒

江陵節推知零陵縣王務本　皇宋景祐四年

又橫廣三尺七寸三分高一尺九寸五分十行每行字數八九十字不等行書左行

皇宋康定二年歲直辛巳中秋前一日知郡中都外郎
盛□仲□□□廣西提憲中都外郎田瑜資忠　提舉
賣鹽田曹外郎張譚巨卿左殿直監兵宋憲公變推官
試校書郎楊構起宗于此既遂命磨崖識其歲月耳

又橫廣二尺五分高一尺八寸五行行五字正書

洪直景純王之才希聖丘程公遠林喬育卿李忠輔道
卿丙戌十一月七日題

又高廣均一尺四寸五行行六字正書左行

知永州柳拱辰通判永州尹瞻郴州郴令郭宸至和二
季十一月二十日遊此

又橫廣一尺九寸高一尺八寸七行行八九字不等正書左行

本州軍事判官吳大元前道州軍事推官鄭□本州錄
事叅軍張仲同本州司法叅軍宋翔東安縣尉范□□

□□員外叅軍嘉祐四年八月　日題

又此刻在康定二年盛□題名右側四行正書左行

張綬狄咸同遊花巖元祐三年十月廿七日　開山住
持□　進士周賁刊

又高二尺一寸五分廣一尺四寸九分四行行六字行書

新安曹李明紹聖三年三月初九日來遊男友夬受及
庭侍

又高四尺三寸廣一尺五寸七分篆書

華嚴嵒

紹興甲子浮谿翁書

按華嚴巖題名八段一爲景祐四年次爲康定二年是歲十一月改元慶歷中秋時尚爲康定也次爲丙戌十一月當是慶歷六年次爲至和二年次爲嘉祐四年次爲元祐三年次爲紹聖三年次爲紹興甲子浮谿翁書華嚴岩三大字旁一行八小字並篆書甲子爲紹興十四年浮谿翁疑是汪藻所自號其所著詩文名浮谿集也傳載藻紹興八年上所修日歷升顯謨閣學士知徽州逾年徙宣州言者論其嘗爲蔡京王黼之客奪職居永州累赦不宥此所書三字是其時也

浯溪詩詞刻四段

□元顏二公中興頌碑

石橫廣三尺六寸高一尺八寸四分十七行行十一字十字九字不等正書

提點□□公事尚書刑部中陳統

進士鄭紘書

中興碑頌□崢嶸正□年來蠹不生湘水無窮流善價□山長在聳高名文傳幼婦詞源贍翰□崩雲筆力精

按部巖舟因訪古拂塵珎賞眼偏明

經浯溪元次山舊隱

次山曾此隱溪壑水清漪廢宅羣山合高名千古垂

篁森釣潜樂石聳豐碑唯有稀林色蒼蒼似昔時

景祐五季十月二十四日

內殿崇班□□祗候同提九柴貽正同賞

進士周貢刻

讀唐中興頌

石高二尺六寸廣二尺三寸十一行行十一字或十二字正書

南運判尚書都官外郎□抗

周雅久不復楚騷方獨鳴淫哇弄氣態□我瀟湘清二公好奇古大節□時□□崖勒唐頌字字瓊□英□雲借體勢永石生光精浯溪辭□地自□闢正聲□傳□

□夏孰賢燕然銘絃歌入商魯永與人神聽江流或可竭此文如日星

熙寧己酉秋七月零陵令權祁陽縣事夏杲上石

寄題中興頌下

石橫廣四尺三寸五分高三尺三寸五分十一行行七字正書

鼎沸漁陽塞馬鳴中興宏業奉天成且爲萬世邦家計寧問他時父子情李郭功名無可憾元顏文字有何評若能銘刻燕然石方許雌黃此頌聲

紹定癸巳元日郡守中吳俞樵書

浯溪留題衆矣其間或美或刺歷數百年未有□□

其口者是是非非迄無定說
郡侯衛公以合鼎之偉器守零陵之偏口口口口口口
口口口口口口口口口口口語口而口口詞婉而
口口口口口口

林草題滿江紅詞

石高三尺八寸廣二尺五寸五分十
行行十一字至十三字不等行書

十載扁舟幾來往三吾溪上天寶事一回看着一回惆悵筆畫糢糊猶雅健文章褒貶添悲壯枉教人字字費沉吟評輕重西北望情無量東南氣真長王想忠臣應讀宋中興頌主聖自然皆樂土時平正好

儲戾將笑此身老大倘奔馳知何用
右滿江紅西皋林草淳祐己酉良月庚子自淦入桂艤舟浯溪有感而作汲度香橋下流泉

按浯溪詩詞四段一爲景祐五年陳統詩二首一爲熙寧己酉口抗詩一首泐其姓己酉是熙寧二年一爲紹定癸巳衛樵詩一首并跋癸巳是紹定六年一爲淳祐己酉良月林草詞一闋己酉是淳祐九年良月十月也四人史俱無傳林草題後云自淦入桂艤舟浯溪淦與灨同蓋自江南西路之贛州赴荊湖南路之桂陽道經浯溪也是時元已滅金稱兵南犯朝廷方以泗州圖解兩淮息兵論功推賞僥倖偷安故林草詞有西北望情無量東南氣真長王想忠臣應讀宋中興頌云云蓋深望湖湘一路之長歌樂土也

衛廷謂墓誌

石横廣二尺九寸八分高二尺五
寸二十二行行三十一字正書

宋故左千牛衛將軍衛府君墓誌銘

君諱廷謂字德言闕下材武爲將口闕下錢塘人闕下率女趙氏口口闕下君口口口口口府闕下承旨口口口口奉職以捕賊功闕下鉛山稅僥口廣部闕下外口口吏令參知政事

口公著口闕下君以族大自口得口口闕下除左千牛衛將軍口口闕下年七十八君口口口口餘年所至以廉稱不口口口過闕下士大夫所口口口口口盡未嘗問有無口異口闕下父以忠孝爲口口口口口口稱者闕下在部州日口民口口口口口鬼神以脅其衆君捕之闕下上君口功君謂曰口口口口口而爲盜不過取口以自利耳闕下以自爲功闕下恐薄其罪不誅故禮賓口口口口口口口道刑獄見其闕下之人能愛人遠利誠仁人也君始口王口口口以闕下男五人巽淵鼎觀賁巽用廕今爲口口殿口鼎未仕而亡口觀口口口口口口口口而文二女

早天諸孫十餘人君臨終□諸孫曰吾下闕以吾歸錢塘巽等奉遺命以寶元二年八月十三日□君下闕銘曰
衛氏□世以武顯于諸侯□□□文□□□□□以□□□□□□□□□人□考哉

按此誌磨泐過甚全篇約六百餘字今存者不及三百字銘詞稱衛氏先世以武顯于諸侯今誌文叙先世皆不可辨但存錢塘人三字而歷考諸史衛氏之著籍錢塘者竟無一人衛廷謂既不見於宋史復不見於浙江通志杭州府志人物傳不能詳其事蹟今節取誌文之存者云廷謂字德言錢

塘人除左千牛衛將軍年七十八歷官所至以廉稱未嘗問有無在韶州日民有訛晛神以脅其衆君捕之上君之功君謂曰貧民脅而爲盗不過取錢以自利耳不可以自爲功悉薄其罪不誅蓋能愛人遠利誠仁人也男五人巽淑鼎觀賁巽用蔭爲某官鼎未仕而亡觀下闕二女早天諸孫十餘人君臨終謂諸孫曰以吾歸錢塘巽等奉遺命以寶元二年八月十三日下闕文之可讀者如此惜其湮没已久尙賴此誌以傳而誌係近年出土流播未廣因詳錄之以裨武林文獻之徵云

栖霞寺碑

碑本高廣行字皆不計行書

金陵攝山栖霞寺碑文并銘

陳侍中尙書令宣惠將軍叅掌選事菩薩戒弟子濟陽江摠持撰

陳朔前會稽王行叅軍京兆韋霈書

聖宋賜紫沙門懷則重書

賜紫沙門有朋篆額

蓋聞天有神宫地云靈府栞欽檮記始叙四衢之塔金翅著經圖知千步之寺至如峯形甑果岫勢堂密亦烏

足言哉南徐州瑯琊郡江乘縣界有攝山者其狀似繖亦名繖山尹先生記曰山多草藥可以攝養故以攝爲名焉南齊舊落顧悌鎭戍之塢北望荒村扈譙卜筮之宅此山西南隅有外道館地低而疾癘磨滅三淸遺法未明五怖之灾方善開宗遂變四禪之境俄見齊居士平原明僧紹空解淵深至理高妙還榮軒冕遁跡巖穴宋泰始中嘗遊此山仍有終焉之志村民野老競來諫曰山多狼虎毒虵所以久絕行蹤僧紹曰毒中之毒無過三毒忠信可蹈水火猛烈亦何能爲乃刊木駕峯薙草開逕披拂蓁梗結搆茆茨廿許年不事人世渡河忠

累擾篋無㳄皆曰誠至所感有法度禪師家本黃龍來遊白社梵行殫苦法性純備与僧紹冥契甚善嘗於山舍講無量壽經中夜忽見金光照室光中如有臺館形像豈止一念之間人王照其香蓋八未曾有澗石朗其夜室居士遂捨本宅欲成此寺即齊永明七年正月三日度上人之所構也山情率易野製疎朴崖擔峻絕澗戶幽深卉木滋榮四時助其影綺煙霞舒卷五色成其黍絢居士嘗夢此巖有如來光彩又因閑居依俙目見昔寶海梵志睹覩花臺智猛比丘行逢影窟故知神應非遠靈相斯在居士有懷創造俄而物故其第二子仲

璋爲臨沂令克荷先業莊嚴龕像首於西峰石壁与度禪師鑴造無量壽佛坐身三丈一尺五寸通座四丈并二菩薩倚高三丈三寸若乃圖寫瓌奇刻削宏壯蓮花瑩目石鏡沉暉藕絲縈髮雲崖失彩頂日流影東方韜其大明面月馳光西照匿其成見大同二年龕頂放光以色身相晃若炎山林間樹下艳如火殿禪師自識終期欣瞻瑞應以建武四年於此寺順寂豈非六和精進十念允諧向沐寶池方登金地者也齊文惠太子豫章文獻王竟陵文宣始安王等慧心開發信力明悟各捨泉貝共成福業宋太宰江夏王霍姬蒨閨內德齊雍以

刺史田奐方牧貴臣深曉正見妙識來果並於此巖阿廣抽財施琢磨巨石影擬法身梁太尉臨川靖惠王道契真如心靈檀蜜見此山製置疎闊功用稀少以天監十年八月爰撤舊藏復加瑩飾績以丹青鏤之銑鋈五分照發千輪啟煥排天堂廡玉露分色接軸軒屏翠微抽影八定之侶步纖草而揚梵三慧之僧攪飛泉而動色喜園凝靜豈假吏之凡遊深谷虛靈非愚公之俗路是以王公搢紳之輩郎吏胥史之屬步林壑陟阜壤升精舍拜道場莫不洗滌無明澣濯囂暗非直心之砥路孰能如斯者乎慧振法師志業該練心力精確度上人

將就遷神深相付囑法師聿修厥緒勸助衆功基業田園多所創置先有名德僧朗法師者去鄉遼水問道京華濤覬挺出碩學精詣早成波若之性夙植尸羅之本闕方等之指歸靈中道之宗致北山之北南山之南不遊　皇都將涉三紀梁武皇帝能行四等善悟三空以法師累降徵書確乎不拔天監十一年帝乃遣中寺釋僧懷靈根寺釋慧令等十僧詣山諮受三論大義頁詣曰學聖道如日之明孫卿云登高山知天之峻今之探賾其此之謂南蘭陵蕭昹幽栖抗志獨法絕羣遁世茲山多歷年所臨終遺言葬法師墓側還符田豫託西門

之家更似槃鴻偶要離之塋又按神錄云楚蘄神在今臨沂縣齊永明初神詣法度道人受戒自通曰蘄尙郎楚大夫之靈也大同元年二月五日神又見形著菩薩巾披袈裟閑雅甚都來入禪堂請寺衆說法崑嶺之中百神所在首陽之路八騶並驅未有修淨戒之品詣得道之僧罄忍辱之衣入安禪之室是知名山大[illegible]靈[illegible]憑依者矣慧布法師務落煩惱早出塵勞律儀明白貞節峻遠貫綜三乘不自媒衒揩模七衆無所說詞褱曰靜懇鍾巖余便觀止飡仁飲德十有餘年頃於攝阜受持珠戒佩服之敬雖敢怠於斯須汲引之勞且曷伸於

報効夫言意難盡鉛槧易凋固比河山莫如金石凡諸徵應并預隨喜並勒于碑左乃爲頌曰

湯湯心火冥冥世流論生若寄喻死如休三明未了十智難周盡纏癡愛豈離瘡疣敬仰雖足恭聞鷲頭斯風可羨其路何由我開梵宇頭壑臨丘我圖靈跡果植回修兼金畫繪洂石彫鏤連雲出沒泄雨沉浮經行松磴禪坐蕙樓澗風長瀉崖溜懸抽花臺似雪夏室疑秋名僧宴息勝侶薰修三乘謂筏六度爲舟金幢合蓋寶鶩驅鞢地祇來格天衆追遊五時無爽七處相侔辞題翠碧字勒銀鈎賢乎藥餌過客宜留

此碑經唐會昌毀廢後已命重立至今其石斷缺文字訛隱前充寺主僧契先自捨囊貲購石依本寫之

康定元年□月十七日鐫立本寺維那僧肅澄上座

僧智遷寺主僧元聳謹記　袁文雅刻字

右重刻栖霞寺碑本江總持文韋霈書唐會昌中碑毀今所存者宋康定元年沙門懷則重書也按總持自序稱年二十餘入鍾山就靈曜寺則禪師受菩薩戒暮齒官陳與攝山布上人遊欵深悟苦空更復練戒故題銜有菩薩戒弟子之稱霈官翊前會稽王行參軍世未解翊前爲何語予攷陳書後主之第八子

莊封會稽王禎明二年除翊前將軍揚州刺史則霈即莊之屬吏當[illegible]皇子封王者必除都督刺史加將軍號乃得開府置官屬故加翊前於會稽王之上也梁時置翊左翊右翊前翊後四將軍在第二十班今人知其名者尠矣潛研堂金石文跋尾

按此碑泐者祇八字檢攝山志載此文取以校補

又校其不同者俄而瘦痢磨滅志作疫癘水火猛烈志作猛獸面月馳光志作面目以色身相志作光色身相八定之侶志作入定名德僧朗法師志作明德僧早成波若之性志作般若釋慧令等十

僧志作釋僧慧等十僧肅睞志作蕭睞余便覩止志作覩止似皆志有臆改也痾本疾瘦字通作癘可以不必改癘也面月對上文頁日若作面目則誤矣八定之侶對下文三慧之僧檢韻府正引江總此碑作八定則入定非也名德本爲僧之稱南史何點傳招攜勝侶及名德桑門清言賦詠是不當作明德也波若亦見南史何求傳隱居波若寺不必作般若也睞即睞字之省音彌通作矊亦可不必改也蓋志爲近時人所修或誤釋碑文疑有錯誤而改之耳書人姓氏潛研堂跋云韋霈詳玩碑文頗似車霈據撫山志作李霈則大不類矣

金石萃編卷一百三十二終

金石萃編卷一百三十三

賜進士出身　誥授光祿大夫刑部右侍郎加七級王昶譔

宋十一

興慶池禊宴詩

碑連額高九尺三寸二分廣三尺八寸分六截書每截二十八行行十一字正書隸額在西安府學

上巳日興慶池禊宴詩并序

夫鳴鐘列鼎以悅當世者王侯之事也緣情屬思以永欣遇者大夫之職也而況位崇嚴廟伊稷之全謨地控崤函漢唐之遺業藩鎮雄於右輔冠蓋盛於佗州摛藻摛華此焉攸萃良辰美景茲豈難并時維莫春日乃元已祓于南國想像蘭亭之遊出其東門依俙曲水之會興慶池者開元之故邸也躍鱗巨沼蹴象回淵壯麗盡於本朝梗槩盈乎一水前顧華萼夾右青門光靈僅存今昔相視　大尹貲政稽遵時憲敦講民熙駕言出遊仍故不改由是都人士女袨服而嘯儔駟牡鸞旂供帳而臨禊賓礱有醴燕坐無譁　運副直昭文劉公濬發詞源廓清吟域首裁雱詠詫大物華有逸民可聽之談無摯虞不經之說以謂塤篪迭奏宜聲應而響隨蘭桂揚芳固道同而氣合則有　資政大學士左轄高平公　天章待　制都運清河公以佐

王重器由聖鴻儒駕風義之相高用名教而爲
樂繼探强韻鏗振雅音自餘賓僚咸有篇唱無慮十九
首莫不天機衒巧月脅矜新揄揚　大國之風謌
詠　我公之美爛爛若琮璜之間珪璧洋洋如英
莖之合韶護靡叙懿鑠孰光勝踐子定濫游　幙府竊
比蓬麻絶希授簡之知姑多拜　命之辱龜承指
顧深愧題辭時慶曆壬午歲太常博士通判軍府事張
子定謹序

資政殿大學士尚書左丞知永興軍府事范雍
興慶春深樂禊辰淸歡雅唱萃良賓韶光綺麗新經雨
詩句風流妙入神冠蓋紛紛紅杏徑歌鍾隱隱淥池濆
閫臺將漕皆　時傑共泰常安万井人　和轉運
學士

陝西都轉運使尚書刑部員外郎充天章閣待　制
張奎
公餘遵騎賞芳妍郲重花明祓禊天絲竹繞堤浮舴艋
綺羅照水戲鞦韆回頭景物才三月屈指光陰又一年
台旆行春暫　均逸鳳凰池暖正　思賢

陝西轉運副使尚書刑部員外郎直昭文館劉湙
淸明佳節屬良辰行樂東郊宴席賓風郲不勝春氣力
露花無奈曉精神管絃遠近靑堤上樓閣高低淥水濆
多少艤舟何所用　府公便是濟川人

太常博士通判軍府事張子定
月標元巳樂嘉辰興慶煙波漲曉津宴集幸聯　台
衮坐風流仍繼禊堂春蘭亭事古成遺迹華蕚樓空委
路塵歌吹滿舡花夾岸酒帘無處不留人

秘書丞通判軍府事張掞
霽景東郊道風光北斗城　中樞詹　舊德上巳燕
羣英鏤管詩情逸彫觴禊事成樓臺動波色鼓吹逐春
聲繡蕚林花密芳茵岸草平願　公均愷樂函夏福黎
氓

秘書丞通判隴州軍州事王揚庭
宗臣上巳宴東池雅俗嘉賓盛集時禊席臨川花照耀
游車分路水逶迤賞心唯欲居民樂縱飲猶虞坐客疲
獨願我　公歸　柄用盡令天下洽春熙

殿中丞知司錄參軍事李諷
東風池館絶纖埃元巳佳辰樂衆來桃李陰成微雨後
管弦聲動畫舡開　主公望重經　邦業上客
詞高濟世才四海傳聞應有恨一方千里獨春臺

太子左贊善大夫簽署節度判官廳公事尹仲舒

長安本佳麗況復當盛春擷勝在城曲起亭臨水濱隔
花皆戲艇滿目盡遊人草賦疑梁圃楊垂認灞津自緣
農有望豈歇景長新佑宴誠欣遇非才與幙賓
　著作佐郎知汝州梁縣事閻詢
李唐前事此遺宮春滿遺宮綠暎紅緩帶有功閑白日
飛觴無筭惜東風香輪度陌煙容外畫舸凌波柳影中
祓禊賞心從此會　主人歸去漢三公
　大理寺丞知萬年縣事趙濟
撫封占清境禊宴協良辰物態隨春秀歌聲洽政淳擷
芳爭陌綺泛棹擊波鱗天幸陪開府非才愧席賓
　大理寺丞知涇陽縣事宋宏
名臣臨俊域和氣□芳春禊飲傳佳節　時賢冠上
賓滌波浮畫舸芳草染朱輪行樂由仁政歡聲沸水濱
右五言
上巳佳辰綺宴陳　大賢重鎮雍城春欲知遠近追
遊者盡是關中受　賜人　右七言
　校書郎新差簽署秦州觀察判官廳公事雷簡夫
上巳風流屬令辰禊堂開宴集佳賓濟時原野經新雨
行樂池塘得舊春千騎旌旗臨滌水万家車馬起香塵
自慙遺病無堪者敢預　平津末坐人

　觀察判官楊初平
照坐壺冰寒凜凜北斗揮漿均祓飲興慶池頭春色濃
亂柳搖金花學錦雕章麗藻俱時才落筆頌歌兩兩合
府公莫惜玉山醉明日　天綸鳳詔來
　權節度掌書記史瑜
池館春光欲禁煙芳辰　修禊集羣賢茂林深處森
冠劍清籟鳴時當管弦召伯甘棠分陝地羊公風景峴
山前詩成莫訝天機俊潛握人間造化權
　節度推官董士廉
歲和事簡正韶春與慶池邊樂衆賓爭勝此時追曲水
賞芳辰會屬　平津暎花語笑歡讙女隔岸綵簀祓
禊人深愧薄才叨下幙酒酣應許吐車茵
　泰寧軍節度推官知隴州吳山縣事文彥若
上巳當嘉節　合庭讌鉅賢使臺談玉瑩賓幙玳簪
鮮綦組威儀異樽罍禮讓宣歡聲喧渭曲瑞氣浹秦川
客奉熒煌坐人歸雜沓筵鯫生叨禮召心久託　陶
甄
　德州軍事推官趙寅
斗城初霽媚春暉託　乘爭芳鷁蓋飛修禊波深
輕急槳舞雩風暖薄更衣香車寶馬嬉游盛別館離宮

往事非因憶鳳池新濯躍　黑轓看逐　節函

歸

續寄一章

秘書丞通判乾州軍州事王沖

駘盪青郊祓禊辰東池冠蓋集嘉賓逍遥共入華胥國

綽約誰逢洛浦神障展露花長樂際袍欹煙草曲江濱

遥知台旆行春暇起作　元鈞輔弼人

左側（側厚一尺二行行十八字行書）

眀昌甲寅歲暮春祓禊日公餘獨來泛舟興慶池觀

覽勝絶京兆同尹燕臺劉仲游景文書

右側（共六行行十一字行書）

携酒送春偶賦小詩一絶

春光將欲朝夕盡携酒東郊邀數賓淺酌花前沉酩

酊誰人學我送殘春

明昌五年三月中休日燕山劉頎子翼書

四六序典雅淸麗詩並卓卓可傳子定高平幕下士

也可想見一時之盛（關中金石記）

按興慶池在興慶宮唐書地理志宮在皇城東南距京城之東開元初置至十四年又增廣之唐會要云上在藩邸與宋王成器等同居興慶里八號曰五王宅至是爲宮焉玉海云開元元年以隆慶舊邸爲隆慶宮在隆慶坊元宗名隆基改興慶宮長安志云開元二十年築夾城入芙蓉園自大明宮夾東羅城經通化門以達此宮先是武后時民井溢浸成大池數十頃號隆慶池丞相王子列第其北望氣者言嘗鬱鬱有帝王氣中宗神龍二年幸池上宴侍臣以厭之又據唐六典元宗隆慶坊舊宅有井忽湧爲小池周袤十數丈常有雲龍或黃龍出其中景雲間浸廣里中人悉移居遂爲龍池又據雍勝略景龍池本爲隆慶池以諱元宗名改興慶池立宮後謂之龍池此興慶池之原委也

此碑撰序者張子定史無傳序爲慶歷壬午歲作壬午爲慶歷二年後載范雍張奎劉渙張子定張掞王揚庭李諷尹仲舒閻詢趙濟宋宏雷簡夫楊初平史瑜董士廉文彦若趙寅王沖十八人之詩范雍詩和轉運學士（即張奎）而不同韻劉渙王沖皆同范雍韻張子定雷簡夫前後與范同而中二聯別用韻餘皆各自爲韻體皆七律獨趙濟用五律宋宏二首一五律一七絶爲異諸人之見于史者范雍字伯純河南人累官資政殿學士知永興軍

兼轉運司事遷尚書左丞加大學士碑惟不系轉
運司事餘悉同宋詩紀事引儒林公議載其紀西
夏事三首而不錄此詩張奎附弟亢傳亢家于臨
濮奎字仲舒先亢中進士累官侍御史爲河東轉
運使進刑部員外郎及分陝西爲四路擢天章閣
待制環慶路經略安撫招討使知慶州父名餘慶
辭不許歷陝西都轉運使知永興軍劉渙附父文
質傳文質保州保塞人渙字仲章以父任爲將作
監主簿累知遼州獻唃氏誓書與西州地圖加直
昭文館遷陝西轉運使由工部郎中知滄州碑於

轉運下有副字又刑部員外郎爲傳所略張掞字
文裕齊州歷城人舉進士知益都縣明道中知萊
州掖縣通判永興軍爲集賢校理不言其爲秘書
丞與碑不同宋詩紀事引西淸詩話載其賀執政
入東西府詩二句而不載此詩閻詢字議道鳳翔
天興人其歷官傳不載其知汝州梁縣宋詩紀事
引至元嘉禾志載其題招提院靜照堂一詩而不
載此詩其詩載入嘉禾志必是嘗官嘉興而傳亦
無攷雷簡夫附其父德驤傳同州郃縣人字太簡
隱居不仕康定中樞密使杜衍薦之召見以秘書

省校書郎簽書秦州觀察判官公事董士廉附見
田京傳稱京少時與常山董士廉汾陰郭京相友
善俱以倜儻聞而不詳其官位事蹟王沖附父王
旦傳旦大名莘人三子雍國子博士沖左贊善大
夫素別有傳而不詳沖之官秘書丞通判乾州軍
州事宋詩紀事引雲門志略載其次韻范公仲淹
遊雲門一首而不載此詩餘則史與紀事皆無攷
碑左側有金人劉仲游題名右側有劉伉一絶句
皆明昌五年

褒城縣文宣王廟記

碑連額高六尺六寸廣三尺八寸四分二十一行行
三十六字正書額題新修至聖文宣王廟記九字篆
書在褒城縣學

大宋興元府褒城縣新修至聖文宣王廟記

給事郎守祕書丞知縣事騎都尉竇充撰并書

鄉貢進士張公口篆額

服儒之服讀儒之書不知儒之道是猶終日戴天不知
天之高終日履地不知地之厚亦何異擿埴索塗冥行
已矣　我夫子之道文而明一以貫布在方策炳
若日星祖述憲章顯仁藏用聖人之備者也若夫窮神
知化自誠而明中庸可能皇猷可復其聖也天縱其性

也生知制作素王之道立三綱五常揔人倫之大紀以
叵君臣以親父子以和夫婦以睦兄弟俾民日遷善而
不知斯則顯仁藏用之道盡矣子思謂如天地之無不
持載無不覆燾然猶道之用有所隱晦文中子謂天地
生我不能鞠我父母鞠我不能成我成我者夫子也道
不啻天地父母通於夫子受罔極之恩其與太極合德
神道並行誠哉言之至□道之藴矣乃知太極權輿一
氣并包二儀明下闕子之道包虖天地其道之管出虖一
而已　國家功格穹壤頌溢金石書軌混一
聲教無外庠序大闡禮樂大備使賢不家食野無遺

逸有以見人文化成天下燀　淳曜之盛烈也褒
城縣絲封漢中跨據秦隴控斜谷之巖阻厥田沃衍其
俗富庶樂三堰之美利在學校之構弦誦之業寖爾罕
聞儻祠宇尚隳人罔□敎先是舊廟僻處山塢荒庭寥
落鞠成榛莽蓊橑傾陊風雨弗庇春秋釋奠何陋如之
充居治是邑莅局之初乃狀其迹建白公府時
尚書水部□郎李公　雅鎮藩翰惇意儒宗悅聞矢謀
亟從改作繇是周爰近署擇堰之右得官地一壓芟穢
度址鳩材傭工靡踰月而棟宇鼎新不越時而塑像儼
列堂奧沉邃閎閎有嚴可以落成式覩大壯前以子思

之言但取喻天地未顯道之爲用而文中子明成我之
恩與太極脗合淵虖探道之賾邈焉臻道之極吾是□
□庶幾聖人之道者其中說之謂夫誌諸溫珉辭達□
□時慶曆二年□月四日謹記
將仕郎守縣尉兼主簿事宋立德立石
古吉刋字
按褒城縣屬陝西漢中府宋時興元府治此陝西
通志云縣有褒水在城東一里即黑龍江自鳳縣
界流入又南流入漢褒城縣學宋慶曆間倚於江
岸寶充宰褒建有自記即此碑也而不詳寶充未

建以前之所在據此碑云先是舊廟僻處山塢充
居治是邑亟從改作擇堰之右得官地一壓云云
是舊廟近山失其址矣擇堰之右者當即褒水之
堰漢中府志云堰界石在褒城縣東三里黑龍江
中上一石有乾道元年史可觀記下一石鐫制置
大使司提修造張儀自嘉定三年至七年督責軍
人董工治堰自爲記觀此碑可知褒水之有堰已
見於慶曆以前其時未有黑龍江之名故碑中不
及也寶充無攷碑云誌諸溫珉當即貞珉避仁宗
諱改也

普通塔記

石高廣俱二尺七寸二十一行行二十字正書

弟子沙門可度書

塔非中國之有也制起于西域自東漢世旁行書來爲教以示人曰旣侵熾塔則或大或小郡縣幾普矣謂藏佛骨舍利之所也外則其口能燀揚經律論曁施用厚者死則其徒或起以貯骨焉重真寺天王院沙門智嚮姓李氏京兆武功人自幼依師爲浮圖嗣長則能恭養父母久以孝聞父母死又能以送終之禮封樹之此其浮圖嗣之難者也復常悲其寓泊僧骨弃露零散乃於

寺之南城外不盡一里募施掘地爲壙際水起塔出地又丈餘塼用万餘口旣成近左收措得亡僧骨僅四十數於慶曆二年二月二十一日夜建道場請傳戒師爲亡僧懺罪受戒塔頂開一穴以備後之送骨嗚呼古稱葬者藏也欲人之不得見也今智嚮師能盡力於親而又悲其類任普通塔使遊方之徒來者未來者死悉有所歸其用可嘉也五年乙酉春二月一日前寧州從事盧覬過其院智嚮悉以事白余素熟其行因應請而記

太廟齋郎劉夐

文林郎守扶風縣尉任化成立石

三班借職前監鳳翔府岐陽鎮商稅兼巡防劉昌珏

右班殿直監鳳翔府岐陽鎮商稅兼巡防李用衡

助緣張守斌　馬中象　姚文信　魏平　齊安和

魏德輔　元宗說　趙英　郭士新　潘守用　潘

永　李定基　楊守貴　王全勝　程垠　巨立

安宥　楊文玉等施石

師弟智廣　智仙　師姪智全

地藏院主僧義光　吉祥院主僧瓊玉

左會院主表白沙門澄演　張遵刻

按普通塔爲釋氏瘞骨之所今今叢林普同塔之

所昉也重真寺據碑當在扶風縣城内撿陝西通志已無攷矣劉昌李用衡皆監鳳翔府岐陽鎮商稅兼巡防官岐陽縣名郎岐山縣唐武德七年所更名至德中復爲岐山而岐陽之名遂用之於鎮今亦未能詳攷似在岐山扶風之間也

濬山巖題名六十段

潘衢等題名　石高二尺三寸廣一尺六寸五分六行行十一字正書

中都外郎知郡事潘衢子莊　殿中丞通理郡事陳規正卿　太常博士監市等李寔公實　軍事判官洪亶景純　軍事推官李洙希真　慶曆七年十一月五日

又 橫廣五尺一寸六分高三尺六寸五分十二行行十字正書

至和二季乙未六月十九日尚書職方員外郎知永州
軍州事柳拱辰以久旱躬禱于零陵王之祠因憩此巖
是日得雨時殿直齊懷德大理寺丞章詢判官李方推
官蘇合文錄事叅軍張服司法叅軍李光序零陵縣令
孫恩道零陵縣主簿張拯信安進士趙揚武陵進士魏
堂從行男新黃州司法叅軍平奉命題

又 橫廣二尺七寸八分高二尺九寸六行行六字左行正書

張子諒中樂陳起輔聖麻延季僊夫魏景晦翁盧臧曾
卿夏鈞播之同遊嘉祐祫享後十一日

又 橫廣三尺二寸八分高三尺八行行八字正書

知軍州事張子諒奉道判張德淳同游嶼中麻延年魏
景邑令夏鈞從大理丞陶弼校書郎章望之選吏李綱
盧臧實預焉嘉祐己亥四年五月二十六日己未臧題

又 橫廣二尺四寸五分高二尺九寸八分六行行八字正書

皇宋嘉祐庚子歲六月己巳日提點刑獄度支郎中宋
任仲堪同提點刑獄供備庫副使靳元翊公弼按部回
游此

又 高一尺六寸廣一尺五寸六行行六字正書左行

徐大方冲道李曹元卿舜臣麻延年仙夫萬孝寬公南

黃致適道盧臧曾卿游臧題嘉祐辛丑上元後一

又 高二尺九寸五分廣二尺四寸五分八行行九字正書

司刑丞攉郡徐大方同上嶼攉倅麻延季點閔御書譬
巡馬公弼零陵令夏鈞從奉宸前知懷遠曹元卿邵陽
嶼萬孝寬前荔浦令黃致前湘潭簿盧臧預遊嘉祐辛
丑上元後三日臧題記

又 高二尺二寸八分廣二尺四寸七分七行行七字正書

聖宋嘉祐辛丑歲六月三日轉運使尚書刑部員外郎
直集賢院陸詵介夫按部游此携家人與仙姑同至

又 高二尺七寸廣二尺三寸五分六行行六字左行正書

馮璟唐輔會蕭固幹臣蕭注巖夫魏景晦翁何廓伯逵
張子山景仁蕭澈子源辛丑秋社日遊

又 高二尺五寸廣一尺四寸五分四行行七字正書

後二十有八日臨川徐嗇用之自潭如桂王臣因復載
酒與湛叔晒俱來

又 高一尺四寸七分廣一尺五寸四行行六字正書

嘉祐八年三月初八日轉運判官尚書都官員外郎宋
迪遊

又 橫廣二尺五寸高一尺八寸六分六行行四字左行正書

持正子西公亮巨卿毅甫隱甫同遊治平貳年九月十

四日隱甫題
又 横廣三尺五分高二尺三寸五分七行行八字左行正書
新賀州桂嶺令梁庚子酉洎弟零陵令宏巨卿進士寘
隱甫陪郡幙項隨持正新清湘尉蔣忱公亮進士周鎬
毅甫同遊治平乙巳九月十四日題
又 高三尺四寸五分廣二尺七寸七行行十字正書
轉運使河東薛俅步按上六州一監渡瀟湘二水歷三
門嵓九龍洞至永遊朝陽澹山巖悉非人力乃神物所
造之景通判樂咸縣令梁宏共行治平二年十一月三
日題石

又 横廣四尺六寸高三尺四寸八行行七字正書
尚書都官郎中知軍州事陳藻君章尚書虞部員外郎
通判軍州事周惇頤茂叔郡從事項隨持正零陵令梁
宏巨卿同遊治平三年四月六日題
又 横廣三尺高二尺七寸六行行五字左行正書
前八日桂倅范子卿同永幙項隨令梁宏掾董乾粹遊
淡山治平丙午臘月吉誠叔題
又 高三尺一寸五分廣二尺一寸五分五行行七字隸書
治平四年正月壬申轉運判官尚書屯田郎中會稽沈
紳公儀行春陵逾瀟水還經澹山寺

又 高二尺五寸廣二尺二寸七行行八字正書
比部員外郎通判永州軍州事周惇頤治平四年二月
一日沿牒歸舂陵鄉里展 墓三月十三日廻至澹山
巖將家人輩游 姪立男壽燾姪孫蕃侍
又 高三尺三寸五分廣三尺一寸三分八行行十字正書
尚書比部郎中知軍州事鞠拯道濟尚書比部員外郎
通判軍州事周惇頤茂叔軍事推官項隨前錄事參軍
劉璞零陵縣令梁宏司法參軍李茂宗縣尉周均治平
四年三月十四日同遊永州澹山巖
又 高三尺二寸廣三尺一寸五分五行行五字正書

判延年歐陽問趙艮范成之張勉厚熙寧己酉二月十
七日遊
又 高二尺三分廣一尺八寸七行行九字正書
供備庫使前知全州軍州事楊丞節公操 前提舉廣
西常平太常丞關杞蔚宗 河陽節度推官知零陵縣
事楊巨卿信甫熙寧七年正月十九日同遊
又 横廣一尺九寸七分高一尺三寸三分十行行七字隸書
河陽節度推官知零陵縣事錢塘楊巨卿信甫率大理
寺丞監湘稅泉南蘇顗潛道零陵縣尉葵丘盧綜貫道
同遊淡山遍歷巖穴之勝子儼道輔有期不至熙寧七

季九月戊戌謹題　梓作石丞洪

又　橫廣一尺五寸八分高一尺三寸八分六行行五字左行正書

熙寧甲寅歲十月十一日承乏長沙局因祠零陵王廻至此華陰楊傑英甫記

又　高二尺七寸廣二尺四寸九行行十一二三字左行正書

潛山巖零陵之絕境蓋非朝陽之比也次山往來湘中爲最熟子厚居永十年爲最久二人者之於山水未有聞而不觀觀而不記者而玆巖獨無傳焉何也豈當時隱而未發耶不然使二人者之顧肯夸其尋常而遺其卓犖者哉物之顯晦固有時何可知也蔣穎牀題

又　高二尺七寸廣一尺八寸四分四行行八字正書

儀真秦日新得之嘉興潘景純和叔長沙李茂宗慶孺熙寧九年十二月中休同遊

又　高二尺七寸六分廣一尺八寸八行行十四字行書

至和乙未歲予爲舉子過零陵陪太守柳侯拱辰禱雨因至潛山巖於今廿三季始得再遊其間絕景勝致當日賞愛之處髣髴如舊觀石間題名緬懷柳侯久爲異物使人惘然不能自已熙寧丁巳清明前二日荊湖南路轉運判官尚書屯田員外郎會稽趙揚題永州軍事判官衡陽黃鎮同□

又　高四尺廣二尺七寸五行行十字正書

凌江張申仲甫廬陵毛君卿正甫衡山侯天經元則汴陽盧綜貫道衡陽黃廣成壽翁長沙馬初平祖衡元豐己未季秋六日同遊

又　高三尺六寸廣二尺六寸五分六行行八字正書

朝請大夫郡守陳遘朝請大夫通判蔣僅宣義郎前監鹽張伉軍事判官時宥縣尉劉日章元豐八季乙丑六月十一日同遊

又　高二尺七寸廣一尺三寸二行行五字正書

蔣僅屢遊元豐乙丑題

又　高三尺二寸廣二尺七寸七行五行行七字行書後二行小字正書

林郡才中還自春陵遊潛山巖夜宿僧舍明日再遊遂之衡陽元祐五年季夏二十二日題

憲使拔部過此題石

左朝請大夫知永州軍州事周處厚命工刊之

又　高二尺六寸廣二尺一寸五分六行行六字古篆文

元祐六年八月十八日王覲𠀤朱許師嚴希衛□師□□□□同遊是邕江□□錫題　四明鍾成亦至

又　高二尺七寸廣二尺二寸八行行十字十一字左行正書

元祐辛未歲九月回撿潦田楚人高公傑子發吳人許

師巖希道自賢女廟下宿何氏仙姑家翌日涉江遊龍
宅覽仙姑得道處回宿僧舍明日遂入歸德福田等鄉
沙門文眞男敢同來　子發書
又 横廣三尺四寸高二尺七寸十行行八字正書
左朝奉大夫知州事劉蒙右通直郎通判州事阮之武
躬閱　御書同遊管界巡撿張準知零陵縣事婁瑄祁
陽縣令陳衎東安縣令徐處仁零陵縣尉陳寛夫與焉
紹聖改元仲秋十二日徐處仁題
又 高二尺七寸廣一尺四寸五行行九字正書
紹聖元年甲戌九月七日臨川劉用之行可帥永豐盧

約潜禮富川吳克禮子仁同遊零陵澹山巖劉芑盧景
防侍行
又 高一尺八寸五分廣一尺五分四行行九字正書
紹聖乙亥孟冬五日陪范公淳父　曹守季明遊澹山
巖郡倅張茂先題
又 高二尺七寸廣二尺六行行九字左行正書
新安曹長倫元友弟長明德昭韓國魏中孚誠老衡陽
黄元壽長蜀郡范沖元長同遊紹聖丙子仲夏十三日
江南鄒洵叔悳常題
又 横廣二尺七寸高一尺八寸八分七行行六字正書

武陽朱養源臨江鄒德常上饒周濟叔餘杭唐欽叟宣
城侍其希聲潯陽周亨甫紹聖四年三月十二日同游
又 横廣三尺三寸高二尺四寸五分五行行四字行書
錦溪唐節公禮唐恪欽叟紹聖四年閏月九日
又 高一尺六寸五分廣一尺四寸五行行六七字正書
高平范正思子默東沂畢冲子虛吳郡富爲子宜愚溪
張縱純中元符元年十月十九日
又 横廣二尺七寸高二尺六分八行行六七字正書左行
長沙孫欽臣仲恭東都賈材彥成舂陵王邃府明弟棠
叔華元符二年己卯六月初七日戊寅同遊勝境遲留

累日泛舟東下自永還潭
又 此刊在林部之左二行行十二三字左行
睢陽蔡穀允元眉山陳續茂訓韓城范直方師厚高郵
秦湛處度元符己卯十一月十五日游
又 横廣二尺高一尺七寸六行行七字左行正書
大名韓川北歸一游弟巛球子意姪康世康國康伯侍
行道士何守靜偶至此元符庚辰歲六月二十二日題
又 横廣二尺四寸五分高二尺二寸五行行七八字正書
張適安時廸安道邁安會遠安行招陳莘子野蔣彥才
之羨唐逸元道同遊壬午中春十八日

又　此刊在張邈之左六行行十字十一字行書

長沙慕容選公才周伯常達夫自陝西歸里中訟幹零陵特遊澹山口　瞻禮金僊遍遊諸洞次日設僧粥浴遹邈之城下崇寧甲申仲冬五日湘東朱炳明遠書

又　高一尺九寸五分廣一尺二寸七分三行行五字正書

開封曹湜邵陽周奇同遊澹山巖崇寧四年六月八日

又　高二尺一寸廣一尺五寸七行行九字行書

真定鞏鑒辨抃躬閱　御書至此歷覽古跡愛其巖穴幽邃氣象爽然罕所口見也徘徊抵暮而歸時大觀二年三月十有七日男庭實庭賓庭老侍行庭賓奉命題

又　高一尺四寸五分廣一尺一寸三分五行行八字行書

朐水盖伺公厚因祀　靈顯行次嵒下就謁住持芳師訪其古跡歷覽而歸時大觀戊子季春晦日題

又　高廣俱三尺四寸十二行行十字篆書

青社董令升罷官廣西還過零陵來觀澹山同王紹祖趙佃夫宋傳道飯巖下思長老以其師燈禪師所書祠禊頌顯上人以懷素千文墨本相示千文真跡余家所藏嘗刻石鄉里詢顯則同郡人也盖得之余家豈意兵火流離之餘乃復見此顯亦可謂好事矣因語及鄉里相對感嘆紹興乙卯歲春三月戊寅題

又　高三尺五寸廣二尺三寸五分六行行八字正書

蓬澤程遜德遠拉歷溪高祈應之魏邸趙彥侁安行開封王維子厚同遊男恪與同年子趙潛夫侍行紹興丙子仲冬六日記

又　高二尺七寸廣一尺七寸八分五行行七字正書左行

東平劉董子舒臨江蕭寘擇可睢陽王光祖仲顯以乾道戊子六月上休日來游淡山巖

又　高三尺四寸廣一尺八寸四分五行行十字正書

路分王俊邦傑教官洪彥華叔晒判官趙汝恍德恂推官葉天休嘉承戶曹攝零陵縣趙不揉從朴慶元乙卯

季夏十有二日同至

又　橫廣一尺八寸高一尺四寸四分六行行五字正書

嘉泰癸亥歲仲春上澣日東都趙仲義來游淡巖徜徉終日男師曹師厲侍行

又　高二尺六寸廣二尺八行行九字正書

開封李震亨仲洴陽段晉龍伯津鄭山王圭粹伯來游領月臺之風漱石井之泉摩挲山谷老人永州淡嵒天下稀之詩徘徊觀音嵒窮幽極勝醉心溢目而后歸時嘉泰甲子季春中澣日

又　高六尺廣一尺七寸四行行十六字正書

三山高惟月以慶元戊午校秋試于零陵墢事嘗遊淡
巖觀山谷留題後廿九年揭來分符莫秋復遊覩景物
之依然歎歲月之逾邁歸與翩翩賦念奴嬌一闋
又高二尺七寸廣一尺五寸八分五行行八字正書
前守春陵永嘉許綸任滿東歸携累來遊妹婿鍾光大
甥侯希韙錤鎡澄侍行時紹定庚寅正月二日題
又高四尺九寸廣二尺二寸二寸六行行八字左行正書
嘉熙戊戌中旾十有七日襄陽御塵王淦函道孶家徠
游萊八習隱盧汝聖耀侍行
又高三尺四寸廣二尺九寸六行行八字正書

景定壬戌春正月晦零陵令鍾有大以迓繡使俞討院
宿此巖寺二月望再侍　判府丘秘丞劭農題石以紀
事云
又高二尺廣一尺五寸五行行七字正書
臨淮張孝先郡人鄉槐錫江陳時中謁靈祠就過澹巖
景定壬戌菊節後三日書石以紀行
又横高三尺三寸廣一尺七寸五行行五字六字隸書
景定五季冬十有一月乙酉永嘉劉錫自道之瑞來遊
子思侍濂溪友劉元禧因赴南宮偕行
又高四尺三寸廣二尺七寸五行行十字正書

咸淳已巳仲秋望踰浹合沙趙與岫仁甫以郡博士攝
守倅出郊勸麥偕攝令廬陵劉伯文致平行竣事就訪
古跡寺僧請書以記
按湖南通志澹巖在永州零陵縣南二十五里亦
名澹山巖唐張顥記云盤伏兩江之間周迴二里
中有巖竇可容萬夫古有老人處其下以澹氏稱
因名方輿勝覽云中有澹山寺樓殿屋室隱躍罅
中雖風雨不能及四顧石壁削成旁有石竅古今
莫測其遠近此磨崖題名六十段當即在石壁削
成之上然據永州山水記但載澹山巖宋黃山谷

始題識之今洞中一石載山谷詩與書而不言此
外之題記者甚多也山谷詩跋已附大唐中興頌
後六十段外恐尚有遺姑就此六十段攷之始于
慶歷七年迄咸淳五年已巳合二百二十年中姓
名可見者得二百七八泐者二人其中可攷者陳
規史傳稱字元則密州安邱人靖康末金人入侵
殺鎮海軍節度使劉延慶其徒祝進王在夫爲盜
犯隨郢復等州規爲安陸令以勤王兵赴汴至蔡
州道梗而還建炎元年累知德安府與劉錡領兵
同死守後移知廬州疾卒此題銜殿中丞通理郡

事傳無一語及之不知卽其人否也趙揚宋詩紀
事載抗揚抃二弟皇祐間抃爲江源令抗揚與俱
名勝志載引流聯句一詩有抃序云公暇事休與
弟抗揚坐東軒樂然盤桓其爲詩章云云是趙揚
爲抃之弟史抃傳抃字閱道衢州西安人此題趙
揚爲信安進士信安爲衢州江名正與抃同貫蓋
其時遊于知軍柳拱辰幕中也但抃傳不爲附載
無事蹟可攷陶弼史傳字商翁永州人由陽朔主
簿歷知邕州徙鼎州辰州忠州順州加東上閤門
使未拜而卒此題大理丞則傳所略傳又稱弼能

爲詩故其詩雜見方輿勝覽後村千家詩合璧事
類別集錦繡萬花谷粵西詩載後村詩話諸書中
其所著邕州集宋詩紀事宋之章望之史傳稱字
表民建州浦城人由伯父得象蔭爲秘書省校書
郎監杭州茶庫累光祿寺丞致仕此題校書郎蓋
未監茶庫時也傳又稱其北游齊趙南汎湖湘西
至汧隴東極吳會山水勝處無所不歷有歌詩雜
文數百篇此題知軍張子諒同游蓋南汎湖湘時
也其爲詩則夏書一篇見宋文鑑陸詵史傳稱字
介夫餘杭人進士起家簽書北京判官加集賢校

理通判秦州判太常禮院吏部南曹提點陝西刑
獄徙湖南北轉運使直集英院進集英殿修撰知
桂州至邕州集左右江四十五峒首詣麾下補置
將吏更鑄印畀聲益張召爲天章閣待制知諫院
道除知延州知成都熙寧三年卒此題轉運使尚
書刑部員外郎爲傳所略其云按部游此者卽至
邕州集左右江峒首之時也蕭注史傳稱字巖夫
臨江新喻人舉進士攝廣州番禺縣以破儂智高
功擢禮賓副使廣南駐泊都監知道州拜西上閤
門副使居邕數年坐貶泰州團練副使累起爲邠

州都監累知桂州此題無號年但云辛丑秋社日
稽其時爲嘉祐三年蓋知邕州時便道游此而留
題也周惇頤史道學傳字茂叔道州營道人東都
事略作春陵人按春陵見後漢光武紀春陵節侯
買注云春陵鄉名本屬零陵在今唐興縣北唐興
縣名武德四年所改天寶初改延唐縣後唐天福
中改延喜縣宋乾德初改寧遠縣是春陵本唐興
縣之鄉名偶見於光武紀其地本與營道爲鄰觀
周子自題云沿牒歸春陵鄉里展墓可知其家在
營道先墓在春陵傳著其貫而東都事略則用其

先墓所在之古鄉名也傳又云以任爲分寧主簿調南安軍司理參軍移郴之桂陽徙知南昌歷合州判官通判虔州熙寧初知郴州爲廣東轉運判官以疾求知南康軍因家廬山蓮花峯下卒此題凡三見前治平三年題尙書虞部員部郎通判軍州事後治平四年二次題此部員外郎通判永州軍州事皆傳所不載又侍遊者有男壽燾姪立姪孫蕃而傳祇載男壽燾不及立蕃且但稱壽官至寶文閣待制不詳事蹟書譜引魏鶴山集稱濂溪先生帖遂寧傅氏藏則周子有書名也書錄解題

載濂溪集七卷是有詩文著述也而傳皆不載惟東都事略載其南安司理之後有通判永州一語較史稍詳宋詩紀事載壽字李老一字元翁元豐五年進士初任吉州司戶次秀州知錄終司封郎中激水志載其題金粟寺庵詩蓋官秀州時作也又元翁詞翰之妙前輩多稱之語見朱子文集紀事又載燾字次元元祐進士爲貴池令官至寶文閣待制成都文類載其暑雪軒詩咸淳臨安志載其遊天竺觀激水詩是嘗至浙至蜀矣凡此皆可廣史所未備也楊傑史傳字次公無爲人舉進士

元豐中官太常者數任元祐中爲禮部員外郎出知潤州除兩浙提點刑獄卒此題華陰楊傑英甫與傳不合疑別一人蔣穎叔名之奇常州宜興人史傳稱其以蔭得官擢進士第至太常博士又舉賢良方正英宗擢監察御史神宗立轉殿中侍御史坐貶監道州酒稅改監宣州酒稅新法行爲福建轉運判官崇寧元年累除觀文殿學士知杭州以疾告歸卒此題不著年月亦不著官位當是監道州酒稅時所題其監道州也由呰歐公之故爲清議所薄穎叔必有不得意者故題云物之顯晦

固有時何可知也其大指已見乎詞矣穎叔能詩零陵縣志載其遊澹巖七古一首此詩見下卷又載其遊朝陽巖七古一首王弇州又稱其工書有蘇黃法則此題句百餘字亦足貴也陳遘史傳字亨伯自江寧徙永州登進士第累知雍邱縣徽宗將以爲御史而遭憂畢喪爲廣西轉運判官欽宗立積官至光祿大夫徙知中山金人再至受圍爲步將害此題元豐八年爲郡守傳全不載當別是一人徐處仁史傳字擇之應天府穀熟縣人由進士甲科爲永州東安縣令蠻人叛處仁入峒開示

恩信嶺感泣誓不復反此其官東安之政績也後仕高宗初爲大名尹北道都總管卒此題在紹聖改元正其令東安時也范沖史儒林傳字元長登紹聖（史誤作紹興）進士累官翰林侍讀學士以龍圖閣直學士奉祠卒史不著沖之里貫據此題知爲蜀郡人而其時爲紹聖三年丙子蓋初舉進士也宋詩紀事又稱沖爲祖禹長子紹聖元年進士建炎中官翰林學士守衢州坐與趙鼎有連落職衢州府志有贈了空長老詩爛柯山洞志有游爛柯山青霞洞天詩皆其守衢日作也可補史之略唐恪史傳稱字欽叟杭州錢塘人以蔭登第調郴尉歷仕至靖康初累拜少宰兼中書侍郎以觀文殿大學士中太一宮使兼侍讀二年金人逼立張邦昌仰藥而死此題兩見皆在紹聖四年是其官郴尉時而不曰署其官但其貫則一曰餘杭一曰錦溪錦溪是苕水分流入臨安者非其貫而餘杭則貫也與傳之稱錢塘者異然傳有知潭州請往錢塘掃墓然後之官遂改杭州之語或因其先墓在錢塘故以爲錢塘人歟又唐節字公禮題在唐恪之前似節爲恪之兄但事蹟無攷范正思仲淹之孫

純仁之次子史附見其兄正平傳云正平字子夷父純仁卒詔特贈遺澤官其子孫正平推與幼弟幼弟似即謂正思也又云蔡京當國言正平矯撰父遺表又謂李之儀所述純仁行狀妄載中使蔡克明傳二聖虛佇之意遂以正平逮之儀克明同詣御史府正平將行其弟正思曰議行狀時兄方營窀穸之事參預筆削者正思也兄何爲哉正平曰時相意屬我且我居長我不往兄弟俱將不免不若身任之遂就獄云云此題高平范正思子默與正平之字子夷同用子字信爲正平之弟惟傳稱范仲淹其先邠州人後徙蘇州吳縣此題高平吳縣無高平之稱或邠州舊名新平郡又可謂之高平耶秦湛見詞綜稱其字處度觀子官宣教郎載其謁金門詞一闋又見宋詩紀事嘗爲韓膺胄作枝巢詩先得兩句云云見詩說雋永史文苑傳秦觀高郵人元祐初累官國史院編修官紹聖初坐削秩徙郴州此題在元符二年己卯是侍父貶所時也韓川史傳稱字元伯陝人元祐初薦爲監察御史累以龍圖閣待制守潁州徙虢州與孫升同受責由坊州郢州貶屯田員外郎分司岷州團

練副使道州安置徽宗立復故官此題在元符三年庚辰正其安置道州時但自署其貫爲大名傳則爲陝人殆大名是祖貫耶趙彥侁趙汝忱趙不揉趙師曹趙師厲趙與詴皆見宋史宗室世系表太祖兄弟五人兄光濟早亡弟光義即太宗次廷美次光贊幼亡廷美封魏王有十子長高密郡王德恭彥侁即德恭之六世孫承節郎公璟之子也太宗九子長元佐封漢王汝忱即元佐七世孫善強之子也太宗第六子元偓封鎮王不揉即元偓之五世孫乃武節郎士崢之第四子官從事郎太

祖四子次子德昭封燕王師曹師厲皆德昭七世孫師曹之父伯逸師厲之父伯道皆贈從義郎子說之子則師曾師厲爲其祖兄弟也太祖第四子德芳封秦王與詴爲德芳九世孫希瑀之第二子也題名諸人之可攷者祇此餘皆無攷三山高惟月題記云歸與翩翩賦念奴嬌一闋今搨本不見其詞檢詞綜亦未錄其人又題名中有郡人卿槐卿姓見風俗通云虞卿之後然無一人登史傳者此云郡人豈永州著族耶長沙慕容遲題記云瞻禮金僊遍遊諸洞次日設僧粥浴殆在澹山寺也

飯僧爲檀越功德次之僧粥亦飯僧之意至設僧浴則捌見此題豈僧浴不易舉亦待檀施耶青社董令升題云懷素千文墨本眞蹟余家所藏嘗刻石鄉里顯上人同郡人也得之余家此敘懷素眞蹟之顯晦亦書家法帖之故實識以備攷錢塘楊巨卿字信甫官河陽節度推官知零陵縣事熙寧七年兩度遊澹山一在正月一在九月夫以官爲縣令而能題名紀遊則其居官政績從容餘暇可知而稽之浙江通志杭州府志俱不載其人蓋修志不廣採金石則人物遺漏文獻無徵積病由來

已久附識以爲志乘家之勸石刻題名之有姓有名有字始乎宋時此題有襄陽郤塵王淦困道萊人習隱盧汶聖鄰郤塵習隱二人之號也以號冠乎姓名之上則始見此題蓋在嘉熙二年南宋末之風尙矣作書有以弌弍爲戉戌者尙沿唐人書體之舊侯希隉字書無隉字似當作𨲢係唐武后所制聖字此仿而書之而有譌也

飛白七字

石横廣五尺一寸四分高一尺五寸横書在杭州府仁和學

皇三十九

天下昇平四民清

慶曆八年四月二十八日

仁和學仁宗御書飛白七字側記皇三十九四字乃

碑石紀數也 孫星衍寰宇訪碑錄

慈恩寺塔題名二十二段

塔凡三門題名刻于門楣之上此其一也四行行十一字左行正書

提點刑獄□□□　□□□

部都王元百祥

同提點刑獄劉建勲周輔慶曆八年九月十六日同遊

又 隸書殘缺止存一行行十字

庫太素雷簡夫太簡慶曆

又 正書殘缺止存四行行十字左行

嘉祐壬寅歲五缺祖考而降凡六喪既事會親舊于是

庚午衤□丞□興

又 正書五行行十三字左行

北曹外郎康定軍使盧盛損之前懷州河內簿陳知益

友直弟知恭德基知宣德㳟姪安期海翁借從都漕陳

大卿自杜城遊華嚴至此治平甲辰六月三日題

又 正書殘缺止存三行行十二字左行

缺州河內簿陳知益友直弟缺基知宣□□姪安期海

翁□從缺□□□□□杜城遊華嚴至此□□□□□

□日題

又 正書五行行八字左行

都轉運使潁川孫永副使河東毋沆高平范純仁制置

解塩判官河南李師錫熙寧元年三月十八日游

又 隸書四行行七字

知府事吳中復新知梓州李大臨前知閬州崔度熙寧

六年二月九日題

又 隸書六行行十四字

資政殿大學士知越州趙抃度支郎中轉運使皮公弼

太常少卿知同州毋沆太常博士提點常平倉章楶同

登慈恩塔過杜祁公家廟遂會于興慶池館熙寧七年

仲冬二十有二日龍圖閣直學士知軍府事吳中復題

右吳中復題名在西安慈恩塔八分書甚有法按趙

閱道以熙寧三年四月自政府乞罷改資政殿學士

知杭州後改青州召見以大學士再知成都乞歸知

越州此題乃由成都移越道經京兆時也中復知永

興軍楶提舉陝西常平俱見宋史本傳公弼任陝西

轉運使亦見食貨志杜祁公衍家越之山陰晚年退

居南都即今之歸德府也似不當立家廟於長安且

北宋大臣罕有立家廟者或別是一人非衍也潛研堂金石文跋尾

又行隸書殘缺止存四行行十餘字不等

缺□□□□葉□□□□

缺事虞部外郎俞希及景賢

提舉□□□作佐郎扯常正甫

□□□□□□佐郎喩房明仲

又正書七行行三字左行

張琬蔡文卿楊國寶葉擴同遊丙寅元祐元年閏二月

五日

又正書二行行八字左行

范登元祐二年丁卯歲四月十八日偶題

又正書四行行十字左行

承議郎新通守淸江郡事瑯琊王評漢卿奉使岐雍展

先塋同登慈恩塔元祐三年八月上澣題

按漢制公卿以下皆五日一休沐唐會要永徽三年

上以天下無虞百司務簡每至旬假許不視事以便

百僚休沐則唐時十日一休沐矣休沐亦謂之休澣

唐書劉晏傳質明視事至夜分止雖休澣不廢是也

宋時百官旬假循唐故事故有上澣中澣下澣周益

公撰光堯丁亥本命道場滿散朱表有日適中澣之

句攷其日乃十月二十一日又撰四月十八日丁亥

本命道場朱表亦云日近中休然則每月之二十日

爲中澣日上澣必月之十日矣一旬之中止一澣日

今人以上澣中澣下澣當上旬中旬下旬旣失其旨

又休澣惟有官人乃可用之不當通於士庶也漢卿

當是駙馬都尉詵之昆弟潛研堂金石文跋尾

又行書二行行十二字

駙馬都尉王詵再遊元祐癸酉

王詵晉卿宋初功臣全斌之裔全斌子審鈞爲永興

軍駐泊都監因家京兆晉卿於審鈞爲曾孫則京兆

乃其故鄉又攷王評題名有展先塋之語則晉卿之

履游[illegible]思始亦以展禮先塋之便歟潛研堂金石文跋尾

又正書十行行三字左行

德安王[illegible]建安章綖南幽張舜民崇寧丙戌歲重九日

同登進士章莱從

又正書六行行九字

睢陽徐處仁擇之京兆何常德固管城李謔智甫大梁

曹詗子問成都郭倫與權西洛趙佺眞叟浚儀劉仲祥

公善政和改元孟夏十三日

又行書二行行八字
康訓种師周李延祚李景儉司馬朴政和四年四月晦
日
又正書五行行六字
河南趙耘老因暇登塔觀唐人墨蹟時政和丙申七月
二十有四日也
又正書八行行七字左行
滏溪眞常寓此避暑自宣和庚子歲歷辛丑壬寅癸卯
甲辰凡五夏更三十甲子雖未能拒造化而造化亦不
能煉吾也復嬰返黑上眞豈欺我哉刊者姚彥
又行書九行行五字
宣和辛丑夏五月大熱異常與邵子文李秉文种亥冉
王服膺二十七日逃暑卧塔下晦日暫歸當卜再至王
正叔題
又正書六行行二字左行
黎獻民向宗京陳似楊舟李處俊宣和辛□
又草書四行行十字左行
獨上慈恩塔疎懷亦慨然異朝多少事不改舊山川宣
和四年八月旦范智聞
又正書二行行八字
張智周桑彥周孫昭遠趙君表袁仙夫
按陝西通志慈恩塔在西安府城南十里曲江池
北內有浮圖塔六級卽雁塔後重加營建至十層
兵餘止存七層長興中西京留守安重霸再修之
判官王仁裕有記宋張茂中遊城南記云長安士
庶每歲春秋遊者道路相屬熙寧中富民康生遺
火經宵不滅而遊人自此衰矣此題名二十二段
皆來遊者所刊起慶歷八年訖宣和四年凡七十
餘年其中泐不能辨者數人其姓名可辨者得六
十三人以史傳攷之雷簡夫字太簡德襄曾孫康
定中杜衍薦授簽書秦州觀察判官公事旣罷居
長安此題上下殘缺上存康太素不知其姓下有
慶歷字則是居長安時所題也墨池編稱其善眞
行書書史會要稱其少年學褚河南聖教序歐陽
率更醴泉銘顏太師家廟碑然則其居長安日久
摩挲諸碑書學宜乎更進矣孫永字曼叔世爲趙
人徙長社神宗卽位累擢天章閣待制安撫陝西
歷河北陝西都轉運使此題熙寧元年正官都轉
時也范純仁字堯夫英宗朝累遷侍御史議濮王
典禮論奏不聽遂還所授告勅家居待罪[illegible]

追尊起純仁就職純仁請出不已遂通判安州升知蘄州歷京西陝西轉運副使此題與孫永同游卽其時也吳中復字仲庶興國永興人累擢天章閣待制知澤州瀛州移河東都轉運使進龍圖閣直學士知江寧府歷成德軍成都府永興軍此題有二一爲熙寧六年一爲七年皆知永興軍時也中復又工八分書益部談資載百花潭口有任氏一碑乃熙寧間吳中復撰書則其知成都府時事矣又歲華紀麗譜載其遊海雲寺倡和詩亦知成都時作其六年同遊者有新知梓州李大臨史傳稱大臨字才元成都華陽人神宗朝累工部郎中出知汝州徙知梓州據此題知當時大臨由汝州經陝西入梓州路也又據畫繼稱成都李才元世以書鳴又可知其書畫兼擅也其熙寧七年吳中復題云與趙抃皮公弼毋沆章楶同登慈恩塔過杜祁公家廟遂會于興慶池館潛研跋謂杜祁公衍不當立家廟於長安此蓋誤以唐之杜岐公爲宋之杜祁公也新唐書杜佑傳佑字君卿京兆萬年人憲宗在諒闇攝冢宰明年拜司徒封岐國公宋敏求長安志萬年縣所領朱雀門街之東從北

第一興道坊次南開化坊次南安仁門有太保致仕岐國公杜佑宅其後或卽以宅爲家廟未可知也岐公祁公以音同致訛耳杜常字正甫衞州人昭憲皇后族孫中進士第調河陽司法參軍事積遷河東轉運判官崇寧中累至工部尚書以龍圖閣學士知河陽軍又據畫墁錄云神宗聞昭憲之家有登第者甚喜有旨令上殿翼日謂執政曰杜常第四人登第却一雙鬼眼可令提舉農田水利又據河上楮談云臨潼驪山華淸宮溫泉在焉中有萃玉屏皆宋元人及今人詩刻內杜常詩四篇前題權發遣秦鳳等路提點刑獄公事太常寺杜常後跋云正甫大寺自河北移使秦鳳元豐三年九月二十七日過華淸有詩四首云云此題殘闕存者三行杜常與俞希及喩房同遊無年月俞喩二人無攷惟杜常史有傳然不載其官陝西據河上楮談則此題乃元豐三年提刑秦鳳時也而系銜有太常寺史又不載此題上有提舉□□□作佐郎八字若據畫墁錄所云則當是提舉農田著作佐郎也然史又不載其官著作佐郎皆當闕疑侯攷章楶附見章楶傳楶字質夫建州浦城人七

子第三子綜最知名第進士歷陝西轉運判官入
爲戶部員外郎張舜民字芸叟邠州人徽宗立擢
左諫議大夫徙吏部侍郎旋以龍圖閣待制知定
州改同州此題以崇寧五年丙戌王端章綜張舜
民章蘂同登但署其貫而不系銜據傳則綜爲轉
運判官舜民知同州也章蘂雖無攷以章楶傳證
之楶孫茇藎皆附傳蘂與茇藎字皆从艸則亦楶
之諸孫綜之從子也徐處仁字擇之穀熟人累拜
中大夫尚書右丞丁母憂免喪以資政殿學士知
青州徙知永興軍何常字德固京兆人累官顯謨

閣待制知秦州李譓附見李南公傳南公之子也
鄭州人字智甫傳載其歷官陝西者四次初哲宗
朝由河東轉運判官徙陝西次以直龍圖閣知熙
州又次爲光祿卿後數年爲陝西轉運使又次代
錢昂爲鄜延帥復徙永興此題以政和改元同遊
而不系銜傳載歷官陝西而無年月故不能攷定
也司馬朴附見司馬池傳池曾孫光兄旦之孫也
字文季少育于外祖范純仁後以純仁遺恩爲官
累調晉寧軍士曹參軍中州集稱文季工書翰有
晉人筆意其遺墨有雪霽同韓公度登圓福寺閣

和李效之詩云云此題以政和四年與康訓种師
周李延祚李景儉同遊皆不署官位里貫不知司
馬朴卽其人否也張智周桑彥周孫昭遠趙君表
袁仙夫五人但題姓名而無官位年月惟孫昭遠
有傳云字顯叔眉山人元祐間進士歷鳳翔天興
縣建炎元年累遷河南尹西京留守西道都總管
其冬金人來攻昭遠戰不利爲其下所害當卽其
人餘俱無攷

富平縣李太尉祠堂記

碑連額高一丈一寸廣四尺六分十二行行三十字並額俱正書在富平縣

耀州富平縣唐李太尉祠堂記

著作佐郎知縣事王晳撰

華陰張大中書

主簿廖山甫題額

予口富平視事之踰月按圖邑之西三十里有李太尉
墓誌曰臨淮也邑之西南十八里有廟曰赤眉誌不其
載其事蓋炎劉中絕長安之亂厥號不滅里𤰞之所爲
耳噫是可以篤訓耶因遺行視其墓則無有惟顏魯公
爲其碑表存焉甚可怪也一日沿撿按至其所召父老
詢之則曰是東直七百步越廬井林木之外聞之李相

公圖也遂往視焉則東西二塚田禾中僅存耳猶有石
獸按顔文西則司空公東則太尉也太尉忠謀武烈克
建大勳與郭汾陽偕爲唐社稷臣諸將無能出其右者
魯公淸賢傑識爲文以表其墓顧不得春秋時祭而亂
臣賊子乃竊民之奉獨時祭而嚴畏之嗚呼俗狃淫祀
不知善惡之別也至於此亟命毀之以其材作太尉祠
堂使知忠賢勳勞可以享百世之祀亂臣賊子可以蒙
千古之誅不亦宜乎皇祐元年夏六月壬戌朔記

僧普臻刊

按李太尉卽唐李光弼也光弼累拜太尉兼侍中
進封臨淮郡王事蹟詳顔魯公撰神道碑已見本
書九十二卷唐書有傳碑文又載顔魯公集此碑
所稱西則司空公東則太尉司空公謂光弼之弟
光進也太平寰宇記載李光弼墓在富平縣西四
十里陝西通志則云在富平縣西北三十里覓子
店光弼墓旁卽太尉祠祠旁卽光進墓然則太尉
祠在兩墓之間矣碑亦云按圖邑之西三十里有
李太尉墓疑寰宇記作四十里者訛也

改賜終南山宮觀名額牒

石横廣二尺七寸六分高一尺六寸十九行行
十字至十七字不等正書在西安府盩厔縣

順天興國觀住持賜紫道士王全矩書

中書門下　牒鳳翔

內中高品都知李神福送到劉子鳳翔道士張守眞奏
乞改賜終南山宮觀名額奉
聖旨依奏送中書

鳳翔終南山樓觀宜以順天興國之觀爲額牒
奉
勅如前牒至准
勅故牒
端拱元年十月十八日牒
戸部侍郎參知政事王
戸部侍郎參知政事辛
中書侍郎兼戸部尙書平章事呂
守太保兼侍中
大宋皇祐元年歲次己丑十一月丙申日建
師弟道士劉全穆　小師韓處淵胡處和李處淸
觀主賜紫　道士強德安　梁志刊

按盩厔縣宋時屬鳳翔府故此牒云鳳翔終南山
樓觀也據牒順天興國觀額以端拱元年改賜陝
西通志訛作端拱三年長安志則云興國觀本名

宗聖觀太平興國三年改今名疑太平興國三年所改者但有興國二字至端拱元年乃加順天二字也牒以端拱元年賜至皇祐元年始刻石年月後列銜四人據宰輔表戶部侍郎參知政事王者王沔也戶部侍郎參知政事辛者辛仲甫也中書侍郎兼戶部尚書平章事呂者呂蒙正也守太保兼侍中不署姓乃趙普也勑牒之例宰相出使在外則但列虛銜以表攷之則淳化元年正月趙普出為西京太守河南尹但其時是守太保兼中書令非兼侍中若端拱元年則兼侍中加太保非守太保表與牒彼此小異

金石萃編卷一百三十三終

金石萃編卷一百三十四

賜進士出身　誥授光祿大夫刑部右侍郎加七級王昶譔

宋十二

重修北嶽廟記

碑高一丈二尺一寸廣六尺二寸六分二十二行行四十六字正書篆額在曲陽縣

大宋重修北嶽廟記

推誠保德功臣資政殿大學士光祿大夫行給事中充定州路都部署兼安撫使兼知定州軍州事及管內制置營田勸農使上柱國南陽郡開國公食邑二千戶食實封肆伯戶韓琦撰并書

朝奉郎太常博士通判定州軍州兼制置營田及管內勸農事上騎都尉借緋錢貽範篆額

天下之嶽五獨北之常方人目為大茂山而嶽名不著嶽有祠不知廢于何代今廟于曲陽縣之西附城距嶽百餘里考有唐以來記刻皆不載廢遷之由故非質于圖志人或不知嶽之所在焉於禮祀莫大于天地而五嶽次之古者天□壇以祀四望者時巡至其所既柴然後秩而望祀之廟而祭焉非古也其後世之文乎然則為之者誠有意焉耳夫嶄然而石峢然而谷泉焉而衆派别林嵩而萬幹擢嶽之形也倏霽忽冥伏珍見祥喜

焉而風雨時怒焉而雷雹發嶽之神也人狎其形而易
之也薪于是畋于是安知其所以爲神哉君人者患民
之不知也於是廟而像之以警民之耳目致其嚴奉之
心使避禍而趨福雖文于古其於教也固明明矣若其
視祭之品則三代以降皆以公有唐以王　我朝
撫有天下馴致太平　眞宗皇帝紹　祖宗之
隆以建皇極封泰山祀后土曠絶之禮無所不講由是
尊五嶽而帝之復以安天靈聖之號表于　我神懽
世人之未詳也又　製奉神述以明之蓋愛民之
意深則報神之禮重斯誠也雖萬世可知矣故廟宮之

制崇飾宏大惟禮之稱著于定令以時繕修歷季既長
吏職廢忽日風月雨以圮以漏功大費廣久焉不葺每
歲立冬　天子以所署祝冊就遣守臣以祇祀事
至則羅其籩豆洗酌之具與執事者升降於頹簷壞廡
之間退而安然罔以爲恤慢神瀆禮莫斯爲甚慶曆八
年夏六月琦獲領州事得居　嶽鎮之下知廟之
未完也由市材弗給役徒弗充而民罹水災歲以大歉
凡厥用度弗敢爲擾會有　詔毀鄉民之擅爲佛
祠者得取其材以濟之益兵暨工責成于邑吏而曠時
不集通判軍州事屯田員外郎游君開謹於其事願盡

力焉率其縣主簿李奕留廟所百餘日悅使其衆而已
焉弗懈於是敝陋朽撓之迹煥然一新又於其庭起土
民薦獻之宇俾勿褻于　神而　神益以尊
彩繪塗塈罔不精極宜　神之喜肸蠁來宅皇祐
元季冬十月九日以訖功來告僚屬請以鄙文志于廟
石而弗克讓夫吏之爲政也有善惡焉神之爲監也有
禍福焉善焉而以福惡焉而以禍神理之宜也或反是
焉則非人之所知矣守臣當謹　天子之命而治
神之居絜　神之祀修己以愛其民人唯
神之所以禍福而已謹記

皇祐二季正月十九日立
常山郭慶諫刻字

碑陰

碑陰作三截書上十一行中九行下七行每行字數十至三十六不等又題名二其一韓跋左行並正書

皇祐元年冬十月九日重修　嶽祠功畢旣勒
文以謹其事乃列將佐官屬名氏于石陰庶永後觀
文林郎守巢州武邑縣令管勾定州路安撫司機宜
文字陳　薦
入內內侍省內侍高品眞定府定州等路走馬承受
公事謝　禹珪

西頭供奉官眞定府定州等路走馬承受公事陳
有方　、
供備庫副使定州路駐泊兵馬都監趙　滋
供備庫副使定州路駐泊兵馬都監張　偰
西染院使資州刺史定州路駐泊兵馬鈐轄張　忠
北作坊使綿州團練使內侍省內侍右班副都知定
州路駐泊兵馬鈐轄任　守忠
侍衛親軍馬軍副都指揮使保大軍節度觀察留後
定州路駐泊馬步軍副都部署狄　青
順安軍判官將仕郎試秘書省校書郎權節度推官
公事仇　公綽
莫州防禦推官將仕郎試秘書省校書郎權觀察推
官周　革
節度推官承奉郎試大理評事劉　循
將仕郎試秘書省校書郎權節度掌書記馬　艮器
內殿崇班定州兵馬都監兼在城巡檢劉　斌
內殿崇班定州兵馬都監兼在城巡檢劉　宜孫
內殿崇班定州駐泊兵馬都監石　宗閔
朝奉郎太常博士通判定州軍州兼制置營田及管
內勸農事上騎都尉借緋錢　貽範

朝奉郎尚書屯田員外郎通判定州軍州兼制置營
田及管內勸農事騎都尉賜緋魚袋游　開
將仕郎守曲陽縣尉盧　至堅
將仕郎守曲陽縣主簿李　奕
左班殿直知曲陽縣事兼兵馬監押口　昭
文林郎守司法參軍房　士安
將仕郎守司戶參軍裴　士誇
登仕郎守司理參軍趙　諮
承奉郎守錄事參軍曹　盡忠
太常博士簽書節度判官廳公事徐瓘畀謁
祠下元豐庚申秋八月晦題　男韶美侍行
安陽韓跂元豐六年仲冬知成德軍槀城縣得替已
嘗恭謁　祠下今復自祁之鼓城解官再遂瞻
拜連治二邑皆獲善罷者荷　陰佑之所賜也
元祐二年十一月二十七日
北嶽廟在曲陽中有一白石梁相傳云是舜時從嶽
飛至者因祀于此其說迂誕不可信然古樹遒竦有
二塑鬼奇甚皆千年外物碑刻亦稱是魏公所書全
法顏平原而時時露柳骨鋒距四出令人不可正視
公之受遺二世以身係輕重此亦可窺一斑矣弇州山人

按文獻通考慶歷八年詔置河北四路安撫以韓琦王拱辰賈昌朝等充諸路使四路謂魏瀛鎮定四州也定州置安撫蓋昉於此宋初節度使領馬步軍都部署其後守臣帶一路安撫使者皆帶馬步軍都部署故有帥臣之稱英宗以後避御名改爲都總管宋史職官志定州兼安撫使馬步軍都總管據後改名書之也此碑結銜內已有制置之名而馬端臨謂安撫帶制置自建炎三年浙西康允之始攷之似未審矣潛研堂金石文跋尾

按此碑皇祐二年韓琦知定州重修北嶽廟工竣而撰書刻石以紀也史傳琦字稚圭相州安陽人累以資政殿學士知揚州徙鄆州成德軍定州兼安撫使進大學士碑系銜有行給事中爲傳所略皇朝事實類苑載魏公嘗作閱古堂自爲記刻于石後人又畫魏公像於堂上此亦其知定州時事也篆額者錢貽範無傳文云天下之嶽五獨北之常常卽恒也避眞宗諱用常字碑陰列定州官屬二十四人內有傳可攷者陳薦字彥升邢州沙河人舉進士爲華陽尉從韓琦定州河東幕府而不載其守冀州武邑縣令傳略之也趙滋字子深開封人韓琦經略陝西舉滋可將領得閤門祗候爲鎮戎軍西路都巡檢後爲京東東路都巡檢在京東五年數獲盜不自言富弼爲言乃自東頭供奉官超授供備庫副使定州路駐泊都監張忠字聖吡開封人仁宗卽位遷天武左第三指揮使融州刺史改潮州齊州團練使擢滄州本路鈐轄徙澶州總管與碑系銜不合疑別一人任守忠見宦者傳字稷臣由蔭入內黄門仁宗親政西鄙用兵爲秦鳳涇原路駐泊都監以功再遷東染院使內侍押班出爲定州鈐轄加內侍副都知碑系銜北作坊使絳州團練使傳所不載狄青字漢臣汾州西河人仁宗時徙眞定路副都總管歷侍衛步軍殿前都虞候眉州防禦使遷步軍副都指揮使保大安遠二軍節度觀察留後又遷馬軍副都指揮使與碑亦互有詳略劉斌史孝義傳有其人是報父仇稱孝者與碑別一人餘俱無攷

傳應法師行狀

碑高七尺八寸廣三尺八寸三十四行行七十三字正書碑陰畫圖額題終南山上淸太平宮之圖十字正書在盩厔縣

聖宋傳應大濡師行狀

法師姓張氏諱守眞字悟元後漢三萸正一扶教大法
師迺丞相留侯六代孫法師即子房之遠裔眞嗣㬌延
不常厥居今爲盩厔人也濡師幼孤及長氣誼過人言
行相顧不交權豪篤濟物之心遠壯嘗遊終南山遇
上聖空中降曰吾北天大聖　玉帝輔臣授
命衛時乘龍降世匪正直英傑之士无以振古道汝有
異骨殆非凡庶夙叶眞教可受吾教法師□□聖語□
□□事□還□吕蕫茹共記　眞君曰吾迺兎眞
非啇□至于□□□□□□汝安得輒用腥穢然汝本
瞎固不加舉可□□□□□□汝至誠□□□□□□
□□□□□□□□□□者□加□罰法師乃寅恭致
謝復啓曰守眞聞在男曰巫在女曰覡□□□□□□□
大丈夫之所恥願闘丕訓　眞君曰□教汝斂濾爲
民除厭次指汝□□□□□國祈福□□□□□□□
□□巫覡哉後□□□蒸民災苦祈請者靡不赴之斬
邪去□一□□□□□自是不復爲患　眞君降
曰吾運化　本朝第二主將建兎闕置十一座殿宇
列中外界星辰□國□□□□□□□□□□汝發
運必受　大君禮遇法師稱謝曰□□□□

君曰吾爲天上師汝須得人開師法師迺詣古樓觀主
梁□門下朝眞叩靈□月中□□□□法師於古終
南縣私第蒭塼　北帝宮塑　眞君聖像自是□遠
從□者□奔走求□日聞神異故時人呼法師爲通靈
先生張黑殺開寶□年　太祖皇帝□□□□□
□□□馳驛吕□是年十月三日赴命越十日□□
東都趨文陛　天子被□百辟劉敘法師對敭神
氣自若左右爲之動容　上詢遇　眞君神異事
法師具對□□□□□□□　□謂法師曰
眞君降言有類此乎對曰若陛下不之信兾臣市
可驗無吕人聲媟嬻　上聖　帝然之曰果正
直之□即曰詔勑建隆觀十九日　太祖上僊二
十一日　太宗皇帝嗣統命法師瓊林苑醮謝
上帝結壇施濾至誠幽贊潛通穹旻
眞君降曰　大宋宗社□永時　上眞
太宗伺午夜秘殿底誠稽首再拜謝曰仰賴
福祲生靈誓當修奉禮畢□□師西歸至太平興國二
年春命起居舍人王龜從內供奉王守節赴終南山慎
選勝基構立上清太平宮衆議未決㫺　眞
君降曰北帝宮甫近可建殊庭繇是以定良材雲□□

口風从追三周歲始僝厥功顯符眞誥卤赦法師尸之
及賜縣官邸店越數百楹狥日利以充費法師前後錫
賚咸貿易創田園不啻萬畮立爲常住其經營後丗弗
匱者實法師之力焉　宣命給卒百人供法師驅
役當時輅車沓至士俗響臻法師屋禮以延之迄今適
爲永式三年冬十月修祝　聖壽之曦恭趨
象魏再親咫威　帝昌高尙禮之賜紫口口簡於
黼座前洊被隆恩復之攸館六年十月御前賜師號曰
崇譚大師七年春正月入內高品盧文壽　中
悁委本宮祈禱用安宗社樂康兆民法師設普天大醮

威儀具陳寔非常　眞君降靈迺錄感應聞奏　朝廷
上知社稷有賴尤加虔奉雍熙中　天寵命法師昭
以口口口遽遣中貴麥守恩傳
告曰卜祺祥遂启羅兒大醮口意蠲絜愈于常度升聞
冕旒及犬戎束手河朔怗然太史奏五福太一
臨吳分請修其祠　敕京城東南隅剏靈宇以
宅之亟召法師醮請太一眞君　上謂曰非卿何
以感通神化禮畢而還淳化五年冬被制授鳳翔府管
內道正蓋尊嚴其教也　皇朝凡七祀圜丘必詔
法師導從　鑾駕口都人跂踵仰瞻

大聖人遇法師殊常之禮實前古之罕聞俾還本宮
告謝將蟻歲事　國史詳爲當時水旱災沴靡不
修禳式昭景貺則知法師寔　淸世應運之士也
故得福蔭一方慕勝道口服膺徒弟常不減數百法師
威而不猛有揔領均平之瀘救寧上下無敢違越豈非
懿德之淵源乎至于夙夜寅奉香燈諸殿朝禮越二十
年雖風雨不渝法師象簡執成指痕斯乃勤至之驗也
法師凡爲國家設二百餘醮修三百餘齋授宣敕三十
餘道居一日召門人謂曰吾有誅翦怪魅之功而虧修
鍊飛昇之妙奈何五行更王大數告窮胡能免於形謝

哉然而質雖遷殞神自有歸　上帝錄吾及物之
勳已領符命授五土之主汝等必能恢繼教風天弗違
願遽命蘭湯曰三浴徐飲淸泉斗餘易衣啓示手足以
至道二年閏七月十六日委蛻而化享年六十有六時
天地晦冥大雨三日於別墅權厝後復雨三日法師重
修古迹宮觀有三鋪敎飛奏各賜名額矚昔未遇有子
曰元濟業進士法師朝覲奏名敕賜同學究出身遂調
選錄法師行狀以　聞奉　聖旨批付史官布衣
張濤集事跡門人刻石立于眞堂之右
弟子二十一人　賜紫劉元載　張元明　元元

德　滕元勝　李元亨　李元輔　趙元正　王元
秘　段元素　李元清　李元白　張元宗　程元
亮　劉元吉　姜譱信　李善應　許善能　強善
宗　趙善抱　楊善和　李善結　杜振塑　眞像
李楚裝　咸平二季六月二十弌日立石
夫立善功衆大名雖骨命所鍾誠明彰著然亦由志行
修蘊天心協應力行聖教而不泯者則　傳應大
法師其人也法師以景德二年八月中自別墅遷葬於
書臺鄉郭堘社祥符七年　敕加翊聖將軍曰
翊聖保德眞君　法師舊號崇讜大師

今上秉籙嘗閱琅函因覽　翊聖傳記頗動
睿念景祐中降　制書加號傳應大法師
司竹殿直張君簡每瞻祀　法師眞像欽歎久之
嘗謂人曰法師風貌瓌異眞神明之標表故得民到于
今稱之法師善功美實刻石存焉張君覽之曰石剝字
缺文誼訛舛使後之人曷以披現茂實者哉惜乎季祀
寖遠幾至湮滅具白主者願錄舊文命工重刋庶幾不
朽張君自出奉金以賞其費精求翠𤨏果成厥志識者
嘉之　監宫都宫郎楊公通儒英特聞而溢美曰是
賫成實有力焉前守寧州定安縣主簿周郁後序及書

篆
師孫六人　住持延生觀賜紫閻知白　住持資聖
宫賜紫張知常　住持順天興國觀賜紫強德安
內住持順天興國觀賜紫王全矩　劉知道劉全穆
住持資聖宫賜紫蘇宗晏　上清太平宫副宫主賜
紫壽宗邈　上清太平宫主凝和大師賜紫劉子翔
三班借職監鳳翔府清平鎮酒稅務劉惟滋
朝散大夫尚書都官郎中監鳳翔府上清太平宫兼
兵馬都監輕車都尉賜緋魚袋楊中和
皇祐二禩上章攝提格夏五月弌十有五日重建

安定郡粱志刻
江寧崇教寺辟支佛塔記
石高二尺五寸五分廣二尺三寸一分十九行行二十六字正書在江寧
聖宋江寧府江寧縣牛首山崇教寺辟支佛塔記
顧清書
牛首雙峯高插雲漢寔金陵之巨屏東夏之福地林巒
葱鬱泉石相暎聖賢大士多所棲宅故　宋明帝
嘗問道林誌云牛首有何神聖曰文殊領一萬菩薩冬
居於此又辟支迦入定之所即稱爲佛窟寺上有巖洞
幽潛磅礴中鎮眞隱世傳辟支宴坐之洞也西竺曰辟

支迦唐云緣覺因觀十二因緣而覺性明悟又云獨覺觀四時之凋變知諸識之何依无師自悟稱之獨覺其或靈山隱秀名洞捿眞因其所居卽爲化境矣若夫道之汚隆地有興替得其盛者繫於人焉當寺自天聖年中有僧德銓戮力自效遍慕擅信欲於山頂建造塼塔以摽勝跡歲月茲久工力未就乃有　府城信人高懷義嘆之因循慨其湮没遂集衆力同而成之卽於洞前按圖定址審曲面勢下葬舍利上建塼塔惣高四丈五尺中安辟支佛夾苧像一軀粹容儼若寶塔高妙瞻者覩者罔不發菩提心耶噫人之生以寒暑之勞朝營夕謀豐衣厚食不留一善至於蔭觀髮華乾没于世者有之矣若　高氏生能搆斯善嫣舉衆類建是塔作是緣鎭此名藍摽于勝槩是不朽之矣長干圓照大師普莊因覩斯善合掌讚嘆云爾皇祐二年歲次庚寅春三月三日起工八月望日落成後三日謹記

興塔僧德銓　殿主僧德勤　維那僧德誠　寺主僧處眞

李整刊

右崇教寺辟支佛塔記長干圓照大師普莊爲文都元敬遊牛首山記謂不著撰人者攷之未審爾碑書插爲揷濬爲濬无爲无皆宋時俗體（潛研堂金石文跋尾）

重修仙鶴觀記

碑連額高六尺八寸廣三尺一寸五分二十行行四十五字正書篆額在偃師縣緱氏鎭

重修仙鶴觀記

前進士河南王夷仲撰

□老之法要其所歸惟清淨寂滅全自然之性不以外物縻於中者也□□□老之法也遷史叙老子□□□又傳記有說老子□□域而始爲□圖者所以其書相出入轍雖異而其歸一也其法牙於漢募於晉魏梁隋之間後□欲□道之相勝也則□者必忌於老老者必疾於□迭攻交毁歧而二焉然□之宮遍處天下棘然相望鮮華偉壯莫□□加其徒豐衣旨食幾中夏四民之□傾奉之心猶慊慊然患不能穹隆極侈以充其志也老之居雖通都□邑□□一二垣頹屋敗僅有存者其徒常汲汲於蚤暮間且猶不克自資於溫飽也嗚呼彼何盛而此何衰邪豈□之者能恢張其說謂極天之上而上際地之下而下洎人之死生去來貴賤壽夭凡生民之□惡欲莫不畢出於□而主之焉是以鼓動群衆使趨向之如走號令雖四海九州之外莫不一其心也老之法有羽化□□敺役鬼神移變星文之休咎□於禬禳厭伏之事□雄偉大苟奉而有之豈少哉蓋□

者衆而老者熏□□之人隨時趣舍向於後而忽於此
也故□治老之宮者非奉道篤信之士不可成已緱氏
縣前記有周靈王太子晉控鶴昇仙之事故城東三里
有仙鶴觀者得号於李唐間年祀寖遠屋□因廢慶讎
中里中之樂善者凡數十人相與歎曰是觀且廢今不
能復之則何以使人瞻仰信奉以漸於善乎乃卜地得
縣署之□□□□百步□於縣大夫龔君□爲請命於
府曰可得道士左慶之清苦者也使居且□□□□年
觀之門牆殿宇□慶之一□□吾□□曰爲是觀也用
非盡於民而積丐其微以足其須假非擅而作葢卽舊
号而起其廢功非逾乎制而□□庇其像請文勒石以
章興修之志於後予謂盡於民擅於役逾於制者皆過
也今無一焉惡得不爲之書乎哉　　大宋皇祐二
年九月乙酉記
觀主賜紫左慶之立石
將仕郎守河南府緱氏縣丞張昭奭
將仕郎守河南府緱氏縣主簿劉丕
□班殿直監西京緱氏縣鹽酒稅孟延亨書并篆額
禮部員外郎知河南府緱氏縣事上輕車都尉賜緋
魚袋路綸

億按宋史言宋初內外所授官名非本職唯以差遣
爲資歷建隆四年詔選朝士分治劇邑大理正奚嶼
知館陶監察御史王佑知魏楊應夢知永濟屯田員
外于繼徽知臨清常參官宰縣自此始（日知錄引）又于愼
行筆麈云宋時大縣四千戶以上選朝官知小縣三
千戶以下選京官知故知縣與縣令不同以京朝官
之銜知某縣事非外吏也然則今碑題銜禮部員外
郎知河南府緱氏縣事正以朝官爲之葢緱氏於宋
爲畿縣其地繁劇故知縣事者每重其人也（偃師金石錄）

重修仙鶴觀實錄

石高四尺九寸廣三尺一寸十八行行廿一字正書

武威安道卿書
緱氏縣郭下燈油醮社故比部郎中孫劉荀等經
縣陳狀請到東京上淸宮賜紫道士左慶之充
仙鶴觀主焚修住持開排施主如後
郭下安中素捨施地基二十八畝三分係正稅絹七尺
外別無靑苗稅數亦無官私地課
郭下女弟子董氏獨辦修葢正殿一坐
郭下女弟子闞氏獨辦塑老君并部從等
郭下韓宗正施造老君塼坐一所

郭下王居安自辦村木修道堂一坐

郭下田乂裴士地里域真官兼造堂一所

左慶之与醮社等同共修真武殿一坐并門樓了當

醮社人李元吉　高士元　王　乂　梁　熙

李從政　李仕誠　李居正　李道真

張士元　李舜德　李仕簡　李　義

此仙鶴觀元在縣東三里已來年代深遠倒塌荒廢至

大宋慶曆六年三月中依本縣圖經內名額重修

皇祐二年庚寅歲九月乙酉建安中素施石

東平康垣刻字

億按宋史王安石傳及食貨志青苗法自王安石始立在神宗時今碑陰記云施地基二十八畝三分係正稅絹七尺外別無青苗稅數碑之建當仁宗皇祐二年已有此做法疑不可曉也或未變法以前課稅內已立青苗名目安石因倣而行之輸斂倍甚民始重困耳然則青苗名稅所起久矣又碑言燈油醮社今鄉人猶於諸寺廟供燈立社亦其遺俗也偃師金石錄

按宋史食貨志仁宗之世契丹增幣夏國增賜養兵兩陲費累百萬然帝性恭儉寡慾故取民之制不至掊克神宗欲伸中國之威革前代之弊王安石之流進售其強兵富國之術而青苗保甲之令行民始罹其害矣又檢李參傳參歷知興元府淮南京西陝西轉運使部多戍兵苦食少參審訂其闕令民自隱度麥粟之贏先貸以錢俟穀熟還之官號青苗錢經數年廩有羨糧熙寧青苗法蓋萌於此矣此傳可爲仁宗時已行青苗之証蓋參行之祇以贍兵而王安石行之遂爲厲民之政矣

復唯識廨院記

碑連額高九尺三寸廣三尺六寸四分十四行行三十字并額俱正書在藍田縣

予九月自扈之藍田宿道傍寺問其名曰唯識曰洪集曰五代時石識存焉按其刻曰龍泉寺　國初更名義井逸以故廢逮開寶九年通唯識論口志與卽其地廬之乃號唯識院慶曆初西方用兵　詔寺不及三十室者皆毀至是院又廢後五年　用言者陝以西寺毀而今願復宜勿禁故洪集實力之其費出於民姚氏者七人洪集有口行且老誦經曰常一飯環其地數鄉之人趨信之蓋如歸姚氏七人非巨家耐得其不顧吝而洪集无寒暑奔走能勿懈故其室不俟久而成凡爲屋曰殿曰堂曰廚曰門曰閣者八區三十有式楹皆壯宏可觀噫儒口口未嘗爲尺寸地雖童子不肯輒屈

曰　國家嘗詔四方郡無小大皆立學本古庠序之
法以爲教甫一年學不幸而廢兀下士反無弌言復之
者今唯識再毀矣皆不幾□而復其不顧吝有若七八
者其勿懈有若洪集嵛其請而勿禁有若言□是儒果
出□□甚遠也儒之人䏌唯識豈獨不□越明季五月
院成洪集㠯始末徠乞余言遂書之且以見其心之耻
云旹皇祐三年也豫章黃□記瑯邪□□元書朱太華
鄭□□題額蘭陵□大雅立石　張遵刻
唯識廨院者藍田故龍泉寺也有洪集者與姚氏共
復之而爲之碑碑文寥落耳書或正或行或草或兼
一二筆小篆分隸其草又時作渴筆極奇怪遒偉似
魯公誠縣而時復出入但記者爲豫章黃□闕其名
書者爲瑯琊□□元闕其姓名二字題額者爲鄭□
□闕其名立石者爲□大雅闕其姓諸人名姓無一
全者獨刻者張遵姓名亡恙人固有幸不幸哉石墨鐫華
復唯識廨院記豫章黃庶譔庶字亞夫宋時人其文
載伐檀集中觀妙齋金石攷略
按碑云五代時石刻曰龍泉寺國初更名義井後
乃號唯龍院今檢陝西通志藍田縣不載此寺葢
頹廢久矣豫章黃庶者山谷之父也字亞夫分寧
人慶歷二年進士歷一府三州從事攝康州所著
詩文名伐檀集宋史黃庭堅傳不附載
岱嶽觀題名四段
宋禧題名石橫廣一尺四寸高六寸四分八行行五六字不等行書
轉運使尚書工部郎中宋禧因巡歷遊岱嶽觀皇祐四
年三月二十有二日題時奉符宰殿省丞張周偕行
又石橫廣一尺四寸高六寸二分九行行七八字不等正書
州從事李陟因幹事至邑率巡山供奉何懐智前巡山
侍禁李安龔丘簿胡稷臣符離進士張琡□□時皇祐
壬辰歲仲夏月十有一日陟題石　觀主王歸德　道
士李若清
又石高四尺五寸廣三尺五行每行九字正書
皇祐六年甲午歲正月廿一日尚書職方員外郎知永
州柳拱辰同尚書駕部郎中分司周世南祁陽縣令齊
術遊此
又記刻在唐岱嶽觀造像碑側之上截七行行四字五字不等行書左行
長清董元康權宰奉高受代將歸同王彥文遊政和甲
午重九日崇道纖至
張遵等峴首題名二段
此刻未詳是何碑側高九尺一寸廣一尺三寸分上下截書上截四行行二十字

京西提點刑獄尚書職方員外郎張遵同提點刑獄東頭供奉官閤門祗候康遵度因按部經峴首登賞焉尚書屯田員外郎通判襄州黃孝立太常博士知襄陽縣事王嘉錫偕從皇祐癸巳重九日嘉錫題記

又（四行行九字此即刻在皇祐癸巳張遵題名下）

太守孫頎景脩同湘南運使苗時中子居運判唐義問君益遊此熙寧丙辰仲春十六日

李參等草堂寺題名

（石高一尺五寸廣一尺八行行十三字十六字不等左行行書在鳳翔府鄠縣）

淮南江浙荆湖等路都大制置發運使尚書司封郎中李參清臣與尚書都官員外郎通判鳳州毋沆清臣著作佐郎知鄠縣郭霖君肅新知萬年劉顗景淸大理寺丞前知保定先翔新知萍鄉王宗元元之同州司士嚴振伯起及弟衛尉丞泳道淵同遊皇祐甲午上巳日

此鳳翔題名也不知刻于何地後題皇祐甲午上巳亦不知何人之筆緯有筋骨法似顏柳最爲合作（墨林快事）

按陝西通志草堂寺在鄠縣東南四十里圭峯下後秦西僧鳩摩羅什譯經之處唐改棲禪寺即所謂草堂寺也鳩摩羅什自西竺來爾時未有寺爲樹草堂譯經其中其後建寺始定今名而俗猶呼草堂寺云題名七人惟李參有傳云字清臣鄆州須城人但載其歷知興元府淮南京西陝西轉運使與題名之所載淮南江浙荆湖等路都大制置發運使尚書司封郎中者不同末題皇祐甲午上巳日是年四月朔改元至和三月尚是皇祐六年也

京兆府小學規

（碑連額高七尺二寸四分廣三尺八寸五分作四截書各十八行行七字正書篆額在西安府學）

鄉貢進士裴袗書

大理寺丞簽署觀察判官廳公事專管勾府學李綖篆額

府學　牓准　使帖指揮於　宣聖廟內置立小學所有合行事件須專指揮

一應生徒入小學並須先見教授投家狀并本家尊屬保狀（其保狀內須聲說情願令男或弟姪之類入小學聽讀委得令某甲一依學內規矩施行）申學官押署後上簿拘管

一旅生徒內選差學長二人至四人傳授諸生藝業及點撿過犯

一教授每日講說經書三兩帋授諸生所誦經書文句

音義題所學書字様出所課詩賦題目撰所對屬詩句
擇所記故事
一諸生學課分爲三等
第一等
每日抽籤問所聽經義三道念書一二百字學書十行
吟五七言古律詩一首三日試賦一首（或四韻）看賦一道
看史傳三五帋（内記故事三條）
第二等
每日念書約一百字學書十行吟詩一絶對屬一聯念
賦二韻記故事一件
第三等
每日念書五七十字學書十行念詩一首
一應生徒有過犯竝量事大小行罰秊十五以下行扑
撻之法秊十五以上罰錢充學内公用仍令學長上簿
學官教授通押
行止踰違盜博鬭訟不告出入毀棄書籍畫書廳壁損
壞器物互相往來課試不了戲玩諠譁
一應生徒依府學規歳時給假各有日限如妄求假告
及請假違限竝關報本家尊屬仍依例行罰
右事須給牓小學告示各令知委

以前件如前
至和元秊四月日
權府學教授蒲宗孟
府學說書兼教授裴濆
祕書丞通判軍府兼管内勸農事提舉府學韓繹
尚書比部員外郎通判軍府兼管内勸農事提舉府
學薛俅
忠武軍節度使特進檢校太尉知軍府事文
本學教授兼說書草澤任民師
三峯進士李邵管句立石　豐邑樊仲刻
右京兆府小學規後題忠武軍節度使特進檢校太
尉知軍府事文而不名者潞公彦博也潞公以前宰
相知府事故題銜較通判以下特大而不署名凡節
度使必帶檢校官宋史彦博傳不云檢校太尉者略
之也宋史職官志慶歴四年始置教授委運司及長
吏於幕職州縣内薦或本處舉人有德藝者充蓋其
時諸州教授皆由本路薦辟不奉朝旨故胡瑗教授
蘇州不見於本傳據此碑蒲宗孟嘗爲京兆府教授
本傳亦未之及也宋時有崇政殿說書及王府說書
據此刻則府學亦有說書矣裴衫書學顏清臣而得

其形似其書於作於則乇碑無之潛研堂金石文跋尾

按宋史地理志京兆郡永興軍節度使本次府大觀元年升大都督府舊領永興軍路安撫使宣和二年詔永興軍守臣等銜不用軍額稱京兆府然則永興軍之直稱京兆府始于宣和二年卽升大都督府亦在大觀元年据此碑則至和元年已稱京兆府矣葢沿唐之舊也永興軍之建立府學始于景祐元年知軍范雍奏請中書門下有牒有劄刻石學中碑已見前此是小學生徒三等有年十五歲以下者未知與彼碑所載之修業進士一百三十七人同在學否也書碑裴袗篆額李綖俱無攷年月後列銜有權府學教授有說書兼教授而又有教授兼說書有提舉府學者二人其知軍府事特以其尊而臨之也蒲宗孟史傳字傳正閬州新井人第進士調夔州觀察推官傳載仁宗時詆此下俱英宗時事其至和元年權教授不知與夔州推官孰前孰後也韓繹史附見韓億傳億字宗魏由靈壽徙雍邱八子綱綜絳繹維縝緯緬則繹乃第四子史無事蹟可攷文彥博累拜同中書門下平章事集賢殿大學士罷爲觀文殿大學士知許州改忠武軍節度使知永興軍据宰輔表知許州在皇祐三年十一月至此知永興又越三年矣餘俱無攷

玉華宮詩

石高三尺六寸廣三尺七寸十行行十六字正書在坊州宜君縣

溪廻松風長蒼鼠竄古瓦不知何王殿遺構絶壁下陰房鬼火青壞道哀湍瀉萬籟真笙竽秋色正蕭洒美人爲黃土況乃粉黛假當時侍金輿故物獨石馬憂來藉草坐浩歌淚盈把冉冉征途間誰是長秊者

宮在坊州宜君縣之西鳳皇谷今秊秋予以吏役過是觀其遺址愴然于懷因記杜子美詩有故物獨石馬之句求其所謂石馬者葢無得焉豈事益遠者其跡益泯而無存邪遂刻杜詩于宮西之玉華寺俾來者觀之□□□爲時至和元秊八月二十日也中部縣主簿李元瑜題

按唐書地理志玉華宮在坊州宜君縣北四里鳳凰谷貞觀二十年置永徽二年廢爲寺冊府元龜云太宗建玉華宮正門謂之南風門殿覆瓦餘皆葺之以茅帝以意在清涼務從儉約匠人以爲層嵒峻谷元覽遐長於是疏泉抗殿包山通苑皇太

子所居南風門之東正門謂之嘉禮門殿名曅和
殿其宫曹署寺並皆創立微事營造庶物亦擾市
取供而折沓和僱之費以鉅億計矣及帝遊幸勅
奉御王孝積於顯道門内起紫微殿十三間文甓
重基高敞宏壯帝見之甚悦据此則玉華宫之規
模壯麗如此自貞觀二十年至永徽二年僅逾六
年雖廢爲寺而宫殿之制不改也自永徽二年至
杜少陵賦詩時相距百年而詩中已有不知何王
殿之語似乎玉華宫名已不可問者又云蒼鼠竄
古瓦陰房鬼火青則寺字尚存但人迹闃寂耳至

此碑之刻在宋至和初又閲三百年宜乎但有遺
址存并石馬俱不可攷矣李元瑜以中部主簿愴
然于懷刻杜詩以表遺蹟可謂賢簿矣惜無傳可
考又其記未將興建之盛著於篇特詳識之

零陵縣朝陽巖題名六段

石横廣三尺三寸高二尺
二寸八行行七字正書

尚書職方員外郎知永州柳拱辰禮賓副使湖南同提
點刑獄李用和尚書比部員外郎通判永州尹瞻至和
二季乙未九月四日游此朝陽巖

又高五尺七寸廣二尺三行中
三大字左右年月人名正書

朝陽巖　嘉祐五季二月五日張子諒書盧臧題記

又高三尺六寸廣一尺六
寸五行行十四字正書

荆湖南路提點刑獄公事尚書職方郎中程濬治之尚
書虞部郎中知軍州事鞠拯道濟尚書比部員外郎通
判軍州事周惇頤茂叔治平三季十二月十二日同遊
永州朝陽洞

又高廣均一尺五寸
六行行六字正書

臨川劉蒙資明原武邢恕和叔河東安惇處厚元祐七
年九月二十一日泛舟渡江同遊朝陽巖

又横廣三尺二寸高三尺一
寸六行行九十字正書

王郡吏南昌黄彪彪父暇日携子倓棪澁犖犖樧鋈遊
朝陽巖摩拂蒼崖觀伯父太史題刻歎慨久之表姪九
江夏孝章同來乾道辛卯百五日

又四行行十四十六字行
書此刻在黄彪之左

零陵令君王淮伯清慶元庚申歲閏口月廿有二日招
北嶽王沇叔甫桐鄉口致祥和之過水西憩火星巖瀹
茗石上口飲朝陽洞竟日乃還男荷侍行致祥敬題

按湖南通志朝陽巖在零陵縣西南三里唐元結
銘序自舂陵至零陵愛其郭中有水石之異泊舟
詩之得巖與洞以其東向遂以命之明一統志在

零陵縣西瀟江之滸巖有洞澗自中流出入湘零
陵縣志一名流香洞有石淙源自羣玉山伏流出
巖腹氣如蘭蕙從石上瀉入綠潭洞門左右有石
壁黃山谷題名鐫其上巖後有祠祀唐宋謫官益
朝陽巖距城不遠凡遊華嚴巖澹山巖者必先經
朝陽巖此題名六段其中如柳拱辰張子諒盧臧
周惇頤諸人皆已見澹山巖題名者餘如邢恕見
宋史姦臣傳字和叔鄭州陽武人哲宗立累遷右
司員外郎起居舍人坐黜知隨州改汝襄河陽再
責監永州酒此題卽監酒時也安惇亦見姦臣傳

字處厚廣安軍人上舍及第調成都府教授擢監
察御史哲宗初罷爲利州路轉運判官歷夔州湖
北江東三路是在元祐中未嘗官永州不知何以
得與邢恕同游或者嘗官於此而史脫略耳主郡
吏南昌黃彥當是山谷之姪題云觀伯父太史題
刻者卽指洞門左右石壁山谷題名也今山谷題
名已失搨矣零陵令君王淮字伯淸宋史有王淮
傳字季海婺州金華人歷仕高孝二朝未嘗令零
陵則別一人也題云過水西憩火星巖方輿勝覽
火星巖在永州西江外地勝景淸爲零陵最奇絕

處零陵縣志巖在羣玉山之側明嘉靖中改名德
星巖餘俱無攷

范文正公神道碑

碑高一丈二尺四寸二分廣五尺七寸三十行行七十二字隸書在洛陽

宋推誠保德功臣資政殿學士金紫光祿大夫尚書
戶部侍郎護軍汝南郡開國公食邑二千三百戶食
實封陸伯戶贈兵部尚書謚文正公□公神道碑銘
并序
翰林學士尚書吏部郎中知　制誥充下闕
翰林學士兼侍讀尚書吏部□□□□□□□□□

王洙書
皇祐四年五月甲子資政殿學士尚書戶部侍郎汝南
文正公薨于徐州以其年十有二月壬申葬于河南尹
樊里之萬安山下公諱仲淹字希文五代之際世家蘇
州事吳越　太宗皇帝時吳越獻其地公之皇考從
錢俶朝京師後爲武寧軍掌書記以卒公生二歲而孤
母夫人貧無依再適長山朱氏旣長知其世家感泣去
之南都入學舍埽壹室晝夜講誦其起居飲食人所不
堪而公自刻益苦居五年大通六經之旨爲文章論說
必本於仁義祥符八年舉進士禮部選第壹遂中乙科

為廣德司理參軍始歸迎其母以養及公既貴　天
子贈公曾祖蘇州糧料判官諱夢齡為太保祖祕書監
諱贊時為太傅考諱墉為太師妣謝氏為吳國夫人公
少有大節其於富貴貧賤毀譽懽戚不一動其心而慨
然有志於天下常自誦曰當先天下之憂而憂後天下
之樂而樂也其事上遇人壹以自信不擇利害為趨捨
其所有為必盡其方曰為之自我者當如是其成與否
有不在我者雖聖賢不能必吾豈苟哉天聖中晏丞相
薦公文學以大理寺丞為祕閣校理以言事忤章獻
太后旨通判河中府陳州久之　上記其忠召拜右

司諫當　太后臨朝聽政時以至日大會前殿
上將率百官為壽有司已具公上疏言天子無北面且
開後世弱人主以彊母后漸其事遂已又上書請還政
天子不報及　太后崩言事者希旨多求
太后時事欲深治之公獨以謂　太后受託
先帝保佑　聖躬始終十年未見過失宜掩其小故
以全大德初　太后有遺命立楊太妃代為太后公
諫曰　太后母號也自古無代立者繇是罷其冊命
是歲大旱蝗奉使安撫東南使還會郭皇后廢率諫官
御史伏閤爭不能得貶知睦州又徙蘇州歲餘即拜禮

部員外郎天章閣待制召還益論時政闕失而大臣權
倖多忌惡之居數月以公知開封府開封號難治公治
有聲事日益簡暇則益取古今治亂安危為　上開
說又為百官圖以獻曰任人各以其材而百職修堯舜
之治不過此也因指其遷進遲速次序曰如此而可以
為公可以為私亦不可以不察由是呂丞相怒至交論
　上前公求對辯語切坐落職知饒州徙潤州又徙
越州而趙元昊反河西乃以公為陝西經略安撫副使
遷龍圖閣直學士是時新失大將延州危公請自守鄜
延扞賊乃知延州元昊遣人遺書以求和公以謂無事

請和難信且書有僭號不可以聞乃自為書告以逆順
成敗之說甚辯坐擅復書奪壹官知耀州未逾月徙知
慶州既而四路置帥公為環慶路經略安撫招討使兵
馬都部署遷諫議大夫樞密直學士公為將務持重不
急近功小利於延州築清澗城墾營田復承平永平廢
寨熟羌歸業者數萬戶於慶州城大順以據要害奪賊
地而耕之又城細腰胡盧於是明珠滅臧等大族皆去
賊為中國用自邊制久隳至兵與將常不相識公始分
延州兵為六將訓練齊整諸路皆用以為灋公之所在
賊不敢犯人或疑公見敵應變為如何至其大順也一

旦引兵出諸將不知所向至柔遠始號令告其地處使
往築城至於版築之大小畢具而軍中初不知賊以騎
三萬來爭公戒諸將戰而賊走追勿過河已而賊果走
追者不度而河外果有伏賊既失計乃引去於是諸將
皆服公為不可及公待將吏必使畏讋而愛己所得賜
賚皆以　上意分賜諸將使自為謝諸蕃質子縱其
出入無口人逃者蕃酋來見召之卧內屏人徹衛與語
不疑公居三歲士勇邊實恩信大洽乃決策謀取橫山
復靈武而元昊數遣使稱臣請和　上亦召公歸矣
初西人籍為鄉兵者十數萬既而黥以為軍唯公所部

但刺其手公去兵罷獨得復為民其於兩路既得熟羌
為用使以守邊因徙屯兵就食內地而紓西人饋輓之
勞其所設施去而人德之與守其法不敢變者至今尤
多慶曆三年春召為樞密副使五讓不許乃就道既至
數月以為參知政事每進見必以太平責之公歎曰
上之用我者至矣然事有先後而革弊於久安非朝
夕可也既而上再賜　手詔趣使條天下事又開天
章閣召見賜坐授以紙筆使疏于前公惶恐避席始退
而條列時所宜先者十數事上之其詔天下興學取士
先德行不專文辭革磨勘例遷以別能否減任子之數

而除濫官用農桑考課守宰等事方施行而磨勘任子
之濫僥倖之人皆不便因相與騰口而嫉公者亦幸外
有言喜為之佐會邊奏有警公即請行乃以公為河
東陝西宣撫使至則上書願復守邊即拜資政殿學士
知邠州兼陝西四路安撫使其知政事纔壹歲而罷有
司悉奏罷公前所施行而復其故言者以危事中之賴
上察其忠不聽是時夏人已稱臣公因以疾請鄧
州守鄧三歲求知杭州又徙青州公益病又求知潁州
肩舁至徐遂不起享年六十有四方公之病　上賜
藥存問既薨輟朝壹日以其遺表無所請使就問其家

所欲為贈以兵部尚書所以哀卹之甚厚公為人外和
內剛樂善汎愛喪其母時尚貧終身非賓客食不重肉
臨財好施意豁如也及退而視其私妻子僅給衣食其
為政所至民多立祠畫象其行臨事自搢紳處士里閭
田野之人外至夷狄莫不知其名字而樂道其事者甚
眾及其世次官爵誌于墓譜于家藏于有司者皆不論
著著其繫天下國家之大者亦公之志也歟銘曰
范於吳越世實陪臣俶納山水及其士民范始來北中
間幾息公奮自躬與時偕逢事有罪功言有違從豈公
必能　天子用公其艱其勞一其初終夏童跳邊乘

吏怠安　帝命公往問彼驕頑有不聽順鉏其穴根
公居三年怯勇墮完兒憐獸擾卒俾徠臣夏人在廷其
事方議　帝趣公來以就予治公拜稽首茲惟難哉
初匪其難其在終之羣言營營卒壞于成匪惡其成惟
公是傾不傾不危　天子之明存有顯榮歿有贈謚
藏其子孫寵及後世惟百有位可勸無怠
至和三年二月□□日建
碑記仲淹名拜右司諫當太后臨朝聽政時以至日
大會前殿上將率百官爲壽公上疏言天子無北面
云云宋史載其事在拜右司諫前云太后崩名爲右

司諫東都事略云出通判河中府久之仁宗記其忠
召爲右司諫在上疏後下云章獻崩又各不同碑云
爲環慶路經略安撫招討使兵馬都部署史云爲環
慶路經略安撫緣邊招討使與碑微異其餘頗同此
碑隸書俏勁多帶篆體眞出唐人隸書之上惜下截
殘書撰人名字多漫滅杜大珪名臣琬琰集載其全
文是歐陽修所著也王洙宋史有傳墨池編稱其曉
喜隸書尤得古法當時學者翕然宗尚而隸法復興
中州金石攷云有仁宗篆額褒賢之碑今未搨得中州
金石記

碑下損泐與集本叅證皆次敘成文至所記文正事
跡亦不異本傳惟碑言通判河中府陳州攷之史亦
云徙陳州則陳州決不可刪今集本無之而別本有
之然則別本宜可從也文正知饒州下碑無明年呂
公亦罷六字又下磨滅自坐呂公貶至置羣議而用
之凡九十一字碑本亦無案邵氏聞見錄文正子堯
夫自削去驩然戮力等語歐公不樂謂蘇明允曰范
公碑爲其子弟擅于石本改動文字令人恨之歐陽
公集與杜訢書又云范公家神刻爲其子擅自增損
不免更作文字發明欲後世以家集爲信是當日文

字上石所爲竄易已失原草而近人率然以石本爲
據豈其足信與故予向所錄每以石本證他本今反
以他本訂石本義固各有取也困學紀聞歐陽公爲范文正碑云至日大
會前殿上將率百官爲太后壽公上疏其事遂已其後老泉編太常因革禮有已行之明驗質之歐公公
日諫而不從碑誤此　又永叔乘筆自誤非范家子弟所改　授堂金石跋
按此碑中多泐字其文則歐文忠公集與宋文鑑
皆全載之今取二書參挍二書皆仿宋槧舊本尤爲可据泐者補
注于旁其不同者復條列之文云資政殿學士戶
部侍郎文鑑作禮部侍郎標題亦作禮部文正未嘗居此
官文鑑誤也然戶部侍郎文內並不敘及据東都

事略及史傳皆云加給事中知杭州再遷戶部侍郎徙青州則碑文漏也公生二歲而孤歐集無公生二字之南都入學舍文鑑作南郡據傳云之應天府依戚同文學則作南都者不誤而文鑑誤也祥符八年舉進士歐集脫士字為廣德司理參軍廣德下歐集文鑑事略史傳皆有軍字則碑文脫也其于富貴貧賤集鑑皆無其字當先天下之憂而憂集鑑當字上皆有士字亦碑文脫也通判河中府陳州集鑑皆無陳州二字集原注云一有陳州所謂一有者即指別本也而不知碑原有之以

至日大會前殿集鑑皆同史傳亦云將以冬至受朝涑水記聞亦云冬至立仗惟東都事略作元日弱人主以彊母后漸集鑑漸上皆有之字碑文脫也又上書請還政鑑與碑同集脫又字告以順逆成敗之說甚辯鑑脫成字公為環慶路公字上集有以字遷諫議大夫遷字上集有累字築清澗城文鑑同歐集作青澗東都事略及宋史地理志亦皆作青澗則碑與文鑑訛也復承平永平廢寨事略史傳文鑑皆同歐集脫永平二字奪賊地而耕之集鑑皆無此六字集原注云蘇本有之細腰胡

盧傳作胡盧文鑑訛作胡盧明珠滅臧等大族文鑑訛作大賊邊制久驟鑑作邊壘至其大順也大順上集鑑皆有城字碑文脫也至柔遠至字上集鑑皆有軍字至於版築之大小畢具之字下集鑑皆有用字亦碑文脫賊既失計集鑑皆無既字集原注云一有既字諸蕃質子鑑作諸羌公居三歲集鑑同集原注云蘇家本作二既而驃以為單鑑脫為字但刺其手鑑同集作但刺其臂上之用我者至矣集無者字但相與騰口鑑同集騰作滕亦幸外有言鑑同集脫言字兼陝西四路安撫使鑑

脫四字而復其故言者以危事中之賴上察其忠不聽是時夏人已稱臣文鑑無故言者至不聽是止凡十六字似係脫誤又言者下集有遂字危事集作危言使就問其家所欲為集鑑皆無為字集原注云蘇本有為字其行臨事集鑑皆作其行已臨事碑脫已字自搢紳處士集鑑俱作山林處士集原注云山林一作搢紳銘詞與時偕逢集時作世兒憐歎擾鑑同集作鬼隣獸擾茲惟難哉鑑惟作為其在終之集鑑俱作在其終之至碑文之與歐集文鑑大異者凡涉呂夷簡事碑皆刪之如知

饒州下集鑑皆有明年吕公亦罷公七字趙元昊
反河西下集鑑皆有上復名相吕公六字至今尤
多下集鑑皆云自公坐吕公貶羣士大夫各持二
公曲直吕公患之凡直公者皆指爲黨或坐竄逐
及吕公復相公亦再起被用於是二公驩然相約
戮力平賊天下之士皆以此多二公然朋黨之論
遂起而不能止上旣賢公可大用故卒置羣議而
用之凡九十一字此葢碑文有意删去者卽聞見
錄所謂文正子堯夫削去驩然戮力等語歐公不
樂之事也玩聞見錄語堯夫删削歐公及見之然

朱子名臣言行錄載此一條末注碑字則朱子當
時所見碑文此段又似未嘗删也不然則朱子何
不据他書而引碑文耶又或者朱子之世洛陽立
碑之所已屬金土朱子不得見搨本仍据歐集所
載之碑文耳且東都事略於文正傳亦節取此條
卽宋史傳亦云夷簡再入相帝諭仲淹使釋前憾
仲淹頓首謝曰臣鄉論葢國家事於夷簡無憾也
是文正之與吕相不協仁宗深知之此事可以不
諱不知何以删去實不能推原其故也其餘碑與
諸書互有詳略之處無大關係亦可不辨歐公撰

文碑沕其結銜之後半故姓名不見書者王洙亦
存系銜之前半而姓名尙見史傳稱旣葬帝親書
其碑曰褒賢之碑今搨亦未見不知存佚何如也

柳子厚祠堂記

石横廣三尺七寸高二尺七寸十三行行十字正書

子厚謫永十餘年永之山水亭榭題詠固多矣韓退之
謂衡湘以南爲進士者皆以子厚爲師其經承子厚口
講指畫爲文詞者悉有法度可觀今建州學成立子厚
祠堂于學舍東偏錄在永所著詞章滚于堂壁俾學者
朝夕見之其無思乎至和三年丙申二月二日尙書職

方員外郎知永州柳拱辰記

白水路記

摩崖高一丈七寸廣七尺二寸二十六行行三十七字正書篆額

大宋興州新開白水路記
宣德郎守殿中丞知雅州軍州兼管内橋道勸農事
管勾駐泊及提舉黎州兵甲巡檢賊盜公事騎都尉
借緋雷簡夫撰并書篆額
至和元年冬利州路轉運使主客郎中李虞卿以蜀道
青泥嶺舊路高峻請開白水路自鳳州河池驛至□州
長舉驛五十一里有半以便公私之行具　上未

報卽預畫材費以待其　可明季春口興州巡轄
馬遞鋪殿直喬達領橋閣并郵兵五百餘人因山伐木
積于路處遂籍其人用訖是役又請知興州軍州事虞
部員外郎劉拱揔護督作一切仰給悉令爲具命簽署
興州判官廳公事太子中舍李良祐權知長擧縣事順
政縣令商應程度遠近按視險易同督斯衆知鳳州河
池縣事殿中丞王令圖首建路議路占縣地且十五餘
里部屬陝西卽移文令圖通幹其事至秋七月始
可其奏然八月行者已走新路矣十二月諸功告畢
作閣道二千三百九間郵亭營屋綱院三百八十三間

減舊路三十三里廢靑泥一驛除郵兵驛馬一百五十
六人騎歲省驛稟鋪糧五千石畜草一万圍放執事役
夫三十餘人路未成會　李還東川路今　轉運
使工部郎中集賢校理田諒至審其績狀可成故喜猶
已出事益不懈於是斯役實肇於李而遂成於田也嘉
祐二季三月田以狀　上且曰虞卿以至和二季
仲春興是役仲夏移去其經營建樹之狀本與令圖同
臣雖承乏在臣何力願　朝廷旌虞卿令圖之
勞用勸來者又拱之總役應用良祐應之按視修創違
之採造監領皆有著効亦乞陞擢至于軍士什長而下

並望賜與以慰遠心　朝廷議依其請初景德
元季嘗通此路未幾而復廢者蓋靑泥土豪輩唧唧巧
語以疑行路且驛廢則客邸酒壚爲棄物矣浮食游手
安所仰邪小人居嘗爭半分之利或睚眦抵死況坐要
路無有在我遲行人一切之急射一日十倍之贏顧肯
默默邪造作百端理當然爾譖使愚者不悕其誕說賢
者不惑其風聞則斯路初亦不廢也大抵蜀道之難自
昔以靑泥嶺稱首一旦避險卽安寬民省費斯利害斷
然易曉烏用聽其悠悠之談邪而後之人見已成之易
不念始成之難苟念其難則斯路永期不廢矣簡夫之

文雖磨崖鑱石亦恐不足其傳口口于尙書職方之籍
之閒則將久其傳也嘉祐二季二月六日記
前利州路諸州水陸計度轉運使兼本路勸農使朝
奉郎守尙書主客郎中上輕車都尉賜紫金魚袋李
虞卿
利州路諸州水陸計度轉運使兼本路勸農使朝奉
郎守尙書工部郎中充集賢校理輕車都尉賜緋魚
袋借紫田諒
案白水路因江爲名白水江水經注所稱濁水者是
也靑泥亦水名太平寰宇記有左溪水入嘉陵江者

卽是水經注漢水又東南于槃頭郡南與濁水合水出濁城東流與丁令溪水會又東逕武街城南故下辨縣治也又東宏休水注之又東逕白石縣南又東南泥陽水注之又東南與仇鳩水合又東南與河池水合又東南兩當水注之卽故道水又南注漢水（關中金石記）

按白水之名始于漢有白水縣與葭萌縣同屬廣漢郡歷三國至西魏皆因之隋唐改爲景谷縣五代縣廢惟葭萌存宋時屬利州路此名白水路者或亦因其舊縣而稱之也其路起于鳳州河池縣之河池驛北宋時屬陜西與秦州同路故開路須移文通幹之也開路至五十餘里作閣道亭屋至二千六百餘間其功偉矣自陜入蜀棧道之首途雷簡夫此文可與漢之鄐君開通褒斜道魏之李苞通閣道題名並垂不朽文紀李虞卿田諒諸人之功而李田二人史無傳雷簡夫傳但載其知雅州其於開路之事非其所專故亦不書墨池編稱簡夫善眞行書守雅州聞江聲以悟筆法迹甚峻快蜀中珍之然不言其工篆書據此碑則兼及篆額也其聞江聲事詳見書史會要云近刺雅安晝

卧郡閣因聞平羌江瀑漲聲想其波濤番番迅駛掀搕高下蹷逐奔去之狀無物可寄其情遽起作書則中心之想出筆下矣云云而獨不言其嘗書此碑可知此碑之不傳于世久矣

文潞公宿少林寺詩

石高一尺二寸横廣一尺二寸五分詩共六行行十三字撰人并立石刊人共四行字數不等行書在嵩山少林寺

宿少林寺

保平軍節度使同中書門下平章事判大名府兼北京留守司事潞國公文彥博

六六仙峯繞佛居俗塵至此斷纖除西來未悟禪師意北去還馳使者車（子方受命移守北都）五品封槐今尚在九年面壁昔何如心知一宿猶難覓花藏重尋貝葉書

嘉祐五年四月一日給事郎守太子中舍知河南府登封縣兼管句崇福宮事燕若拙立石

崇福宮副宫主明教大師董道紳

掌文籍賜紫王崇祐同摸刋

按文氏停雲館帖載潞公書與此不似公爲有宋名臣書史稱其筆勢淸勁不愧古人此碑或立石時代書斆（說嵩）

右宿少林寺詩保平軍節度使同中書門下平章事判大名府兼北京留守司事潞國公文彥博所作保平陝州軍額太平興國中賜名也潞公嘉祐三年罷政以河陽三城節度使平章事判河南府後改保平軍節度判大名府詩有西來未悟禪師意北去還馳使者車之句自注予方受命移守北都蓋移守之命已下而未離河南也宋之盛時大臣進退以禮潞公以故相在外而恩遇不替無憂讒畏譏之心又州郡守臣更代之際登臨山水觴咏如平日蓋上之察吏不苛以簿書期會之細而事亦未嘗叢脞而不治眞可謂太平之象矣潛研堂金石文跋尾

萬安橋記

碑高廣皆一丈一尺三寸許十二行行十三字正書在泉州府

泉州萬安渡石橋始造於皇祐五年四月庚寅以嘉祐四年十二月辛未訖功纍趾于淵釃水爲四十七道梁空以行其長三千六百尺廣丈有五尺翼以扶欄如其長之數而兩之靡金錢一千四百萬求諸施者渡實支海去舟而徒易危而安民莫不利職其事盧錫王寔許忠浮圖義波宗善等十有五人既成太守莆陽蔡襄爲之合樂讌飲而落之明年秋蒙召還京道繇是出因紀所作勒于岸左

萬安天下第一橋君謨此書雄偉遒麗當與橋爭勝結法全自顏平原來惟筆法用虞永興耳晝錦堂差近之荔枝茶譜不足道也弇州山人稾

君謨此記原係兩石嘉靖中遭倭患燬其半土人取舊本摹補之前一片仍舊刻也書畫跋跋

鄭杓子經著衍極取古今十三人謂公書起五季之衰萬安爲摩崖之苗裔可謂確論蓋大書不難于矩矱而難于得天眞趣多今以此觀之只似作蠅頭小楷此固其過人者蒼潤軒帖跋

金石萃編卷一百三十二　宋十二

按福建通志萬安橋在泉州府城東北亦名洛陽橋皇祐五年郡守蔡襄建襄自爲記手書勒石橋下即謂此碑也史傳蔡襄字君謨興化仙遊人仁宗朝累以樞密直學士再知福州徙知泉州距州二十里萬安渡絕海而濟往來畏其險襄立石爲梁其長三百丈種蠣于礎以爲固至今賴焉召爲翰林學士此記云明年秋蒙召還京蓋即召爲學士時也墨池編稱君謨眞行草皆優入妙品篤好博學冠絕一時周必大平園集稱蔡忠惠公大字端重沈著宜爲本朝法書第一洛陽橋記與晝

渾詞皆大書之冠冕也然則萬安橋當南宋時已有洛陽之稱但不知何所取義而名洛陽未有人論及者

祈眞巖題名五段

一石横廣四尺高二尺九行行七字左行正書

天章閣待制新知襄州劉元瑜君玉殿中丞知弋陽縣高思永延之贊善大夫知貴谿縣李孝傑才孺同遊昭眞觀王先生巖嘉祐庚子歲暑七日才孺誌

又二行行十二字正書刻在前題名之右

提舉常平何琬貴溪令馬持國熙寧丙辰九月廿九日同游

又石横廣五尺二寸五分高二尺九寸七分十行行六字正書

宣和五年四月四日來訪招眞之館峭壁四立巉巖中處羽人之所棲託清塵外思致遐想僊人王僑之高風低回留之不能去遂寓書于崖壁豫章洪口記

又石横廣三尺八寸四分高一尺九寸三分七行行四字正書

嘉泰改元五月既望臨川王松年同建安熊仲機叔席來遊克勤侍行

又石横廣六尺四寸七分高一尺九寸五分前祈眞巖三大字正書後有題名五行行五字隸書

祈眞巖

宋淳祐丁未郡人余鍊涂直諒約邑人潛增發鏜口應茂学來遊

金石萃編卷一百三十四終

賜進士出身　誥授光祿大夫刑部右侍郎加七級王昶譔

宋十三

澹山巖詩刻二十四段

石高二尺八寸廣二尺六寸七行行八字正書

尚書駕部員外郎監零陵郡事尹瞻

岌嶪元化精嶄巖大塊坼駭若盤古時呀然巨靈擘狀怪嘔風雷勢逸吞山澤寒暑中外分居僧甘窟宅

又 高一尺九寸廣一尺六寸三分八行行八字正書

郡進士蔣緯

風生崖木響靄散洞門寬幽徑盤危入青天一面看三冬僧定暖五月客遊寒縱有通神筆亦應圖出難

嘉祐六年正月廿四日孫州院孔目官裏上石并書

又 高二尺七寸廣一尺三寸二分六行行十四字正書

尚書都官郎中通判軍州事樂咸

門開巖底洞洸洸竇乳雲泉矢路深香石峭峰千載異龍潭幽穴四時陰僧居築室隨高下客到留題見古今南出零陵一舍地清瀟堤上好追尋

治平三年正月十五日書

又 橫廣四尺五寸高三尺五寸十八行行廿一字正書

蔣之奇字穎叔

零陵水石天下聞澹山之勝難具論初從巖口入地底始見殿閣開重門乃知茲洞最殊絶洞内金碧開祇園寬平可容萬人坐仰視有若覆盎盆虛明豈宜朝日照陰晦常有蠻雲屯盤虬夭矯垂乳下異獸突兀巨石蹲香山一株在崖壁人跡悄絶不可捫靈仙飛遊亭此供常駕颷馭乘雲軒我來正逢秋雨霽氛翳開廓陽景溫呀然雙穴露天半籠絡萬象將并吞只疑七竅混沌死五竅亡失兩竅存神奇遺跡未泯滅至今猶有斧鑿痕雲床石屏極限隩昔有居士嘗潛蟠避秦不出傲嘐召

美名遂入賢水源咸通嘗爲二虵窟元暢演法虵輒遷從茲其中建佛刹棲隱不復聞世喧惜哉此境久埋没但與釋子安幽禪次山子厚愛山水探索幽隱窮晨昏朝陽迫近若就矬石角秃鬝如遭髡豪篇矜夸過其實稱譽玩石爲璵璠瓌觀珎賞欲奄有不到勝處天所慳嗟予至此駭未覩不暇稱讃徒驚歎恨無雄文壓奇怪好事略與二子班蕪詞願勒嵒上石勿使歲久字滅漫

熙寧九年正月廿二日過此書

又 高二尺六寸五分廣一尺五寸六行行十字正書

一景曲彎彎初遺号澹山崖邊煙草亂石上雨苔斑客

往長時望僧居永日閑幾迴將欲去心只在巖間

熙寧九年丙辰歲安定胡奕題

又 高七尺四寸廣三尺二寸五分 七行行十九字廿字不等行書

山谷老人黃庭堅

去城二十五里近天與隔盡俗子塵春蠹秋蠅不到耳
夏涼冬暖總宜人巖中淸磬僧定起洞口綠樹僊家春
惜哉淡山世未顯不得雄文鑱翠珉
淡山淡姓人安在徵君避秦亦不歸石門竹徑幾時有
瑤臺瓊室至今疑山中明潔坐十客亦可呼樂醉舞衣
閬州城南果何似永州淡巖天下稀

又 橫廣二尺八寸高一尺九寸十 五行行九字十字不等行書

進士蔣緯

風生崖木響霜散洞門寬幽徑盤危入青天一面看三
冬僧定之暇五月客遊寒縱有通神筆亦應圖出難

昔郡守王公世則遊是嵓讀此詩至青天一面看輒
驚歎曰嵓中奇処此句道盡遂相与爲詩友士大夫
雖傳誦此詩至今終不知其因今復易新刻并敘其
事以示觀者建中靖國改元中春望日四世孫務敏
謹識

又 三行行十三字行書 此刻在蔣緯詩之左

古木懸秋月空雲結洞天嵓中人不見歸去竟忘年

時爲巡撫頎書□來遊□□□□□□□□識

又 高四尺七寸五分廣三尺十 行行十四五六字不等行書

乘暇率僚友訪澹山祗閟 御書淸談久之偶成以
豁其思
棠陰蕭爽訟詞稀乘暇齋莊一陟危 雲漢昭回 神
聖畫珠璣焜燿古今詩淸談習習風聲起薄噀霏霏雨
脚垂它日 玉堂誇勝踐畫圖應展淡山奇
同遊者爲誰譙國曹宗文元伯廬江何兊太和長沙
何谷應求臨江何昌辰利見吳興沈充彥端 宣和

二年歲在庚子季冬之十有七日江夏黃同學古書

又 高三尺四寸廣一尺五寸廿二 行行十十一十二字不等行書

建炎庚戌上春十有三日用之同文叢先輩偶遊澹
山巖長老琦公接余于寺外且曰不預探知不獲遠
接余笑謂之曰訓狐不相報否琦老即謂余曰提刑
道力行不動塵鬼神容有不知余嘉其不以僞告而
味其言之高也因成二詩以答其意借用山谷老人
韻江都倚用之
我來訓狐無所聞老人戲我不動塵道愧未嘗分寸得
心灰要似等常人斷崖危絆藤蔓古殘僧靜對桃李春

次山不遇遇山谷倬口妙句垂堅珉
嵓深樹綠春長在嵓暝雨霽雲初歸天愛護持有神物
蛇去因果無狐疑石田藥臼誰與刻香山乳竇菩生衣
未問城南閩州比此景自是寰中稀
又 橫廣二尺七寸高一尺五寸五分十一行行七字九字不等隸書
渡過瀟江日已曛影和明月共三人名嵓近郭別州少
好事更誰如我眞絕頂有天浮碧樹凌秋無暑斷紅塵
終當早棄人閒事來與山僧作並隣
紹興乙丑七月幙谷游何蕭卿乘月獨遊淡巖書事
兼簡零陵宰君李兄秀實

又 高六尺二寸廣二尺五寸七行行十四字正書
起仰高山積有年忽看巖竇鎖雲煙一塵不到非凡地
六月當知不暑天昔有秦人嘗穴處世從山谷始名傳
品題自古因人重我謾邀僧煮石泉
淸源留鑄端父嘉定丁丑杪冬八日行郡來遊與僧
文思酌衡嶽茗誦山谷詩徜徉久之因識歲月
又 高四尺八寸八分廣二尺二寸二分六行四行行十四字二行行廿二字正書
坤靈擘鑄天幻奇一到僊凡覺兩岐處士淸風存萬古
詩翁雅句見當時洞深不礙烟雲逸丹就那知日月遲
更上層臺瞻佛像媿無法語勘狐疑

郡丞三山王子申携家偕臨汝董叔雲口蒲同遊岩
嘉定庚辰孟冬九日男憲孫頴孫侍行因酉唐律以
紀歲月云
又 高三尺八寸廣二尺七寸十行行十四字行書
郡丞晉陵張友仁仲父巳紹定庚寅二月十六日遊
澹巖賦水調歌
石屋勢平曠峭壁幾巉嵓妙哉天造地設誰復謂神剜
疇昔涪翁題品曾說人寰稀有豈特冠湘南趣取腳輕
健相與上高寒 避秦者君莫問意其閒祖龍文簪至
今草木尚愁顏贏得功成丹鼎久矣乘風而去躋鶴與

驂鸞猶有白雲在鎮日繞禪關
又 高三尺四寸廣二尺七寸十一行行十三四字不等正書
澹氏入安在縹緲九霄閒我來唯有石屋周覽百尋寬
一曲中分夷險兩牖空光平布滿洞貯淸寒高致自堪
仰何必論金丹 周覽士知此意薄秦官一牀一枕依
然猶伴白雲閑門外俗塵如海門裏道心如水談笑足
回瀾此事無今古不信叩崳山
伊維吳千能守瀟湘八閱月迺得游淡巖眞天下奇
觀也賦水調刻諸石弟千兒子奕侍客蔣涇曹昌佑
偕行紹定庚寅淸明日

又 横廣三尺六寸高三尺一寸八行行七字正書

紹定六年歲在癸巳二月二十六日郡丞嘉興婁續

祖題永州淡嵒

嵒扃寂寂幾經春中有神僊隔世塵不假棟梁爲大厦

盡藏今古往來人

又 横廣二尺二寸高一尺六寸十五行行十二三字不等行書

憶昔游淡嵒文社四爲侶相逢各年少抱負俱有素訓

孤聖得知夜半叫巳妻主人知客來倒屣相告語且言

龍王神多有靈異處懇懃扣科名吉兆齊確許未成三

先達陸續霄漢去轉聘三十載獨我尚困沮行將買餘

勇猶幸有孤注乘輿偶重游寓敬香一炷再拜問龍王

前約何可負朱衣願點頭成就在此舉擬欲鑱堅珉紀

此一奇趣

浯溪郭三聘次尹紹定癸巳中秋偕唐可大周衡仲

重遊感舊賦詩問訊龍王之神刻翠巒以彰靈跡姑

俟異日殊老證明

又 高三尺五寸三分廣三尺九行行十四字正書

爲愛溪山來永州黃茅白葦使人愁驅車遥指崙峯去

峯在瀟江最上頭江轉峯回景奇絶巉山嵌竇眞天設

摩抄丹竈酌石泉躋攀曾遊今幾刧徵君徵君苦避秦

一秦人又一秦人青山踏破無扃鐍何地堪逃世上塵

景定壬戌四月望郡從事眉山文有年題於是吾宗

默庵開堂之三日也

又 横廣三尺六寸高二尺一寸十行行七字行書

永州淡巖天下稀山靈妙新涪翁知蹲猊翔鳳獻頡異

中有僊佛來娛嬉我生骨相口氷雪心境相口口懌悦

緣輕自笑來巳遲猶見巖前古時月

景定壬戌陳宗禮書　住山應遠上石

又 高二尺九寸廣二尺六寸六行行十字行書

巖竇天下奇黃詩天下稀洞明無所隱石𡙡争欲飛雷

鼓今猶在澹仙何未歸磨崖文斷滅苔蘚却成衣

景定癸亥中秋二日會稽張遠猷書

又 此刻在張遠猷之左三行行八字十字不等行書

使君得佳句篇存如猗那着之巖石中千古不可磨

住山門僧紹璠謹誌

又 高三尺二寸廣一尺四寸十三行行五字七字不等正書

舟艤瀟巖前巖扃不記年臺高先得月石透可通天洞

古依禪刹碑殘紀昔賢勝遊回首望林麓鎖雲煙

景定甲子仲冬蜀東如齋文子璋自道之吉艤舟岸

下挈家來遊男起傳道傳侍

又横廣三尺高一尺八寸十行行七字行書

清江趙□□

巖扃二里鎖煙霏天下名山此本稀硬石穿空誰運斧
寒冰滴雪欲添衣仙遊塵外杜蘿老僧住山間笋蕨肥
自嘆微官猶縛我偷容卜築定忘歸

咸淳壬申九月范陽同年示及零陵三題率然爲答
甚愧妍唱

又石横廣四尺高三尺五寸十六行行十四字正書

荆湖南路轉運使尚書祠部員外郎俞希孟

火星巖

信美眞靈宅呀然洞府通　皇家尊盛德南夏享陰功
廟貌鄰炎帝峯名比祝融遊人思所謂無獨愛嵌空

朝陽巖

旭日多横照幽巖得粹華次山名此地灊水匯其涯峭
壁生雲葉危根濺浪花終攜羨門侶晨坐燕朱霞

灊山巖

巖腹將雲耕清凉十畝間天留盤古穴人識寶陁山壞
像煙嵐濕高僧歲月閑　聖時無遁客佳境付禪關

又石横廣三尺九寸高一尺九寸五分廿三行行十一十二三字不等草書

灊巖六韻奉呈　遜叔侍郎兼寄惠照禪老

河南潘正夫

祝融之南近湘濱地□□開戡翠珉金闕不關□世設
丹苑爭裝洞宮春遲留杖屨尋眞慣悵望煙蘿入夢頻
□罷空□燭柯客□□多失避秦人□□石棧仙風逈
靜對巖扉□色新借問詩翁與禪伯如何□□許爲鄰
遜叔嘗約寺僧讀書巖中

次韻奉和　蒙著太尉灊山見示長句

灊巖宛在進江濱多少篇章刻翠珉聞道　鳳凰將九
子恰逢花木正中春是日春分杖游豈爲知名久歷覽縣知
嘯侶頻林外鳥聲應報　客溪頭梅子巳生人茆茨

信我無　三頑物象因君遂一新試　□攜筇採靈草
□□何必與□鄰

按灊山巖詩刻二十四段凡五七言古近體詩二
十八首內重出一首水調歌詞二闋詩不見錄於紀事
詞不見錄於詞綜作者及題名姓氏可見者三十
六人而渺者不與焉其見于史傳者四人蔣之奇
巳詳前卷彼但有題名而無歲月此則刻詩而署
云熙寧九年正月廿二日題名當亦同此時也山
谷老人黄庭堅題七古詩二首豫章黄先生文集
亦載此二詩皆無歲月攷年譜崇寧二年留鄂州

十一月有宜州謫命三年自潭州歷衡州永州全
州靜江府以趣貶所三月泊浯溪十四日到永州
有題淡山巖詩二首是此詩作於崇寧三年三月
也廬江何兌太和史有何兌者昭武人附見忠義
馬伸傳伸依程頤門以學受中庸以歸兌復受學
于伸伸殁兌嘗輯其事狀但傳不言其宣和時有
官永州之事未知即一人否也陳宗禮字立之淳
祐四年進士累直煥章閣遷祕書監以監察御史
虞慮言追兩官送永州居住景定四年拜侍御史
此題在景定三年壬戌正居住永州時也此外有

尙用之見宋詩紀事載蒙亭倡和長句張洵倡尙
用之和有序略曰嘉祐中經略吳公及郎伏波巖
之左以爲亭名蒙漕使李公師中記而鑱於巖之
崖亭久埋廢記亦湮滅紹聖改元龍圖閣胡公宗
回帥桂林憲使梁公出其家藏蒙亭記以覩胡公
斥基而新之云云詩從粵西詩載錄出此題是建
炎庚戌距紹聖改元又三十七年不知即一人否
紀事不詳用之事跡而此則著其貫爲江都人姑
識以備攷餘俱無攷

李屯田勸農示

石高三尺六寸廣二尺三寸十行行十七字正書

勸農事　提刑屯田員外郎李　每因讀刑
禁旬狀見人民多因小事爭鬭致有殺傷雖骨肉至親
不相容忍此深可哀憫蓋勸農親民官不本教化所致
今後令佐須曉諭鄉老令勸學子弟懃於田農孝養父
母內外和順不相欺凌民無交爭則無横死自然天道
與人事相應無水旱凶災令佐不得輕遠方以爲不可
教誨况此人民曉事教誨必聽切在遵稟
大宋嘉祐六年辛丑六月一日龍隱嵒釋迦寺傳天
台祖教沙門□□上石

蘇文忠獨遊南山詩

石横廣三尺二寸高二尺六寸十行行十字正書

獨遊南山詩
趙郡蘇軾子瞻
壬寅重九以不與　府會故獨遊至此有懷舍弟子由
花開酒美曷不醉來看南山冷翠微憶弟淚如雲不散
望鄉心與鴈南飛明年縱健人應老昨日追歡意已違
不向秋風强吹帽秦人不笑楚人譏
元祐庚午秋天王院僧□□
鳳翔府天興縣尉林□

按此詩文忠自署云趙郡蘇軾子瞻史傳稱爲眉州眉山人即潁濱撰墓誌銘亦稱世家眉山此獨題趙郡其詩以施注蘇詩本校之此首在續補遺卷中題云壬寅重九不預會獨遊普門寺僧閣有懷子由此題則云壬寅重九以不與府會故獨遊至此有懷舍弟子由彼此互有詳略東坡先生年譜嘉祐七年壬寅先生年二十七官於鳳翔傳稱嘉祐五年調福昌主簿歐陽修以才識兼茂薦之祕閣試六論除大理評事簽書鳳翔府判官即是時也陝西通志普門寺在鳳翔府東一里唐建有

王建吳道子壁畫其曰獨遊南山者似是指府西北三十里之雍山即水經注雍水出雍山者也鳳翔有山皆在西北東北而南面無山此詩云來看南山冷翠微者亦借用陶詩悠然見南山語非實有所指也詩中與集本不同者花開酒美曷不醉集作花開酒美盍不歸此顯然是集誤是時文忠官府判不預府會故云曷不醉若云盍不歸則無謂矣不向秋風强吹帽集作不問亦訛末題元祐庚午秋庚午爲元祐五年殆立石之年歟

韓愷墓誌銘

石高廣俱二尺四分十八行行十八字正書在安陽縣

韓愷墓誌銘并序

叔祖開府儀同三司行刑部尚書同中書門下平章事昭文館大學士監修　國史上柱國儀國公琦撰并書

愷字和仲余姪殿中丞公彥之次子母仁壽縣君張氏愷天性孝謹幼識禮義讀書彊記而善屬文嘉祐三年秋方應進士舉而兄確物故是冬其父病愷躬進藥劑晝夜侍側不解帶者累月及父之亡也哀毀過甚不能自抑既而感疾遂不可治五年四月二十二日卒時年

二十噫愷之所稟可謂粹美矣使天稍畀以年則其治家也有不順而睳乎其得仕也有不忠而幹乎奈何乎吾家之不幸而賦命之短也七年十一月二十九日因余妻安國夫人崔氏之葬乃於相州安陽縣新安村先塋東百步之近得地吉用丙穴以葬愷銘曰

秀而不實夫子之嗟哀哉愷兮遽如是邪

碑云愷字和仲余姪殿中丞公彥之次子又云乃于相州安陽縣新安邨先塋東百步之近得地吉用丙穴以葬愷葢附國華冢也方志載韓氏墓甚詳獨遺愷墓賴有碑碣以存之耳　中州金石記

按韓琦撰文結銜有行刑部尚書史傳載嘉祐元年召爲三司使未至迎拜樞密使三年六月拜同中書門下平章事集賢殿大學士六年閏六月遷昭文館大學士監修國史封儀國公未嘗有行刑部尚書也宰輔表嘉祐元年八月癸亥韓琦自三司使加檢校少傅依前行工部尚書樞密使三年六月丙午自樞密使工部尚書依前官加同平章事集賢殿大學士監修國史是表之所有工部尚書傳并略之而碑之行刑部尚書表亦略之一系銜之微而碑與表傳互異若此

石林亭唱和詩

石高三尺九寸二分廣一尺九寸共十六行行二十七字正書額題京兆唱和四字篆書在麟遊縣

石林亭詩

翰林侍讀學士尚書禮部郎中永興軍路安撫使兼知軍府事劉敞

朝廷入忠返山林往不還念無高世姿聊處可否閒築基倣崔嵬鞭石輕險艱羣玉相磊落萬峯正孱顏種樹亦蒼蒼激流復潺潺潟浯欸在眼崑閬若可攀自我嬰世網邇來鬢毛斑丘壑誠若喪簿書常自環及爾減閭里囂如遠塵寰豈敢同避世庶幾善閉關子牟困懷魏謝傅悲徂山茲焉可遺老詎猒終歲閑

次韻和

將仕郎守大理評事簽書鳳翔府節度判官廳公事蘇軾

都城日荒廢往事不可還唯餘故苑石漂散尚人間公來始購蓄不憚道里艱盡從塵埃中來對冰雪顏瘦骨拔凜凜蒼根漱潺潺唐人惟奇章好石古莫攀盡令屬牛氏刻鑿紛斑斑嗟此本何常聚散實循環人失亦人得要不出區寰君看劉李末不能愛河關況此百株石鴻毛於太山但當對石飲萬事付等閑

嘉祐七年十二月十五日　將仕郎守縣尉兼主簿事李郃書

登仕郎試秘書省校書郎守鳳翔府麟遊縣令郭九齡建

按石林亭倡和詩刻在陜西鳳翔府麟遊縣今陜西通志古蹟不載石林亭其詩倡者劉敞和者蘇軾施注蘇詩編此詩在嘉祐六年辛丑十二月按東坡先生年譜不載此詩先生以六年十二月赴鳳翔任初到匆匆似不暇與安撫倡和況李郃書此詩在七年十二月十五日則詩亦當以七年作

恐原編或有誤也此詩題云次韻和劉京兆石林亭之作石本唐苑中物散流民間劉購得之詩有云唐人唯奇章好石古莫攀盡令屬牛氏刻鑿紛班班注引白樂天太湖石記云今丞相奇章公嗜石於此物獨不謙讓東第南墅列而置之以甲乙丙丁品之各刻于石陰曰牛氏石甲之上丙之中乙之下按奇章公牛僧孺也劉敞字原父臨江新喻人傳稱其累以識論與衆忤求知永興軍拜翰林侍讀學士碑系銜有尚書禮部郎中稽之東都事略及史傳皆略簿尉李郃縣令郭九齡無攷

昌黎五箴

石高三尺五寸六分廣二尺二寸四分二十四行行三十二字篆書

五箴并序

昌黎韓愈

狄道李宗書

人患不知其過旣知之不能改無勇也余生三十有八年髮之短者日益白齒之搖者日益脫聰明不及於前時道德日負於初心其不至於君子而卒爲小人也昭昭矣作五箴以訟其惡云

游箴

于少之時將求多能早夜以孜孜于今之時旣飽而信早夜以無爲烏呼余乎其無知乎君子之棄而小人之歸乎

言箴

不知言之人烏可與言知言之人默焉而其意已傳幕中之辯人反以汝爲叛臺中之評人反以汝爲傾汝不懲邪而呶呶以害其生邪

行箴

行與義乖言與法違後雖無害汝可以悔行也無邪言也無頗死而不死汝悔而何宜悔而休汝惡曷瘳宜休而悔汝善安在悔不可止悔不可爲思而斯得汝則弗思

好惡箴

無詩而好不觀其道無詩而惡不詳其故前之所好今見其尤從也爲比捨也爲讐前之所惡今見其臧從也爲媿捨也爲狂維讐維比維狂維媿於身不祥於德不義不義不祥維惡之大幾如是爲而不顛沛齒之尚少庸有不思今其老矣不愼胡爲

知名箴

內不足者急於人知沛焉有餘厥聞四馳今日告汝知

名之法勿病無聞病其嗤嗤昔者子路惟恐有聞赫然
千載德譽愈尊矜汝文章負汝言語乘人不能掩以自
取汝非其父汝非其師不請而教誰云不欺欺以賈憎
掩以媒怨汝不曾悟以及於難小人在辱亦克知悔及
其既寧終莫能誠既出汝心又銘汝前汝知不顧辱則
宜然

大宋嘉祐八年春二月初吉

宣和六季三月既望男玠摹上石　姚彥刊

右昌黎五箴書之者爲狄道李宋山谷跋是書作李
康年又有李康年篆書心經跋云江夏李康年字樂

道是宋一名康年而樂道其字也東坡亦云江夏李
康年篤學好名小篆尤精二公精于書法自應不爽
但此書似于肉勝略無清健瘦硬之氣乃山谷云樂
道白首心醉六經所著書章程句斷不類今時書生
曉悟篆籀下筆自可意直木曲鐵得之自然秦丞相
斯李少監陽冰不知去樂道遠近也得無張之太過
知名箴云昔者子路惟恐有聞赫然千載德譽愈尊
其解曾論與今絕異細思此解實爲有理是即君子
恥聲聞過情之意也不知韓公論語筆解中亦作如
此箋註否金石存

寂於宋不甚著名筆格方整可觀惜其有譌體處書
家所不避也關中金石記

按昌黎五箴據舊刻朱子校昌黎文集有不同者
敷處序文不能改無勇也集作是無勇也游箴于
少之時集作余少之時既飽而僖集僖作嬉好惡
箴無詩而好集作無善而好注云善方從杭蜀作
悖此碑作詩是與杭蜀本同誤而不顛怖集作沛
知名箴怖焉有餘集作需辱則宜然集作禍亦宜
然注云禍亦方作辱則似方本多取石刻而朱子
則從本集原文也此箴李宋以嘉祐八年書而男

玠以宣和六年上石耳玠無記跋不能知其摹刻
之由

妙德禪院明覺殿記

碑高五尺八寸廣三尺三寸七分十七行行二十五字正書在耀州

耀州妙德禪院新修明覺殿記

朝奉郎尚書職方員外郎知同州軍州兼同州牧及
管內勸農事上騎都尉賜緋魚袋借紫雷簡夫撰

鄉貢進士劉□書

明覺禪師唐異僧也葬於泗而塔祠焉稱曰大聖泗之
南有淮水東注涉歷夏秋積雨入淮其水大漲波勢奔

激直衝泗州之城而城不被水害若陰神靈應庇護使然天下談釋者皆曰大聖力也豈其然哉耀州城中有佛廟曰妙德禪院僧智燈者嘗詣泗州卬請於塔下塑像以歸於是設屋爲殿置像於中而庇覆焉目其殿曰明覺凡計瓦木工直已費三百餘萬皆燈能致之殿既成燈自耀來同請文於予曰耀之民久畏水災以明覺常有功於泗我教以平等爲心俾又有功於耀使耀之民事明覺也如泗之民又焉知明覺之功止於泗而不及於耀也嗚呼耀州其城當漆沮二水之間每歲自初春後民斂口增固捍提以禦水勢民亦勞矣而一歲之

間常恐恐乎飄溺又其危矣今燈者惻此而有爲謂其應驗決不欺可謂其靈莫測者也嘉祐八年六月一日記

造明覺殿功德主沙門智燈立石

前口正僧口口

維口僧口口　　口口口

狄道李口

仁宗飛白書帝字

碑高七尺一寸廣二尺七寸分上下截上截中書飛白帝字左十七字右二十二字下截記十九行行二十四字正書隸額

在偃師縣招福寺

勑建大招福寺家佛堂　　住持宗敬提點法口

帝　　寶

賜進士翰林院學士陳　　合山僧衆詣

陵祝白行禮酌奠化財

臣充友人陳口卷甚母屈于緱氏之野開使人來告曰口不幸少孤今年春老母以天年終京師歸葬於此未幾而　先皇帝棄羣臣遺制之來斬焉在衰經之中無籍以通不得與於朝晡之臨招福寺昭陵復土不得列於同軌之末拊心自悼開則抱　賜書以泣賜書者嘉祐八年正月　先皇帝遣中使

所賜　御飛白字也其下寶畫存焉泣已則又私自念寺祝白君賜如是雖巾箱之秘神明所護非鏤金石不足以久貧無以家唯先墓之廬有置錐焉將刊諸琬琰爲不朽之觀俾千萬年子孫寔寵嘉之較之叒鄉人以組負遺弓而號者不猶愈哉子狀吾意臣詞讓不得命因應曰善恭惟　先皇帝之德在臣民在草木在鳥獸其遺風餘烈在史官在宗廟在曼世之傳其在筆墨文字者特其土苴緒餘雖然聽政之隙不用之於田獵聲色而留意藻翰如是之精非天縱之聖孰能與此哉陳口河南人少取進士弟

有名聲於朝而善為文其拜賜也方為祕書丞集賢
校理觀其意可知其人時嘉祐八年冬十一月十日
京西諸州水陸計度轉運使兼制置本路營田勸農
使朝奉郎尚書兵部員外郎充集賢校理輕車都尉
賜緋魚袋借紫臣吳充謹記并書丹
朝奉郎守殿中丞知河南府緱氏縣事騎都尉臣陳
知和題額
臣王易摸刻
碑上層為飛白書帝字旁題云勅建大招福寺家佛
堂賜進士瀚林院學士陳帝字下有寶畫下層為吳

充記所述陳□喪母在家先帝棄羣臣因刊御書于
先墓之廬也賜書者嘉祐八年正月亦見記中翰林
作瀚林尤前人所未有宋史本紀云至和七年幸寶
文閣為飛白書分賜從臣歐陽修歸田錄云仁宗萬
幾之暇無所翫好惟親翰墨而飛白尤為神妙也王
海亦多稱仁宗飛白書中州金石記
億按宋仁宗賜陳繹飛白帝字以充所記賜在嘉祐
八年正月其刻在是年十一月蓋仁宗已升遐而繹
追感立石于招福者也按大蘇集仁宗皇帝御飛白
記為王誨作亦以其父舉正慶歷中所賜端敏二字

刻石而傳之然則當時宸翰所須為世秘寶久矣飛
白字自唐以下余所收及者僅此是又可珍也吳充
題銜京西諸州水陸計度轉運使兼制置本路營田
勸農使朝奉郎尚書兵部員外郎充集賢校理輕車
都尉賜緋魚袋借紫證之宋史本傳惟云歷知陝州
京西淮南河東轉運使亦太闕略宜互證於此碑也
又輿服志太宗太平興國二年詔朝官出知節鎮及
轉運使副衣緋綠者並借紫今銜名借紫之名由此
宋史陳繹傳繹開封人攷充所記乃云河南人又云
繹喪其母居於緱氏之野緱氏地亦近河南或上世

占籍開封而繹現居河南充故以此書之宜有據也
繹本傳為館閣校勘集賢校理刊定前漢書居母憂
詔即家讎校今碑云為秘書丞集賢校理正相符偃師
金石錄

韓國華神道碑

碑高一丈四尺廣六尺二寸三分三十四行行九十字正書篆額在安陽縣

大宋故太中大夫行右諫議大夫上柱國南陽縣開國
男食邑三百戶賜紫金魚袋贈開府儀同三司太師中
書令兼尚書令魏國公韓公神道碑銘并序
推忠協謀同德守正佐理功臣樞密使特進檢校太

師行禮部尚書同中書門下平章事上柱國河南郡
開國公食邑六千八百戶食實封二千四百戶富弼
撰
翰林學士兼侍讀學士朝散大夫尚書吏部郎中知
制誥充史館脩撰判館事輕車都尉太原郡開國侯
食邑一千八百戶食實封二百戶賜紫金魚袋王珪
書
武寧章友直篆額
丞相衛國公使以書來告曰我先人没于大中祥符四
年春三月之甲申葬于慶曆五年春二月之己酉雖論

行有狀誌壙有銘載于史有傳施之幽顯不爲無述然
墓在吾里相州安陽縣之新安村有窆棺之碑存諸隧
公與我游又嘗陪議軍國於二府知吾家爲詳宜爲
我列先人事實刻于其上以表于道燦然使後世觀之
者曰此　有宋賢臣之墓可信不惑不待鉤考而後
見則吾志畢矣予曰諾按春秋晉侯有子食韓原其後
遂以韓命氏六卿裂晉自王又有以韓國爲氏者子孫
散適諸郡國其在昌黎者最爲著姓　公即昌黎之
裔也達者歷世不絕遠祖徙居深州之博野四代祖曰
乂賓事唐僖宗爲鎮冀深趙等州節度判官檢校太子

左庶子兼御史中丞時巢寇亂中原其帥王景崇檄諸
鎮兵大破之謀皆出於庶子庶子生二子其季曰昌辭
於公爲曾王父終于真定府鼓城令鼓城生璆爲王父
少自力學工爲歌詩與晉人李崧徐台符深相善名重
一時任廣晉府永濟令避亂又徙居趙郡之贊皇台符
爲作詩哀其不達而終其詩甚悲崧乃以其弟之女妻
其子構即公之考妣也考始居于相以文章稱尤妙書
奏諸侯府爭辟之能致之者即一府口治嘗宰貝州之
清河始至與民約曰屈法擾人等事吾斷腕不爲惟思
利者爲若力之民於是大說然亦畏伏絲毫不敢犯歷

事周晉二代以世亂亦不得進入　宋藝祖平南
海徧選守臣乃命知康州未幾以太子中允卒于官公
漸顯累贈工部尚書有子四人公於次爲第三諱國華
字光弼幼而警絕鄉舉進士　太宗初口口平興
國二年甲科授大理評事通判瀘州代還遷右贊善大
夫會　詔與相帥擇賢佐改彰德軍節度判官凡從
官者卒以鄉里爲難至則斂鋒鍔一聽以恩公時年尚
少處之氣益勁不爲少損有民李氏者怙富殺人乃厚
以賄州之上下爲汨其情將不寘於死公持之盡抉其
姦隱李卒弃市由是諸豪憚之疊足不敢動公每出按

彎儼然未嘗妄視里人每置酒賭日有見其左右顧者
飲之至罷去竟不得飲時國用方儻半倚關賦乃升秘
書省著作郎監上蔡稅以監察御史　召彈擊有稜
角巖然望高于臺閣屬　天子議復燕薊擣庭臣
曰安得勇而善辭令者爲我諭高麗出兵西攻契丹以
分其力則吾事可不勞而集旣曰非韓某不可卽假以
太常少卿爲使公馳舸至其國其王負固不時奉
詔公坐館舍遣王書責以慢命且稱　朝廷威德
之盛諸僭僞悉已擒滅遂欲北取故疆以雪晉恥而委
王以方面者其意不已重乎王惟我中國是賴可以得
志諸口雖暫勤而衆實王長世之利也今若不勉
　天子怒一日大兵東出先誅不用命者如決海灌爝
火王其無悔王大恐奔走率職明日遣太相韓光元輔
趙抗領兵數萬度浿江以侵契丹且令光等率諸將詣
館門聽命公待以陪臣禮爲指畫方略銜勒而慰遣之
師期未集公又累與王書獎激礱礪使不得少懈復問
曰深入攻之邪姑挑戰也王報曰已深入矣公得其肝
膽遂復命　天子大喜拜右拾遺直史館　面
賜五品服章兼判登聞院入三司爲開坼推官公口開
坼司主出納三部文籍置推官其名不正宜更判事之

號爭　詔改主判三司開坼司遷左司諫充鹽鐵判
官久之契丹大將蕭寧遣使叩雄州約和州將劉福信
之以聞　天子因思高麗功立命公走雄州按其
事亦令代福作報書索其情僞寧之意欲我先發公固
願息兵以養民然念國體不可屈書十餘反終不許復
意其譎而有謀乃謝使者急令備邊還奏　天子
又大喜益愛其才故事凡曲燕五品以下官非隸館閣
者不預時　燕侍臣于苑中公以在鹽鐵例罷史局
不得入侍　天子特命直昭文館三司判官兼館
職自公始旣又歷判鹽鐵度支戶部三勾院改左計司
判官主計者嫌其守口口口下密讒于　帝帝雅
信公卽日　詔揔判三勾賜三品服章仍令宰相召
于政事堂諭旨讒者大沮公圖報益自奮條三司不便
事二十七上之官民借利後無以易者遂爲著法俄出
爲京東轉運副使卽拜峽路轉運使峽爲險遠一路官
俸薄不可責以廉公奏益之至今峽中官德公不已
　眞宗卽位入判大理寺自始登尚書秩至是凡五
遷爲職方郎中出知河陽徙潞州會契丹由梁門入寇
河朔分兵略太行其鋒甚銳潞人恐公以精騎屯吳兒
谷扼其奔衝賊遂不敢犯其境又率本道糧以餉朔軍

王師大濟　帝嘉之褒以璽書景德初契丹再寇
澶淵縣請脩好　朝廷以其多變詐使絶域者難其
人人亦憚其往故首命公假祕書監爲國信使江南飢
又遣廵撫專一道之政還　朝權開封府判官出知
曹州拜太常少卿徙泉州　天子封泰山擢爲諫
議大夫　召歸道病卒于建陽驛泉人聞之傾一州
來會哭久不忍去　朝廷舉卹典賜一子官所以慰
其旅䰟也公儀相魁頎有偉量與人接坦然必盡其誠
不露形跡亦不設機鍵尤篤於孝友常恨祿不逮親居
多感涕凡俸賜悉分惠宗黨不問踈密姑姊數人孀且

老皆迎歸奉之以終其身又爲外姻之貧者畢嫁娶復
與營其生事教子舍悉用經術而濟之以嚴法得任子
不與奏薦欲使其自致也故諸子多能踐其世科公没
後布衣者尚三人焉噫公年十九時已入官壽雖止五
十五而其間從政者幾四十年可謂久矣事　兩
朝不懈夙夜　國家每有急難處必首被選委又在
計庭更八任不得解迹其所從來不爲不遇中外望歸
謂必大用　天子亦屢欲用之而公素方整守道
權倖者多不說故每爲其所閒而止公惟所任莫不竭
□力不以抑墜自懟而遂浮沈于時向若得所用如人

之所望者經綸設施布宣光昭其爲功德非古賢孰與
校之哉娶羅氏諫議大夫延吉之女鄴王綰威之孫封
宜城縣君六男球湖州德清尉瑄將作監主簿琚司封
員外郎兩浙轉運使琉河陽司法叅軍璩祕書省著作
佐郎或自秋舉或由蔭授方以才名並進而不幸繼亡
琦相　仁宗皇帝被　遺制立　今天
子爲門下侍郎兼兵部尚書同中書門下平章事昭文
館大學士衛國公望臨天下勲冠列辟以公積德儲慶
所宜身享厚報然恨早世不克待其發而發于丞相丞
相以似以繼其傳之者又可涯邪二女歸于衛尉卿高

□寧丞相貴累贈公與祖尚書曾祖永濟三代並太師
中書令兼尚書令又啓魏燕冀三國皆追封爲公妣羅
氏祖妣李氏曾妣史氏亦以魏燕齊三國追封爲太夫
人銘曰
士孰不官　公官獨難　使臨東夷　跨海渺漫　指
麾出師　勢分狄患　王始倔强　恃遠且艱　覘詔
抹刺　不奉以虔　公怒移書　以何以言　□以禍
福　日星之觀　王雖島酋　聞義惕然　發兵餽糧
革頑易慳　對盧壽薩　伏命館門　能俾遠夷
舉國奔馘　不憚己勞　不畏隣隙　又俾强虜　歛

其毒螫 二邦□公 一舉斯得 繼走朔陲 議收
戈戕 坐籌立判 虜姦不施 不爲其欺 國不挫
威 兩使外禦 天子再怡 益之衆美 大用是宜
而卒不用 識人之爲 復不永年 道卒遐裔 曰
與考同之 勤官攸致 位不都躬 華于幼嗣 曰
將曰相 勳德名世 李支原流 公得何異 何以
畀之 天相其類 天實使然 人亦靡然 □□□
然 其昭昭然
嘉祐八年十一月十四日建
中書省玉册官王克明蹇億刊

案碑後載國華娶羅氏諫議大夫延吉之女鄴王紹
威之孫封宜城縣君据魏公爲太夫人胡氏墓誌云
夫人父諱覺始仕孟氏名在朝籍乾德三年太祖平
兩川例遣歸闕生夫人於京師久之不得調卒夫人
從母李氏適故秦王牙吏王慶王被譴左右皆得罪
家族無依遂以夫人歸於太師是胡氏爲諫議側室
又生魏公於泉州亦當以附書然富公撰碑獨不稱
者亦以嫡統之金石正例也若懶真子云國華嘗仕
於蜀蜀中士人胡廣善相術與魏公所述名覺者異
又胡覺既亡歸夫人於韓氏實不出自覺而懶真子
傳聞之詞不足据依予故附此爲辨之以見野聞不
可信如此後載武寧章友直篆額友直見二體石經
周禮殘碑有其名皇宋書錄章友直字伯益又引國
朝會要云嘉祐六年二月一日國子監言草澤章友
直篆石經畢詔補將作主簿友直自以不願仕進免
官乃賜銀百兩蓋其人辭榮守約不以藝自衒故得
其所篆於此額尤爲可尚篆額例與撰書人並列友
直獨自居於後當以草澤自安也安陽縣志
按此乃韓魏公琦之父碑也撰者富弼字彦國河
南人宋史宰輔表嘉祐八年四月英宗即位五月
金石萃編卷一百三十五 宋十三 三
戊午授弼樞密使檢校太師行禮部尚書同平章
事與碑系銜合傳則但言召爲樞密使餘官及河
南郡公俱不載書者王珪傳載字禹玉成都華陽
人後徙舒累官知制誥知審官院爲翰林學士知
開封府遭母憂除喪復爲學士兼侍讀學士碑所
系尚書吏部郎中充史館修撰不見于傳碑立于
嘉祐八年十一月韓琦以英宗嗣位爲仁宗山陵
使加門下侍郎封衛國公其時尚是嘉祐八年碑
文首云丞相衛國公使以書來告云云是也若進
封魏國公在治平元年五月皇太后還政之後并

右僕射之時此碑標題不知何以云魏國公也文
中與國華本傳校略有不同者升祕書省著作郎
傳作著作佐郎出爲京東轉運副使傳無副字天
子封泰山擢爲諫議大夫傳作右諫議大夫六男
球瑄琚琉璩琦而傳不錄球瑄傳云改兵部員外
屯田郎中京東轉運使碑不載員外郎中兩官又
碑云拜峽路轉運使傳則誤作川陜路官益陜峽
二字易訛傳云加都官郎中入判大理寺碑不載
都官郎中此皆碑傳互異者也碑所載使高麗事
在雍熙三年語與高麗傳合而韓光趙抗領兵度

浿江等事則高麗傳略焉契丹蕭寧叩雄州約和
事國華本傳在淳化二年而劉福傳不載信之以
聞之事餘俱碑傳大同碑載公之四代祖乂賓以
下及公之考構歷世事蹟詳見魏公安陽集自撰
重修五代祖塋域記大致與此同不具錄据碑國
華以大中祥符四年卒慶歷五年葬至是嘉祐八
年立碑蓋卒後三十四年而後葬葬後十八年而
後立碑宋時風尚如此若唐人無是事也

金石萃編卷一百三十五終

金石萃編卷一百三十六

賜進士出身　誥授光祿大夫刑部右侍郎加七級王昶譔

宋十四

晝錦堂記

碑高八尺八寸六分廣四尺八寸四分十八行行三十九字正書篆額在安陽縣

端明殿學士尚書禮部侍郎蔡襄書丹

尚書刑部郎中知　制誥邵必題額

仕宦而至將相富貴而歸故鄉此人情之所榮而今昔
之所同也蓋士方窮時困阨閭里庸人孺子皆得易而
侮之若季子不礼於其嫂買臣見棄於其妻一旦高車

駟馬旗旄導前而騎卒擁後夾道之人相與駢肩纍迹
瞻望咨嗟而所謂庸夫愚婦者奔走駭汗羞媿俯伏以
自悔罪於車塵馬足之間而莫敢仰視此一介之士得
志於當時而意氣之盛昔人比之衣錦之榮者也惟
大丞相衛國公則不然公相人也世有令德為時名卿
自公少時已擢高科登顯仕海內之士聞下風而望餘
光者蓋亦有年矣所謂將相而富貴皆公所宜素有非
如窮阨之人僥幸得志於一時出於庸夫愚婦之不意
以驚駭而夸耀之也然則高牙大纛不足為公榮桓圭
袞冕不足為公貴惟德被生民而功施　社稷勒

之金石播之聲詩以耀後世而垂無窮此公之志而士亦以此望於公也豈止夸一時而榮一鄉哉公在至和中嘗以武康之節來治於相乃作晝錦之堂于後圃既又刻詩於石以遺相人其言以快恩讎矜名譽為可薄蓋不以昔人之所夸者為榮而以為戒於此見公之視富貴為如何而其志豈易量哉故能出入將相勤勞

王家而夷險一節至於臨大事決大議垂紳正笏不動聲氣而措天下於泰山之安可謂 社稷之臣矣其豐功盛烈所以銘彝鼎而被絃歌者乃邦家之光非閭里之榮也余雖不獲登公之堂幸嘗竊誦公之詩樂公之志有成而喜為天下道也於是乎書尚書吏部侍郎參知政事歐陽脩記

治平二年三月十三日 太子賓客知相州趙良規立石 潯陽蹇億刊字

蔡君謨妙得古人書法其書晝錦堂每字作一紙擇其不失法度者裁截布列連成碑形當時謂百衲本故宜勝人也 廣川書跋

晝錦堂在鼓樓西順治間掘地得是碑今移城東南隅祠內端重嚴勁絕類魯公尚有醉白堂記韓魏公先塋碑惜未寓目 金石續錄

右晝錦堂記文稱大丞相衛國公按韓忠獻於皇祐中封南陽郡開國公嘉祐中入相進封儀國公英宗嗣位改衛國公後又改魏國公碑立于治平二年三月猶稱衛國則魏國之封當在其後宰相表于治平元年閏五月已書魏國公者誤也此記俗本亦誤作魏蓋後人不知忠獻嘗封衛公而以意改之耳 潛研堂金石文跋尾

此宋韓琦以丞相判鄉郡建于居第者也琦第別有榮歸虛心二堂其後曾孫肖胄守相又建榮事堂襄字方正爲一代絕手此碑尤名于時乃別體不乏寫功从刀矜从子學書者宜棄其短也 中州金石記

案皇宋書錄學宮刻晝錦堂記相州元刻云書丹而此本聞諸老先生云以墨跡撫於石今碑題蔡襄書丹正與書錄符及覽河朔訪古記云庭西晝錦堂記碑一通至元間再摹而刻已非舊觀矣然碑仍稱書丹與相州元刻合蓋當時必有舊拓本規度於石近時人多以忠惠之跡溢美不容於口故爲揭其所自以昭眞賞云 安陽志

按晝錦堂記歐陽脩撰文忠公集與宋文鑑皆載此記今取以互校有不同者而莫敢仰視歐集無

此五字原注云一有此五字得志於當時集無於字原注云家本有於字然則高牙大纛集亦作大纛原注云一作旆不動聲氣集作不作聲色原注云一作氣此碑與集之不同也昔人比之衣錦之榮者也文鑑無者字僥幸得志於一時文鑑無一字葢不以昔人之所夸者爲榮文鑑無之字此碑與文鑑之不同也魏公以觀文殿學士拜武康軍節度使知并州久之求知相州嘉祐元年召爲三司使未至迎拜樞密使記所謂公在至和中嘗以武康之節來治於相乃作晝錦之堂于後圃計其

時當卽在至和元年至嘉祐元年卽內召矣其後以嘉祐六年閏八月遷昭文館大學士監修國史封儀國公至嘉祐八年四月進封衞國公歐公亦以嘉祐六年閏八月除參知政事葢同知政府兩年始作此記記後又兩年相人始刻于石也書丹者蔡襄史傳但載其乞爲杭州拜端明殿學士以往不言其官尙書禮部侍郎東都事略則云襄召拜翰林學士三司使英宗親政數問大臣襄如何人因襄數請告英宗曰三司事務繁多襄久在病告何不更用人後夏人犯邊又曰軍須未備三司

當擇人襄聞之不自安遂求知杭州卽拜端明殿學士遷禮部侍郎知杭州此碑系銜無知杭州字則書此碑當在治平元年未知杭州以前矣篆額者邵必史附邵亢傳亢之從父碧池編云餘之族丹陽人字不疑舉進士爲上元主簿國子監立石經必今本宋史此下皆作餘善篆隸召充直講選爲唐書編修官累爲京西轉運使入修起居注知制誥碑系銜有尙書刑部郎中則傳所略書畫跋跋謂刻碑須書丹乃神若係百衲不知若何入石如用朱塡則益失眞云云可知明時上石不知用雙鉤之法也若如

今時就墨跡上用墨筆雙鉤再用朱筆描其背由是上石不致失眞且于墨本不損雖百衲無傷矣惟字經百衲則有雜湊之迹而失顧盼之神未爲佳耳

宋球玉華山詩

石橫廣四尺七寸五分高二尺五寸七分二十九行行十七字正書在鄜州宜君縣

留題玉華山詩

西河奠上之書

太常博士簽書坊州判官事宋球

玉華山

玉華山來自何處巉巉拔立陵紫煙上有千雲切霄之蒼松下有迸崖激壑之淸泉長河西來齧山足爍火白日明峯巔浮嵐暖翠入窻戶六月殿閣風冷然我來豈暇弔古迹俛仰但喜遺躅喧心魂澄澈耳目醒如脫世故遊神僊平明却入俗塵去回首煙蘿羞滿顔

玉華寺

一逕入雲壑遊人高下行絲蘿垂紺幰屏壁削層城山氣蒸衣濕松風灑面淸野僧遺萬事飽聽石泉聲

次韻奉和

國子博士知坊州軍州事張道宗

玉華山

玉華山形巒峭崒白晝莽蒼常生煙近村百家濕翠黛陰崖千尺淙寒泉山根宛轉抱河曲河流倒影浸碧巔文皇性熱不奈暑當時宮此安徒然得非遍遥天下勝莫如茲地無煩喧暫遊已駭非俗骨久駐直恐成真仙何當借得神畫筆需綃十幅圖孱顔

玉華寺

殿閣依山古尋春閑客行誰知唐帝館今在梵王城禾黍傷時變松篁入夜淸惟餘碧巖溜依舊昔年聲

治平三年四月一日文林郎試祕書省校書郎守宜君縣尉兼主簿張詢立石　鄜州李玉鐫

宮在縣西三十里唐書地理志貞觀二十五年置玉華宮宮在縣北四里鳳皇谷永徽四年廢爲寺舊云縣有玉華山宮以山名據此知山實以宮名也金於此置玉華鎭書史會要冀上之字冠卿西河人楷書師歐陽率更 關中金石記

張峋玉華山詩

石横廣三尺三寸五分高二尺一寸十五行行十四字正書

玉華山詩

著作佐郎滎陽張峋子堅

河東冀上之書

玉華山誰窮遠近百里廻旋勢方盡削成蒼玉倚青天氣象軒軒獨奇俊黃河哮虓摧崑崙一峯飄落如龍蹲白雲低垂半巖腹茫茫日輪平地奔驚湍瀑流飛辟歷松根巉巌裂石壁洞門晝閉不知深仙人瓊漿滿杯碧飢鼯啼煙猿嘯風子規聲哀愁滿容山鳥嚶嚀繞喬木唯有黃鸛鳴嚶嚶翠華迢迢來避暑飄然陵雲欲輕舉當時此地最淸涼九成翠微不足數玉鞘聲斷宮殿閑大龍飛去鬚難攀川巒如舊人事變但見明月留空山

治平丙午五月望

游玉華山記

石橫廣四尺一寸五分高二尺七寸五分三十四行行二十四字正書

繇宜君縣西南行四十里有山夾道而來者玉華也其南曰野火谷有石常然望之如爨煙而莫知其所自也野火之西曰鳳皇谷則唐置宮之故地也蓋其初有九殿五門而可記其名與處者六其正殿爲玉華其上爲排雲又其上爲慶雲其正門爲南風南風之東爲太子之居其殿曰耀和門曰嘉禮知其名而失其處者一曰金飈門也今其尺垣隻瓦無有存者過而覽之但見野田荒草而榛荊也其西曰珊瑚谷蓋嘗有別殿在焉珊

瑚之北曰蘭芝谷昔太宗詔沙門元奘者譯經於此其始曰肅成殿後廢而爲寺云中有石巖嶄然有成下有鑿室可容數十人有泉懸焉勢若飛雨有松十八環其側皆生石上高可十尋端如植筆其西且南有崖曰駐鑾其始入也雙壁屹然如削石而成既至其處若覩龔側有泉飛而下如懸布如噴珠其名曰水簾稍北有崖與泉亦若是而差小焉治平三年夏五月丁巳余與六人者來游乃相與坐石蔭松聽泉而飲之已而覽故宮以襄裒問遺事於田老方囂然不欲歸而余與六人者或有官守或有事牽其勢不可久留既宿而遂去然而

相視有不足之色余爲之言曰夫山林泉石之樂奇偉之游常在乎窮僻之處而去人迹甚遠故必爲野僧方士與夫幽潛之人所據而有也然幽潛之人知好之而力不足以營之惟佛老之說可以動人故其徒常獨有力而危亭廣廈眺覽之娛莫不爲其所先也夫以有唐之盛窮天下之富建宮於此隨而廢没而杜甫乃其時人過之且有悲傷之感至或形於歌詩獨寺僧之徒更相傳而不息迄于今而尚存則雖天下之力亦有屈於此歟以太宗之賢致治之美宜其愈久而彌傳也今問諸遺老無所稱道而彼元奘者特一浮屠耳然說者至

爲荒怪難知之語以增大其事豈人之情常樂於放僻而易忘於中正哉又豈物之盛衰廢興亦各有時而此特其盛時也歟斯可爲之歎息也若夫太宗之賢天下之力猶不能長有此也則吾曹可以一寓目而足矣又何必以不久留爲恨哉然荒崖窮谷之崎危發宮頽址之蕭條雖累歲月未嘗有一二人游焉而余與六人者同時而來亦可謂之盛哉六人者余兄子堅弟嶧與太原石繼和公美河東郎几康伯溫陵陳說君豫西河冀上之冠卿也王申滎陽張縉子望記上之書　李玉鐫

按元一統志玉華山在宜君縣西南四十里有唐

建玉華宮宋雍熙初於此獲一角獸時以爲麟又野火山在縣西南七十里即碑所謂野火谷也碑又云野火之西曰鳳皇谷則唐置宮之故地也其西曰珊瑚谷蓋嘗有別殿在焉珊瑚之北曰蘭芝谷沙門元奘譯經於此宜君縣志蘭芝谷在縣西五十里嘗產蘭芝故名鳳皇谷在縣西南五十里昔有五色雀見于此元奘譯經已詳唐碑聖教序跋玆不贅玉華宮制度見冊府元龜已詳前卷惟碑所稱其殿曰耀和冊府元龜曰暉和爲異唐書地理志宮在坊州宜君縣北四里此碑則云宜君

縣西南四十里爲玉華山其南曰野火谷谷西曰鳳皇谷唐宮之故地則與唐書云縣北四里者不合疑唐時縣治別也宜君縣唐屬坊州今因元明之舊屬鄜州撰記者張緡字子望前碑作詩者張峋字子堅其兄也皆滎陽人無傳可攷前詩作于治平丙午年五月望葢三年也此碑以治平三年五月丁巳來遊壬申作記距遊之後十六日矣據遼史朔考是月甲寅朔初四日丁巳十九日壬申是作記在作詩之後四日也

浯溪題記十九段

石橫廣一尺八寸七分高一尺四寸八行行六字隸書在永州府祁陽縣

湖南轉運判官屯田郎中沈紳治平四年季春丙子訪浯谿元子次山故居讀中興頌峿臺中堂右堂三銘遊琬侍行

又 石高二尺二寸八分廣一尺六寸八分五行行八字正書

宋昭邈遵道李公度唐輔張處厚德甫徐鄭及之鞏固固道周漸彦升同遊浯溪熙寧二年十月二日

又 石高二尺七寸五分廣一尺五寸八分四行行十字正書

浯溪

熙寧六年癸丑十月十九日尚書都官員外郎通判永州柳應辰全家遊此

又 二行行十五字行書

予自上元促運江上至是凡十過此時元祐丁卯孟夏中休潁水陳宏公遠記

又 橫廣一尺六寸高七寸六行行二字正書

會稽蔚宗登此熙寧甲寅正月

又 橫廣一尺九寸六分高一尺四寸九行行六字行書

胡羯自干紀唐綱竟不維可憐德業淺有愧此碑詞米黻南宫五年求便養得長沙掾熙寧八年十月望經浯溪

攷元章生於皇祐辛卯至是纔二十五歲筆力縱勁
小技亦由天授也潛研堂金石文跋尾
又橫廣一尺五寸五分高一尺四寸五分七行行五字正書
不能歌不能吟瀟湘江頭千古心全家来游七日而去
熙寧丙辰歲柳應辰書
又石高一尺九寸一分廣一尺七寸九分六行行六字左行行書
晦輔佐臣子遵梁立儀定國子格之同遊黃竦子莊期
而未至元豐四年辛酉口月壬戌日題
又石橫廣三尺一寸高二尺七寸五分九行行八字行書
會稽錢邑紹聖二年八月十一日過永州祁陽縣觀顏

魯公所書元次山撰唐中興頌磨崖碑同明府陳行通
中宮寺新禪師登唐亭峿臺游浯溪遂汎舟清湘自衡
潭北歸都下識之
又石高二尺八寸廣二尺一寸五行行七字行書
宛亭蓋士口罷守零陵道口浯溪因率邑令戴孚中儒
林同遊時大觀庚寅仲夏廿三日題
又石橫廣三尺五寸高一尺五寸七行行四字行書
白雲居士李伯魚自清湘北歸携家遊浯溪大觀庚寅
孟秋十八日題
又石高二尺九寸五分廣一尺四寸三篆字書中間餘字正書分寫兩旁

無相盦
河口薛公度施口浯溪寺口奉無相大士紹興二年二
月望日
又石高一尺六寸五分廣一尺三寸五分五行行十字隸書
河間劉蕘自紹興戊辰得官茲邑迄丁丑歲三来于此
竟未能去十載之間犇馳往返江山如故每一登覽重
增感慨云季夏七日
又石橫廣二尺高一尺四寸五分六行行七字正書
河内李元老被　命假守清湘挈家来游紹興戊寅中
冬十六日書男耆明耆厚耆勲壻鄭种侍行

又石橫廣一尺八寸高一尺五寸五分八行行九字行書
開封趙彥橚被　命持節廣右道由浯溪拭目中興磨
崖碑頌遐想元顏二公風烈徘徊久之三歎而退時嘉
泰甲子季秋二十日客晉陵馮祖德同遊男炬夫焯夫
侍　住山妙應上石
又石高三尺廣二尺四寸六行行九字正書
趙必愿假守清湘道出浯溪拜　二公之祠敬觀　先
君吏部遺刻謦欬一紀歲月易流不勝感慨竹洲洪口
成同行寶慶丁亥四月三日
又石高一尺三寸二分廣一尺一寸七行行七字正書

壽沙凌攀龍因省兄宰浯溪以淳祐庚戌仲冬六日携
子斯義同藍田子九江柯鐩銓鑰釒歷陽丁必達來遊
口三吾主人慧圓

又 石高三尺廣二尺二寸八分 五行行七八字不等正書

咸淳戊辰中穐京兆楊履順偕廬陵周士模寶峯胡與
祖劒門黃晉孫來遊姪口孫子益孫侍

又 石高一尺七寸六分廣一尺六寸六行行八字正書

咸淳辛未重陽桂人唐復赴武安書記泊舟浯溪甥文
益埍蔣楝琴軒唐震之同遊二子寧生庲生從子㣼玉
次元侍

按浯溪題記十九段綜其姓名得五十一人有可
攷者五人郴應辰見宋詩紀事武陵人寶元元年
進士仕至尚書都官員外郎永州通判容齋五筆
稱浯溪石上有大押字題云押字起於心心之所
記人不能知大宋熙寧十年甲寅歲武陵柳應辰
仍有詩云浯溪石上大江邊心記閑將此地鐫自
有後人來屈指四千六百甲寅年詩意不知所謂
今搨本未見據熙寧丙辰歲所題不能歌不能吟
瀟湘江上千古心與此正相類也此題熙寧六年
癸丑明年卽是甲寅乃熙寧七年容齋作十年者

傳寫誤也會稽蔚宗蔚姓不見於氏族陳繼儒太
平清話有錢塘關蔚宗景仁弟廬州使君也平生
好事多蓄書畫游宦交廣米芾海岳名言又稱其
金陵幔山樓有題榜疑卽其人偶不署姓耳米黻
題五言一絶記云南官五年求便養得長沙掾熙
寧八年十月望經浯溪據史傳米芾字元章吳人
宋詩紀事云襄陽人以母侍宣仁后藩邸舊恩補含光尉歷
知雍邱縣漣水軍太常博士知無爲軍召爲書畫
學博士擢禮部員外郎出知淮陽軍卒是未嘗爲
長沙掾也黃溍筆記云元章自署姓名米或爲芊

芾或爲黻史作米芾此題作米黻無疑卽一人芾
年四十九宋史紀事稱其官淮陽軍在大觀二年
其母嘗侍宣仁后在仁宗末年則芾之官長沙便
養母當在神宗時此題熙寧八年正卽其時也由
大觀二年逆推至熙寧八年約三十餘歲則官長
沙掾不及二十歲年幼官卑史文從略又據潛研
跋謂元章生于皇祐三年辛卯則熙寧八年爲二
十五歲至四十九歲爲元符二年則其官淮陽軍
不應在大觀二年宋史紀事恐誤史傳但云歷知
雍邱縣則長沙掾櫽括于歷知二字中矣宗室傳

趙彥橚字文長悼王七世孫慶元初由知晉陵縣擢監登聞檢院出知汀州遷廣西提刑入爲戶部侍郎遷湖廣總領知平江府轉寶謨閣待制卒此題云被命持節廣右當是遷廣西提刑時也甲子爲嘉泰四年趙必愿亦宗室也字立夫廣西經略安撫崇憲之子丁父憂居喪盡禮[illegible]書問學于黃榦服除差充兩浙運司主管文字再考特差充提領安邊所主管文字差知全州陛辭乞下道江二州訪周惇頤之後此題卽其時也云敬觀先君吏部遺刻者謂其父崇憲安撫廣西時過此留題也

今搨本亦未見丁亥爲寶慶三年餘俱無攷

白龍池題記二十一段

石高二尺七寸五分廣二尺一寸五分六行行八九字正書

入內供奉官李舜舉被　命禱祀　帝岳奉香勝槩於壽聖節日先歇　青帝宮次詣白龍潭治平四年題

書吏李恭從行

又 石橫廣四尺八寸高三尺四寸五分八行行五字正書

兗守劉袞奉　詔祈雪于　岱宗登絕頂翌日謁　白龍池之祠元祐丁卯孟春初四日奉符令林會題

又 七行行二字左行正書

回自百丈泉烹茶鼓琴以終清興

又 石高六尺三寸廣一尺四寸二行一十字一八字正書

貫道建欄於此以便遊者元祐丁卯正月八日

又 石高三尺四寸五分廣三尺二寸五行行四五字行書

山陽龔無黨被　漕檄權宰奉高因率兒姪輩遊此元祐庚午中冬十一日

又 石高三尺九寸五分廣二尺四分五行行十一字正書

汴陽元永居士任紹承祖朝　嶽罷同青帝觀主楊若冲遊太平頂同瞻覩白龍池聖跡時大宋紹聖三年二月十五日謹題

又 白龍池三大字磨崖橫書下橫廣七尺二寸高二尺七寸又一方橫廣二尺七寸高一尺四寸四行行二字並左行正書

白龍池

德充忠玉國寶文仲紹聖丁丑三月九日

又 石高二尺七寸餘廣一尺五寸五分三行行六字正書

范陽正輔再遊同魯國景元至丁丑三月廿六日

又 石高二尺七寸廣一尺五寸五分三行行六字五字左行行書

東之丁丑十一月口日遊南正同至

又 石高四尺一寸廣二尺三寸三行行七字左行行書

元符庚辰七月晦趙習之徐安國弟居仁孫正仲同遊

又 石高二尺七寸五分廣一尺七寸餘四行行五字左行行書
韓存中點檢岳祠修造同王濟之一游庚辰十月廿七
日
又 石高二尺七寸五分廣一尺九寸五分四行行五字六字左行正書
皇甫偁徐端朝孫口同游建中靖國元年三月廿六日
題
又 石高二尺七寸五分廣一尺九寸五分五行行七字左行正書
奉符令李珪因捕蝗恭謁　白龍祠男彙侍行崇寧壬
午孟秋初七日
又 石橫廣二尺八寸三分高二尺七寸三分題記二此在右偏四行行七字行書其左偏元康兄題記
瀑觀　董元康政和甲午重九日携家來遊質贄賁侍
行
又 三行行四字六字左行正書
自恭觀元康兄酉字政和乙未孟冬二十日
又 石高二尺七寸三分廣二尺三寸五分四行行六字左行行書
長清董自恭謁　白龍池之祠罷酌泉石上時乙未孟
冬中澣日
又 石高二尺七寸五分廣二尺四寸五行行七字正書
莆陽陳國瑞子玉恭謁　白龍池之祠俯洞酌泉少憩
而邁政和丁酉夏前二日

又 石高二尺七寸三分廣一尺五寸四分四行行六字左行行書
李顯道張公美李仲輿張去塵庚子孟夏十九日同遊
池上
又 石高二尺七寸一分廣一尺五寸三分四行行五字左行行書
姜子正子方李晉道劉言可才文琳同來庚子四月
又 石高三尺二寸七分廣二尺二寸七分三行行六字七字左行行書
鄆城李僙弟倰姪贑隨侍遊此癸卯季春廿八日
又 石高二尺七寸廣一尺四寸二行行五字正書
許大希祈雨取水宵至此
右在嶽西傲來峰下白龍池石壁上平廣記二十餘
丈書曰龍潭口白龍池並大字其旁皆宋人題名尚
未刓缺錄之得十五首其文略無重複自治平迄宣
和六十年間人名字亦可以想見當日太平之盛而
金元以降洊遭兵火名山奧區委之榛莽無復有題
名者矣金石文字記
右刻均在白龍池雙崖對峙南曰三元石北曰元圭
石宋人題刻殆遍顧氏所采十五首皆在北崖之陽
顯而易見者近來錢唐江鳳彝復搜得正書十六首
均在南崖之陰幽暗陡險游跡罕至自熙寧迄政和
內無年月者三首較顧氏所得又過之可見金石錚

求必由好古者親歷其地抉苔剔蘚而得之但憑工
人摹拓所及往往十失五六是可慨矣金棨泰山志
按白龍池在岱岳西南麓泰安縣志云白龍池上
有淵濟公祠旱禱輒應宋祥符中封白龍爲淵濟
公建祠于此此題名中所謂白龍祠祈雨取水者
是也題名徧南北兩崖金石文字記得十五段泰
安縣志增補十四段合之得二十九段山左金石
石志所得搨本二十八段泰山志共搜得三十一
段最爲詳備今昶所得搨本祇二十一段餘皆工
人失搨者其文並見諸書所載茲不復補錄從其

實也綜計二十一段之中題名姓氏得四十四人
內但署名而不署姓者八人無從詳攷其餘有可
攷者入內供奉官李舜舉見宋史宦者傳字公輔
開封人世爲內侍曾祖卽神福也仁宗時舜舉出
爲秦鳳路走馬承受英宗立奏事京師此題治平
四年被命禱祀帝岳奉香勝槩於壽聖節日先欵
青帝宮次詣白龍潭英宗本紀帝以正月三日生
卽位之初以生日爲壽聖節治平三年十一月戊
午帝不豫十二月乙未宰相祈于天地宗廟社稷
史雖不言禱于嶽瀆山川據此題必因不豫而禱

祀於帝岳也英宗以四年正月丁巳崩是月庚戌
朔丁巳是初八日在壽聖節後而舜舉之禱祀尚
應壽聖節也徐安國見孟宗寶洞霄詩集號春渚
未詳其貫嘗題一詩于大滌洞而不詳何年未知
與此所題之徐安國卽一人否也刁文叔見宋詩
紀事云不知其名張橫浦子韶之友橫浦心傳錄
載其春日旅中一絶句謂思致尤遠不止工也然
亦未知卽此題之刁文叔否餘俱無攷

温泉箴

石橫廣二尺八寸四分高二尺七分
十八行行十四字正書在臨潼縣

温泉箴

唐燕國公張說

虞部員外郎楊方平書丹

東山少連曰元冥氏之子曰壬夫安祇融氏之女曰丁
芊俱學水仙是爲温泉之神焉帝命之救萬靈疊滯結
腑藏達膚腠泄下人多賴上帝是崇有飛廉氏之佚女
姤之常欲大恩其功故入温泉必齋以洒心戒以防患
恕以利物含生之疾我願除祆二神嘉之吹湯潄邪珠
連漚累滈汩揚華此其効也若入温泉僻心穢行惡口
滔形居食失節動出躁輕二神醜口不臣人命飛廉佚

女以瑶簪入是走疰芒風瘍眩齵之病夫有意之醫照
合神理無佁之醫身爲慾使莫之益傷之者至矣是以
君子慎其微也

治平丁未孟冬朔縣令尹光臣立石

呂義山子居至山子口同趍甘棠趙洋聖謨送別于
此就浴温泉而去元祐戊辰冬十二月十一日

按温泉在臨潼縣東南驪山下泉上有温泉宮天
寶六載更名華清宮宮有湯井爲池唐帝皆嘗遊
幸元宗特侈此箴爲唐張燕公所作至治平丁未
縣令尹光臣重刻也丁未爲治平四年書者楊方
平史無傳

義田記

碑二石各高五尺許廣四尺許共三十二行行二十
一字正書左下角空處刻文英跋亦正書在蘇州天
平山范文正公祠

晉陵錢公輔譔

吳興趙雍書

范文正公蘇人也平生好施與擇其親而貧疏而賢者
咸施之方貴顯時於其里中買負郭常稔之田千畝號
曰義田以養濟羣族族之人日有食歲有衣嫁娶凶葬
皆有贍擇族之長而賢者一人主其計而時其出納焉
日食人米一升歲衣人一縑嫁女者錢五十千娶婦者
二十千再嫁者三十千再娶者十五千葬者如再嫁之
數葬幼者十千族之聚者九十口歲入粳稻八百斛以
其所入給其所聚霈然有餘而無窮仕而家居俟代者
預焉仕而之官者罷其給此其大較也初公之未貴顯
也嘗有志於是矣而力未之逮者二十年既而爲西帥
以至於叅大政於是始有祿賜之入而終其志公既殁
後世子孫至今修其業承其志如公存也公雖位充祿
厚而貧終其身殁之日身無以爲歛子無以爲喪惟以
施貧活族之仁遺其子而已昔晏平仲敝車羸馬以朝

金石萃編卷一百三十三 宋十一 四

陳桓子觴之曰君位之上卿祿之百萬而弊車羸馬是
隱君之賜也晏子曰自臣之貴父之族無不乘車者母
之族無不足於衣食者妻之族無凍餒者齊國之士待
臣而舉火者三百餘家如此爲隱君之賜乎彰君之賜
乎於是齊侯以晏子之觴而觴桓子予嘗愛晏子好仁
齊侯知賢而桓子服義也又愛晏子之仁有等級而言
有次序也先父族次母族次妻族而後及疏遠之賢孟
子曰親親而仁民仁民而愛物晏子爲近之今觀文正
公之義其與晏子比肩矣然晏子之仁止於生前而文
正公之義垂於身後其規模遠舉又疑其過之嗟乎世

之人都三公位享萬鍾祿其邸第之雄輿馬之盛聲色之侈妻孥之富止乎一己而族之人不得其門而入者豈少哉況於施賢乎其下爲卿爲大夫爲士而廩稍之充奉養之厚足乎一己而族之人挈壺瓢爲溝中瘠者又豈少哉況於賙人乎是皆文正公之罪人也公之忠義滿朝廷事業滿邊陲功名滿天下後必有良史書之者予可無書也獨書其義田以警於世云

舊本刻于天平山忠烈廟中有脫簡文英庚午歲任湖州安定山長求趙文敏公子仲穆書此本謹刻于書院忠厚堂之前廡以永其傳龍集至正庚寅孟秋

七月望日主宗祀八世孫文英識　裔孫伯仁摹勒

按此碑撰者錢公輔書者趙雍宋史公輔傳字君倚常州武進人仁宗朝累官知制誥英宗朝累知廣德軍神宗立拜天章閣待制知鄧州復知制誥與王安石異議出知江寧府徙揚州以病乞越改提舉景福觀卒計其歷官似距文正公卒後二十年碑不署銜疑爲後人所刪文不著何年所作据范忠宣公以義莊規矩奏請于朝劄付蘇州在治平元年似公輔撰文亦在是時趙雍爲孟頫之子元史附見孟頫傳但云子雍以書畫知名不詳其歷官元詩選稱雍字仲穆夙慧有父風以蔭守昌國海寧一州歷官翰林院待制書譜引陶宗儀云官至集賢待制同知湖州路總管府事書史會要稱其工眞行草篆此碑以庚午歲文正八世孫文英任湖州安定山長求仲穆書碑當即仲穆官湖州路時庚午爲元文宗至順元年書碑後又二十年至庚寅歲爲順帝至正十年文英乃刻于文正公書院之忠厚堂文英跋稱義田記舊本刻于天平山忠烈廟中而不詳當時書者何人刻于何年天平山之有忠烈廟檢文正公集補編附錄明泰

和王直撰重修忠烈廟記稱文正公經畧西鄙西人仰公之德服公之化皆爲公置生祠宣和間宇文虛中爲慶帥言公忠於朝廷其功烈顯於西土至今猶廟祀蓋虔然廟未有額徽宗命以忠烈名之且爲題其榜凡廟之在西者皆易以新名然蘇猶未有也紹興以來西土皆陷忠烈之廟越在異邦蘇之守令與其士大夫謀曰蘇公故郡也而天平山則公祠墳在焉公之精神必往來乎此乃更作新廟揭忠烈之榜於廟門由是蘇始有忠烈廟歲久廟壞元至元乙酉嗣孫邦瑞士貴復新之址

天平山忠烈廟之緣起也東都事略載慶州賜額忠烈廟在宣和五年至南渡後天平山之建廟未詳何年檢襃賢集載文正公曾孫直方記云紹興乙卯自嶺海被召至行闕丙辰春出使至淮上始過平江時義宅已焚毀族人星居村落間一旦會集于墳山散亾之餘尚二千指云云而不言有廟其時紹興四五年間也周必大乾道丁亥汎舟游山錄有云忠烈廟具有文正以下畫像挂壁謁之丁亥爲乾道三年其時已有忠烈廟矣然則廟之建置不越紹興年間義田記初刻當卽在是時其以趙雍書重刻卽在至元乙酉邦瑞新廟之後所謂龍集至正庚寅者是也然文英跋但云舊刻有脫簡不言亾佚不知趙書刻後舊碑亾于何時也義田之置史傳但言好施予置義莊里中以贍族人不言建置之年忠宣公奏立義莊規條則云臣父仲淹先任資政殿學士日於蘇州吳長兩縣置田十餘頃供給諸房宗族衣食及婚嫁喪葬之用墓誌銘則云公在杭盡以餘俸買田於蘇州號義莊以聚疎屬据年譜公之除資政在慶歷五年知杭州在皇祐元年自資政至知杭州相距五年此

五年中卽置義田之時忠宣之奏在治平元年其時刊定規矩編類刻石則卽以此時屬公輔撰記以垂永久可懸揣而得也（今此碑姑附治平末）宋史本傳稱仲淹唐宰相履冰之後其先邠州人也後家江南遂爲蘇州吳縣人年譜稱公遠祖博士范滂裔孫履冰爲唐丞相鸞臺鳳閣平章事世居河內四世祖隋唐咸通十一年由良鄉主簿遷處州麗水縣丞一支渡江中原亂離不克歸子孫遂爲中吳人蓋義田所贍之族人皆麗水丞之子孫卽直方所見之二千指亦卽分贍義田之族人也履冰見唐書宰相表載初元年春官尚書范履冰同鳳閣鸞臺平章事又世系表云范氏後漢博士滂世居河內又文藝元萬頃傳云武后諷帝召諸儒論譔禁中萬頃與周王府戶曹參軍范履冰苗神客太子舍人周思茂右史胡楚賓與選蓋履冰在唐時固以文學著稱也文正自曾祖祖父皆仕吳越父隨錢俶歸宋終徐州節度掌書記文正生于徐州二歲而孤隨母適朱宋史傳云長山朱氏（歐公神道碑富鄭公墓誌銘皆同）年譜云淄州長山朱氏文正公集補編載文正公家傳作池州長山朱氏於是淄州之長山

與池州青陽縣之長山皆有公祠宋紹定中丁黼池州祠堂記謂青陽之長山一名讀山是公幼讀書之地至淄州之長山乃公隨所養父淄州長史朱文翰之地本名長白山也然攷淄州長山有醴泉寺覺堂嶺皆公幼讀書之所丁黼記謂在青陽恐未盡然此事史傳碑銘皆所未晰因附識之

題觀魚軒詩

石高三尺四寸三分橫長四尺六寸五分共十一行行八字正書在安陽

題觀魚軒

淮南節度使司徒兼侍中判相州事魏國公韓琦

雨後方池碧漲秋觀魚亭檻俯臨流時看隱荇騈頭戲忽見開萍作隊游喜擲舟前翻亂錦静潛波下起圓漚吾心大欲同斯樂肯插筠竿餌釣鉤

碑無年月不云并書玩其字跡即琦筆法也琦築忘機堂在彰德府治北前有狎鷗亭又前有觀魚亭 中州金石記

按魏公以司徒兼侍中判相州在神宗即位之初此碑無年月姑附治平四年之末

金石萃編卷一百三十六終

金石萃編卷一百三十七

賜進士出身誥授光祿大夫刑部右侍郎加七級王昶譔

宋十五

周元公題名二段

裒本高廣尺寸行字多寡皆不計正書一在廣東德慶州一在廣東高要縣

濂溪周惇頤茂叔熙寧元年季冬二十六日遊

轉運判官周惇頤茂叔熙寧二年正月七日遊軍事推官譚允高要縣尉曾緒同至

右濂溪先生題名二段一在今德慶州三州巖自左而右乾道已丑洛陽程祐之刻其一在今肇慶府七

星巖俱在石洞上茂字至正字當泉溜處尚隱隱可見後有淳祐壬子呂中等題字茂叔書點點畫畫端重沈實無一毫苟且姿媚態觀者可以想見先生道德之風裒濆襲藏復謹誌之 蒙竹堂稾

按史傳熙寧初惇頤知郴州用抃及呂公著薦爲廣東轉運判官提點刑獄此二段盡行部所至留題也

壽聖禪院勅牒

碑連額高四尺八寸廣三尺四分二十六行行四十六字正書在偃師縣

大宋勅賜壽聖禪院額

中書門下 牒 河南府
河南府奏准 勑應今日以前諸處無名額寺院宮
觀口蓋及口口間已上見有功德佛像者委州縣檢勘
保明聞奏特與存留係帳拘管仍並以壽聖爲額有下
項一十三縣各申有無名額寺院見有蓋到舍屋下有
功德佛像各有僧行者住持遂委官躬親點檢到見在
殿宇廊舍各及三十間已上並依降 勑日前蓋到
縣司官吏各保明委是詣實如後異同甘俟朝典本府
尋委逐縣巡檢依此點檢今據逐縣巡檢申點檢到見
在間椽結罪保明開坐如後本府口口保明委是詣實

如後異同甘俟朝典伏候 勑旨
伊陽縣高都村洞子院一所舍屋共五十間永安縣橋
西村義井院一所舍屋共三十二間章蔴村明教院一
所舍屋共四十間偃師縣泗州院一所舍屋共三十五
間壽安縣郭下文殊院一所舍屋共五十二間密縣邢
谷村影堂院一所舍屋共三十一間邢谷村義井院一
所舍屋共三十一間張固村院子一所舍屋共三十三
間張固村院子一所舍屋共三十一間謝村院子一所
舍屋共三十二間謝村院子一所舍屋共三十三間福
昌縣鍾王村賈谷塔院一所舍屋共七十一間永寧縣

蘇口村安實龍泉院子一所舍屋共四十三間河清縣
南王村院子一所舍屋共三十三間澠池縣千秋口東
禪院一所舍屋共三十五間北班村塔院一所舍屋共
三十一間姚村慶空禪院一所舍屋共三十二間萬受
村金和尚院一所舍屋共三十二間存留天王院一所
舍屋共一百間伊闕縣中口村寺一所舍屋共三十二
間河南縣平華村寺一所舍屋共三十三間宮南村寺
一所舍屋共三十三間緱氏縣蔣村寺一所舍屋共三
十間永寧縣西土村鐵佛寺一所舍屋共三十八間河
清縣長泉村廣化寺一所舍屋共三十三間宜並特賜

壽聖寺爲額
牒奉 勑如前宜令河南府鑱錄勑黃降付逐寺院
依今來勑命所定名額牒至准勑故牒 熙寧元年二
月二十八日牒
給事中參知政事唐
右諫議大夫參知政事趙
起復戶部尚書參知政事張
左僕射兼門下平章事
偃師縣帖 壽聖院准 河南府帖准 勑節文爲
伊陽等一十三縣有無名額寺院並賜壽聖院爲額數

內偃師縣　院仰繳錄　勑黃降付本院依今來
　勑命所定名額者
右具如前當縣今繳錄到　勑黃一道頭連在前事
須帖付本院准此照會熙寧元年四月初三日帖
將仕郎守縣尉兼主簿事張
尚書屯田員外郎知偃師縣事劉
熙寧二年歲次己酉五月二日院主尼遇仙立石
供養主尼惠淸
維那尼惠善
典座尼惠雲　　張士廉刊

億按牒云伊陽等一十三縣有無名額寺院並賜壽
聖院爲額葢依河南府奏准而首以伊陽冠十三縣
之上與宋史地理志次置不合又後列給事中叅知
政事唐則指唐介而傳不詳爲給事中起復戸部尚
書叅知政事張則指張方平而傳不言爲戸部尚書
亦不列起復凡此皆史缺也下列右諫議大夫叅知
政事趙葢卽趙忭而並行更列左僕射兼門下平章
事僅題一空銜雖姓氏亦不書竟莫知其孰謂也牒
刻一石在熙寧二年五月二日爲院主尼遇仙所立
又牒載諸縣寺院今類廢罕有遺蹟著此以爲方志
皋遺亦不可遽没也偃師金石錄

江夏黃鶴樓雜詩
　石連額高七尺八寸廣四尺三寸八分分五層書第一層四十五行餘四層皆四十四行行約十四字行書額題鄂州雜詩四字篆書
和伏武昌登孫權故城　謝　朓詩不具錄下仿此
漢口口別　宋之問
黃鶴樓　崔　顥
送夏侯子之江夏　賈　至
送康太守　王　維
送人歸江夏

黃鶴樓歌送獨孤助　顧　況
與史郎中飲聽黃鶴樓吹笛　李　白
鸚鵡洲
江夏使君叔席上贈史郎中
口漢陽輔錄事
江夏贈韋南陵氷
望漢陽柳色寄王宰
江夏寄漢陽輔錄事
送儲口之武昌
江上送友人

送孟浩然之廣陵
題江夏脩靜寺
送□九遊江左
送□□歸鄂渚
江夏送客　孟浩然
泝江過
送田端公還鄂渚使府　武元衡
除官赴闕至江州□鄂岳李大夫　韓愈
夏□　杜牧
送張判官謁鄂州大夫

送王侍御赴夏□□王模
寄牛相公
赴黃鶴樓崔侍御宴　白居易
上江夏主人
黃鶴樓　賈島
又　李羣玉
□□山人　□陶
武昌老人鍼笛歌　劉禹錫
曉泊漢陽渡　王貞白
黃鶴樓寓興　羅隱

望故汚城　皮日休
望黃鶴山張君　沈如筠
黃鶴樓　盧郢
熙寧二年六月日立
按黃鶴樓詩刻南齊一人唐二十人凡詩三十九首謝朓一人載入文選宋之問以下亦皆載入全唐詩故但存其目不錄其詩碑不知何人所書及因何刻石惟存年月而已

瀧岡阡表
碑連額高八尺一寸五分廣三尺五寸二十
七行行五十六字連額並正書在永豐縣

嗚呼惟我　皇考崇公卜吉于瀧岡之六十年其子脩始克表於其阡非敢緩也蓋有待也脩不幸生四歲而孤　太夫人守節自誓居貧自力於衣食以長以教俾至于成人　太夫人告之曰汝父為吏廉而好施與喜賓客其俸祿雖薄常不使有餘曰毋以是為我累故其亡也無一瓦之覆一壠之植以庇而為生吾何恃而能自守耶吾於汝父知其一二以有待於汝也自吾為汝家婦不及事吾姑然知汝父之能養也汝孤而幼吾不能知汝之必有立然知汝父之必將有後也吾之始歸也汝父免於母喪方踰年歲時祭祀則

必涕泣曰祭而豐不如養之薄也間御酒食則又涕泣曰昔常不足而今有餘其何及也始吾一二見之以為新免於喪適然爾既而其後常然至其終身未嘗不然吾雖不及事姑而以此知汝父之能養也汝父為吏嘗夜燭治官書屢廢而歎吾問之則曰此死獄也我求其生不得爾吾曰生可求乎曰求其生而不得則死者與我皆無恨也矧求而有得邪以其求而得則知不求而死者有恨也夫常求其生猶失之死而世常求其死也回顧乳者劍汝而立于旁因指而歎曰術者謂我歲行在戌將死使其言然吾不及見兒之立也後當以我語

告之其平居教他子弟常用此語吾耳熟焉故能詳也其施於外事吾不能知其居于家無所矜飾而所為如此是真發於中者耶嗚呼其心厚於仁者耶此吾知汝父之必將有後也汝其勉之夫養不必豐要於孝利雖不得博於物要其心之厚於仁吾不能教汝此汝父之志也脩泣而志之不敢忘　先公少孤力學咸平三年進士及第為道州判官泗綿二州推官又為泰州判官享年五十有九葬沙溪之瀧岡　太夫人姓鄭氏考諱德儀世為江南名族　太夫人恭儉仁愛而有禮初封福昌縣太君進封樂安安康彭城三郡

太君自其家少微時治其家以儉約其後常不使過之曰吾兒不能苟合於世儉薄所以居患難也其後脩貶夷陵　太夫人言笑自若曰吾處之有素矣汝能安之吾亦安矣自　先公之亡二十年脩始得祿而養又十有二年列官于　朝始得贈封其親又十年脩為龍圖閣直學士尚書吏部郎中留守南京　太夫人以疾終于官舍享年七十有二又八年脩以非才入副樞密遂參政事又七年而罷自登二府　天子推恩褒其三世故自嘉祐以來逢國大慶必加寵錫　皇曾祖府君累贈金紫

光祿大夫太師中書令兼尚書令曾祖妣累封楚國太夫人　皇祖府君累贈金紫光祿大夫太師中書令兼尚書令　祖妣累封吳國太夫人　皇考崇公累贈金紫光祿大夫太師中書令兼尚書令　皇妣累封越國太夫人　今上初郊　皇考賜爵為崇國公　太夫人進號魏國於是小子脩泣而言曰嗚呼為善無不報而遲速有時此理之常也惟我　祖考積善成德宜享其隆雖不克有於其躬而賜爵受封顯榮褒大實有　二朝之錫命是足以表見於後世而庇賴其子孫矣乃列其世譜具

刻于碑旣又載我　太
夫人之所以教而有待於脩者並揭于阡俾知夫小子
脩之德薄能鮮遭時竊位而幸全大節不辱其先者其
來有自
熙寧三年歲次庚戌四月辛酉朔十有五日乙亥男
推誠保德崇仁翊戴功臣觀文殿學士特進行兵部
尙書知青州軍州事兼管內勸農使充京東東路安
撫使上柱國樂安郡開國公食邑四千三百戶食實
封一千二百戶　脩　表
歐陽公書筆勢險勁字體新麗自成一家東坡集

歐陽公書如其爲人外若優游中實剛勁朱子集
宋歐陽文忠公自作不載何人書疑公自書在永豐
格古要論
歐陽文忠公瀧岡阡碑爲龍神借觀事甚奇黃魯直
檄龍文云臣黃魯直謹言臣聞天子詔脩永叔以三
年三月三日趨朝欽承皇上滐寵錫以重爵推以峻
位加恩三世著其褒辭以贈修命石氏鐫之故刻瀧
岡阡表世次碑乃僱舟載囬五月十三日至鄱陽湖
泊舟廬山之下是夜一叟同五人青衣大帶來舟揖
而言曰聞公之文章葢世水府願借一觀自謂龍也

請碑入水遂不見焉惟陰風怒號淡月映空修驚悼
不已坐以待旦黎明起諭直時知泰和令以同邦之
誼命直爲文以檄恭惟洞天水府之宮震澤主者潤
濟王闕下福地陰陽龍池歲月星斗芒寒受穹質于
上界雲津變化膺顯號于人間廟食吳中官民均賴
茲有河神之玩法敢將表石以沉淪妙畫雄文自應
呵護瓊章玉冊孰敢誰何雖龍宮之幽元而雷神之
慧徹巽風震雷駭蚪奔鯨地裂水竭淵泉俱滅旣已
各司其職胡不永保其身以汝上天功也驤首雲霄
德配亭毒乾道之性厥位六焉鼎成以升實汝之神

下地利也淵源潭洞養身遁性坤絕妖塵其德元焉
禹舟之負實汝之功今汝不然乃罹茲禁萬一株連
五龍盡滅書畢投檄湖中忽空中語云吾乃天丁也
押服驪龍往而送至永豐沙溪勑賜文儒讀書堂之
南龍泉坑而交也文忠公歸家掃墓但見坑中雲霧
濛蔽虹光爍空往視一大龜負碑而出倏忽不見惟
碑上龍涎宛然在焉乃起置于崇國公墓前俾垂不
朽嗚呼文能動龍孝足感天公之文章德業至矣極
矣天下萬世誰不翕然而宗師之時熙寧三年庚戌
七月望日黃魯直謹識筠廊偶筆

瀧岡阡表爲六一集中第一等文字手書勒石越州胡仁濟令廬陵搨十本餉余書作行楷莊雅中雜流麗益文與書爲兩絶也老友方靈皐語余乳者劍汝而立於旁當是紉汝歐公爲文多不使奇嶮字此益用離騷紉秋蘭以爲佩比之曲禮負劍辟咡爲較安也按碑文正作劒又宋姚寬西溪叢語亦有劒汝立旁之解還當以劒爲正（盧舟題跋）

按文獻通考及宋史職官志文武臣僚功臣號無推誠而有推忠然史又稱中書樞密則推忠協謀親王則崇仁佐運餘官則推誠保德翊戴則推忠之號惟兩府專之其餘文武諸臣但當爲推誠耳通考及史文作推忠者誤也歐公嘗任執政此所賜功臣號止稱推誠保德者宋制中書樞密所賜若罷免或出鎮則改之予又記狄武襄公神道碑稱推誠保德守正翊戴功臣狄公由樞密使出鎮故所賜功臣號亦用餘官之例也表作于熙寧三年四月時公以觀文殿學士知青州按宰輔編年錄是年四月除宣徽南院使判太原府方作表之時除命尚未下也（潛研堂金石文跋尾）

歐陽文忠公爲其考崇公及太夫人撰瀧岡阡表成勅諸石遣吏齋之歸并檄郡守董墓事渡江風濤大作有龍蜿蜒夾舟舟欲覆篙師呼曰客有懷寶者乎請投之以禳此厄客曰無之惟碑在焉亟共擠之江龍乃冉冉去波亦平遂得竟渡吏持檄以實告郡守守訝之令吏祭墓且以告則碑已巋然植于其側矣守墓者曰昨之夜震電發土碑于是出也薄覩之見表文中獨以朱圈祭而豐不如養之薄八字滴水淋漓自額及趺不絶硃迹炳然閲數百載如新嗟乎椎牛而祭不如雞黍之逮存昔賢著之矣而發之自公有甚痛于中者故言之足以動鬼神致靈異若此夫非盡人之子歟讀是文者其尚有感于斯（江西通志）

按江西通志瀧岡在吉安府永豐縣鳳凰山側歐公此文本集及宋文鑑並全載之今取二書互校有不同者卜吉於瀧岡之六十年文鑑脱岡字居貧自力於衣食（文鑑同）集居貧作居窮注云一作貧太夫人告之曰（集同）文鑑作告曰毋以是爲我累（集同）文鑑毋作無一壠之殖集與文鑑皆作植集注云碑本作埴昔常不足集作昔常注云常一作吾文鑑亦作吾始吾一二見之集鑑皆作吾始則死者與我皆無恨也集有也字注云一無也字文鑑無也字以其求而得集作以其有得注云一本有字

作求而文鑑亦作以其有得則知不求而死者有恨也集同鑑無有字而世常求其死也集作世注云一作況文鑑作況劍汝而立于旁集作劍注云一作抱文鑑作抱常用此語集常作需鑑作當自其家少微時集作微注云一作賤文鑑作賤曰吾處之有素矣集曰下有汝家故貧賤也六字注云碑本無六字文鑑亦有此六字自先公之亡二十年集同鑑作三十太夫人以疾終于官舍集作終注云一作卒鑑作卒故自嘉祐以來集作故注云一作蓋太夫人進號魏國集作魏注云一作韓鑑作韓

而有待于脩者集同鑑無有字熙寧三年四月辛酉朔集同鑑作二年無朔字大抵歐集尚參用碑本文鑑則直取當時流傳之集本未與碑校又有傳寫之誤故不同如此又按歐公以熙寧五年卒見本傳年六十六見東都事略及東坡祭歐文忠公文推其生在真宗景德四年生四歲而孤則其父之卒在大中祥符三年是年庚戌正與術者歲行在戌之語合其時父年五十九是公之生父年五十六公父卒後四十二年太夫人始卒于留守南京官舍年七十二當父卒時太夫人年僅三十故云守節自誓也太夫人之卒在皇祐三年時公年四十五其入副樞密在嘉祐五年參知政事在六年罷參政在治平四年年六十一矣碑云今上初郊皇考賜爵為崇國公者神宗紀熙寧元年十一月丁亥祀天地于圜丘羣臣進秩有差即此時也公之撰此碑在知青州時其後判太原府徙蔡州四年致仕五年卒是建碑之後未嘗到墓而筠廊偶筆載黃山谷謂文忠歸家掃墓見坑中雲霧已非其實自此以後異聞傳布為龍神借觀碑文風浪攝去江西通志又有龍夾舟擠碑入江翼日雷電發土而碑出悠謬之

談轉輾志怪殆非確據也至劍汝而立于旁句是即曲禮負劍辟咡之劍謂出于掖下盧舟題跋引方靈皋言當改為紉秋蘭之紉靈皋本不知金石而以選入家古文批語強作解事更為乖謬

湯陰縣嵇公廟記

碑連額高一丈一尺四寸五分廣三尺六寸四分十三行行五十一字正書篆額在湯陰城西南

相州湯陰縣新修晉太尉嵇公廟記

夫以忠事君人臣之常分也然遭大變臨大節或心無所主為禍福所動以苟一時之生而貽萬世之戮者多矣若其鼎鑊在前鋒刃加己能挺然知義之所在分固

當爾輕其命若鴻毛然卒死而不顧者幾何人哉惟
晉侍中贈太尉忠穆嵇公則其人也方惠帝昏弱諸
王肆亂各萌僭奪以相屠害故帝之北征也公馳赴行
在力當國難而成都王穎以兵犯乘輿衛從奔散獨公
端冕侍側以身扞帝至血濺御衣而殞嗚呼公之知義
明分可謂處得其死而不爲難也故其大忠偉節赫然
與日月爭光卒然與山嶽爭高天地知不可窮而公之
名亦不可窮矣宜乎百世之下有國家者欽遺風想餘
烈置祠奉祀永永而不絕也相之湯陰即公死難之地
其廟在焉前之爲邑者不知追顯忠義爲政所先因循

不葺底於大壞今令張君楙至則首拜祠下覩其蹟敝
之甚驚而嘆曰茲不職之大者也亟舉公事迹與夫朝
廷崇祀之意諭于邑民民皆欣然願共力以完之令乃
寬與之約聽自營辦不數月而祠宇一新于是民益知
夫大賢之忠於國者雖死於不幸後世必載祀典嚴廟
貌奉事尊仰之如此皆感勉而爲善自一邑而推一郡
繇一郡而推諸四方則其爲勸也豈小補哉廟完具書
來告以余嘗兩守鄉邦願志本末噫忠義之心人皆有
之但勉而不力執之不固遂不至于古人余亦勉而執
之者哉忠穆之風尤寤寐以自激文雖甚陋惡敢吝而

不書時熙寧三年八月十五日
司徒兼侍中判大名府兼北京留守司事大名府路安
撫使魏國公韓琦記并書
　尚書都官員外郎管句大名府路安撫都總管司機
　宜文字□□篆
　　　　安陽任倫重錄

此碑因湯陰令張楙修廟而記其事也太平寰宇記
云湯陰縣浣衣里晉侍中嵇紹葬所按鄴中記志帝
師敗湯陰千官皆走獨紹端冕帝側以身捍主遂至
見害血濺御衣及事寧左右欲浣之帝曰此嵇侍中

之血勿去也詔葬縣南因名此地爲浣衣里是紹墓
亦在今縣城西南也墨池編稱韓魏公書骨力壯偉
書史會要稱其工正書師顏魯公頗露圭角信然中州金石記

按河南通志嵇侍中廟在彰德府湯陰縣城西南
祀晉侍中嵇紹宋治平中建據此碑立于熙寧三
年而文云相之湯陰即公死難之地其廟在焉因
循不葺底于大壞今令張君楙至首拜祠下覩其
蹟敝之甚諭于邑民不數月而祠宇一新則湯陰
之有嵇公廟其來已久不始建于治平中特至是

重葺之耳碑文所紀嵇公忠績悉與晉書本傳合韓魏公爲相州安陽縣人据史傳先由武康軍節度使知并州求知相州在嘉祐元年以前繼除鎮安武勝軍節度使司徒兼侍中判相州入對改判永興軍經略陝西熙寧元年七月復請相州以歸碑故云余嘗兩守鄉邦也是年河北地震河決徙大名府充安撫使卽此撰書之時也

觀褚書聖教序碑題名七段

題名正書五行行五字至九字不等左行在同州府聖教序碑陰

范育巽之雷壽民安老崔君授㝈得李袞希仲同觀熙寧四年六月二十三日

又正書九行行七字左行

權發遣轉運副使公事游師雄按部至同　郡守章龍圖楶相率同觀與者三人通判州事張坰提刑司撿法官崔直躬州學教授白時中元祐甲戌中和節後一日題

又正書四行行七字左行

武功游師雄馮翊仇伯玉同觀褚書聖教序元祐三年五月廿九日

又行書四行行九字左行

太僕丞張景修敏叔拉左輔令宋靖與正同觀龍興寺褚書聖教序崇寧元年二月廿三日題

又正書六行行九字左行

歷山張智周彼　漕檄攝郡事暇日率眉山唐逢叔樊川李少蒙金陵曾公乘汝陽崔莘叟東里陳子美仝閱唐碑政和改元孟冬望日再題

又行書四行行十字左行

建安暨尹卿公任邀成都羅與惇詩同觀褚書弟召卿公南右卿公介預焉時宣和辛丑清明前二日題

又行書五行行八字至十字不等

建安暨唐裔堯本三峯周兆子京山陽顧伯起景震邵武俞日新德夫同觀褚書聖教序宣和壬寅上巳後三日題

游師雄題名二通俱在同州府褚書聖教序碑陰其一題元祐三年五月而不著官職以宋史本傳推之當是任陝西轉運判官時也其一題元祐甲戌中和節後一日稱權發遣轉運副使公事甲戌者元祐九年也阿房宮賦石刻有師雄跋立於元祐八年亦稱權發遣轉運副使公事本傳云爲陝西轉運使盡脫副字宋時外任差遣資淺者加權字尤淺者則稱權

發遣某官公事史書皆略而不書惟石刻一一書之
章築時以直龍圖閣知同州故有章龍圖之目白時
中官同州學教授亦史傳所未及潛研堂金石文跋尾

善感禪院新井記

碑連額高五尺九寸廣二尺五寸八分共十八行行三十六字行書額題善感院新井記六字篆書在咸寧縣

京兆府□□善感禪院新井記
提舉興修白渠及專切管勾見行渠堰事宣奉郎守
殿中丞騎都尉侯可譔
文辯大師慧觀書

南山李元直篆
天生五材下民日用而不可不備惟水火相須之急洪
範弗得弗先或闕乎一黔首罔以爲生及乎用之之情
□不擇其精粹者也一事不精未有不思其更革者也
長安寔漢唐之故都當西方之衝要衣冠豪右錯居其
間連甍接桷僅數萬家官府佛寺道觀又將踰百計其
井不啻乎萬也然而爲鹵之地井泉惟鹹凡厥膳羞烹
飪皆失其味求其甘者略無一二焉又非井之用也井
之道上行而在及乎衆及乎衆則衆所歸也衆所歸者
泉寒而味甘也泉寒而味甘則井道之廣也易曰井洌

寒泉食是得其中而衆所歸者也既鹹而不食則失井
之道也井道既失衆所不來也故多捨弃舊井而改卜
其地求發泉源之甘醴者則未嘗有如其意者也有香
城院直府庭之東南隅千步而近院處諸梵宇之甲者
僧徒童行官客僕從日不減其數百人舊井一十一空
水之所供浴室廚爨滌濯馬廏秣飼之事崇朝及暮用
汲無窮厥味甚不甜美久厭其食衆共來請於主僧智
海師曰願改卜地以成井以足大衆茶藥之用海師齊
肅誠意乃卽其請越三日集僧徒行浮屠教之法事於
大門內東垣下後以杖卓其地命匠者具畚鍤興工二

日而井成其泉源沸湧澄然而甘寒宜其食也傍及左
右所居之民往來汲取養而不窮嗟乎非誠意精絜感
物之深者物莫肯應焉智海師戒律淳篤正心無我住
持修整孰不瞻嚮以斯之應可謂師之行果者歟熙寧
七年正月晦日記
典座僧德安　維那僧德岳　書狀賜紫德邕　供
養主僧德越　住持沙門賜紫智海立石
鎬都武德誠刻字

按陝西通志香城寺在西安府城內錢局創自石
晉思遠禪師周顯德中賜額廣福禪院宋仁宗更

賜名曰善感然人恒以香城名之此碑標題云善感而文內仍但稱香城葢善感之賜名未久也

唵字贊

石高二尺六寸七分廣一尺四寸四分上梵書唵字下贊七行行十字正書在咸寧縣卧龍寺

鎮戎軍僧顯俊書

義靜三藏於西天取得此梵書唵字所在之處一切鬼神見聞者無不驚怖

太宗皇帝贊

鶴立虵行勢未休五天文字鬼神愁儒門弟子無人識穿耳胡僧笑點頭

京兆府住持十方福應禪院講經論傳戒沙門惟果立石

大宋丁巳熙寧十年八月二十六日安民師刊

表忠觀碑

碑共四石兩面刻各高八尺五寸八分廣四尺皆七行其一面五行行皆十八字正書在錢塘表忠觀

朝奉郎尚書祠部員外郎直史館權知徐州軍州事騎都尉蘇軾撰并書

熙寧十年十月戊子資政殿大學士右諫議大夫知杭州軍州事臣抃言故吳越國王錢氏墳廟及其父祖妃夫人子孫之墳在錢塘者二十有六在臨安者十有一皆蕪廢不治父老過之有流涕者謹桉故武肅王鏐始以鄉兵破走黃巢名聞江淮復以八都兵討劉漢宏并越州以奉董昌而自居於杭及昌以越叛則誅昌而并越盡有浙東西之地傳其子文穆王元瓘至其孫忠獻王仁佐遂破李景兵取福州而仁佐之弟忠懿王俶又大出兵攻景以迎周世宗之師其後卒以國入覲三世四王與五代相終始天下大亂豪傑蜂起方是時以數州之地盜名字者不可勝數既覆其族延及于無辜之民罔有孑遺而吳越地方千里帶甲十萬鑄山煮海象犀珠玉之富甲於天下然終不失臣節貢獻相望於道是以其民至於老死不識兵革四時嬉游歌鼓之聲相聞至于今不廢其有德於斯民甚厚　皇宋受命四方僭亂以次削平而蜀江南負其嶮遠兵至城下力屈勢窮然後束手而河東劉氏百戰守死以抗

王師積骸爲城釃血爲池竭天下之力僅乃克之獨吳越不待告命封府庫籍郡縣請吏于　朝視去其國如去傳舍其有功於　朝廷甚大昔竇融以河西歸漢光武詔右扶風脩理其父祖墳塋祠以太牢今錢氏功德殆過於融而未及百年墳廟不治行道傷嗟甚非所以勸獎忠臣慰荅民心之義也臣願以龍山廢

佛祠曰妙因院者爲觀使錢氏之孫爲道士曰自然者
居之凡墳廟之在錢塘者以付自然其在臨安者以付
其縣之淨土寺僧曰道微歲各度其徒一人使世掌之
籍其地之所入以時脩其祠宇封殖其草木有不治者
縣令丞察之甚者易其人庶幾永終不墜以稱
朝廷待錢氏之意臣抃昧死以聞　制曰可其妙
因院改賜名曰表忠觀銘曰
天目之山苕水出焉龍飛鳳舞萃于臨安篤生異人絕
類離羣奮挺大呼從者如雲仰天誓江月星晦蒙强弩
射潮江海爲東殺宏誅昌奄有吳越金券玉冊虎符龍

節大城其居包落山川左江右湖控引島蠻歲時歸休
以燕父老曄如神人玉帶毬馬四十一年寅畏小心厥
篚相望大貝南金五朝昏亂罔堪託國三王相承以待
有德既獲所歸弗謀弗咨先王之志我維行之天胙忠
孝世有爵邑允文允武子孫千億帝謂守臣治其祠墳
毋俾樵牧愧其後昆龍山之陽巋焉新宮匪私于錢維
以勸忠非忠無君非孝無親凡百有位視此刻文

元豐元年八月甲寅

觀在杭州龍山宋郡守趙抃以五代錢武肅王墳廟
蕪廢請于朝即龍山廢刹爲觀賜額表忠東坡爲碑
銘山堂肆考
表忠觀碑蘇文忠公撰并書結法不能如羅池老筆
亦自婉潤可愛銘詞是蘇詩之佳者余嘗怪錢氏起
羣盜非有大功德於民而能制一方傳數世寵爵崇
奉迨於大明爝火自若納叛之後圭組映帶者又百
餘年久而人思之何也武肅王初有國將築宮望氣
者言因故府大之不過百年墳西湖之半可得千年
武肅笑曰世有千年中而不出眞主者乎奈何困吾
民爲遂弗改此其智有足多者五代史故歐陽氏懟
筆未盡徵也弇州山人藁

觀中碑今已重摹擘窠大字與醉翁豐樂記同法而
更加嚴重若以飾闈屏信偉觀也荆公與長公極不
合乃獨稱許此文可見古人服善宋人言荆公初見
時極擊節遽曰此何語也數次繼乃曰此三王世家
也潘子眞又謂公云是漢興諸侯王年表此兩語皆
是似三王世家是形似諸侯年表是神初據形言久
之乃悟其神耳文得於神斯善法古矣武肅王草莽
英傑事要不能盡善惟知安心待眞主始終臣事中
原故能保其封疆耳其不墳西湖亦是此意司寇據
錢氏私誌謂五代史係歐公懟筆恐未然歐公平日

推尊文僖公甚至歸田錄所記惟讀珊瑚筆格一事稍短於明察然亦不失爲厚德其他若好讀書若不得於黃紙書名皆佳事好讀書尤爲不易及何得云非美談武肅乃文僖曾祖有何大怨直至上誣及歐公曾同謝希深遊嵩嶽歸抵香山錢公遣歌妓往謂因挾一妓爲錢公所持尤非文僖固不純亦不因歐公言損品大抵凡子孫類爲祖父護前稱道微未至怨遂歸焉文人負謗皆緣此近世尤甚凡頌人必得如孔顏乃滿志若止如孟子輿云有圭角卜子夏云見紛華而說亦卒不快矣但不意弇州公亦未鑑錢氏慰說書畫跋跋

右表忠觀碑碑凡八片今存四片又失其下截每行止十一字然筆法方整俊偉比之蔡君謨有過之無不及坡公最用意之作也石在杭州府學乾隆辛酉歲掘地得之湖上錢王祠有明人重刻本文雖完好特優孟之衣冠耳潛研堂金石文跋尾

表忠觀碑余向見三本一是嘉靖三十六年郡守陳公重摹本一是陳吉士所鐫行書本卽王衡跋所稱字僅拇指大者也最後始見原碑卽府學掘地所得者三本互校皆微有不同如蘇軾撰并書吉士本無并書二字二十有六吉士本作廿有六銘詞末覩此刻文陳柯本作觀此刻本吾友陳以剛又言而蜀江南板本作西蜀江南不知所謂板本者又何本也今原碑已蝕無可據矣原碑舊在龍山不知何年移置郡庠以臆度之當與石經同時之事 國朝乾隆五年余教授劇得於泮宮後石原四片八面今出土只得二片一面嵌壁搨者不得其全乾隆乙卯歲適杭嘉湖道秦公瀛糧儲道張公映璣來觀無錫錢立羣泳卽力言之乃舁至觀中與嘉靖重摹本同列千年名蹟位置得所亦時會爲之也朱文藻蘇碑攷序

按表忠觀萬歷杭州府志宋時觀在龍山熙寧十年知杭州趙抃請於朝建賜名表忠觀蘇軾作碑記卽此碑也西湖志云表忠觀碑在今錢王祠內嘉靖三十六年杭州知府陳柯重摹立石此則明時重摹本在今錢王祠者也今之錢王祠在杭州府城湧金門外柳浪聞鶯之南靈芝寺之左亦名表忠觀雍正五年 勅封錢王爲誠應武肅王于是總督李衛重建今祠表以石楔題曰功德坊取陳柯重摹碑補鈌者二十六字而自爲跋以識于碑旁考表忠觀碑有四本其最初者本四石兩

面刻作行楷書字大四寸每石每面六行行二十字元豐元年之旁尚有小行書兩行其一行云表忠觀碑總四片面背刻字（下文缺）第二行云匡護而樹之此碑遂（下文缺）錢文瀚蘇碑攷云蘇軾表忠觀原碑舊在龍山觀內元初西僧楊璉眞伽悉輦碑石甃塔基杭郡碑石爲其所災者已大半矣此碑乃正德十二年御史宋廷佐與宋高宗石經同遷于郡庠

國朝乾隆二年諸暨余蘿村諱懋棅教授郡庠秋暮蘿村同年趙石函來寓循視頹垣下微露石棱掘土獲斷碑二即表忠觀碑也一時題詠甚夥後嵌于郡庠壁者幾年又倒仆于名宦祠者幾年歲乙卯重修表忠觀落成此碑自郡庠移來樹于今表忠觀左廡此東坡手書初刻之碑也其次則明太守陳柯重摹本在觀中右廡又其次行書碑見王衡緱山集陳子吉士出所鐫文忠行書碑文字僅拇指大者又見王荆公題跋云子瞻守杭州作表忠觀碑余退老鍾山忽復見過同遊法雲寺子瞻忽已寫一通字字欲飛袖之而歸者也又其次小字表忠觀碑見竹崦盦金石目云在杭州府學僅二小石其臣顧以龍山廢佛寺曰妙因院者爲觀以下俱缺葢表忠觀碑之現行于世者大凡有此四種今所錄者取府學出土本而以陳柯重摹本補其全按碑文東坡文集及宋文鑑並載之而校其互異之處如忠獻王仁佐集鑑俱作忠顯吳越地方千里鑑作一千里墳廟不治鑑此上有而字曰妙因院者爲觀鑑無者字我維行之鑑作我繼玩文義似集鑑有訛衍當以碑爲正也東坡先生年譜元豐元年戊午先生在徐州任但載八月癸丑黃樓落成而不敘及撰此碑是年譜漏略宋史趙抃傳抃字閱道衢州西安人神宗立名知諫院未幾擢參知政事奏論新法懇乞去位拜資政殿學士知杭州宰輔表熙寧三年四月己卯趙抃自參知政事右諫議大夫以資政殿學士知杭州此碑載熙寧十年十月抃猶知杭州但系銜加大學士與表不同葢出知杭州已八年矣東坡撰此文祇敘抃之奏而加以銘辭不自述其所以撰文之由且係在徐州任並非守杭州不知何以荆公題跋云子瞻守杭州作表忠觀碑恐此跋亦係誤傳也

海公壽塔記

碑連額高五尺七寸八分廣二尺九寸三分二十二行行三十四字正書篆額在咸寧縣

有宋永興軍香城善感禪院主廣慈大師海公壽塔記

宣德郎守尚書虞部員外郎管勾永興軍耀州三白渠公事騎都尉賜緋魚袋王頤書

狄道李元直篆額

大師名智海字濟叔姓劉氏耀州三原留冊民家子也生於祥符三年庚戌之歲既滿月張慶席會親于家有善相者曰此兒異日非塵埃中物但幼齡多患而不利所天耳甫八歲果得疾未瘳而父先朝露母王氏事佛尤篤日常一食以求其安越三年夜夢梵僧撫師之頂

謂王氏曰此法器也亟歸諸釋氏則其病自愈翌日王氏焚香像前稽首而諾之月餘病間天聖元年始辭家入長安依香城主僧承瑜習浮屠法八年去氏削髮明年受具爲比丘從而植學經論之場左右采獲深達義趣加之性行醇謹多爲宿德之所推許未幾舉充慶安寺主綱衆以寬集事以勤上下稱治由厥師順寂還院充維那紀綱不紊賓主胥悅尋以本府表嘆闕員又補師以尸其局皇祐三年　殿前太尉許公懷德德師素深遂薦章服嘉祐四年又領府命主澄衿院事熙寧三年　府尹左丞錢公明逸謂百塔興教禪院皆賢之遺迹古都之上遊宜於諸寺擇高行僧以董其衆師首膺其選僉謂得人居凡二年度門弟子七人以善感主僧承詰化去乃徇衆命歸嗣院事其爲治也安而不擾簡而有成嘗患院之舊井鹵不可用一日領其徒於中門之外東北之隅以卜井地恪誠再拜祈佛冥加果得甘泉厥沸清冷　殿中丞侯可記之詳矣師能以四攝歸人故輔翼之儔樂宣其力致院務多暇披擧貝書手不釋卷閱大藏經一遍法華金剛經各周一藏並營蒲塞以慶之既而名聞上都美傳戚里　都尉王公詵奏号廣慈以旌行業師嘗念新新生滅駛於犇馬豈以

後事累其徒耶乃於萬年縣龍首鄉滻水之西原預卜葬地壘塔既成走介抵洛丐余文以次其實余兩遊長安皆館師之院粗稔其迹故直書不讓也自祥符庚戌至元豐戊午師之壽六十有九師之臘四十有九兩院度門弟子共二十六人後之可紀者非余所知在師之賢二三子而續之云時元豐改元秋九月重陽前一日寓三陵永昌院文辯大師慧觀記

師弟賜紫沙門德邑立石　安民師刊

按善感禪院有新井即海公所開碑見前卷此碑叙海公主善感時亦述其開新井事與前碑合撰

記者慧觀卽前碑書丹者也篆額之李元直則兩碑皆同東坡常稱元直字通叔長安人其先出於唐讓帝學篆書數十年覃思甚苦曉字法得古意用鉛鋒筆縱手疾書初不省度

蘇潁濱黃樓賦

賦四紙寬窄不一一廣二尺九寸五分一廣二尺七寸一厚一尺九寸五分一厚二尺一寸五分各高八尺三寸五分共三十四行行三十四字正書在銅山縣

黃樓賦

蘇轍

口熙寧十年七月乙丑河決於澶淵東流入鉅野北溢

于濟南溢于泗八月戊戌水及彭城余兄子瞻適爲彭城守水未至使民具畚鍤畜土石積芻茭完室隙穴以爲水備故水至而民不恐自戊戌至九月戊辰水及城下者二丈八尺塞東西北門水皆自城際山雨晝夜不止子瞻衣製履屨廬於城上調急走發禁所以從事令民無得竊出避水以身率之與城存亡故水大至而民不潰方水之淫也汗漫千餘里漂廬舍敗冢墓老弱蔽川而下壯者狂走無所得食槁死於丘陵林木之上子瞻使習水者浮舟楫載糗餌以濟之得脫者無數水旣涸　朝廷方塞澶淵未暇及徐子瞻曰澶淵誠塞徐則無害塞不塞天也不可使徐人重被其患乃請增築徐城相水之衝以木堤捍之水雖復至不能以病徐也故水旣去而民益親於是卽城之東門爲大樓焉堊以黃土曰土實勝水徐人相勸成之轍方從事於宋將登黃樓覽觀山川弔水之遺迹乃作黃樓之賦其詞曰

子瞻與客游於黃樓之上客仰而望俯而歎曰噫嘻殆哉在漢元光河決瓠子騰蹙鉅野衍溢淮泗梁楚受害二十餘歲下者爲汙澤上者爲沮洳民爲魚鼈郡縣無所天子封祀太山徜徉東方哀民之無辜流死不藏使公卿負薪以塞宣房瓠子之歌至今傷之嗟維此邦俯

仰千載河東傾而南洩蹈漢世之遺害包原隰而爲一窺吾墉之摧敗呂梁齟齬橫絕乎其前四山連屬合圍乎其外水洄洑而不進環孤城而爲海舞魚龍於隍壑閱帆檣於睥睨方飄風之迅發震鞞鼓之驚駭誠蟻穴之不救分閭閻之橫潰幸冬日之旣迫水泉縮以自退棲流枿於喬木遺枯蚌於水裔聽澶淵之奏功非天意吾誰賴今我與公冠冕裳衣設几布筵斗酒相屬飲酣樂作開口而笑夫豈偶然也哉子瞻曰今夫安於樂者不知樂之爲樂也必涉於害者而後知之吾嘗與子馮茲樓而四顧覽天宇之宏大繚青山以爲城引長河而

爲帶平臯衍其如席桑麻蔚乎旆旆畫阡陌之從横分
園廬之向背放田漁於江浦散牛羊於煙際清風時起
微雲霮䨴山川開闔蒼莽千里東望則連山參差与水
皆馳群石傾奔絕流而西百步涌波舟楫紛披魚鼈顛
沛沒人所嬉聲崩震雷城堞爲危南望則戲馬之臺巨
佛之峰巋乎特起下窺城中樓觀翱翔嵬峩相重激水
旣平眇莽浮空駢洲接浦下與淮通西望則山斷爲玦
傷心極目麥熟禾秀離離滿隰飛鴻羣往白鳥孤沒横
煙澹澹俯見蔡日北望則泗水㵾漫古汴合焉匯爲濤
淵蛟龍所蟠古木蔽空烏鳥號呼賈客連檣聯絡城隅
送夕陽之西盡導明月之東出金鉦涌於青嶂陰霧爲
之辟易窺人寰而直上委餘彩於沙磧激飛檻而入戶
使人體寒而戰慄息洶洶於羣動聽川流之蕩潏可以
起舞相命一飲千石遺棄憂患超然自得且子獨不見
夫昔之居此者乎前則項籍劉備後則光弼建封戰馬
成羣猛士如林撰臂長嘯風動雲興朱閣青黃舞女歌
童勢窮力竭化爲虛空山高水深草生故墟蓋將問其
遺老旣已灰滅而無餘矣故吾將與子弔古人之旣逝
憫河決於疇昔以變化之無在付杯酒於終日於是衆
客釋然而笑頽然而醉酒傾月墜扶携而出

按東坡先生年譜熈寧十年丁巳先生年四十二
在密州任就差知河中府已而改知徐州四月赴
徐州任徐州水患大作七月十七日河決澶州曹
村埽八月二十一日及徐州城下先生治水有功
至十月五日水漸退城以全朝廷降詔獎諭元豐
元年戊午二月有旨賜錢二千四百一十萬起夫
四千二十三人及發常平錢米改築徐州外小城
創木岸四以獎諭敕記幷刻諸石爲熈寧防河錄
迺卽徐州城之東門爲大樓堊以黃土名之曰黃
樓以土實勝水故也子由作黃樓賦先生跋云元
豐元年八月癸丑樓成九月庚辰大合樂以落之
今此碑無建立年月計樓成作賦當在元豐元年
九月以後矣欒城集與宋文鑑皆載此賦然集本
是明刻有不同處尚不足據文鑑是仿宋刻姑取
以互校而著其不同者熈寧十年七月乙丑鑑作
秋七月八月戊戌水及彭城鑑作彭城下完室隙
穴鑑無完字九月戊辰鑑作戊申調急走發禁所
鑑作調急夫發禁卒載糗餌以濟之鑑作糗糧粲
楚受害二十餘歲鑑作二十餘年斗酒相屬鑑作
中酒相屬俯見蔡日鑑作落日金鉦涌於青嶂鑑

涌作薄前則項籍劉備鑑作劉戍猛士如林鑑作
成林擐臂長嘯鑑作振臂朱閣青黃鑑作青樓以
變化之無在鑑作知變化付杯酒於終日鑑作以
終日頽然而醉鑑作就醉酒傾月墮鑑作河傾扶
攜而出鑑作攜扶益碑無書人不知何人所立或
不能無誤而文鑑亦或有傳刻之訛宜兩存之不
能定其孰是也河決澶淵賦序作七月乙丑年譜
作七月十七日宋史神宗紀作七月丙子遼史朔
考是年七月己酉朔乙丑正是十七日賦序年譜
合也丙子是二十八日則本紀爲不同殆聞之朝

廷有遲速耶年譜云八月二十一日及徐州城下
賦序云八月戊戌水及彭城是月戊寅朔戊戌是
二十一日也至九月戊辰文鑑作戊申是月戊申
朔戊辰在二十一日水已及徐州城不應相距一
月始塞東西北門自戊戌至戊申十日而水甚宜
矣則文鑑不誤而碑譌也

金石萃編卷一百三十七終

金石萃編卷一百三十八

賜進士出身　誥授光祿大夫刑部右侍郎加七級王昶譔

宋十六

渾王廟記

石横廣二尺四寸四分高一尺八寸五分二十行行十四字正書在宜川縣

尚書屯田員外郎馬唐昆記

淮南節度推官知丹州宜川縣郭仲益書

自古忠義之士立功於一時其心未必皆欲求聞於後
世然到于今有廟食而不絕者是蓋有德於後之人雖
載在祀典而歲月磨滅猶恐其名之失傳尔丹州舊郡

郎唐　忠武渾王故封也廟直州之東財二里兩崖間
題之曰闉王廟前守王內口克嘗取本史新傳以載於
石今　左藏高侯守丹之明年春以謝雨至祠下顧視
徘徊且謂僚屬按新舊書王未嘗以闉封又闉非國名
特闉與渾聲近之誤尔乃改榜爲渾王廟　高侯通古
今善辯論尤勇於爲義如王之稱不正者久矣一旦遂
正之使其力所可得而正者其央當如何

元豐二年三月初九日

左藏庫副使知丹州軍州事騎都尉高奐立石

廟在鳳翅山上在今縣之東南五里文云廟直丹州

之東二里在兩崖間者唐舊治也舊誤爲閆王廟以一聞渾聲近後左藏庫副使知丹州事高渙爲之改正唐氏撰文以紀其事關中金石記

按渾王卽渾瑊兩唐書有傳稱瑊本鐵勒九姓之渾部也世爲皋蘭都督父釋之封寧朔郡王廣德中與吐蕃戰歿瑊年十一善騎射事德宗屢立戰功繇樓煩郡王徙咸寧咸寧者本丹州縣名唐置周廢宋初復置太平興國初省入宜川碑故云丹州舊郡卽唐忠武渾王故封也忠武乃瑊卒後所加之謚尙非宋封唐爵祇郡王宋元豐三年八月以禱雨有應乃卽以謚爲封號特封爲忠武王有牒見下碑

渾王廟牒

碑連額高七尺一寸八分廣四尺一寸三分共二十五行大字行三十二字小字行六十一字牒後有王碩題記額題勅封忠武王碑六字正書在宜川縣

中書門下牒

淮南節度推官知宜川縣事郭仲益書

尙書屯田員外郎致仕馬唐民題額

太常禮院奏准中書批送下丹州奏狀當州據宜川縣狀申照會近於今年二月中爲雨雪愆潤本州准都轉運司牒准朝旨名山靈祠委長吏精虔祈禱尋知州左藏庫州縣官吏親詣本州鳳翅山唐忠武渾王廟精虔祈禱迎聖水赴州應期得雨潤深一赤苗種並皆霑足撿會渾王名瑊唐時封本州咸寧郡王其廟今土俗呼爲渾王土地廟內有聖泉病者飮之亦多得痊愈今來依准朝旨祈求又便獲時雨之應顯是祈禱靈驗撿會熙寧七年赦書節文應天下祠廟祈禱靈驗未有爵號者當以名聞內雖有爵號而襃崇未稱者亦仰聞奏本州勘會渾王名瑊在唐朝常立大功遂封本州咸寧郡王廟食至今不絕凡有祈求悉皆應驗近以雨雪愆

潤本州於今年二月二十日承准都轉運司牒准朝旨訪尋管下名山靈祠委所在長吏躬親精虔祈禱州司尋帖宜川縣勘會據本縣狀申今州界有鳳翅山渾王廟神靈兼有聖水可以祈禱本州知州左藏庫副使高渙於當月二十三日躬親往詣精虔祈禱及迎聖水赴州至當月二十九日三十日三月初一日初八日共四次降雨一赤民田高下普遍霑足百姓歡呼豐年有望兼勘會至和二年自冬至春不雨有知州內殿承制閤門祗候段隱禱於祠下尋獲嘉應爲文祭饗刻石在廟前後公私祈禱並有神驗委是一州之內靈祠且朝廷

賞典必有功德被於民者然後行之況渾王瑊生有勲
勞已褒崇於勅號没而英顯能福祐於州民今據宜川
縣狀備錄在前伏望朝廷特霈殊恩别加徽稱使其忠
義之寃不獨受榮於前世矣具狀奏聞候
勅旨狀前批送當院者當院看詳咸寧郡王廟圖經所
載祈禱有應緣自唐加封王號聖朝未曾褒崇合賜改
封王號伏候
勅旨
丹州咸寧郡王廟
牒奉

勅古之諸侯得祀其境內山川之神非使之徼福以利
己也蓋神之德及民則思所以報之眷言靈祠奠彼
邦服比因旱暵嘉澤應祈有司請焉宜有昭荅疏爵錫
號顯揚神休宜特封忠武王牒至准
勅故牒
元豐二年八月日牒
右諫議大夫叅知政事蔡 假
禮部侍郎平章事王 押
工部侍郎平章事吳 押
元豐二年八月三十日

守宜川縣主簿馬安國
守司理叅軍寇臻
守司戶叅軍劉伯通
三班奉職監酒稅崔之平
右班殿直監酒稅賀宣
軍事推官權管勾通判公事王立賢
右班殿直管界廵檢張珏
左侍禁兵馬監押王安
前潞州上黨縣主簿指教方田朱定
左藏庫副使銀青光祿大夫撿挍太子賓客兼御史

大夫知丹州軍州兼管內勸農事騎都尉平原縣開
國伯食邑九伯戶高渙立石
余熙寧中充本州都知兵馬使時太守高公渙葺兹
靈祠嚴乃神像命余督工於此因勒姓名于石至元
豐初余方以勞受祿遂踐仕途從神帥經略深入虜
庭討蕩比月保全而歸濫遷資級建中內任環慶將
副擊殭擒虜累至戎境監宥州還憕告功亦累被
聖澤叠不頼　明神主祐乎今孝家躬祀屈指往事
巳二紀餘矣傷時口徙不覺憮然乘興濡毫謾紀歲
月時崇寧改元九月十五日西作坊使差知德順軍

水洛城王碩勉之題

碑側

側廣四寸五行字數與碑小字同

中書劄子

丹州咸寧郡王廟已降

勑命特封忠武王

右奏

聖旨宜令丹州差官往彼精虔祭告及造牌額安掛所有勑牒仰本廟收掌應有合行事件令太常禮院撿會施行劄付丹州准此

元豐二年八月八日　押　押

按陝西通志稱渾瑊廟中有惠澤水歲旱禱于此此牒所載聖泉者是也牒後列銜三人署姓不署名曰右諫議大夫參知政事蔡者蔡確也蔡不署押而注假字殆在告也禮部侍郎平章事王者王珪也工部侍郎平章事吳者吳充也餘皆丹州屬官無可攷碑書一尺作一赤古通用字方田之法宋史食貨志載神宗患田賦不均熙寧五年修定以東西南北各千步當四十一頃六十六畝一百六十步爲一方歲以九月縣委令佐分地計量隨陂原平澤而定其地因赤淤黑壚而辨其色方量畢以地及色參定肥瘠而分五等以定稅則此碑列銜內有朱定官潞州上黨縣主簿而以指教方田系銜卽所謂縣委令佐分地計量者也

龍井記

石高七尺六寸五分廣三尺五寸四分十八行行四十字或三十八三十七字不等行書在錢塘縣

龍井舊名龍泓距錢唐十里吳赤烏中葛洪嘗鍊丹於此事見圖經其地當西湖之西淛江之北風篁嶺之上實深山中之泉也每歲旱請雨於它祠不獲則禱于此其禱輒應故相傳以爲有龍居之然泉者山之精氣所發也西湖深靜空闊納光景而涵煙霏草木名花之所附麗龜蟲魚鳥之所紆餘而成文陰晴之中各有異態而不可以言盡也故岸湖之山多爲所誘而不克以爲泉淛江介於吳越之間一晝一夜之間濤頭自海而上者再疾擊而遠馳兕虎駭而風雨怒遇者摧當者壞乘高而望之使人髦髮盡立心掉而不禁故岸江之山多爲所脅而不暇以爲泉惟此地蟠居而踞阻內無靡曼之誘以散越其精外無豪悍之脅以虧疎其氣故嶺之左右大率多泉龍井其尤者也夫畜之深者發之遠其養也不苟則其施也有無窮龍井之德有至於是者則

金石萃編卷一百三十八

其爲龍之託也亦奚疑哉元豐二年才大師自天竺謝講席退休於此山之壽聖院院去龍井一里凡山中之人有事於錢唐與游客之將至壽聖者皆取道於井旁師乃即其處爲亭又率其徒以浮圖環而咒之庶幾慰夫所謂龍者俄有大魚自泉中躍出觀者異焉然後知井有龍耳其名由此益大聞於時是歲余自淮南如越省親過錢唐訪師於山中師杖策送余於風篁嶺指龍井曰此泉之德至矣美如西湖不能淫之使遷壯如浙江不能威之使屈受天地之中含陰陽之和推其緒餘以澤萬物雖古有道之士何以於此盍爲我記之余曰唯唯

淮海秦觀爲　才大師撰　楚國米芾書

雲間董其昌爲方伯斗垣周公臨

此文見淮海集龍井有此碑乃米元章書今已不復存但有方圓庵記余倣米法以補之壬戌元正晦秉燭記　其昌

錢塘門人金嘉會摹勒上石

天水尹希寶嘗蓄米老所書秦太虛龍井記石本字畫雄放但其文惜多缺處其子寬因錄全文於前以便讀者託吾友史明古求余題之尹君之意雖爲故物重然亦重乎米書而又不無不重乎太虛之文也君如重其文則太虛又嘗有龍井題名記及東坡跋語更錄以附於後則不獨全龍井之文且并龍井之事全矣余方與明古約同游杭預期日月而龍井者杭之勝處也至則當按記文所載次第登覽亦將爲數語以續古人歸其爲君再書以附之（匏翁家藏集）

按此記米芾書者原碑已佚今所存者明董文敏補書今取西湖志所載此記校之互異之處甚多然恐各有訛誤不敢據志以改碑其小有增易之字無關文義者不具論姑舉其大者如碑云實深山中之泉也志云實深山亂石中之泉也碑云草木名花之所附麗龜蟲魚鳥之所紆餘而成文志云菱芡荷花之所附麗龜魚鳥蟲之所依憑漫衍而不廹紆餘以成文碑云以浮圖環而咒之志云以浮屠法環而咒之碑云含陰陽之和志云資陰陽之和以養其源碑云何以於此志云又何以加於此此數處似碑顯有脫誤而志較優也宋史本傳秦觀應舉爲親養始登第調定海主簿此記云余自淮南如越省親過錢塘訪師於山中不言官定海又無從攷其親之因何在越然其過錢塘則當在是時也西湖遊覽志載其遊龍井寺記云元

豐三年中秋後一日余自吳興道杭東還會稽龍
井有辨才大師以書邀余入山然則撰此記卽在
元豐三年矣米芾傳生平未嘗至杭西湖志名賢
亦不列芾名其書此碑不知其何因姑存而不論
辨才有傳見咸淳臨安志云元淨本姓徐字無象
於潛人十歲出家受業於慈雲年二十五賜紫衣
及辨才號沈遘治杭命住上天竺增室萬礎重樓
傑閣冠于浙西居十七年有奪之者遂還於潛逾
年復歸天竺趙抃贊之曰師去天竺山空鬼哭天
竺師歸道場光輝留三年謝去老于南山龍井之
上精修行業元祐八年示寂壽八十一由元祐八
年逆推至元豐二年是其退居龍井壽聖院得十
五年壽聖院俗稱龍井寺西湖遊覽志云唐乾祐
二年居民凌霄募緣建爲報國看經院宋熙寧中
改壽聖院蘇子瞻書云元豐二年辨才禪師自天
竺歸老于此咸淳臨安志龍井山川勝槩一時呈
露而二蘇趙秦諸賢皆與辨才爲方外交名章大
篇照映泉石蓋此記亦在內矣

閻使君祠記

石横廣二尺七寸高二尺一寸五分
十九行行十九字正書在宜川縣

□□使君祠□後記
尚書屯田員外郎致仕馬㫕民記
淮南節度推官知丹州宜川縣事郭仲益書
□□□□在三堡原唐高宗永徽辛亥　閻使□□
□□□地狹而峻遷於丹陽川之□昭宗景□□刺使
王公惜其德施於人而名晦不顯因訪□舊得使君故
塋於西嶺構屋而祠之并刻其記□豐戊午令　太
守高侯下車謁其祠殆不忍視雖記石尚毀剝賴可辨
遂命復葺并修其墳列木以環之將續其記且曰舊文
殘缺不尔則無以見於後　高侯杲守邊郡遇與人
講求利害事不啻若親任其責自到丹每顧視城壁樓
櫓常謂未盡□□□何暇應敵監司上其言　朝
廷□□自二月已起功復建言請接山城以備不虞議
亦垂下因思自永徽辛亥至今庚申實四百三十年中
間更幾守方無事時其相繼能遠慮者不知凡有幾因
記之并以告　使君
左藏庫副使銀青光祿大夫撿挍太子賓客兼御史
大夫知丹州軍州兼管內勸農事騎都尉平原縣開
國伯食邑九百戶高渙立石
按閻使君碑泐其名㫕書惟閻濟美新書附盧坦

傳舊書入良吏傳然係貞元時人非高宗永徽時餘無有閻姓之在高宗時官宜川者陝西通志名宦傳亦不載唐時閻姓之官監牧守令者碑云得使君故塋于西嶺搆屋而祠之通志陵墓祠祀兩門亦俱無攷高渙宋史又無傳惟碑云地狹而峻遷於丹陽川之口丹陽川即丹陽水亦即丹水在宜川縣西南水經注丹水出丹陽山東北逕丹陽城東又東北合白水口又東入于河元和郡縣志西魏置丹州因丹陽川爲名太平寰宇記蒲川水自鄜川洛川縣流入丹陽川玩碑文語意似係遷

城于丹陽川口者然通志城池條下亦不詳志乘缺略如此識以備攷

郭恕先神在二大字

石高七尺三寸餘廣四尺二寸五分下截左偏有王臨題記三行行廿三廿四字草書在歷城

興德城南泰山廟東廊壁上神在二字世傳郭恕先之筆命意既異固非凡俗所能爲者因模刻石以存不朽元豐三年四月望日尙書兵部郎中直昭文館知軍州事上柱國王臨題

右刻神在二字字徑二尺七寸筆畫轉折處皆闊以雙鉤黑線旁有王臨題字三行行書徑一寸山左金石志

按此碑在濟南府城內舜井前歷城縣志稱舜泉在舜祠東一名舜井即太平寰宇記所云舜井在縣東一百步舜所穿之井也今之濟南在宋元豐時爲齊州興德軍碑故云興德城南也王臨史附王廣淵傳廣淵大名成安人弟臨字大觀起進士治平中詔求武略用近臣薦自屯田員外郎換崇儀使知順安軍改河北沿邊安撫都監進安撫副使歷知涇鄜州廣信安肅軍召對還文階知齊州碑系銜尙書兵部郎中直昭文館史俱畧之

孫眞人祠記

碑高五尺八寸四分廣二尺九寸三十七行行八十字正書在耀州

耀州華原縣五臺山孫眞人祠記

華原本京兆屬邑後建而爲列郡曰耀今其名矣然環耀多山水其城之東有水曰沮沮水之東二三里有山曰五臺其峯回環相望者有五因以名焉其間翹楚卓立最出諸峯至絕頂者有之廟曰崇福觀嘗聞者老傳之曰今之觀在昔孫眞人舊隱之地其後經五代之亂隱闕荒毀後人崇之流而爲老氏然登是山也或升或降或回或直或細而幾絕或平而復綏怪石崚嶒松檜

夾寄者山間之逕也及其至也老本參天枯枝屈地門庭瀟洒殿宇崢嶸以至就高而爲危閣依龜而爲洞房下瞰城隅而影浸碧水者山之臺崇福也陰森院落清楚庭廡像貌聳秀精神溫粹左童侍而右虎伏者眞人之新堂也其次北也循而行之或下則幽谷窈然而深藏或上則山勢聳然而特立嶄巖險阻逕幾不通其回旋數曲有洞邃然洞幽而深人莫能測其宏廣也則如宇之斯大者眞人舊隱之所也然舊隱之所去百有餘步今尙存者殘碑壞碣或湮或滅不復究矣幸而近足以取鄉里之詳傳遠足以有新舊二史之可驗參之以考其所爲稽之以質其行事庶幾爲可紀焉故案唐史云孫思邈京兆華原人始七歲就學日誦千餘言通百家說善言老子莊周周洛州總管獨孤信見其少而異之曰聖童也顧器大難爲用爾長居太白山隋文帝輔政以國子博士召不拜密語人曰後五十年有口聖人出吾且助之太宗初召詣京師年已老而聽視聰瞭帝歎曰有道者欲官之不受顯慶中復召見拜諫議大夫固辭上元元年稱疾還山高宗賜良馬假鄱陽公主邑司以居之思邈於陰陽推步醫藥無不善孟詵盧照鄰等師事之照鄰有惡疾不可爲感而問曰高醫愈疾奈何

答曰天有四時五行寒暑迭居和爲雨怒爲風凝爲雪霜張爲虹蜺天常數也人之四支五臟一覺一寐吐納往來流爲榮衛章爲氣色發爲音聲人常數也陽用其形陰用其精天之所同也失則蒸生熱否生寒結爲瘤贅陷爲癰疽奔則喘乏竭則燋槁發乎面動乎形天地亦然五緯縮贏孛彗飛流其危診也寒暑不時其蒸否也石立土踊是其瘤贅山崩土陷是其癰疽奔風暴雨其喘乏川瀆竭涸其燋槁高醫導以藥石救以鍼劑聖人和以至德輔以人事故體有可愈之疾天有可振之災照鄰曰人事奈何曰心爲之君君尙欽故欲小詩曰如臨深淵如履薄氷小之謂也膽爲之將以果決爲務故欲大詩曰赳赳武夫公侯干城大之謂也仁者靜地之象故欲方傳曰不爲利回不爲義疚方之謂也智欲動天之象故欲圓易曰見機而作不俟終日圓之謂也復問養性之要答曰天有盈虛人有屯危不自慎不能濟也故養性必先知自慎也慎以畏爲本故士無畏則簡仁義農無畏則墮稼穡工無畏則慢規矩商無畏則貨不殖子無畏則忘孝父無畏則廢慈臣無畏則勳不立君無畏則亂不治是以太上畏道其次畏天其次畏物其次畏人其次畏身憂於身者不拘於人畏於已者

不制於彼愼於小者不懼於大戒於近者不侮於遠知
此則人事盡矣初魏徵等修齊梁周隋五家史屢咨所
遺其傳最詳永淳中卒年百餘歲遺令薄葬不藏明器
祭去牲牢經月餘顏貌不改舉屍就木有若空衣時人
異之時東臺侍郎孫處約嘗以諸子見思邈曰俊先顯
侑晚貴佺禍在執兵後皆驗太子詹事盧齊卿之少也
思邈曰後五十年位方伯吾孫屬吏願自愛時思邈之
孫溥尚未生及溥爲蕭丞而齊卿徐州刺史注老子莊
子撰千金方三十卷行於代又撰福祿論三卷攝生眞
錄及枕中素書會三教論各一卷子行天授中爲鳳閣

侍郎此皆新舊二史之文也至於耆老之所傳道家之
所紀所載尤詳云自開元中復隱於終南山與僧藏者
鄰谷而棲一旦有老叟老嫗詣僧藏所隱之處倉皇求
救曰某等昆明池龍也有胡僧者利龍宮寶貨乘以天
旱就池祈雨誣罔國家以法欲涸其池一日池乾水涸
其寶貨即爲胡僧所有某等當受譴於上帝願師憐之
藏曰此事非吾所能爲也鄰谷孫處士有神僊變化之
術可以禦焉汝速叩之龍如其言以其事白於先生荅
曰此誠未事但歸無苦僧當自遁矣龍既歸昆明之水
復舊而胡僧竄伏而之它明日忽有人攜仙方而至曰

此非人間之所有昨日慈救之恩而珠玉不足以爲荅
某不免冒禁以獻之所貴酬報之厚爾其後交遊往來
莫非有道達理之士忽謂先生曰所著千金方濟物之
功亦廣矣然以物命爲藥害物亦多後功滿日必爲尸
解不得白日輕舉矣於是先生仍以草木之藥以代昆
虫鳥獸之命作千金翼三十篇篇有神僊方論以行於
世天寶初廟宗晏處別殿先生乘御雲鶴而降白於
上曰臣於峨嵋山南峯修煉丹石所闕者武都山雄黃
願少賜之以助爐鼎之用敕遣中使陳忠成賫雄黃就
山以賜之使至山下求訪信宿皆莫知其所遂置雄黃

於盤石之上焚香宣詔俄而見形謂使者曰但留雄黃
當自取之石上有謝表請謹錄以奏主上視之果有朱
書錄僅畢字亦隨化不復見矣自是之後或隱或見人
莫能測咸通末山下居民有子纔十餘歲不飲酒不茹
葷父母憐其性善遂遣於白水院爲僧童子忽一日有
遊山者自云孫處士趣步周遊既而就座袖中出藥以
授童子命而煎之既至微飲餘者以贈小童童既飲之
便覺神爽須臾處士以歸小童亦乘空而去復視煎藥
之器已成金矣時人異之此皆自古及今鄉里者艾衆
所共傳也夫眞人之道上通天地陰陽盈虛之理下達

萬物性命消息之微先機逆數知來藏往則有幾於神
或隱或見乘雲氣御飛龍而遊乎六極之外則有達於
僊惟神也與道爲一而無方惟僊也與天地同久而無
死無方故其道莫能測無死故其神莫能滅故世以爲
神僊而後世之士無賢愚貴賤莫不聞其風而愛戴之
又況夫處性澹泊而不爲利役操心寂寞而不爲名累
者乎故今數百年之後高尚有道之士與夫大醫名藥
所以爭相塑繪以欽事之而尚不息也郡人万俟景其
先祖宗世不喜名利以修心養性爲務常慕至人好求
古迹因訪孫眞人故鄉乃至華原因以居焉故其後子

孫或以醫藥名聞於一時或以肆意不顯於當世至景
之時蓋數世矣然尚不忘祖宗之業每遊眞人故宅觀
其遺跡舊基慨然有感乃備私錢基搆堂宇塑繪像貌
經之營之僅費十餘萬而規摹方備孜孜勉勉爲力勤
矣時嘉祐己亥四月畢工景之弟祐亦紹祖風而得眞
人方術秘錄及治心養性之術最爲多矣後二十三年
忽一日訪巘曰有道者非稱則不顯有德者非彰則不
明眞人可謂有道德者也堂既修而嚴奉之誠則至矣
然無文以紀之則不足以顯揚至道美德非所謂仰慕
之至者也强巘爲記巘忝與其子完爲友故不獲已而

書之雖然道不可以言傳非言則無以見道德不可以
文顯非文則無以彰德至於一語默一行止豈加損哉
本諸二史之記質諸好事之傳始誌其實而已元豐四
年歲次辛酉四月初一日鄉貢進士王巘記
元豐四年歲次辛酉六月一日渤海万俟祐立石
男進士完檢校寧實寔同立石
眞人生于華原以碩德隱操顯于隋唐間其豐功厚
利拯濟羣生者于今六百年矣雖飛昇之久而一方
有雨暘之求則昭應也如響病者有藥餌之請則對
證而受賜其異跡顯狀焜耀後世若此故崇寧間賜

廟額曰靜應封爲妙應眞人其後改爲靜明觀而普
天之下莫不景仰其高風焉故郡人万俟景之先人
自他州而徙居眞人之鄉縣者已數世矣至景而自
辦財力特爲眞人修堂塑像以表其欽事之意其後
景之弟曰祐乃求文於里人王先生以爲記其言典
實詳贍傳誦于鄉里者垂九十年然碑石狹小字畫
纖細而祐之孫曰善深又恐歲月之久或致漫滅乃
別礱巨石募善工以刊前記仍刻眞人之像於其碑
首使來者瞻像讀文以起敬慕之心焉遂以前碑龕
于眞人舊隱之洞新碑既成善深求余敘其本末其

清信向善兼能不墜其先人之志如此有足嘉者豈可不爲書之里人米孝思謹跋

大定九年歲次己丑七月乙卯朔初八日壬戌万俟善深并弟衍重建

施碑座人進士宋九齡　同檢校人趙潤劉勉

進士易椿年王演　進士楊礪

畫像人杜穆

万俟善深男端并彥同捨己財立石

華原劉紹彭刊

文云華原本京兆屬邑後建爲別郡曰耀其城之東

有沮水水東二三里有山曰五臺爲孫眞人舊隱之地案今沮水在州城之西是城亦非華原舊築矣五臺山本名風孔山長安志云風孔山在華原縣東五里今山在城東猶二三里稽以道里以長安志爲是碑云在水東二三里者恐非也碑又云有昆明池龍胡僧利其寶貨取去求救于眞人眞人因得其方書此事出酉陽雜俎云胡僧利其腦非寶貨也續仙傳云千金方以救龍子得之與此說異今千金方書前有眞人自敘惟言集古方書知此說近誕用以傳異聞焉可耳 關中金石說

東坡集歸去來辭詩

石横廣三尺六寸八分高三尺四寸五分作三截書每截十八行行七字八字不等行書在西安府

眉山軾書

予喜淵明歸去來辭因集字爲詩六首

命駕欲何向欣欣春木榮世人無往復鄉老自將迎雲內流泉遠風前飛鳥輕相攜就衡宇酌酒話交情

涉世恨形役告休成老夫良欣就歸路不復向迷途去去徑猶菊行行田欲蕪情親有還往清酒引觴壺

與世不相入膝琴聊盡歡風光歸笑傲雲物寄游觀言語審無倦心懷良獨安東皋清有趣植杖日盤桓

雲岫不知遠巾車行復前僕夫尋老木童子引清泉矯首獨傲世委心懷樂天農夫告春事扶老向良田

世事非吾事駕言鄉路尋向時迷有命今日悟無心亭內菊歸酒窗前風入琴寓形知已老猶未倦登臨

富貴良非願鄉關歸去休攜琴已尋壑載酒復經丘翳翳景將入涓涓泉欲流老農人未樂我獨與之遊

元豐四年九月廿二日

按東坡集歸去來辭五律詩今見於施注蘇詩在續補遺卷中有十首此但刻六首與施注本互校有不同者鄉老自將迎施作有逢迎去去徑猶菊

施作徑有菊注云一作猶清酒引觴壺施作引罇壺膝琹聊盡歡施作聊自歡注云一作盡言語審無倦施作言話委心懷樂天施作還樂天駕言鄉路尋施作歸路尋老農八未樂施作農夫人不樂互異如此竟不能定其孰是也東坡先生年譜元豐四年辛酉先生在黃州其集歸去來辞詩年譜不爲敘及施注本續補遺又不述此詩之所由來此刻署云眉山軾書後署歲月而無刻石題識不言立於何所据寰宇訪碑錄云在陝西長安想有据也書畫跋跋謂延祐乙卯彭澤縣摹刻後有題

跋六行是別一本又云王弇州司寇于文休承處見佳臨本此又是一本墨林快事謂書之以遺契順者弇州識其以三錢鷄毛筆所書蒼潤軒跋謂契順間關萬里只求長公一書此亦別是一本後有跋云在淦謝縕正家後題彭鏞拜觀又鄒文埸金固同觀又云王汝玉刻石于潯陽又云此書極佳摹入晚香堂帖然則摹本不一而總無有言及長安本者姑詳識之以備攷

興教寺玉峯軒記

石高廣俱二尺一寸五分十八行行十八字隸書在西安府

京兆府萬年縣興教寺玉峯軒記

龍圖閣直學士呂公帥雍之明年出奉祠事道過樊川之興教寺　公命郎其□□以爲軒旣而告成主僧晏靜請議而名之□以謂滈水之源冠于樊□□興教所據□□□俯大澤有岡分行以翼其前有林茂植以蔽其後南有大山巑岏矗出列若屏幛環□擁抱□於軒前其名曰玉案山樊川自韋曲□東□□兩岡至此則原隰平□山水秀麗有若下巖□而遊乎廣莫之野出巫峽而泛乎洞庭之淵襟宇脩然瞻顧無閡登之者足以騁懷於界外□目於太虛矣雖宇宙之大品類之衆

遺形反照有以寄一於無窮則□軒之意豈止於斯而已哉至其夷曠□樂疎通明遠亦足以見　公之□焉是軒之成不可以無記也□題之曰玉峯軒云前河南府法曹叅軍權縣事陳正舉記

元豐四年十二月一日

□□閣直學士朝散郎充永興軍路馬步軍都總管安撫使兼知軍府事呂大防

興教寺舊在樊川呂大防帥雍奉祠事而道經于此郎其地爲軒題曰玉峯今記後署銜龍圖直學士朝散郎充永興軍路馬步軍都總管安撫使兼知軍府

事較宋史本傳除龍圖待制知秦州元豐初徙永興
者爲詳然記言雍州而傳言秦州則記者以古疆域
名之也金石跋 授堂

溫泉雙皂筴行

石高二尺八分廣一尺八寸四分共十八行行十八字隸書在臨潼縣

衛尉寺丞知臨潼縣事陳叔度

緣葉森森迎曉日雙雙暗結秋霜實乾坤造化借風流
陰靈滑稽爲誰匹一蔕雙葩心兩同風刀雨線神其功
中官始奏獻奇異祥圖瑞牒揮毫鋒四海萬方只一株
繚以周墻百丈餘從此宮娃共爭取攀援棘刺血羅繻

採得溫泉奉金葦雪瑩肥膚紅玉暖合歡堂前此物生
上皇却笑天機淺
皇祐中　吾先君作宰是邑政務清簡時多暇豫客
有至者相與登遊覽古終日忘返以至發於吟詠形
爲歌詩故見於家集者華清之作爲尤多元豐中西
師之役邑令以召命之涇原正皐承乏于斯於靈泉
觀梁棟間有故榻存焉觀之則　先君所爲雙皂筴
行也觀主郭居隆請欵諸石以永其傳元豐五季秋
七月十有一日安化陳正皐記　道士梁宗道刊

按陝西通志華清宮四聖殿東有怪栢朝元閣南
有連理木而獨不及此雙皂筴此碑完善不泐一
字存之可以補通志之漏畧

謝卿材饒益寺題名

石高二尺六寸四分廣一尺九寸七行行七字正書在朝邑縣

朝散大夫臨淄　謝卿材仲適元豐癸亥被　詔自
歷下移守馮翊三月二十六日過饒益寺題
住持賜紫智欽　立石　蒲人焦元亨模刻

按謝卿材見續通鑑長編載元祐八年二月淮南
等路發運副使謝卿材知相州又欒城集有謝卿
材自陝漕徙河北轉運使告辭此皆卿材之歷官
也東坡詩集有謝運使仲適座上送王敏仲北使

詩卽卿材也舊注蘇詩皆缺今馮應榴注極詳癸
亥爲元豐六年題云自歷下移守馮翊又可知其
元祐以前之官矣

方圓菴記

碑高五尺六寸五分廣三尺五寸七分十七行行四十八或四十九字行書在錢塘縣

杭州龍井山方圓庵記

天竺辯才法師以智者教傳四十年學者如歸四方風
靡於是晦者明窒者通大小之機無不遂者不居其功
不宿於名乃辭其交游去其弟子而求于寂寞之濱得

龍井之居以隱焉南山守一往見之過龍泓登風篁嶺
引目周覽以索其居岌然羣峯密匝滔口匚不蔽翳四
顧若失莫知其鄉逡巡下危磴行深林得之于烟雲髣
髴之間遂造而揖之法師引予並席而坐相視而笑徐
曰子胡來予曰願有觀焉法師曰子固觀矣而又將奚
觀予笑曰然法師命予入由照閣經寂室指其庵而言
曰此吾佛亦如之使吾黨祝髮以圓其頂壞色以方其
袍乃欲其煩惱盡而理體圓定慧修而德相顯也蓋溺
於理而不達於事迷於事而不明於理者皆不可謂之
沙門以制礼樂爲衣裳至於舟車器械宮室之爲皆則
而象之故儒者冠圜冠以知天時履句屨以知地形蓋
蔽於天而不知人蔽於人而不知天者皆不可謂之眞
儒矣唯能通天地人者眞儒矣唯能理事一如向無異
觀者其眞沙門歟噫人之處乎覆載之內陶乎教化之
中具其形服其服用其器而於其居也特不然哉吾所
以爲是庵也然則吾直以是爲蘧廬尔若夫以法性之
圓事相之方而規矩一切則之所以休息乎此也窺其
制則圓蓋而方址予謁之曰夫釋子之寝或爲方丈或
爲圓廬而是庵也胡爲而然哉法師曰子旣得之矣雖
然試爲子言之夫形而上者渾淪周徧非□□非圓而能
成方圓者也形而下者或得於方或得於圓或兼斯二
者而不能無悖者也大至於天地近止乎一身無不然
故天得之則運而無積地得之則靜而無變是以天圓
而地方人位乎天地之間則首足具二者之形矣蓋宇
宙雖大不離其內秋毫雖小待之成躰故凡有貌象聲
色者無巨細無古今皆不能出於方圓之內也所以古
先哲王因之也雖然此遊方之內者也至於　諸法同
體而無自位萬物各得而不相知皆藏乎不深之度而
游乎无端之紀則是庵也爲無相之庵而吾亦將以無
所住而住焉當是時也子奚往而觀乎嗚呼理圓也語
方也吾當忘言與之以無所觀而觀之於是嗒然隱几
予出以法師之說授其門弟子使記焉
元豐癸亥四月九日慧日峯守一記不二作此文成
過予愛之因書　鹿門居士米元章
此米字之最有聲合作者乃以庵之增修好事者適
得米老舊搨以補亡而恰遇一顛倒裝潢者錯其先
後遂據之入石虎林遊人如織莫有爲之是政者余
早得此本亦以爲裝家誤旋入杭摩娑石下依然誤
也因另搨一帋爲之改裝則文從理順不致詒一公
爲傖胡顚士爲糊目矣欲再一正其石而匆匆北歸

當騐此恨因識于此墨林快事

按西湖志方圓菴在龍井延恩衍慶院舊聖院詩但載楊傑張雨二詩而不載此記惟碑碣門載此碑名云有萬歷丁酉仲夏知仁和縣事晉陵□□跋今此搨失去後跋攷杭州府志職官志仁和知縣胡澄武進人萬歷二十一年任當卽其人

第一山字

碑高八尺五寸七分廣四尺五分行書在盩厔縣

米芾書

第一山

終南山古樓觀道祖說經臺立

此刻在盱眙縣中南樓觀石乃摹刻耳縱逸飛動殊有一夫當關之勢石墨鐫華

第一山芾行書字方六七寸奇偉秀麗在盱眙縣此其摹刻者也考槃餘事

李伯時陽關歸去來圖并浮休居士詩

石橫畫二圖統高三尺八寸五分廣二尺三寸兩截下截皆圖上截一寫陽關圖詩四十八行行八字一寫歸去來辭後半已缺僅存二十二行行七字正書

李伯時畫陽關圖

京兆安汾叟赴辟臨洮幕府南舒李伯時自畫陽關圖并詩以送行浮休居士爲繼其後

古人送行贈以言李君送人兼以畫自寫陽關万里情奉送安西從辟者澄心古紙白如銀筆墨輕清意瀟洒短亭離筵列歌舞亭下諠諠簇車馬溪邊一叟靜垂綸橋畔俄逢兩負薪掣臂蒼鷹隨獵犬聳耳駏驢扶隻輪長安陌上多豪俠正値春風三二月分明朝雨浥輕塵客舍青青柳色新主人舉杯苦勸客道是西征無故人慇懃一曲歌未闋歌者背面沾羅巾酒闌童僕各辭親結束韝縢意氣振稚子牽衣老人哭道上行客皆酸辛唯有溪邊釣魚叟寂寂投竿如不聞李君此畫何容易

畫出漁樵有深意爲道世間離別人若箇不因名與利紅蓮幕府畫奇才家近南山紫翠堆烜赫朱門當巷陌潺湲流水遶亭臺當軒怪石人稀見夾道長松手自栽靜鑠園林鸎對語窸穿堂戶鷰驚回試問主翁在何所近向安西幕府開歌舞教成頭已白功名未立老相催西山東國不我與造父王良安在哉已卜買田箕嶺下更看築室潁河隈憑君傳語王摩詰畫箇陶潛歸去來

陶淵明歸去來辭文不錄

按此詩不著作者姓名宋史張舜民傳舜民字芸叟自號浮休居士則詩爲張舜民作也舜民中進

士第哲宗初以司馬光薦爲館閣校勘則哲宗以前未入仕也此詩題稱京兆安汾叟赴辟臨洮幕府南舒李伯時自畫陽關圖并詩以送行浮休居士爲繼其後安汾叟不知其人臨洮幕府者据宋詩紀事戴舜民詩有西征回途中二絶後引東坡題跋舜民通練西事從高遵裕西征回途中作二絶句云云宋神宗本紀高遵裕爲環慶經畧使在元豐四年時舜民當在其幕府五年正月遵裕被貶爲郢州團練副使舜民因從之而回則此詩當作於幕府將回時矣遵裕傳初知通遠軍其時安

撫使王韶復洮隴取河州所謂臨洮幕府或卽王韶而安汾叟與伯時芸叟同在高幕赴辟將行因有此畫與詩也玩畫陽關圖命意及舜民詩與書歸去來辭似送者皆有不得意之象則遵裕被貶而回也宋詩紀事載此詩采聲畫集非据此碑今彼此互校惟二字不同亭下謳謳簇車馬紀事作亭亭慇懃一曲歌未闋紀事作歌者闋似石刻較勝伯時作畫并詩今伯時之詩無從考矣碑無年月及刻石姓名考作詩約在元豐五年因附之

韓魏公祠堂記

碑高一丈四寸五分廣四尺九寸二十行行四十八字正書在安陽縣

北京韓魏公祠堂記

浸而祠之禮也由漢以來牧守有惠政於民者民或爲之生祠雖非先王之制皆發於人心之去思亦不可廢也然年時浸遠人浸忘之惟唐狄梁公爲魏州刺史屬契丹寇河北梁公省徹戰守之備撫綏彫弊之民民安而虜自退魏人祠之至今血食熙寧初河北水溢地大震官寺民居蕩覆者大半　詔以淮南節度使司徒兼侍中韓魏公爲河北巡撫使判大名府兼北京留守公旣至愛民如愛子治民如治家去其疾忘己之疾閔

其勞忘己之勞口口居者以安流者以還飢者以充乏者以足羣心旣和歲則屢豐在魏五年徙判相州魏人涕泣遮止數日乃得去魏人思公而不得見相與立祠於熙寧禪院塑公像而事之後二年公薨於相州魏人聞之爭奔走哭祠下雲合而雷動連日乃稍息自是每逢公生及違世之日皆來致祠及作佛事未嘗少懈噫公之德及一方功施一時者魏人固知之矣至於德及海內功施後世者亦嘗知之乎公爲口相十年當仁宗之末　英宗之初　朝廷多故公臨大節處危疑苟利　國家知無不爲若湍水之赴深壑無所

疑□□諫曰公所爲如是誠善萬一蹉跌豈惟身不自保恐家無處所殆非明哲之所尚也公歎曰此何言也凡爲人臣□盡心力□□□死生以之顧事之是非何如耳至於成敗天也豈可豫憂其不成遂輟不爲哉聞者愧服其忠勇如此故□光□　三后大濟艱難使中外之人哺啜嬉遊自若曾無驚視傾聽竊語之警坐置天下於太平公之力也嗚呼公與狄梁公皆有惠政於魏故魏人祠之然其爲遠近所尊慕年時雖遠而不毁非有大功於　社稷爲神祇所相祐能如是乎然梁公之功顯天下皆知之魏公之功隱天下或未能盡

知也然則魏公不又賢乎宜其與梁公之祠並立於魏享祀無窮也公薨後九年魏人以狀抵西京俾光爲記將刻於石竊惟梁公二碑乃李邕馮宿之文光實何人敢不自量顧魏人之□□□□□□又欲以其所未知者諭之故不敢辭時元豐七年六月丙戌涑水司馬光記

安武軍節度冀州管內觀察處置等使持節冀州諸軍事冀州刺史充河東路經略安撫使兼馬步軍都總管兼知太原軍府事及管內勸農使上柱國廣陵郡開國公食邑二千□百戶食實封□□戶下闕

資政殿大學士右光祿大夫知揚州軍州事兼管內勸農使充淮南東路兵馬鈐轄上柱國馮翊郡開國公下闕

資政殿學士通議大夫知大名府兼北京留守司公事畿內勸農使充大名府路安撫使馬步軍都總管護軍河東下闕

碑下半漫滅缺書人名以字體知爲蔡襄筆也琦廟在晝錦坊中州金石記

按碑載溫公集以石本校之民或爲之生祠集本無民字皆發於人心之去思集本無心字公旣至集本無至字及作佛事集本無及字盡心力以事

君集本無心字餘缺字皆如原缺以溫公集世皆知之不必補贅也魏公宋史本傳云在魏都人爲立生祠即指此事然碑旣立於大名不稔何以重刻此文於晝錦堂之陰初疑前明人摹勒爲之及攷韓魏王新廟碑元高書訓所撰也已云歐陽司馬二公之記蔡端明之字光燄萬丈照映千古云云是溫公文在元時已置此矣河朔訪古記韓魏王廟庭西晝錦堂記碑一通至元間再摹而刻蓋魏都生祠碑轉摹於此石之陰當以此時也碑後題銜凡三皆殘缺有馬步軍都總管銜嘉泰會稽

志國初節度使領馬步軍都步署英宗卽位避御名改稱都總管其後守臣兼一路安撫使者皆帶馬步軍都總管此二題銜在元豐七年正以避諱不稱都步署至所帶銜亦由大名河東各爲一路故莅安撫使者循之安陽縣志

栗子山題名

石高廣皆二尺六寸八行行八字在偃師縣永慶寺

楊世長李希呂昭口邢綬馮建康宣趙洗侯威劉亨崔遘蔺育徐京馮規同修奉　神宗皇帝山陵轄兵栗子山般運石段常由是邑元豐八年七月旣望謹題

記歲月　　霍希範刻

億按修奉神宗山陵諸臣題名自楊世長而下凡十三人官爵史無可考蓋皆小臣奉使者故不具書也偃師金石錄

按神宗以元豐八年三月戊戌崩十月乙酉葬於永裕陵故修陵在七月也然神宗廟號以九月戊戌加上此當七月已見於題記殆上諡冊在九月而廟號蚤定中外皆知故得先書於石耶神宗陵在九山東北麓九山今名白雲山在鞏縣西南七十里栗子山者攷偃師縣志有委粟嶺在縣西南五十里舊志云宋修陵採石委粟於此故名豈卽謂此栗子山耶詳見後卷宣仁后山陵採石記

惠明寺舍利塔銘

碑高九尺四寸五分廣四尺六寸共二十四行行六十二字正書在太原府

太原故城惠明寺舍利塔碑銘

資政殿大學士正議大夫河東路經略安撫使兼馬步軍都總管兼知太原軍府事及管內勸農使護軍東平郡開國侯食邑一千一百戶呂惠卿撰并書

朝請郎權發遣河東路提點刑獄公事兼本路勸農提舉河渠公事上護軍賜緋魚袋借紫范子諒篆額

太平興國四年春　太宗皇帝征劉繼元於河東夏五月癸未繼元降　詔壞故城遷口民於新邑而惠明寺實創於隋仁壽之初而其塔則佛書以爲阿育王所造舍利塔八萬四千之一也旣壞而光見　詔爲之復建咸平二年三月壬戌大震電風寺塔災六年冬　朝廷遣內侍王守眞等發諸州兵一千三百人修之景德三年七月塔成纍甓九級其崇一百五十有八尺　詔以汾州僧啓璘主寺事賜金書隨求九軸歲度僧五人大中祥符二年　詔廣堂廬五十有四間以東封泰山所得芝草十有一本賜之自塔復建至今元豐八年凡八

十有一年矣而惠卿使河東實兼領太原軍府事寺僧惠素以碑刻未立□文以紀之惠卿嘗觀自有書契以來聖人之得志行乎中國者其聲教所暨不過文軌之所同而已𠛬其在下而傳其道以服乎天下者從可知也至西方有佛□者出則非嘗得志而行乎中國又非傳其道以服乎天下者也而浮行之所通聞見之所接雖殊言異聞莫不爲之累譯以習其書雖易服變貌莫不爲之設祠以禮其像非特若是也幽至於山岳之祇靈深至於江海之龍怪凡有情狀者亦莫不□聞欽嚮此固多見博識之士所共知者也夫豈以爵位利勢名

聲諷說□使之然哉彼以典教則□行有止此以神化故其運無方也以是觀之則所謂阿育王役鬼神以佛舍利爲八萬□千寶塔其在中國者一十而惠明居其一亦奚足異哉惠明之建雖始於隋之仁壽而舍利子之至中國則不知自何代更若干年也然自隋唐五代以至　我有宋凡四百餘□□□雖時變代易人□天災而舍利之神異終不□□□□故既壞而復興已楚而復建則佛之在相者尚或如此則其法身非相金剛不壞者宜如何也竊惟　我太祖皇帝以天授人與既來四方矣而劉氏獨阻太□當是時舉天下之力以定一

國宜無不克者而承鈞以漢祀爲辭則終其身爲之不加兵至于繼元迷不知變　我太宗皇帝𠷑討不享城雖垂拔猶且力拒□爲□却師以開其降遂脫一國之民死則　我一祖　一宗之至德深仁亦曠古之所罕見者也□　我有宋國祚之長遠雖與佛日照臨於無窮豈不宜哉惠卿□□平日嘗以佛書洗其心因得造華藏之眞遊覩金光之妙相則於其敎像宜所稱讃以開未悟而酬大恩而又□□□□□綏斯民　當使之知　我有□□□□□□生之造不翅如天地父母則欣戴樂推雖歷千萬世而不斁者故其知也故因惠素之請

全宋文 卷二十三八 宋十六 三六

樂爲之敘其本末而以詩□之其辭曰

大道微妙含虛空　其大無旁小無中　西方有聖維大雄　其性如是相亦充　聲教非特文軌同　幽顯環嚮逮天龍　金身未滅本非終　舍利傳布流無窮　阿育寶塔非世工　八萬四千□穹隆　世間之智有盲聾　誰知此相與理融　惠明隋室初建崇　舍利來至知何從　歷唐五季時□□　逢辰泰定此亦通　問誰相繼揚眞風　惟　我有宋　祖與　宗　太原形勢控胡戎　唐俗猶在其色豐　承鈞哀祈全故封　捨置度外開涵容　繼元扌弓迷不恭　矜脫

眉戮毫臨衢　瑞光□□□□□　旣壞彳立盍以穹
佛日發汝多生蒙　君天賜汝再造功　悲慈憫仁
均□□　嗟汝勿□□□忠
元豐八年八月初一日建　太原□覡摸刻
按此碑撰者呂惠卿宋史姦臣傳惠卿累以資政殿學士知延州丁母憂元豐元年加大學士知太原府將使仍鎮鄜延坐斥知單州明年復知太原此碑立于元豐八年是復知太原時也惠卿小人文與字皆不足存今錄于此者亦楚檮杌垂誡之義耳

金石萃編卷一百三十九

賜進士出身　誥授光祿大夫刑部右侍郎加七級王昶譔

宋十七

薛紹彭書樓觀詩三段

石橫廣二尺二寸四分高一尺四寸三分共十三行行八字正書在盩厔縣

留題樓觀

國子博士監上淸太平宮薛周

結草終南下雲蘿一逕深人窮文始跡誰到伯陽心古木含天理淸風快客襟勞車行計促空媿負長吟

至和三年十月二十九日

元祐元年三月廿一日姪監上淸太平宮紹彭書

虞學士集評書謂坡谷出而魏晉之法盡米元章薛紹彭黃長睿方知古法又云長睿書不逮言惟紹彭最佳而世遂不傳米氏父子世學其奇怪據此似于坡谷之後獨取紹彭也今中南樓觀有紹彭書詩刻余凡得五紙其一書唐人玉眞公主莊玉眞觀諸詩小楷法出入黃庭洛神無一毫滲漏其一書蘇子瞻詩其一書其叔薛周詩其一書王工部詩其一書一絕句字稍大或作眞行其法皆自晉唐絕不作側筆惡態眞可寶也紹彭號翠微居士其父師正重模定

武蘭亭其子嗣昌刻智永千文蓋世有書學者伯生之鑒精矣哉石墨鐫華

案劉貢父彭城集中薛顏神道碑云孫三人次曰周爲駕部員外郎中歲謝事不仕云云與東坡詩語合今讀此石刻詩知爲未致仕前作也馮應榴跋

又石横廣一尺七寸高一尺三寸八分共十一行行十一至六字不等正書

題樓觀南樓

紛紛塵事日嬰懷一見南山眼暫開好是晚雲收拾盡半天蒼翠望中來

自清平如鄜瓓過此元豐辛酉孟夏二十七日大中

題

元祐元年三月二十九日承事郎勾當上清太平宮薛紹彭書

又石横廣二尺八寸高二尺二寸中刻詩共十九行行八字上刻石夷吾等題名十八字並正書

王工部詩

常恨閑行少忩忩忽解韲秋風尹家宅更得蹔盤桓

右元豐四年七月二十五日題

罷歸關令存遺宅羽駕眞人有舊丘水石自含仙氣爽煙雲常許世人遊悠悠天道推終始擾擾塵纓滯去留君看一官容易捨老來棲止占山陬

右十二月十二日至樓觀作

元祐元年三月三十日承事郎勾當上清太平宮兼兵馬監押薛紹彭書

石夷吾許端卿崇寧二年十二月廿八日同遊

按上清太平宮乃太平興國觀中北帝宮通明殿之額也在盩厔縣東三十里縣東南三十里卽樓觀彼此鄰近故監宮者往往留題樓觀也薛紹彭宋史附見薛向傳向子向之祖顏河中萬泉人傳但稱紹彭有翰墨名而不詳其官位米元章書史稱其字道祖王弇州藁稱其累官秘閣修撰知梓

金石萃編卷一下 北宋十七 一

潼路漕周艸窓癸辛雜識稱其與米家父子同留意筆札蓋當時工書米薛並稱元章嘗有詩云世言米薛或薛米猶言弟兄與兄弟是也薛周爲顏次孫是向之弟史傳不爲附載其大中及王工部二人詩俱無攷

東坡書上清詞

碑高五尺五寸廣二尺四寸七分作五截書每截十八行行十一字至十三字不等行書在盩厔縣

詞不錄

同前 轍

詞不錄

嘉祐八年冬軾佐鳳翔幕以事口上清太平宮屢謁
眞君敬撰此詞仍邀家弟轍同賦其後廿四年承事
郎薛君紹彭爲監宮請書此二篇將刻之石元祐二
年二月廿八日記

元祐二年夏六月立石　　工李輔摹刻

上淸宮即徐鉉作碑述神人降于鳳翔者今在盩厔
盩厔昔屬鳳翔子瞻判鳳翔過此要子由同賦薛紹
彭請書刻石遒逸豐美比公他書尤勝石舊在本宮
一道士院中斷爲二余與余友徐宣伯偶過觀之搨
二紙後邑侯王公之翊移置衙齋作碑亭焉石墨鐫華

按上淸詞見蘇文忠公文集起四句南山之幽雲
冥冥兮孰居此者帝側之神君集本所無集直從
君胡爲乎山之幽起也餘俱彼此相同弟轍所作
亦見欒城集據東坡先生年譜嘉祐八年冬官于
鳳翔宋史英宗紀是年十月葬仁宗永昭陵十一
月祔太廟或當時有朝謁上淸神御之文故云以
事至上淸太平宮也元祐二年則先生爲翰林學
士當是應薛紹彭之請而追書之耳

寶月禪師龕銘

石橫廣二尺六寸高二尺三寸七分
共十六行行十四字行書在寶雞縣

宋故青峯山寶月大師岫禪師龕銘

瑯邪王箴撰并書

鉅雄闡化萬靈一源正法眼藏大甘露門師子一吼群
魔遁奔廣博智慧梵天之尊能慈與悲不止不紛風揮
日舒照迷炳昏一切有情令入涅槃先王道缺周衰秦
熾鰥寡孤獨弗能自存仁義浸微九流無言金人夢漢
口相其傳死果生因口噐革頑有功在民暨于夷蠻塔
廟莊嚴百千斯年少林爲禪枝葉爲繁北律南宗各守
一偏師少而通絕羣離喧鶴警寒露猿啼青山白雲孤
飛得法沕潭天空月朗萬慮不干一鉢一餅揚波函關

誰其嗣之厥聲巖巖
元祐三年四月十六日麻田院主僧道珂立石
張惟慶刻

緱氏重修泰山廟記

碑連額高七尺五寸廣三尺大分二十
四行行四十八字正書篆額在偃師縣

緱氏泰山廟在口口口步當嵩洛大逵之衝有亭翼然
枕逵之北垠者居人行商四時望祭之所也亭北五步
抵其廟廟有三門口口口口口口口口口廡陛有階
齋庖有次其立屋以楹計之凡一百三十有五其闢地
以步計之東西凡五十南北凡七口口口口口口口

□□外內有老木幾三百本皆槐柏梧桐大者七圍八
圍小者三圍四圍含蓄掩映望之靄然其氣象□□
□□□□□□□熙寧五年以迄于今爲議者所私
廢而爲鎭農商之人咸病之廬里蕭然非復曩時矣而
獨是祠□□□□□□□□□□□□□城往往不能
有也先是周廣順中李進者肇創其地至　　國朝祥
符中孫信者天聖中孫□□□□□□□□□□□□
旣久瓦木腐毀皆圮頹缺不足以媚神妥靈民之有力
者議欲重修久矣而常患於吝且誣故□□□□□□
□□□□□□三年里人王守福始倡而成之稚耋

協力不驅而從由是腐毀者更新頹缺者復完塑繪之
□□□□□□□□□□□□□盖經始於四月之癸
卯而成於十一月之壬申旣又擇日率其鄉老大具肴
酒有事于祠下□□□□□□□□□□樂而落之
自　天子之命吏與公卿大夫士庶人之子弟戴
白之叟重髻之童無貴賤□□□□□□□□□□□
□□□鄜臨莅其邑乃顧余而言曰守福之爲此宇
不亦勤乎此土之人蒙神之休而不忘其□□□□□
□□□□□□□□□□見吾人去舊卽新變呻爲謳
相與燕休于茲也不亦嘉乎子其爲記之庶幾後之人

有□□□□□□□□□□□□□□□□然古者天
子諸侯皆得通祀其境內之神祇惟聰明正直功□而
德鉅有益于斯民□□□□□□□□□□□□□□
□□社稷之祭偕而況□□□□□□□□□□□□
□□□□□□之右在□□□□□□□□□□□□
□□□□□□□□□□□□□□□□□□□□則
有司存盖其所尸特以興雲雨致禍福代天治人無所
不統爲事大可謂□□□□□□□□□□□□□□
□□□□□甚異於衆人也唯其不吝且誣篤於誠心
故能刻意經營以起數十年之廢□□□□□□□□

□□□□□□□□□力□□不懈豈非有志于爲善
者與夫人苟有志於爲善也則凡此土之人爲人□□
□□□□□□□□□□□□□不可不孝於其父母
爲人之兄者不可不友於其弟爲其弟不可不敬於其
兄爲人之□□□□□□□□□□□□□□□□□
□□□以至於爲兵爲農爲工爲商爲老爲佛者皆
不可不肅以勤精以斂儉□□□□□□□□□□□
□□□□□□□□□□□而矣也哉余曰然則是可
書也於是乎書元祐三年閏十二月一日□□□□□
□□□□□□□□□□□□□□□□□南樂份書

并篆額
修廟都料首王守福　同修廟人鄭宣　王再榮
句當□□
□□□□□□□恭　董立　王易　盧漸
李和　□□　王士安　趙遵　董貴
億按碑上載已殘剝然所云立屋以楹計之凡一百三十有五益當時營建之盛可見如此又云熙寧五年以迄於今爲議者所私廢而爲鎮農商之人咸病之攷宋史地理志偃師熙寧五年省入緱氏八年復置省緱氏縣爲鎮隸焉元豐九域志同是史志並以爲在八年省緱氏今依碑證之始于五年已廢而爲鎮則史志悉傳誤也碑在今緱氏鎮其敘緱氏縣廢始末之詳并及於廬里蕭然由撰記者所目擊故於宋之縣城使後世猶得以知在斯地爲可據也撰者名已缺惟書者樂份字存（偃師金石錄）

贈李方叔賜馬券
券存二紙各高四尺七寸廣二尺作三截書八行六行不等行五字六字亦不等行書在嘉興縣學
元祐元年予初入玉堂蒙　恩賜玉鼻騂今年出守杭州復沾　此賜東南例乘肩輿得一馬足矣而　李方叔未有馬故以贈之又恐方叔別獲嘉馬不免賣此故爲出公據四年四月十五日　軾書
方叔來別　子瞻館於東齋將行　子瞻以賜馬贈之　方叔作詩次韻奉和　轍
小林卧客笑元龍弾鋏無輿下舍中　五馬不辞分後乘輕裘初許弊諸公隨人射虎氣終在徒步白頭心頗同遥想據鞍横槊處新詩一一建安風
翰林蘇子瞻所得天廄馬其所從來甚寵加以妙墨作券此馬價應十倍方叔豆羹常不繼將不能有此馬御以如富貴之家輙曰非良馬也故不售夫天廄雖饒馬其知名絶足亦時有之尒豈可求錫馬盡良也或又責方叔受翰林公之恵當乘之往來田間安用汲汲索錢此又不識蚌痛者從旁論砭疽尒甚窮亦難忍哉使有義士能捐廿萬并券與馬取之不惟解方叔之倒縣亦足以豪矣衆不可盍遇人中磊磊者試以余書示之元祐四年十月甲寅黄庭堅書贈李方叔

子瞻以天廄賜馬遺李方叔使鬻之而爲書券魯直又爲跋索十萬錢大是佳話然以子瞻故硬差作伯樂抑勒牙人亦見爾時詞客之横耳（弇州山人四部稿）
蘇文忠公馬券帖並潁濱詩黄山谷跋共四石舊藏陸宣公祠歲久散失順治甲午宣公後裔求得之等

有好事者購取其二餘二石遂湮榛蕪中今乾隆甲午嶺南梁君宰嘉禾訪購人間所藏二石又於祠中牆角并獲二石而四石復完王杰碑跋

按此石今在嘉興縣學流虹亭東坡先生年譜元祐元年累遷翰林學士知制誥四年三月除知杭州七月三日到杭州任其書此券在四月則未出都時事也弇州稿云曾直爲跋索十萬錢今石刻跋云能捐廿萬并券與馬取之彼此有異此券石刻昶在四川眉州蘇公祠内見有券刻與趙松雪眞草文同嵌壁極爲精妙但兩刻不知孰先孰後矣至此石之在嘉興宣公祠其原委未有詳及者

游師雄題六駿碑

碑高七尺三寸廣三尺八寸五分分作四截下三截繪六駿并贊上截記凡二十五行行十一字正書篆額在醴泉縣

運判奉議游公題六駿碑

師雄舊見唐太宗六馬畫像世傳以爲閻立本之筆十八學士爲之贊晚始得唐陵園記云太宗葬文德皇后於昭陵御製刻石文并六馬像贊皆立於陵後勑歐陽詢書高宗總章二年詔殷仲容别題馬贊於石座即知贊文乃太宗自製非天策學士所爲明矣歐陽詢書今不復見惟仲容之字仍存如寫白蹄烏贊云平薛仁果時乘由此益知唐史悞以果爲杲耳距陵北五里自山下往返四十里嵓徑峭嶮欲登者難之因諭邑官倣其石像帶箭之狀并丘行恭真塑于邑西門外太宗廟廷高庳豐約洪纖寸尺毫毛不差以便往來觀覽者又别爲繪圖刻石于廡下以廣其傳焉元祐四年端午日武功游師雄景叔題京兆府醴泉縣尉刁玠書主簿蔡安時篆額知縣事呂由聖立石

颯露紫　平東都時乘

西第一紫鷰騮前中一箭

紫鷰超躍骨騰神駿氣讋三川威凌八陣

特勒驃　平宋金剛時乘

東第一黃白色喙微黑色

應策騰空承聲半漢入險摧敵乘危濟難

拳毛騧　平劉黑闥時乘

西第二黃馬黑喙前中六箭背三箭

月精按轡天駟横行弧矢載戢氛埃廓清

青騅　平竇建德時乘

東第二蒼白雜色前中五箭

足輕電影神發天機策兹飛練定我戎衣

白蹄烏　平薛仁杲時乘

西第三純黑色四蹄俱白

倚天長劒追風駿足聳轡平隴回鞍定蜀

什伐赤　平世充建德時乘

東第三純赤色前中四箭背中一箭

瀍澗未靜斧鉞申威朱汗騁足青旌凱歸　武宗道刋

六馬贊唐文皇御製歐陽詢書石與文德皇后碑同立陵後高宗又詔殷仲容别題馬贊于石座則贊宜有歐殷二公書也今文德皇后碑與歐書都亡而陵上馬無石座書世所傳圖乃游景叔所刻景叔序云

得唐陵園記云然楊用修丹鉛錄記六馬贊云在秦中殷仲容撰歐陽詢書又有元學士王惲跋云云其說與景叔小異或用修所見乃舊石耶然一爲歐書刻石一爲殷書刻馬座實出太宗製非殷撰而歐書也游公刻圖盛傳用修不當未見何牴牾乃爾今去用修未百年豈舊石頓亡獨有游公刻耶景叔亦云詢書不復見獨殷書存距陵北五里今石馬正在陵下不數十武又無座書其非唐馬無疑然則殷書宋時尚在今亦淪没不可求矣非游公刻圖誰其知之公又云殷書薛仁杲作仁果以證史官之誤如此類者尚多游公雅善臨池李靖李勣碑陰各有題字草行甚佳而此圖序乃醴泉縣尉刁玠正書深得歐陽詢遺意者可觀也 石墨鐫華

按游師雄所繪昭陵圖有紹聖元年石刻詳後卷圖中六駿儼然在昭陵之後其馬贊舊題于石坐東坡嘗得石本賦詩紀之此碑乃師雄重繪六馬并贊刻石于醴泉太宗廟者太宗乘六駿以定天下馬多中箭此圖皆摹繪不爽可見太宗不忘大勳雖馬猶然而師雄表章之蹟亦非徒好古而已

奉天縣渾忠武公祠堂記

碑高四尺五寸廣二尺七寸共二十二行行三十四字正書篆額在乾州

奉天縣新修渾武忠公祠堂記

進士安宜之書并篆

渾公諱瑊事唐三世德宗朝爲中書令封咸寧郡王及薨贈太師謚曰忠武　公少以材武聞唐自天寶末天下擾攘　公嘗從李光弼郭子儀平河北收復兩京及擊吐蕃回紇皆有軍功然方是時人惟知　公智勇而已及涇師亂德宗幸奉天賊臣朱泚以兵薄城四面矢石如雨旬浹不解時李懷光軍未至外無蚍蜉螻蟻之助人心危急城幾陷没而　公掘地隧以陷賊雲橋身

中流矢遽自拔去披血猶戰卒能解圍然後又知 公
忠義大節有足尚者嗚呼德宗持性不明任用臣下多
所猜忌至李希烈詐爲 公書遣人間諜帝終不疑
公更賜良馬厚幣信任益固正元後藩臣跋扈上嘗姑
息之惟知 公忠謹每有奏論不盡從可一以純誠待
公公本出鐵勒九姓之渾部嘗好書通春秋漢史故
能知忠義大節篤於自信有足以感動上意者亦以此
歟噫奉天之難闔城待死其危如俎上肉爾然邑民父
子得不屠滅者皆 公之德也今去 公三百餘年而
奉天竟無 公之遺迹使民可以思慕而不忘者良可

惜也 運判游公好古君子乃飭縣令使爲 公祠堂
於縣圃中畫像於其間俾斯民也登其堂瞻其像則如
甘棠之思召伯峴山之愛羊公豈不偉哉夫士大夫之
爲郡邑而其治有及於堂室亭榭能不廢昔人之所爲
雅致高躅者世已稱爲好事蓋郡邑之有堂室亭榭人
嘗好治而不廢者此其地必爲飲食宴樂與夫閒居遊
觀之所以飲食宴樂閒居遊觀者人情之所同好則不
患乎不治至於爲堂室亭榭而人之所好或異於此則
往往廢壞而不治者多矣今 游公之俾爲是堂也又
非人之所同好而 公力成之堂既完矣其久不能保

其無壞愚又不知夫異日之所好能如 游公否也
公因命育書創立之歲月亦以俟夫後之同好者庶幾
茲堂之不墜而 渾公之德傳之於無窮也元祐五年
清明日門生雄州防禦推官知延安府臨眞縣事辛育
記

縣尉李士林

主簿王恂

知縣丞侯唐輔

右宣德郎知縣事錢景逢 京兆安民鐫

按今之乾州宋時謂之醴州所屬奉天縣即唐德

宗幸奉天朱泚以兵薄城渾公掘地道陷賊身中
流矢卒能解圍之所也宜川縣已有渾王廟碑見
前卷宜川是其封地奉天則其見功之地至是始
得建廟陝西通志載祠在乾州南門內又引世法
錄云明洪武二十七年四月乾州同知史孟通言
唐忠臣渾瑊在德宗時涇原兵變保乘輿全城郭
功載唐史今其祠廟在而祀事有闕甚非報功勸
忠之意宜令有司每春秋致祭詔從之然則祠祀
至今不廢而於建廟之緣起通志略焉是未嘗據
碑而詳載之也

謁太史公祠題記
石高四尺九寸七分廣二尺六寸五分七行行十三字行書在韓城縣
元祐五年春不雨夏四月丁酉詔書委所在長吏躬禱
境內名山大川將以戊午有事于韓城之禹廟乙卯
道出少梁恭謁　太史公祠簽書節度判官廳公事田
漑觀察判官高士乙知同州事邵龢題
是不著書人姓名字體瘦勁與游師雄墓志略同應
即邵書無疑邵字仲恭丹陽人嘗授筆法於蔡元長
元長教以學沈傳師者文云元祐五年春不雨宋紀
是年二月辛丑罷修黃河癸卯禱雨嶽瀆罷浚京城
濠丁未減天下囚罪杖以下釋之四月甲辰呂大防
等求退不允丁巳詔避殿減膳諸所書皆以旱故也
攷是年至五月始得雨紀于二月書禱雨岳瀆而是
題四月猶有事禹廟則其往復遣官禱祭情事可知
攷史是年正月丁卯朔二月有丁酉不言朔當是二
日則辛丑爲六日癸卯爲八日丁未爲十二日也四
月丁酉應是三日甲辰爲十日丁巳則二十三日史
于三月亦著丙辰朔合大小餘之列亦無誤關中金石記

鄆州學田記
碑高六尺一寸廣三尺一寸二十行行四十字隸書額題鄆州州學新田之記八字亦隸書在東平州

鄆州州學新田記
趙郡李伉書
鄆有學其盛□沂國王文正公其時天下郡國庠序未
設鄆雖有之而小陋貧□儒雅鈌然王文正公以故相
爲吾州□爲士不知道義果不足用道義顧安出則大
作學買田聚書所□就士爲多而學遂以盛吾州之人
歌祠之至今其後亦數有名守臣頗寵厲士學然學舍
之不治則久□能慨然悲其廢復廣□新之者自澶淵
井公季能之爲轉運使於東部也井公既作新學閎碩
遂麗居者悅喜其明年改元元祐詔以龍圖□學士光
祿大夫吳郡滕公爲鄆州公熙寧初嘗以翰林侍讀學
士□爲吾州矣能教民使本西漢爲文章拔孝秀之民
一人曰王大臨爲學者迎師使授經增弟子之數實□
其人心去且十年　上知東人之思公也復以爲
鄆公下車即入學延見耆舊諸生問政所設施諸耆老
儒生爭言新學成顧苦在貧有田磽瘠食不能百生游
學之士或自罷去公聞太息曰教學養徒而無食可乎
則厚爲稟餼諸生問其所無而與之歲時齎金錢衣物
載殺酒從之勞饗爲禮相與周旋士更感勸貧無歸者
得卒學欣欣紓樂其翹然秀出者使學官以其業來書

其姓名府中將薦寵之故一時英卓悉出俗化粲然興
於學先是汶水之陽東山之下有美田畝一金宜桑柘
麻麥官與大豪而薄其賦口根深牢旁小民歲歲訟不
解公曰吾學適貧不若盡以與之卽爲奏請得田二千
五百畝有奇與民耕口歲輸錢百萬是爲新田諸生言
凡新田之入實三倍於其舊亦盛矣又舊田浸久遠籍
書散亡昧不可見公使明直吏行視盡得之田益開治
豐好出粟賦錢皆厚以饒遷嘗承乏學官略計一歲大
槩新田口入已足供之而舊田正可爲齋祠釋菜鄉射
飲酒投壺絃歌間燕獻酬之費耳始公請田章五郄而

士不知其後　詔可諸生德公而不謝知公非以爲名
也公以文章忠孝爲天下弟一兩爲吾州學是以口與
旣去又自大書學榜以榮邦人士至學門趨而入如望
見公無敢不敬者是歲東郡大饑公活流人口八萬口
急農事務德厚屏盜賊輕刑辟哀貧窮　哀詔亟下其
大功傑美又數十皆可頌歌然遷方記新田得略而不
書公諱元發字達道五年九月十五日門人須句尹遷
謹記

案宋史本傳滕元發浙之東陽人初名甫字元發以
避諱改字爲名而字達道哲宗登位除龍圖直學士
復知鄆州學生食不給民有爭公田二十年不決者
元發曰學無食而以良田飽頑民可乎乃請以爲學
田遂絕其訟蓋卽此碑所記之事也碑陰刻紹聖四
年呂公謁先聖記 山左金石記

京兆府學移石經記

碑連額高五尺六寸廣二尺八寸二十三行行三十七字正書篆額在西安府

京兆府府學新移石經記

河南安宜之書

汲郡呂公龍圖領漕陝右之日持適承乏雍學一日謁
公公喟然謂持曰京兆闕閒有唐國子監存焉

其間石經乃開成中鐫刻唐史載文宗時太學勒石經
而鄭覃與周墀等校定九經文字上石及覃以宰相兼
祭酒於是進石壁九經一百六十卷卽今之石經是也
舊在務本坊自天祐中韓建築新城而六經石本委棄
于野至朱梁時劉鄩守長安有幕吏尹玉羽者白鄩請
輦入城鄩方備岐軍之侵軼謂此非急務玉羽紿之曰
一旦虜兵臨城碎爲矢石亦足以助賊爲虐鄩然之乃
遷置于此卽唐尚書省之西隅也地雜民居其處窪下
霖潦衝注隨立輒仆埋沒腐壞歲久折缺殆非所以尊
經而重道予欲徙置於府學之北墉子且伻圖來視厥

既視圖則命徒役具器用平其溝塹而基之築其浮虛
而寔之凡石刻而僵者仆者悉輦置於其地洗剔塵土
補錮殘缺分爲東西次比而陳列焉明皇注孝經及建
學碑則立之於中央顏褚歐陽徐柳之書下迨偏傍字
源之類則分布于庭之左右俄而如登道山如入東序
河圖洛書大辟琬琰爛然盈目而應接或不暇矣先是
有興平 僧誕妄惑衆取索無猒 大尹劉 公希道沒
入其貲有欲請于 朝以脩慈恩浮圖者 公卽
建言崇飾塔廟非古而興建學校爲急 朝廷乃以
五百千畀之不費公不役民經始於元祐二年初秋盡

孟冬而落成門序旁啓雙亭中峙廊廡囬環不崇不庳
誠故都之壯觀翰墨之淵藪也學者暇日於此游息得
之於目而會之以心固已有超然遠詣之意豈曰小補
之哉竊惟六經天人之道備聖人所以遺天下來世之
意盡在于是自周末至隋千餘載之間已遭五厄汗簡
以載或焚或脫縑楮魚蠹易腐易裂道雖無窮而器則
有弊唯鏡之金石庶可以久有唐之君相知物之終始
而憂後世之慮深故石經之立殆以此也然以洛陽蔡
邕石經四十六碑觀之其始立也觀視摹寫者車乘日
千餘兩塡塞街陌可謂盛矣及范蔚宗所見其存者纔

十有六枚餘皆毀壞磨滅然後知不得其人以護持雖
金石之固亦難必其可久此 呂公所以爲有功於
聖人之經而不可不書也然持書此者豈特紀其歲月
而已哉將使後之君子知古人之用心而不廢前功庶
斯文之有寄云爾元祐五年歲次庚午九月壬戌朔二
十日辛巳京兆黎持謹記 安民鐫
京兆府學新移石經記一帙乃宋元祐五年黎持爲
文安宜之正書以紀呂公移碑之故者呂公之舉眞
光明俊偉有功斯石余嘗兩觀石本慨想蔡中郎遐
軌然後知是記之作所關者大 蒼潤軒帖跋

京兆府學新移石經碑記其曰汲郡呂公者宣公大
防之兄以工部郎中陝西轉運副使知陝州以直龍
圖閣知秦州大忠也自唐鄭覃等勒石壁九經一百
六十卷天祐中築新城石爲韓建所弃劉鄩守長安
移置尚書舊省至大中領漕日始克盡列于學載持
記甚詳方是時宣公在朝二三執政罔非正人監司
長吏咸以興起學校裒集經史爲務至紹聖元符之
際小人柄政諸君子咸被重罪以去宣公竄死虔州
未幾大忠亦降官崇寧初籍黨人立石端禮門側蔡
京復自書碑頒郡縣彼張商英周秩楊畏之徒反覆

附和恬不知耻民以一石工獨能嚴邪正之辨不肯鐫名姓于碑惟恐得罪後世匹夫之志不可奪如是夫持爲京兆學官其文辭條達類南豐曾氏而宜之之書亦稱入格迄今傳聞之士或不能舉其姓氏民則後生末學皆能道之以此見立身行己不可不爲後世慮苟是非得其正雖百工技能之人反有榮于當時之士大夫者嗚呼可感也已尹玉羽者京兆長安人以孝行聞杜門隱居鄠辟爲保大軍節度推官仕後唐至光祿少卿晉高祖召之辭以老退歸秦中嘗著自然經五卷武庫集五十卷其書散見于冊府

元龜惜歐陽子不爲立傳而其書亦不傳于世也子旣感碑文之出于民所鐫而題其後子友鍾淵映將注五代史記并書玉羽之事告之俾附注于鄠之傳焉曝書亭集

唐凌烟閣功臣畫像并讚

石二皆高二尺六寸六分一廣二尺五寸六分二十六行一廣一尺七寸二十二行行皆十字正書在麟遊縣

禮部侍郎永興公王珪

隋氏不君忠賢莫用桐生朝陽有集惟鳳捨彼頹廈鬱爲新棟軺車元亥開國有宋武德之暮羣孽內矗巍巍永公鑿節高步不吐不茹不來不去屹崛中立爲天一柱從容而言社稷遂安持式秉純光輔二君激濁揚清知人知身其道至廣莫我敢羣其境至大不容纖塵雪霜倚空氷鑑照人

□□鄭國公魏徵

堂堂魏公□節大志貞幹直聳摩□自致遭風雲時得霸王氣一言委質有死無二撫我則后各盡其忠沉浮變道其道不窮能戢旣息皇建其極裨袞補職其繩則直諤諤㟴㟴危言正色漢興是崇德洽道豐保合大和昭明有融尹躬佐商有恥于湯公以其心臣飾巨唐

兵部尚書英國公李勣

橫流莫極大亂無象英公傑出應運爲將與楚楚霸與漢漢王天時人事隨其所嚮長虵縱蠆東據河洛棼棼封豕其濟同惡哮吼連聲如雷若霆萬里震驚時惟英公□□□□斬豕以鉞□□□□□□□殄滅乃□□□□□□□□有大□□□□□和□□□□□□□白髮皤□□□□□□□□□唐

尚書□□□□□君集

洛□□□□□决公之應變臨陣□拔銳氣盡來我盈彼竭進退反掌存亡奄忽虎來風□鬻轉山没遂作

心膂爰從討伐崩圍陷陣火迸氷裂擒如鶚鷙縱若鯨奔功臣國定萬古壯骨

按長安志凝陰殿南有凌煙閣貞觀十八年唐書太宗紀作十七年二月戊申太宗圖畫功臣之像二十四人於閣上帝自爲讚詞褚遂良題額此太宗建凌煙閣之始也此碑寰宇訪碑錄云在麟遊縣碑刻功臣畫象并贊祇王珪魏徵李勣侯君集四人乃元祐五年游師雄撰書以刻石者唐書王珪傳珪仕太宗朝封永寧縣男進封郡公由同州刺史召拜禮部尚書此碑題云禮部侍郎永興公與史異魏徵傳

累拜太子太師封鄭國公徵亡帝思不已登凌煙閣觀畫像賦詩悼痛考徵之卒在十七年正月而畫功臣在二月蓋卒後所畫也李勣傳高祖初封英國公徙封曹改舒國公太宗即位徙封英治并州召爲兵部尚書高宗永徽四年冊進司空始太宗時已畫像凌煙閣至是帝復命圖其形自序之侯君集太宗初封潞國公遷兵部尚書進吏部後坐承乾事帝謂曰與公訣矣今而後徒見公遺像已因泣下遂斬之所謂遺像者殆即凌煙閣也獨王珪之圖形傳無明文此碑當有年月及書撰題識或搨者失之

涇陽縣孔子廟記

碑連額高八尺六寸三分廣三尺四寸五分二十四行行三十四字隸書額題孔子廟記四字篆書在涇陽縣

涇陽縣重脩孔子廟記

鄉貢進士杜德機撰

縣尉王驥書并篆額

先聖者道之所自出而道非學校不行故世之州縣因先聖有廟所以重道也即廟有學所以傳道也涇陽廟學其衰已久矣栖栖乎塑像之居弊陋乎行禮之舍雖

二時之有釋奠神之格思未敢信也先生之待問何所布席朋友之文會何所投笈遂使峨冠而長者去而就境外之傳總角之幼者分徒裂居或假館於佛宮或開戶於委巷欲風俗之全粹不可得也　奉議郎賈公公明廉勤文敏威惠以雍容宰邑然自下車多見其執要以聽訟貴恕以用刑重士輕財禽姦縱善類以此爲務乃若廟學則踰年而始及何也廟所以重本學所以源教化凡士皆知之況　公良治之後其文學之雄乎盖儲思積慮填乎胷次時拘文而不得爲也日者　朝廷始有命修諸毀廢之祠廟　公

獨以孔子廟爲請則疇昔之有志可見矣疇昔憤之一朝攄之則何啻宿火之獲然積泉之遇決其所經畫豈鹵莽齷齪而輒已哉雖然因錢於公府因材於故地因時於農隙因力於民從而上下一無傷焉及其𤅢徒聚工則又以佚道悅使以明令申嚴以宿戒視成俾一心百身蜂還蟻往築庳以爲高闢隘以爲廣鉠斯完撓斯隆百日之工七旬之畢何其形壯而功敏也其間革故從新神人異宅北廟而南學廟則加之四簷而翼其正室之褊敞之二廡而寬其拜獻之位内更塑像則聖哲之神有依矣外益繪像則前賢之七十二後賢之二十

四得以白其道矣先聖所以嚴也學則起正堂以待講解環齋宇以延聽讀人才所以育也若是則神之不格風俗之不全粹非所患也雖然廟也學也昔與吾宰之廨舍其弊陋均矣然廨舍之弊陋當時猶未能一新以聳衆人之觀望况有議及於廟學者乎　公於二者素皆有志於建立而獨以廟學爲先則可謂切於事道矣今觀縣之廊舍雄壯尊嚴可以爲諸邑之首而使民莫不知有所尊仰有所敬畏則號令刑政固亦由此而振矣夫號令刑政所以爲治也廟學所以爲教也其所建立先吾爲教之地則是所以爲治者本於道也

公於此乃能知之蓋知所以務本故也且孔子佛老分而爲三教其趨善一也世之奉佛老者寺觀相高制侔宮室雕磨繢畫窮力盡工寶珠殫於綴飾瓌材竭於輸負其費舉不下萬計至其事孔子則槩無髣髴此布韋之士每憤憤而不得有爲者矣安得損彼之有餘少益此之不足乎噫益此不足而爲之唱　公其人也或曰事孔子以禮廟貌贊宇不在觀人之耳目愚應之曰庸行騶路不知有吾道者紛如也不如此不足以鼓動激勸今有人焉解弊褐而鮮裾起衡門而華屋則必見之者改視親之者改容而况掃儒宮之積陋以

聳盛觀人又豈止有改視改容者應乎元祐五年十月初七日記

雲臺觀賜紫道士董宗卿刊

主簿謝敏

奉議郎權知涇陽縣事兼兵馬都監雲騎尉賜緋魚袋賈公裕

按陝西通志載涇陽縣學在縣治西南宋元祐五年建據此碑則舊有廟而弊陋元祐五年特重新之耳知縣事賈公裕無考文爲杜德機撰以廟學碑而刊之者乃雲臺觀道士董宗卿亦賢矣哉雲

臺觀在華陰縣華山下

金石萃編卷一百四十

賜進士出身誥授光祿大夫刑部右侍郎加七級王昶譔

宋十八

草堂寺題名二十七段

碑高五尺八寸三面刻正面廣二尺九寸兩側各廣九寸題名參錯今按年代敘錄正面爲唐定慧禪師碑又附列另石二段並在鄠縣

側面三行行八字正書

轉運使杜孝錫元祐庚午十月廿日來游男開孫君匯侍行

正面五行行十三字正書左行

劉銅公範張閎仲達李惇義行之惇禮彥中類彥明鵬舉南公安常知德段天麟信臣趙彥詒叔嗣張閶孝卿十人同宿紫閣過此元祐壬申秋社後一日記

又四行行五字正書左行

張保源澄之儈紹蒙紹希自此遊高驪潭元祐壬申

側面二段共七行行六字七字不等正書左行

薛紹彭同曹樸遊元祐口年五月初一日

後二十二年河東薛綱遊諸山獲觀　先公題字不勝憫然已丑歲中元

正面四行行六字分書左行

清源王濟叔同杜陵白耘叟游此紹聖元年仲夏廿八
日題
又 五行行六字 正書左行
通判府事河南朱光裔公遠簽書節度判官公事廣漢
王普德充同遊紹聖二年三月十二日
又 石高廣俱一尺七寸五分 十二行行十二字行書
惇自長安率蘇君旦安君師孟至終南謁蘇君軾因與
蘇游□觀五郡延生大秦仙游旦師孟二君留終南回
遂與二君過渼陂漁於蘇君旦之園池晚宿草堂明日
宿紫閣惇獨至白閣廢寺還復宿草堂間過高觀題名

潭東石上且將宿百塔登南五臺與太一湫道華嚴趨
長安別二君而惇獨來也甲辰正月二十三日京兆章
惇題　供養主僧□□摸紹聖二年十二月初八日住
持講經賜紫僧□□立石
子厚與子瞻遊而題此書亦有卧筆間作渴筆遊絲
法亦遒逸可存也 石墨鐫華
文云惇自長安率蘇君旦安君師孟至終南謁蘇君
軾者宋史惇傳惇舉甲科調商洛令與蘇軾遊南山
抵仙遊潭潭下臨絶壁萬仞橫木其上惇揖軾書壁
軾懼不敢書惇平步過之乘索挽樹攝衣而下以漆

墨濡筆大書石壁曰蘇軾章惇來旣還神彩不動郎
其時事也今仙游寺題名已失所存者惟此耳 關中金石
記
又 二段共七行行六字 七字行書左行
范埴自長安祠太平宮率張秉同至此丁丑仲夏廿二
日
後三日王霽奉祠高觀覽仲成留字叚勾同來霽題
側面 四行行十字十 二字不等行書
衛國李諶才孺□誼彥賈縡臺薛幾□微之元符戊寅
冬十月乙未日遊逍遥栖禪寺

又 四行行十七十八 字不等正書左行
慱陵崔伯宗元符己卯二月解官平凉潘原尉三月中
被　漕檄從軍城臨羌天都西安州五月初八馬分屯
月末還雍七月初四日挈家游栖禪淨境弟安仁同來
又 四行行六字 分書左行
李援蘇昞甯祖武陳去華叚勾元符三年二月□□□
□草堂
又 二行行十 二字正書
李革孫求呂景山至山邂逅同遊建中靖國元年三月
十四日

正面四行行十一十二字不等行書左行

路允蹈聖由祠于高觀張秉持正劉鯤化鵬同往觀龍潭薄暮還宿逍遙寺詰旦之寶林建中靖國改元四月廿三日

又石高廣俱一尺三寸共八行行八字行書左行

高郵孫竦子敬埈居易自太平宮致醮迴鄠宰劉希亮彥輔尉李革仲孚相率遊白雲過紫閣遂宿草堂翌日二公還邑子敬居易歸長安建中靖國元年五月九日題

此終南草堂題名首題孫竦子敬埈居易而于劉希亮彥輔李革仲孚稱二公則題必孫筆也然二賢昆季以爲讓能合屬兄以爲服勞則合屬弟不可攷已年乃建中靖國之元此時蘇黃之名未至令海內風靡固宜有頗存古道如此者及玉局力稚而老顛又苟率以濟之此義遂紛披不可復見亦書之一大厄

墨林已快事

又四行行六七字不等行書左行

崇寧四年仲秋廿有三日景興宗祀　高觀劉琬寗祖武來會

又二行行七字篆書左行

魏都王仲孚游崇寧丙戌孟秋一日

又四行行九字正書左行

百泉張壽翁與男縣尉□遊雲隆雲□紫閣觀□□□□草堂歸邑崇寧丙戌□月十有二日

又三行行十字十一字不等正書左行

李逸老政和壬辰上巳後一日自百塔過翠微宿草堂明日將游紫閣白雲趨終南

又四行行四字正書左行

寶淵深甫蒲澄庭玉政和乙未初春同遊

又二行十六字正書

呂湘西遊是寺宣和二年六月初四日題

側面三行行八字分書

長安解益王佐河南郜伯温同遊宣和六年七月二十五日僧永奇偕

正面四行行五字正書左行

王瞶顯夫劉雍彥甫靖康丁未四月十日投宿草堂

又三字正書

王著遊

又二字正書

紫陽

側面二行十四字正書左行

堅之正叔公亮集之曾來觀此經宿

按此碑題名三面其正面爲唐定慧禪師碑磨舊碑刻之隱隱有先聖題延陵季子十字其所由來不可知矣草堂寺在鄠縣東南四十里唐改栖禪寺崔伯宗題記挈家游栖禪淨境者是也縣東南三十里有高冠峪峪內有高冠潭王齊題云奉祠高觀當即高冠以音同而訛也張保源題云自此遊高驪潭似即高冠潭亦以音近而異又縣東南三十里有紫閣峯杜工部詩紫閣峯陰入翠微者

是也劉銅題云十人同宿紫閣即此路允蹈題云同往龍潭疑即高驪潭又云薄暮宿逍遥寺寺在長安縣西南三十里甫張村陝西通志云創時碑志無攷据此題則宋時已有之矣李逸老題云自百塔過翠微宿草堂明日將游紫閣白雲趨終南百塔寺在長安城南五十里翠微寺在長安城西南翠微山上唐武德八年建太和宮太宗葺改爲翠微宮元和元年廢爲翠微寺其白雲山在鄠縣南二十里其下有白雲觀終南山在鄠縣東南二十里東接長安西接盩厔蓋逸老此游往來於長安鄠縣盡兩日之興而歷諸勝也題名綜計五十八人內見於史傳者轉運使杜孝錫之子開史附忠義趙叔憑傳云叔憑建炎間任陝州都監金人圍陝州城危死之時職官杜開等五十一人俱死無降者疑即其人薛紹彭即書樓觀詩者監上清太平宮元祐某年同曹樸來遊碑泐其年据後二十二年巳丑歲其子綱來遊觀先公題字巳丑爲大觀三年推前二十二年則元祐三年也今姑附元祐末章惇與蘇軾遊仙遊潭事關中金石記巳詳范埴以丁丑仲夏率張秉同游丁丑是紹聖四

年史有兩張秉一是昭允之子太宗時人一字孟節新安人景德時仕終樞密直學士又宋詩紀事有張秉官監察御史知鄭州與王禹偁在鄭州聯句詩附見小畜集似皆非此張秉此張秉在王齊來游之前三日王齊見宋詩紀事引成都文類載其和吳仲庶遊海雲寺詩蓋與范純仁同時也李譓以元符戊寅來遊戊寅是元符元年史附李南公傳南公子鄭州人哲宗朝累擢顯謨閣待制任鄜延帥復徙永興僞爲蟾芝以獻徽宗疑之坐罔上貶散官安置此題盖徙永興時也但傳稱譓字

智甫此題作才孺爲不同未知即一人否蘇昞以元符三年來遊史道學傳稱昞字季明武功人始學於張載而事二程卒業元祐末呂大中薦之起布衣爲太常博士坐元符上書入邪籍編管饒州上書係元符三年事入邪籍係崇寧元年事其遊草堂殆未上書時也呂景山以建中靖國元年來遊史附見呂大防傳大防子藍田人紹聖四年大防貶舒州團練副使安置循州至虔州信豐而病語景山曰吾不復南矣吾死汝歸呂氏尚有遺種此時來遊蓋歸後四年矣河南邵伯温以宣和六

年來遊史道學傳伯温字子文洛陽人康節處士雍之子也累官永興軍鑄錢監徽宗即位日食求言上書數千言又著書名辨誣後以上書人分邪正等伯温在邪等出監華州西嶽廟久之知峽州靈寶縣徙芮城丁母憂服除主管永興軍耀州三白渠公事此題當在是時元祐黨籍碑不列邵伯温名末王著遊三字不著年月史有兩王著一字成象單州人仕周入宋開寶二年終兵部郎中一字知微世家渭南攻書仕僞蜀入宋至端拱時終殿中侍御史此題當是端拱時之王著耳附於末餘俱無攷

遊師埪寺留題

石高二尺二寸五分廣二尺四寸八分共九行行十字正書在咸寧縣

上缺　具茨程奇

塵中総総誰青眼黃髮蒼顏世情短坐看前溪一片雲安得相從任舒卷浩歌聊詠北山薇不有歸心真自欺欲借養和延晝夢數聲啼鳥日平西

元祐庚午冬十二月中澣寺僧惠元立石　李輔刊

觀音像並讚

石二均高二尺三寸五分廣二尺一寸四分各繪像一尊讚刻第一像下截二十四行行四字六字不等正書在西安府

吳道子筆

惟觀世音手持柳枝圓如滿月瑩如琉璃明如慧日能破諸暗住清淨觀除煩惱簽妙音所薰慈目所覩一切障魔永爲依怙

二觀音乃唐吳道子筆余以　母氏苦目疾訪求累年近方獲于長安僧惠譚因摹刻諸石又繫之以二贊且俾世人瞻敬供養同結善緣云爾元祐辛未仲夏望日河南呂由聖遵古題

伯夷叔齊墓碑

碑高七尺五寸廣三尺八寸共十五行行四十字正書

廬江文勛篆額

伯夷叔齊墓在河東蒲坂雷首之陽見於水經地志可考不妄其即墓爲廟則不知其所始以二子之賢意其爲唐晋典祀也舊矣元祐六年予同年進士臨菑王闢之爲河東縣政成乃用四年九月大享赦書以公錢七萬及廢徹滛祠之屋作新廟凡三十有二楹貴德尚賢閭者與起須象祠器皆中法程五月辛未有事於廟乃相與謀記歲月來乞文於豫章黃庭堅謹按伯夷叔齊盖有國君之二子逃其國而不有者也予嘗求其說伯夷之不得立也其宗與國人必有不說者矣叔齊之立

也其宗與國人亦有不說者矣於是時紂又在上虐用諸侯則二子之去亦以避紂耶二子雖去其國其社稷必血食如初也事雖不經見以曹子臧吳季札之傳考之意其若是也故孔子以爲不降其志不辱其身身中清廢中權求仁而得仁又何怨又曰齊景公有馬千駟死之日民無悳而稱焉伯夷叔齊餓於首陽之下民到於今稱之孟子以爲非其君不事非其民不使不立於惡人之朝不與惡人言故聞伯夷之風者貪夫廉懦夫有立志此則二子之行也至於諫武王而不用去而餓死則予疑焉陽夏謝景平曰二子之事凡孔子孟子之

不言可無信也其初盖出於莊周空言無事實其後司馬遷作史記列傳韓愈作頌事傳三人而空言成實若三家之學皆有罪於聖人者也徒以文章擅天下學者又弗深考故從而信之以予觀謝氏之論可謂篤信好學者矣然可爲智者道也予觀今之爲吏惕日玩歲及爲政者鮮矣政且不舉又何暇於教民今河東爲縣吏治廥敏政成而舉典祀以教民可謂知本矣故樂爲之書并書余所聞二子事以告來者六月丙申豫章黃庭堅記

雒陽李宏立石

碑稱夷齊之不立必其宗與國人有不說者又云二子之事孔孟之所不言不足信則宋人迂謬之談往往如此石墨鐫華

豐樂亭記

碑共三石各高九尺六寸六分二廣三尺八寸八行一廣二尺七寸五行行皆二十二字正書在全椒縣

豐樂亭記

宋廬陵歐陽脩撰

眉山蘇軾書

脩既治滁之明年夏始飲滁水而甘問諸滁人得於州南數百步之近其上則豐山聳然而特立下則幽谷窈

然而深藏中有清泉滃然而仰出俯仰左右顧而樂之
於是疏泉鑿石闢地以爲亭而與滁人往游其間滁於
五代干戈之際用武之地也昔　太祖皇帝嘗以周
師破李景兵十五萬於清流山下生擒其將皇甫暉姚
鳳於滁東門之外遂以平滁脩嘗考其山川按其圖記
升高以望清流之關欲求暉鳳就擒之所而故老皆無
在者葢天下之平久矣自唐失其政海內分裂豪傑並
起而爭所在爲敵國何可勝數及宋受命　聖人出而
四海一向之憑恃險阻剗削消磨百年之間漠然徒見
山高而水清欲問其事而遺老盡矣今滁介江淮之閒

舟車商賈四方賓客之所不至民生不見外事而安於
畎畝衣食以樂生送死而孰知上之功德休養生息涵
煦百年之深也脩之來此樂其地僻而事簡又愛其俗
之安閒既得斯泉於山谷之閒乃日與滁人仰而望山
俯而聽泉掇幽芳而蔭喬木風霜冰雪刻露清秀四時
之景無不可愛又幸其民樂其歲物之豐成而喜與予
游也因爲本其山川道其風俗之美使民知所以安其
豐年之樂者幸生無事之時也夫宣上恩德以與民共
樂刺史之事也遂書以名其亭云

坡公所書醉翁豐樂二亭記擘窠書法出顏尚書徐
吏侍結體雖小散緩而遒偉俊邁自是當家弇州山人稿

按豐樂亭記歐集及宋文鑑皆有之今取以互校
其不同者得于州南數百步之近集本州南注云
一作城西無數字鑑同其上則豐山聳然而特立集
無則字鑑同特立集作獨立滃然而仰出集無仰字
而與滁人往游其間集游字下注云一作還其間
上注云一有於字於滁東門之外鑑無之字脩嘗
考其山川按其圖記集注云一作按其山川攷其
圖記所在爲敵國集所在上注云一有而字下注
云一有自字敵國下有者字鑑亦有者字休養生息集

注云一作覆被休養乃日與滁人集注云一無乃
字四時之景集注云景一作美使民知所以安其
豐年之樂者鑑使民上有而字又安其作安此遂
書以名其亭云集鑑云俱作焉集本此下有云慶
歷丙戌六月日右正言知制誥知滁州軍州事歐
陽修記歐公左遷知制誥知滁州傳不著年月攷
其左遷之由以諫杜衍韓琦范仲淹富弼之不當
罷政府宰輔表事在慶歷五年歐公之作此記在
慶歷六年爲治滁之明年則歐公以五年知滁州
矣慶歷丙戌東坡年纔十一其後不知何年書此

記年譜不載書記之事此碑又不署書記之年惟滁州有坡書醉翁亭記爲元祐六年十一月所書据年譜是時到潁州任有祭歐陽文忠公文又有十二月二日與歐陽叔弼季默夜坐記則其書此記或與書醉翁亭記同時寰宇訪碑錄云豐樂亭記蘇軾正書無年月明嘉靖間重刻在全椒正謂此碑也與醉翁亭記之無年月者並列可知此記初刻者必在滁州佚不可見嘉靖重刻時刪去年月遂不能攷耳記云太祖皇帝嘗以周師破李景兵十五萬於清流山下生擒其將皇甫暉姚鳳於

滁東門之外遂以平滁宋史太祖紀顯德三年春從征淮南南唐節度皇甫暉姚鳳衆號十五萬塞清流關擊走之追至城下暉整陣出太祖擁馬項直入手刃暉中腦并姚鳳擒之薛五代史周世宗紀顯德三年二月壬申今上（謂太祖）奏破淮賊萬五千人於清流山乘勝攻下滁州擒僞命江州節度使充行營應援使皇甫暉常州團練使充應援都監姚鳳以獻（歐史最簡但云壬申克滁州）注引王銍默記李景聞世宗親至淮上而滁州其控扼且援壽州命大將皇甫暉監軍姚鳳提兵十萬扼其地太祖以周

師數千與暉遇於清流關隘路周師大敗暉整全師入憩滁州城下會翌日再出太祖兵聚關下且虞暉兵再至問諸村人云有趙學究在村中教學多智計太祖往訪之學究曰我有奇計令關下有徑路人無行者雖牌軍亦不知之乃山之背也可以直抵城下方值西澗水大漲之時彼必謂我既敗之後無敢躡其後者誠能由山背小路率兵浮西澗水至城下斬關而入可以得志太祖大喜且命學究以指其路學究亦不辭而遣人前導即下令誓師夜從小路行三軍跨馬浮西澗以迫城暉

果不爲備奪門以入暉始聞之率親兵擐甲與太祖巷戰三縱而三擒之遂下滁州据此則暉鳳就擒之所亦略可見矣十國春秋皇甫暉傳注引史纂左編云趙學究卽普也又傳云暉見世宗後數日創甚暉不肯治而死後滁人感暉意一日輒五時鳴鐘以資薦暉云并附識於此

蔡安持靈巖詩

石高四尺七寸七分廣二尺八寸六行行十字九字行書年月上空處有劉德亨題記四行行七字在長清縣靈巖

四絕之中劇宸先山圍宮殿鑠雲煙當年鶴馭歸何處

世上猶傳錫杖泉

元祐壬申十月中澣睢陽蔡安持資中題

北安劉德亨安禮攜家之泗水任飯僧於此正隆二年三月十有七日書

按長清縣靈巖寺有絶景亭爲宋僧仁欽建景有四曰羣峯獻秀曰甘泉潄玉曰松舟挺翠曰巖花啼鳥見王在晉遊靈巖記即詩所謂四絶也長清縣志載卓錫泉魏僧法定開創靈巖苦近菴乏水迺謀於佛圖澄澄曰何地無水至一處曰此下有甘泉以九環錫杖卓之得泉甘冽即詩所謂世上

猶傳錫杖泉也蔡安持宋史無傳壬申爲元祐七年此詩又見宋詩紀事引求古錄錄之亦不詳安持事蹟

魯公仙跡記

碑高五尺一寸五分廣四尺十八行行二十六字行書在費縣

魯公爲盧杞所忌李希烈反杞首議遣公諭者甚衆德宗問杞對曰眞卿朝廷重臣忠義聞天下誰不慴服臣常父事之今遣使不爲賊憚則辱國紛紛之言豈足聽陛下當自斷之無惑衆意德宗不能奪遂遣之人知公不還矣親族餞于長樂坡公旣飲乃躍上梁跳躑謂餞者曰吾昔江南遇道士陶八八得刀圭碧霞餌之自此不衰嘗云七十後有大厄當會我于羅浮山此行幾是歟次汜水悅遇陶笑謂曰吉吉指嵩少而去後公死于賊賊平家人啓瘞狀有金色爪髮皆長如生人歸葬偃師北山先塋後有賈人至羅浮山遇二道士奕即而觀之問曰子何所來賈人曰洛陽其一笑謂曰幸託書達吾家許諾即扎書付之其題曰至洛都偃師縣北小顏家及往訪之則塋也守塚蒼頭識公書大驚問狀皆公也因與至其家白之家人大哭卜日開壙發棺已空矣嗚呼杞欲害公之人而不能害公之仙也希烈杞等賊

耳賊之殺人有常刑公死且不朽又況仙耶元祐三年九月余遊吳興適覩郡人新公之祠因得謁拜公像其英氣仙骨凜然如在嘗閱洛中紀異載公前事考史所載杞拜公于中書與對德宗之言姦人表裏無迕則公之仙復何疑焉公之大節紀載甚多而論次于林公之文爲備固已激忠義之頽風沮陰邪之羞愧至仙眞事吾又以刻于碑陰以貽續仙傳者襄陽漫仕米黻記

米老爲魯公書碑陰即用魯公書法奇宕可喜至碑中謂杞欲害公之人而不能害公之仙其說亦新余以爲杞能害公一時而不能不亨公以千古固無論

公之仙與不仙也庚子銷夏記

此碑吳興掌故錄及歸安邑志皆云在湖州府學盖公嘗刺湖州故湖州宜有碑米元章遊吳興適睹郡人新公之祠因得拜公之象而作是碑然吾友裘思芹爲歸安令徧訪湖州並無此碑郃陽褚千峯云碑在今山東顏廟魯公爲顏氏巨擘顏廟固應有碑然元章記必非妄語意當時湖州亦有一石不知毁自何年耳虛舟題跋

按唐書顏眞卿傳不詳里居但言爲顏師古五世從孫而師古之祖之推自琅邪臨沂居關中遂爲

金石萃編卷一百四十一　宋十八　二

京兆萬年人此碑稱魯公歸葬偃師北山先塋則又不知何代之先塋也公於乾元二年拜浙西節度使故吳興人爲公立祠宋史米芾傳敘其生平宦蹟未嘗至浙不知何因而遊吳興据此記是因吳興郡人新公之祠拜公像而作記則宜刻於湖州今此搨本乃在費縣魯公祠内曹輔撰新廟記之碑陰正碑建於元祐七年此碑無年月當亦七年所刻据費縣志云眞卿五世祖師古居費縣東朱滿村新廟記亦云顏文忠公有廟在琅邪之費距縣治東北五十里曰諸滿村元祐六年縣令楊君建言于州請新此廟其十一世孫安上者買地而徙置之廟成立碑而此記遂刻於碑陰其所由來不能詳矣

郃陽縣學記

碑高六尺三寸廣三尺八寸五分十八行行四十二字正書篆額在郃陽縣

同州郃陽縣學記

京兆王寔書并題額

郃陽邑小而僻有爲者所不當至至者以謂不足爲而不爲也官事職業不可須頃怠者且廢不舉因循不急之務從可知元祐辛未有令來闗事先後緩急爲紀綱

金石萃編卷一百四十一　宋十八　三

法度以其序治之累月獄訟衰農事勸號令行期會應邑用翕然稱治越明年理孔子祠爲學舍以教養邑子弟且以來四方士而邑之人乃始相與疑曰令寔健矣而更迂柰何令卒不顧學克成堂室齋廡祭器什伯略具乃以書抵耤田令王寔仲弓求余爲之記余曰令不迂矣夫學校者禮義政事之所自出古之爲政者之所先務也末流之敝遂爲不切於時而間有桀然自異於薄俗之中則彼不能者必忌而咻之曰是迂疏者不然俗吏遂名耳地大人衆且不免咻則一邑之小以是迂其令尚何惟然而孔子曰十室之邑必有忠信如丘者

焉不如丘之好學也十室至小邑耳雖孔子不以小故無其人况不爲孔子者乎惟不知所以學則雖大必廢而彼小者亦何足道且天下十室之積也老子曰小國寡民蓋小者易以道治而大者或道之所不載則治天下者在所積而已今夫設官置吏布滿天下皆上之人所與治天下者也顧惟縣令爲最親於民後世縣令官小無權而猥事擾之使不得行其胷中以與古人等於是縣令始賤可厭而士或俛仰爲竊祿計至則數日代去別希其所欲雖或才智不肯苟簡慨然思有所作爲而齟齬階級勢不得便或者凡庸操制要領而妨忌兼

至罷勉弊氣求閤朝莫且恐弗暇奚暇求其所以治哉然則上之人蓋亦不可以不知也當使天下之士不鄙小官而爲之縣令者有以自思曰是百里有民社足以爲政曷可苟又曰令可暫也縣不可暫也上之人所以委以與我者爲能治之耳必求所以治而不可暫則豈徒簿書期會而已蓋將有以本教化美風俗善吾人以士君子之道然後出禮義舉政事而無不可者推一邑之小以達天下之大則其於爲治也何有孰謂知此而逌乎令不逌矣邑人其無疑令左宣德郎河內李百祿祐之實余之友人云元祐癸酉正月庚寅陽武時彥記

主簿張价縣尉劉熙立石

按陝西通志郃陽縣學在縣治南宋元祐六年知縣李百祿建武陽張价有記据此碑云元祐辛未有令來閱事越明年理孔子祠爲學舍辛未卽元祐六年其時令初視事明年建學則七年也撰記者時彥乃通志不云時彥有記而云張价豈别有張价碑耶抑卽時彥之誤也時彥史有傳云字邦美開封人（碑云陽武）舉進士第簽書頴昌判官入爲秘書省正字累至集賢校理碑不署其官位文之略也記刻于癸酉爲元祐八年令李百祿及書者王

寔俱無攷

曹娥碑

碑高六尺六寸三分廣四尺四寸八分十八行行三十字行書在上虞縣

後漢會稽上虞孝女曹娥碑

上虞縣令度尚字博平　弟子邯鄲淳字子禮撰

蔡邕題其碑陰云　黃絹幼婦外孫齏臼

孝女曹娥者上虞曹盱之女也其先與周同祖末胄荒沉爰兹適居盱能撫節按歌婆娑樂神漢安二年五月時迎伍君逆濤而上爲水所淹不得其屍娥時年十四號慕思盱哀吟澤畔旬有七日遂自投江死經五日抱

父屍出以漢安迄于永嘉青龍辛卯莫之有表度尚設祭誄之詞曰　伊唯孝女曄曄之姿偏其反而令色孔儀窈窕淑女巧笑倩兮宜其室家在洽之陽大礼未施嗟喪慈父彼蒼伊何無父孰怙訴神告哀赴江永號視死如歸是以眇然輕絕投入沙泥翩翩孝女載沉載浮或泊洲嶼或在中流或趨湍瀨或逐波濤千夫失聲悼痛萬餘觀者塡道雲集路衢泣淚掩涕驚動國都是以哀姜哭市杞崩城隅或有刻面引鏡務耳用刀坐臺待水抱柱而燒於戲孝女德茂此儔何者大國防礼自脩豈況庶賤露屋草茅不扶自直不斲自雕越梁過宋比

之有殊哀此貞厲千載不渝鳴呼哀哉銘曰名勒金石質之乾坤歲數歷祀立廟起墳光于后土顯昭天人生賤死貴利之義門何悵花落飄零早分葩艷窈窕永世配神若堯二女爲湘夫人時効髣髴以昭後昆

宋元祐八年正月左朝請郎充龍圖閣待制知越州軍州事蔡卞重書

江南東道越州上虞縣曹娥碑按夏侯曾先地志云餘姚縣有孝女曹娥父泝濤溺死娥年十四號哭入水因抱父屍出而死縣令度尚使外生邯鄲子禮爲碑文後蔡邕過讀碑乃題八字曰黃絹幼婦外孫虀臼此碑今在上虞縣水濱太平寰宇記

北海曹娥眞碑傳世甚少皆摹刻也此蔡卞于元祐間書頗得其神而精采勝之以其宋人弗貴也且石在越迄今尙爲完善此搨更蚤字更全尤覺奕奕射人豈孝女之神常在山川間有志爲書者則精英郎附助之邪墨林快事

曹娥碑右軍北海皆曾一書予見查查浦陸其清家有宋搨本查瘦陸肥不知其果出王李手否也而世共寶之幾與隋珠和璧等此本近查而搨不甚舊或

曰眞賞齋物也故附於眞賞黃庭之末云鐵函齋書跋

按後漢書列女傳曹娥會稽上虞人父盱能絃歌爲巫祝漢安二年五月五日於縣江泝濤迎婆娑神溺死不得屍娥年十四乃沿江號哭晝夜不絕聲旬有七日遂投江而死至元嘉元年縣長度尙改葬娥於江南道旁爲立碑焉此語與碑小異碑云能撫節按歌婆娑樂神婆娑謂跳舞非謂婆娑神也碑云時迎伍君逆濤而上非迎婆娑神則碑較傳爲確漢安順帝年號度尙立碑之年碑云永嘉青龍辛卯則拓本誤也永嘉爲晉懷帝年號無

辛卯干支固無論矣据紹興府志所載碑文竟作元嘉元年與傳合元嘉爲後漢桓帝建元恰是辛卯則此碑舊揭原是元嘉也立碑之歲距娥死後九年碑題不云曹娥廟而銘詞則云歲數歷祀立廟起墳是當時葬所有廟萬歷紹興府志曹娥廟初屬上虞後改隸會稽在府城東九十二里今紹興府志曹娥廟條下注云漢元嘉元年上虞長度尚爲石碑屬魏朗作碑文久之未就時尚弟子邯鄲淳年二十聰明才贍而未知名乃令作之揮筆輒就下載碑文互校惟銘曰作亂曰爲不同朗至尚以示之朗大嘆服蔡邕聞之來觀値夜以手摸其文而讀之題曰黃絹幼婦外孫虀臼又曰三百年後碑當墮欲墮不墮遇王叵後魏武帝見之謂楊修曰解否曰已解曰卿未可言待我思之行三十里而喻乃令修解之修曰黃絹色絲也幼婦少女也外孫女之子也虀臼受辛也𢀖曰絕妙好辭帝曰吾亦意此但有智無智較三十里此注大約本之會稽典錄而詳略不同後漢書曹娥傳注引會稽典錄上虞長度尚弟子邯鄲淳字子禮時甫弱冠有異才尚先使魏朗作曹娥碑文成未出會朗見尚尚與之飲宴而子禮方至督酒尚問朗碑文成未朗辭不才因試使子禮爲之操筆而成無所點定朗嗟歎不暇遂毀其草後蔡邕又題八字曰黃絹

幼婦外孫虀臼然多可疑者度尚後漢書無傳固已紹興府志旣不列於名宦傳復不預於名宦祀何志乘缺略也水經注云上虞縣有曹娥碑縣令度尚使甥邯鄲子禮爲碑文以彰孝烈太平寰宇記亦同是邯鄲淳爲度尚之甥而與言弟子者異邯鄲淳三國志魏書附見王粲傳注引魏略一條不言度尚之甥與弟子亦不言爲度尚撰碑文故其事無攷楊修後漢書附楊震傳不及黃絹幼婦云云又三國志魏書附見陳思王植傳注亦不詳黃絹語卽魏武帝紀亦未見魏朗見後漢書黨錮傳朗字少英會稽上虞人少爲縣吏兄爲鄉人所殺朗白日操刀報讐於縣中遂亡命到陳國從博士郤仲信學春秋圖緯又詣太學授五經京師長者李膺之徒多爭從之由辟司徒府累出爲河內太守復徵爲尚書著書數篇號魏子亦未載其令長屬爲碑文之事又蔡邕傳但載其髡鉗徙朔方宥還本郡慮卒不免乃亡命江海遠跡吳會往來依太山羊氏積十二年在吳吳人有焦尾琴事注引張隲文士傳邕告吳人曰吾昔嘗經會稽高遷亭見屋椽竹可以爲笛取用果有異聲而亦不載到上虞題碑事

以上諸書所載魏朗係上虞縣吏宜爲令長撰碑然不久亡命從人受經則其能文亦當在亡命以後既已亡命自不復到縣爲令長撰文蔡邕在吳又到會稽宜乎可以題碑然傳與注俱無明文其他之無因者更無論矣攷邕之亡命吳會在光和二年下距獻帝之世魏武與楊修解幼婦之時約三十年撰之于理碑在越魏武在洛其文何由得經魏武之目且邕之亡命上距元嘉元年亦約三十年若如府志注文并据後漢書李賢注所云蔡邕夜闇手摸其文題字之語竟似碑文書刻甫就

邕聞而乘夜來觀以手摸文而讀之因題八字兒讀文尚用手摸安能題字此理之顯然者其罔如此府志絶不加辨證何耶邕生平從未嘗作隱語且文辭與辤受自是二義邕旣工書辨之必審未可權宜而通用也說文辛部旣有辤字云不受也又有辭字云理辜也邕何必借辤爲辭字種種疑義從未經人論及因詳識之以質諸博識者紹興府舊志載曹娥廟舊有王右軍書小字本新定吳茂先嘗刻于廟中後爲好事者取去今所存者四本一爲宋蔡卞書大字本一爲明賴恩集李北海書一爲康熙間王作霖重摹右軍本一爲近時所刻此本卽蔡卞書大字本也刻于元祐八年正月蔡邕題其碑陰云云一行當卽卞所加或別本亦有之卞字元度京弟哲宗立遷禮部侍郎使遼還以龍圖閣待制知宣州徙江寧府歷揚廣潤越陳五州廣州寶貝叢湊一無所取及徙越夷人清其去以薔薇露灑衣送之卞與京同列姦臣傳而史于卞不掩其清然東都事略不載此事史或別有所本未足信也其在越能刻此碑以表孝女有足取者

宣仁后山陵採石記

碑連額高一丈五寸廣四尺一寸十九行行四十二字連額並正書在偃師縣永慶寺

宣仁聖烈皇后山陵採石之記

河南緱氏鎭之西南二十餘里有山嶺最高形如委粟俗号粟子嶺嶺之東北下有廟榜曰山神載在祀典而不知是山何名歷詢故老莫知其實按東漢和帝記稱永元十六秊十一月己丑行幸緱氏登百岯山注云卽栢岯山也在洛州緱氏縣南又今緱氏之南二十里山名栢崖以此考之則粟子嶺諸山卽昔日所謂百岯者也　本朝列聖及　母后登遐例遣官採石于

山下崇奉　陵寢自乾興元年以來始有碑刻可考
宣仁聖烈皇后以元祐癸酉九月三日戊寅上僊太史
奏請以來歲二月七日　山陵復土　詔以　丞
相吕公爲之使安持受　命與如京使林元莊宅副
使麥文昞同董役于緱山即以其月癸卯開山凡取巨
細石一萬有畸而訖于十一月之壬午四十日而功畢
用石匠二千九百七十四人按故事鳩工十六萬五千
二十有六當用四千人期以兩月而京師匠者十無一
二餘悉取於諸路議者患其回遠不能以時至蓋開山
之日始有來者三百六十四人而已至十月四日纔得

一千二百九十九人逮逾月然后及二千九百七十四
人止以是數又十日而訖事餘悉遣之所省八萬九十
九功前此工不集上下憂之乃募作者能倍功即賞之
優給其值於是人情忻然罔不恙心不待有司董戒程
督竭日力而後止故無逃者晨起爲糜粥煮藥時其食
飲而嚴禁其擴竊架竹引泉使無渴飢故少病者爲窖
室南向以就天陽有病則遣官挾太醫胗視相屬于途
不謹則嚴其罰故尠死者蓋自癸卯至壬午吏民兵匠
毋慮五千餘人而無一人逃者以疾斃者三人而已擴
逆者無有也噫何其幸也凡此數者皆　朝廷授以

成法故有司得以奉行而又數下　恩詔加賜吏
士蓋無虛月所以戒敕愛養無所不至是宜和氣浹洽
人不告勞方盛冬之時天氣晏温雨雪不降以迄大事
有以見　天人相應昭示　聖心純孝傳諸
無窮之意下臣姑謹職事以紀歲月云其餘佐吏具列
于別石十一月九日左朝請郎試太僕卿兼權都水使
者都大提舉採石吳安持謹記　大將楊仲卿書　前
玉冊官口永昌刻
億按碑在寺後殿之西宋吳安持都大提舉採石于
當時職事歲月詳記其巔末如此宣仁聖烈皇后上

仙記云詔以丞相吕公爲之使宋史哲宗本紀九月
甲申命吕大防爲山陵使是也禮志云四月一日葬
永厚陵紀云二月乙酉葬宣仁聖烈皇后于永厚陵
案之此記宣仁聖烈皇后以元祐癸酉九月三日戊
寅上仙太史奏請以來歲二月七日山陵復土然則
紀爲得實而如志所書四月蓋必其誣也記後云數
下恩詔加賜吏士蓋無虛日据紀十一月壬寅賜勞
修奉山陵兵士與此所記合然記亦有慮祟過爲無
實之詞放是年冬十一月以雪寒振京城民饑自僵
師抵東京計里三百五十有餘不應節候頓異若以

記所謂盛冬之時天氣晏溫雨雪不降則其然豈其
然乎記又云佐吏具列于别石今没不可見偃師金石錄

游師雄玉泉院題名

石高一丈一尺五寸六分廣一丈五寸五行行五字正書在華陰縣

陝西轉運副使游師雄元祐九年正月廿二日觀太華
三峯

右在山蓀亭下字徑一尺五六寸粲叔書莫大於此關中金石記

金石萃編卷一百四十終

金石萃編卷一百四十一

賜進士出身 誥授光祿大夫刑部右侍郎加七級王昶譔

宋十九

蘇軾雪浪石盆銘

盆口圓二丈一尺四寸寬八寸横題五十六字行書在定州

盡水之變蜀兩孫與不傳者歸九原異哉駁石雪浪
石中乃有此理存玉井芙蓉丈八盆伏流飛空漱其根
東坡作銘豈多言四月辛酉紹聖元

按雪浪石盆在定州學雪浪齋畿輔通志宋蘇軾得石於恒山狀如雪浪鑿石爲芙蓉盆盛之置於學中因以名其齋東坡後集雪浪齋銘有引云予於中山後圃得黑石白脉如蜀孫位孫知微所畫石間奔流盡水之變又得白石曲陽爲大盆以盛之激水其上名其室曰雪浪齋云盖銘詞刻於盆口而載入集中則并有此引也銘云四月辛酉紹聖元東坡先生年譜元祐八年任端明侍讀二學士尋出知定州註引紀年錄云十二月二十三日到定州紹聖元年知定州落職惠州安置以十月三日到惠州而不詳其離定州在何月據此銘則四月尚在定州任也是月壬寅朔辛酉是二十日

昭陵圖記

碑連額高七尺四寸八分廣三尺五寸分作二截上記下圖記四十一行行十九字正書篆額在醴泉縣

唐太宗昭陵圖　肅宗建陵附

余觀自古帝王山陵奢侈厚葬莫若秦皇漢武工徒役至六十萬天下稅賦三分之一奉陵寢秦陵纔高五十丈茂陵十四丈而已固不若唐制之因山也昭陵之因九嵕乾陵之因梁山泰陵之因金粟堆中峯特起上摩煙霄岡阜環抱有龍蟠鳳翥之狀民力省而形勢雄何秦漢之足道哉昔貞觀十八年太宗語侍臣曰漢家先造山陵身復親見又省子孫經營煩費我深是之我看

九嵕山孤聳迴絕實有終焉之志乃詔先爲此制務從儉約九嵕山上足容一棺而已又慕漢之將相陪□自今後功臣密戚各賜塋地一所至二十三年八月畢工先葬文德皇后長孫氏當時陪葬之盛與夫刻蕃酋之形琢六駿之像以旌武功列於北闕規模宏大莫若昭陵按陵今在醴泉縣北五十里唐陵園記云在縣東三十里蓋指舊醴泉縣而言之也其封內周回一百二十里下宮至陵十八里今已廢毀陪葬諸臣碑刻十亡八九悲夫因語邑官命刊圖于太宗廟以廣其傳焉紹聖元年端午日武功游師雄景叔題

陪葬諸臣一百六十五人　諸王蜀王愔已下七人
公主清河公主已下二十一人　妃嬪越國太妃燕氏已下八人　宰相李勣已下一十三人　丞郎三品戶部尚書唐儉已下五十三人　功臣大將軍尉遲敬德已下六十四人內蕃將阿史那忠等九人
諸蕃君長貞觀中擒伏歸和者琢石肖形狀而刻其官名凡十四人
突厥頡利可汗左衛大將軍阿史那咄苾　突厥利可汗左衛大將軍阿史那什鉢苾　突厥乙沴泥孰俟利苾可汗右武衛大將軍阿史那禰尔　薛延陁眞珠毗伽可汗　吐蕃贊普　新羅樂浪

郡王金眞德　吐谷渾河源郡王烏地拔勤豆可汗慕容諾曷鉢　龜口王訶黎布失布失畢于闐信
焉耆王龍突騎支　高昌王右武衛將軍麴智勇
林邑王范頭利　婆羅門帝那伏帝國王阿那順

太宗所乘六駿刻石於北闕之下

肅宗建陵　陪葬功臣尙父汾陽王郭子儀一人

縣尉張勺　主簿李草

右宣德郎知醴泉縣事傅竇立石

唐太宗昭陵圖宋紹聖中直閣游公景叔所勒石也置于太宗之廟直閣題詞于上閩人黃華田有詩曰

際會風雲自古難始終恩禮美貞觀漢家多少韓彭將不得銘旌一字看其語絕工予爲錄之碑尾鮚埼亭集

攷昭陵陪葬例子孫願從其祖父者聽如姜遐爲行本之子行本在陪葬諸臣之例遐得從其父葬又陸先妃葬于麟德中特請陪葬此皆在常例之外者故諸家互有不同也惟是當時各冢皆有穹碑夾以蒼松翠柏巨槐長楊下宮寢殿與表裏山河其成形勢一時君臣際會之隆號稱極盛自朱梁盜發而後再歷千年金虎石麟淪沒榛莽不但基址荒蕪即金石文字亦漸剝蝕無存余以乙未春季閱視涇陽龍洞

渠道出醴泉瞻拜元宮周覽封域因飭地方官重加修葺並爲釐正疆界建立碑亭庶使樵牧牛羊知所禁避而遺徽先烈得以垂諸永久云關中金石記

按此碑上記下圖圖今不錄記錄於右畢中丞沅校刻長安志此圖與記附刻卷後內諸蕃君長十四人而石刻所列祇十二人蓋誤合利苾可汗及阿史那祢尔爲一人又合眞珠毗伽可汗及吐蕃贊普爲一人又合訶黎布失布失畢及于闐信爲一人誤分吐谷渾河源郡王烏地拔勒豆可汗慕容諾曷鉢爲二人改正其誤方合十四人之數也又案唐會要云上欲闡揚先帝徽烈乃令匠人琢石寫諸蕃君長十四人列於昭陵司馬門內又案金石錄云諸降將名字乃仲容書以上陌條皆詳注於記中碑云茂陵十四丈而已据畢本乃四十丈之訛記作於紹聖元年端午日張舜民撰墓志元祐七年除公集賢校理權陝西轉運副使九年以疾丐郡有旨免按行以自養猶上章堅請乃召赴闕除衛尉少卿改元紹聖在元祐九年四月癸丑其遷官丐郡尙在九年而作記以端午日則在改元以後故題紹聖元年其時將赴闕而猶在轉副使任也肅宗建陵亦在醴泉故附昭陵後

高陵重修縣學記

碑高八尺二寸二分廣三尺四寸十六行行三十七字正書在高陵縣

左承事郎知高陵縣事朱革建并書

三代而上學校偏於鄉黨壯者以暇日弦歌肄業故士不涉義則輿臺笑之周衰道術蔽於申韓儒者僞於揚墨風俗寖久則生徒散而子衿歌學校廢而城闕聚嚴刑峻扑日施於前民之姦詐益滋而法亦莫能禁也高陵附長安古之斥縣今其俗彫弊民陋而朴介於涇渭之間者負河隈以爲姦齊民方且防虞戒寇之不暇孰

能治學校耶紹聖之初　天子以憲章繼述爲念
邑令朱公思欲奉承　聖化而新之始至摧抑豪
并強梁者束手遠遁踰年政成境内安堵士人始欲向
學而患無以居之會　運使張公按臨斯邑即以建
學爲請得錢二萬鳩工治材不督自勉浹月而功告畢
闢廊宇相對十二楹面宣聖殿爲講堂各三間西廡東
向七間爲門三楹東其戶門之兩翼爲二齋中爲亭以
限内外前墉後庖上棋下礎重簷疊砌丹楹墨牖松桷
櫛比四維如飛步以回廊敞以宏闥奐然一新遠近輝
映落成之初邑民大悅悉以謂非　運使張公實其
財令尹朱公致其力則吾民安得受賜耶觀漢唐文物
之盛雖期門羽林悉能通經諸蕃子弟屢請入學夫學
者之性如泉源導之爲江河塞之爲汙池豈天之降才
爾殊邪習使之然也吾徒被育德化非若武夫夷狄之
比亦當覘漢唐之烈以爲卑宜乎禮義以脩之問學以
崇之期於致遠而後已無以衆人之所忽而自陋也則
令尹待吾邑之最厚者庶可以少伸矣柔嘉備員邑佐
無補於事猶得樂道其實而書之紹聖元年五月十一
日縣尉吳柔嘉記　刊者安永年

石門題名十八段

高二尺廣一尺六寸五分五行行六字正書在襃城縣

賈公直正之俞次皋伯謨師賡成之何賁元素紹聖乙
亥中春望同遊伯謨題

又　高三尺四寸廣一尺五寸三行共十四字正書

楊達□□同遊崇寧乙酉閏月九日

又　一行十字隸書

李鋈魏珙之張應郊同來

又　高二尺廣一尺四寸五分共七行行五字至七字不等正書

府從事文玉恩邑令鮮于翔崇寧五年丙戌九月廿四
日遊

□（凌）□（儀）趙□（崇）□（寧）□（恕）□（定）庚寅侍　家舅令□（狐）□來

又　高六尺二寸五分廣一尺六寸三行行十三字正書

郡丞潞國文悶踪堰役同邑尉舜都張海臨洮魏機東
嘉李燾淳熙丁未仲春十有三日來游

又　高三尺八寸五分廣一尺四寸五分僅存三行行十字十一字不等正書

古郫張伯山閬中郭彥輔晉原樊子南長江趙仲成同
歘石門淳熙已酉閏月拾下闕

又　高三尺二分廣一尺七寸五行行七字至九字不等正書

慶元丙辰暮春止餘三日趙公茂宋□（子）志張壽卿宋咏
□（道）□（適）公茂二子符掞同來觀漢刻□（三）□（鴟）于此

又高五尺一寸廣三尺五寸八行行十一字十二字不等行書
成都宋積之攝褒中令廣漢章以初彭城貟公肅渭南
任子飛資中□□從訪之爲石門之遊□□□□□□上
觀玉盆夷猶極□□□□□□□□石門漢刺酌酒□
□而歸任明□[illegible]龍父子□□□□□□也慶元丁巳
夏四月十有下闕
又高二尺二寸五分廣一尺五寸三分三行行六字正書
范礽任沂孫李揆慶元丁巳重陽後一日来游
又高三尺七寸六分廣一尺一寸七分僅存二行行九字正書
慶元戊午中春王還嗣范𤍠李師章郭拱因修下闕

又高五尺廣二尺五寸三行行八字左行正書
郭公緒張伸范子進郭中珪嘉定庚午清明前一日同
來
又高六尺二寸五分廣一尺一寸四行行十六字隸書
嘉定三年三月辛丑唐安鮮于申之少譔睎堰山河㳽
褒水登石門幕客眉山史明誠父成都李廷允德文李
伯午濳叔普慈張汝嘉亨可仝郡趙應龍辰父偕來
又横廣二尺高一尺五寸五分五行行六字七字不等左行隸書
成都劉參希曾嘉定辛未春閏十有三日挈家徠遊男
兼善□記同記喜待行

趙彥吶有嘉定癸未游畧陽藥水詩

又高四尺二寸五分廣一尺九寸四分七行行十五字隸書
紀國趙彥□□吶敝若眂堰脩祀事閬中□陳隆之景南普慈
劉炳光遠廣漢耿㒷謙叔新㳙程乢厚伯威左縣□□
之西村□繁袤彭順成季行潼川白巨濟□林徠玩玉盆
□竹袤潭艤舟□雪步犖确登石門拂石□從容瀹茗而
去□雪霽有亭須復規度云寶慶丙戌前褩食五日
又高二尺三分廣一尺七寸三行行六字正書
曹濟之龐公巽曹璋李稟紹定已丑褩食日識
又高二尺四寸七分廣一尺二寸七分共四行行四字左行正書
郭仲辰辛未清明挈家來游　章復之来

又高三尺三寸廣一尺七寸二行行六字隸書
李炳文張孝升王敬仲范季咊
又横廣二尺五寸五分高二尺四寸二分四行行四字正書
宋之源李師章王譜來修山陰禊事
按石門在陝西漢中府褒城縣水經注褒水又東
南歷小石門石門穿山通道六丈有餘刻石言漢
永平中司隸校尉楊厥所開建和二年太中大夫
王升嘉厥開鑿之功琢石頌德此題名中有慶元
丙辰趙公茂等同來觀漢刻卽指建和二年王升
所刻頌也司隸校尉楊孟文頌已見本書第八卷　水經注又云褒水

西北出衙嶺山東南逕大石門歷故棧道下谷輿
地紀勝云山河水卽褒水出太白山有白玉盆在
水中大石光白其中可實五斗漢中府志云褒水
東岸有石自然如盆光潔如玉又堰界石在縣東
三里龍江中上石橫刻使府打量到下鑴石古界
從此石至南大宋乾道元年十一月初五日眉山
史可觀記下一石鑴制置大使司提修造張儀准
相命檄自嘉定三年至七年督責軍人董工治堰
嘉定七年二月記今此題名有慶元丁巳成都宋
積之等來遊觀玉盆卽輿地紀勝所稱白玉盆也

又嘉定三年鮮于申之晢堰山河泝褒水登石門
又寶慶丙戌趙彥口等晢堰修祀事徠玩玉盆登
石門所謂晢堰卽府志所稱之堰界石也葢堰在
褒水中爲水利之所重故界石鑴乾道元年及嘉
定七年二記此題名正當其時趙彥口題又有口
竹潭口雪步口雪舊有亭云云地名缺泐不可攷
矣題名共十八段綜計姓名可見者得五十九人
泐者不與焉其中見於史者有李燾一人傳稱燾
字仁甫眉州丹稜人（題名作東嘉）乾道八年直寶文閣
帥潼川兼知瀘州首葺石門堡以扼夷人淳熙改

元被召此後未嘗歷外任而以前亦未嘗官漢中
不知與此李燾是一人否姑識之餘俱無攷
李行之題名
石高二尺七分廣一尺二寸五分
三行行五字行書左行在扶風縣
洛陽李行之岐山劉唐口仝觀紹聖二年四月望日
草堂寺詩刻二段
石高廣俱二尺七寸八行
行十六字正書在鄠縣
宿草堂寺
馳車晚叩古禪林喬木參天一徑深門外亂山連翠色
竹間流水漱清音幽懷暫喜來栖處高士遺蹤恭訪尋

譔會宗風當日意庭前蒼檜尚青陰
紹聖二年乙亥季秋月二十有二日京兆薛嗣昌亢
宗題　住持賜紫僧紹利立石
又石橫廣二尺七寸四分廣二尺二寸五
分十四行行十字十一字不等正書
詩四十字留題草堂逍遥寺
南幽從事權縣事李章上
羅什留眞嗣重扉掩碧松鄰僧來紫閣遠逕接圭峯雨
氣晴先潤庭陰午後濃依俙祖師意瘦倚一枝筇
百堅紹聖二年秋九月到宮奉祠　高觀神廟過逍
遙寺主僧紹利出　先人中散昔權邑日留題今而

獲覽不勝悲悼恐歲月之久將遂湮没謹刊於石男

宣德郎知縣事百堅敬題

此紹聖中刻詩未甚趍字亦平乃李百堅以子知其父所權之邑以數十年後覩其留題之章而刻之石惟時覩還跡在存亡惝怳真如見之亦可悲可喜之奇也墨林快事

按薛嗣昌乃薛向之子紹彭之弟也傳稱其以吏材奮崇寧中歷熙河轉運判官梓州陝西轉運副使而不詳崇寧以前所歷何官此題在紹聖二年不署官位或未入仕時也李百堅亦以是年來知鄠縣事見其父章之詩題而刻之惜父子俱無傳可攷

王公儀碑銘

碑高九尺七寸廣四尺六寸三十八行行七十四字正書篆額

宋故左中散大夫知涇州軍州事兼管內勸農使上柱國清源縣開國男食邑三百戶賜紫金魚袋王公神道碑銘并序

□□郎提舉利州路常平等事飛騎尉借緋王森撰

朝奉大夫都大管勾成都府利州陝西等路茶事兼提舉陝西等路買馬公事權管勾秦鳳路經略安撫□總管司并秦□公事上輕車都尉借紫宋構書

朝奉大夫充寶文閣待　制𢓣原路經略安撫使兼馬步軍都總管兼知渭州軍州事及管內勸農使上柱國□張縣開國男食邑三百戶賜紫金魚袋呂大忠篆額

天下之達道五君臣父子夫婦昆弟朋友是也天下之達德三智仁勇是也道之達者常由之路也德之達者所以行之之輿也智足以知之非仁無以守也仁足以守之非勇不能行也是三□盖常相須而成則不惑不憂而至於無懼雖任之有輕重行之有近遠然各資其道以盡其分故載於中庸而謂之達德中庸鮮克久矣盖未之見也今見於　王公其資道盡□而近於達德者歟　公世爲岷州長道白石人生天聖元年二月十五日己酉曾祖珪祖維嵩皆以令望稱鄉里盖君子之𠍴也父振尤能傾貲待士以教諸子故諸子相繼而仕於朝遂累封官至司空而列三公之貴人以爲能知義方者矣　公即司空公之第六子也幼而穎秀不爲戲弄長而嚴整望之峭直曾未髫齓以童子舉被召□□□侍傑然自立又中慶𦳝六年之詞科調官之初掌京兆府興平縣之版籍府史以　公

尚少而易之嘗試以隱訟　　公即與奪無滯也府
郭之民生產之厚薄貧富之次第久不能口口口口
　公定之遂得大均之法有婦人者死而不明几欲
掩瘞而　　公視其鬓親以手捏而得巨釘人服其
神明而死者可無憾蓋始見乎明辨不惑勤邮物隱而
無勢利之憚也自茲入口口歲所蘊故所至有能名而
薦者亦交於公上矣移河中之河西令河西居府城下
庫有繒帛之失陷者長吏訐主庫吏則曰府僚上下均
口貸數獨河西令不預焉衆雖口而上官嘉之其清節
又始口於河西也不惟心服於人名公亦多叩其所以
爲治之術用梅公摯七人薦改著作佐郎知鳳翔之岐
山縣三府之縣皆繁邑也五陵豪俠之風習染猶在由
公以束吏愛民之故不勞而政平訟理民到于今思之
其後子舍有過其邑者亦懽呼喜曰　　王公之子
也猶周人之思愛及甘棠古人曰況其子乎正謂是矣
其得民如此遷祕書丞就知渝州巴縣蠻族屢爲邊患
舊每議事必嚴武備　　公至則一以常禮會于境
上宣諭　　朝廷恩信夷心感服縣多大姓有杜
生者擅置官刑笞撻僕隸至死而郡胥受賄不直其訟
川峽風俗大率貪細無赴愬之地　　公口禽贓吏

然後白守而推治之豪右歛迹非不畏彊禦不克至是
遷太常博士通判耀州賜緋衣銀魚州有白渠歲起利
夫以治之且盜水爭競或擲瓦礫以害邑官或至殺傷
以起大獄　　公董役口口省丁萬計而後無水訟
　英宗皇帝入繼大統舊勞于外及其即位
庶政厲口遂用　　公爲御史推直官委决留獄多
稱明允加屯田都官皆外郎也　　神廟登極
再加口方員外郎遷屯田郎中謀殺從按問自阿雲謀
夫始會　　公首嘗詳定則曰法無許從之文出知
商州州居山百貨叢委往時爲吏者或多牟漁於下且
圭田無藝　　公則一切蠲減之官吏亦縮手不敢
取自邑至郡皆興學校轉都官郎中求領南郡之御史
臺改除知池州轉職方郎中知口元府會瀘南用師慎
選守臣　適以　　公知資州兼梓夔兩路兵馬事止
造舟之役以惜民力供饋不乏而下不知擾去有遺愛
咸願建碑以紀在民之德先是兵馬事委武臣以
　公之至適復帶知遂州遷朝議大夫賜佩服金紫封
清源縣開國男食邑三百室　　今上即位加
中散大夫除知涇州用大臣薦改除夔路轉運使施州
幸則殺降累効不就　　詔公按之得其情復蹠以

有邊功乞薄其罪　口廷從之繼請便郡得鳳翔
府劇撥繁劇庭無留訟加左中散大夫上柱國還　朝
除知邠州未朞移知涇州方議置帥遽以告老聞命未
下而以元祐八年十二月二十二日甲子終於官舍享
年七十一用九年三月十三日甲申葬于白石之西原
從先司空之兆禮也先娶李氏觀察使士衡之猶子贈
金城郡君次娶劉氏工部尚書渙之子贈和義郡君次
娶李氏中散大夫舜卿之子今封隴西郡君男子七人
嘉禮雄州防禦判官嘉謀通直郎嘉猷宣德郎嘉錫太
廟齋郎嘉問嘉言嘉瑞皆假承事郎女子四人長適承
議郎司馬元次適進士黃本道次適內殿承制姚宏次
適蘄州法曹李敏思孫男八人儔假承務郎壽壽宗壽
知常三尚幼孫女十人長適主簿張濬餘皆在室惟王
氏世爲王者子孫之後其姓亢著散之天下而
公家世以貲高於西方惟西方之彊稟金氣之義人多
尚武而　公家伯仲以文顯於　朝廷非
積行之後曷以蕃衍盛大至　公而顯耀門戶如
此其光實　公識明而濟之以學性厚而充之以
仁忠於國而孝於家利於人而愛於物其持身也以儉
其行己也以恭其勤足以幹事其淸足以厲俗見義可

爲也則有不奪之志臨事而懼也則有不懈之心然且
不競不絿孤直少與雖服賜三口勳口口口莫非挍資
循格而恬無躐等之榮故盤桓郡寄一爲路使而已復
請麾無力小任重之虞有器傳近用之歎此又樂天知
命難進易退之高風也所以夙夜在公施設注措者詎
可一二爲　公道亦見於誌銘者此不復書初
公爲商州方　朝廷患天下之事承平歲
久有偏而不起之處　主上慨然思欲振起
而鼎新之迺尊用儒術曠然大變首差役之議推散斂
之術使者相望交於道路責在郡縣專奉　新法
公於是時不比不異採偏補弊歸於中道而已森亦
方以屬邑主簿事　公而屢委之以數邑之法敎
一薦之又薦之寔受知於門下者爲亢厚曁　公
捐涇州之館舍其諸孤以書抵余曰先子平生事業君
知之爲詳不孝無以荅昊天願假忱詞以垂不朽余旣
復書以慰且勉之曰古人有云孝子之親沒當求仁者
之粟以祀之夫祀時思也尚求粟於仁者況顯揚先烈
刻之堅石不求諸當世聞人則何以昭示前烈取信後
世重爲先府君羞敢以固辭又書見諉且遣其昆弟以
來曰當世前古固有名聞之士載於論譔然闇諸禮曰

無善而稱之是誣也伊欲昭示先烈取信後世莫若無愧於泉下則當求知者以紀其實故禮又曰有善而不知不明也知而不傳不仁也今以雄州防禦推官郭拱狀其行事編次本末不敢以片言隻字序誣我先子且於　格得之君盍許我乎義不獲避則應之曰諾遂序其本事表於隧而銘之曰　有宋達德君子

王公諱公儀字子嚴之碑銘曰

惟西方之鎮兮其山曰岷　惟少皞之氣兮是爲肅辰

惟金神則義兮俗尚多武　惟王氏之子兮家聲富文

惟司空之教兮能大其後　惟上柱之生兮克材以秀

第循良之效兮著見于有勇之仁　無縣歎之聲兮有愷悌之在民　我政兮如神　我澤兮如春　道之遠兮任之宜重　器之傳兮止於近用　爲上以德兮爲下以恩　不在其身兮或在子孫　岷之山兮峻極于天　岷之水兮渕泉如渕　豐碑道傍兮聊紀歲年　天渕可平兮名不愧乎永傳

紹聖三年歲次丙子五月庚寅朔十二日辛丑建

天水□□鐫石

按王公儀世爲岷州長道白石人宋史地理志岷州屬熙河路長道縣熙寧七年自秦州來隸而無白石字岷州今屬甘肅鞏昌府長道縣今改爲禮縣屬秦州此碑撰者王森書者宋構史俱無傳篆額者吕大忠字進伯大防之弟傳稱其紹聖二年加寳文閣直學士知渭州此碑結銜充寳文閣待制碑刻於三年故不同也公儀亦無傳碑文稍冗泛但敘其葬兗獄有婦人死而不明視其髮得巨釘入服其神明死者無憾此一事差足采也碑書臣字俱小字旁注挪見于此又敘其生年月日及女子之嫁者詳其婿家皆從前碑銘所略者又諱字不書文内特於敘末銘前别爲銘曰有宋達德君子王公諱公儀字子嚴之碑此例亦他碑所無

關山雪月詩

石横廣三尺八寸高三尺六寸五分十四行行十五字行書在隴州大佛寺

成都宋構承之紹聖丙子歲按部過隴山偶題以補樂府之闕

關山月關山月千里寒光射冰雪一聲羌笛裂青雲隴上行人腸斷絶腸斷絶兮將奈何爲君把酒問常娥冰輪桂魄圓時少應似人間離别多

右關山月

關山雪關山雪遠接洮西千里白試登隴首瞰八荒表

裏高低都一色日高融液流車轍凍作堅冰敵不裂旱
晩春風動地來消盡寒威百花發
右關山雪
監郡扶亭王希聲器之
郡守河南韓渥承之立石
右關山月關山雪詩題云成都宋構承之紹聖丙子
歲按部過隴山偶題按宋史不立構傳而東坡集有
送宋構朝散知彭州迎侍二親詩施元之注宋彭州
名構紹聖間爲金部員外郎是時都大提舉川茶事
陸師閔移漕陝西謀代之者曾子宣李邦直僉曰宋

某可遂使權都大管勾玫熙寧中設成都茶司其後
改名都大提舉茶馬司凡市馬於蕃夷以茶易之此
刻於紹聖間構雖管勾川茶而市易常於秦隴故有
按部隴山語 潛研堂金石文跋尾

蘇氏墓誌

石高四尺廣三尺八寸八分二十六行行二十五字正書在江寧府祈澤寺

宋仁壽縣君蘇氏墓誌銘并序
承議郎句當亳州明道宮劉次莊撰并書
次莊少時先人遇客名儒必奉卮酒拜慇懃講儒學事
列次莊昆弟侍冀得萬一教訓其中故湖北轉運使秘
閣校理趙大夫公揚於次莊輩家獎傷誨勵後公迎婦
廣西往來道長沙益爲曲折熙寧中公通判潭州次莊
爲屬縣尉公諭次莊士當自奮拔卽教上書
天子因召見留中都紹聖四年次莊來居陳公之 夫
人仁壽君適卒於陳之項城其子將護 夫人之喪祔
靑龍山校理之墓論譔次莊職也謹誌而銘之
廣西轉運使贈禮部侍郎蘇公安世慶曆中以三司戸
部判官治歐陽脩兗獄白脩無罪以此名聞天下丞相
王文公嘗誌其墓曰蘇君一動其功於天下豈小也哉
夫人其季女也少喜誦詩書黃老之言趙氏名族及

歸以敬肅範儀其家兒女子稍長校理與夫人共訓導
使學不得怠弛趙疏戚有女失怙恃 夫人取之養育
迨笄爲具資嫁表姪梁傳無所倚仗與之娶致貧祿得
祿交趾陷邕州裨將死其妻脫身丐食北走至邵陵
夫人厚撫遺襄送千里還其家太原郡君王氏其子敗
官客商水乏食歲時爲賑活平生囊無餘資槩以此存
守吐納鍊氣服餌之術 夫人悉曉通之晚復究明性
相寂滅之理紹聖四年十月十四日將奄棄疊足屈指
若釋氏結印狀神色凝定沒七日家乃斂子三人昫
德順軍司法叅軍蠓朝城令岍項城尉女三人適長社

尉毛球宣德郎知長安縣陳祐通直郎知邵州張諤云
銘曰
蘇世武功　裔于蠶叢　蜀亡其東　有顯秩宗　廼
生淑女　峻厥軌度　橐解不儲　職施之故　宅彼
高崗　雲木蒼蒼　以永其藏　莫窒其光
右仁壽縣君蘇氏墓誌湖北轉運使祕閣校理趙揚
揚字不全之妻廣西轉運使贈禮部侍郎蘇安世之女也
慶歷中歐陽永世以孤甥事爲言者所訐安世爲三
司戸部判官直其寃以是知名而史不爲立傳王制
公爲安世墓誌云女子五人其適單州魚臺縣尉江

山趙揚者即仁壽君也劉次莊元祐中御史嘗模刻
閣帖於臨江軍又爲釋文十卷行世顧其書世不多
見此誌特完好文與書法皆可觀在江寧城外祈澤
寺壁間 潛研堂金石文跋尾
按蘇氏爲趙揚之妻揚爲抃之弟史無傳抃有二
弟一曰抗一曰揚皇祐間抃爲江源令縣有江瀆
治廨北來圃亭堦廡間環迴旋繞公暇事休抃與
抗揚坐東軒樂然盤桓引流聯句抃爲序并詩並
見名勝志揚三子岣嶁岍書譜引陳田夫南岳總
勝集載趙岍徽宗時人移建本命碑大觀二年三

月通直郎權潭州通判兼軍州事趙岍文并書此
碑作於紹聖四年岍初官項城尉也此文先叙次
莊與揚交涉始末於前然後别起爲誌銘之序而
系以銘詞亦與他誌别

游師雄墓誌

石高廣俱四尺九寸一分六十八行行六十七字正書在長安

宋故朝奉郎直龍圖閣權知陝州軍府兼管內勸農事
兼提舉商虢等州兵馬巡撿公事飛騎尉賜緋魚袋借
紫游公墓誌銘
朝請郎直祕閣知潭州軍州兼管內勸農事兼荆湖

南路安撫充本路兵馬鈐轄驍騎尉賜紫金魚袋張
舜民撰
朝散大夫直龍圖閣權知秦州軍州兼管內勸農事
兼權發遣秦鳳路經略安撫使兼馬步軍都總管公
事騎都尉賜紫金魚袋邵龢書
端明殿學士中散大夫充涇原路經略安撫使馬步
軍都總管兼知渭州軍州事管內勸農使上柱國賜
紫金魚袋章楶篆蓋
公諱師雄字景叔姓游氏世居京兆之武功曾祖永清
祖裕皆潛德不仕考光濟始爲大理寺丞贈朝請郎公

爲兒時不妄戲咲聞弦誦聲則悅而慕之授以書如夙
習握筆爲詩語已清拔年十五入京也學益自刻厲蚤
暮不少休仝舍生始多少之已而攷行試藝屢居上列
人畏敬無敢抗其鋒橫渠張載以學名家公日從之游
益得其奧由是名振一時豪俊皆慕與之交宿望耆德
爭相引重治平元年鄉舉進士第一遂中其科授儀州
司戶叅軍郡委公以學校公徙而新之士皆就業其後
登科者繼踵丞相范公爲轉運使聞而薦之於是使者
識與不識爭薦其能忠獻魏公在長安遣公貲芻糧築
熙寧寨及使相視棄燓會胡盧河定西三川之地復中

利病魏公愛其才蔡挺師涇原以公權管勾機宜文字
熙寧四年遷德順軍判官時初議役法常平司以公相
度秦鳳路公條畫甚多其後　朝廷下陝西役法悉用
其說韓康公爲宣撫委公同提舉常平劉琯往鄜延與
主帥措議戰守之策初琯欲自延州入安定黑水堡過
綏平寨地逼賊境公疑其有伏請由乇道已而諜者至
言西夏嘗伏精騎數千於黑水傍伺其過掩之將詰以
機事琯驚曰向非公瞑於虜矣趙卨帥延安以公權管
句機宜文字夏人將擾邊時鄜延之兵與戰具悉爲保
安囉兀二將所分據自延州龍安以北諸寨無屯備卨

患之公爲謀蒐義勇以守且聚石於城上以待寇夏人
聞其有備遽引兵入麟州豐荒堆三泉而歸韓康公嘗
遣公按視囉兀城撫寧和市公言囉兀無井泉撫寧在
平川皆不可守康公然之未幾撫寧果陷賊中囉兀終
棄而不用丁母艱服除充鄜延路經略司勾當公事復
從趙卨之辟也熙寧七年河溢壞永寧關寧和橋商賈
道絶河東之粟不入於鄜延有　詔治橋甚急議者謂
石岸險用力多非期以歲年不可就公往經度兩月而
成人皆服其神速時旱甚卨委公以行諸壘振貸公使
弓箭手漢蕃戶磨鎧運石浚溝完壁計口而授粮人無

殍亡邊備因之以固八年王師征安南趙卨爲宣撫招
討副使首辟公舍于同文館卨方廹　奏稟不暇省文
檄皆倚公以辦王韶爲樞密副使謂卨曰幕中得士良
可賀也軍將行聞父憂有　旨給告百日復赴軍公再
以終喪凡三被　詔懇辭乃免卨之行與主帥郭逵議
不協公憂其無功悉以書勉之其後皆如所料服除辟
潁州團練推官秦帥呂大防辟充管勾機宜文字　朝
廷命徐禧計議邊事禧持議不同大防遣公往條白禧
悅其言留之數日邊議始合禧歎曰諸幕府如游君復
何慮元豐四年王師問罪夏人轉運副使李察辟公句

當公事軍駐靈武餽餉之計公力爲多陞忠武軍節度
推官充涇原路經制司勾當公事未幾以疾辭歸趙高
帥慶陽再辟公管勾機宜文字環慶當用兵之後扶傷
補弊師壯民安皆公之贊畫高移延安范丞相代之留
辟事無巨細一以付之元祐元年改宣德郎除宗正寺
主簿　朝廷以夏人久爲邊患思有以懷來欲以四寨
歸之未决執政以公習知西邊事召問之公曰四寨
先帝所克所以形勢夏人者也　上當守而勿失奈何
輕以畀人且割地以紓邊患不唯示中國之弱將啓蠻
夷無厭之求四寨既予瀘南荆粵如有請者亦將予之

乎非特此也若燕人遣一介之使奉尺赤之書求關南
十縣之地者又將予之乎六諸侯割地以餌秦當時猶
以爲耻安有以天下之彊盛而棄地以悅夷狄者哉因
進分疆語錄二卷而主議大臣不聽卒棄四寨夏人夷
其地而不有侮侵加前二年春遷軍器監丞夏四月吐
蕃寇邊其酋長鬼章青宜結素號桀黠熙寧中陷河州
踏白城殺主將景思立者也元祐以來例行姑息因乘
問脅屬羌結夏賊爲亂謀分據熙河　朝廷患之擇可
使者與邊臣措置僉以公行公奏以謂奉使絕塞兵謀
軍勢間不容髮俟中覆則失於機會欲如古者大夫出

疆之事　上允其請許以便宜從事公既至諜知西夏
聚兵于天都山前鋒已屯通遠境上吐蕃之兵欲攻河
州鬼章又欲以別部出熙州公將先發以制之告於熙
帥劉舜卿舜卿曰彼衆我寡奈何公曰在謀不在衆闘
智不闘力此機一失後將噬臍儻不濟焉願爲首戮議
三夕而後從之廼分兵爲兩道姚兕將而左破六逋宗
城斬首一千五百級攻講朱城斷黄河飛橋青唐十万
之衆不得渡种誼將而右破洮州擒鬼章及大首領九
人斬首一千七百級餘衆奔潰溺死者數千人洮水爲
之不流遺鎧仗芻糧數万於是奏捷曰臣聞憺天威震

皇武所以討不庭也今西夏援策而弗謝輒陰援吐蕃
鬼章結釁搆姦欲爲邊患臣與宋帥合謀將義兵行天
誅頼　陛下聖神陷陳克敵斬獲以万計生擒元惡係
送　北闕下願戮尸藁街蠻夷邸間以示万里書奏百
寮班賀遣使告　裕陵　朝廷欲厚賞公而言者謂邀
功生事必開邊隙甚則欲坐以擅興遂薄其賞止遷奉
議郎賜緋先是青唐酋長來告主師曰董氈死阿里骨
祕不發喪許以爲嗣當立請封於　朝廷已而復殺董
氈妻心牟氏因温溪心部族首領國人怨之若中國以
兵問罪於境上當煞阿里骨以獻願立董氈之後以安

國人主師木納公方使而聞之喜曰此天賚我也以利
害上於朝且曰若遣趙醇忠於青唐城依府州折氏世
受封爵則西方可保百年無變矣會鬼章就禽其事遂
寢出爲陝西轉運判官行郡邑則首興庠序過田里則
親勸農桒新驛傳四十餘區輪奐之美甲於天下自周
秦已來古迹之堙沒者皆表之以示往來鑒故關山道
爲坦途便熙秦之飛輓長安之北涇陽櫟陽沃壤千里
而水不浸灌公教民浚溝洫引涇渭之流於是溉田數
千頃自陝以西水利之興者復万餘頃民賴其惠熙河
地不種粟粟由它道往者常高其直而後售而馬亦病

於無草公以粟與農具給漢蕃曰民而教以耕種之法
不數年所收富於內地又課邊人種木所在森蔚其後
公私材用皆取足焉五年移秦鳳等路提點刑獄公事
遷承議郎加武騎尉完郡縣之獄且授以唐張說獄箴
使置之坐右朝夕省觀盡心於聽訊買書以給學者開
大散關路利巴蜀之行人自　朝廷棄四寨之後熙河
與夏人分疆至是未決命公往視之具利害以聞由是
形勢之地皆爲我有六年夏賊寇涇原復入熙河殺掠
甚衆公上疏曰元豐以托土爲先故進築之議略元祐
以和戎爲務故進築之議廢今蘭州距賊境一里而通

遠軍不及百里又非有重山複嶺爲之限障犬羊之勢
得以潛窺而輕寇邊民不安其居者屢矣宜自蘭州定
遠城東抵通遠軍定西城與通渭寨之間建安遮納迷
結珠龍三寨及置護耕七堡所以固藩籬使寇至而不
可犯此邊防無窮之利也疏入不報公又論士民之親
死而不葬寓骨於佛舍歲久暴露於風教有傷宜立法
以禁之其貧而死於道路者願委郡縣給閑田以聚葬
如周官墓大夫之法又言州郡奏疑獄下其案於刑部
大理寺往往歷歲時而不降淹獄緩刑宜有以督之又
上役法廿條　朝廷多行其說七年召拜祠部員外郎

言天下祠廟多頹弊春秋薦享牲瘠酒漓非所以敬鬼
神嚴祭祀也願申戒州縣改工部員外郎鄜延闕帥
上欲用公御延和殿諭宰執　上三問不荅既而對以
資淺姑俾使以待之適除公集賢校理權陝西轉運副
使同列欲變民租爲錢意在收羨餘以獻公面折之曰
五路宿兵以待偷反令輸錢錢可食乎借若稸藏盈積
而倉廩空虛邊陲有警師徒霧集君能任其責耶同列
無以應內州兩稅支移於邊者民常以爲病公爲奏曰
在昔邊土不耕仰粟於內故設支移之法今沿邊之粟
既多糴之軍食自足宜令內州稅戶隨斗升計地里輸

郷乗錢以免支移之勞旣可以休民力又可以佐邊用
公私便之九年遷朝奉郎加雲騎尉以疾丐郡有　旨
免按行以自養猶上章堅請乃㫖赴　闕　上謂輔臣
曰有自西方来者言游師雄已安旦夕當至矣輔臣初
皆不知及將　陛見班當第四　御筆陞班第一旣賜
對　上顧謂曰知卿所苦已安殊可喜也公方謝　上
又曰洮州之役可謂奇功假賞太薄耳公對曰平黠羌
執醜虜皆上稟　睿筭臣何力之有焉叨被寵光實已
過其分矣但當時將士奮命力鬬而其勞未録此爲可
惜因陳其本末又奏元祐中嘗議築汝遮等寨　上皆

然之復面諭公將付以邊閫公辭以疾乃除衛尉少卿
上數問公邊防利害公卽具慶曆以来邊臣措置之
臧否廟堂謀議之失得及今扞禦之切務凡一十六事
上進曰紹聖安邊策紹聖二年懇求外補以公知邠州
未幾改守河中府時河中久旱公入境天卽大雨民皆
歡謡又自中條山下立渠堰引蒼陵谷水注之城中人
賴其利三年春遷直龍圖閣權知秦州兼權發遣秦鳳
路經略安撫使兼馬步軍都總管加飛騎尉方及境被
旨攝帥熙河時夏賊寖延州塞門寨諸路皆屯將兵
於境上以防不虞久而寢罷公至則命解嚴徹備以休

士卒已而虜亦不犯人皆服其持重西鄙自破洮州之
後如于闐大食拂林邈黎等國貢奉般次道常不絶
朝廷憚於供賚抑留於熙河限二歲一進公奏曰夷狄
慕義万里而至此太平之盛事漢唐欲之而不得者今
抑之使不卽朝於　闕下恐非所以来遠人也　朝廷
從之於是異國之使接踵於中都焉夏五月　朝廷遣
使與熙河涇原秦鳳之帥合謀以制夏國使者銳於成
功意在討擊公以謂宜且進築城壘以爲藩衛席卷之
師未可輕舉因上疏論列不報而使者日持攻取之說
以廹公公度不可其事迺三上章求引避六月被　命

還秦再求內郡移公知陝州其後使者悟攻取之難卒
用修築之議如建汝遮寨金城關皆公已陳之策也四
年自陝及雍大旱公日夕齋戒禱雨已而霑霈境內獨
豐民無流徙而旁郡飢殍相枕於溝瀆陝當西道之衝
兵民繁夥使傳旁午爲守者憚之公撫治有經應接多
暇不見其勞擾居無事時常親至學舍執經講問以勸
諸生七月六日以疾卒於治享年六十公初寢疾有星
殞于州宅思邵堂下光熠爛赫不數日而終人咸異之
公娶張氏承務郎程之女封仁壽縣君賢淑有婦道先
公六年卒子八人靖前河南府左軍巡判官管勾書寫

秦鳳路機宜文字竝議竚諫皆舉進士端翊郎奴早夭
女一人適前蔡州遂平縣尉李圭孫男四人孫女一人
尚幼以其年十月丁酉葬于京兆府武功縣西原鳳凰
岡之先塋以仁壽夫人祔焉公有文集十卷奏議二十
卷藏於家公幼喪母東陽縣太君習氏惸然悲啼人不
忍視及事繼母江陵縣太君楊氏尤以孝行著於里中
嘗侍疾衣不解帶者累月既執喪毀瘠過制朝請君歿
于延安公被髮徒跣躬負其櫬而歸行路爲之傷惻友
愛其弟師韓甚篤嘗遇　明堂推恩不奏其子而以師
韓爲請　朝廷雖不從而人皆義之不喜聚貨財廣田

宅爲子孫計獨以賙給親舊爲心族人生無以贍死無
以葬者皆公是賴故卒之日家無餘貲從官二十餘年
率常在邊塞其蕃漢情僞將佐才否以至熟羌生界住
坐山川險易種落族姓靡不周知拊循勞問下逮孩幼
故遠蕃之人莫不懷附及攝鎮洮羌人懽呼爭迎於境
上比其去漢蕃士卒泣訴于走馬承受曰爲我聞　朝
廷使公且留此所至民尤愛戴其歿也陝民號慟如喪
其所親而蒲人之哭奠者相屬於路羌酋邊卒舊將故
吏多繪公之像而事之者其後于闐之使入貢必過公
之墓而祭之其得人心如此公恢廓敦文不事邊幅滴

然莫窺其涯遇人接物未嘗忤其意至於論當世事則
毅然正色辭勁而不撓雖　人主前亦不阿合左右方
恐懼而公言益亹亹臨危難不顧其身嗚呼才猷器識
度量風槩瑰奇卓絕如是而不得盡所蘊焉可不爲惜
哉銘曰
游本姬姓吉與子鄭元魏靖侯儒風聿修倏倏于禩典
刑孰繼凝生陝州文武之器文則華矣其武伊何矢謀
于軍書勞實多在昔熙寧鬼章方命　先帝不誅以
待　嗣聖　嗣聖繼明公初請纓指蹤將士機發
雷霆既破洮州仍執醜虜告慶　廟陵百寮蹈舞窮髮

鬼區讋我　皇武桓桓奇功焜燿海寓乘軺關隴剖竹
蒲幽省曹卿寺出入掩紳忠以利國仁以愛民其所施
設同風古人懔彼夏羌屢齧西境公提將符嶽立山挺
忽從一邦志不獲騁乃令犬羊偷保要頸大勳不遂非
公獨然廉頗去趙樂毅離燕惟有令名炯如星懸刻銘
幽宮萬世哀焉
　京兆安民安敏姚文安延年摹刻
仲恭從學于蔡魯公京京教仲恭學沈傳師遂自名
家鐵圍山叢談
仲恭書秀有餘而老不足姑溪集

游公表章古蹟自周秦以及唐無不有題識至今尚存焉志亦云然志多與史合葢修史時采志語入也志張舜民撰頗盡闡揚之致書者邵𩨔清圓秀勁大足名家所可恨者傷佻耳其書只尺作只赤赤與尺通楊用修以尺牘爲赤牘本之禽經雉上有丈鷃上有赤王元美又引華山石闕云高二丈二赤平等寺碑云高二丈八赤而疑其隱僻欲改作尺據此志則宋已多用之非僻也石墨鐫華

游先生墓志雖言與横渠游而不言受業疑非弟子然其文則張公舜民其書則邵公𩨔其篆則章公楶皆元祐黨人之同举而所鐫工人爲安民尤可珍乎方修宋儒學案得之爲之喜而加食鮚埼亭集

右游師雄墓誌題云宋故朝奉郎直龍圖閣權知陝州軍府陝州稱軍府不云軍州者陝爲大都督府故也文獻通攷大中祥符六年詔龍圖閣學士直學士結銜在本官之上此碑惟章楶以學士結銜在散官上師雄舜民𩨔皆直閣故結銜在下宋史職官志安撫總一路兵政以知州兼充太中大夫以上或曾歷侍從乃得之品卑者止稱主管某路安撫司公事楶以侍從故得充經略安撫使𩨔但稱權發遣安撫使公事亦不正授之稱也潭秦渭三州守臣並帶安撫使舜民𩨔以知州而兼安撫楶以安撫使而兼知州結銜前後互異亦正授不正授之分也潛研堂金石文跋尾

師雄横渠弟子治平元年舉進士爲儀州司曹參軍自治平迄元祐二十餘年皆在邊帥幕府始因范忠宣薦韓魏公委督築熙寧寨糧餉後歷蔡挺韓絳劉琯趙卨諸幕而在卨幕最久元祐以後屢經遷轉十餘年始徙知陝州而公已殁矣神哲二宗知之未爲不深也而卒不得大用此議者所以有用不盡才之恨歟宋史西夏傳載秉常嗣國後二十年中凡屬戰守之事得失具見合此志攷之大略出之師雄者居多余集陝省金石目錄見晋遺筆跡幾至廿種其才略風概瑰偉卓举宋世少其儔匹採録之餘令人企慕久之關中金石記

按此誌石方廣約五尺文約四千字宋人墓誌之制寬廣而繁冗如此撰者張舜民傳載字芸叟邠州人由通判虢州提點秦鳳刑獄召拜殿中侍御史改金部員外郎進祕書少監使遼加直祕閣陝西轉運使知陝潭青三州此文是知潭州時作也書者邵𩨔書史會要稱其字仲恭丹陽人官至直

龍圖知蘇州工正行字體淸勁此碑結銜知秦州當是知蘇州之前也篆者章楶傳載字質夫建州浦城人累官江淮發運使哲宗訪以邊事對合旨命知渭州俘獲夏統軍嵬名阿埋西壽等哲宗爲御紫宸殿受賀累擢樞密直學士龍圖閣端明殿學士其篆蓋正在此時游師雄東都事畧宋史皆有傳全採此誌有損無增事畧採之最簡惟云師雄字景升與誌之作景叔者異是事畧訛也史傳所採較詳而間有誤處如誌云鬼章又欲以別部出熙州史誤作出熙河熙與河是二州是時吐蕃

欲改河州鬼章又欲出熙州不得云鬼章又欲出熙河也誌云今蘭州距賊境一里史作距賊境一舍一舍是三十里見左傳注史似以其過近而改也建汝遮納迷結珠龍三寨史作安遮權陝西轉運副使史無副字及今捍禦之切務凡一十六事史作六十事皆不能定其孰是被旨攝帥熙河史作熙州時熙河蘭岷路置經畧安撫使稱之曰熙河帥槩括之詞不得单舉熙州也公有文集十卷奏議二十卷傳旣不載藝文志亦未見則[illegible]也傳載師雄事蹟多詳邊功而於善政槩不敘及如誌云公謂士民之親死而不葬寓骨於佛舍歲久暴露於風教有傷宜立法以禁之其貧而死於道路者願委郡縣給閒田以聚葬如周官墓大夫之法此則澤及枯骨之仁也自陝及雍大旱公日夕齋戒禱雨已而霑霈境內獨豐此爲民請命之誠也皆可爲守土法豈宜槩削又云年十五入京兆學入學二字始見於此軍將行聞父憂有旨給告百日復赴軍此亦守制百日之始事雖瑣細不可盡畧也故爲拈出之

金石萃編卷一百四十一終

金石萃編卷一百四十二

賜進士出身　誥授光祿大夫刑部右侍郎加七級王昶譔

宋二十

郃陽縣戒香寺碑

碑連額高五尺二寸五分廣二尺七寸四分二十行行三十字連額並正書

郃陽縣重興戒香寺碑

近據臨洽鄉百里社僧文才陳狀元係河中府榮河縣開元寺十王院授業於紹聖貳年拾壹月中巡禮到同州郃陽縣臨洽鄉百里社本邨全社人張志用等請文才住持本社古蹟有額

戒香寺壹所初見本寺名額年歲深遠累經霖雨損壞了碑額欲乞移牒本州造帳司勘會本寺從初係省帳幷

勅賜名額照憑出給收執所貴久遠住持伏乞指揮尋行勘會得僧文才住持戒香寺别無違礙及打錄到本寺舊來開元拾貳年　戒香寺碑文尋牒造帳司照會去後郃准本司牒稱尋將累年申　省僧道等文帳照會得上件

戒香寺係古蹟常住地土房舍

勅額存留　檢准天禧貳年四月貳拾柒日

赦勅節文係帳拘管請將前件置碑　及重興

勅賜年月日照會仍請指揮前件僧文才等常切看管住持及自今後依例供申僧行文帳施行

右給重興公據付臨洽鄉百里社張志用并僧文才等同共住持上件

戒香寺每年供申僧行文帳施行

紹聖四年拾月拾六日住持戒香寺主僧文才并書

縣尉武　右班殿直監酒稅權主薄陳　宣義郎知縣事口　朝散郎通判知軍州事鄭　本寺地一頃下院豆莊興善寺地四頃余

朝散大夫充寶文閣待制知軍州事呂

紹聖五年四月初八日立石記　刻字薛隱

韓宗厚墓誌

石高廣俱三尺九寸三十七行行三十七字正書在許州

宋故承議郎充慶成軍使兼知河中府榮河縣及管內勸農事驍騎尉賜緋魚袋韓府君墓誌銘

朝散郎前通判永興軍府兼管內勸農事兼陝西制置解鹽司句當公事上輕車都尉賜緋魚袋朱光裔撰

朝請郎充集賢殿修撰知鄭州軍州兼管內勸農事

兼京西南路安撫司公事上柱國賜紫金魚袋杜紘
書
朝請大夫管句西京嵩山崇福宮上柱國賜紫金魚
袋吳安常篆蓋
紹聖元年六月廿九日承議郎慶成軍使韓君卒於官
所享年五十三越四年九月廿二日葬於潁昌府長社
縣嘉禾鄉靈井里先塋之次嗣子狀　君世緒德美抵
予曰　先君之葬有日矣敢請銘尙顯揚於不朽予惟
親友之契不宜以固陋辭　君諱宗厚字敦夫潁昌府
長社人也曾祖諱保樞贈太師開府儀同三司陳國公
祖諱億皇任太子少傅致仕贈太師開府儀同三司冀
國公諡忠憲考諱緯皇任尙書比部郎中知解州贈右
光祿大夫曾祖妣郭氏周氏並封陳國太夫人祖妣蒲
氏王氏並封冀國太夫人母仁壽縣太君李氏故太子
少傅致仕諡康靖李公之女　君以康靖公蔭補太廟
齋郎初任徐州沛縣主簿秩滿授江寧府上元縣主簿
大興水利溉汙萊爲良田者至二千七百餘頃創爲堰
閘視時水旱而均節之民獲其利歌詠載涂丞相王文
公爲守上其狀於　朝以勞應格特轉光祿寺丞文公
知其才事多委於　君以辦治稱知溫州永嘉縣簽書

天平軍節度判官廳公事河決曹郡口水暴至城下危
在漏刻　君建議浚古黃河故道以殺其勢太守而下
畏避不決　君請獨任其事水一夕而涸郡民欒在父
爲人歐傷在往報之更廿五日而卒獄具當抵死　君
曰父被困辱而爲此情有可矜太守嘉其議爲讞於
朝得減死論孫宗者以忿殺人吏鬻其獄罪止於杖
君擿發姦狀卒致於法歲饑詔貸常平種錢有司并給
仕宦之家　君以爲非　朝廷惠養困窮之意不當濫
及遂止簽書鎭安軍節度判官廳公事時有劇賊未獲
捕者利重賞執小盜以告因交通獄吏鍛鍊成罪　君
臨訊立辨其誣爲正其獄後竟獲眞盜一郡稱爲神明
京畿積水爲害議者欲隨勢疏決自陳達於蔡河　君
曰陳地卑下歲苦流潦今又并受衆水是使鄰境爲壑
民必受弊事亦不行　君自光祿寺丞四遷至承議郎
賜六品服娶張氏封仙源縣君再娶朱氏封長壽縣君
男八人理太廟齋郎卒琬郊社齋郎瑛琥未仕餘皆早
亡女四人長適前登州防禦判官劉復次未嫁而卒二
在室孫二人　君天性樂易通敏篤好學問屬文口速
而壯麗可喜有文集百卷藏於家光祿公口館養母夫
人左右順適得其歡欣歲時甘珍之奉雖遠必致　君

之亡也母夫人悲思曰天奪我孝子矣韓氏大家　君
處尊口間曲盡敬愛遇人推誠相與久而益親長於吏
治雖案牘叢委一視察其隱伏吏人畏惕不敢欺屢佐
顯人事有不可者守正不移雖在卑官以氣節自任練
達當世之務嘗上書言元祐間更按問法天下斷獄死
者滋衆請復舊條乞比較州縣獄死之囚數多者行罰
皆根於仁厚之意王文公爲世儒宗樂教育後進　君
嘗執經請益得其精微之旨既輔政同時預丈席者多
被薦擢屢欲用　君而輒齟齬不諧通塞之分豈人力
也哉銘曰

夙稟軼才　自負奇志　訓經儒宗　究極精義　篤
於內行　竭孝奉親　恩均宗黨　愛譽欣欣　當官
而行　弗倚弗比　平反庶獄　建設長利　竝游之
俊　方駕騰驤　君曰不偶　命也何傷　屈於遷用
尚有修名　刻石垂休　後裔其承

潁川古翊刊字

宗厚韓億之孫緯之子東都事略無緯傳故宗厚亦
不見于史按碑載宗厚歷官自光祿寺丞四遷至承
議郎賜六品服所涖之地多能興水利斷疑獄文繁
不具載又云嘗上書言元祐間更按問法天下斷獄
死者滋衆請復舊條乞比較州縣獄死之囚數多者
行罰事皆可傳又云王文公爲世儒宗樂教育後進
君嘗執經請益既輔政屢欲用君而齟齬不諧是宗
厚不附安石尤可嘉尚蘇軾以爲王氏之學好使人
同已化天下皆爲王氏之學一望皆黃茅白葦蓋是
時如宗厚者固少矣杜紘字亦有唐人風格碑云葬
于潁昌府長社縣嘉禾鄉靈井里先塋之次是亦祔
億也今方志亦載億墓而遺宗厚墓中州金石記

按韓宗厚爲億之孫誌云祖諱億皇任太子少傅
致仕贈太師開府儀同三司冀國公謚忠憲宋史

億傳云以太子少傅致仕卒贈太子太保謚忠獻
與誌不同東都事略亦贈太子太保而謚作忠憲
與誌同誌云潁昌府長社人億傳云其先眞定靈
壽人徙開封之雍邱宋史地理志潁昌府本許州
元豐三年升府此誌刻於紹聖四年故稱潁昌府
長社縣是其所屬縣有嘉禾鄉卽韓公葬所然則
史作雍邱人者豈韓億時遷雍邱而其子若孫再
遷長社史不及書歟然何以此誌又不云自雍邱
遷也億有八子綱綜絳繹維縝緯緬宗厚爲緯之
子是億之第七子所出而位不甚顯功業又無可

述故史傳所不及誌云君以康靖公蔭補太廟齋
郎康靖李公爲宗厚之外祖蓋用外祖蔭入仕也
此誌撰者朱光裔書者杜紘篆者吳安常史惟杜
紘有傳字君章由右司郎中大理卿以直祕閣知
齊鄧二州復爲大理卿權刑部侍郎加集賢殿修
撰爲江淮發運使知鄆州此誌系銜則知鄧州時
已充集賢殿修撰傳與誌異也

眞武經

石刻字處高三尺五分廣二尺作三層書每層三十一行行各十七字正書在嵩山

元始天尊說北方眞武經錄文不

宋元符二年歲次己卯正月甲辰朔二十八日辛未
河南宋溥書并立石
武宗孟書　張士寧刊

元符二年宋溥書宋未有名而其書秀雅可觀頗似
趙文敏且嵩碑記絶無小正書錄之嵩陽石刻記

韓宗道墓誌

石高廣並四尺二寸四十行行四十字正書在許州

宋故通議大夫充寶文閣待制上柱國南陽郡開國侯
食邑一千三百戸致仕韓公墓誌銘并序
朝奉大夫充集賢殿修撰知泰州軍州兼管內勸農
事上輕車都尉曾肇譔
朝請郎試中書舍人兼　侍講上輕車都尉賜紫金
魚袋趙挺之書
左朝議大夫寶文閣待制知潁昌軍府事兼管內勸
農使京西北路安撫使柱國吳安持篆蓋
太中大夫寶文閣待制知杭州兼兩浙西路兵馬鈐轄
上柱國南陽郡開國侯食邑一千三百戸韓公諱宗道
字持正年七十有一上書謝事　優詔許之遷通
議大夫　命未至　公卒于位三子曰璩曰瓌
河南府軍巡判官曰珙承務郎皆前死一孫曰郊社齋

郎其弟朝散郎宗直請于　朝往護　公喪既
而枉道過予爲　公請銘予與　公同時爲郎尙
書已而偕爲從官旣故且戚銘其可辭韓氏世家常山
自　累贈太師開府儀同三司奧國忠憲公諱億以
文學起家致位政府始葬其父　累贈太師開府儀
同三司陳國公諱保樞于潁昌府之長社縣遂爲潁昌
人　忠憲公八子二爲宰相一爲門下侍郎一知制
誥　知制誥者諱綜累贈太尉　公考也世德淵
源其來有自至　公三世而盛大光顯實幾百年其
間魁壘傑出爲一時之望者相繼有八至於孝謹恂恂

行稱於家材見於事者亦多可紀　公其一也
公孝友慈祥自少無子弟之過事諸父盡子職不獨於
其親然也其遇人豁然不立畦畛其爲吏廉平無私所
至勤勞公家不簡細故雖貴且老未嘗怠以止也其爲
近侍中立不倚不事夸奪雖有悏心者莫之忌亦莫得
而傳也故在家爲賢子在官爲能吏而在　朝廷
爲良士孔子稱詩之夙夜匪懈又曰無忝爾所生以爲
大夫士之孝若　公可以當之矣初　公以忠憲
公恩補將作監主簿三遷大理評事監潁州商稅務會
汝陰闕縣令號多職田前攝事者垂得口入而州併

公代　公辭不得則過職田期而后往代時
公年尚少衆伏其廉嘉祐四年鏁其廳中進士第知越
州餘姚縣　公仕潁已有能聲至是擿姦宄良治行
益白歷監在京皮角庫簽書彰德軍節度判官事歲饑
請發官粟貸貧民民賴以濟熙寧初知巴州時
天子進用二三大臣鼎新政事　公以名家子有聞
於時近侍多薦　公宜在臺閣大臣亦雅知　公
會　公叔父康國公去相位卽擢　公成都府路
轉運判官兼管勾常平農田水利差役事講議法制必
究利病因革損益視理如何不務紛更不膠舊貫繇是

一時同事者初雖異意卒皆紬已從　公服其平正
而凡有改爲蜀人不知其擾入爲開封府判官復出提
點河北西路刑獄徙淮南路轉運副使兼提舉常平市
易事八遷尚書工部郎中時市易法初行任事者希功
旁緣漁奪　公數裁之不聽則致之于理　朝
廷聞之遣官行視任事者得罪去　公亦徙知盧州
蠧　公當官不撓其守類如此歷知鳳翔府潞州官
制行召爲尚書戸部郎中使契丹還歷太常太僕少卿
尚書左司郎中太府卿元祐三年擢權戸部侍郎均節
食貨號爲稱職眞拜刑部侍郎未幾復爲戸部以寶文

閣待制權知開封府聽決平恕不事苛察守中循理不
苟虛譽歲餘復還戸部五遷太中大夫紹聖初除寶文
閣直學士知成都府以喪子辭求便郡遹以待制知陳
州徙青州兼京東東路安撫使又徙瀛州兼高陽關路
安撫使又徙杭州卒時紹聖四年七月甲子也元符二
年七月十四日葬長社縣嘉禾鄉祔　忠憲公兆
公在朝數言事嘗請擇守令明黜陟以覈能不立嫁
娶喪祭之制使貧富各安其分　詔有司節浮費
興遺利量入爲出以制國用宅所建白類如此有文集
二十卷藏于家　母劉氏追封韓國太夫人妻尋氏

追封許昌郡君一女適祠部員外郎宋景年孫女三人
長適西京伊陽縣主簿宋晟餘尙處銘曰
有倬韓宗　肇自奠公　子孫馮厚　益熾而崇　有
公有孤　曰仲叔季　亦有持橐　從容風議　猗與
南陽　克紹厥世　豈惟勢榮　德亦是似　崛起于
少　吟哦六經　出偕寒儁　擢第王庭　迺使四方
　明國若否　迺將八州　宜民父母　地官之亞
天府之長　在人無非　在己無枉　旣果於退　亦
全其歸　命書在道　歿有光輝　潁川之郊　其原
膴膴　胥矣無怍　往從父祖

宗道韓億之孫綜之子東都事略韓綜傳云子宗道
元祐初爲戶部侍郎寶文閣待制餘無所及宋史亦
同碑述宗道在朝數言事嘗請擇守令明黜陟以覈
能不立嫁娶喪祭之制使貧富各安其分詔有司節
浮費興遺利量入爲出以制國用有文集二十卷可
補史之缺碑字亦完好今億碑在許州城東北三十
里碑云葬長社縣嘉禾鄉祔忠憲公兆是祔億葬也
方志失載宗道墓非是趙挺之宋史有傳書史會要
稱其工筆札其蹟襍見鳳墅續法帖中蓋未覩此碑
中州金石記

按韓宗道爲綜之子綜爲億之第二子宋史有傳
字仲文累遷刑部員外郎知制誥卒不言贈太尉
史之畧也傳附載宗道爲戶部侍郎寶文閣待制
据誌則除寶文閣直學士知成都府以待制知陳
州靑州徙瀛州杭州卒史俱畧之此誌叙其貫則
云韓氏世家常山自億始葬其父保樞于潁昌府
之長社縣遂爲潁昌人然則遷潁昌自億始較宗
厚誌加詳而亦不言遷自雍邱誌叙三子一孫于
前而末乃及其母妻一女三孫女是又一例也誤
者曾肇書者趙挺之篆者吳安持史皆有傳肇字

子開辠弟坐罪降爲滁州稍復集賢殿修撰歷泰
州海州挺之字正夫密州諸城人由知楚州入爲
國子司業歷太常少卿權吏部侍郎除中書舍人
給事中不言其兼侍講安持附見吳充傳充子安
詩弟官都水使者遷工部侍郎終天章閣待制此
系銜寶文閣待制知潁昌軍府史全畧之

州學二大字

石高六尺六寸廣三尺五寸五分州字方二尺三寸學字廣二尺五寸高二尺九寸正書在東平州

翰林院承　旨蔡卞題

州學

元符二年中元前一日

按蔡卞爲京弟傳稱紹聖元年復爲中書舍人兼國史修撰遷翰林學士四年拜尚書左丞而不言其爲翰林院承旨其於鄆州亦未嘗歷官不知何以有二大字姑存之備攷

鄠縣利師塔記

碑連額高四尺五寸廣二尺二寸五分共十八行行三十二字額題宋故利公塔記並正書在鄠縣

宋故京兆府鄠縣白雲山主利師塔記

講經律論賜紫僧道雅書并題額

夫寂滅之道寒暑無以迭遷妙極之源生死無以交謝

良由空華生乎翳目輪轉出乎妄心若匪大明難除重闇况遡滅無所滅生無所生身存身亡誰取誰捨不以驚懼于懷者即白雲和尚矣師諱得利字子益姓王氏京兆府高陵人也祖父並儒門之士母姓仁慈始自幼年不爲童戲宿植善本深慕釋門捨志出家辭親棄俗遂依鄠縣白雲山淨居禪院守鑒大師肄承佛業朝叅夕奉未嘗懈然於天禧三年慶業春澤剃髮受具者如来衣脫三界之塵累履一真之正路宏道爲美積德爲欣乃南訪禪宗研味經律定根益固慧目增明既還白雲住持淨刹締構華宇繪飾聖容不以榮辱而見憂喜非施則不受非時則不食焚誦無綴孜孜是務持法華金剛上生三經計十大藏由是心地無塵慈雲有潤德風遠振高譽遐飛復詣鄉邑住毗沙隆昌寺度小師一人法稱惠滿實慶曆三年　乾元聖節試中經業抑亦性閑了義續慧焰以長暉拔濟含靈俾正法而悠久自非師資敦遇宿契宏因者何其使然耶師以治平三年十一月十一日託疾而化僧臘四十七俗壽七十一門人惠滿荼毗收骨瘞于幡竿村古佛院所迄元符元年建成窣堵每歲開闢眞乘仰伸報効以其先師之道業頗得爲記余深愧無文直而書之二年已卯十月庚

子鄜畤趙宗輔記

元孫善明　宗緣　曾孫澄愚　澄意　澄覩　澄照　澄譽　澄月　講金剛圓覺經僧澄靖　孫講圓覺經僧道因

小師講經律論傳戒僧惠滿立石　安民刊

永泰陵採石記

碑連額高一丈四寸廣五尺二寸二十三行行三十六字正書篆額在偃師縣永泰寺

大行哲宗皇帝以今年正月十二日己卯奄棄萬國

朝廷循故事遣官採石修奉　陵寢孝廣被　詔同文

恩使羅允和宮苑副使帶　御器械燮文昞實董其事

凡辟文武官朝請郎孫熙以次及部役等二十有六員以二月十日丁未開山至五月十一日丁丑畢功取大小石二萬七千六百有餘視元豐八年益增多五千二百七十有二焉凡役兵匠九千七百四十有四取石既夥懼役兵疲困而功不時集復請募近縣夫五百俾悉挽巨石以訖其事然屬運寒氣癘自京都逮於四方人多疾疫而況大山深谷之間嵐霧蒸欝朝暮被冒病者宜甚於是時其藥食至覆藉之具無一不備仍分處太醫各俾診治日且躬行巡視由是病者千七百餘人而不可治而死者蓋亦百蘁之二逃者纔五十八耳聚者

既衆不患食不足常患水不給山之東南舊有礪子一泉方春日用且乏乃並西於桃花谷天井泉至谷口凡四里續大竹二百二十有四引水日二千餘缶於是水給而無渴飲之患前此興作而死者皆留瘞山中及功畢往往不復完掩今迺奉　制悉給錢焚收匱斂具以歸其家居山土人皆云每至久積陰晦常聞山中有若聲役事之歌者意其不幸橫夭者沉寃未得解脫逍遙而然乎於是大集浮屠衆恭作佛事卽重五晝夜爲設冥陽水陸金籙寶符無礙道塲以薦拔其苦於其生者既足飲食具醫藥所以撫恤之無不至於其死者又置斂具設佛事所以度脫之無不盡此無它蓋以謂興大役舉大事使人人忘勞而赴功是亦臣子遵奉之志耳故不敢不勉云元符三年五月十二日朝奉大夫都水使者都大提舉採石曾孝廣謹記

河南府福昌縣主簿提舉採石醫藥韓思永書并篆

宮苑副使帶　御器械同都大提舉採石夒文昞立石　緱山霍希範霍亮霍奕刻

億按永泰陵哲宗葬地也于時修奉陵寢首是役者爲朝奉大夫都水使者都大提舉采石曾孝廣案孝廣字仲錫元豐末爲都水丞元祐中大臣議復河故

道召孝廣問之言不可出通判保州久之復爲都水丞見宋史本傳今碑言都水使者卽其職也然于孝廣都大提舉採石竟不附見史文其亦有所未及與宋史禮志哲宗崩徽宗卽位詔山陵制度並如元豐今案碑云取大小石二萬七千六百有餘視元豐八年益增多五千二百七十有二然則有司踵事奉行益爲崇侈其靡費已至此而史因依詔文書爲並如元豐其信然與 偃師金石錄

二陵採石記

碑連額高八尺一寸廣四尺三寸二十行行三十二字連額並正書在偃師縣

建中靖國歲在辛巳正月乙亥　欽聖憲肅皇太
后上僊遺誥追尊　故皇太妃爲皇太后是爲欽
慈皇太后於是　山陵園陵二役並作太史請以
五月丙寅復土而採山之役自昔爲重祇奉　二
陵其用實倍事嚴期廹上下憂懼　朝廷始更用郎
官往護其役迺　詔遣尚書都官郎中曾孝序都
督之而以如京使帶　御器械麥文昞西京左藏庫副
使提點孳生馬監高偉爲之副辟置其屬分督庶務二
十有九人集七路匠師與夫陪役之兵以指計者九萬
六千三百三十石之技類者其脩至二十有二尺其廣

踰尋其以校計者二萬七千一百有奇役實始於正月
癸未而終於三月壬午盡六十日而　奏畢若匠若兵
或死或亡纔二十有九人論者以爲斂而赴功燕及其
衆仰惟　憲肅皇太后有大功於　朝　主
上誠孝充塞天地當此之時百神莫不効職事之所以
獲濟豈小臣之力哉故例皆立碑以紀歲月僚佐有請
顧安得以獨無於是乎書建中靖國元年三月二十六
日朝散郎守尚書都官郎中都大提舉採石護軍賜緋
魚袋曾孝序謹記
前河中府河東縣尉都提舉採石所管句文字史恂

仲題額
朝奉郎監西京偃師縣緱氏鎮管句城內煙火事兼
税場驍騎尉賜緋魚袋孫靡書
西京左藏庫副使提點開封府界孳生馬監同都大
提舉採石高偉
如京使帶　御器械句當翰林司提點萬壽觀公事
同都大提舉採石麥文昞立石　彭皐刻字
億按二陵一爲神宗欽聖憲肅向皇后一爲欽慈陳
皇后並陪葬永裕陵者也宋史徽宗紀建中靖國元
年正月甲戌皇太后崩遺詔追尊皇太妃陳氏爲皇

太后碑所記皆合然少有異者惟云正月乙亥欽聖
憲肅皇太后上僊與史較後一日碑當時所述當不
誤又攷碑之記在是年三月二十六日文內巳首稱
二后謚攷之紀乃云四月甲午上大行皇太后謚乙
未上追尊皇太后謚方作記時謚號尚未定文獨豫
稱何也此必立石時追紀及此耳記出之曾孝序孝
序見忠義傳叙其歷官自初筮仕以至死職皆未言
當建中靖國元年爲朝散郎守尚書都官郎中又無
使職如今碑所載都大提舉採石護軍賜緋魚袋而
史並從畧今得之於此碑又可寶也偃師金石錄

三十六峯賦

碑高七尺五寸廣三尺六寸共二十六行行六十六字行書在登封縣

三十六峯賦并叙

四明樓异試可

武林僧曇潛參寥書

監寺僧宗證題額

余少聞洛邑之盛在唐宋爲東西都而山川形勝之富
視它州爲傑觀昔韓退之白樂天見於歌詩形容勝槩
有詠歎不足之意後歐陽文忠与梅謝諸賢相繼爲僚
友數遊嵩少間至今以爲美談余幸以不斂得令嵩高

縱觀諸境未有過少室者而巉巖聳拔乃在戶牖間朝
夕愽望歷歷可數因作三十六峰賦以自廣非敢竊比
古詩之流云

伊浮雲之公子兮訪道於林丘而棲神於巖谷超然有
游方之志兮乃東升于岱頂而西謁于華麓雖衡陽之
南兮与夫恒山之北靡不窮探歷踐兮游心而騁目獨
怡然而忘歸兮內欣然而自足忽御風而行兮排空濛
而造中域徐睥睨以四顧兮意惚恍而有失遭嵩高之
丈人而問津兮曰游四方而冀有得何高之不登兮何
危之不陟今乃西望兮岌然而聳特雄柱天綱兮橫亘
於地軸連絡偃蹇兮龍盤而虎伏雖華以九而巫以十
二兮曾未覩奇峰之六六丈人放杖而笑兮秋水方至
而河伯自溢子烏覩海若之難匹兮獨不聞中天之少
室其高則嶢屼嵲崒崟岑鬱嵂兮十有六里而疊有十
八其深則環紆縈繞盤糾糺錯兮上方十里而周圍一
百包嵩陽以作鎮兮截轘轅以爲郛眷歌山之所聞兮
覩舞水之所樂其上則有嘉禾甘菓兮神芝與仙藥石
柱若承露之盤兮帝休若楊枝之葉石脂所滴兮飲之
可以長上古玉膏在巔兮服之可以揖羽客雲母之井
兮寶所聚光明之穴兮晝所鑠一丈之鍾乳兮可殆千

歲之資粮兮不絕其中可避兵水之災兮自有經書之
愽其神異則玉女爛織錦之文兮金人迷白露之落雲
洞磬時聞之鍾兮石井泣哀鳴之鶴王子晉環之以爲
壘兮阿育王寶之以爲塔

潘岳記曰少室山有十八疊周圍一百里西征記曰少室
山上方十里元和郡國圖志曰少室山其高十六里山
海經曰少室之山有木焉名曰帝休葉如楊其枝五衢
郭璞曰少室山巔有白玉膏服之得仙郡國志曰少室
有金像人往視則有白霧起迷人道書曰少室之陽可
避兵水之災嵩山記曰少室山有雲母井出雲母神仙
傳曰少室山有自然五穀甘菓神芝仙藥周太子晉學
道上仙有千年資粮留於山中下有石室中有自然經
書自然飯食与世無異石室前有石柱似承露盤有石
脂滴下食之一合与天地畢郡國志又曰有王子晉壘
猶有九十年資粮在山中河南志曰歌山舞水在諸峰
口阿育王塔在山北玉女織錦臺并堂在東北堂內石
色爛速煥如紋錦鍾乳穴在山東南穴中有鍾乳經頭

大一丈光明穴在山東南角深三里餘直上五百尺晝夜長明雲鍾洞樵人往〻聞鍾聲口穴井昔有二人偕
道一人誤傷而死一人化爲鶴求其死者哀鳴泣血滴石成穴此皆公子之所未知兮
而丈人之所安宅丈人曰名生於實兮義設於適子知
其一兮未知其二子識其外兮未識其內是徒知六〻
之所有兮而烏覩六〻之名義東朝嶽祠儀百神兮西
望洛邑鬱千宮兮下瞰洛陽其形如拱揖嶽祠太陽少陽山之明兮
在山之南明月峰之左日月之象故名太陽居泉峰之南故云少陽石城石筍天所形兮
上有石天然峭如城壁狀似笋秀拔万尋檀香丹砂寶所鍾兮山多出檀峰皆紅色光明
亦云出朱砂鉢盂香爐狀所育兮形如鉢盂覆其上狀若香爐然連天紫霄
勢之穹兮以最出羣峰上插於天漢以差低於連天亦接雲霄羅漢七佛像設留

兮上有羅漢洞隱現莫測嵓中有銅像七尊靈隱來仙洞府深兮皆是聖所隱之處古
老云此峰是神仙洞時有見者淸涼寶勝梵刹標兮昔有淸涼寺居其下又云屋寺名寶
勝云瑞應瓊璧祥光紛兮峰多祥瑞夜有神人通體紅色面東一壁日出而色若銀彩
紫蓋翠華煙靄凝兮色紫秀宛若幢蓋以其翠靄華茂故云藥堂紫薇花
草靈兮多生奇藥若王屋藥匱峰上生紫微花白道天德名字偉兮昔有道人
白道猷隱此上有天然帝字一云帝字峰卓劍白雲形實紀兮狀若卓劍峰上四時多起
白雲金牛明月色像起兮色若黃金其狀若牛峰中時現圓像如月凝碧迎霞
天光聚兮上多翠碧石在衆峰之東而迎其朝霞玉華寶柱金石瑩兮口皆
玉石華茂於諸峰而形如柱皆五色或云有金玉故繫馬白鹿神仙衆兮下有子晉口馬
澗峰如馬柱或云仙人繫馬於上峰上多白鹿或云仙鹿其色皆白此則六〻之名義兮

而未覩六〻之景氣丈人曰方春陽之盛〻兮燒痕燕
沒而靑〻紛紅紫之繡錯兮引百囀之幽禽雄樓傑觀
兮切星辰而上侵玉仙神女兮乘輜軿而下征朱明草
木之扶疏兮蔽大明之午外山林雲氣之冉〻兮若褰
甑而鬱蒸忽雨聲於天外兮勢翻盆而倒傾唯紫芝与
黃鶴兮舞長空而産英金飈之驚葉兮山空落石若仙
人之鍜聲夜月白而風泠〻兮玉笙淸澈而爭聽璧元
陰林柯之脫盡兮山形瘦而骨稜〻氷雪横積於千仞
兮玉龍飛而白虎亭〻惟四時之出沒變態兮顯晦陰
晴不可得而盡名豈特仰觀俯聽自辰及酉應接之不

暇兮以盡朝昏此雖丈人之所不能形容兮而豈公子
之所可預聞丈人曰突兀撑空兮千變萬狀山經地志
兮不可究量或背若相戾兮或面若相向或竦若相鬭
兮或揖若相聘或散若相忘兮或聚若相訪或後者若
和兮而前者若唱或卑者若下兮而尊者若上或喜兮
若相携或怒兮若相抗或若秦晉兮相匹或若楚越兮
相望或聳瘦兮若峨冠或臃腫兮若挾纊或蹲伏兮若
駝虎或崇聚兮若甕盎或威嚴兮若壯王或勇猛兮若
梟將或決驟兮若風馬或浮空兮若舡舫或若遊郊原
兮鼎丘墳而包柩槨或若入宗廟兮紛豆登而蔚秬鬯

峩峩兮森劒戟落落兮列屏障勢領略兮斷而還連狀
容與兮宛而復壯趍然若三十六天兮神仙之洞宅婉
然若三十六宮兮妃嬪之遊燕昂霄聳壑冠珮悠兮泉
飛霞傾霄嗶流兮天闕星熒玉枰成兮松篁瑟瑟鈞天
迎兮嬌雲曲月鬢眉新兮煙斜霧蒸龍麝焚兮霞舒霓
卷舞袖張兮雷霆轟轟宮車還兮言未旣而公子頹然
如醉兮灑然如醒非丈人無以藥之使瘳兮刮之使明
僕未能窮茲山之勝蹤兮究茲山之躍靈請執杖屨兮
以從後塵

建中靖國元年九月廿三日

住持少林禪寺傳法沙門清江上石

洛陽張士寧刊

四明樓异令嵩高賦少室賦不足道而書者爲武林
僧參寥極得坡公臥筆法遒勁古雅即令坡公見之
亦當首肯石墨鐫華

碑立金壺峯下宋登封令樓异刻金壺詩於上志載
异嘗仰嵩堂於治署圖金嵩於屏著太室二十四峯
詩少室三十六峯賦並序僧曇潛書异詩殊不足觀
賦序次詳贍可備參攷書亦不惡說嵩

樓墨莊知鄉郡參廣德湖以爲田予每過其祠未嘗
不心薄之然墨莊有祖爲廣歷之人師有孫爲嘉定
之大老故豐惠之祠晝錦之堂梓里不加廢斥也曩
莊知登封最與參寥厚故三十六峯賦乃參寥所書
予褒界之以充四明文獻而抄墨莊嵩山之詩以附
其後吾聞墨莊嘗攜嵩山之石以歸高孝而後南北
隔絕攻媿乃築閣曰登封而貯石于其上其自爲記
也三致意于京洛之遺五百年以來喬木消沉閣與
石俱滅沒而碑刻尚無恙斯杜元凱所以惓惓于身
後與鮚埼亭集

右三十六峯賦知登封縣四明樓异試可所作僧曇

潛書曇潛一名道潛與東坡倡和所謂參寥子者也
朱昂續骫骳說參寥住西湖智果院能文章尤喜爲
詩坡南遷素不快者摭詩語謂有譏刺得罪反初服
建中靖國元年曾子開爲翰林學士言其非辜詔復
祝髮紫方袍師號如故碑書于建中靖國元年九月
正參寥初復師號時也潛研堂金石文跋尾

金石萃編卷一百四十二終

金石萃編卷一百四十三

賜進士出身　誥授光祿大夫刑部右侍郎加七級王昶譔

宋二十一

梅澤詩并題記

石横廣二尺七寸七分高二尺二寸七分共十九行行十四字行書在鄠縣

宣德郎權知縣事崔珙書

過草堂望終南山

兩峰高插碧天寒雖得春風雪未乾謝屐自忘登覽倦草堂終日凭欄干

經樊川懷杜牧之

杜曲樹連蒼翠外終南雲暗有無中清詩妙句空貽後不見樊川一老翁

行役述懷

世路侵尋老客顏黄埃遮眼鬢毛斑青山未許教人去白日何曾放我閑

又

明月一尊酒清風萬卷書南山山下地終欲卜林居有宅一區有田一頃有酒一尊有書萬卷嗚呼余乎胡爲乎爭名於時膈此眞趣而心與形役自勞其生乎

崇寧改元三月十四日吳郡梅澤詵之題

住持僧紹利立石

余既得珙書李駒詩表而歎之以爲希有其後又得所書吳郡梅詵之過草堂望終南詩等四首又題尾一段津津然有味于山水之閒思往而不可得者梅之寄意不淺矣使非珙爲之書刻後世之人何從而弔其遺蹤焉始知山川之奇與人胷中之秀腕筆底之神率相待而成一時之盛乃山川有更移時世有隆竄而人之心胷脈脈流行不絕又相爲灌注始終不介猶歸于變滅悲夫誰爲後來者當與此心期已

墨林快事

劉晦叔等題名

石高三尺一寸五分廣二尺二寸五行行六字惟第二行七字行書在盱眙

崇寧元年季春十七日汝海劉晦叔東平畢公叔三封宋仙民莆陽蔡元長同來

按題名首行季字旁有張謙克讓題五小字蔡元長即京也傳載崇寧元年由知定州徙大名府韓忠彥與曾布交惡謀引京自助復用爲學士承旨其時自定州至大名還都盱眙非道路所經不知何以來此

修唐太宗廟記
碑連額高八尺六寸廣三尺五寸八分二十行行三十五字正書篆額在武功縣
通直郎知長安縣事朱光旦書并題額
粤有大寶聖人守焉上惟軒羲傳記罔恚道德乎堯舜
仁義於禹湯文王有周太勳集武而幽厲廢之侯國蜂
聚七雄蟻爭以嗜祖龍而二世亡之漢乘秦虐口手以
取權操與備因漢弱而攘裂晉則虛誕不技而宋齊梁
陳遺墊於胡羯正統墜絕有唐隋暴隋以興僖昭寖衰
五代竊據天閼地泰乃歸于　有宋之　眞
人焉願若楅因迭爲興廢者得明主賢臣可取法有暴

君汙吏足爲戒皆所以資我　聖時爲永永無窮
太平之治具也然歷觀前史惟其有甚棼乱之患然後
生夫英傑之君故必能措海宇於昇平拯黎庶於塗炭
則漢之高祖唐之太宗其倫乎按唐紀太宗文皇帝以
隋開皇十八年十二月戊午生於武功之別館有二龍
戲門外三日而去是京兆府武功縣之南有唐慶善宮
今爲慈德寺乃其所也北曰報本寺神堯之舊宅焉先
是縣圖雖載厥事而祀秩無文龍閣游公慨然興歎率
里人即報本寺北隅經始廟貌法大壯以建殿宇想天
日而形塑繪左右壁間悉圖正觀朝臣英姿凜然彷彿

見當時之盛於是肅嚴致敬有所賓元祐三年戊辰歲
也後十四載洛陽趙茂曾被命長邑一日至祠下而龍
閣公弟師韓語之故且求以記遂諾之曰僕元祐末典
獄平涼見君之伯氏爲使者愛民以道率吏以誠觀其
激風流敦教化使法令美意下浹於田父野老之肌骨
雖古昔名父□□□□□□□□執律馭師則折
衝尊俎笑談帷幄豫計勝負驗若符契致　朝廷
威靈遠震于蕃毛重譯之巢穴雖前世班超李牧之輩
無以尚矣我思其致今也則亡常企慕之恨不得迹其
梗槩茲幸君之及此也昔梁州人侯栢年以廉泉之名

誇其閭里而史筆書之不遺矧公肇是祠宇俾後世識
者以人物稱其風氣則追遠厚俗之意豈淺也哉故論
前世治乱之迹見文皇帝之英傑因記其祠之者名字
云游公名師雄字景叔大宋崇寧元年中元日謹記
按唐太宗廟在乾州武功縣城北武功縣志云今
前殿爲鴻禧觀祀老氏明嘉靖末所建也碑引唐
紀云太宗文皇帝以隋開皇十八年十二月戊午
生于武功之別館今唐書太宗紀無此語不知其
何本也今紀云貞觀二十三年五月己巳崩年五
十三由貞觀二十三年逆推五十三年是爲隋開

皇十七年此云十八所未詳也碑云武功縣南有慶善宫今爲慈德寺北曰報本寺神堯之舊宅焉据縣志金大定十六年勅賜崇教禪院卽此寺也報本寺在縣西北一里本唐高祖舊宅大中元年建爲寺依山立刹中有浮圖高二十尋偉然一邑之望太宗廟建於元祐三年游師雄因鬼章青宜結構夏人爲亂謀分據熙河詔師雄往使擒鬼章報捷遷陝西轉運判官提點秦鳳路刑獄建廟卽在是時師雄有弟師韓傳所不載賴此碑及之

淨相院詩刻

石橫廣二尺一寸五分高一尺七寸二分共十行行八字正書在興平縣

留題淨相院檻軒

宣義郎知縣事彭迪明

萬葉扶踈雙榦脩植臨禪坐色長幽影分渭北千家月香散山南一檻秋清液冰寒承露結圓苞金重帶霜收會應登列西州貢庭實寧無橘柚羞

崇寧壬午秋九月書

楞嚴經偈

偈二凡四石第一石橫廣六尺八寸五分第二石六尺一寸第三石六尺五寸七分第四石六尺四寸七分高各一尺四寸五分前偈共一百三十五行行八九字十十一字又續偈二十行行六七八九字不等行書在長清縣靈巖寺

楞嚴經偈語不錄

元符二年十二月十三日莆陽蔡卞書疑寒筆凍殊不能工也

續偈語不錄

建中靖國元年冬十一月五日池陽慧日院南軒續此偈

崇寧元年十一月鄱陽齊迅施刻于靈巖寺

住持傳法淨照大師賜紫仁口立石　匠八牛誠刊

按首楞嚴經以阿難誤入魔登伽女之室命文殊以呪攝鬼既以徵心辨性復令二十五無學各言

入道之因乃屬文殊揀擇因說此偈取觀世音從聞思修入三摩地爲第一蔡卞書已見前卷此所書瀏漓頓挫行法不減元章且通體完善臨池家可以摹仿也

玉盆題名十二段

橫廣四尺四寸四分高三尺七寸六分七行行五六字左行正書在襃城縣

崇寧口元口二十有口口臺張元翊成口表武震岐下口師皴同遊窮谿壑之勝刻玉盆之陽

又高二尺五寸廣一尺九寸五分七行行十字十一字不等左行正書

三行當作行
六字 石門題
名與此同

河南李□彥粹游石門登玉盆預行者定武□□子寔
開封王師顏希賢徐師民叔瞻綦亭李師古□從馮翊
傅汝礪彥正洛陽□中直子正建炎己酉歲清明前一
日行記男松年侍

又高三尺一寸廣二尺九寸三行行六字七字不等隸書

晏德廣段□□缺師命禱雨升潭□缺而去□熙甲辰缺

又橫廣三尺一寸三分高三尺三寸五分六行行七字八字不等隸書

石郈段雄飛晏袤壽昌禱雨艤舟玉盆側誌歲月而
去乙巳清明前一日以董堰復徠同登汎掃縱觀方羊久之

又高四尺八寸廣二尺四寸三行行七字八字不等隸書

閭丘資深田德夫章德楙慶元二年二月壬申因䟽堰徠

又三行行八字正書

曹濟之龐公巽曹璋李禀紹定巳丑清明日識 熟食

又高二尺廣僅存一尺五寸五分三行行四字正書

郭嗣卿陳季時程清叔慶元戊缺

又高一尺九寸五分廣一尺五寸四分四行行四字五字不等正書

開禧二年人日牟節甫劉井靜來

又高一尺八寸八分廣一尺五寸三分四行行七字八字不等正書

皛然安丙子文抱孫明孫與李□貴同來嘉定巳巳閏
月清明日

又高一尺九寸五分廣一尺五寸五分七行行六字七字不等正書

邑令何武仲拉貧中黃元英廣漢沈德明普慈周伯光
黃養源來全一子祿孫和孫侍行嘉定辛未中秋後十日

又高四尺六寸四分廣三尺七寸五行行四字正書

石盆應有意要洗貪者廉前郡□李一鰲 一鰲明萬曆間進士見他刻

又三行行三字隸書

李□熊來嘉定端午 萬曆庚戌三甲進士陝西南鄭人

按玉盆在褒水中詳見前卷石門題名此題名中
有因禱雨而至者有因䟽堰而至者亦詳見前跋
此題率多缺泐其來遊姓名全見者得三十四人
惟安丙一人史有傳餘俱無攷丙字子文廣安人
淳熙間進士開禧二年邊事方興程松爲四川宣
撫使吳曦副之丙陳十可憂于松言曦必誤國旣
而曦奏丙爲隨軍轉運司居河池十一月金人攻
湫池堡破天水縣西河入成州十二月金人持詔
至曦受詔稱蜀王三年正月曦僭號建官稱臣於
金以丙爲中大夫丞相長史權行郎省事丙陽與
而陰圖之遂謀誅曦三月函曦首附驛朝廷上下
動色交慶加丙端明殿學士中大夫知興州安撫
使兼四川宣撫副使卒謚忠定著皛然集此題嘉

定巳巳爲三年正吳曦伏誅丙申興州之時也臯

然是其別號因以名集石邵等董堰徠登題云汛

埽縱觀方羊久之方羊二字見於左傳他書多作

仿佯史記吳王濞傳又作彷徉淮南子原道訓又

作方洋皆卽逍遙徙倚之意字異義同

武功縣學碑

碑高八尺一寸廣四尺三寸五分二十一行行四十二字正書篆額在武功縣

宋京兆府武功縣新作縣學碑銘

知縣事兼管句兵馬司公事趙茂曾撰并書丹篆額

士志於道者常患乎不得遂其學得遂其學者常患乎

不得信其志遂其學矣時能信之則君子以爲榮遇焉此武功縣學之興而銘序之所以作也建中靖國元年夏四月知京兆府孫公覽奏以壽春縣令趙茂曾知武功事秋八月公去崇寧元年春三月茂曾始來是秋貢士府十四縣縣格所取武功居多時歎惜其遺者猶衆旣冬邑人相謂曰戢盜賊撫良善政令之所在也孝悌睦婣以考其行絃誦講習以和其心性命道德以進其學實士人之所望焉乃謀葺 孔子廟聚生徒而淺陋不可居十二月有 詔建州縣學講養士之法同僚相語以州縣吏雖尊賤有次其申明孝悌

孰後先邪茂曾瞿然以興曰疇敢不祗若王之休命明年春訪隙地亶於府願易廟西樓店基爲學舍 知府事虞公策從之徹木於淫祠經費於計臺轉運副使許公天啓可所請卽日給官錢五十四萬資其用於是築新基南鄉爲麗澤堂左右前廡挾布八齋名之以道德皆新作也其東則 宣聖殿小學職掌之位庖廚祭器隸者所直舊舍足焉補缺益卑與新允稱總五十楹基長二十有五尋廣十有三尋餘六尺經始於二月乙丑落成於三月癸巳烏乎學校爲事必與於聖人極盛之時三代可監也蓋備所養以期所

用今 吾君待天下之士厚矣天下之士宜思所以副之茂曾何人獲宣 盛化且得效犬馬之力於其間爲遇爲榮罔可言旣謹拜稽首敘事勒銘著之金石以告學者銘曰

夏后庠序商邦瞽宗周王頖宮申之孝悌漸磨仁義名殊迹同 明明我主超三邁五人材是隆民有彝則好是懿德合由以容家黨衛國塾庠序學慨然聿崇逓井次舉匪私是與允期於公咨爾有衆學以致用勿尸厥中入孝出悌居仁由義敏則有功以副 盛時允能庶幾三代之風

崇寧二年四月初吉立石左班殿直監酒稅王傑權
主簿蔣次元縣尉盧祥

遊終南山雜詠

石高三尺廣二尺三寸分兩截皆十九行行十四字行書在褒城縣

李騊詩

宣德郎知縣事崔珙書

入門脩竹聳琅玕坐久香風拂畫欄春色正穠雙檜靜
朝光初上一峯寒草堂主峯最爲巉絕翠縈虛室塵襟闊冷逼踈
窻夜夢殘物外閑心殊未愜夥勤重上白雲端自此遂遊紫閣

右草堂

石磴溪橋傍翠巒分明深入畫圖間遠饒禪刹疑無景
南山諸寺惟紫閣爲冠逈出群峯別有山仙掌數尖特在群峯之外微雨欲來
雲影乱輕風不斷鳥聲閑嵐光可是淸人骨更待中宵
一夢還

右宿紫閣

小雨初回作暮寒斷崖壁立夕陽間一襟淸興無人語
旋拂禪床卧看山

右雨後紫閣晚望

蔽日芳林迷去路被蹊落葉誤行蹤轉嵓却見層巒出
知是仙山第幾重寺前大頂山極爲峭拔

右雲際院

西風壁立蒼崖瘦一水湍流怒浪翻雲外不須求紫府
秖應此景是桃源

右長嘯洞

漸侵晚景尤便靜不出忙中豈愛閑休問蹕驪與畫邑
會須投紱老青山

右宿重雲山寺

萬點梢頭爛曉霞謾隨閑世鬬春華孤根自是生窮僻
未必輕輸別圃花

右重雲道中海棠

蔽空穠綠門前路匝地踈苗戶外村蹔宿雲房卬虛寂
紅塵意味不堪論

右宿白雲明日之鄠縣

望極空濛淸滿懷更尋遺跡步高臺日斜林杪增光去
風靜山尖倒影來萬頃澄瀾春漲碧一川秀色暝陰開
坐中自有江湖興未放陂南畫舸囬

右渼陂

通判朝散諸寺留題寺僧請立石

崇寧二年六月一日

李騊通判秦中留題中南而鄠令崔珙書刻石騊詩

珙書皆不離宋人本色留之以見時代之下人自不
能使超也崔珙是又一人非唐廢相起判鳳翔者石墨
鐫華

右爲終南山雜咏曰草堂曰紫閣曰雲際院曰長嘯
洞曰重雲山曰白雲曰渼陂乃李駙之詩崔珙書之
于崇寧間者爲七律二七言絕句八其十首詩亦清
拔獨怪珙以風塵下吏一旦執筆遂足爲詩人之重
令榮華至今不至與山風谷鳥俱沒字之不可已如
此今人重詆宋人以爲詩字無分矣乃其閒叙之賓
炳朗有此人亦不可全蓋巳余得此驚躍亟與進之

以續一代之絕學其赫赫山斗者未可與並也墨林快事

褒城縣學記

碑連額高八尺七寸五分廣四尺九寸五分
二十三行行三十六字正書篆額在褒城縣

褒城縣新修縣學記

缺 蘇時記

谷口謝寘書

缺 主簿閻師敏篆額

天子卽位之四年寔崇寧改元之明年也□　詔
天下州縣皆得立學蓋將□追　先朝欲爲之志
恢復三代甚盛之舉 缺 美□□載新□州以是責守相
縣以是□□□□□□□司咸董其治酉爵賞
功信刑 缺 □□□□□□暮□外賓海嶠內郎郊謂
邑相屬小大畢舉於是□□以衆師儒給田以食□□
□□□□□□以□□材磨治滌濯以就其器嗚呼
□□□□□□□□其盛耶爲之郡縣者□如
何耶爲之學生者忍負之耶褒城古漢中之□□□□
□□□□□慶釁中□□丞爲□始□孔子於邑之
東隅度地不善濱江郎水庫□□□□□□□□□□
□會莫暇頗迨今□□有年而令尹魏郡張侯克獲奉
□□□□□□□□□□□甚□□錢不□萬而

民財不共募工不踰月而民力不與齋祠講□□□
□□□□□□□□□□□□欲解去於是邑之父老
與其子弟相與咨嗟太息謂□□□□□□□□□
□□□賓賢與能□□於其終咸欲書石以紀其事
然予謂褒中□□□□□□□□□□□□□□□□
□□□□□□□□迹百氏之筌蹄求不放之良心□
□□□□□□□□□□□□□□□□□□□□已
□學□□施於有政讜論嘉言獻於□□□□□□□
□□□□□□□□□□□□□□□□□受成於學
然後論墨談笑之間□□□□□□□□□□□□□

□□□□　□□□□□□□□□□□也哉
六月癸未缺
右班殿直監酒稅務元浩
缺縣事張元翊立石
按陝西通志褒城縣學慶歷間倚於江岸賓充宰
褒建有自記崇寧中張克獲移治西三十步蘇時
有記即此碑也碑文殘缺惟慶歷中及度地不善
濱江水庳令尹魏郡張克獲等語尚可詳譯碑建
於崇寧二年六月癸未云詔天下州縣皆得立學
者是時方推廣元豐三舍之法行于縣邑因令縣

邑皆置學褒城舊有學至是因移建也慶歷賓充
碑已見前
乾陵無字碑題字十二段
碑高一丈七尺廣七尺九寸計題名凡十二其一五行行八字左行正書在乾州
開封王轂正叔按行邊部南還京兆道經奉天同邑尉
李定應之恭拜乾陵時男僅從行崇寧癸未季冬初八
日題
又正書五行行九字左行
范致明晦叔謫官□水政和元年天祺節後一日同邑
尉郭韶又善來謁乾陵寅亮寅畏從行

又正書四行行十一字左行
宛丘宋孝先天經作丞萬年權邑奉天挈家恭謁　乾
陵徘徊歷覽終日政和甲午仲秋晦日男才申甫侍行
又與金部統經畧郎君行記同在一面行書六行行十一字左行
政和甲午冬行勸農之事因登乾陵晩步臨川亭抵暮
廼還仝會者五人北𨞏李濟澤民王頤正夫彭城韓涣
亭㶿河南郭彥正子常淮陽宋孝先天經十月十有七
日題
又正書三行行七字
建安暨唐裔公本攝郡事挈家來遊政和戊戌孟夏望

日
又正書七行行十二字
宣和改元勸農出郊休轡梁山晩飰入郭牽蒲中來扶
安道圃田周無忌漢直鄱陽甯泆仲蔚邯鄲李思誨孝
初岐下范汝聽用言河南郭彥正子常同焉仲春中澣
日守郡吏大梁李士觀元孚題
又正書五行行八字左行
宋仲□□□□□守易使三秦宣和五年正月十四日
與□□器張子剛子□同訪古至此□□爲書
又正書五行行十字左行

劉錫禹圭□環前之河朔以宣和癸卯三月四日與□
錞和□錡□□三大宗正舍□□□□□□□□□
□□恭謁　陵□

又正書九行行七字左行

千山頭角□万木爪牙深有客能占氣無人解換金難
名帝堯德易小漢文心慷慨松風外停車聊一吟
宋京按部再至宣和五年三月望弟卞從行

又與金都統經畧郎君行記同在一面行書七行行十三十四字不等左行

少府監丞師具瞻民望監察御史完顔忽升虎用之刺
史胥謙益之省差段繼祥慶之奉天令李天章文卿縣

丞温迪罕握奇主簿李疙疸縣尉孫完全甫司候吳斯
明之興定五年四月中旬日敬謁　陵下外郎張秀華
德秀題

又與金都統經畧郎君行記同在一面行書三行行十字左行

省掾胥恒同弟泰因省覲　兄刺史敬謁　陵下興定
辛巳重陽日題

又正書四行行十四字

正大改元夏廿九日州司候許柔前醴泉簿宋寔尉蔡
仲融進士鄭相邠人王玠全拜
陵下

又正書七行行九字

丁亥清明日權縣事范益率致政馬麟之監征高士若
郝師雄丞□員延年簿孟及申恭謁　陵下是日麗景味
霽春氣融達遊人共樂排燭夜歸

按乾陵唐高宗陵也在乾州奉天縣北十里今縣已省入州東至僖宗靖陵十里肅宗建陵四十五里太宗昭陵六十里宋元祐中計使游公圖而刻之防禦推官趙楷爲之記又有于闐國所進無字碑高三十餘尺螭首龜趺巋然表裏無一字今題名有十三段崇寧政和宣和年者九段金正大元年者一

段興定五年者二段丁亥清明日一段興定二年爲宋嘉定十四年正大改元爲宋嘉定十七年但云夏廿九日不知何月也丁亥爲金正大四年宋之寶慶三年也蓋自宣和五年以後隔九十八年而後有金人題名陵之曠無人跡亦云久矣題名中姓名間有缺泐其存者合之宋金得四十二人見於宋史者一人曰劉錫附見劉仲武傳仲武字子文秦州成紀人官西寧都護童貫招誘羌王子臧征薄哥收積石軍邀仲武計事仲武曰王師入羌必降但河橋功力大非倉卒可成貫許以便宜

僕哥杲約降而索一子爲質仲武卽遣子錫往河
橋亦成仲武師師渡河挈與歸貰掩其功仲武亦
不自言徽宗遣使持璲至邊賜獲王者訪得仲武
召對帝勞之問幾子曰九人悉命以官錫閤門祗
候此題劉錫字禹圭以宣和癸卯三月謁陵疑卽
其人癸卯是宣和五年又宋京一人見宋詩紀事
成都人崇寧進士而不言官位此題在宣和五年
云按部再至是巳顯仕矣不知卽其人否又金史
一人胥謙附見忠義馬慶祥傳元光元年十一月
閭元將萌古不花將攻鳳翔行省檄慶祥與治中

胥謙分道淸野遇大兵邀其歸路慶祥不屈而死
胥謙及其子嗣亨亦不屈死謙贈輔國上將軍彰
化軍節度使此題稱刺史與史稱治中小異然興
定五年之明年卽改元元光當卽其人

靜應廟記

碑連額高五尺一寸三分廣四尺二寸十八行行二十字行書額正書在耀州

耀州五臺山靜應廟記

朝奉郎知軍州事賜緋魚袋借紫王允中記

宣德郎充陝西路提舉學事司管句文字東長孺書

崇寧二年春三月丁亥允中始涖郡事適境內經時不
雨雩禜祈禳遍無應者乃考圖經訪諸靈蹟郡城之東
五里有五臺山孫眞人祠實舊隱也以美利在民廟食
久矣丙申躬率僚吏禱焉卽獲甘雨三尺合境告足自
是每禱則昭答如響爰請褒崇賜額靜應秋九月丙申
賁　勑以告屬亢陽有請里民奔輳祠下踵未及旋
已復霈然刻章載上錫號妙眞嘗召華原令張勳尉李
倚諭之曰祭有五義凡施法於國勤事與夫禦災捍患
皆得祀之矧眞人生不屈于世以保其素死能福斯民
以食其土而祠宇卑陋僅庇風雨非所以上副　朝
廷褒大旌顯之意下副邦人祈報敬事之誠勅倚鬭之

趨走赴功鳩材庀工三年春三月經始踰月告成於是
棟宇之制始稱其嘉號眞人諱思邈淸風高節與夫靈
異變化之迹具載傳記而盛德茂功又巳著於　訓
詞茲不復紀九月二十日

朝奉郎通判軍州事賜緋魚袋于巽立石

刊者劉源

靜應廟勅告

碑連額高八尺三寸廣三尺七寸作兩截書上十九行行九字下十八行行十八字連額並正書在耀州

感德軍五臺山靜應廟額勅并加號妙應眞人告詞

尚書省牒耀州靜應廟禮部狀近承都省付下陝府西

路轉運司奏據耀州申契勘孫思邈本華原人祈禳驗
有不應乞賜一廟額本司保明是實尋下太常寺看詳
據本寺狀撿准令節文諸神祠應旌封者先賜額令依
條欲擬靜應廟爲額本部欲依太常寺擬到前項事理
施行伏候指揮牒奉
勅宜賜靜應廟爲額牒至准
勅故牒崇寧二年八月二十一日牒　右正議大夫守
右丞吳　左銀青光祿大夫守左僕射
勅耀州華原縣五臺孫眞人山川勝境仙聖所居其盛
德茂功顯聞于世者朕必秩而祀之惟眞人生於有唐

見謂隱逸應物之迹具載史官廟食華原時迺鄉縣祈
禳休貺美利在民肆加褒崇特建榮號尚其歆懌永福
此邦可特封妙應眞人　中書令闕　中書侍郎臣趙
挺之宣奉　中書舍人臣慕容彥逢行奉　勅如右
牒到奉行　侍中闕　尚書左僕射兼門下侍郎京
門下侍郎將　給事中時中崇寧三年二月二十九日
戌時都事康繼隆受　左司員外郎方會付吏部　尚
書令闕　尚書左僕射京　尚書右僕射闕　尚書左丞
闕　尚書右丞居厚　吏部尚書執中　吏部侍郎洵
仁　告妙應眞人奉　勅如右符到奉行主事李孝

恭郎中稱令史李遘書令史張應三月五日下十月八
日將仕郎美原縣尉兼主簿臣王岊書朝奉郎通判軍
州事賜緋魚袋臣于巽同立石朝奉郎知軍州事飛騎
尉借紫臣王允中立石　臣劉源刊

中有中書侍郎趙挺之又有尚書左僕射兼門下侍
郎京蔡京也門下侍郎將許將也尚書右丞居厚吳
居厚也吏部尚書執中何執中也吏部侍郎洵仁鄧
洵仁也　關中金石記

逍遙栖禪寺詩刻

石高一尺八寸廣一尺二寸八行行十四字正書在鄠縣

題逍遙栖禪寺

朝奉郎通判軍府事唐遘

圭峯大士翻經處雅俗今猶說草堂十頃筠篁環殿閣
百年松檜老風霜臨溪洗鉢憐僧野卷旆搜山意盜藏時因捕盜至此
試取禪詮滌吾慮蕭然心地頓清涼
崇寧甲申冬至前二日

蕪湖縣學記

碑高八尺二寸六分廣五尺一寸四分二十一行每行字數不等行書在蕪湖縣

太平州蕪湖縣新學記

禮部尚書黃裳撰

無爲守米芾書
崇寧元年仲秋　天子思欲推廣　神宗皇
帝三舍造士之法　詔講議司條具以聞本司奏
言先王之時比閭族黨之間莫不有學所以明人倫厚
風□及其成也無思犯禮莫不好德伏請縣邑皆得以
置學越十月承議郎知蕪湖縣林修奉　詔從事
前此所建適如　詔旨第率閭里子弟來就教育
推布教條考察如法將拜□郡學而使□□□有以貢
焉乃其職也鄉教之設黨有庠庠者養也以主乎造士
遂有序序者射也以主乎□士兼□□□而有之學也

此學之名所以施於國歟黨領五族之衆先□之政已
能□有相保之智相□□□相葬之礼相救之義教而
化之猶以爲未也中有庠焉則□其德而成就之也遂
領五縣之衆有州民之仁足以相賙有鄉民之恩文足
以相往來五常之善於是乎備矣中有序焉則觀其德
而選取之也自黨遂之教廢庠序不設約束之規旣以
疎漏修學之士多□□闕不及前古遠甚然而今之州
古之國也縣邑皆得以置學其猶黨遂之有庠序歟昔
時大夫富其民有□□其民有政養育有道考察有法
升移有序故其造士道德同宗本末相應未□□□焉

方今　朝廷推行三舍考察之制凡目甚悉必得
爲宰者運量乎其中而使士之有□於□者有所資有
累於事者有所代積漸涵養覶成論兆出於優游而不
廹□□□□□□□□　朝廷樂育人才崇建學
校之意庶幾成人有德小子有造其□□存乎□□而
已此正　天子有望於郡邑者也令君其勉哉
翰林張士亨摹刊
米老學記乃字字有體勢亦鮮敗筆米書中之可貴
者其原碑海內之存否不可知大抵爲僞墨跡者必
自舊搨本中摹出則雖屢經翻刻固尚有典刑也林墨

快事
右蕪湖縣學記米元章書自署無爲守而不列官與
它碑式異宋史元章傳稱年四十九卒而蔡肇撰墓
誌云年五十七卒於淮陽郡齋其文互異予按元章
跋晉謝安眞蹟帖云余生年辛卯又有辛卯米芾四
字小印則以仁宗皇祐三年生至哲宗元符三年己
卯已四十九年矣如史所云卽不及徽宗朝而元章
却在徽廟時始以上書顯其知無爲軍當在崇寧三
年明年始擢禮部員外郎再出知淮陽而殁於官則
墓誌云五十七者爲不誤葢其卒以大觀元年歲在

丁亥爰書此以糾史之謬潛研堂金石文跋尾

按碑云崇寧元年仲秋天子思欲推廣神宗皇帝三舍造士之法詔講議司條具以聞本司奏請縣邑皆得以置學越十月承議郎知蕪湖縣事林修奉詔從事云云宋史選舉志元豐二年頒學令太學置八十齋史作八千誤齋各五楹容三十人外舍生二千人內舍生三百人上舍生百人月一私試歲一公試補內舍生間歲一公試補上舍生彌封謄錄如貢舉法而上舍試則學官不預考校公試外舍生入第一第二等升內舍入優平一等升上舍

皆參攷所書行藝迺升上舍分三等此神宗三舍造士之法本行於太學者也崇寧元年宰臣請天下州縣並置學州置教授二員縣亦置小學縣學生選考升諸州學州學生每三年貢太學至則附試別立號考分三等入上等補上舍入中等補下等上舍入下等補內舍餘俱外舍此崇寧元年推廣三舍造士之法及縣邑置學之緣起也此碑撰者黃裳傳有字文叔者隆慶府普城人係乾道五年進士非此黃裳碑不署建立年月潛研跋謂米芾知無爲當在崇寧三年則立碑亦在其時矣

金石萃編卷一百四十三終

金石萃編卷一百四十四

賜進士出身　誥授光祿大夫刑部右侍郎加七級王昶譔

宋二十二

元祐黨籍碑

碑有二本一是裒本正書隸額有饒跋在靜江府一碑高六尺廣三尺一寸五分行字多寡不等正書額題元祐黨籍碑五字亦正書後有沈跋在融縣

皇帝嗣位之五年旌別淑慝明信賞刑黜元祐害政之臣靡有佚罰乃命有司夷考罪狀第其首惡與其附麗者以聞得三百九人　皇帝書而刊之石置於文德殿門之東壁永爲萬世臣子之戒又　詔臣京書之將以頒之天下臣竊惟　陛下仁聖英武遵制揚功彰善癉惡以昭先烈臣敢不對揚　休命仰承　陛下孝悌繼述之志司空尚書左僕射兼門下侍郎臣蔡京謹書

元祐姦黨

文臣

曾任宰臣執政官

司馬光故　文彥博故　呂公著故　呂大防故　劉摯故　范純仁故　韓忠彥　曾布　梁燾故　王巖叟故　蘇轍　王存故　鄭雍故　傅堯俞故

趙瞻故　韓維故　孫固故　范百祿故　胡宗愈故　李清臣故　劉奉世　范純禮　安燾　陸佃故　黃履故　張商英　蔣之奇故

曾任待制以上官

蘇軾故　劉安世　范祖禹故　朱光庭故　姚勔故　趙君錫故　馬默故　孔武仲故　孔文仲故　吳安持故　錢勰故　李之純故　孫覺故　鮮于侁故　趙彥若故　趙卨故　王欽臣故　孫升故　李周故　王汾故　韓川故　顧臨故　賈易　呂希純　曾肇　王覿　范純粹　呂陶　王古　豐稷　張舜民　張問故　楊畏　鄒浩　陳次升　謝文瓘　岑象求故　周鼎　徐勣　路昌衡故　董敦逸故　上官均　葉濤故　郭知章　楊康國　龔原　朱紱　葉祖洽　朱師服

餘官

秦觀故　黃庭堅　晁補之　張耒　吳安詩　歐陽棐　劉唐老　王鞏　呂希哲　杜純故　張保源　孔平仲故據宋史新編及續資治通鑑此下接湯馘等四十八人　衡鈞　袞公適故饒本袞誤作兗宋史新編亦誤作兗據沈本改正　馮百藥沈本及新編馮誤作洪　周誼　孫宗　范柔中　鄧考甫　王察　趙峋　封覺民

故 胡端修 李傑 李賁 趙令畤 郭執中
石芳 金極 高公應 安信之 張集 黃策
吳安遜 周永徽 高漸 張夙 故 鮮于綽 呂
諒卿 王貫 朱紘 吳朋 故 梁安國 王古
蘇迥 檀固 何大受 王箴 鹿敏求 江公望
曾紆 高士育 鄧忠臣 故 种師極 韓治
都貺 秦希甫 錢景祥 周綍 何大正 呂彥
祖 梁寬 沈千 曹興宗 羅鼎臣 劉勃 王
拯 黃安期 陳師錫 于肇 黃邁 万俟正 沈本
作莫侯正饒本及新編俱作莫俟皆誤今據續資治通鑑崇寧五年正月庚戌遷人呂晁卿等注內改正 許堯輔 楊朏

胡良 梅君俞 寇宗顏 張居 李脩 逢純
熙 故 高遵恪 續通鑑作遵裕今依元本 黃才 曹盥 侯顧道 新編
作顯道 周遵道 林膚 葛耀 故 宋壽岳 王公彥
王交 張溥 許安修 劉吉甫 胡潛 董祥
楊瓌寶 新編作懷寶 倪直孺 蔣津 王守 鄧允中
沈本及新編俱作元中 梁俊民 王陽 新編及續通鑑此下接張裕 陸表民 葉
世英 張裕 謝潛 陳唐 劉經國 故 湯碱 故
司馬康 故 宋保國 故 黃隱 畢仲游 常安
民 汪衍 余奕 鄭俠 常立 程頤 唐義問
故 余卞 李格非 陳瓘 任伯雨 張庭堅

馬涓 孫諤 故 陳郛 朱光裔 蘇嘉 龔夬 本[illegible]
誤作史 王回 故 呂希績 故 吳儔 故 歐陽中立 故
尹材 故 葉伸 故 李茂直 吳處厚 故 李積
中 商倚 故 陳祐 虞防 李祉 李深 李之
儀 范正平 曹蓋 楊綝 蘇昞 葛茂宗 劉
謂 柴袞 洪羽 趙天佐 新編作天佑 李新 扈充 故
續通鑑作扈允 張恕 陳并 洪芻 周鍔 新編及續通鑑俱作諤 蕭
刓 趙越 新編作鉞 滕友 江洵 方适 續通鑑作方括 許端
卿 李昭玘 向綝 續通鑑作向訓 陳察 鍾正甫 高茂
華 楊彥璋 廖正一 李夷行 彭醇 梁士能

武臣
張奭 李備 故 王獻可 故 胡田 馬諗 王履
趙希夷 任濬 郭子旂 錢盛 趙希德 王
長民 李永 故 新編作李冰 王庭臣 吉師雄 李愚
吳休復 故 崔昌符 潘滋 高士權 李嘉亮
李琉 續通鑑作王琉 劉延肇 姚雄 李基
內臣
梁惟簡 故 陳衍 故 張士良 梁知新 故 李偉
譚扆 竇鈸 趙約 黃卿從 續通鑑作王卿無從字 馮說
曾燾 蘇舜民 楊偁 梁弼 陳恂 張茂則 故

張琳　裴彦臣　李偁故　閻守懃　王紱　李
穆　蔡克明　王化基　王道　鄧世昌　鄭居簡
張祐續通鑑作張祜　王化臣沈本無据饒本增
爲臣不忠曾任宰臣
王珪饒本無据沈本增　章惇
元祐黨議
□其當者所謂公論天地並存日月並明亘億萬年
矛盾馳互此脉終不可亂欲勢力變置之有是哉
徽宗固隨　高宗亦繼　昭雷觀國史謂　實錄及
論公家傳等書大氐有攷慶元戊午備末□□林

始獲識　左丞梁公之曾孫府鈐轄律愛其有前輩
風度相與光暱暇日從容及籍中名氏因謂欲刻諸
石便報傳夫前此一時之屈而後此萬世之伸其所
得孰多然惟是爲計淺之爲丈夫耳非所施於昔賢
特碑苟無恙彼小人者有所□恵其子蟣君子本以
利己浮説定罪惡□位而至於我生遺家殛死貽鬼
誅蓋至□其邪心要少夋明斯舉也似不無補歲九
月旦吉川饒祖堯敬跋　鐫于龍□巖刊者王俊
元祐所立姦黨碑以司馬温公爲首一旦爲雷所霹
張山人有詩昨夜風雷起擊碎奸黨碑若問張山人

不知事文類集
元祐黨籍碑一卷蔡京元長所書也崇寧初京在相
府追憾元祐諸賢乃籍司馬光以下三百九人指爲
奸黨請徽宗書而刻之又自書頒於天下俾各刻石
以示後世京之意蓋欲汚蟣諸賢使其子孫亦有餘
辱也抑豈知公論之在人心者終不可泯至於摩挲
遺刻歷數姓名粲然若繁星之麗天雖其子孫亦以
祖父得與涑水伊川聯名爲榮曾不以爲辱也嗚呼
愛憎之私果何以掩是非之公邪京可謂謬用其心
矣碑之所列德業無聞者居多然賴此碑之存而天

下後世知其爲君子之黨是則京之詆之乃所以譽
之也歐陽子有言彼讒人之致力乃借譽而揄揚豈
不信哉雪川沈瑞以其祖千名在黨籍懼久而磨滅
特取家藏搨本重刻於石行人司副姑蘇周君得此
卷出以示余瞻仰之餘肅然起敬因識於下方嗚呼
世之惡直醜正髣髴於京者覽此碑尚亦自省哉盱
江何喬新識椒邱文集
此碑自靖國五年毁碎遂稀傳本今獲見之猶欽寶
籙矣當毁碑時蔡京厲聲曰碑可毁名不可滅嗟乎
烏知後人之欲不毁之更甚於京乎諸賢自涑水眉

山數十公外凡二百餘人史無傳者不賴此碑何由知其姓氏哉故此擇禍之道莫大乎與君子同禍小人之謀無往不復君子也石工安民乞免著名今披此籍諸賢位中赫然有安民在倪元璐跋

元祐黨籍徽宗書之立石端禮門其初九十八人爾既而蔡京復大書頒郡縣以上書人及已所不喜者作附麗人添入凡三百九人碑稱皇帝嗣位之五年蓋崇寧四年也是時籍中曾任宰臣執政者十無一存曾任待制及餘官亦已零落過半亡者毁其繪像及所著書奪其墳寺存者定爲邪等降責編管荒徼

禁不得同州住其子弟亦不得詣闕下小人之快意未有甚于斯時者矣豈復有所忌憚乎其後張綱看詳謂王珪一名不合在籍自九十七人外益以上官均岑象求江公望范柔中鄧考甫孫諤六人共一百三人皆係名德之臣許子孫陳乞恩例次數而龔頤正遂采三百九人之事跡成元祐黨籍列傳譜述一書凡一百卷蓋惟恐其闕然則小人之厄君子適以榮之士之自立宜審所擇矣京所書刊石滿天下惟桂林勒之崖壁故至今獨存碑後王珪章惇姓名漫漶者爲瀑泉所泐也曝書亭集

晁氏客語云紹聖初籍定元祐黨止數十人世以爲精選後乃汎濫人以得與爲榮而議者不以爲當也張文簡綱華陽集有紹興間進劄子云臣等看詳黨籍人姓名見于碑刻者有二本一本計九十八人一本三百九人内九十八人係崇寧初所定多得其真其後蔡京再將上書人及已所不喜者附麗添入黨籍汎濫雜冗遂至三百九人看詳得九十八人内除王珪不合在籍自餘九十七人多是名德之臣所有三百九人除九十七人係前石刻所載其餘更有侍從上官均岑象求餘官江公望范柔中孫諤鄧考甫

等六人名德亦顯然可見共計一百三人依得累降推恩指揮許子孫陳乞恩例云云宰臣文彦博執政梁燾等十六人待制以上蘇軾等三十五人餘官秦觀等三十九人以此攷之蔡京手定黨籍原有二本南渡合二本詳定爲三本王伯厚小學紺珠載三百九人乃京第二本龔頤正列傳譜述一百卷凡三百五人又不可詳者四人亦據第二本也今此碑列章惇李清臣張商英賈易楊畏輩蓋亦第二本未經南渡詳定者慮爲諸賢之玷故詳著之云帶經堂集

余同官黄州司馬于北溟成龍由粵西來貽余元祐

黨籍碑一本云碑在柳州之融縣乃黨人沈千曾孫沈暐刻也暐跋云元祐黨籍蔡氏當國實爲之徽廟遄悟乃詔黨人出籍高宗中興復加褒贈及錄其子若孫公道愈明節義凜凜所謂詘于一時而信于萬世矣其行實大槩則有國史在有公議在餘官第六十三人迺暐之曾祖父也後復官終提點杭州集眞觀贈奉政大夫暐幸託名節後敬以家藏碑本鑱諸玉融之眞仙岩以爲臣子之勸云嘉定辛未八月既望朝奉郎權知融川軍州兼管內勸農事古雲沈暐謹識又周元亮先生書影亦載此碑一則附錄之筠廊偶筆

書影云倪文正題元祐黨碑云云余凡兩見此碑各不同碎碑之後宜無可搨當時令郡邑各建之或尚有存者故其式弗一耳筠廊偶筆

元祐黨籍碑世所見者皆西粵重勒本是刻爲故相梁公燾曾孫律所重勒而吉州饒祖堯跋之其中注已故者六十餘人則西粵本所無也內臣之後另書王珪之名而懲之曰爲臣不忠曾任宰執章惇亦與西粵本不同王丞相雖具臣故不應與章同列當以梁碑爲是也鮚埼亭集

余得黨籍碑二本一沈暐所跋者一饒祖堯所跋者饒本視沈本字樣較大又題額沈是正書饒是八分書按書影謂當時令郡邑各建之或尚有存者故其式弗一沈饒摹刻之不同以此故也觀妙齋金石攷畧

碑完具其立此者朝奉郎權知融州軍州兼管內勸農事古雲沈暐也暐爲沈千之曾孫以家藏碑本鐫諸玉融之眞僊巖碑式凡三截上橫勒蔡京書題云皇帝嗣位之五年旌之於史實崇寧三年也徽宗紀六月戊午詔重定元祐元符黨人及上書邪等者合爲一籍通三百九人刻石朝堂令碑悉與史合惟碑

所言皇帝書而刊之石置於文德殿之東壁崇寧元年籍元祐及元符諸臣百二十人御書刻石端禮門見本紀則史未嘗載上自書也史總計元祐元符而碑止題元祐黨籍較史微有異文登固以元祐爲首惡而大書特書之與中截文臣內分宰執侍從餘官又有武臣內臣並列其名次然碑以司馬光居宰執第一而紀則首文彥博碑以內臣張士良武臣王獻可爲第三而史則悉列于首蓋爲重定之次如此又書爲臣不忠曾任宰官二人王珪章惇不與上諸官連篆是事在三年二月己酉詔王珪章惇別爲一籍如元祐黨令碑另行所書是也下

載暐自記刻石始末爲臣子之勸嗚呼京之計欲出死力以沉錮幽埋此諸君子者今反借力而譽揚然則京之愚爲可悲而惜不早覺悟也（授堂金石跋）

按元祐姦黨姓名有二碑一立於崇寧元年之九月徽宗手書刻石置端禮門凡百有二十八人首文彥博一立明年九月臣僚請頒端禮門石刻於外路州軍一立於三年之六月徽宗手書刻石置文德殿門之東壁凡三百九人首司馬光又命蔡京書大碑頒之天下此在長編及宋紀具有明文京所書者乃三百九人非百二十人也而陳桱通鑑續編於崇寧二年大書云頒蔡京所書元祐姦黨碑刻石於州縣三年則但云重定元祐元符黨人刻石於朝堂反不及蔡京書碑事薛應旂王宗沐皆因之何其謬也（畢沅續資治通鑑攷異）

右元祐黨籍碑徽宗朝元有兩本崇寧元年九月己亥御書刻石於端禮門者此初本也三年六月戊午重定一籍通三百九人御書刊石置文德殿門東壁又詔蔡京書頒之州縣令皆刻石此再刻本也五年正月以星變除毀朝堂石刻如外處有石刻亦令除毀而元刻無有存者今世所傳乃南宋人所翻三百九人之本一在靜江府有慶元戊午饒祖堯跋一在

融州有嘉定辛未沈暐跋饒本字畫較大於諸臣身故者名下注一故字與沈本異沈本末一行爲臣不忠曾任宰臣王珪章惇兩人饒本有惇無珪饒本內臣有王化臣一人沈本無之衮公適饒本誤衮爲兗馮百藥沈本誤馮爲洪龔夬饒誤作史饒本額元祐黨籍四字八分書沈本額元祐黨籍碑五字正書按崇寧詔書云三百九人以兩碑所列姓名數之皆闕其一當於饒本增入王珪一人沈本增王化臣一人乃得其實餘官內揚緘以下四十八人當移於衡鈞之前則兩本皆誤當依宋史新編正之予嘗讀新定續志知淳安縣學亦有元祐黨籍碑縣尉司馬逑所刊不審今尚存否夫是非之心人皆有之也而姦臣欲以紹述之說奪之紹述爲孝則更改爲姦人主聽之亦若近理雖然忠孝者一家之私也是非者萬世之公也文武之子孫以紹述爲孝幽厲之子孫亦可以紹述爲孝乎神宗所用之人所剏之法海內皆以爲非獨其臣子是之又以議論之不能勝而假威力以勝之而人心終不服也人主之權能行於一時不能行於萬世讀黨籍之碑崇寧君臣幾大快於心矣豈知人心所不服即天心所不祐向以入此籍爲辱

者後且以不得與此籍爲恥矣若夫曾布張商英邪
畏之翻覆無特操者蔡京雖抑之而後世終不能揚
之此又由乎其人之能自立而非可僥倖以取名也
潛研堂金石文跋尾

元祐黨籍碑姓名攷

文臣曾任宰臣執政官

司馬光 故史傳字君實陝州夏縣人神宗朝累加資政殿學士居洛陽十五年帝崩赴闕臨喪爲門下侍郎元祐元年九月薨贈太師溫
國公謚文正紹聖初御史周秩首論光誣謗先帝章惇蔡京請發冢斵棺帝不
許乃令奪贈謚惇言不已追貶清遠軍節度副使又貶崖州司戶參軍徽宗立
復太子太保蔡京擅政復降正議大夫京撰姦黨碑令郡國皆刻石長安石工
安民當鐫字辭曰民愚人固不知立碑之意但如司馬相公者海內稱其正直
今謂之姦邪民不忍刻也府官怒欲加罪泣曰被役不敢辭乞免鐫安民二字
於石末恐得罪後世聞者愧之靖康元年還贈謚建炎中配享哲宗廟庭 邵

氏聞見錄公既改新法或謂公曰元豐舊臣如章惇呂惠卿輩皆小人他日有
以父子之義間上則朋黨之禍作矣不可不懼公正色曰天若祚宋必無此事
遂改之不疑

文彦博 故史傳字寬夫汾州介休人神宗朝累拜太尉以太師致仕居洛陽元祐初司馬光薦彦博宿德
元老宜起以自輔宣仁后命平章軍國重事居五年復致仕紹聖初章惇[illegible]攻
言者論彦博朋附司馬光詆毀先烈降太子少保卒崇寧中預元祐黨籍後特
命出籍追復太師謚曰忠烈

呂公著 故史傳字晦叔夷簡子元祐三年累拜司空同平章軍國事明年二月薨贈太師申國
公謚曰正獻紹聖元年章惇爲相以翟思張商英周秩居言路論公著更熙豐
法度削贈謚再貶建武軍節度副使昌化軍司戶參軍徽宗立追復太子太保
蔡京擅政復降左光祿大夫入黨籍尋復銀青光祿大夫紹興初悉還贈謚

呂大防 故史傳字微仲其先汲郡人後家藍田
元祐中累尚書左僕射兼門下侍郎立朝八年乞避位未幾左正言上官均論
其隳壞役法右正言張商英御史周秩劉拯相繼攻之奪學士知隨州貶秘書
監分司南京居郢州言者又以修神宗實錄直書其事爲誣詆徙安州紹聖四
年貶舒州團練副使安置循州至虔州病薨徽宗即位復其官高宗紹興初又
復大學士贈太師宣國公謚曰正愍 續資治通鑑紹聖元年三月乙亥尚書
左僕射呂大防罷大防位首相踰六年當國日久羣怨皆歸及宣仁始祔廟侍
御史來之邵乞先逐大防以破大臣朋黨因疏列神宗簡拔之人章惇安燾惠
卿等以請進用大防亦自求去位帝遂從之詔以觀文殿大學士[illegible]後

二日改知永興軍 又曰三年七月己亥詔知渭州寶文閣待制呂大忠特除
寶文閣直學士知秦州大忠因言臣弟大防自罹譴謫流落累年恐一旦不虞
條先朝露死生隔絕銜恨無窮伏乞寢臣已除職名只量移大防陝西州郡居住不聽

劉摯 故史傳字莘老永靜東光人元祐六年
拜尚書右僕射爲朋讒奇中累徙青州紹聖初來之邵周秩論摯變法棄地罪
奪職知黃州再貶光祿卿分司南京蘄州居住四年隨邢恕之謗貶鼎州團練
副使新州安置至數月以疾卒復遭謗免其子官與家屬徙英州凡三年死于
譴者十人徽宗立詔反其家屬復摯中大夫蔡京爲相降朝散大夫後又復觀
文殿大學士太中大夫紹興初贈少師謚曰忠肅 東都事畧摯渤海人紹聖
初再貶光祿卿分司南京鄆州居住元符三年復中大夫蔡京爲相降朝請大
夫與史小異 通鑑輯覽元符三年徽宗即位三月詔許劉摯歸葬錄其子孫
五月追復官 朱子名臣言行錄引劉大諫序公文集云公自南社罷職知黃
州又分司徙蘄州語諸子曰上用章丞相吾勢當得罪若章君顧國事不遷怒
百姓但責吾曹死無所恨第恐意在報復法令峻刻天下何可變形于色初無
一言及遷謫也 續資治通鑑紹聖四年十二月癸未鼎州團練副使新州安
置劉摯卒先是蔡京安惇共治文及甫事將大有所誅戮會星變帝諭曰朕遵
祖宗遺志未嘗殺大臣劉摯等可釋勿治然京惇極力鍛鍊
不少置而梁燾先卒後七日摯亦卒衆皆疑兩人不得其死

范純仁
故史傳字堯夫仲淹次子元祐中累拜右僕射章惇爲相純仁堅請去遂
知潁昌府徙陳州既而呂大防等竄嶺表純仁上疏申理之忤惇意落

職知隨州明年又貶武安軍節度副使永州安置徽宗即位即日授光祿卿分
司南京鄧州居住道除右正議大夫提舉崇福宮不數月以觀文殿大學士充
中太一宮使純仁乞歸許養疾建中靖國改元元旦受家人賀明日熟寐而卒
贈開府儀同三司謚曰忠宣 通鑑輯覽貶武安軍節度副使安置于循新雷
化永五州 曾肇撰范文正公墓誌除給事中時哲宗宣仁太后共政司馬溫
公入相首改差役法公聞之謂人曰此事當熟講而緩行不然滋爲民病且宰
相職在求人變法非所先也還朝力爲溫公言之溫公有所建請公復言宰相
當虛心以延衆論不必謀自己出謀自己出則諂諛得乘間迎合而正士將卷
懷退避公與溫公雖同志及臨事有所矯正類如此 邵氏聞見錄元祐三年
有吳處厚者以蔡確題安州車蓋亭詩來上以爲謗訕宣仁太后得之怒曰蔡
確以吾比武后當重謫呂汲公爲左相不敢言忠宣乞薄確罪不從初議貶確
新州忠宣謂汲公曰此路荊棘已七八十年吾輩開之恐不自免汲公又不敢
言忠宣因乞罷政 通鑑輯覽紹聖四年范純仁謫武安軍節度副使安置于
循新雷化永五州純仁時因疾失明聞命怡然就道或謂近名純仁曰七十之
年兩目俱喪萬里之行豈其欲哉但區區之愛君有懷不盡若避好名之嫌則
無爲善之路矣諸子欲以與司馬光議役法不同爲請輒得免行純仁曰吾用
君實薦以致宰相昔同朝論事不合則可汝輩以爲今日
之言則不可也有愧心而生不若無愧心而死其子乃止

韓忠彦 史傳字師
朴琦子元祐中累知真定府移定州坐棄地降資政殿學士改知大名府徽宗
即位以吏部尚書召拜門下侍郎踰月拜尚書右僕射兼中書侍郎進左僕射

兼門下侍郎封儀國公而曾布爲右相多不協言事者助布排忠彦以觀文殿大學士知大名府又以欽聖欲復廢后爲忠彦罪再降太中大夫懷州居住又論忠彦在相位不應棄湟州謫崇信軍節度副使濟州居住建復湟鄯謫磁州團練副使復太中大夫遂以宣奉大夫致仕卒 通鑑輯覽崇寧元年五月忠彦爲相與曾布不協左司諫吳材右正言王能甫附布論忠彦變神考之法度逐神考之人才遂罷知大名府

曾布 史姦臣傳字子宣南豐人紹聖初拜同知樞密院進知院事布贊惇紹述甚力請甄賞元祐臣庶論更役法不便者以勸敢言惇遂興大獄陷正人流貶鐫廢略無虛日布多陰擠之徽宗立拜布右僕射明年改元建中靖國獨當國漸進紹述之說明年又改元崇寧罷爲觀文殿大學士知潤州坐贓賄落職提舉太清宮太平州居住又降司農卿分司南京又責散官衡州安置又以棄湟州責賀州別駕又責廉州司戶凡四年徙舒州復太中大夫提舉崇福宮大觀元年卒于潤州後贈觀文殿大學士謚曰文肅 通鑑輯覽崇寧元年閏六月曾布免布與蔡京素有隙議事多不合會布擬塪父陳佑甫爲戶部侍郎京言布私其所親布忿然爭辨久之帝不悅殿中侍御史錢遹言布援元祐之姦黨擠紹聖之忠賢于是布罷出知潤州

梁燾 故史傳字況之鄆州須城人紹聖元年知鄆州朋黨論起以司馬光黨黜知鄂州三年再貶少府監分司南京明年三貶雷州別駕化州安置卒 通鑑輯覽元符三年徽宗即位三月詔許梁燾歸葬錄其子孫 宏簡錄紹聖元年黨論起上猶記其立論中正多所開陳盡出公議以故最後謫徙其子昭州徽宗立始得歸

王巖叟 故史傳字彥霖大名清平人元祐六年拜樞密直學士簽書院事宰相劉摯爲御史鄭雍所擊巖叟連上疏論救摯去位御史遂指爲黨罷爲端明殿學士知鄭州明年徙河陽數月卒贈左正議大夫紹聖初追貶雷州別駕 張舜民撰墓誌曰公拜樞密直學士僉書樞密院事進曰或聞有以君子小人參用之說告陛下者不知果有之否此乃深誤陛下也自古君子小人無參用之理聖人唯說君子在內小人在外則成泰小人在內君子在外則成否若君子既進小人不能與君子同事自然不得親近小人既進君子不肯與小人爭進自然稍稍引去君子與小人競進則危亂之機也

蘇轍 史傳字子由與兄軾同登進士紹聖初上疏哲宗覽奏以爲引漢武方先朝落職累責筠州居住三年又責化州別駕雷州安置徽宗即位徙永州岳州已而復大中大夫提舉鳳翔上清太平宮崇寧中蔡京當國又降朝請大夫罷祠居許州復大中大夫致仕政和二年卒追復端明殿學士淳熙中謚文定 按史云三年又責化州別駕通鑑輯覽作四年

王存 故史傳字正仲潤州丹陽人元祐三年累遷尚書左丞歲餘加資政殿學士吏部尚書時在廷朋黨之論寖熾存爲哲宗言人臣朋黨誠不可長然或不察則濫及善人由是復與任事者戾除知大名府改知杭州紹聖初請老提舉崇禧觀遷右正議大夫致仕既而降通議大夫建中靖國元年卒贈左銀青光祿大夫

鄭雍 故史傳字公肅襄邑人哲宗立拜尚書左丞紹聖初治元祐黨臣雍頓首自列周秩乘隙詆之謂雍初爲侍從時因徐王私於黨臣以進哲宗怒黜秩二年以資政殿學士知陳州徙北京留守坐元祐黨奪職知鄭州改成都府元符元年提舉崇福宮歸未至而卒政和中復資政殿學士

傅堯俞 故史傳字欽之本鄆州須城人徙孟州濟源元祐四年累拜中書侍郎六年卒贈銀青光祿大夫謚曰獻簡紹聖中以元祐黨人奪贈謚著名黨籍後黨錮解下詔褒贈錄其子

趙瞻 故史傳字大觀其先亳州永城人徙鳳翔之盩厔元祐三年累擢樞密直學士簽書樞密院事明年以中大夫同知院事五年卒贈銀青光祿大夫謚曰懿簡紹聖中言者以傳會元祐諸臣追奪所贈官列于黨籍

韓維 故史傳字持國億第五子哲宗朝累拜門下侍郎有忌之者密爲讒愬以太子少傅致仕轉少師紹聖中坐元祐黨降左朝議大夫再謫崇信軍節度副使均州安置元符元年復左朝議大夫是歲卒徽宗初悉追復舊官 通鑑輯覽紹聖四年落職致仕再貶均州安置

孫固 故史傳字和父鄭州管城人元祐二年知樞密院事累官右光祿大夫五年卒贈開府儀同三司謚曰溫靖紹聖時奪遺澤元符二年奪所贈官列元祐黨籍政和中徽宗以固嘗爲神宗宮僚特出籍悉還所奪

范百祿 故史傳字子功鎮兄鍇之子元祐中累拜中書侍郎罷爲資政殿學士知河中徙河陽河南薨贈銀青光祿大夫子祖述知蘄縣以父墮黨籍監中岳廟後累官朝議大夫卒

胡宗愈 故史附胡宿傳宿從子字完夫元祐初累御史中丞哲宗嘗問朋黨之弊對曰君子指小人爲姦則小人指君子爲黨明日具君子無黨論以進拜尚書右丞言者論罷爲資政殿學士知陳州徙成都府召爲禮部尚書還吏部卒 又弟宗回傳云徽宗時官待制歷慶渭陳延澶州兄宗愈入黨籍宗回亦罷郡

李清臣 故史傳字邦直魏人哲宗即位累拜中書侍郎紹聖元年廷試進士清臣發策皆紬元祐之政于是紹述之論大興國是遂變章惇入相逐諸臣并籍文彥博呂公著以下三十人將悉竄嶺表清臣曰更先帝法度不爲無過然皆累朝元老若從惇言必大駭物聽帝曰是豈無中道耶令揭榜朝堂置餘人不問坐狂婦人告清臣謀反以大學士知河南奪職知眞定府徽宗立入爲門下侍郎尋爲曾布所陷出知大名府而卒贈金紫光祿大夫 按狂婦人者据宏簡錄是姑子田氏外婦 東都事略清臣以元符中章疏詆毀先朝追奪職名言者又以清臣與韓忠彥黃履執政日請復元祐皇后義非所安再貶雷州司戶參軍 又東都事略李清臣傳論曰紹聖之初清臣復被任用不以公正事上而乃謀取宰相首以紹述激怒上意自是朋黨論起而士夫蒙其患矯誣之說行而聖君負其謗朝廷不復安靜而清臣亦不得相矣 通鑑輯覽建中靖國元年冬十月李清臣罷清臣與韓忠彥有姻好忠彥惟其言是聽范純禮之罷亦其謀也至是以忤曾布免

劉奉世 史附劉敞傳敞子字仲馮紹聖元年以端明殿學士知成德軍改定州踰年知成都府過鄆入覲欲進朋黨飾邪之狀帝將聽其衆曾布曰元祐變先朝法無一當者奉世有力焉最爲漏網恐不足見遂不許明年責光祿少卿分司南京居郴州再被邪怨勒貶隰州團練副使徽宗立盡還其官職知定州大名府鄆州崇寧初再奪職責居沂兗以赦得歸政和三年復端明殿學士薨 通鑑輯覽紹聖四年責光祿少卿郴州居住尋安置郴州

范

純禮 史傳字彝叟仲淹第三子徽宗立累擢尚書右丞坐誣罷爲端明學士知潁昌府提舉崇福宮崇寧中啓黨禁貶試少府監分司南京又貶靜江軍節度副使徐州安置徙單州五年復左朝議大夫提舉鴻慶宮卒 通鑑輯覽范純禮字彝叟仲淹中子紹聖四年蔡州居住徽宗即位累擢尚書右丞建中靖國元年六月罷純禮沈毅剛正曾布憚之謂駙馬都尉王詵曰上欲除君承旨范右丞不可詵怒會詵館遼使純禮主宴詵誣其輒斥御名遂罷知潁昌府崇寧二年六月論棄湟州罪貶靜江軍節度副使

安燾 史傳字厚卿開封人登第元祐中累官門下侍郎坐救常安民章惇譖其相表裏出知鄭州徙大名徽宗立復知樞密院以老避位知河南崇寧元年坐棄湟州議其罪降端明殿學士再貶寧國軍節度副使漢陽軍安置湟州復又降祁州團練副使鄯州復又移建昌軍閱再歲復通議大夫還洛卒後五歲悉還其官職

陸佃 故史傳字農師越州山陰人徽宗即位累拜尚書左丞御史欲更懲元祐餘黨佃爲徽宗言不宜窮治乃下詔申諭揭之朝堂譏者用是詆佃曰佃名在黨籍不欲窮治正恐自及耳遂罷爲中大夫知亳州數月卒追復資政殿學士

黃履 故史傳字安中邵武人紹聖初累拜尚書右丞坐言事罷知亳州徽宗立召爲資政殿學士復拜右丞未踰年求去卒 東都事畧黃履始以文學進初附蔡確謀定策事復附章惇排擊元祐之臣時議嫉之後以復后事追貶郴州團練副使 宏簡錄黃履以救鄒浩罷知亳州徽宗立召爲資政殿學士兼侍讀復拜右丞加大學士提舉中太一宮卒

張商英 史傳字天覺蜀州新津人哲宗初累使河北江西淮南哲宗親政召爲右正言左司諫商英積憾元祐大臣不用已極力攻之惇燾交惡商英欲助惇求所以傾燾者哲宗不直商英徙左司員外郎既與漸交關事皆露責監江寧酒起知洪州累遷中書舍人謝表歷詆元祐諸賢衆益畏其口徽宗出爲河北都轉運使降知隨州崇寧初爲吏部刑部侍郎翰林學士蔡京拜相商英雅與之善尋拜尚書左丞復與京議政不合屢詆京罷知亳州入元祐黨籍京罷相削籍知鄂州京復相以散官安置歸陝二州大觀四年京再還起知杭州過闕留爲資政殿學士拜尚書右僕射坐方技郭天信事累貶衡州安置繼復還故官職宣和三年卒贈少保紹興中賜謚文忠 續資治通鑑崇寧二年八月戊申詔張商英秉國機政議論反復臺憲交章豈容在列可落職知亳州臣僚因言商英作爲謗書肆行誣詆宜更加誅責置之元祐黨中辛酉詔以商英入元祐黨籍改知蘄州尋罷職提舉靈仙觀 攷異曰李燾曰蔡絛國史後補離法篇云鈔法既行一日權貨務申入納見錢已積三百萬緡魯公將上進呈上駭曰直有爾許邪張丞商英時爲中書侍郎忽儳進曰啓陛下皆虛錢魯公愕然即奏曰臣據有司申如此商英今以謂虛錢乞命商英與臣各選差官點檢字號分明皆在庫也翌日奏聞張大慙由是不安後又以陰通宮禁事未幾罷去又宣和殿記魯公在元豐中與商英素厚善其後商英出入魯公門下又與伯氏親翼魯公將爲相商英預爲草麻其辭甚美遂拜右丞遷中書侍郎及爭進頗攻魯公一日上在禁中偶視賓人之冠鈘間垂一小卷文書戲取開視之乃細字曰張商英乞除右僕射上語賓人汝勿預外庭事因密降出示魯公上大怒而賓人方不安泣魯公亦甚懼曰此獨商英無狀耳恐事干宮禁不可治於是掩之以他事黜商英

蔣之奇 故史傳字穎叔常州宜興人元祐初累拜翰林學士兼侍讀坐責守汝州徙慶州徽宗立拜知樞密院事崇寧元年知杭州以棄河湟事奪職降中大夫以疾告歸提舉靈仙觀三年卒後錄其嘗陳紹述之言盡復官職

曾任待制以上官

蘇軾 故史傳字子瞻眉州眉山人元祐七年兼端明殿翰林侍讀兩學士爲禮部尚書哲宗親政出知定州紹聖初御史論軾掌內外制日所作詞命以爲譏斥先朝累貶寧遠軍節度副使惠州安置徽宗立移廉州改舒州團練副使徙永州赦還提舉玉局觀復朝奉郎建中靖國元年卒軾自爲舉子至出入侍從必以愛君爲本忠規讜論羣臣無出其右但爲小人忌惡不使安於朝廷之上 通鑑輯覽紹聖四年蘇軾自惠州徙昌化軍 東坡年譜四年五月責授瓊州別駕昌化軍安置 宏簡錄高宗贈資政殿學士孝宗乾道六年特贈太師謚文忠

劉安世 史傳字器之魏人司馬光入相薦爲祕書省正字累知成德軍章惇用事尤忌惡之黜知南安軍再貶少府少監三貶新州別駕安置英州又徙梅州徽宗即位以集賢殿修撰知鄆州眞定府曾布又忌之不使入朝蔡京既相連七謫至峽州羈管稍復承議郎卜居宋都宣和六年復待制中書舍人明年卒 通鑑輯覽紹聖四年劉安世自英州徙高州元符元年七月再竄于梅州安世至貶所章惇將必致之死陰令殺陳衍使者過梅脇安世使自裁使[illegible]不忍而止惇又擢土豪爲轉運判官使殺之判官承意疾馳未至三十里嘔血而死安世獲免 朱子名臣言行錄公徧歷言路正色立朝知無不言言無不盡每以辨是非邪正爲先進君子退小人爲急其面折廷爭至雷霆之怒赫然則執簡卻立伺天威稍霽復前極論一時奏對且前且卻者或至四五殿廷觀者皆汗縮竦聽目之曰殿上虎又曰惇卞用事必欲致公於死故方竄廣東則移廣西既抵廣西則復徙廣東凡二竄間遠惡州軍無所不至人皆謂公必死然七年之間未嘗一日病年幾八十堅悍不衰此非人力所及殆天相也或問何以至此曰誠而已

范祖禹 故史附范鎮傳鎮從孫字淳甫一字夢得哲宗立累爲禮部侍郎侍講學士紹述之論興有相章惇意祖禹力言惇不可用不見從遂請外以龍圖閣學士知陝州言者論祖禹修實錄詆誣又摭其諫禁中僱乳媼事追貶武安軍節度副使昭州別駕安置永州賀州又徙賓化而卒建炎二年追復龍圖閣學士 通鑑輯覽紹聖四年范祖禹自賀州徙賓州元符元年七月再竄于化州

朱光庭 故史附朱景傳景子字公掞哲宗即位司馬光薦爲左正言累加集賢院學士感疾卒紹聖中追貶柳州別駕元符又停錮其諸子徽宗立復其官 按東都事畧作追貶郴州別駕餘俱同

姚勔 故史無傳通鑑輯覽姚勔作姚緬紹聖四年衢州居住

趙君錫 故史附趙安仁傳安仁孫字無愧累知應天府紹聖中貶少府少監分司南京紹興六年贈徽猷閣直學士 通鑑輯覽紹聖四年趙君錫亳州居住

馬默 故史傳字處厚單州城武人哲宗朝累改河北都轉運使久之告老提

泉爲慶宮紹聖時坐附司馬光致仕卒紹興中以其子純請贈開
府儀同三司加贈太保　通鑑輯覽紹聖四年馬默單州居住

孔武仲 故 史附文仲傳文仲弟字常父元祐中累以寶文閣待制知洪州從宜州
坐元祐黨奪職居池州元符末追復之　通鑑輯覽紹聖四年孔武仲
池州
居住

孔文仲 故 史傳字經父臨江新喻人元祐初哲宗召爲中書舍人
三年同知貢舉先有寒疾及是晝夜不廢職疾甚卒後
追貶梅州別駕元符末復其官　通
鑑輯覽紹聖四年孔文仲追貶別駕

吳安持 故 史附吳充傳充次子
元祐時爲都水使者
遷工部侍郎仕
終天章閣待制

錢勰 故 史附錢惟演傳惟演從孫字穆父哲宗時翰林
缺學士帝以命勰仍兼侍讀惇極排詆謫全臺
攻之不已罷知池州卒元
符末追復龍圖閣學士

李之純 故 史傳字端伯滄州無棣人元祐
中累改工部尚書紹聖中劉拯
劾其阿附蘇轍出知單州卒　通鑑輯覽李之純字端明
紹聖四年追奪官秩按之純弟之儀字端叔則端明似訛

孫覺 故 史傳
字莘老高郵人哲宗即位累擢御史中丞以疾請罷除龍圖閣學士提舉
舒州靈仙觀卒紹聖中以覺爲元祐黨奪職追兩官徽宗即位復官職

鮮于侁 故 史傳字子駿閬州人哲宗立召爲太常少卿在職三月以疾求
去除集賢殿修撰知陳州卒　東都事略紹聖間以侁爲元祐
黨削左諫議大夫集賢
殿修撰遂與黨籍云

趙彥若 故 史附趙師民傳師
民子試中書舍人

趙卨 故 史傳字公才邛州依政人元祐五年拜端明殿學士遷大中大夫卒贈右光祿
大夫紹聖四年以卨與元祐棄地議係其名於黨籍　通鑑輯覽紹聖四年趙
卨追奪
官秩

王欽臣 故 史附王洙傳洙子字仲至元祐中累改集賢殿修
撰知和州徙饒州提舉太平觀徽宗立復待制知
成德軍卒　通鑑輯覽紹
聖四年王欽臣信州居住

孫升 故 史傳字君孚高郵人哲宗立累以天
章閣待制知應天府董敦逸黃廷基
摭升過改集賢院學士紹聖初翟思張商英又劾之削職知房州歸州貶水部
員外郎分司又貶果州團練副使汀州安置卒　通鑑輯覽紹聖四年孫升峽
州居
住

李周 故 史傳字純之馮翊人哲宗立累改集賢殿修撰卒紹聖中
追貶賀州別駕後復舊職　通鑑輯覽紹聖四年李周追
奪官秩
貶別駕

王汾 故 史附王禹偁傳禹偁曾孫仕至工部侍郎後入元祐黨
籍　通鑑輯覽王汾譌作王玢紹聖四年落職致仕

韓川 故 史傳字元伯陝人元祐中累以龍圖閣待制守穎虢二州與孫
升同受責由坊州郢州貶屯田員外郎分司峽州團練副使道
州安置徽宗立得故官知青襄二州卒
通鑑輯覽紹聖四年韓川隨州居住

顧臨 故 史傳字子敦會稽人紹
聖初以龍圖閣學士知
定州徙應天河南府中人梁惟簡坐營事宣仁太后得罪過洛轉運使郭茂恂
希時宰意劾臨與之宴集奪職知歙州又以附會黨人斥饒州居住卒徽宗立
追復之　通鑑輯覽紹
聖四年顧臨饒州居住

賈易 史傳字明叔無爲人元祐中累加直祕閣
元符累謫保靜軍行軍司馬邵州安置徽

宗立召爲太常少卿進右諫議大夫改權刑部侍郎歷
工部吏部未滿歲爲眞以寶文閣待制知鄧州入黨籍

呂希純 史附呂公著傳
公著三子字子進元祐初歷權太常少卿章惇既相出爲寶文閣待制知亳州
諫官張商英𢘿希純攻之力徙睦州歸州自京東而之浙西自浙西而上三峽
名爲易地實困之也公著追貶希純亦以屯田員外郎分司南京居金州又責
舒州團練副使道州安置建中靖國元年還爲待制知瀛州改潁州入崇寧黨
籍卒　通鑑輯覽紹聖四年呂希純金州居住　史論曰公著父子俱
位至宰相希哲希純世濟其美然皆陷於崇寧黨籍何君子之不幸歟

曾肇 史附曾鞏傳鞏弟字子開元祐末累知瀛州坐實錄譏訕降滁州復集賢
殿修撰歷泰州海州徽宗即位復召爲中書舍人元祐臣僚被譴者咸以
赦恩甄叙肇請併錄死者訓詞哀厚惻怛讀者爲之感愴遷翰林學士兼侍讀
建中靖國元年兄布在相位避禁職拜龍圖閣學士提舉中太一宮未幾出知
陳州歷太原應天二府揚定二州崇寧初落職謫知和州徙岳州繼貶濮州團
練副使安置汀州四年歸潤而卒兄布與韓忠彥並相日夕傾危之肇既居外
移書告之曰兄方得君當引用善人正道以杜惇卞復起之萌而數月以來所
謂端人吉士繼跡去朝所進以爲輔佐侍從臺諫往往皆前日事惇卞者比來
主意已移小人道長進則必論元祐人於帝前退則盡排元祐者於要路異時
惇卞縱未至一蔡京足以兼二人可不深慮布不能從未幾京得政布與肇俱
不免紹興初謚曰文昭　朱子名臣言行錄引行述云時有陳大中至正之論
者以元祐紹聖均爲有失曾公稱上命公推此意爲詔諭天下公見上言陛
下欲建皇極以消弭朋黨須先分君子小人賞善罰惡不可偏廢聞說甚至
又曰元祐士大夫再被降黜公義不獨全請與俱貶言者繼之落職知和州

王覿 史傳字明叟泰州如皋人哲宗立擢右正言進右司諫覿在言路欲
深破朋黨之說朱光庭訐蘇軾試館職策問呂陶辨其不然遂起洛
蜀二黨覿言軾之辭不過失輕重之體耳若悉攷同異深究嫌疑則兩歧遂分
黨論滋熾矣學士命詞失指其事尚小使士大夫有朋黨之名大患也帝深然
之尋改右諫議大夫出知潤州蘇州徙江淮發運使入拜刑戶二部侍郎紹聖
初知成都府徙河陽貶少府少監分司南京又貶鼎州團練副使徽宗即位還
故職知永興軍過闕留爲工部侍郎遷御史中丞改翰林學士知潤州徙海州
罷主管太平觀安置臨江軍覿持正論始終再罹譴逐不少變無疾卒紹興初
追復龍圖閣學士　通鑑輯
覽紹聖四年王覿通州居住

范純粹 史附范仲淹傳仲淹第四子字德
孺元祐中除寶文閣待制出知延
州紹聖初坐元祐棄地事降直龍圖閣明年復以寶文閣待制知熙州歷滑州
旋以元祐黨人奪職知均州徽宗立起知信州復故職知太原再臨延州改知
永興軍尋以言者落職知金州提舉鴻慶宮又責常州別駕鄂州安置綱子弟
不得擅入部會赦復領祠久之以右文殿修撰提舉太清宮黨禁解復徽猷閣
待制致仕卒　通鑑輯覽紹聖四年范純粹均州居住　續資治通鑑虞仙姑
者年八十餘行大洞法帝嘗問仙姑致太平之期對曰當用賢人帝曰賢人謂
誰曰范純粹也帝以語京京曰此元祐臣僚所使
遂逐之于是士大夫爭言虞仙姑亦入元祐黨矣

呂陶 史傳字元鈞成
都人元祐中以

集賢院學士知陳州徙河陽潞州奪職再貶庫部員外郎分司徽宗立
復集賢殿修撰知梓州致仕卒　通鑑輯覽紹聖四年呂陶衛州居住
王古 史附江公望傳建中靖國元年御史中丞趙挺之與戶部尚書王古同理逋欠古多所蠲釋挺之劾古傾天下之財以爲私惠公望乃上疏曰
臣聞挺之與古論事每不相合屢見於辭氣懷不平之心有待而發俚語有之
私事官讎此小人之所不爲而挺之安爲之豈忠臣乎　續資治通鑑考異同
時有兩王古其一官戶部尚書乃旦之曾孫在曾任待制以
上其一在餘官蓋以元符上書列邪等得罪者其爵里未詳　豐稷 史傳
字相之明州鄞人元祐中累知河南府加龍圖閣待制連徙六州徽宗立以左
諫議大夫召道除御史中丞以樞密直學士守越蔡京得政修故怨貶海州團
練副使道州別駕安置台州除名徙建州稍復朝請郎卒建炎中追復學士諡
曰清敏　通鑑輯覽建中靖國元年十一月罷禮部尚書豐稷稷初自河南入
對論罷蔡京又欲率臺屬論曾布布覺之遷稷尚書稷數以論事忤
權近及是出知蘇州崇寧二年正月蔡京蔡卞陷以黨事安置台州　張舜
民 史傳字芸叟邠州人哲宗初司馬光薦以館閣校勘進祕書少監累知陝潭青三州徽宗立擢龍圖閣待制知定州改同州坐元祐黨謫楚州團練
副使商州安置復集賢殿修撰卒紹興中追贈寶文閣
直學士　通鑑輯覽崇寧二年正月張舜民安置商州　張問 故史傳字昌言襄
陽人元祐初爲祕書監給
事中累官正議大夫卒　楊畏 史傳字子安其先遂寧徙洛陽累提點夔州路刑獄元祐初請祠歸洛恐得罪
司馬光稱其盛德光卒復言其不知道呂大防劉摯爲相用爲工部員外郎擢
殿中侍御史助大防攻摯十事摯罷蘇頌爲相畏復攻頌頌罷畏欲蘇轍爲相
言仁后召范純仁畏攻純仁畏本附轍知轍不相復詆轍其傾危反覆如此遷
禮部侍郎薦章惇呂惠卿可大任廷試發策有紹述意考官第主元祐者居上
畏復考悉下之惇入相畏遺所親陰結之惇至徙畏吏部尋以寶文閣待制知
眞定府天下目爲楊三變謂其進於元豐顯於元祐遷於紹聖也尋落職知虢
州入元祐黨後知鄧州復集賢殿修撰知襄州移荊南提舉洞霄宮未
幾知鄧州再丐祠主管崇禧觀蔡京爲相出黨籍尋復寶文閣待制卒　鄒
浩 史傳字志完常州晉陵人元祐中擢右正言蹇序辰看詳元祐章奏公肆詆欺輕重不平浩言初旨但分兩等語及先帝并語言過差而已今所施
行混然莫辨願加省察章惇獨相浩所言每觸惇忌賢妃劉氏立浩上疏惇詆
其狂妄削官羈管新州徽宗立亟召還以寶文閣待制知江寧府徙杭越州蔡
京用事再責衡州別駕竄昭州五年始得歸稍復直龍圖閣瘴疾作卒高宗朝
位復待制贈寶文閣直學士賜諡忠　邵氏聞見錄田晝者字承君陽翟人故
樞密宣簡公姪也議論慷慨鄒浩志完教授潁昌與承君遊志完性懦得承君
遇事輒自激厲元符間承君監京城門志完除言官既而删黨之禍大起時事
日變更承君謝病歸陽翟田舍一日報立劉氏爲皇后承君語子曰志完不言
可以絕交矣又一日志完以書約承君會潁昌中塗承君亟往志完具言諫立
皇后時浩之言戇矣乃得罪留三日臨别志完出涕承君正責曰使志完隱默
官京師遇寒疾不汗五日死矣豈獨嶺海之外能死人哉乃别去建中靖國初

承君入爲大宗正
累知淮陽軍卒　陳次升 史傳字當時興化仙游人紹聖中爲御史殿中時方編元祐章疏尋流搢紳次升疏諫
惇卞交惡之謫南安軍徽宗立召爲侍御史遷右諫議大夫崇寧初以寶文閣
待制知潁昌府降集賢殿修撰繼又除名徙建昌編管循州政和中用赦恩復
舊職卒　通鑑輯覽崇寧二
年正月陳次升貶竄循州　謝文瓘 史傳字聖藻陳州人哲宗召對除祕書省正字考功右司員外
郎徽宗擢起居舍人給事中崇寧元年出知濮州尋治黨事坐元豐上疏謫邵
武軍移處州帝披黨籍曰朕究知文瓘本末命出籍以爲集英殿修撰知濟州
卒　岑象求 故史無傳宋史紀事字巖起梓州人經寶文閣待制入黨籍全蜀藝文志載其遊定林院詩　周鼎
史無傳　徐勣 史傳字元功宣州南陵人元豐末累諸王府記室參軍哲宗末及用徽宗立擢寶文閣待制遷中書舍人時紹聖黨
與尚在朝人懷異意以沮新政帝謂勣爲鯁直詔與蔡京同校五朝寶訓勣固
辭奏京之惡引盧杞爲喻遷給事中翰林學士勣與何執中偕事帝於王邸京
每曲意事之勣不少降節低而遭憂京入輔執中亦預政擿勣行章惇詞以爲
詆先烈服闋主管靈仙觀入黨籍起知江寧府言者復論爲元祐姦朋罷歸大
觀三年知太平州加龍圖閣直學士留守南京除顯謨閣學士致仕卒
贈資政殿學士正奉大夫　按大觀三年知太平州宏簡錄作二年　路
昌衡 故史傳字持政開封祥符人紹聖中以寶文閣待制知開封府累知成都徽宗立責司農少卿分司居郢州明年起爲滁州徙南京留
守坐前上書事落職入黨籍
卒宣和五年贈龍圖閣學士　董敦逸 故史傳字夢授吉州永豐人元祐六年以監察御史出知臨
江軍紹聖初復除監察御史歷左司諫明年出
知興國軍徙江州徽宗即位累遷戶部侍郎卒　上官均 史傳字彥衡邵武人哲宗立擢
開封府推官元祐中累改提點河北東路刑獄紹聖初召拜左正言遷工部員
外郎累知越州徽宗立入爲祕書少監累知永興軍徙襄州崇寧初與元祐黨
籍奪職主管崇禧觀政和中復集賢院修撰　葉濤 故史傳字致遠處州龍泉人紹聖初薦擢中
提舉洞霄宮久之復龍圖閣待制致仕卒
書舍人論安燾不宜加罪蔡京劾爲黨罷知光州連三　郭知章 史傳字明叔吉
黜曾布引爲給事中以龍圖閣待制提舉崇禧觀卒
州龍泉人用薦累知和州徽宗立曾布用爲工部侍郎累翰林學
士言者論罷知鄧州旋入黨籍數年復顯謨閣直學士政和初卒　楊康
國 史無傳　龔原 史傳字深之處州遂昌人紹聖中累權工部侍郎出知潤州徽宗初入爲祕書監歷知廬州陳瓘擊蔡京原與瓘善
或謂原實使之奪職居和州起爲亳州命下而卒　文獻通考續稽古錄一卷
陳氏曰祕書丞歷陽龔頤正養正撰嘗撰元祐黨籍譜得官韓氏用事時賜出
身入館頤正給事
中原之曾孫也　朱紱 史無傳　葉祖洽 史傳字敦禮邵武人紹聖中歷知洪州曾布用事以
吏部侍郎召改寶文閣待制知青州未赴布引爲吏部侍郎布罷出知定州且
行大言於上徽宗怒其輕發降集賢殿修撰提舉沖祐觀自是不復用久之知洪

州改亳州加徽猷閣直學士政和末年卒

朱師服 史無傳

餘官

秦觀 故史傳字少游揚州高郵人累兼國史院編修官紹聖初坐黨籍出通判杭州御史劉拯論其增損實錄貶監處州酒稅又以謁告寫佛書爲罪削秩徙郴州繼編管橫州又徙雷州徽宗立復宣德郎放還至藤州游華光亭卒　通鑑輯覽紹聖四年秦觀橫州居住

黃庭堅 史傳字魯直洪州分寧人哲宗立累兼國史編修官紹聖初出知宣州改鄂州章惇蔡卞與其黨論實錄多誣貶涪州別駕黔州安置言者猶以處善地爲慨法遂移戎州徽宗即位起監鄂州稅簽書寧國軍判官知舒州以吏部員外郎召皆辭不行丐郡知太平州至九日罷主管玉隆觀除名羈管宜州三年徙永州未聞命而卒

晁補之 史傳字無咎濟州鉅野人進士第一元祐初累爲著作佐郎章惇當國出知齊州坐修神宗實錄失實降通判應天府亳州又貶監處信二州酒稅徽宗立復以著作召既至拜吏部員外郎禮部郎中兼國子編修實錄檢討官黨論起爲諫官管師仁所論出知河中府徙湖州密州果州遂主管鴻慶宮大觀末出黨籍知達州改泗州卒　通鑑輯覽紹聖四年晁補之謫監當官

張耒 史傳字文潛楚州淮陰人紹聖初請郡以直龍圖閣知潤州坐黨籍徙宣州謫監黃州酒稅徙復州徽宗立起爲通判黃州歷知汝州崇寧初復坐黨籍落職主管明道宮耒在潁聞蘇軾訃爲舉哀行服言者以爲言遂貶房州別駕安置於黃五年得自便居陳州晚監南嶽廟主管崇福宮卒建炎初贈集英殿修撰

吳安詩 史附吳充傳充長子在元祐時爲諫官起居郎　通鑑輯覽吳安詩紹聖四年連州居住

歐陽棐 史附歐陽修傳修中子字叔衍元符末歷吏部右司二郎中以直祕閣知蔡州未幾坐黨籍廢十餘年卒　續資治通鑑元符元年十月詔祕閣校理權知潞州歐陽棐落職送吏部與合入差遣坐朋附元祐權臣每希進用也又曰歐陽棐朝見帝目之語曾布曰此元祐五鬼布曰亦聞有此名元祐附麗亦必有之治郡亦常才然棐歐陽修之子登進士第修于英宗定策之際最有功帝領之

劉唐老 史附見陳瓘傳云瓘論張耒黃庭堅晁補之歐陽棐劉唐老等宜在朝廷云云　續資治通鑑紹聖四年十二月丁酉詔祕閣校理劉唐老落職監桂陽監稅務以唐老元祐姦黨故有是命

王鞏 史附王素傳素子長於詩從蘇軾游軾守滁州鞏往訪之與客游泗水登魋山吹笛飲酒乘月而歸軾待之於黃樓上謂鞏曰李太白死世無此樂三百年矣軾得罪鞏亦竄賓州數歲得還後歷宗正丞每除官輒爲言者所議故終不顯　宋詩紀事鞏字定國莘縣人文正公旦之孫工部尚書素之子嘗倅揚州坐與蘇軾遊謫監筠州鹽稅入黨籍　東坡詩集贈鞏詩有云清詩草聖俱入妙別後寄我書連紙

呂希哲 史附呂公著傳公著長子字原明哲宗初爲學[illegible]司諫不拜紹聖黨論起御史劉拯論其進不由科第以祕閣校理[illegible]徽宗[illegible]祕書少監改光祿少卿以直祕閣知曹州旋遭崇寧黨禍奪職知相州徙邢州罷爲宮祠卒　宏簡錄希哲罷奉祠羈寓淮泗間十餘年卒

杜純 故史傳字孝錫濮州甄城人以伯父廕入官累擢侍御史言者詆其不由科第改右司累陝西轉運使還拜鴻臚光祿卿權兵部侍郎以集賢院學士提舉崇福宮改修撰卒

張保源 史無傳　續資治通鑑元符元年十一月癸丑三省言王鞏張保源累上書議論朝政表裏姦臣欲盡變先朝法度詔鞏除名勒停全州編管保源特勒停峽州居住　按保源字澄之見草堂寺題名石刻

孔平仲 故史附文仲傳文仲弟字義甫用薦累給事中言者詆其元祐時附會當路譏毀先烈出知衡州徙韶州坐前上書之故責惠州別駕安置英州徽宗立召爲戶部金部郎中累帥鄜延環慶黨論再起罷主管兗州景靈宮卒　通鑑輯覽紹聖四年孔平仲落職知衡州　宏簡錄惠州別駕作恩州

衡鈞 史無傳

袞公適 故史無傳按袞姓不見於氏族其受姓之始未詳　**馮百藥**　**周誼**　**孫琮** 四人史俱無傳

范柔中 史附見鄧孝甫傳詳見下　續資治通鑑崇寧元年九月臣僚章疏姓名分正邪三等柔中名列邪上尤甚等

鄧考甫 史傳作孝甫字成之臨川人積官提點開封府界河渠坐事去官元符末詔求直言孝甫年八十一上書云亂天下者新法也未流之禍將不可勝言云云蔡京嫉之謂爲詆訕宗廟削籍羈筠州崇寧去黨碑釋逐臣同類者五十三人其五十人得歸惟孝甫與范柔中封覺民獨否遂卒于筠　按碑作考甫史作孝甫据其字成之考有成義則碑當不誤續資治通鑑亦作考

王察　**趙峋** 二人史無傳

封覺民 故史附見鄧孝甫傳詳前

胡端修　**李傑**　**李賁** 三人史無傳

趙令時 史無傳　宋詩紀事字德麟太祖次子燕王德昭元孫元祐中簽書潁州公事坐與蘇軾交通罰金入黨籍紹興初襲封安定郡王同知行在大宗正事薨贈開府儀同三司

郭執中　**石芳**　**金極**　**高公應**　**安信之**　**張集** 六人史無傳

黃策 史無傳　續通鑑紹興三年七月甲子帝謂大臣曰元祐黨人固皆賢然其中亦有不賢者乎呂頤浩等曰豈能皆賢徐俯曰若眞元祐黨人豈不賢但蔡京輩凡己之所惡欲終身廢之者必名之元祐之黨是以其中不免有小人帝曰若黃策之類是也俯曰黃策乃元符末上書狂直被罪始天下皆稱之如策比者無慮十餘人策不能固窮守節陷於非義其中亦有議論前後反覆姦惡猥瑣贏名其間如楊畏朱師服數人耳策以直祕閣通判嚴州受賕抵罪故帝及之

吳安遜　**周永徽**　**高漸**　**張夙** 故四人史俱無傳

鮮于綽 史無傳　文獻通考傳信錄十卷皇朝鮮于綽大受撰

呂諒卿　**王貫**　**朱紘**　**吳朋** 故　**梁安國**

五人史俱無傳　王古史無傳　書畫譜引茅山志王古徽宗時人茅山崇碑銘崇寧五年張商英撰朝散郎簽書榮州軍州事判官
廳公事輕車都尉賜緋魚袋王古書　按碑有兩王古此所載書碑之王古與前王古歷官不同因附此備攷　蘇迥　檀
固　何大受　王箴　鹿敏求五人史俱無傳　江公望史傳字民表睦
州人建中靖國元年由太常博士拜左司諫出知淮陽軍未幾召為左司員外
郎以直龍圖閣知壽州蔡京為政編管南安軍遇赦還家卒建炎末與陳瓘同
贈右諫議大夫　通鑑輯覽建中靖國元年六月罷左司諫江公望先是公望
上疏言元祐人才皆出于熙豐培養之餘遭紹聖竄逐之後存者無幾陛下若
立元祐為名必有元豐紹聖為之對有對則爭興爭興則黨復立矣疏入會蔡
王府史以語言疑似成獄王上表待罪公望乞勿以無根之言加諸至親遂坐
罪崇寧二年正月陷以黨事安置南安軍　曾紆史無傳　宋詩紀事字公衮布子以廕補官入元祐黨籍紹興二年除直顯謨閣知衢州
撫州府志字公卷一作公衮詞翰以廕補官崇寧癸未坐黨籍貶零陵與黃魯直善　江西詩徵曾紆自號空青先生有集　高士育
史無傳　鄧忠臣故　史無傳　宋詩紀事字謹思長沙人熙寧二年進士仕至考功郎坐元祐黨廢　范忠宣公文集補
編覆忠宣公謚議鄧忠臣撰後附跋云按長沙鄧忠臣字慎思宋神宗朝擢為祕書省校書郎知衡陽入為南宮舍人歷考功因覆謚忠宣公遂入黨籍出守
彭門改汝海以宮祠罷歸終于家後贈直祕閣所居玉池峰自號玉池先生　种師極史無傳　攷种世衡傳世衡孫有師極師
中疑師極亦世衡之諸孫也　韓治史附韓琦子忠彥傳忠彥子徽宗時仕為太僕少卿出知相州以疾丐祠　都貺
秦希甫　錢景祥　周綍　何大正　呂彥祖
梁寬七人史俱無傳　沈千史無傳　曾孫暐黨籍碑跋但云後復官終提點杭州集眞觀贈奉政大夫不詳其初所復何官
曹興宗　羅鼎臣　劉勃　王拯　黃安期五人史俱無傳
陳師錫史傳字伯備建州建陽人徽宗立拜殿中侍御史歷知潁廬滑三州坐黨論監衢州酒稅又削官安置郴州卒師錫始與陳瓘
論京卞時號二陳紹興中贈直龍圖閣．按宋簡錄字伯脩作伯修又紹興中贈官誤作紹聖　于肇　黃遷　万
俟正　許堯輔四人史俱無傳　楊朏史無傳　宋詩紀事字持正閩人元祐六年進士終建寧軍節度書
記入黨籍　胡良　梅君俞　寇宗顏　張居　李修
逢純熙故六人史俱無傳　高遵恪史無傳　續資治通鑑作遵裕字公緯遵之孫也累貶郢州團練副使哲

宗即位復右屯衛將軍主管中嶽廟卒贈永州團練使紹聖中崇贈奉國軍節度觀察留後　黃才　曹盥　侯
顧道　周遵道四人史俱無傳　林膚史附林希傳希弟旦之子坐元符上書陷於黨籍　葛
輝故　宋壽岳二人史無傳　王公彥史無傳　續資治通鑑紹興三年十月丙午左承議郎主管亳
州明道宮王公彥進秩二等以元符上書入籍故也自是黨人見在者皆還官　王交　張溥　許安修
三人史俱無傳　劉吉甫史無傳　宋詩紀事云吉甫入元祐黨籍爵里未詳劉克莊後邨千家詩載其閨情一絕　胡
潛　董祥　楊瓌寶　倪直孺　蔣津　王守　鄧
允中　梁俊民　王陽　陸表民　葉世英　張裕
謝潛　陳唐　劉經國故　湯馘故十六人史無傳　司馬
康故　史附司馬光傳光子字公休累遷校書郎光薨服除召為著作佐郎兼侍講以居喪蔬食寢地得腹疾卒贈右諫議大夫　史傳論云康濟美
象賢不幸短命而死世尤惜之然康不死亦將不免於紹聖之禍矣　宋保國故　黃隱二人史俱無傳
畢仲游史附兄畢士安傳士安子字公叔與兄仲衍同登第徽宗時歷吏部郎中墮黨籍坎壈散秩而終弟仲愈歷國子監丞諸王府侍講
知鳳翔府坐兄仲游陷黨籍例廢黜徽宗曰畢仲游被遇先帝可除罪籍以仲愈為都官郎中擢祕書少監卒　常安民史傳字希
古邛州人紹聖初拜監察御史疏論蔡京內結中官外連朝士一不附己則誣
以黨於元祐非先帝法必擠之而後已今在朝之臣京黨過半陛下不可不早
覺悟而逐去之是時京之姦始萌芽人多未測獨安民首發之又言今大臣為
紹述之說皆借此名以報復私怨朋附之流遂從而和之章疏前後至數十百
上度終不能回遂丐外會布章惇比而排之董敦逸再為御史亦奏之出監滁
州酒稅滿三歲通判溫州徽宗立提點永興軍路刑獄蔡京用事入黨籍流落
二十年政和末卒建炎四年贈諫議大夫　通鑑輯覽崇寧二年正月常安民
陷黨事安置溫州　邵氏聞見錄常安民長安人以鐫字為業多收隋唐銘誌
墨本亦能篆崇寧初蔡京蔡卞為元祐黨籍刻石文德殿門又立於天下州廳
長安府召安民安民辭曰乞不刻安民鐫字於碑恐後世并以為罪　按長安
鐫字者姓安名民居官而入黨籍者姓常名安民顯然二人邵氏聞見錄乃於
安民之上加一常字遂目之為常安民自有此誤迨倪文正跋亦云石工安民
乞免著名今披諸賢位中赫然有安民在是亦誤以常安民為即安民也　汪衍史無傳附見下文　余爽史附余良
肱傳良肱子字荀龍與兄卞皆以任子恩試校書郎元祐末極言請太皇太后
還政章惇惡爽不附己摘其言為謗訕以瀛州防禦推官除名竄封州久之起

知明州未行罷監東嶽廟崇寧中與卞俱入黨籍　續資治通鑑元符元年十月己亥詔朝散郎汪衍瀛州防禦推官余爽並除官勒停永不收敘衍送昭州爽送封州編管先是蔡京薦爽章惇惡之具言元豐末爽及衍各上書詆誣先朝爽又元祐中曾上書乞宣仁歸政險詐反覆故有是命

鄭俠　史傳字介夫福州福清人監安上門熙寧六年七月不雨至于七年之三月流民塞道俠悉繪所見爲圖上之神宗反覆觀圖翌日又下詔責躬求言越三日大雨輔臣入賀帝示以鄭俠所進圖狀群姦切齒安石去惠卿執政俠又上疏論之惠卿奏爲謗訕編管汀州徙英州哲宗立始得歸元符七年再竄于英徽宗立赦之仍還故官又爲蔡京所奪宣和元年卒里人揭其閒爲鄭公坊州縣皆祀之于學紹熙初詔贈朝奉郎

常立　史無傳　宏簡錄常秩字夷甫穎州汝陰人子立始爲天平推官校書崇文院紹聖中蔡卞薦爲祕書正字諸王府侍講崇政殿說書召對以爲諫官曾布欲傾卞貶監酒稅而死　續資治通鑑紹聖三年六月癸未詔常立罷諸王府侍講差監永州酒稅初蔡卞請以立爲崇政殿說書既賜對又請除諫官帝未許卞方與章惇比會布欲傾之乘間爲帝言立附兩人乃於史院取立父秩行事以進有云自判公去位天下官吏陰變新法民受塗炭公獨見幾知其必敗帝曰何謂必敗布言立狂悖不遜帝亦切齒故特與遠小處監當

程頤　史傳字正叔哲宗初司馬光呂公著疏其行義詔以爲西京國子監教授力辭尋召爲祕書省校書郎久之加直祕閣再上表辭董敦逸摭其有怨望語去官紹聖中削籍竄涪州徽宗即位徙峽州俄復官又奪於崇寧卒嘉定十三年賜諡曰正公　通鑑輯覽紹聖四年十一月編管程頤于涪州頤時放歸田里帝一時與輔臣語及元祐時曰程頤妄自尊大在經筵多不遜于是言者論頤與司馬光同惡相濟削籍竄涪州河南尹李清臣即日迫遣欲入內別叔母不許明日贐以銀一百兩頤亦不受元符三年徽宗即位十月復以程頤判西京國子監頤先量移峽州尋復宣德郎還洛及是受命未幾致仕　宏簡錄程頤崇宗初徙峽州俄復其官自以首被大恩不供職何以仰承德意遂受一月之俸致仕復奪於崇寧卒年七十五紹興初贈直龍圖閣錄其孫昂爲分寧令　續資治通鑑崇寧二年四月追毀程頤出身以來文字范致虛又言頤以邪說詖行惑亂衆聽而尹焞張繹爲之羽翼乞下河南盡逐學徒頤於是遷居龍門之南止四方學者曰尊所聞行所知可矣不必及吾門也

唐義問　故　史附唐介傳介次子字士宣元祐中文彥博薦累集賢殿修撰知廣州章惇秉政治棄渠陽罪貶舒州團練副使後七年復故官知潁昌府卒

余卞　史附余良肱傳良肱子爽兄字洪範五溪蠻叛斷渠陽道卞適使湖北節制諸將伐山開道入渠陽城遂降有詔廢渠陽軍爲砦紹聖初治棄渠陽罪免歸徽宗即位復奉議郎管勾玉隆觀未幾復渠陽爲靖州又論前事免終于家崇寧中入黨籍

李格非　史傳字文叔濟南人紹聖立局編元祐章奏以爲檢討不就戾執政意通判廣信軍召爲校書郎遷著作佐郎禮部員外郎提點京東刑獄以黨籍罷卒

陳瓘　史傳字瑩中南劍州沙縣人徽宗即位召爲右正言累遷權給事中出知泰州崇寧中除名竄袁州廉州移郴州稍復宣德郎安置通州又徙台州居五年得自便復承事郎卜居江州移南康又移楚宣和六年卒靖康初詔贈諫議大夫紹興二十六年高宗謂輔臣曰陳瓘昔爲諫官甚有讜議近覽所著尊堯集明君臣大分合于易天尊地卑及春秋尊王之法瓘宜特贈諡以表之諡曰忠肅　通鑑輯覽建中靖國元年冬十月罷陳瓘權給事中曾布使客告以將即真瓘曰吾與丞相議事多不合今若此是以官爵相餌也吾有一書論其過且持入省布大怒信宿出瓘知泰州崇寧二年正月安置通州後移郴州瓘子正彙在杭訟京有動搖東宮迹杭州蔡薿執送京師事下開封府併逮治瓘獄具正彙以所告失實流海上瓘安置通州政和元年十月羈管于台州瓘嘗撰尊堯集謂紹聖史官專據王安石日錄改修神宗史變亂是非不可傳信深明誣妄以正君臣之義張商英爲相取其書既上而商英罷瓘從台州何執中起遷人石悈知台欲置瓘以必死悈至執瓘至庭大陳獄具將脅以死告以朝廷取尊堯集意所以窘辱之者百端終不能害執中怒罷悈瓘平生論京兄弟皆披擿其處心發露其情慝最所忌恨故得禍最酷宣和四年二月管勾太平觀卒　朱子名臣言行錄載陳忠肅公遺事云公因朝會見蔡京視日久而不瞬嘗以語人曰京之精神如此他日必貴然矜其稟賦敢敵太陽吾恐此人得志必擅私逞欲無君自肆矣尋居諫省必攻其惡京以甘言啖公公曰杜詩所謂射人先射馬擒賊須擒王不得已也於是攻之愈力

任伯雨　史傳字德翁眉州眉山人累擢右正言徽宗初政納用讜論伯雨首擊章惇繼論蔡京建中靖國改元當國者欲和調元祐紹聖之人故以中爲名伯雨言人才固不當分黨與然自古未有君子小人雜然並進可以致治者唐德宗坐此致播遷之禍建中乃其紀號不可以不戒伯雨居諫省半歲所上一百八疏大臣畏其多言俾權給事中徙度支員外郎知虢州崇寧黨事作削籍編管通州爲蔡卞所陷與陳瓘龔夬張庭堅等十三人皆南遷獨伯雨徙昌化居海上三年而歸宣和初卒紹興初贈直龍圖閣加贈諫議大夫淳熙中諡忠敏

張庭堅　史傳字才叔廣安軍人徽宗召對除著作郎擢右正言帝方銳意圖治進延忠鯁庭堅與鄒浩江公望常安民任伯雨皆在諫列庭堅在職逾月數上封事爲帝言司馬光呂公著之賢又薦蘇軾蘇轍可用頗忤旨曾布因稱其所論不當帝命徙爲郎出爲京東轉運判官改知汝州又改通判陳州初蔡京守蜀庭堅在幕府與相好京還朝欲引爲己用庭堅不肯往京大恨遂列黨籍編管象州徙鼎州象州久之復故官卒紹興初詔贈直徽猷閣

馬涓　史無傳　通鑑輯覽崇寧二年正月馬涓陷黨事安置吉州

孫諤　故　史傳字元忠睢陽人元祐中累官左正言紹聖治元祐黨諤言漢唐朋黨之禍其監不遠蹇序辰編類章疏諤又言朝廷當示信以靜安天下請如前詔書一切勿問章惇惡其拂己出知廣德軍徙唐州提點湖南刑獄徽宗立復爲右司諫遷左司諫以疾卒　宋詩紀事熙寧六年進士累官右正言以直龍圖閣知廣德軍卒後入黨籍

陳郭　史無傳

朱光裔　史無傳　草堂寺題名有云通判府事河南朱光裔公遠來遊紹聖二年三月十二日

蘇嘉　史無傳

龔夬　史傳字彥和瀛州人徽宗立召拜殿中侍御史上殿抗疏辨忠邪又乞正元祐

后冊位號已而元祐后冊再廢言者論夫首尾建言詔削籍編管房州徙象州
化州徙步適貶所持扇乞錢自給逢赦得歸政和元年卒紹興中累贈右諫議
大夫 王回 故史附鄒浩傳字景深仙遊人第進士元符中葉祖洽薦爲睦親
宅講書與鄒浩友善浩南遷同斂交游錢與治裝往來經理且
慰安其母邏者以聞遂詔獄除名停廢徽宗立召還舊官權監察
御史數日卒錄其子渙老郊社齋郎蔡京爲相奪之仍列名黨籍 呂
希績 故 史無傳 通鑑輯覽字紀常公
著次子紹聖四年光州居住 吳儔 故史無傳 續通鑑
紹興五年十月庚
申故承議郎吳儔贈直祕閣官其家一人
傳育孫也名在黨籍故其家請而賜之 歐陽中立 故 尹材
故 葉伸 故 李茂直 四人史俱無傳 吳處厚 史附姦臣蔡確傳
處厚邵武人始蔡
確嘗從處厚學賦及作相處厚通牋乞憐確無汲引意元祐中確知安州郡有
清江卒當成漢陽確固不遣處厚怒曰爾在廟堂時數陷我今此郡作守猶爾
邪會得確車蓋亭詩引郝處山事乃箋釋上之云郝處俊封甑山公唐高宗欲
遜位武后處俊諫止今乃以比太皇太后且用滄海揚塵事此盆時運之大變
尤非佳語譏訕切害非所宜言確遂南竄擢
處厚知衛州未幾卒紹聖間追貶歙州司馬 李積中 史附李大性傳大
性字伯和端州四
會人其先積中嘗爲御史以直言入元祐黨籍始家豫章李氏自積中三世官
于朝父子兄弟相師友而大性與弟大異大東並躋從列爲名臣云 按崇寧

元年九月積中
名列正上等 商倚 故 史無傳 宋詩紀事倚淄川人官大學
博士入元祐黨籍有詩見同文館集 陳
祐 史傳作祐字純益仙井人第進士元符末以吏部員外郎拜右正言上疏
徽宗曰有旨令臣與任伯雨論韓忠彥援引元祐臣僚事按賈易李象求
豐稷張耒黃庭堅龔原晁補之劉唐老李昭玘人才均可用特迹近嫌疑而已
今若分別黨類天下之人必且妄意陛下逐去元祐之臣復興紹聖政事今紹
聖人才比肩于朝一切不問元祐之人數十輒攻擊不已是朝廷之上公然立
黨也遷右司諫又論章惇蔡京蔡卞郝隨鄧洵武忤旨通判滁州卞乞貶伯雨
等祐在數中編管澧州
徙歸州復承議郎卒 虞防 李祉 李深 三人史俱無傳
通鑑輯覽紹聖二
年正月李深
安置復州 李之儀 史附李之純傳之純從弟字端叔登第幾三十年乃
從蘇軾於定州幕府元符中累監內香藥庫御史
石豫言其嘗從蘇軾辟不可以任京官詔勒停徽宗初提舉河東
常平坐爲范純仁遺表作行狀編管太平徙唐州終朝請大夫 范正
平 史附范純仁傳純仁子字子夷紹聖中爲開封尉蔡京嘗恨正平及當國
言正平矯撰父遺表文李之儀所述純仁行狀妄載中使蔡克明傳二聖
虛佇之意逮以正平逮之儀克明同詣御史府正平執獄捶楚甚苦皆欲誣服
獨克明曰傳制凡傳聖語受本於御前請寶印出注籍於內東門使從其家得
永州傳宣聖語本有御寶又驗內東門籍皆同獄遂解正
平羈管象州家屬死者十餘人會赦得歸潁昌以壽終 曹蓋 楊綝

二人史
俱無傳 蘇昞 史傳字季明武功人始學於張載而事二程卒業元祐末呂
大中薦之起布衣爲太常博士坐元符上書入邪籍編管饒
州卒 草堂寺有蘇昞題名元符三年
二月與李援甯祖武陳去華段勹同遊 葛茂宗 劉謂 二人史俱無傳
柴衮 洪羽 史無傳 宋詩紀事洪朋字龜父南昌人黃山谷之甥與
弟芻駒父炎玉父羽鴻父俱有才名號四洪陳振孫書錄
解題云洪氏兄弟四人其母黃魯直之妹不淑早世所爲賦毀學者也龜父
累舉進士不第其季弟羽鴻父坐上書元符中入黨籍終其身詩不傳于世
趙天佐 李新 扈充 故 張恕 陳并 五人史俱無傳 洪
芻 史無傳 宋詩紀事芻字駒父紹聖元年進士崇寧中入黨籍
靖康中爲諫議大夫汴京失守坐爲金人括財流沙門島卒 周鍔
蕭刓 趙越 滕友 江洵 方适 許端卿 七人史俱無傳
李昭玘 史傳字成季濟南人累提點永興京西京東路刑獄坐元符黨
奪官徽宗立召爲右司員外郎遷太常少卿崇寧初詔以昭玘
曾與搢先烈改元豐初餘倡從寬之邪說罷主管鴻慶宮遂入黨籍中居閑十
五年自號樂靜先生寓意法書圖畫貯于十囊命曰燕游十友自序以爲與今
人友或趨附而陷于禍吾寧與十者友久益有味也晚知滄州辭
不行靖康初復以起居舍人召而已卒紹興初追復直徽猷閣 向綡

陳察 鍾正甫 三人史俱無傳 高茂華 史無傳 宋詩紀事云字
秀實呂去仁稱其人物高
遠有出塵之姿
入元祐黨籍 楊彥璋 史無傳 廖正一 史無傳 宋詩紀事字明
略號竹林居士安陸人元
豐二年進士元祐中召試館職除祕書省正字出知常州紹聖間入黨籍貶監
玉山稅 郡齋讀書志廖明略元祐中召試館職蘇子瞻在翰林見其所對策
大奇之俄
除正字 李夷行 史無傳 宋詩紀事字炳大崇寧間
都水丞出爲泗州守入元祐黨籍 彭醇
梁士能 二人史俱無傳
武臣
張巽 李備 故 王獻可 故 胡田 馬諗 五人史俱無傳
王履 史無傳 宋詩紀事字坦翁開封人元祐初從父景瑤南郊恩爲三班
奉職元符上書編置新州入黨籍靖康初除相州觀察使爲虜被留死
之三朝北盟會編載其臨難歌云稽首向
天兮天卒無言忠臣效死兮死亦何愆 趙希夷 史無傳 宗室世系
表太祖次子燕王
德昭九世孫希夷乃秉義郎子維之
曾孫郡玘之孫師爾之子事亦無攷 任濬 郭子旂 錢盛 三人

史俱無傳 趙希德 史無傳　宗室世系表太祖六子燕王德昭九世孫希德乃武翊大夫子亟之曾孫伯麐之孫師㒺之子事蹟無攷

王長民 李永 故 王庭臣 吉師雄 李愿

吳休復 故六人史俱無傳 崔昌符 史無傳　按史有崔台符字平叔蒲陰人中明法科累官至光祿大夫元祐初御史林旦上官均發其惡出知潞州又貶秩徙相州後兼監牧使卒或與昌符爲兄弟行識以備攷 潘滋 高士權

李嘉亮 李琉 劉延肇 五人史俱無傳 姚雄 史附姚兕傳兕子字毅夫年十八佐父征伐哲宗朝累加防禦使建中靖國初議棄湟州詔訪雄利害雄以爲可棄徙雄知熙州進華州觀察使蔡京用王厚復河湟治棄地罪停雄官光州居住三年得自便後論爲責輕復竄金州明年聽歸高永年死起雄知滄州累奉寧軍節度使致仕卒贈開府儀同三司謚武懿 李基 史無傳

內臣

梁惟簡 故 史附見顏臨傳云中人梁惟簡坐嘗事宣仁太后得罪過洛臨與之宴集又附見陳衍傳以援引張士良梁知新以黨附皆得罪

陳衍 故 史宦者傳開封人以內侍給事殿庭累官供備庫使梁惟簡薦諸宣仁聖烈皇后主管高韓王宅累出爲眞定路都監御史來之邵方力詆元祐政事首言衍在垂簾日交結戚里進退大臣力引所私俾居耳目之地坐貶監郴州酒稅務又編管白州徙配朱崖章惇起獄誣元祐諸老大臣云結衍輩以謀廢立士良嘗與衍同在宣仁后閤自郴州召之使實其說士良至但言宣仁彌留之際衍嘗可否二府事及用御寶付外而已鍛鍊無所得安惇蔡京乃奏衍疏隔兩宮斥隨龍內侍十餘人于外以翦除人主腹心羽翼意在動搖大逆不道乃詔處死令廣西轉運使程節涖其刑　朱子名臣言行錄引范諫議遺事陳衍初管當御藥院公爲諫議皈居城西白家巷東鄰陳衍園也衍每至園中不敢高聲謂同列曰范諫議一言到上前吾輩不知死所矣

張士良 史無傳附見陳衍傳詳上　續資治通鑑元符元年三月戊午三省言究治前皇城使張士良辭服士良以御藥院官給事宣仁聖烈皇后與陳衍更直宮中掌文書其所從違某事皆衍顓自予奪頒降未嘗以聞間有臣僚奏請東朝還政者衍匿其奏留禁中不以聞東朝亦不以聞於帝於是蔡京安惇言司馬光劉摯呂大防等交通中人張茂則梁惟簡陳衍之徒擬取高位盡變先帝成法深懼陛下一日親政則必有欺君罔上之刑乃同視知慮密爲傾搖之計於是疏隔兩宮及隨龍內侍十人悉行放罷以去陛下之腹心廢受遺顧命元臣置以必死之地先帝任事之臣無一存者以翦陛下之羽翼大逆不道死有餘責陳衍罪在不赦亦乞更賜審問正以典法詔誅衍於崖州徙士良羈管白州

梁知新 故 史無傳附見陳衍傳詳上 李倬 譚扆 竇鉞 趙約 黃卿從 馮說 曾燾 蘇舜民 楊偁 梁弼 陳恂 十一人史無傳

張茂則 故 史宦者傳字平甫開封人初補小黃門五遷至西頭供奉官哲宗即位累遷寧國軍留後加兩省都知卒紹聖論元祐人以茂則嘗預任使追貶左監門衛將軍崇寧中入黨籍 張琳 裴彥臣 李偁 故

閻守懃 王紱 李穆 蔡克明 王化基

王道 鄭世昌 鄭居簡 張祜 王化臣 十三人史無傳

爲臣不忠曾任宰臣

王珪 史傳字禹玉成都華陽人哲宗立累進金紫光祿大夫封岐國公卒謚曰文紹聖中邢恕誘起黃履葉祖洽劉拯交論珪元豐末命事恕又誘敎高遵裕子士京上奏言珪欲立雍王由是得罪追貶萬安軍司戶參軍削諸子籍徽宗即位還其官封蔡京秉政復奪贈謚政和中復之　按王珪原在御書百二十人數內其後與章惇別爲一籍不知饒本何以少此人

章惇 史姦臣傳字子厚建州浦城人進士甲科哲宗即位累知樞密院事宣仁聽政惇與蔡確矯唱定策功確罷惇不自安乃駁司馬光所更役法累數千言宣仁怒黜知汝州哲宗親政有復熙寧元豐之意首起惇爲尚書左僕射兼門下侍郎於是專以紹述爲國是凡元祐所革一切復之引蔡卞林希黃履來之邵張商英周秩翟思上官均居要地任言責協謀朋姦報復仇怨小大之臣無一得免死者禍及其孥甚至詆宣仁后謂元祐之初老姦擅國又請發司馬光呂公著冢斵其棺哲宗不聽惇意不懌請編類元祐諸臣章疏遂治劉安世范祖禹諫禁中雇乳媼事又起同文館獄命蔡京安惇蹇序辰窮治欲覆諸人家又議察訪嶺南將盡殺流人哲宗曰朕遵祖宗遺制未嘗殺戮大臣其釋勿治然重得罪者千餘人或至三四謫徙天下冤之惇用邢恕爲御史中丞惇託司馬光范祖禹曰今主少國疑宜訓事猶可慮又誘高士京上書言父遵裕臨死屏左右謂士京曰神宗彌留之際王珪遣高士充來問曰不知皇太后欲立誰我叱士充去之皆欲誣宣仁以此實之惇遂追貶司馬光王珪結中宮郝隨爲助欲追廢宣仁后自皇太后太妃皆力爭之哲宗感悟焚其奏隨覘知之密語惇與蔡卞明日惇卞再言哲宗怒曰卿等不欲朕入英宗廟乎獄託以左道廢后瑤華宮其後哲宗頗悔乃歎曰章惇壞我名節哲宗崩徽宗立還惇特進封申國公爲山陵使靈轝陷澤中踰宿而行言者劾其不恭罷知越州尋貶武昌軍節度副使潭州安置右正言任伯雨論其欲追廢宣仁后又貶雷州司戶參軍徙睦州死政和中追贈觀文大學士紹聖五年高宗閱任伯雨章疏手詔曰惇誣詆宣仁后欲追廢爲庶人賴哲宗不從其請使其言施用

豈不上累泰陵貶昭化軍節度副使子孫不得仕于朝詔下海內稱快續通鑑
輯覽建中靖國元年二月章惇貶雷州司戶參軍初蘇轍謫雷不許占官舍遂
僦民屋惇又以爲強奪民居下州究治以僦券甚明乃止至是惇問舍於民民
曰前蘇公來爲章丞相幾破我家今不可也後徙睦州死續資治通鑑崇寧
四年十一月己未舒州團練副使湖州安置章惇死惇四子連登科無顯者死
之日羣妾分爭金帛停屍數日無人在側爲鼠食其一指又曰有虞仙姑者
年八十餘蔡京嘗具飯招仙姑見大貓指而問
京曰識之否此章惇也意以諷京京大不樂

金石萃編卷一百四十四終

金石萃編卷一百四十五

賜進士出身誥授光祿大夫刑部右侍郎加七級王昶譔

宋二十三

元祐黨籍碑本末

哲宗紹聖元年五月癸丑編類元祐羣臣章疏及更改事條　七月戊午詔大臣朋黨司馬光以下各輕重議罰布告天下餘悉不問議者亦勿復言宋史本紀

二年十二月乙酉曾布言文彥博劉摯王存王巖叟輩皆誣毀先朝去年施行元祐之人多漏網者惇曰三省已得旨編類元祐以來臣僚章疏及申請文字密院亦合編類帝以爲然許將再奏曰密院已得指揮編修文字乞便施行從之

四年正月丙午詔應紹聖二年十二月十五日類定姓名責降人子孫弟姪各不得任本州其鄰州內子孫仍並與次路遠分合入差遣已授未赴并見任人並罷以上續資治通鑑

三月壬午命官編類司馬光等改廢法度論奏事狀宋史本紀

三月壬午中書舍人蹇序辰言前日追正司馬光等罪惡實狀並取會編類入爲一本分置三省樞密院

以示天下後世之大戒從之章惇蔡卞請命序辰及直學士院徐鐸主其事由是搢紳之禍無一得脫者　四月丁酉進編臣僚章疏一百四十三帙　五月辛未詔榜示朝堂曰朕獲承先構永惟休烈盛美欲以昭示萬世而頃遭羣姦逞憾力肆詆排政事人材廢毀殆盡思與卿士大夫共承厥志念今在廷之臣乃陰懷私恩顯廢公議以姦臣所斥遂為當罪所變更為得宜以先帝所建立為不然所褒擢為非當借譽餘黨幸復甄收扇為是非不定之論欲開善否更用之端朕察言觀事灼見邪心欲正典刑當申儆戒

其或怙終必罰無赦

元符元年二月丙申詔河北路轉運副使呂升卿提舉荊湖南路常平等事董必並為廣南東西路察訪蔡京等究治同文館獄卒不得其要領乃更遣二人嶺外謀盡殺元祐流人時朝廷猶未知劉摯梁燾之死已而知之二人並罷　初章惇蔡卞恐元祐舊臣一旦復起日夜與邢恕謀所以排陷之者既再追貶呂公著司馬光又責呂大防劉摯梁燾范祖禹劉安世等過嶺意猶未慊仍用黃履疏高士英狀追貶王珪皆誣以圖危上躬其言浸及宣仁皇后帝頗惑之最後起同文獄將悉誅元祐大臣內結宦者郝隨為助事媒蘖垂簾時事張士良者前竄雷州惇卞逮赴詔獄欲使證宣仁廢立及士良至以舊御藥告并列鼎鑊刀鋸置前謂之曰言有即還舊官言無則死士良仰天哭曰太皇太后不可誣天地神祇何可欺也乞就戮京惇無如之何但以陳衍罪狀塞詔　宣仁廢立之議由是得息　六月壬寅詔蹇序辰安惇看詳元祐訴理所陳述語言於先朝不順者職位姓名別具以聞序辰初有是請帝亦厭之蔡卞勸章惇力使必行故有是詔自後緣訴理被禍者凡七八百人序

辰及惇實啓之　九月丙辰蹇序辰安惇以訴理事入對曾布言此事株連者衆恐失人心昨朝廷指揮令言有不順者具名聞奏中外皆以為平允然恐議論者更有所加願聖意裁察臣嘗謂訴理之人本無可罪今刑部左右兩曹一主斷獄一主敘雪蓋自祖宗以來凡得罪輕斷訴雪者比比而有但元祐用事之人特置一司以張大其事信為可罪其訴雪者似不足深責帝深納其言而序辰及惇所陳已紛紛矣　十一月甲子除元祐餘黨及特旨行遣者並與量移以上宋元通鑑續資治通鑑

徽宗即位元符三年四月先是韓忠彥言哲宗即位嘗詔天下實封言事獻言者以千百計章惇既相乃置局編類摘取語言近似者指爲謗訕前日應詔者大抵得罪今陛下又詔中外直言朝政闕失若復編類則敢言之士必懷疑懼臣願急詔罷局盡裒所編類文書納之禁中中書舍人曾肇亦言祖宗以來臣僚所上章疏未嘗編寫蓋緣人臣指切朝政彈擊臣下皆是忘身爲國不顧後禍朝廷若有施行往往刊去姓名只作臣僚上言所以愛惜言事之人不使招怨若一一編錄傳之無窮萬一其人子孫見之必結深隙祖宗以來未嘗編錄意恐在此今編錄既非祖宗故事又有限定年月且元豐八年四月已前上至國初元祐元年四月十二日已後下至今日章疏何爲皆不編類而獨編此十年章疏臣所未喻欲乞指揮將中書樞密寫人等並各放罷帝嘉納之癸亥詔罷編類臣僚章疏局翼日吏部侍郎徐鐸取已編類成書者悉行進入　冬十月初章惇既罷知越州陳瓘等以爲責輕復論惇在紹聖中置看詳元祐訴理局凡于先朝言語不順者加以釘足剝皮斬頸拔舌之刑其慘刻如此看詳官如安惇蹇序辰受大臣風諭傳致語言指爲謗訕攷之公論宜正典刑于是二人並除名放歸田里而貶章惇武昌軍節度副使潭州安置（歷代通鑑輯覽　宋元通鑑）

十一月詔改元時議以元祐紹聖均有所失欲以大公至正消釋黨朋遂詔改明年元爲建中靖國由是邪正雜進矣（通鑑輯覽）

改元詔下御史中丞王覿言建中之名雖取皇極然重襲前代紀號非是宜以德宗爲戒時任事者多乖異不同覿言堯舜禹相授一道堯不去四凶而舜去之堯不舉元凱而舜舉之事未必盡同文王作邑於豐而武王治鎬文王關市不征澤梁無禁周公征而禁之不害其爲善述神宗作法於前子孫當守於後至於時異事殊須損益者損益之於理固未爲有失也當國者忿其言遂改爲翰林學士由是邪正雜進矣初曾布客陳紹述之說帝不能決以問給事中徐勣勣對曰聖意得非欲兩存乎天下之事有是與非朝廷之人有忠與佞若不考其實姑務兩存臣未見其可也（宋元通鑑）

建中靖國元年二月任伯雨又言蔡卞惡甚於章惇遂陳其大罪有六曰誣罔宣仁保佑之功欲行追廢

一也凡紹聖以來竄逐臣僚皆卞啓而後行二也宮
中厭勝事作卞乞掖庭置獄只遣內臣推治皇后以
是得罪三也編排元祐章疏被罪者數千人議自卞
出四也激怒哲宗致鄒浩遠謫又請治其親故送行
之罪五也蹇序辰建看詳訴理之議惇遲疑未應卞
以二心之言脅之惇即日置局士大夫得罪者八百
三十家六也卞陰狡險賊惡機滔天門生故吏徧滿
中外今雖薄責猶如在朝人人懾恐不敢回心向善
朝廷邪正是非不得分別馴致不已姦人復進天下
安危殆未可保也奏入不省　十一月壬午三省奏

事訖曾布獨留進呈內降起居郎鄧洵武所進愛莫
助之圖其說以爲陛下方紹述先志羣臣無助之者
其圖如史書年表例自宰相執政侍從臺諫郎官館
閣學校分爲七隔每隔旁通左曰紹述右曰元祐左
序助紹述者執政中惟溫益一人其餘每隔止三四
人如趙挺之范致虛王能甫錢遹之屬而已右序舉
朝皆在其間至百餘人又於左序別立一項小貼揭
去布密稟揭去臣僚姓名帝曰洵武謂非相蔡京不
可以不與卿同故去之布曰洵武所陳既與臣所見
不同臣安敢與議明日遂改付溫益益欣然奉行乞

籍記異論之人於是帝決意用京矣宋元通鑑
十一月再詔改元曾布主于紹述請改明年元爲崇
寧帝從之通鑑輯覽
崇寧元年五月庚午臣僚上言先朝貶斥司馬光等
異議害政播告中外天下共知方陛下即位之初未
及專攬萬機當國之臣不能公平心意檢會事狀詳
具進呈以來牽復今日再招人言遂至煩紊伏望陛
下明諭執政大臣使公共參議詳酌事體原輕重之
情定大小之罪上稟聖裁特賜行遣如顯有欺君負
國之實迹自宜放棄不足收䘏其間亦有干連牽挂

偏執愚見情非姦誣者乞依近年普博之恩使有自
新之路則天下之氣平而紛紛之論息矣乙亥詔故
追復太子太保司馬光呂公著太師文彥博光祿大
夫呂大防太中大夫劉摯右中散大夫梁燾朝奉郎
王巖叟蘇軾各從裁減追復一官其元追復官告並
繳納王存鄭雍傅堯俞趙瞻趙卨孫升孔文仲朱光
庭秦觀張茂則范純仁韓維蘇轍范純粹吳安詩范
純禮陳次升韓川張耒呂希哲劉唐老歐陽棐孔平
仲畢仲游徐常黃庭堅晁補之劉跂王鞏劉當時常
安民黃隱張保源汪衍余爽湯馘鄭俠常立程頤張

昇等四十人（通鑑輯覽宋元通鑑俱作四十四人）行遣輕重有差惟孫固爲
神考潛邸人已復職名及贈官免追奪任伯雨陳祐
張庭堅商倚等並送吏部令在外指射差遣陳瓘龔
夬並予祠其司馬光等責詞皆曾布所草定也又詔
應元祐並元符今來責降人韓忠彥曾任宰臣安燾
係前執政王覿豐稷見任侍從外蘇轍范純禮劉奉
世等五十七人並令三省籍記不得與在京差遣（通鑑輯覽崇寧元年五月詔籍元祐元符黨人蘇轍范純禮劉奉世范純粹劉安世賈易呂希純張舜民陳次升韓川呂仲甫張耒歐陽棐呂希哲劉唐老吳安詩黃庭堅黃隱畢仲游常安民劉當時孔平仲徐常王鞏張保原晁補之商倚張庭堅謝良佐韓跋馬琮陳彥默李祉陳祐任伯雨陳郛朱光裔蘇嘉鄭俠劉昱曾君貺陳瓘龔夬江衍余爽湯馘程頤朱光庭張巽張士良曾燾趙約譚扆楊偁陳佝張琳裴彥臣凡五十餘人不得與在京差遣）丙子詔

應元祐以來及元符末未嘗以朋比附會得罪者除
已施行外自今以往一切釋而不問在言責者亦勿
復輒言　八月丙子詔司馬光呂公著王巖叟朱光
庭孔平仲孔文仲呂大防劉安世劉摯蘇軾梁燾李
周范純仁范祖禹汪衍湯馘李清臣豐稷鄒浩張舜
民子弟並毋得官京師（按宋史本紀云詔司馬光等二十一人毋得官京師此所載只二十八人爲異）
九月乙未詔中書籍元符三年臣僚章疏姓名分正
邪各爲三等於是中書奏正上鍾世美喬世材何彥
正黃克俊鄧洵武李積中六人正中耿毅等十三人
正下許奉世等二十二人邪上尤甚范柔中等三十

九人邪上梁寬等四十一人邪中趙越等一百五十
人邪下王鞏等三百十二人已亥御批付中書省應
元祐責籍并元符末叙復過當之人各具元籍定姓
名進入于是蔡京籍文臣執政官文彥博等二十二
人（文彥博呂公著司馬光安燾呂大防劉摯梁燾王巖叟范純仁王珪王存傅堯俞趙瞻韓維孫固范百祿胡宗愈李清臣蘇轍劉奉世范純禮陸佃通鑑輯覽宋元通鑑載二十四人增多韓忠彥鄭雍二人餘並同此）待制以上官蘇軾等三十五人（蘇軾范祖禹王欽臣姚勔顧臨趙君錫馬默孔武仲王汾孔文仲朱光庭吳安持錢勰李之純孫覺鮮于侁趙彥若趙卨孫升李周劉安世韓川賈易呂希純曾肇王覿范純粹楊畏呂陶王古陳次升豐稷謝文瓘鄒浩張舜民）餘官秦觀等四十八人（秦觀湯馘杜純司馬康宋保國吳安詩張耒黃隱歐陽棐呂希哲劉唐老晁補之黃庭堅畢仲游常安民汪衍孔平仲王鞏張保源余爽鄭俠常立程頤余卞唐義問李格非商倚張庭堅李祉陳佑任伯雨陳郛朱光裔蘇嘉陳瓘龔夬呂希績歐陽中立吳儔呂仲甫徐常劉當時馬琮謝良佐陳彥默劉昱曾君貺韓跋）內

金石萃編卷一百四十三　宋二十二

臣張士良等八人（張士良曾燾趙約譚扆楊偁陳佝張琳裴彥臣）武臣王獻可等四
人（王獻可張巽李備胡田）等其罪狀謂之姦黨請御書刻石於端
禮門（攷異曰此據長編所列姓名人數李燾曰七月二日曾君貺劉昱李常呂仲甫朱光裔馬琮劉當時謝良佐陳彥默八人已出籍恐此姓名不當又見九月十七日十七日即己亥也今按宋史徽宗紀崇寧元年九月己亥籍元祐及元符末宰相文彥博等侍從蘇軾等餘官秦觀等內臣張士良等武臣王獻可等凡百有二十人御書刻石端禮門而長編所列姓名止一百十七人尚少三人恐有遺脫其出籍八人又不當在內則所闕共十一人矣又二年九月從臣僚之請循端禮門石刻于天下長編載御史臺抄錄到名數又止九十八人彼此參錯不齊未知何故　按考異所引李燾長編載已出籍者八人今以碑校內李常前作徐常此八人碑已無名而此外尚有韓跋一人不見於碑又按通鑑輯覽所載一百二十人姓名不序詳畧與此不同併錄於此以備攷云時元祐元符末羣賢既竄死徙者畧盡蔡京猶未愜意乃與其客强浚明葉夢得籍宰執司馬光文彥博呂公著呂大防劉摯范純仁韓忠彥王珪梁燾王巖叟王存鄭雍傅堯俞趙瞻韓維孫固范百祿胡宗愈李清臣蘇轍劉奉世范純禮安燾陸佃曾任待制以上官蘇軾范祖禹孔文仲孔武仲朱光庭孫覺鮮于侁賈易鄒浩等餘官程頤秦觀張耒晁補之黃庭堅孔平仲等及內臣張士良等武臣王獻可等凡百二十八謂之姦黨請御書刻石於端禮門又按薛氏

通鑑所載百二十八除宰執二十四人與輯覽同其待制以上官曰蘇軾范祖禹王欽臣姚勔顧臨趙君錫馬默王汾孔文仲孔武仲朱光庭吳安持錢勰李之純趙彥若趙卨孫升李周劉安世韓川呂希純曾肇王覿范純粹王畏呂陶王古陳次升豐稷謝文瓘鮮于侁賈易鄒浩張舜民曾官程頤謝良佐呂希哲呂希績晁補之黃庭堅畢仲游常安民孔平仲司馬康吳安詩張耒歐陽棐陳瓘鄭俠秦觀徐常湯馘杜純宋保國劉唐老黃隱王鞏張保源汪衍余爽常立唐義問余卞李格非商倚張庭堅李祉陳佑任伯雨朱光裔陳郛蘇嘉龔夬歐陽中立吳儔呂仲甫劉當時馬琮陳彥劉昱魯君貺韓跋內臣張士良曾燾趙約譚扆王偁陳詢張琳裴彥臣武臣王獻可張巽李備胡田凡百二十八人較輯覽加詳而次序與此本迥異姓名亦間有不同

庚子贈宣德郎鍾世美爲右諫議大夫錄其子爲郊社齋郎世美元符末提舉福建路常平應詔上書乞復熙寧紹聖政事至是第爲正上等第一故有此恩餘正等四十人悉加旌擢其邪等五百四十二人降責有差按此與東都事略小異詳見下以上並續資治通鑑

冬十月戊辰詔責降官觀人不得同一州居住丙子劉奉世等二十七人坐元符末黨與變法並罷祠祿宋史本紀

冬十月復廢元祐皇后孟氏貶韓忠彥等官竄豐稷陳瓘等于遠州時元符皇后閻宦者郝隨諷蔡京再廢元祐皇后京未得間既而昌州判官馮澥上書論復后爲非於是御史中丞錢遹殿中侍御史石豫左膚連章論韓忠彥等乘一布衣誣言復瑤華之廢后掠流俗之虛美當時物議固已洶洶乃至疎逖小臣詣闕上書忠義激切則天下公議從可知矣京等皆主其說帝從之詔罷元祐皇后之號復居瑤華宮且治元符末議復后號者降宰臣韓忠彥曾布官追貶李清臣雷州司戶參軍黃履祁州團練副使安置翰林學士曾肇御史中丞豐稷諫臣陳瓘龔夬等十七人于遠州擢馮澥鴻臚寺主簿宋元通鑑

十一月甲辰詔曰元符末下詔求直言蓋欲廣朕聞見裨益政治比以所上章疏付之有司攷其邪正令具名來上其間忠言讜議指陳闕失力陳父子兄弟繼述友恭之義者四十一人悉令旌擢以勸多士內有附會姦慝誣毀先帝政事總五百四十一人然言

有淺深罪有輕重取其詆毀謗斥尤甚者三十人可逐之遠方矣等四十一人其言亦多詆訕各逐等第責降以戒爲臣之不忠者東都事畧徽宗紀　按此即續通鑑九月庚子一條而詳畧小異因并錄之以備參攷

十二月丁丑詔諸邪說詖行非先聖賢之書及元祐學術政事並勿施用

二年三月乙酉詔黨人子弟毋得擅到闕下其應緣趨附黨人罷任在外指射差遣及得罪停替臣僚亦如之癸卯賜禮部奏名進士及第出身五百三十八人其嘗上書在正等者升甲邪等者黜之並宋史本紀

時李階舉禮部第一階深之子而陳瓘之甥也安忱對策言使黨人之子魁多士無以示天下遂奪階出身而賜忱第忱惇兄也又黃定等十八人皆上書邪等帝臨軒召謂之曰卿等攻朕短可也神宗哲宗何負於卿等亦並黜之皆從蔡京言也　四月乙亥詔蘇洵蘇軾蘇轍黃庭堅張耒晁補之秦觀馬涓文集范祖禹唐鑑范鎮東齋記事劉攽詩話僧文瑩湘山野錄等印板悉行焚毀　詔追毀程頤出身以來文字除名其入山所著書令本路監司覺察時臣僚上言程頤學術頗僻素行譎怪勸講經筵有輕視人主

之意議法太學則專以變亂成憲爲事故有是詔　六月庚申詔元符末上書進士頗多詆訕令州郡遣入新學依太學自訟齋法候及一年能革心自新者許將來應舉其不變者當屏之遠方　七月辛卯詔上書進士見充三舍生者罷歸乙巳吏部言程頤子端彥見任鄢陵縣尉即係在京府界宜放罷從之因下詔責降人子弟毋得任在京及府界差遣　九月壬午詔宗室不得與元祐姦黨子孫及有服親爲婚姻內已定未過禮者並改正庚寅詔上書邪等人知縣以上資序並與外祠選人不得改官及爲縣令

臣僚上言近出使府界陳州士人有以端禮門石刻元祐姦黨姓名問臣者其姓名雖嘗行下至於御筆刻石則未盡知近在畿甸且如此況四遠乎乞特降睿旨以御書刊石端禮門姓名下外路州軍於監司長吏廳立石刊記以示萬姓從之（攷異云長編御史臺抄錄到元祐姦黨曾任宰臣文彥博呂公著司馬光呂大防劉摯范純仁韓忠彥王珪執政官梁燾王巖叟王存鄭雍傅堯俞趙瞻韓維孫固范百祿胡宗愈李清臣蘇轍劉奉世范純禮陸佃安燾待制以上官蘇軾范祖禹王欽臣姚勔顧臨趙君錫馬默孔武仲王汾孔文仲朱光庭吳安持錢勰李之純孫覺鮮于侁趙彥若趙卨孫升李周劉安世韓川賈易呂希純曾肇王覿范純粹楊畏呂陶王古陳次升豐稷謝文瓘鄒浩張舜民餘官秦觀湯馘杜純司馬康宋保國吳安詩張耒歐陽棐呂希哲劉唐老晁補之黃庭堅黃隱畢仲游常安民孔平仲王鞏張保源汪衍余爽鄭俠常立程頤唐義問余卞李格非商倚張庭堅李祉陳祐任伯雨陳郭朱光裔蘇嘉陳瓘龔夬呂希績歐陽中立吳儔而內臣武臣不與焉通計止九十八人其所列姓名次序亦與元年小異今具錄以備參攷云　按此條與元年小異者曾任

宰臣內韓宗彥鄭雍二人爲元年所無餘俱相同）　十一月庚辰詔以學術政事聚徒傳授者委監司舉察必罰無赦　十二月丁巳詔臣僚姓名有與姦黨人同者並令改名從權開封府吳拭奏請也時改名者五人朱紱李積中王公彥江瀚張鐸（按碑有江洵無江瀚張鐸姓名亦未見）

三年春正月辛巳詔上書邪等人毋得至京師　二月己酉詔王珪章惇別爲一籍如元祐黨　六月戊午詔重定元祐元符黨人及上書邪等者合爲一籍通三百九人刻石朝堂餘並出籍自今毋得復彈奏元祐姦黨文臣曾任宰臣執政官司馬光等二十七

人待制以上官蘇軾等四十九人餘官秦觀等一百
七十六人武臣張巽等二十五人內臣梁惟簡等二
十九人爲臣不忠曾任宰相二人 按續資治通鑑人數下各注姓名今以碑校之姓名皆同間有異者分注各人之下此不復出其有次序互異者無甚關係亦不斷論惟餘官一百七十六人據碑是一百七十七人內失載周遵道一人且不合三百九人之數疑誤
壬戌蔡京奏奉詔令臣書元祐姦黨姓名恭
唯皇帝嗣位之五年旌別淑慝明信賞罰黜元祐害
政之臣靡有佚罰乃命有司夷攷罪狀第其首惡與
其附麗者以聞得三百九人皇帝書而刊之石置於
文德殿門東壁永爲萬世子孫之戒又詔臣京書之
將以頒之天下臣敢不對揚休命仰承陛下孝悌繼

述之志謹書元祐姦黨名姓仍連元書本進呈於是
詔頒之州縣令皆刻石 按此奏京即節取其辭序於碑首而其文稍異因備錄於此又按通鑑輯覽時戶部尚書劉拯字彥修宣州南陵人言漢唐失政皆自朋黨始今日指前日之人爲黨焉知後日不以今日爲黨乎大抵人之過惡自有公論何必悉拘于籍而禁錮之哉蔡京大不懌風臺諫劾之出知蘄州
十一月庚辰詔上書邪等遞人除
不得注知縣令丞外其職官錄參判司簿尉並許差
注 丙申祀圜丘大赦應係貶謫官員除元祐姦黨
籍及別有指揮不許移放之人外未量移者與量移
四年五月戊申除黨人父兄子弟之禁 七月丁巳
手詔應上書奏疏見羈管編管人可特與放還鄉里
仍令三省量輕重具名立法聞奏 八月壬辰詔應

上書編管進士已放歸鄉里親戚保任者若犯流以
上罪或擅出州界或不改革輒有謗訕其保任與同
九月己亥詔元祐姦黨久責遐裔用示至仁稍從
內徙應嶺南移荊湖荊湖移江淮江淮移近地唯不
得至四輔畿甸 除上書已經量移及近鄉人外其被詔量移者凡五十七人鄒浩陳次升余爽范正平范柔中黃庭堅陳瓘任伯雨張庭堅龔夬李祉王道梁弼陳恂馬誠王履郭子旂趙彥德王長民張林范純粹閭守勤王化基曾布劉安世孫琮馬涓李深曾紆蔡克明鄭居簡韓忠彥范純禮安燾王古曾肇朱師服張耒呂希純王覿豐稷張舜民謝文瓘龔原吳安遜馮說梁安國王箴曾燾裴彥臣朱紱李穆鄧世昌王化臣李之儀江公望陳祐
十月戊子詔上書進士未獲者限百日自陳
免罪 按此條見宋史本紀 十二月癸巳御筆手詔曰昨降手劄
應上書奏疏見編管羈管人令還鄉里責親屬保任

而有司止從量移其誣謗深重除范柔中鄧考甫不
放外餘並依已降指揮放還鄉里令親屬保任如法
五年春正月乙巳以星變避殿減膳詔中外臣僚並
許直言朝政闕失毀元祐黨人碑又詔應元祐及元
符末係籍人等遷謫累年已足懲戒可復仕籍許其
自新朝堂石刻已令除毀如外處有姦黨石刻亦令
除毀今後更不許以前事彈糾常令御史臺覺察違
者劾奏 攷異曰宋史劉逵傳初以附蔡京躐進京以彗星見去相而逵貳中書首勸徽宗碎元祐黨碑寬上書邪籍之禁陳桱通鑑續編采此說後人皆因之案毀碑寬禁在京罷相前一月宋史誤又東都事畧劉逵傳及李氏長編並不載逵語恐非事實續編又云帝夜半遣黃門毀石刻翼日蔡京見之厲聲曰石可毀名不可滅也亦未知出何書姑附記於此 按毀碑之事雖在京罷相前一月然宋史蔡京傳亦云帝以言者毀黨碑則毀碑自出於言者非僅由帝

命或所謂言者卽劉逵未可知又蔡京厲聲曰云云通鑑輯覽亦載之　丁未太白晝見大赦天下除黨人一切之禁又詔已降指揮除毀元祐姦黨石刻及與係籍人敘復注擬差遣深慮愚人妄意臆度覬欲更張熙豐善政苟害繼述必置典刑　庚戌三省同奉聖旨敘復元祐黨籍曾任宰臣執政官劉摯等十一人劉摯梁燾李清臣王巖叟輕第二等韓忠彥曾布范純禮安燾劉奉世輕第三等黃履　待制以上官蘇軾等十九人蘇軾劉安世曾肇鄒浩朱光庭輕第二等孔文仲范純粹豐稷王古張舜民朱師服謝文瓘賈易呂希純楊畏輕第三等陳次升鄭知章朱紱葉祖洽　文臣餘官任伯雨等五十五人重第一等任伯雨范柔中鄧考甫張庭堅馬涓封覺民輕第一等黃庭堅陳祐李祉張耒李深李之儀周誼孫琮胡端修趙令時吳安遜王箴曾紆江公望李積中汪衍梁寬沈千曹興宗王極陳師錫楊瓌寶陳升黃安期高漸蕭刓趙越滕友陳唐李昭玘倪直孺高茂華歐陽棐陳察廖正一劉唐老楊彥璋張恕梁士能錢景祥李夷行吳處厚張夙輕第三等蔡希甫都貺鍾正甫許端卿向級　選人呂亮卿等六十七人輕第二等呂諒卿鄭俠余爽范正平楊琳蘇昞葛茂宗劉渭柴袞洪羽趙天祐李新馮百藥趙珣李傑李賁郭執中石芳金極高公應安信之張集黃策周永徽鮮于綽王貫蘇迥檀固何大受于肇黃遷万俟正許堯輔楊朏胡良梅君俞寇宗顏張居厚李修黃才曹盥侯顯道周遵道林膚宋壽岳王交張溥許安修胡潛董庠蔣津王守鄧允中梁俊民王陽張裕陸表民江洵王公彥方适鹿敏求葉世英呂彥祖何大正衛鈞袞公適王察　十一月癸丑臣僚上言伏覩崇寧五年七月三日赦應係舊籍人子弟許到闕者見訖赴部令預集注三次集滿不授差遣者將與直差又選人限一季若在外指射差遣者聽免直差朝辭訖限三日出門此陛下慮浸久有害紹述故畧爲防限以示好惡也然到闕而見與見訖赴部初無日限伏望特旨令到闕三日卽投下文字朝見訖三日卽赴部所有集注直差朝辭出門自從舊條則異趣之徒不得倚法之脫畧而害紹述之聖政若乃上書邪等人公肆狂妄非上之所建立所謂躬自蹈之殆與係籍子弟連坐者異矣是宜得罪重於子弟今陛下縱以仁心矜貸此曹亦當固爲防限臣愚以謂宜於七月三日赦內添入上書邪等庶幾繼志述事明示四海仁心義政並用不廢從之

大觀元年五月癸卯詔自今凡總一路及監司之任勿以元祐學術及異議人充選

二年三月門下中書後省左右司言檢會今年正月一日赦書元祐黨人懷姦睥睨報怨不已公肆詆誣罪在宗廟者朕不敢貸其或情輕法重例被放棄或非身自犯因人得罪或志非詆謗言有近似或本緣辨理語涉譏訕或止因職事偶涉更改凡此之類不據元貶責罪犯審量其情分輕重等第取情理輕者與落罪籍甄叙差遣今將元編類冊內依詳赦文看詳到孫固等四十五人孫固陸佃王存蔣之奇趙瞻安燾顧臨張問朱師服錢勰王欽臣楊畏李之純王汾馬默周鼎向綡李昭玘歐陽棐陳察梁士能楊彥璋李賁鍾正甫許端卿趙彥若賈易姚勔呂希績歐陽中立葉仲陳郭朱光裔蘇鉍吳儔常立李茂直司馬康都貺鄧忠臣廖正一呂希哲蔡希甫張耒杜純　部除孫固安燾賈易外餘並出籍又看詳到葉祖洽等六人葉祖洽郭知章上官均朱紱程師孟錢景祥　詔並出籍

六月戊戌門下中書後省左右司復依赦看詳到韓維等九十五人詔並出籍（韓維楊康國趙卨鮮于侁龔原董敦逸呂希純岑象求孔武仲葉濤唐義問余卞宋保國李深陳祐商倚李之儀范正平李祉韓治曾紆黃隱馬諗王履任濬趙希德郭子旂劉延肇錢盛吳休復崔昌符李遇李玠吉思雄趙希夷王庭臣高士權李永王獻可李嘉亮姚雄潘滋高茂華滕友張溥梅君俞楊瓌寶林膚彭醇呂彥祖陳唐曹盥王守曹輿宗高公應黃才江公望黃安期梁俊民王貫張集鹿敏求李賁高士育逄純熙趙令時倪直孺沈千宋壽岳侯顧道趙越周鍔蕭刓高遵裕劉渭楊琳鄧允千董祥王交楊朏于肇劉勃許堯輔謝潛張夙何大正張裕洪芻鮮于綽李積中馮百藥袁公適李新許安修案此據長編所列止九十四人蓋脫去一姓名）　戊申三省檢會正月一日赦書應元祐黨人不以存亡及在籍可特與敘官勘會前任宰臣執政官見存人韓忠彥蘇轍安燾身亡人文彥博呂公著呂大防劉摯曾布章惇梁燾王巖叟李清臣范純禮黃履詔見存人與復一官文彥博等亦各追復有差（以上並通鑑輯覽宋元通鑑續資治通鑑）

三年秋七月丁未詔謫籍人除元祐姦黨及得罪宗廟外餘並錄用

四年三月戊辰詔上書邪下等人可依無過人例令後改官升任並免檢舉　閏八月辛酉詔弛朋黨

政和元年十一月壬戌以上書邪等及曾經入籍人並不許試學官

二年春正月甲子制上書邪等人並不除監司

重和元年春正月己丑應元符末上書邪中等人依無過人例　九月癸巳禁羣臣朋黨

宣和四年十一月庚午上書邪上等人特與磨勘（以上宋史本紀）

五年秋七月禁元祐學術中書言福建印造司馬光等文集詔令毀板凡舉人傳習元祐學術者以違制論（通鑑輯覽）

六年冬十月庚午詔有收藏習用蘇黃之文者並令焚毀犯者以大不恭論（宋史本紀　按此條宋元通鑑與五年七月同系其日庚午通鑑輯覽亦同條而不系庚午皆不作六年十月）

欽宗靖康元年二月壬寅除元祐黨籍學術之禁（以上並宋史本紀）

七月除元符上書邪等之禁（通鑑輯覽薛氏通鑑）

總論

哲宗皇帝爰自沖年嗣膺大歷是時宣仁共政登進忠賢以安天下故元祐致治之盛庶幾仁宗及紹聖親政起熙豐舊人而用之元祐政事一切務以相反烏虖哲宗之英毅開敏有能致之資惜乎大臣不以忠厚而事其上也（東都事畧哲宗本紀贊）

紹聖初哲宗親政用李清臣爲中書侍郎范丞相純仁與清臣論事不合范公求去帝不許范公堅辭帝不得已除觀文殿大學士判潁昌府召章惇爲相未至清臣獨當中書益覬倖相位復行免役青苗法除

諸路常平使者悖至不能容以事中之清臣出知北京建中靖國初上皇即位用韓忠彦爲相清臣爲門下侍郎忠彦與清臣有婕故忠彦惟清臣言是聽清臣復用事范右丞純禮忠彦所薦清臣罷之劉安世吕希純皆忠彦所重清臣不使入朝外除安世帥定武希純帥高陽張舜民忠彦薦爲諫大夫清臣出之帥眞定其所出與外除及不使入朝者皆賢士清臣素所憚不可得而用者忠彦懦甚不能爲之主曾布爲右相用范致虚諫疏云河北三帥連衡恐非社稷之福劉安世吕希純同日報罷清臣亦爲布所陷出

知北京伯温常論紹聖建中靖國之初朝廷邪正治亂未定之際皆爲一李清臣以私意幸相位壞之邪說既勝衆小人竝進清臣自亦不能立於朝矣使清臣在紹聖初同范丞相在建中靖國初同范右丞劉安世吕希純張舜民以公議正論共濟國事則朝廷無後日之禍而清臣亦得相位享美名矣此忠臣義士惜一時治亂之機爲之流涕者也　哲宗即位宣仁后垂簾同聽政羣賢畢集於朝專以忠厚不擾爲治和戎偃武愛民重穀庶幾嘉祐之風矣然雖賢者不免以類相從故當時有洛黨川黨朔黨之號洛黨者以程正叔爲領袖朱光庭賈易爲羽翼川黨者以蘇子瞻爲領袖吕陶等爲羽翼朔黨者以劉摯梁燾王巖叟劉安世爲領袖羽翼尤衆諸黨相攻不已正叔多用古禮子瞻謂其不近人情如王介甫深嫉之或加玩侮故朱光庭賈易不平皆以謗訕誣子瞻執政兩平之是時既退元豐大臣于散地皆銜怨刻骨陰伺間隙而諸賢不悟自分黨相毀至紹聖初章惇爲相因以爲元祐黨盡竄嶺海之外可哀也吕微仲秦人戇直無黨范淳甫蜀人師温公不立黨亦不免竄逐以死尤可哀也竝邵氏聞見錄

紹聖初章申公以宰相召道過山陽陳忠肅公隨衆謁之章素聞公名獨請登舟共載而行訪以當世之務公曰請以所乘舟爲喻乘舟偏重其可行乎移左置右其偏一也明此則可行矣章默然未荅公復曰上方虛心以待公公必有以副上意者敢問將欲施行之敘以何事爲先何事爲後何事當緩何事當急誰爲君子誰爲小人諒有素定之論章竚思良久曰司馬光姦邪所當先辨無急於此公曰相公誤矣此猶欲平舟勢而移左以置右也果然將失天下之望矣章厲色視公曰光輔母后獨宰政柄不遵紹先烈

肆意大改成緒悞國如此非姦邪而何公曰不察其心而疑其迹則不爲無罪若遂以爲姦邪而欲大改其已行則悞國益甚矣乃爲之極論熙豐元祐之事以爲元豐之政多異熙寧則先志固已變而行之温公不明先志而用母改子之說行之太遽所以紛紛至於今日爲今之計唯當絕臣下之私情融祖宗之善意消朋黨持中道庶乎可以救弊若又以熙豐元祐爲說無以厭服公論恐紛紛未艾也辭辨淵源議論勁正章雖忤意亦頗驚異遂有兼取元祐之語留公共飯而別章到闕召公爲太學博士公聞其與蔡卞方合知必害於正論遂以婚嫁爲辭久乃赴官於是三年不遷 陳忠肅公遺事

哲宗以沖幼踐阼宣仁同政初年召用馬呂諸賢罷青苗復常平登俊良闢言路天下人心翕然向治而元祐之政庶幾仁宗奈何熙豐舊姦屏去未盡已而媒孽復用卒假紹述之言務反前政報復善良馴致禍與君子盡斥而宋政益敝矣吁可惜哉 宋史哲宗本紀贊

宋中葉之禍章蔡首惡趙良嗣厲階然哲宗之崩徽宗未立惇謂其輕佻不可以君天下遼天祚之亾張覺舉平州來歸良嗣以爲納之失信於金必啓外侮使二人之計行宋不立徽宗不納張覺金雖强何釁以伐宋哉以是知事變之來雖小人亦能知之而君子有所不能制也宣政之爲宋承熙豐紹聖椓喪之餘而徽宗又躬蹈二事之弊鮮不亾者故特著以爲戒 宋史徽宗本紀贊

崇寧元年五月詔籍元祐元符黨人發明曰黨人之禍其來尚矣自漢立黨錮而正士擯斥唐立黨禁而君子潛藏然皆不過數世而天下隨滅何也蓋正人國之元氣元氣遏絕國能久乎宋自仁宗寶元元年詔戒百官朋黨慶歷四年詔戒朋黨相訐其端雖起於仁宗然亦戒之之意非籍之之意也徽宗即位纔二年詔籍元祐元符黨人則其見惑小人而浸不克終之意可見矣天下何由而治乎是時羣邪肆虐罔敢誰何獨陸佃一言以捄之其禍少息見忤朋邪遂爲罷出可勝惜哉

崇寧二年九月令州縣立黨人碑發明曰小人之疾忌至此極矣徽宗之昏庸至此甚矣朱子曰於天下之事有可否則斷以公道而勿牽於內顧偏聽之私於天下之議有從違則開以誠心而勿誤以陽開陰闔之計則庶乎德業盛大表裏光明中外遠邇心悅誠服前立黨人碑於端禮門又

詔黨人子弟毋得至闕下此令州縣立黨人碑畧無一毫矜恕之意黨人何負于國而疾之深耶　崇寧三年六月重定黨人刻石朝堂發明曰重定者不宜定也惡已甚也朱之所謂黨人者皆一時之君子既非有蠹政害民之事又非有挾私報怨之慾何以謂之黨人而疾之之深耶盖君子有朋而無黨小人有黨而無朋然反以君子爲黨者非公平正大之事也艮由小人之心欲陷君子而難其名必目之爲黨人則濟濟多士皆羅網中而小人之私意方遂耳殊不知正人天地之紀伐天地之紀則國未有不敗亾者

徽宗苟能知此悔過自新可也夫何沈溺於豫弗克稍悟惜哉廣義曰小人之害君子直欲其聲銷影沈沒世無聞然後已然而諸賢流芳百世蔡京遺臭萬年者其皆出於此乎嗚呼君子小人義利之間學者不可不辨之早而決之力也　崇寧五年正月毀黨人碑復謫者仕籍發明曰徽宗因星變而能詔求直言毀黨人碑則庶幾有敬天聽言之意矣故夫除黨人父子兄弟之禁還上書流人徙元祐黨人於近地毀黨人碑皆所以予其悔悟之心也古之聖賢不貴無過而貴改過者其以此耳徽宗苟能自是一新舊

染遷善戒惡則何天變不消而民心不得哉惜其求言未幾而罷求直言戒心未形而邪侈復作此其所以終于悖亂而不救也廣義曰詔求直言因星變也半夜毀碑畏蔡京也婦制其夫家道不可成臣制其君國體不可立易曰輿說輹夫妻反目此之謂歟　續通鑑綱目

張溥元祐更化論曰神宗崩哲宗即位召程顥爲宗正寺丞未至而卒朝野哀傷元祐元年秋九月河內公司馬光卒三年冬十二月蜀公范鎮卒四年春二月東平公呂公著卒則老成幾盡矣詩不云乎人之

云亡邦國殄瘁孔子殁魯哀公誄之慼然於天之不遺一老元祐之初羣賢彙征天下望治元德先逝澄凊安託然而聖政日新庶務畢舉者以宣仁太后在上也宣仁故高瓊曾孫光憲曹太后少鞠之宮中命配英宗生神宗及岐王顥嘉王頵神宗不豫邢恕蔡確屬意二王太后獨決延安之命不立愛子而立嫡孫要爲天下萬世計爾神宗在潁邸時孝友好學一即尊位敬相求賢勵精三代既傾心王安石創行新法徬徨民瘼惟恐不當靈州永樂之役臨朝痛哭寢食並廢竟憂悸疾崩人君之不壽也或以聲色崩或

以逸遊崩或以餌金石惑神怪崩獨神宗以想望太平求治不得而崩新法爲害其可一朝居乎銳然更始與物維新慈母垂簾之化固孝子山陵之志也一聽政而罷京城邏卒及免行錢廢濬河司蠲逋賦未幾而府界三路保甲罷沅州增修堡砦罷矣方田罷市易罷保馬罷後苑作院罷增直鑄錢監罷成都榷茶場罷王氏經義字說禁矣熙河經制財用司罷青苗法罷矣一聽政而貶吳居厚呂嘉問與邢恕未幾而章惇免韓縝免張璪免李清臣免李憲王中正宋用臣石得一黜矣范子淵陸師閔貶鄧綰李定放呂

惠卿蔡確安置矣欲任賢也必先去邪邪一去賢未有不任也欲興利也必先除害害一除利未有不興也其爲政也簡其操術也獨三章之約漢高稱仁四凶之誅虞舜垂哲千載極治於宣仁僅見爾或疑人情善反道貴包荒紹聖元符之禍激成於元祐使少從容可幸無變不知陰陽並立陽常不勝一陰五陽君子猶懼況其雜也呂大防范純仁稍議調停而楊畏李清臣即起而乘之宜邪正兼用宣仁先凜凜也夫

又宣仁之誣論曰宋代稱治莫盛于元祐爲之主者宣仁高太后也神宗即位變更法制后時以皇太后居寶慈宮嘗流涕語帝憂王安石亂天下帝崩始同哲宗聽政海內乂安或謂神宗子也宣仁母也子行不順教誨惟母熙豐之間羣小馳騖宣仁曷不勸帝早遠佞人守成憲亂而後改事乃多矣然女主垂簾國家所諱哲宗十歲孩童無知太皇太后慮深社稷不得已而朝羣臣若壯子當陽政繇內出朝廷大事豈所預聞惟神宗素志慕堯舜而所任皆驩兜太后深宮憂念未嘗不憐而泣也忽然抱孫寧堪再亂親賢遠奸修草庶政掩吾子之非莫配天之業非[illegible]名

而爲處勢適然爾賊臣章惇輩懟憤放廢媒蘖聖人詭宣訓之辭造同文之獄是可忍也孰不可忍盍思開寶以來太宗謀契丹仁宗困西夏君子雖進而未盡用小人雖退而未盡舍獨至元祐九年聖政萬事畢舉邪正分途中外晏謐委裘恭已功高數帝且先皇大漸宰相問疾太皇太后手撫延安稱兒孝順立爲太子黃袍寄製戩祚屹然勲業如此慈愛如彼哲宗寧無人心遽爲賊臣熒惑小宄所以歎彼昏也張士良雜治不服向太后指天明誣帝稍感悟宣仁不廢然故號雖存紹述方銳謗騰國史南渡乃辯以上

言之則孫攻王母以下言之則臣弑其君逆賊之變顯有莽操陰有惇卞亦何所不至哉

又洛蜀黨議論曰元祐之初正人登進程頤以崇政殿說書召蘇軾以翰林學士召咸振擢不次在帝左右未幾以言論不合賈易朱光庭等劾軾胡宗愈孔文仲顧臨等劾頤洛蜀交攻遂分二黨六七年間廢罷不一終宣仁清明之世竟未施用海內惜之唐長慶太和之有黨也始于李宗閔李逢吉牛僧孺惡李德裕李紳而排之目以爲黨傾軋報復垂四十年宋慶歷之有黨也始于賈昌朝陳執中王拱辰錢明逸

惡范仲淹富弼等而排之目以爲黨飛章詆毀一網立盡此皆小人結約急爲身謀功名累心而恩怨日廹明知君子有益于國而深畏其不利于己是以背公論聚死黨奮發橫溢而不顧也軾與頤合志同方出處不異熙豐之際或堅卧山林或放逐湖海一朝遇主攜手偕行方冀其一心奉公更化善政司馬光未竟之業諸賢力贊其成而口語參商攻訐競起初不聞有國家大政爭若新法仕塗抵巇怨若牛李也右頤者詆軾曰謗訕右軾者詆頤曰矯激在兩賢本無罪可指而言路亦非積憾爲讎特以師友各地辭

色不下與侮小嫌詬誶靡已卽盈朝之上書猶家人之室鬭耳迨章惇蔡京專國反政頤軾之徒貶竄接路端門之碑姓名並列此固向所攘臂勃谿忿詬角立者小人斥爲一黨而並擊之治世不同禍亂世則同禍諸賢當此亦當自悔其藩籬之不固而水火之必傷也漢桓帝時周福房植有名當朝鄉人興謠賓客譏揣亦學舍戲言耳宦官借之卽來告變而捕鈎黨頤軾之爭不關臧否而黨議卽興劉摯梁燾王巖叟劉安世等超然評論亦稱朔黨與之鼎立始以相爭者爲黨旣則不爭者亦爲黨小人之害君子張而

大之惟恐其黨名之不著廹而乘之又惟恐其黨孽之不成也朱浮有言凡舉事無爲親厚者所痛而爲見讎者所快洛蜀之議呂公著等所痛章惇等所快也文章理學百代其師而其燃豆泣隙生氣類無黨之凶反甚于有黨元祐君子之失未有大于此者況呂大防復招楊畏而使入乎

又紹述論曰紹述之論發于楊畏李清臣此固小人之靡也畏幼孤好學刻志經術事親有孝名猥爲王安石呂惠卿所知力尊邪學司馬光入洛畏懼得罪而進諂言光薨而旋謗之且始附呂大防攻劉摯後

卽背大防始附蘇轍攻范純仁後卽背轍反譎性生彼亦自謂跡在元祐心在熙寧也淸臣博學盛名韓琦以兄之子妻之歐陽修壯其文比之蘇軾乃怙才躁進覬望相位紹聖策士議主紹述國是遂變此兩人者初喜聲譽交君子令循節無改不失令士廹切求用竟甘戎首鄙夫患失良可畏也元祐八年宣仁甫崩哲宗親政卽名內侍劉瑗等十人復職君心不正君子見微而憂小人知著而喜改元以前大防等罷章惇等進一二月閒勢已燎原其後竄正人廢母后誣宣仁于在天貶故老于九京雖曰亟亟曰此神

考志也抑思宣仁太后神考之母司馬光呂公著諸臣先朝所遺爲人子者誣先帝之母逐先帝之臣不孝莫大焉藝祖創法歷世長治安石惠卿變更啓亂神考寢疾嘗心痛之元祐欲復祖宗之法不得不罷變法之人蓋復法者其本志而去小人者其餘也紹聖欲罷復法之人則託言紹神宗之政蓋去君子者其本志而紹述者其名也蔡確起大獄王韶取熙河章惇開五溪沈起擾交管徐禧种諤造西事以至吳居厚鐵冶劉定保甲王子京蹇周輔茶鹽李稷陸師閔市易咸附麗王呂剗剝天下卽彼羣奸何嘗不心

知其非而黨與旣成富貴念急反脣塗面閧堂而起變法者塗炭海內稱爲元功復法者惠懷兆庶詆爲罪府母蓋子失而謂之歸過于君臣行君令而謂之毀謗不道務反公議以快驅除大防等復察奸不容自破籓籬一人操戈舉朝喪氣九年聖政敗于須臾邦國殄瘁末如何已然楊畏進于元豐顯于元祐遷于紹聖徒號三變不免惇怒淸臣謀相不得惇亦惡之狂婦遮呼劾罷不起賊臣先驅潰閑無補才人智士尤戒失身從横之學寧足慕哉

又孟后廢復論曰宋代冊后哲宗孟氏儀文尤備宣

仁欽聖教誨宮中宰執大臣典司六禮文德親冊賀有賢助劉御侍卽明豔才藝善順兩宮帝與后亦未有閒也撤坐生怨禱祠興獄皆賊惇與郝隨搆之時太皇太后已崩四年矣羣奸紹述欲行誣謗亟發難於孟后其事以仁宗廢郭后爲辭而無將之謀視呂夷簡閻文應尤加惡焉然孟后廢於紹聖之三年劉后立於元符之二年帝雖寵婕妤尙畏人言久乃正位使當廢后時廷有諍臣華陽之貶庶幾阻乎無如舉朝皆惇黨何也惇等附婕妤謀廢后先摭范祖禹劉安世向日乳媼之諫指爲詆斥竄之遠方鉗天下

口孟后旣廢元祐諸臣死者奪官生者流貶同文獄起上誣宣仁海內謂之堯舜賊臣比以呂武哆侈南箕天地晦寘苟不佐闕郎稱善士孰知父母有過號泣三諫之義哉鄒浩仗義批鱗立逐新州王回爲治南褒逮詣詔獄網羅之密幾不容世有欒公然究之非帝意也皇城搒掠孟后獄成董敦逸附會奏牘猶爲呼寃帝不加罪浩疏停婕妤冊禮亦從容與辨未嘗怒呵帝豈憾后者哉憾后者章惇也宣仁功造王室而幾夷庶人則不孫神宗父道可改而反益其蠱則不子九年善政而自毀成勞則不君孟氏賢淑而

廢居瑤華則不夫無道之名受者哲宗行者惇黨天子不自爲而大臣代之爲下快其私上蒙其惡是謂極愚耳徽宗初立追先帝悔言復后位號蔡京等又祖惇說而廢之暗君之勢不敵賊臣宋竟以此亡嗚呼

又建中初政論曰神宗十四子八王早薨惟哲宗與申王佖端王佶莘王俁簡王似睦王偲在哲宗崩無子申王以目疾不得立章惇屬意簡王向太后不聽而端王正位是爲徽宗竟喪天下設建辟之時朝議從惇端王不帝宋可無敢乎然觀卽位之初詔求直言龔夬陳瓘鄒浩任伯雨等並列諫職尊孟后錄忠舊而蔡卞邢恕章惇蔡京安惇蹇序辰諸賊以次貶罷帝非不可爲善者也神宗有堯舜之資王安石呂惠卿相之而熙豐釀亂哲宗非有終之主司馬光呂公著佐之而元祐稱治一人在上豈能獨理助其成者二三執政爾申端諸王才皆伯仲無大過人者幸而端王之立斷出太后賊臣不得攘功帝亦有憾於惇急收公論奮其翦除一年之內獲睹清明若立申王惇將以蓋世之惡挾定策之勳銳精紹述害政殺人必又甚焉欲如建中靖國其可得歟太皇太后親

立哲宗邢恕蔡確猶欲誣以廢立自矜推戴章惇祖之圖爲霍光其謀不成社稷福也豈容以商辛後日之惡追非太史立嫡之諍乎帝初立時曾布叱惇樞前位定帝遂惡惇而德布不知布之姦深猶惇也明年改元而邪正雜來蔡京旣入而小人專用去一惇進百惇亂數究矣太皇太后聽政九年至元祐八年崩向太后聽政六月至建中元年崩二后殂落之時卽奸臣變法之日自古慮國家者患女主而宋之亂反以無女主故又世運一異也以上馮琦宋史紀事本末

按元祐黨籍或謂之元祐黨人或謂之元祐姦黨

今題元祐黨籍者據南宋翻本之額也此碑之刻凡三次崇寧元年蔡京與其黨強浚明葉夢得籍司馬光文彥博等一百二十人等其罪狀徽宗御書刻于端禮門者一也二年令州縣立黨人碑則京自書之者二也三年重定黨人刻石朝堂凡三百九人者三也不著何人所書李燾長編亦以為徽宗御書刻于文德殿門東壁又詔京書之以頒天下是徽宗御書本有二本至五年星變毀朝堂石刻其外處亦令除毀故所謂百二十人者世無傳本三百九人者御書碑亦無傳惟蔡京書以頒

行者祖家所藏一靜江饒跋本一融縣沈跋本不惟兩碑互校有人數姓名之不同即取柯氏宋史新編馮氏宋史紀事本末邵氏元史類編薛氏宋元資治通鑑近時畢氏續資治通鑑諸書互校又各不同或傳刻有異或碑經翻刻不能無訛今以饒本為主饒本有誤則取沈本仍注異文於姓名之下以備參攷至姓名次序與諸書不同今既錄碑自宜從碑不復更正仍附注之三百九人事蹟莫備于龔頤正之列傳譜述一百卷所闕者祇四人蓋龔氏時去北宋不遠文獻有徵採輯尚易而

其書已不可得見又宋史藝文志載三朝正論二卷曾布撰黨人記一卷蔡京撰熙符祐本末十卷龔敦撰文獻通考載曾相手記三卷曾布撰晁氏曰紹聖初元祐黨禍起布知公論所在故對上之語多持兩端又輒增損以著此書邵氏辨誣一卷宋志作十卷邵伯溫撰晁氏曰辨蔡卞章惇邢恕誣宣仁欲廢哲宗立徐邸事傳信錄十卷鮮于綽撰晁氏曰言國朝雜事多元豐後朝廷政事得失人物賢否已上諸書皆可與黨籍參稽互證惜皆亾佚矣又元祐黨人碑考一卷明海瑞撰見四庫全書

存目惟 國朝徐賓撰歷代黨鑑五卷內有洛蜀朔三黨及元祐黨籍可資攷證錄入四庫全書元祐黨籍之由始于王安石呂惠卿潰敗于章惇再糜爛于蔡京蔡卞羣姦附之馴致童貫王黼之徒牽引用事其間遷謫株連諸人之載入正史者不過宰執待制以上若干人其餘不載于史者則仍取兩宋叢書彙為元祐黨籍碑姓名攷約計一百四十二人闕者百六十七人攷章惇在相位七年為言官任伯雨劾之貶雷州司戶參軍尋徙睦州而死京為相二十四年至宣和七年與子攸爭權

帝亦厭薄之乃勒令致仕是冬太學生陳東上書
請誅京等又一年京竄儋州道死攸亦伏誅然忠
良俱盡戕害叠彰遂有五國城之痛計距崇寧初
立碑祇二十五年爾夫陰陽邪正之氣如氷炭之
不相容薰蕕之不同器故仁者能好人必能惡人
間或使貪使詐權宜應用亦必不可置之心腹肘
腋之地以滋後患記稱惟仁人放流之迸諸四夷
不與同中國詩則極之於投畀豺虎豺虎不食者
此也君子公正爲心羣而不黨其於正人端士則
同聲相應同氣相求各從其類乃順天道之自然

間有學問偶殊性情稍異而以公義相取爲海內
吹噓善類爲國家愛惜賢才其於小人則去之務
盡亦祇上以爲國下以爲民必無肆其機械滋其
荼毒而鄉愿之徒乃欲姑息調停以自溷于庸惡
陋劣豈聖賢激濁揚清之訓哉漢之宵小以黨錮
阸甘陵而漢亡唐之末造以白馬定淸流而唐滅
宋初邪正互爲勝負所以偁爲盛世及至元祐黨
籍出而北宋亡慶元黨禁出而南宋亦亡明季東
林復社之禍起而亦漸改革是皆以朋黨爲羅織
傾陷之實眞千秋之大誡也自來論此碑者著作

凡數種議論凡數萬言莫不戟手而詈咋舌而嘆
者今不能悉載撮其大畧跋之至于碑末附王珪
章惇其時晦盲否塞國是日非轉以大姦竄入其
中抑聲紫色不足深論也

金石萃編卷一百四十五終

賜進士出身誥授光祿大夫刑部右侍郎加七級王昶譔

宋二十四

淨安寺鐘款

鐘刻字凡四面行字皆不等正書在朝邑縣

維大宋崇寧四季歲次乙酉十月二十五日□鑄同州
朝邑縣醫苑鄉淨安禪院鐵鐘願所集勝利上祈
皇帝萬歲□臣千秋文武百寮常居祿位法界衆生同
成佛果
住持院主僧惠以下助緣施主諸人姓名不錄

此鍾是解州匠人杜臻男鑄造

寺故址在渭水濱元至正元年没于渭明改建于王林村欵云同州朝邑縣醫苑鄉金史有鎮名四而無醫苑之名亦可以補地志之缺關中金石記

咸德軍五臺山唱和詩

碑連額高五尺九寸廣三尺四寸五分三截書每截二十一行行十字連額並正書在耀州

巽啓叅陪使騎秪謁眞祠偶成小詩拜呈知府屯田
伏冀　采覽
朝散郎通判軍州事于巽
千騎驂驔出禁城眞祠欵謁罄虔誠祈禱載路歌仁政
簫鼓喧天樂太平殘雪未消山下路和風先颺馬前旌是日天氣晴暖幾有春意爲民祈禱多靈應來歲豐穰定有成
朝散郎知軍州事王允中和
縹緲仙臺俯郡城躬修祠事表精誠天邊霧卷山峯出
澗下風輕水面平不爲尋春馳五馬聊因勸課駐雙旌六典刺史掌勸課
宣德郎充州學教授何佐均
踏霜投曉賽祠廷豪竹繁絃妙吐誠嘉客滿筵青眼看
遠山數點白雲平淺霞漏日迎前騎輕吹含煙獵後旌
好處盡工傳不盡只憑詩筆爲摹成

右侍禁監倉王霈
眞人廟食占茲城欲乞豐年在至誠五馬貳車恭欵謁
豐香烈火報登平犬雞仙去遺丹竈鸞鶴飛來認翠旌
旣就金方留世了終聞玉帝錄功成
儒林郎知華原縣事張舫
仙翁舊隱寄巖扃千里蒙休合薦誠菽粟有餘民暇逸
雨暘無爽氣和平簫笙緩緩陳觴豆耆艾紛紛逐旆旌
靈迹欲知垂不朽使君妙製刻初成太守近作靜應廟記
通仕郎錄事叅軍張介夫
瞳瞳曉日照重城車騎翩翩布德誠綽約仙姿隨世遠

依俙樓觀與雲平神靈響荅歆香火民庶歡呼擁旆旌
瑞雪呈祥和氣洽行看闔境報嘉成
將仕郎富平縣主簿高鈞
二公祠事出重城宜有休祥荅至誠林壑靜深經雪後
樓臺高下與雲平豐年簫鼓來仙宅晴日煙霞上使旌
黎庶歡聲自偕樂但聞高廪頌周成
將仕郎華原縣主簿何賁
清晨雪霽出東城躬款靈祠致克誠百品果蔬供薦獻
萬人簫鼓賀昇平曈曈曉日明臺殿獵獵霜風繭旆旌
碧瓦脩廊盡宏麗亦從民欲落新成

將仕郎華原縣尉李倚立石
崇寧四年十二月二十三日建　劉源刊字
前有奭上允中啓云拜呈知府屯田攷宋制諸府州
縣皆以京朝幕等官攝之故有以某官知某府事知
某州事知某縣事之稱或不帶京朝幕官等銜亦云
某府知府某州知州某縣知縣至明則竟改稱知府
知州知縣近人作碑刻有用宋時舊例云知某府事
等稱者亦始於明世有意好古者耳關中金石記
張大亨米芾等題名
石高廣均二尺一寸三行行三字二字不等行書在盱眙縣

張大亨米芾丙戌歲
按丙戌爲崇寧五年米芾以崇寧三年知無爲四
年知淮陽大觀元年卒於官此正知淮陽時也
長興萬壽寺閣圖并記
碣高二尺二寸八分廣一尺七寸分兩截上截繪圖下截記二十七行行十四字正書在大荔縣
華州尕朱權記
馮翊楊時中書
左輔之西北隅有寺曰長興萬壽禪院古木森蔭殿宇
宏壯爲一方之雄觀寺有高閣絶頂虛曠之所塑文殊
菩薩聖像因名爲文殊閣聳立三層不啻百餘尺徘徊

周匝止於二十楹刻桷彫甍翬飛鳥翼屹若地出晃若
天降可謂殊勝實淳化五年別駕楊公所建也觀其經
營締構足以想見其爲人亦以知古之豪右歸依吾三
寶爲切至也迄今百有餘歲巨屋已老爲風雨所壞晝
像益故爲塵埃所棲竊鼠穿其垣墉燕雀巢于榱楝寒
木煙蕪但相掩映於其側弊壞隳圮至此爲極宗明受
業茲院承師資之後猥居於此積有歲年載顧載瞻每
爲深悼將欲增修潤色前人之遺基揣其謭薄不克自
辦必仗信心有力之衆共成大事以作勝囙涅盤經云
施一訶梨勒授辟支佛除病惱於九十一刼造像經云

造一小塔感輪王果於三十六返之中夫一訶梨勒之細一小塔之微所得之果猶且若是今者有力檀那能其成此閣則感果之大信不誣矣

大觀元年七月十五日　左馮僧雲智刊字

大觀聖作碑四種

碑連額高一丈一尺二寸五分廣四尺二十八行行六十八字正書額行書在興平縣

大觀聖作之碑

通直郎書學博士臣李時雍奉　勅摹寫

太師尚書左僕射兼門下侍郎上柱國魏國公食邑一万一千二百戶食實封叁阡捌伯戶臣蔡京奉

勅題額

學以善風俗明人倫而人材所自出也今有教養之法而未有善俗明倫之制殆未足以兼明天下孔子曰其爲人也孝悌而好犯上者鮮矣不好犯上而好作亂者未之有也蓋設學校置師儒所以敎孝悌孝悌興則人倫明人倫明則風俗厚而人材成刑罰措朕考成周之隆教萬民而賓興以六德六行否則威之以不孝不悌之刑比巳立法保任孝悌姻睦任恤忠和之士去古綿邈士非里選習尚科舉不孝不悌有時而容故任官臨政趨利犯義詆訕貪汚無不爲者此官非其人士不素養故也近因餘暇稽周官之書制爲法度頒之校學明倫善俗庶幾於古

諸士有善父母爲孝善兄弟爲悌善內親爲睦善外親爲姻信於朋友爲任仁於州里爲恤知君臣之義爲忠達義利之分爲和

諸士有孝悌睦姻任恤忠和八行見於事狀著於鄉里者鄰保伍以行實申縣縣令佐審察延入縣學考驗不虛保明申州如令

諸八行孝悌忠和爲上睦姻爲中任恤爲下士有全備八行保明如令不以時隨奏貢入太學免試爲太

學上舍司成以下引問考驗較定不誣申尚書省取旨釋褐命官優加拔用

諸士有全備上四行或不全一行而兼中等二行爲州學上舍上等之選不全上二行而兼中等一行或不全上三行而兼中二行者爲上舍中等之選不全上三行而兼中一行或兼下行者爲上舍下等之選全有中二行或有中等一行而兼下一行者爲內舍之選餘爲外舍之選

諸士以八行中三舍之選者上舍貢入內舍在州學半年不犯弟二等罰升爲上舍外舍一年不犯弟三

等罰升爲內舍仍准上法

諸士以八行中上舍之選而被貢入太學者上等在學半年不犯弟三等罰司成以下考驗行實闢奏依太學貢士釋褐法中等依太學中等法待殿試下等依太學下等法

諸士以八行中選在州縣若太學皆免試補爲諸生之首選充職事及諸齋長諭

諸以八行考士爲上舍上等其家依官戶法中下等免戶下支移折變借借身丁內舍免支移身丁

諸謀反謀叛謀大逆同子孫及大不恭詆訕宗廟指斥乘輿爲不忠之刑惡逆詛罵告言祖父母父母别籍異財供養有闕居喪作樂自娶釋服匿哀爲不孝之刑不恭其兄不友其弟姊妹叔嫂相犯罪杖爲不悌之刑殺人略人放火强姦强盜若竊盜杖及不道爲不和之刑謀殺及賣略緦麻以上親毆告大功以上尊長小功尊屬若內亂爲不睦之刑詛罵告言外祖父母與外姻有服親同母異父親若妻之尊屬相犯至徒違律爲婚停妻娶妻若無罪出妻爲不婣之刑毆受業師犯同學友至徒應相隱而輙告言爲不任之刑詐欺取財罪杖告屬耆鄰保伍有所規求避免或告事不干已爲不恤之刑

諸犯八刑縣令佐州知通以其事目書於籍報學應有入學按籍檢會施行

諸士有犯不忠不孝不悌不和終身不齒不得入學不睦十年不婣八年不任五年不恤三年能改過自新不犯罪而有二行之實者鄰保伍申縣縣令佐審察聽入學在學一年又不犯弟三等罰聽齒於諸生之列

大觀元年九月十八日資政殿學士兼　侍讀臣鄭居中奏乞以

御筆八行詔旨摹刻于石立之宮學次及太學辟廱天下郡邑二年八月二十九日奉

御筆賜臣禮部尚書兼　侍講久中令以所賜刻石

承議郎尚書禮部員外郎武騎尉臣葛勝仲

朝散郎尚書禮部員外郎雲騎尉臣韋壽隆

承議郎試尚書禮部侍郎　學制局同編修官武騎尉隴西縣開國男食邑三百戶賜紫金魚袋臣李圖南

朝請郎試禮部尚書兼　侍講實録修撰飛騎尉南陽縣開國男食邑三百戶賜紫金魚袋臣鄭久中

承節郎權縣尉臣李任
廸功郎權主簿管句學事臣盧端仁
通直郎知京兆府興平縣事管句學事勸農公事兼
兵馬都監臣陳亦
此刻隋賀若誼碑之陰京以大觀元年五月爲尚書
左僕射兼門下侍郎二年正月進太師碑題太師尚
書左僕射與史傳合關中金石記
又碑連額高八尺八寸五分廣三尺五寸五分二十七行行六十字連額並正書在淳化縣
耀州淳化縣御製學校八行八刑之碑
將仕郎耀州華原縣主簿管句學事權淳化縣簿尉

臣鄭仲先書丹
文見前不錄
大宋大觀二年四月十五日
從仕郎知耀州淳化縣事管句學事兼管句勸農公
事臣劉去立石
又碑連額高八尺二寸廣三尺四寸五分三十行行五十九字正書篆額在高陵縣
御製學校八行八刑條
教諭臣胡口口篆額
承務郎監商州口稅權知京兆府高陵縣口學事兼
管勾勸農事臣張口書并立石

文見前不錄
奉
勅如右牒到奉行前批三月二十日午時付禮部施行
仍闕合屬去處
大觀二年五月十五日奉
御筆建
學長臣李希伋　權學諭臣史口　直學臣吳若虛
將仕郎京兆府高陵縣尉管句學事臣李凱
三班奉職監京兆府高陵縣口口權主簿臣張憲
臣李壽永臣李壽明刊

又碑連額高七尺八寸廣四尺一寸三十四行行五十一字連額並正書在臨潼縣
御製學校八行八刑條
學長臣王黿書
文見前不錄
大觀二年十月二十五日奉
御筆建
登仕郎京兆府臨潼縣尉管句學事臣徐口
將仕郎口京兆府臨潼縣主簿管句學事臣李艮佐
登仕郎京兆府臨潼縣丞管句學事臣王敎化
朝散郎知京兆府臨潼縣管句學事兼兵馬都監雲

騎尉臣王奐　立石
□仕郎充永興軍等路提舉□□□管句□□臣黃
哲
朝請郎□提舉永興軍等路學事雲騎尉賜緋魚袋
臣李隆

是碑當時想天下俱應有之今唯存鄭州本耳予得見于范侍郎天一閣八行之選宋史取士一法也當取之以証選舉志鮚埼亭集

億按宋史徽宗紀大觀元年三月甲辰立八行取士科今碑所錄八行及三舍之制並較史爲詳又碑蔡

京題額自列銜云太師尚書左僕射兼門下侍郎上柱國魏國公按蔡京本傳大觀三年臺諫交論其惡遂致仕猶提舉修哲宗實錄改封楚國公以史攷之既云改封則前此已有封矣今碑列京題銜所云魏國公是當大觀二年京早受封爵及于三年提舉修哲宗實錄改封楚國公於文乃爲有據史疏不及此蓋失錄也偃師金石錄

按大觀聖作碑聖作猶言御製也歷城縣志金石考云大觀碑山左學宮往往有之蓋通天下皆立者蔡京題額曰大觀聖作之碑以御製爲聖作猶以公主爲帝姬也其以此碑文頒之郡縣加以尙書省牒而別題額曰御製八行八刑條制其實與聖作碑同也按宋史選舉志大觀元年三月甲辰詔立八行取士科詔詞大意與碑同然品目既立有司必求其迹以應令遂有牽合瑣細者自元祐擿經明行修科主德行而畧辭藝間取禮部試黜之士附實恩科當時固已咎其無所甄別及八行科立則三舍皆不試而補往往設爲形迹求與名格相應於是兩科相望幾數十年迺無一人卓然能自著見者而八行又有甚敝蓋後世欲追古制而不知

風俗教化之所從出其難固如此據史文知八行八刑在當時固亦行之久矣碑云頒之校學史志則云頒之學授校學似學校倒文學授或又學校之譌也宋云鄭居中奏乞以御筆八行詔旨摹刻于石立之宮學次及太學辟廱天下郡邑考宋制學校但有國子學太學其辟廱一名外學乃崇寧元年所建以處天下貢士別無宮學之文據文獻通考載外學既成增博士十員正錄五員充學諭者十人直學二人俟貢士至爲之置諸王宮大小學教授立考選法據此則當時自有諸王宮大小

學而制未詳也玩碑文先立於官學次及太學辟
廱又次及天下郡邑則官學在太學之上矣此碑
今存者山左較多河南次之昶所得者僅陝西四
種而已

孫鼇草堂寺詩刻

石横廣二尺七寸八分高二尺五寸九行行九字又張智周題記二行行十七十八字左行並正書在鄠縣

雙樹輪囷五百年開華結實兩爭妍我來問道師知否
祖意元無法可傳
大觀己丑九月廿九日孫鼇抃才甫遊因至紫閣留
宿此寺

將仕郎權京兆府鄠縣尉管句學事權主簿縣丞蓋載
宣德郎知京兆府鄠縣事管句學事勸農公事兼兵
馬監押吳叔口
歷山張智周政和元年十一月廿七日獨游時以察
視民兵職事徧行諸邑猶恨不從容也

脩三白石渠記

石高四尺五寸廣二尺二寸八行行十四字正書在涇陽縣

大觀二年秋被
朝旨開修三白石渠工徒數千人渠河部役官朝奉大
夫蔡溥而下十有五人祗領其事至四年九月十三日
休工告成引涇水深五赤入渠通行七縣灌溉民田云
朝請大夫新權成都府路轉運判官權提舉永興軍等
路常平等事趙佺謹題　　李壽永刊

按宋史河渠志三白渠在京兆涇陽縣至道元年
正月度支判官梁鼎陳堯叟上鄭白渠利害詔皇
甫選何亮乘傳經度選等使還言周覽三白渠溉
涇陽櫟陽高陵雲陽三原富平六縣田三千八百
五十餘頃此渠衣食之源也望令增築堤堰以固
護之景德三年鹽鐵副使林特度支副使馬景盛
陳關中河渠之利請興修鄭白渠古制乃詔太常

博士尚賓乘傳經度率丁夫治之賓言鄭渠久廢
不可復今自白渠洪口合舊渠以畎涇河灌富平
櫟陽高陵等縣工畢而水利饒足民獲數倍史志
所載止此不及大觀二年修渠之事不可攷矣史
稱溉六縣田此記稱通行七縣不知更溉何縣也
三白渠在宋時有灌溉之利今歲久淤廢故王芥
子先生大岳官陝西觀察時著涇水考二卷謂涇
水古以資灌田積日既久其泥重濁易於淤塞不
獨民田化爲斥鹵即近山之泉來者反被其累故
自宋元以來必障涇水而遠之惟恐其攔入仍渾

盡畱近山泉水分疏灌溉蓋地勢不同如此凡言
水利者不可泥古而不知今也

李梴過臨潼詩

石橫廣三尺二寸八分高一尺七寸二十五行行十五字又向子千題記三行行七字並行書在臨潼縣

潁川李梴

予嘉祐中嘗迎先妣來主臨□□元祐丁卯□月赴守遂
寧復過是邑凡山林宮寺之勝皆當日奉板輿盡朋昚
歲時游息之處到今二十八年矣因成短詩以叙感慨
淒凉感舊與懷親時事居人觸目新獨有溫泉故情在
猶能爲我洗紅塵

挈家登朝元閣晚由東山北下自石甕過朝元山路
并斯飛亭皆當日親爲開置今復經從因留拙句
一別驪山歲已深林花依舊繡苔岑歸尋當日新開路
隱約苔痕下翠陰 翠陰亭乃開元時勝槩今路在亭基之上

題靈泉觀

山原繚繞水縈紆繡嶺屏風立座隅更上朝元最高處
饒君都看渭川圖

先君昔守遂寧過臨潼熙民侍行後二十有四年熙民
行部至此感愴之餘尋先君當日所畱詩板已不復見
矣乃追憶舊題刻石置溫泉行館之壁大觀四年十二
月十六日永興軍等路提點刑獄公事李熙民謹記

向子千自丙申歲皆以職事過此宣和辛丑孟夏十七日

按李梴題云予嘉祐中來主臨潼元祐丁卯赴守
遂寧復過是邑到今二十八年自元祐丁卯逆推
二十八年之前知其主臨潼在嘉祐五年也至大
觀四年其子熙民提點永興刑獄逆推其前元祐
丁卯歲侍其先君守遂寧過臨潼恰二十四年詩
題有朝元閣靈泉觀冊府元龜天寶七載十二月
戊戌聖神元元皇帝降見於華清宮之朝元閣乃
改爲降聖閣改會昌山爲昭應山封山神爲元德

公仍立祠宇以時祭享又都穆遊驪山記云山之
半平坡朝元閣舊建於此又上二里爲老君殿
舊云老君見於朝元閣南元宗於其處立降聖觀
琢白玉石爲像今尚存殿壁繪唐從臣之像殆當
時人手筆雍勝畧云靈泉觀本華清宮祿山亂後
天子罕復遊唐末遂皆圮晉天福中改爲觀賜道
士居之李梴李熙民史俱無傳

河瀆靈源王廟碑

碑連額高一丈二寸五分廣四尺七寸三分二十八行行六十三字正書篆額在韓城縣

勅修同州韓城縣河瀆靈源王廟碑

宣德郎知京兆府高陵縣事管句學事管句勸農公
事兼兵馬監押臣陳振撰
宣德郎充提轄措置陝西川路坑冶鑄錢司催促般
運鑄錢物料句當臣王瑹書并篆額
皇帝臨御十有三年典章文物炳然一新正郊丘以辨
兩儀嚴　宗廟以嚴九室與明堂以脩　配
口之典祠太一以荅靈貺之符　明德䘏祀咸秩
無文肸蠁駿奔罔不祗慄神祇　祖考既已安樂
之矣而復以　聲制律而樂和以　身立度
而禮節琢玉以成寶而文采彰鑄金以象物而
基本固前世之所廢而不講後人之所忽而不問發明
誕告悉出　宸翰　詔令一下不日而成於
是卿雲呈祥靈光薦休膏露零滋朱草騰色嘉禾之秀
羽物之瑞凡曠古之所未嘗記者連章累牘奏之
闕下頌聲洋溢周於四遐獫狁來王氐羌入貢黔中
嶺表龍水播川遺酋群醜解辮屈膝而願為臣妾者蓋
不可以數計古之所謂天不愛其道地不愛其寶人不
愛其財者具見於茲故一事之舉一物之來類皆付之
史官刊之琬琰銘之鼎彝紀之以編簡載之以竹帛自
堯舜三代典謨訓誥之書未有若　此時之盛者

也惟此洪河自　大觀以來變濁為清者略有三
焉乾寧保平率以累日惟二年冬見於同州之韓城郃
陽其袤百里其久彌月　詔遣尚書郎臣張勱持
祝往祭既抵其野訪故祠得破屋一區風凌雨剝頹圮
殆甚懼不足以尊顯　靈德上副　一人誠
報之意故已事而還請新廟貌　詔可其奏既
賜僧券以經其用又出大農之錢以助其不足鳩
工飭材一不在民庀事於政和元年秋八月之壬寅落
成於二年春正月之甲子凡為屋之楹三十有四堂崇
以延門嚴以閟有廡如掖有屏如植籩豆之設有位侍
衛之列有所輪奐丹雘儼然無不肅乃　賜靈源為
號因　命擇詞臣而記其事部使者猥以屬臣振
臣振不敢以荒斐辭竊惟洪範之數兆於五行五行之
證原於五事自視聽貌言思之近推而廣之至五福六
極休咎所報之遠若符契然豈人力也哉夫堯以水土
未平吁謨而命禹禹以百姓未安塵其身而告功九年
而洚水平土作乂考其績用固非人力而所為者可不
歸之天乎使百姓戴天而居履地而行力農而食日用
而不知可不謂之神乎淵溪潢潦之卑朝盈而暮竭有
欲澄之者猶不能清況崐崘萬里之勢數千年之久汶

自期於身嘗而目見之乎非有作之　聖人其孰
能與於此今　皇帝道德之妙蟠極上下
精誠之微昭格幽顯凡所以　施設注措一出於
　獨智百辟卿士曾不足以探識其　與而
四方萬里鼓舞震動化貸成就亦罔知　帝力之
所加豈天之神與禹之智舉在　是歟福物之報
固有由爾顧一河之淸惡足以盡之而惓惓不忘者亦
以昭　景命頒純嘏奉　上帝之錫美而已
竊嘗以傳記考之河千歲一淸其應在　人君壽
考天下治安今接歲三淸應益昭著自非　睿聖
撫運　溥博淵泉　通乎高深何以及此是
宜有以鋪張　閎休揚厲　偉蹟而
詔乎無窮也如臣鼃蟺之陋顧安能識　咸英之
太和而調達之姑以區區之見述其萬一而預榮焉臣
謹拜手稽首而爲之頌曰
皇帝臨御十有三年禮制樂作典章粲然道德之妙格
于皇天景星慶雲膏露醴泉諸福之物克臻其全大觀
之初濁河三淸乾寧保平郃陽韓城有泌其澄有光其
榮詔遣臣勑報祭惟精乃新其宮靈源是名郡縣奔走
累月而成神歆其類既安且寧皇帝有道山川受職珎
符來既惟神之錫皇帝有道受福無疆神之聽之德音
不忘簿領臣振預榮鳌事作爲聲詩垂千萬禩
降授奉議郎權發遣陝府西路計度轉運判官公事
借緋魚袋臣郭倫
降授朝議大夫直龍圖閣權發遣陝府西路計度轉
運副使公事兼勸農使賜紫金魚袋臣趙口
降授朝散郎直龍圖閣權發遣陝府西路計度轉運
使公事兼勸農使賜紫金魚袋臣陳遘
臣李壽永臣李壽昌刊字
文稱河自大觀以來變濁爲淸者三乾寧保平率以
累日惟二年冬見於同州之韓城郃陽其袤百里其
久彌月攷徽宗本紀自大觀至政和凡三書河淸並
在同州惟大觀三年兼有陝州保平軍卽陝州也又
于二年云以乾寧軍爲淸州改乾寧爲淸應卽以河
淸之故而史不及之疑是略矣河自三代以來皆有
祟祀故公羊傳以太山河海爲三望望者謂不能親
詣所在就其近郊祭之之義也其置祠實自秦始史
記封禪書云河祠臨晉漢志云臨晉故大荔秦獲之
更名有河水祠今同州府朝邑縣是其地蓋昭王作
河橋於此卽因而祭之耳郊祀志高祖置祠祀官女

巫令河巫祠河於臨晉又宣帝詔五嶽四瀆皆有常禮河於臨晉使者持節侍祠歲五祠太平寰宇記西魏文帝大統十三年于漢祠更加營造周武帝天和四年太宰宇文護于祠西建碑一所靈帝大象元年江淮濟各從本所祠惟河一祠依舊不改每歲發使致璧加牲以祠焉文獻通考唐武德貞觀四瀆年別一祭祭西瀆大河于同州歷代相傳並因而不改至明皇開元十五年始以有司言改祠於河中府在今山西之榮河縣而同州之祠廢矣故唐自明皇以後嶽瀆之制互有輕重然猶封河神爲靈源公眞宗封禪進號爲顯聖靈源公仁宗康定封爲靈源王金章宗明昌爲顯聖靈源王元太祖至元爲靈源宏濟王順帝至元爲靈源神佑宏濟王明則革去前號改稱西瀆大河之神亦並存河中府之舊此唐以前宋以後祠祀異地之大較也故唐王延昌撰廟碑云安祿山反其將崔乾祐守蒲坂時郭子儀軍渭汭與之相持子儀夢神告曰永豐倉側將有急變姑以避之此軍退賊騎雲集子儀賴以獲全後請于朝而修祠此猶是同州之舊其建于韓城者乃當時別祠如宋時檀州河南亦得置河廟者是也文所云詔遣尚書郎張勸致祭旣抵其野訪故祠得破屋一區傾圮殆甚還請修建詔可之此宋世修建之事念陝省爲全河之襟帶而祀典闕如今雖不能復臨晉之故而韓城舊址不應委棄榛蕪過而弗問此守土之責也余將請於

朝鼎新廟貌修復祀典以妥神庥而慶安瀾焉 關中金石記

右韓城縣河瀆靈源王廟碑宋史禮志祀河瀆於河中府今蒲州之永濟縣也大觀初韓城河水清詔遣尚書郎張勸往祭卽舊廟而修之廟在今韓城縣之東王郵非河瀆之常祀也碑稱洪河自大觀以來變濁爲清者略有三焉乾寧保平率以累日維二年冬見於同州之韓城郃陽其袤百里其久彌月今考五行志祇載乾寧軍及同州二事不及保平蓋大觀政和之間郡國言瑞者多志不能盡書然未久遂有五國城之禍粉飾太平何益於國是哉碑末列名者直龍圖閣陝府西路轉運使陳遘直龍圖閣轉運副使趙口轉運判官郭倫凡三人陳降授朝散郎趙降授朝議大夫郭降授奉議郎皆列於銜此它碑所未有宋史遘傳但云爲何北轉運使加直龍圖閣徙陝西不知其降官之由也 潛研堂金石文跋尾

崇恩園陵采石記

碑連額高五尺六寸五分廣三尺一寸十六行行二十五字行書篆額在偃師縣永慶寺

崇恩園陵采石碑

崇恩□□寢疾崩于宮政和三年三月丙申朝散郎權
發遣京畿計度轉運副使公事趙霆入內內侍省武功
大夫計置賈□山採石兼提舉鄭州寄務張懷寶奉
詔旨提舉　園陵採石太史□□□□□吉祭山興役
于緱氏鎮磧子泉之東西谷段石□工視大觀二年地
宮數□會日力之役九旬以時　朝廷促工期以□□
□□□氏逾旬稍□霖雨零霰迭日閒作官吏惴慄惟

稽遲之□□而巨石艱致之材越七日而數以登又十
有五日而夫役告畢蓋官屬奮職夙夜暴露協力盡瘁
用濟厥事也官屬爲誰管勾文□兼運判公事朝散郎
□誼都□寨中亮郎任緯通直郎韓瑜□□畜經郎孫
傑武翼郎賈之才□畜郎藺中立修武郎李從古秉義
郎趙士□宋良□成忠郎周延慶許紳承節郎張延慶
張世昌周儀從事郎宋彙李選將仕郎李處仁張遹王
堯李周福進武校尉張懿進義校尉王思永假承務郎
陳堯管勾鐵爐東井匠人□郎傅□管勾公使進義副
尉張守忠季春癸酉趙□記并書

朝奉郎京西轉運□□□□□□□□□□長吉立
石　　霍亮彭皐馬良刻字

億按碑殘脫譌讀多不可識唯前數行有入內內侍
省武功大夫計置下缺鄭州張懷寶奉名缺園陵採
石後忽又有題銜云云攷記內諸官並與史志同唯
管勾鐵爐東井匠人則當事權設者也字奇逸秀絕
惜太漫滅耳偃師金石記

范子嚴墓誌

石高三尺五寸五分廣三尺三寸五分三十行行三十字正書在寶雞縣

宋故范君子嚴墓誌銘

奉議郎致仕武騎尉張令撰
朝散郎權知巴州軍州管勾學事雲騎尉借紫權維
書
奉議郎簽書興州軍事判官廳公事管勾學事王沃
篆蓋
子嚴先塋在邑之澤川鄉尉遲社塋閉之木往往合抱
詢其族人之高年者皆云葬逾百年矣雖無誌可考知
其久爲陳倉人也曾祖熙祖懿皆務農不仕考元吉有
度量善謀畫由畎畝積貲至鉅萬遂徙居邑中而富籍
爲第一卒葬於大像原有子三人而　君居季孟之

間考極喜儒意將擇子之良者教之然其孟既以門蔭
隸府役季且幼獨屬意於　君不幸考早世遂嘿嘿
不得志一旦潛率友人朱景者如京師南抵滁濠間求
師友而學焉逮歸季孟已有析煙之議　君獨得畸
零之業鬻去七八復買地於西平原凡五六年始稍有
序然中心常以未副先君之志爲恨因置其生事又率
其友張今者復如太學凡數年四方賢俊多願交焉然
數干舉不利有勸以習明經比進士爲可必者君深然
之乃出居尉遲之故廬絶人事閉門誦戴禮答義凡二
年注疏首尾爛然在臆人皆謂　君舉是科取青紫

猶掇之也會　朝廷改科場罷明經君歎曰是亦有
命焉乃不復爲干舉之學而專閲史傳歷攷古人行事
時與鄉中有道者爲詩酒之樂益多藏書招賢士以教
諸子爲急然性介潔上不願接勢位下不喜延白丁唯
吾儒叩門一言道合則傾蓋如故以至推財拯乏靡所
不遂其所交遊多魁磊宏博之士未嘗俛首以投俗人
之耳目元祐元年閏二月十七日以疾卒享年四十八
元娶馬氏即邑人進士馬収之女次朱氏鄉貢進士景
之妹五男四女皆朱氏所出曰汝翼成忠郎前任興州
管界巡轄馬遞鋪次汝弼秉義郎前任巴州管界巡檢

次汝聽將仕郎次汝揖汝礪皆讀書後君而亡女長適
邑人馬錡次適進士薛弁次幼而亡次適進士張抃孫
男十人倪份何伾倫脩伸倬儔倚孫女六人長適吳山
進士楊大年餘並幼　君之亡汝翼年十八斡蠱事
親教諸弟奕奕有立乃遵遺訓於政和三年六月十二
日卜兆於鳳翔府寶雞縣寶雞鄉大像里先塋之西朱
氏祔葬焉前期求誌于予予素與　君善又予之次
子娶　君之幼女作誌與銘固所願也子嚴字也諱
莊姓范氏銘曰
今學不効兮古學是循　古學有得兮所親者仁　宜

壽不壽兮天所屯　福慶流衍兮鍾後人

按誌稱子嚴久爲陳倉人陳倉即寶雞縣隋以前
爲陳倉唐以後爲寶雞又稱其買地西平原陝西
通志西平原在寶雞縣東北十五里即吳玠與金
將撒離喝相持處原之高峻處又名大蟲嶺其原
延亘東接鳳翔界誌又云朝廷改科場罷明經此
即神宗時王安石議更法謂古之取士俱本于學
請興學校以復古其明經諸科欲行廢罷取明經
人數增進士額語詳宋史選舉志子嚴曾祖祖父
皆務農而積貲至鉅萬誌不加粉飾之詞見其質

也兄弟析居謂之析煙初娶馬氏繼娶朱氏而稱
馬氏爲元娶卽後世元配之所昉皆掫見此文

浮邱公廟靈泉記

碑連額高四尺四寸廣三尺二十四行行三十一字正書篆額在偃師縣

浮丘公廟靈泉記

文林郎行永安縣尉管句學事張梴撰

嵩高之下曰緱氏山昔周靈王子子晉吹笙之地也子
晉授道於浮丘公公接□僊去距山不遠遺冢具存民
俗傳爲浮丘藏舄之所卽其巔搆祠以祀焉俯瞰□□
更爲別廟里民歲時祈報逕至政和二年夏六月泉出

庭下澄澈□□□□□餡映帶清流人初易之俄鷗凫
泳者輒死衆迺驚悟始識景貺病者請禱□□□愈於
是相與謀甃以文塼疏□方□藻飾丹䕶祈嚮雲來洪
惟永安授□□　宋　聖祖　神宗弓
□所閟而嵩高之岳作鎮中土□邑之□眞僊所宅靈
顯□出□□□惠施於民稽攷傳記寔
□之祥比年而來　朝廷清明百度修舉總名覈
實禮制樂成河海宴清□禾並秀泉石□□□□功
珍符嘉瑞史不絕書蓋以　皇天眷佑　上
德昭明格致休美以懋大業顧不偉歟則儒學之士競

爲詞章揄揚□□□□盛事傅諸聲詩以薦　郊
廟寔維特也今靈泉出於福地神異焯然莫之殫載梴
雖不才□乏□□□詠　聖德㓗臣子之職敢以
斐陋而辭謹著大畧以告來者其辭曰
嵩□之陽　複岫重岡　山維緱氏　作鎮其旁　蒸
爲鄉雲　□成景光　僊聖之宅　其神無方　在昔
帝子　系自周王　浮丘挹袖　繂鬬扶將　夜月吹
笙　乘雲帝鄉　鶴馭莫返　鳳嶝松篁　遺宮廟食
寶舄珍藏　後千餘年　醴流其唐　蠲痾療疾
起痼愈尫　惟神之惠　表　國之祥　帝德廣運　修

明馨香　地不愛寶　天錫會昌　年穀順成　降福
穰穰　本支百世　聖壽無疆　如山之崇　如泉之
長　小臣作詩　德音不忘

政和四年五月二十五日張當世書董顗立石

劉士□刊

此泉今在偃師縣南三十五里旣而久涸乾隆初復
出也中州金石記

金石攷碑在緱山政和二年夏六月有泉出浮邱廟
庭下能愈疾永安令張梴記之偃師縣志

按偃師縣志靈泉在縣南三十五里源出府店鎮

東靈泉溝宋時始出醴甘如飴其後久涸乾隆初復出經浮邱公廟前與梨樹溝水會爲五龍口西迤邐府店鎮北屈而西北至江郝寨北滑城泉自東來注之浮邱公廟祀浮邱伯列仙傳姓李居嵩山修道亦修道於緱山山有浮邱洞嘗作原道歌虎伏龍亦藏龍藏先伏虎但畢河車功不用隄防拒諸子學飛仙在迷不得住左右得君臣四物相念護乾坤法象成自有眞人顧

牛鼎銘 高廣行字皆不計篆書

釋文

佳甲午八月丙寅帝若稽古肇作宗器審厥象乍牛鼎各于太室從用亯億寧神休佳帝賞寶萬世其永賴

京畿豐潤縣文廟中有古鼎友人羅孝廉名廷元改名堃錢塘人後爲廣東遂溪縣令沒於任在縣脩志以邑人翰林曹鼎望所作辨文寄觀謂是前五代宋孝武帝之鼎嘗考蔣一驄長安客話云宏治間土人鑿井得之重五百斤圓腹弇口四足足上爲牛首下爲牛蹄款識甚古或以爲商時物客話得自傳聞未嘗目擊宋雖殺後不當稱帝且古不以命子名歲日知錄辨商毋乙卣丙寅之文博古圖誤以日爲年確當可信今文廟之鼎重只五十斤高一尺二寸五分濶尺有六寸耳旁出高三寸腹至足七寸凡三足以爲重五百斤及四足者皆非鼎內有銘在底係四字曹君據元初隱湧錄宋末陳世崇崇仁人入元乃撰此錄云絡興初有獻鼎於行都上賜白金三千兩賜三茅觀觀在杭州吳山高一尺三寸廣尺有咫兩耳旁出三足皆具牛首鼎外周環紋如篆籀腹內篆

銘曰維命午八月丙寅帝若稽古肇宋鼎審厥象作牛鼎格于太室從用亯億萬寧神休維帝時寶萬世其永賴凡四十一字乃五代宋孝武帝孝建元年八月二日肇作以享太室者鼎銘與此銘其文稍有增減如云肇作宋器增作字易鼎字又億字下無萬字亦共四十一字又考田叔禾西湖遊覽志訛作漢鼎稱漢建元三年按漢武帝建元三年乃癸卯非命午是益以宋孝武訛漢孝武以孝建元年訛爲建元益謬矣顧遊覽志謂宋鼎今以焚香殿中叔禾乃嘉靖間人而三茅觀之鼎猶無恙豈其宏治時便已得自豐潤

郎使篆銘相符亦當别是一鼎且宋自武帝永初元
年受禪遷神主於太廟時尚未立明堂閱三十餘年
至孝武大明五年明堂始立有司奏鼎俎彝簋一依
廟禮班行有司搜材簡工此在孝建之後若明堂未
立以前何有太室又况南朝重器豈得遠至北地余
考太歲之在侖午者北宋實得其三太宗淳化五年
仁宗至和元年徽宗政和四年皆值侖午宋初季秋
大享命有司攝事於郊壇寓祭而已仁宗皇祐二年
以大慶殿爲明堂三年宰臣文彦博進大享明堂記
亦猶寓祭雖皇祐五年有閼宗朝祭器之事而五年

乃癸巳明年至和元年方值侖午元年之八月又無
丙寅日至神宗元豐時禮官以明堂寓大慶路寢别
請建立未暇講求沿及徽宗崇寧蔡京爲相始以姚
舜仁明堂圖議上詔依所定營建尋因彗出蔡京免
官明堂亦罷故大觀元年大享明堂猶寓大慶殿及
政和五年特詔建立參稽古制爲四戸八窻五室十
二堂九階四阿之式又以言者明堂基宜正臨丙方
近東以據福德之地乃徙秘書省宣德門東以其地
爲明堂命蔡京爲明堂使其年乃金太祖稱帝之收
國元年也政和七年明堂成太室乃明堂五室之中

室而宋史禮志云初議禮局之制也詔求天下古器
更制尊爵鼎彝之屬又置禮制局於編類御筆所於
是郊廟禮祀之器多更其舊劉昺傳徽宗所儲三代彝器詔昺討定凡尊爵
俎豆盤匜之屬悉改以從古而載所制器於祀儀則明堂之建雖降詔於政
和五年而鼎或先鑄於政和四年之八月其丙寅之
日則是月之二十三四日也是則紹興所獻亦是北
宋之鼎而非五代之宋矣史紀靖康之難古器祭器
八寶九鼎無一不與辟雍石鼓同其輦致夫焉保無
流落於民間者乎趙宋政和相隔劉宋孝建六百三
十餘年越一紀而及欽宗靖康自靖康至明孝宗宏

治三百六十餘年到今又二百五六十年竟無鑑别
古器者或謂宋仁宗皇祐五年鑄鼎十有二圜丘用
五宗廟用七劉敞爲之銘疑此爲劉敞作銘而鑄成
於至和元年者無論紀日不符且原父博學亦不應
戾古而以侖午紀歲也汪師韓韓門學綴

孫漸遊驪山詩石横廣三尺二寸五分高二尺五分十七行行十二字行書在臨潼縣

中奉大夫權發遣轉運副使公事孫漸
曉促雺口征晚留華清宿弥月倦紛埃睎鬓蓮湯浴夜
雨鬧庭梧漏長秋睡足平明徑欲西霽色開林麓遂作

朝元遊聊放千里目嵯峨北來橫渭水東轉曲坡田散
牛羊沙岸翔鳧鷺爽氣襲衣裘青烟生井屋憶昔唐天
子承平溺愛欲翠輦拂行雲鉤陳裹幽谷遺址今尚存
繚垣半頹覆玉像暗真僊石槽標飲鹿鴇菝舁無聲連
理空餘木長生豈難求有道書丹籙淚未忘馬嵬恨已
悲金粟往事寄冥冥芳草依然綠
政和四年十月　　日通仕郎臨潼縣令管句學事
王慎立石

左丞侯蒙行記序

碑僅存下截高一尺八寸廣二尺七寸序十六行行十字正書在寶雞縣

江夏黃鉞篆
左丞　侯公昔作尉于陳倉凡郵警往還嘗憩是院於
法堂門之東有行記焉自元祐五載逮今政和四年經
二紀也一旦遇風雲之會爲社稷之臣措天下於泰山
之安豈不偉哉僧問辦以屋宇疎漏牆壁浸圮恐其墨
跡湮沒乃模上石庶幾傳之不朽政和四年歲次甲午
十月旦日張磬謹序
扶風馬定國摸　同管勾僧問才　廣濟管勾僧問
□□石
按記云左丞侯公昔作尉於陳倉嘗憩是院有行
記焉自元祐五載逮今政和四年經二紀也侯公
者卽侯蒙也史傳字元功密州高密人進士及第
調寶雞尉徽宗朝累官同知樞密院尙書左丞傳
皆無年月以宋史宰輔表證之其官左丞在大觀
四年八月以此碑證之其尉寶雞在元祐五年是
歲庚午下逮政和四年甲午正兩紀也序稱行記
摸上石今但得其序在下截其記文必在上截已
不可得不知所憩之院何院也

圓測法師佛舍利塔銘

石橫廣三尺一寸高二尺一寸三十六行行二十四字正書在咸寧縣

大周西明寺故大德圓測法師佛舍利塔銘并序
貢士宋復撰并書
法師諱文雅字圓測新羅國王之孫也三歲出家十五
請業初於常辯二法師聽論天聰警越雖數千萬言一
歷其耳不忘於心正觀中　太宗文皇帝度爲僧
住京元法寺乃覽毗雲成實俱舍婆沙等論暨古今章
疏無不閑曉名聲藹著　三藏法師奘公自天竺將還
法師預夢婆羅門授菓滿懷其所證應勝因夙會及
奘公一見契合莫逆卽命付瑜伽成唯識等論兼所
翻大小乘經論皎若生知後被召爲西明寺大德撰成

唯識論疏十卷解深密經疏十卷仁王經疏三卷金剛
般若觀所緣論般若心經無量義經等疏羽翼祕典耳
目時人所以贊佐　奘公使佛法東流大典無窮之教
者也　法師性樂山水往依終南山雲際寺又去寺三
十餘里閒居一所靜志八年西明寺僧徒邀屈還寺講
成唯識論時有中天竺三藏地婆訶羅至京奉
勑簡召大德五人令與譯密嚴等經　法師即居其首
後又召入東都講譯新華嚴經卷軸未終遷化於佛授
記寺實萬歲通天元年七月二十二日也春秋八十有
四以其月二十五日燔於龍門香山寺北谷便立白塔

在京學徒西明寺主慈善法師大薦福寺大德勝莊法
師等當時已患禮奉無依遂於香山葬所分骸一節盛
以寶函石槨別葬於終南山豐德寺東嶺上　法師嘗
昔往游之地墓上起塔塔基內安舍利四十九粒今其
路幾不通矣峭壁嶄絶茂林鬱閉險僻藏疾人跡罕到
埋光蔽德徒有歲年孰知歸仰由是同州龍興寺仁王
院廣越法師勸成至願以　大宋政和五年四月
八日乃就豐德分供養并諸佛舍利又葬於興教寺
奘公塔之左創起新塔規範基公之塔一體無異并基
公之塔即舊而新之金輪寶鐸層構雙聳巋如幻成其
下各環以廣廡神像崇邃左右以祔　奘公焉俾至者
景慕起信不知何時而已也及於塔之前創修獻殿六
楹落成慶贊之日不暇求能成文者丏余直序其事繫
之以銘銘曰
貝葉西來兮其功大教流中區兮斯永賴法匠有憑兮
誠際會香山迢遙兮閟幽宫豐德峻阻兮藏靈蹤後人
依歸兮何適從有越作緣兮神助力雙塔屹立兮基是
式以祔　奘公兮豈窮極終南相高兮峻倚天盛德巍
然兮銘石鐫來者瞻仰兮千萬年
塔銘貢士宋復撰書亦宋書之楚楚者而名不顯故

無稱猶怪銘首稱大周豈以法師死于武后朝耶因
歎武曌淫穢在唐以高宗故不致削奪而后世猶不
唾去之何也石墨鐫華

按塔銘在咸寧縣興教寺陝西通志云寺在城南
六十里唐總章二年建內有三塔其中塔特高大
爲唐三藏法師元奘瘞身之所尚書屯田郎中劉
軻銘左爲慈恩基公塔太子左庶子李宏度銘右
則大周圓測法師塔銘之者貢士宋復也按銘序
云奘公塔之左創起新塔據通志則云圓測塔在
奘公塔右彼此互異又按今大藏首載大般若波

羅蜜多經六百卷凡十六會各有小序皆西明寺
沙門元則撰疑即此圓測識以俟攷

金石萃編卷一百四十六終

金石萃編卷一百四十七

賜進士出身　誥授光祿大夫刑部右侍郎加七級王昶譔

宋二十五

折克行神道碑

碑高一丈二尺八寸廣四尺五寸行數字數剝蝕不可計正書在府谷縣孤山堡南

上缺諸軍事秦□□□秦州管內觀察使充太原府路
兵馬鈐轄知府州軍州事兼管內勸農使兼麟府州管
界都巡撿使兼河東第十二將上柱國高平郡開國公
食□□□□□□□□□□□□□□□□神
道碑
朝散郎試給事中兼　侍講同修　國史西安
縣開國子食邑五百戶賜紫金魚袋臣毛友奉
勑撰
翰林學士中大夫知　制誥兼　侍講修
國史成都郡開國侯食邑一千一百戶食實封壹伯
戶賜紫金魚袋臣宇文虛中奉　□□
缺行既葬八年其子右武大夫康州刺史知府州可求
言于　朝先臣克行官爵皆應法當有隧道之碑敢
以請　天子曰嘻惟爾之先保有永安櫛風沐雨
世捍邊垂皋州來歸缺篤克捷有功自我缺宗以來所

以假折氏之靈甚寵西人之不驕縱折氏是憑今其云
亡雖無言固將休顯之迺　詔給事中臣友汝爲之
銘臣友再拜稽首而言曰西夏自元昊乘中國久安玩
治之後空□□寇陷缺數出不利一方用兵騷缺之憂
熙寧元豐間大飭邊備既開熙河遂斷賊右臂鷹揚之
將時則有若王韶賈逵燕達种諤其餘不可勝數
哲宗皇帝懲元祐罷兵弃地驕□之過擇將練兵大
復熙豐之政□城天都□逼横山□□□□浸以衰弱
當時邊將折氏爲第缺幾與西人戰大小百七十遇未
嘗喪敗鹵獲鉅萬萬功在右府行在奉常光榮福祿有

始有終臣爲史□□□褒善而記功雖不能其敢以固
陋辭公字遵道出河西折掘姓五世祖從阮唐末爲府
州刺史晉以府州賂契丹從阮不從自拔歸漢缺太祖
受命來覲委以腹心德扆生御卿公曾大父也
太宗征太原以兵來迎收復嵐□爲永安軍節度使贈
太師燕國公大父惟忠簡州團練使贈崇信軍節度使
父繼閔宮苑使果州團練使麟府路駐泊兵馬鈐轄贈
太尉曾祖妣蘇氏缺人梁氏梁國太夫人祖妣劉氏彭
城郡夫人妣劉氏慕容氏郭氏吳郡魏郡魯郡太夫人
初公當承襲太尉公以公幼表授其弟繼祖公久居行

間無所知名熙寧三年賊冦慶州　詔种諤合鄜延
河東路大軍城囉兀以牽制之繼祖以所缺鋒遇賊開
光川向堡嶺再戰皆利諤患賊抄糧道即以三千人□
公戰葭蘆川於是人行少公公奮先登所向如有神諸
老將郭曰眞太尉子也斬首四百級生降千戶驅牛羊
贏馬橐它萬計其後會公兄克柔以疾不能將遂以公
知府州缺主秉常　詔五路出師問罪張世矩□河
外兵表公別將蕃兵與□廷議難以守臣自行令選子
弟部三千人隷世矩公抗章願率部落先驅報國未報
即委管鑰以行賊據營平逼官軍公進擊潰去是夜世

矩被命班師以公爲後拒賊缺躡其後公止餓枝盤堆
度賊半度臨縱兵擊大敗之殺咩保吳良師還自劾擅
興　詔釋不問王中正□□□□公將行□右□時軍
中旗物大軍悉已取其善者餘皆雜惡不可用公命□
其短長黑白創五軍陳法團爲五部部爲一色以□缺
州賊遁去公遣騎追擊生擒五人不殺使爲鄉道中正
命公□千騎先趍宥州一夕拔之時賊保險□□□中
正命公□援□□□□戰公曰□大軍不易至此若不速
戰情見力□進退不可即提刀躍馬而前手格殺數十
人所當皆靡戰士缺挽公徐之公不顧以策招後軍□

給言賊陳動矣衆讙乘之大敗賊衆乘勝追奔□五里
賊久窺河外患公毎□□□畏之□□□兵□□
折氏雖舉國犯他路而左□兵未嘗隨明年四月破賊
于青岡嶺九月又破于厮羅川六年二月□□鈌二月
擊賊三角川斬僞鈐轄吳埋保等元祐二年以蕃兵破
賊于□摩川六年會諸將出□水川鏖戰公□□□□
□大破之□□□□□千級有奇餘皆赴水死紹聖三
年擊賊遮沒大破之九月青岡嶺又破之是月賊犯鄜
延公統兵牽制至□鈌孫覽帥大原議城□□以復故
也邊將論多不合覽檄召公問策公條具所見遂檄公

以□□界□賊擊寧浪□□□□於吐渾河分追□
將□分爲深入□□之狀賊疑不敢動□□□□□□
進築公□□至□慶川賊至大敗之斬二千□鈌□
□黃川五年掩襲□烏□□獲僞左廂鈐轄令王兒没
崖副鈐轄兀勒香□頭□兀姚□□□賊□□□□□
□□□□橫川元符元年又破□□嶺九月又破□□
□十月又破遊□川賊兀流十二月又破□勒圖明年
正月大破賊藏才山□鈌月又破龍馬川時□□□□□
東進□□□□□鄜延帥□□□□□□□□□□公
□□□□□□□□□□□□□□□□□□□□□

□如□□□□□□□□□在□□中矣□□□由近
及遠□□法也公曰不然事有奇正今八城已□□鈌
士□之銳急前收功而□□之歸氣□□萬一爲□
□乘未見□□□□□□□□□□□□□□□□□
□□□□□□□□□□□□□□□□□□□□延
公引□□□□□□□□□□□而□□□□□□步
□□□□□將弱兵五千以□鈌□奇兵由間道旁擊
之□曰□□□□□子□兵深入□□公曰□□□
□□□□□□□□□□□□□□□□□□□□□
□□□□□□□□□□□□□□□□□□□□□

□□□明年□□□□□□□□□□□□□□□□
□□□鈌□□□斬首萬三千級生降□□□□□
□□□□萬三千□□□□□□□□□□□□□□
□□□□□□□□□□□□□□□□□□□□□
□□□□□□□□□□□□□□□□□□□□□
□□□□□□□□□□□□□□鈌□□□其動則
若□□水於千白□□□□□者以故大出則大□□
□□□□□□□□□□□□□□□□□□□□□
□□□□□□□□□□□□□□□□□□□□□
□□□□□□□□□□□□□□□□□□□□□

□□缺□□□□□大至難支□□□□□□□□
□請帥□□□□□□□□□□□□□□□□□
□□□□□□□□□□□□□□□□□□□□
□□□□□□□□□□□□□□□□□□□□
□□□□□□□□□□□□□□□□□□□□
□□□□□□□□□□□□欽□□□□□□善
用則雖□□□□□□□□不能欺賊以下殘缺不可錄
號年缺文云武恭公旣葬八年其子可求請立隧道
之碑克行以大觀三年卒旣葬八年當是政和六年
也可求降金者故克行本傳不及其名　碑叙次克
行家世官爵大略與史並合惟御卿贈太師燕國公

惟忠贈崇信軍節度使史不及之耳世以此碑爲折
太君碑攷折太君德扆之女楊業之妻也墓在保德
州折窩村非此也金史張奕傳云天眷三年夏人侵
界詔奕往征還奏曰折氏世守麟府以抗夏人本朝
有其地遂以與夏夏人夷折氏墳隴而戮其屍折氏
怨入骨髓而不得報今復守晉寧故激怒夏人欲開
邊釁以雪私讎朝廷遂移折氏守靑州據此則折氏
之祖墳在府州者多爲夏人所夷今此及嗣祚兩墳
纍石嵬然歷千年而不泯當是折氏世篤忠貞之報
今因以五代宋書三史及碑叙其世系庶有攷焉

碑陰並列所統各寨主姓名史稱折氏自從阮於唐
莊宗時起家府州至宋高宗建炎二年可求以地降
金凡七世父子兄弟相繼扞衛邊境者歷二百餘年
而嗣祚碑有自武德中詔府谷鎭遏使之語遏使者
唐鎭官名是折起于唐初迄于宋金之際也幾歷五
百餘年簪纓不替其勛業彪炳史冊卓絕千古觀此
碑陰益見其控禦邊陲鈐轄蕃漢之遺制焉關中金石記
按此碑殘缺過甚全文不知若干字今存者尚一
千二百餘字標題已缺其姓賴其文內尚有可攷
碑爲奉勅撰書撰者毛友史無傳書者字文虛中

傳稱字叔通成都華陽人大觀三年進士歷官州
縣入爲起居舍人國史編修官同知貢舉遷中書
舍人碑系銜云翰林學士中大夫知制誥兼侍講
史皆略之碑云公字遵道出河西折掘姓廣韻云
虜複姓南涼禿髮傉檀立其妻折屈氏爲皇后此
作折掘文之異也碑又云德扆生御卿公之曾大
父也大父惟忠父繼閔宋史折德扆傳德扆二子
御勳御卿御卿淳化五年拜永安軍節度使契丹
大將韓德威率衆來侵御卿疾甚其母密遣人召
歸御卿曰世受國恩死于軍中其分也翊日卒子

惟正惟昌惟信惟忠惟忠字蓋臣累進簡州團練使喪母起復雲麾將軍卒碑略其雲麾將軍子繼宣繼閔繼祖繼世繼閔以勞累遷宮苑使領果州團練使皇祐二年卒史略其麟府路駐泊兵馬鈐轄子廣孝克行克行初仕軍府擢知府州在邊三十年戰功最多羌人呼爲折家父官至泰州觀察使卒贈武安軍節度使子可大爲榮州團練使知府州東都事略可大初官四方館使廉州刺史此其大略也其餘碑文較詳于史而大致皆合碑末段可見者云由近及遠口口法也公曰不然事有奇正今八城已口云

云此下闕段駁蝕據傳則云詔河東進築八砦通道鄜延延帥遣秦希甫來共議克行請兩路併力遠者爲先希甫曰由近及遠法也克行曰不然事有奇正今乘士氣之銳所利在速故先遠役以出其不意若徐圖之心且怠矣希甫持不可并上二議卒用克行策此段原委如此得史而碑之缺者可攷矣傳此下無多語大約碑文此後所缺亦無多矣今碑在府谷縣孤山堡南稽之陝西通志陵墓條下不載其墓則亦因此碑之剝蝕不顯于世故也碑陰列寨主姓名今失搨

上官革等寶雲寺題名

碑高三尺七寸六分廣二尺八寸六分八行行九字正書在隴州

政和六年閏正月晦日以禱雪獲應謁謝嶽祠早飦寶雲寺登覽佛閣偕來者司錄事員逢堯知汧源縣席徽卿教授王行可汧源簿賈裔尉高愷知軍州事上官革命吏題

按汧源縣即今之隴州州南七十里爲吳岳即周禮西鎭曰岳是也此題所謂嶽祠即西鎭吳山廟紀嘗至其處寶雲寺及佛閣俱無攷上官革等亦無衍傳

謝彥溫泉詩刻

石橫廣三尺八寸八分高二尺十一行行五字行書在臨潼縣

宣句謝龍圖留題

自愧塵容去復來驪山頂上看崔嵬誰人得向長安道會浴蓮湯十二回

政和丙申三月十八日謝彥子美書

政和六年五月日從事郎武功縣丞管句學事權臨潼縣事梅安口立石

重修薦福寺塔記

碑高六尺八寸五分廣三尺二寸十七行行三十一字正書篆額在咸寧縣

大薦福寺重修塔記

長安城之西南三里餘有寺曰大薦福自唐高宗時立爲獻福寺至天授元年始改薦福并御書飛白額中宗大加營飾以神龍年後翻譯佛經並於此院按兩京記西北隅有薦福寺浮圖院實景龍中宮人率錢造立浮圖凡一十五級高三百尺爲祈福之地自景龍至本朝政和丙申三百九十二年風雨摧剝簷角墊毀有山谷迂叟因出往遊偶見是事喟然傷乎歲月浸久將就傾圮使夫妙緣聖跡寂寥數百年來未有修崇之者衆但咨嗟莫能辦集蓋此巍然寶塔寔爲諸佛無量劫

來熏修妙行誓願所成靈牙舍利悉貯其中普爲一切衆生作大高廣福田故我喜於修完勇躍成就願此殊勝淨行利樂無窮普沐妙因豈不韙哉於是負糧裹費自竭其力雖一毫不假於人以是年二月己卯興功越四月戊寅告成洎以徘徊副屋墮塼所擊上漏下濕損弊尤甚悉皆修完遂復一新由是觀者如堵湊沓瞻仰衆復歸向溥發善緣始山谷子廬於臨涇之白龍庵中方宴坐閒嗒然隱几而寐夢現一寶塔白光亘天躋躋之間傍有人云此乃般若寶塔也子欲遊乎夢中謂曰寶光充塞殆不能前又若有云但隨吾行於光明中往來升降洞徹無礙蘧然驚覺所夢寶塔猶在目前移時方散後二年獲修此塔以白堊飾之素光耀日銀色貫空正如夢中所見之像略無少異何報應之若是耶願力冥契成就斯緣喜揭慶讚聊紀梗槩云大宋丙申政和六年五月二十七日李埜記

勸緣住持傳法沙門永明立石

按碑云自景龍至本朝政和丙申三百九十二年今由政和六年丙申歲逆推三百九十二年以前乃開元十三年乙丑歲非景龍中也疑碑記憶訛

重修光濟寺碑

碑連額高五尺四寸廣三尺六寸四分三十三行行五十五字正書篆額在郃陽縣

重建光濟寺記

同州貢士張鑑撰

夏陽古西河之野當潼關之北自漢迄唐至於　皇朝世爲馮翊屬邑闔關之境分陝而西金城千里號爲四塞地占天下上游口邑之封直郡而東不遠數舍版圖登口邑居關中佳處口口口勢勝則前嚮蒲坂之都會背恃龍門之峭絶大河泒其左以俯矚汾晉梁山脉其右而平揖條華其地靈人異則有有莘氏建都之址卜子夏明道之方廟像端肅文母始生之舊里也巃嵸

膏潤伊尹昔耕之豊野抑有瑞應丹鳳覽輝之臺孝子王祥躍魚之渚故築城口以居民聚口口以爲市設官府以聽訟開廩庾以受輸其來久矣城之東北隅崗阜回旋若起觀口連屬映抱爽塏十仞以擁其後泉瀵泓澄若設明鑑支口口絡於田千頃而圖其前喬林蔚然脩竹森然雲烟濃麗而四時春融樓殿煇映而萬瓦鱗次者光濟之爲寺以處其中也方其興創之始偶口文記莫得詳攷前後相承司其事者惟務因仍歲月既久循至圮廢有傳業法師惠嚴者爲兒童時捨身出家一心向佛日以持誦爲樂雖寒暑之切肌食宿之不免者

間亦忘之積習之美僅於十年乃中程於州長既得度後法乳毘季有請於其師明滋者曰嚴師精專而勤切朴直而誠厚必可以起吾寺之廢滋亦然之遂以寺事付爲而法師辭之辭不獲已而受之然常謂其倫曰吾沙弥小師爾方此落髮以趍向眞諦今口口以寺此固吾家事也然寺隘陋而弊廢吾固欲闢其隘而廣之革其弊而新之吾爲僧之日未久信義未孚于人人未我知也一旦欲增建而崇起之其費不啻千萬雖有善知識其我從者蓋亦寡矣莫若使我受圓具戒從遊禮願聽學大乘法士之門得悟眞覺無相之教然後開示正

信指授大衆興慈雲於貝梵布法雨於金田普爲衆生施大利益則何求而不得也其師聞而壯之廼從其願法師既得免去擇善演說口遠亦從之窮經抗論披究其文紬繹其義語執其疑似悟識其隱微口年於外名成而歸滋且老矣既至復授事乃募里人雷琦爲檀信士琦城中之大族也資富鉅萬膏腴沃壤華屋口第連亘輝煥甲於一方然厚於營生廉於自奉爲人頗溫淳而長者樂於從善卽與法師相爲戮力既捨家資又糾衆施迎寒涉暑以夜繼晝構美材以爲厦範寶鐵以成鍾始於元祐之丁卯逮於元符之巳卯星霜一紀以至

落成法堂處其奧三門直其前大殿居其中殿之兩旁曰東西廊東廊之北曰鬼母堂又其北曰浴室香積廚西廊之北曰授賓館又其北曰羅漢殿衆僧堂法堂之左右翼曰法師寮當講位管勾房童行舍內羅漢殿及閣殿賢聖並係檀信雷琦獨辦建置殊勝功德也又覺角鐸搖金者鍾樓巋起於坤之口也庭竹敲玉者燦堂隱處於乾之位也堂之北有隧邃然以洞其下有塔巍然以封其上者是又法師逆脩之墓也倚墓之背踵寺之垣口臺其上口口千里洪波巨浸風帆浪舳之河津晉壤韓原禹脈秦中之畛域每一登覽盡在諸掌眞所

謂形勝之地故寺之成也不侈不大幾於百楹不□不
陋金碧翬飛入其門而瞻仰姦偷悪少亦有恭肅之心
升其堂而作禮宰夫寘盜猶有回向之念則法師之所
以增大寺宇崇飾教像誘人□善其於細民豈曰小補
又况寺之設也所以建置道場上爲　廟朝祈禬之
所仰惟　聖王有萬壽無疆之休亦惟光濟有万年
不朽之□余嘗至其寺每終日瞻玩似不知其在遠方
也葢戚里貴人之於　都城得　請爲薦福寺宇
者捨金弊極脩崇長廊廣殿連棟飛甍□□自天而下
幾非人力所能致者光濟之嚴潔邃靜有以髣髴焉法

師之功固亦勤矣法師以緇素脩靜梵非特足以易其
弊而致其新又能有以善其生而全其樂其處世也無
累眞所謂解脫者今兹僧臘四十一而俗壽七十有六
矣寺事委以小師洪禧曰惟誦禮不忘其初上以報稱
　國恩次以興謝　佛䕃故門弟子日益滋多洪
勲而下凡一十一員解經論演教法以啓廸未悟者居
其半余授徒洽水之東相距□□□日禧持其□以來
俾道其事詳而有據嗚呼若考作室厥子每艱於堂構
厥父菑厥子毎難於播獲昔人深所望者迺禧等見之
今其請也欲紀其師之功而懼没其美是非獨有以不

墜其業而止爾抑有肯堂構播獲之念也余喜道法師
之勤而嘉與禧等之志遂述之云大宋政和丙申歲八
月十五日光濟寺住持講經論僧惠嚴管句僧洪禧等
立石　并書　刊字人薛立
成忠郎同州管界巡鹽舒
忠訓郎權同州馮翊等五縣巡檢侯進
忠翊郎管句同州夏陽鎮及鹽倉草場煙火公事范
從事郎知同州郃陽縣事專切管句學事教□保甲
管句勸農公事李養威
承節郎監郃陽縣酒税務董濤

保義郎河中府同華州巡鹽尙□
保義郎郃陽縣尉陳□元
將仕郎郃陽縣主簿張基
按碑云夏陽古西河之野唐書地理志夏陽本河
西武德三年析郃陽置又以河西郃陽韓城置西
韓州乾元三年更河西曰夏陽隸河中後復來屬
至宋熙寧四年省入郃陽是立碑之年已無夏陽
碑葢追述舊時建置也縣廢之後改爲鎮在郃陽
縣南二十里鎮有太姒墓又縣城東四十里有太
任太姒二聖母廟即碑所云廟像端肅文母始生

之舊里也光濟寺今陝西通志無攷

王郅等啟母殿題記

石高廣俱二尺六寸十一行行十一字十二字不等行書在登封縣嵩陽書院講堂壁

左武大夫忠州團練使知東上閤門事提舉中太一宮
兼萜神觀公事王郅子堅右武郎提點醴泉觀陳彪炳
文忠訓郎王淵深甫□隨侍
□□節使太尉詣崇福得獲恭叅
啟母殿下遂觀
聖跡不勝大抃時政和戊戌孟夏十有八日彪謹題埲
硯人劉天錫

政和八年端午日靜正法師視朝散大夫知西京嵩
山崇福宮事張若□
太上都功法籙弟子知廟事曹仲恭摸
嵩陽聶□□□□

傳梅嵩書曰往來嵩山之麓每每從瓦礫荆棘中見
有古人尺碣片石磨洗識認但文字可識者移置存
古書院嵌於堂壁若鱗次然葉封與復嵩陽書院乃
移置於此嵩說

按記云詣崇福得獲恭參啟母殿下遂觀聖跡不
勝太抃河南通志嵩山崇福宮在登封縣城東北
五里漢武帝創建名萬歲觀唐改名太一觀宋改
今名爲眞宗祀鑾之所啟母廟在嵩山麓廟前有
啟母石古云塗山氏所化漢武帝祀中嶽見啟母
石因建廟焉此記所謂聖跡殆卽啟母石也戊戌
年十一月已酉朔始改元重和此記刻於端午日
故仍稱政和八年

崇佑觀牒

碑高五尺四寸廣三尺四分行字多寡大小不可計行書又奏據六行小字書在朝邑縣

陝府西路都轉運司奏據同州申據朝邑縣申本縣耆
老人戸賈□等狀本縣城西有岱嶽行宮地居高阜殿

宇宏壯屋舍計一百六十餘間自來請道士王永靖住
持焚修每遇亢旱祈求雨澤皆獲感應人民無不歸仰
伏乞敷奏朝廷賜宮觀名額本縣側近並無宮觀遇天
寧節開建道場委是順便本司保明是實伏候
勅旨
尚書省牒同州朝邑縣崇佑觀
牒奉
勅宜賜崇佑觀爲額牒至準
勅故牒通議大夫□左□王押起復少傳太宰押少保
少宰押太師魯國公不押

政和八年九月十一日牒

後題云通議大夫守左丞王押者王黼也起復少傅太宰押者鄭居中也居中以六年爲少保太宰七年八月以母憂去十一月起復八年進少傅少宰少保押者余深也深以七年十一月爲特進少宰八年七月爲少保太師魯國公不押者蔡京也以本紀列傳攷之皆合 關中金石記

升元觀勅

石連額高六尺三寸餘廣二尺七寸大小字共七行字數不齊正行書額題升元觀勅四字篆書在泰安縣

尚書軍狀泰寧軍奉符縣升元觀

泰寧省牒據兗州儀曹掾兼兵曹婁寅亮狀稱契勘兗州奉符縣泰山之下有古洞天周三十里名曰三宮空洞之天載在圖經是實即目宮觀並無名額却有建封院一所逼連嶽廟之後殿屋完備田產頗多六一村僧占據住持征役民間安攢丘墓藏惡不獨深慮觸瀆真仙不便欲乞備申朝廷改爲道觀州司看詳本院委合改充前件洞天道觀伏候 指揮

牒奉

勑宜賜升元觀爲額牒至准

勑故牒 政和八年六月十四日牒

起復太中大夫守左丞王 押

特進少宰 押

起復少保太宰 押

太師魯國公 不押

政和八年閏九月二十一日襲慶府管內都道正兼權措置升元知觀事洞元大師賜紫道士李中寂立石

右碑在泰山東南麓升元觀其大字草書甚遒勁不知何人筆錄之以見當日牒文之式考宋史婁寅亮傳但云政和二年進士爲上虞人不言歷官兗州亦可以此碑補史之闕其曰太師魯國公則蔡京也 金石文字記

碑前載泰寧軍狀稱兗州奉符縣其右旁書政和八年閏九月二十一日襲慶府權措置升元知觀事洞元大師賜紫道士李仲昭立石按徽宗紀政和八年八月乙亥升兗州爲襲慶府故先稱兗州後稱襲慶府矣牒後列尚書省長官曰起復太中大夫守左丞王者王黼也曰特進少宰者余深也曰起復少保太宰者鄭居中也皆有押字曰太師魯國公而不押者

蔡京也陸游老學菴筆記云自唐至本朝中書門下出勅其勅字皆平正渾厚元豐後勅出尚書省亦然崇寧間蔡京臨平寺額作險勁體來長而力短省吏始效之相誇尚謂之司空勅亦曰蔡家勅蓋妖言也京敗言者數其朝京退送及公主改帝姬之類偶不及蔡家勅故至今勅字蔡體尚在此碑勅字正蔡體也（潛研堂金石文跋尾）

桂林洑波巖還珠洞題名

橫廣三尺五寸高二尺六寸十行行六字七字不等左行行書在臨桂縣龍隱上巖

清源劉鎡逢時膠東蔡懌樂道晉江呂汴子會祥苻馮元震亨之襄陵侯材晉卿苕溪王蕃于宣自湘南樓泛舟過洑波嵒避暑抵暮而歸宣和己亥六月十六日

重新緱山僊祠題記

石高三尺六寸廣二尺三寸四行行六字正書在偃師縣仙君廟

永定陵都監盧功裔重新緱山僊祠鉅宋宣和庚子歲重陽記　成敏刊

億按石碣題云永定陵都監盧功裔重新緱山仙祠鉅宋宣和庚子歲重陽記凡二十四大字頗似山谷老人用筆其題鉅宋他石刻亦少見（偃師金石錄）

八行劉先生詩

碑連額高六尺七寸廣三尺八寸五分十三行行十五字至十七字不等草書篆額在東阿縣黃石公祠

我昔讀漢史心師張子房從容輔漢室功成復翺翔皆由受　師（黃石公也）訓知進退存亡我本田舍兒本志在退藏曰緣遇　眞主招聘助發揚五年寄京國心志不皇皇亦由宿志定萬事皆粃糠今日得歸來素志今得償艤舟河縣下騎馬達祠堂伏行仙遺像我志愈激昂誓歸東村住心祈契空蒼庶可見　張子侍翁入帝鄉、、

宣和二年九月廿四日猷次劉採仙尉張思范陽范朴羽人張昌道聯駟同來

金石萃編卷一百四十六　宋二十五　三

勅差知東平府濟北穀城黃石山靈顯觀事兼京東西路傳授科教師賜紫艾知筌立石

忠訓郎東平府博州夾河巡撿兼東阿縣巡撿譚

修職郎東平府東阿縣主簿張□

通直郎知東平府東阿縣管句勸農事宋□

迪功郎東平府東阿縣丞吳世英　李全刊

徽宗大觀元年詔立八行取士科凡孝悌忠和睦婣任恤爲八行全備者耆隣保伍申縣申州申尚書省釋褐命官此劉先生殆亦以八行舉而留京師者歟（山左金石志）

按劉先生不署名豈年月下有缺次劉採或即其
人歟宋史地理志東平郡本鄆州宣和九年改爲
東平府宣和只七年無九年此或是七年之誤此
詩宣和二年所書而艾知全等銜名有東平府字
則是題詩在宣和二年立石在七年也

宋京太清閣詩刻

石横廣三尺八寸高二尺二寸五分十七行行十四字行書在高陵縣

登太清閣二首

望斷秦原日月寬西來涇渭側依山憑誰喚取王摩詰
寫到孤鴻滅没間

輦路名存跡已陳斜陽今作幾家村繚墻月轉華清夢
來破高陵渡口昬

宣和三年四月二十九日成都宋□□宏□
京請郡得豳取道渭上觀爲命□詩刻次韻奉呈□
□奉議公 蜀宋京

金節透迤去不還羅胷星斗煥秦天白雲拱木今何在
歲月聲名相與延
乞守初來到渭濱玻瓈親爲拂詩塵□江集裏新添得
留取鍾評付後人

宣和辛丑四月晦

□□□知高陵縣事楊□立石 □陽米清摸刻

按宋京史無傳宋詩紀事云京成都人崇寧進士
不詳其歷官引成都文類載其琴臺武擔二詩而
不及此石刻

季季梵仙詩刻

石横廣三尺一寸高二尺四寸四分十二行行九字至十二字不等草書在上元縣祈澤寺

盧窓雲暗青燈小松檜無風春悄悄子規枝上叫夢回
清磬一聲山月曉
官南官北添身累年去年來換鬢青何日歸來閑歲月
掃山盧墓過餘齡

大觀戊子暮春季季

政和癸巳四月廿四日將去此趋 闕 梵仙

万里區區學宦游江南江北幾時休朝來作别殷勤語
爲謝多情黄栗留

宣和四年壬寅歲四月旦日祈澤寺住持沙門道昇
上石

右季季及梵仙詩前二首後題大觀戊子暮春季季
季下著二點似是其人之字其詩云官南官北添身
累年去年來換鬢青何日歸來閑歲月掃山盧墓過
餘齡則亦嘗仕於朝者矣詩又有盧墓之語或即趙

孟遠之昆弟乎又一詩題云政和癸巳四月廿四日將去此趨闕自署梵仙亦不知其姓名也此與高逸上人詩碣書法皆俊爽並宣和中祈澤寺沙門道昇所刻葛寅亮金陵梵剎志所失載也 潛研堂金石文跋尾

朱濟道呈妙空禪師詩

裘本高廣行字皆不計
篆書在長清縣靈巖寺

二年催遣向東州見盡東州水石幽不
把尋常費心眼靈巖消得少遲留右一
東州山水亦堪遊及至靈嵒分外幽會
有定師能指示直須行到寶峰頭右二

宣和五年二月初九日朱濟道偶書
呈如公妙空禪師
口法定禪師乃觀音化身初居靈
嵒口口神寶峰化釋迦石像冥有深
旨

釋文

二年催遣向東州見盡東州水石幽不把尋常費心眼
靈巖消得少遲留右一
東州山水亦堪遊及至靈嵒分外幽會有定師能指示
直須行到寶峰頭右二

宣和五年二月初九日朱濟道偶書呈如公妙空禪
師
口魏法定禪師乃觀音化身初居靈嵒口口神寶峰
作釋迦石像冥有深旨

按朱濟道不詳其何許人如公妙空禪師者妙空是賜號名淨如住持靈巖者也末小字注二行十九字亦篆書記法定禪師事長清縣志云法定禪師梵僧也魏正光初杖錫來遊方山見希有如來會於此成道遂經營梵宇有蛇引道二虎負經并白兎雙鶴之異遐邇助工於是窮崖絶谷化爲寶坊勅賜名靈巖寺志但詳剏建靈巖而不及法定禪師爲觀音化身此碑可補邑志之闕

妙空禪師二頌

石橫廣二尺七寸五分高二尺六寸五分前刻二頌
十一行行十二字七十三字後刻記三行每行字數二
十四五六不等行書
在長清縣靈巖寺

拙頌奉别 知事頭首兼 雲堂諸禪衆

住山淨如拜呈

七年林下冷相依自愧鉛刀利用微聚散莫云千里遠
輪天一月共同暉

慈書記寫予眞求讃漫書此以塞來意

眉不修疎頭突兀鼻嚚垂考顴無骨長憐百醜兼且訥
慈禪慈禪不我拙名考邈考水裏月咄
宣和五年八月初三方山老拙書
妙空老師嗣法薦福英和尚出於大宗師門下兩坐
道場僅四十載凡示徒貴機用唯棒喝可語言知客
道德獲此亞須囊之久矣師今示寂命工摹石益傳
不朽皇統三年中秌日監寺僧義由謹記

宣和重修東嶽廟碑
碑高二丈五寸廣七尺五分二十六行行七十四字正書篆額在泰安縣

宣和重修泰嶽廟記
翰林學士承　旨正奉大夫知　制誥兼　侍講修
國史南陽郡開國侯食邑一千五百戶食實封壹
伯戶臣宇文粹中奉　勅撰
朝散大夫充徽猷閣待　制知襲慶軍府事管句
神霄玉淸萬壽宮兼管內勸農使兼提舉濟單州兵
馬巡檢公事陳留縣開國男食邑三百戶賜紫金魚
袋臣張漴奉　勅書篆
宣和四年九月有司以。　泰嶽宮廟完成奏功
制詔學士承　旨臣宇文粹中紀其歲月臣
粹中辭不獲　命退而移文有司盡得營建修

崇　詔旨本末與庀工鳩材因舊增新之數謹
再拜稽首而言曰臣聞自昔受　命而帝者咸
有顯德著在　天庭合四海九州之懽心以爲
天地社稷百神之主故有壇場圭幣以象其
物有宮室寢宇以猶其居有牲牢酒醴以薦其潔有祀
冊號服以導其誠其漠然而意可求僾然而誠可格殆
與人情無以異是以黃帝建萬國而神靈之封七千虞
夏商周文質迭救雖所尙不同而事神以保民其歸一
揆故其書曰望于山川徧于羣神又曰山川鬼神亦莫
不寧其詩曰懷柔百神及河喬嶽又曰墮山喬嶽允猶
翕河河東曰兗州其山鎭曰岱山自開闢以來尊稱
東嶽其穹崇盤礴雖號爲一方之鎭而觸石膚寸不崇
朝而利及天下是以歷代人君昭姓考瑞盛登封之禮
告祭柴望五載一巡守必以　岱宗爲首而
神靈烜赫光景震耀載在書史接于耳目者奕
奕相屬也　宋受　天命建都于汴東
倚　神嶽遠不十驛　章聖皇帝肇修
封祀蓋嘗躬款　祠下欽惟
神靈響荅之異念唐開元始封王爵禮加三公一等
未足以對揚　休應遂偕　五嶽咸陞

帝號自是宮廟加修薦獻加厚四方萬里士
民奔湊奠享祈報者蓋日益而歲新也　皇帝
聰明仁孝光于上下　神動天隨　德
施周溥既已躋斯民於富壽迺　申敕中外凡
所以禮　神祇崇顯祀盡志備物畢用其至歲
在辛巳迄于壬寅　詔命屢降增治宮宇繚牆
外周罘罳分翼歸然如　清都紫極望之者知
其爲　神靈所宅凡爲殿寢堂閣門亭庫館樓
觀廊廡合八百一十有三楹財不耴于賦調役不假于
追呼而屹然崇成若　天造地設　靈

祇燕豫福應如響嗚呼眞　盛德之事也惟古
聖王先成民而後致力於神故奉牲以告曰博碩肥腯
謂民力之普存也奉盛以告曰絜粢豐盛謂三時不害
而民和年豐也奉酒醴以告曰嘉栗旨酒謂上下皆有
嘉德而無違心也臣竊伏觀　皇帝陛下臨御
以來　夙宵之念無一不在於民者發號出令
以誠以告頒恩施惠以生以育設官擇人以長以治制
法垂憲以道以翼以訓以齊政成化孚中外寧謐於是
國有暇日以修典禮民有餘力以事神祇咸秩無文周
徧羣祀自古所建上下遠邇靈祠吉祝于今莫不畢舉

觀是宮廟土木文采輪奐崇麗則知郡邑之富庶帷帳
熒煌袞冕璀璨則知絲枲之盈溢牲牷充庭醪醴日御
則知耕牧之登衍簫鼓塡咽歌呼係道則知氣俗之和
平　神之聽之迺厎陳于上　帝用降
鑒錫茲祉福則　社稷之安固　釐數
之綿遠蓋方興而未艾也臣既書其事又再拜稽首而
獻頌曰
於皇　上帝　口觀九有　孰贊
天絳　山川封守　帝欲富民　俾阜貨財　溥潤澤
之　俾司風雷　東方岱宗　是爲　天孫

體仁乘震　生化之門　昔在章聖　崇以　帝
號　發冊大庭　五雲前導　施于子孫　格是神保
歲在攝提　新宮載考　皇帝慈儉　愛民
自衷　不侮鰥寡　不廢困窮　神鑒其仁　錫之婁
豐　皇帝神武　赫然外攘　馴服悍戾　以
蕃善良　神予其義　助之安彊　仁義既洽
民有餘力　還以報　神　神居是飭　峨峨
神居　作鎭于東　有來畢作　庶民所同
惟此庶民　惟皇作極　丕應傒志　徧爲爾德　祝
皇之壽　泰山同久　握圖秉籙　歷箕旋

斗祀　皇之祚　泰山等固　鎮安二儀
混同萬宇　下逮羣黎　徧敷錫之　億載萬年　惟
神是依　匪　神獨依　惟　天
無私　有謠康衢　述是聲詩
旹宣和六年歲次甲辰三月己酉朔十八日丙寅建
胡寧刊

案徽宗本紀既無制詔撰碑之文禮志嶽瀆條亦不詳重修祠宇之事而此碑文體書法皆極壯觀實爲岱廟諸碑之冠惜宇文粹中張漴宋史皆無傳莫能攷其事蹟耳碑陰列嶽廟職事人員凡二十行山左金石志

按此碑在泰安府城內西北隅岱廟內泰山舊有上中下三廟此其下廟也凡歷代祭告皆於此行禮廟之制中爲峻極殿南爲仁安門又南爲配天門門東三靈侯殿南爲炳靈宮門外此碑在焉据山左金石志碑有陰列職事姓名今失搨

賈炎饒益寺二題名

石横廣四尺一寸四分高一尺三寸四分二十五行行八字九字不等行書在朝邑縣

先考成正公留題
顯謨閣待制提舉南京鴻慶宮賈炎政和三年歲在癸巳夏五月蒙
恩罷延帥領眞祠奉母歸居潁昌與諸子公說公夔公傑公轍公節公譁公烈公恊公頡諸孫逌遲姪孫逌同過此寺二十九日題
政和五年夏自鄜延帥蒙
恩從請移守南陽六月二十七日侍
親過饒益寺顯謨閣待制新知鄧州兼京西南路安撫使賈炎題諸子公哲公夔公轍公節公譁公烈公恊公頡諸孫隨德壽德隆侍行　呂元明馬元鈞偕來
宣和六年四月初八日男承務郎充專一總領措置陝西路鑄錢司准備差使公傑親摹上石
河中府張崇習刊

先題云顯謨閣待制提舉南京鴻慶宮賈炎政和三年五月蒙恩罷延帥奉母歸居潁昌後題云炎自鄜延帥移守南陽侍親道饒益寺顯謨閣待制新知鄧州兼京南路安撫使賈炎題攷宋史炎昌朝之子歷官工部侍郎政和中以顯謨閣待制知應天府徙知延安求內郡以養母乃命爲潁州未行復留改河陽又改鄧州加直學士知永興入對留爲工部侍郎卒贈銀青光祿大夫前後奉母過饒益寺皆始則由延

帥之潁州再則由河陽改鄧州也傳文叙次不甚明白不如碑之詳著也又公䄫題此云先考成正公留題傳亦不及其謚其缺略如此南京卽應天府唐之宋州也鴻慶宫太祖神御殿名闗中金石記

按陜西通志饒益寺在朝邑縣南十里新市鎮創自蕭梁天監唐貞觀二年起十三層浮屠歷代名賢探勝賦詩勒石金新市監趙怀因歲久石刻殘缺收置藏春塢壁附以記今藏春塢賈炎題名石尚存卽謂此石刻也

淳化縣吏隱堂記

石高五尺廣二尺四寸二十行行四十九字行書在淳化縣

淳化縣吏隱堂記

梨園昔雲陽支鎮爾　我宋淳化閒易爲縣隷華原宣和初□□□□□□□□□　請□□南幽羽檄飛書控扼兩路今爲衝途簿書之繁戸□之夥不減劇邑名公鉅儒臨涖于此者比比焉葢亦善地也方　朝廷□□□令爲民長八歲在乙巳命宣教郎賜緋魚袋張公闕來典是邑到官未朞月而一境稱治老姦猾吏屏肩縮首州郡知其賢□□下簡百里之民安居樂業豈不違歟縣舍卑隘前後作治者倥偬於簿書閒而修治稀廢鮮能及之　公一日環睬其宇□□□歎曰君子之居一日必葺況令居一邑事耶遂完西堂使之南向命曰吏隱又所以見　公爲政優游臨事不擾剸繁撥劇□□寂然而申申於此也得公之餘錢以易其腐榱斷瓦旣完且固不窘寒暑闢而卽之則縣之舊圃美木清池遊息之亭微步□□皆在其後平畦淺檻佳花香草之植皆在其左右於是退處其并心一意用其日夜之思亦不敢忘其政非特爲休佚之設□□　公治民之意勤矣堂之後楹曰蒙軒周敞明窻旁列机按書史圖坐面面植脩竹直幹高節四時葱翠殊無一點塵埃氣

□□餘裕搜幽摘奇以醉六經此又得隱中之佳趣也噫士被於化育民樂其耕桑以自養自足故牛馬之牧於山谷者不收五□□積於田野者不垣而晏然不知枹鼓之警發召之役也　公旣因其土俗而治以簡靜蚤莫休暇故得以升其堂眞所謂吏隱□□□本部漕使朝議劉公闕來攝是邑也愛其民旣淳事且簡發於謌詠作詩十章以蒙軒眞吏隱之句冠於篇首後人慕其□□刻諸石而　公又新其堂以居焉則知賢者用心其不相遠矣　公三□顯族也　嚴府君使待制公元豐閒嘗遊是邑見□□地凉泉甘木茂徘徊不忍去

寓茲累年率邑中士人日從其學循循博約略無少倦
我公既登甲科而座下之士相繼馳□□□屋者有
之歲月遄邁□指四十年間今 待制公累鎮巨藩勳
業昭著 眷倚之重恩數之隆冠於一時天下□□□
祈 公登庸而懇請琳祠優佚里閈爲四方達士之榮
觀 公累歷幕府婉畫有勞 朝廷知其績 名還賜
對又特□□服褒之行將擢用矣顧小邑不足以
展其才 公之臨也思昔 杖屨所歷之地留心城邑
撫養士民誠亦至矣由是觀之 □□且隱於是以待超
騰也邑民欲 公久此政但恐席未温 紫詔西來促
裝東去預以爲思耳彥政雍人也旅食于茲行踰□□
又霑被德化沐 公顧遇其心如何哉 公以命堂
之意見囑僕素乏之才能辭不獲已謾書其實 公字宗
成云宣和七年□月初三日杜陵石彥政記并書

按淳化縣五代以前總謂之雲陽縣宋淳化四年
析其地置淳化縣屬燿州宣和初改屬邠州碑故
云梨園昔雲陽支鎮我宋淳化間易爲縣隸華原
宣和初云云梨園宋史地理志作黎園雲陽縣鎮
名華原卽燿州華原郡也縣令張姿祖多善政而
史無傳撰書人石彥政亦無攷淳化縣隸邠州迨
靖康三年爲金天會五年金元帥府宗翰宗望率
兵伐宋陝西之地賜楚淪金盡距此碑之立僅兩
年耳

太史公廟記

碑高三尺八寸五分廣二尺六寸五分
二十一行行三十三字正書在韓城縣

芝川新修太史公廟記

東魯尹陽撰

西韓焦丙書

太史公爲紀錄之宗表表而矜文辭者皆不能出其囿
吾得覩其書矣至于廟像冢藏之古吾弗得而見之宣
和七年秋予始官韓城尋遺訪古乃在少梁之南芝川
之西得太史之遺像焉予咨嗟而致式之因低佪周覽
則棟宇甚傾頹階戺甚圮壞埏隧甚荒茀惟是享嘗缺
然不至予乃愀然發喟屬諸耆老而告之曰 司馬公
文爲百世之英而所居不能蔽風雨學爲紀述之淵而
所藏不能去荆榛今洪河汨流渼乎前也中條崛起峙
乎東也河嶽深崇氣像雄渾 公文實似之而家廟卑
庳如此其不稱 公之辭與學也甚矣獨不爲邦人之
恥歟予乃率芝川之民擇其淑醴而好事者凡一楹一
材至于瓦甓門墉之用悉以資之卽 公之墓爲五架

四極之堂又爲複屋以崇之旣宏旣完矣於是直榮光
之澳覘禹鑿之山面汾陰之脽縱口遐觀豈不快哉嗚
呼維　公之文大肆於周漢之間馳騁於千世之前其
力鼎負實斡造化欲談而悉之吾所不敢動吾喙觀其
下葬於茲豈非洪河巨嶽實稱　公之文也哉乃作迎
事享　神之歌俾邦人習之歲時以樂　公之神其詞
曰
公辭有如黃河流黃河吐溜崑崙丘上貫星纏經斗牛
下連地軸橫九州瀰崖搏石轉洑流騰煙跐霧飛蛟虬
迴來宏放三千秋班沿范襲非　公儔　公鑿混沌開
雙眸力敵造化窮冥搜　公祠慘淡連古丘甍摧瓦落
風蕭颼我獨來兮爲　公愁新　公祠兮去榛杞殺甚
豐兮酒甚旨民髣髴兮　公燕喜韓之原兮山之趾雲
亭亭兮河瀰瀰　公之來兮歲豐美雲爲車兮飇爲轡
公之來兮福滂被雲滅沒兮風不留　公曷往兮俾
我憂
靖康改元四月甲辰立石　　刋字王彥
按太史公廟在墓前墓在韓城縣南二十里水經
注云司馬子長墓墓前有廟廟前有碑永嘉四年
漢陽太守殷濟瞻仰遺文大其功德遂建石室立
碑樹柏太史公自叙曰遷生龍門是其墳墟所在
矣陝西通志引雍勝略云太史公墓在韓城縣南
芝川鎮墓前有坡因號司馬坡而建祠焉韓城縣
志云漢太史令司馬遷墓在芝川南嶺上西枕梁
山東臨大河氣勢雄闊古柏數十百皆蒼老如鐵
懸於兩崖作蛟龍狀子長一冢巋然其巔祠壁石
壘林立代有名作冢以石砌二柏出其上盤崛尤
奇北望少梁曉煙殘照如圖畫然以上諸條可與
此碑參觀俾讀者益資景仰云

拱極觀記

碑高三尺九寸二分廣二尺五寸四分
二十七行行五十字正書在華陰縣

拱極觀記
朝奉大夫新差提舉京缺
進士挍尉特添差充華州准備差使權華陰縣贍軍
務權詵書
大觀初　太上皇以水行協序潤下收功解梁奏鹽
澤復興寶鹺薦瑞散則搖銀海聚則擁雪山其獲十缺
宗社無疆之休　聖德謙冲功不自有乃歸美于　三
靈眷祐百神受職申遣王人往會漕臣洎郡邑官僚按
封內與夫隣境　方丘嶽鎮凡祠宇在祀典者缺靈貺

且爲民邀福而華陰　西嶽金天順聖帝廟得重葺焉
先是廟中有　北極眞武殿寄廡下提舉脩蓋官王□
□□□□□□□庀事仲千焚香祈得吉卜矢當告遷以
表異　顯德極應如響遂卽廟垣之東徙建殿宇并抗
章請差華嶽觀道士雷道之□□□焚誦及管　眞武
道院道之因闢廟堧隙地增廣作堂室廊廡厨庫凡百
楹重和元年冬詔使王仍來降　御香肹蠁有感奉
聖旨撥賜嶽廟舊田伍頃特免二稅充齋糧宣和七年
四月恭被　宸翰賜觀名曰拱極復令道之永紹住持
茲其始因也仰惟　北極眞武靈應眞君以輔佐　王

帝而照臨下土幽無弗燭遠無弗屆感無弗通其炳靈
妙用雖默運於冥冥不測之中斷邪滅妖拯危拔苦福
善禍淫每著於昭昭可見之地上衛　皇圖下濟群品
陰功密德殆不可數計察人間善惡功過欲使愚迷遷
善遠罪回向正道而已所以天下尊奉畏愛洞洞乎如
在其上故寓神之館隨在在而嚴飾也況拱極肇營境
占勝絕面横蓮嶽之三峯背折龍門之一曲山川秀異
物產瓌琦誠古今仙聖之所宅幽人逸士之所會也道
之自徙殿至賜觀額住持二十年矣旣克己礪行遵奉
戒籙普施符藥且得同徒郭隨之協贊薰脩之外共葺

觀事□葺榛莽疏□泉石培植松竹花藥虛而明者軒
亭閒邃而雅者洞府列煙霞葱朧風月澄澈將與華嶽
觀相表裏門枕大路介乎京洛雍蜀之間過客憧憧往
來名馳利騖塵染垢汚乃□妄觸禍機攖羅罪罟覆車
相望而不休不止吁可閔歎豈知□宫清淨近在道周
外如市而中若水又可以息機返照頤神引年于斯也
公度庸濁凡軀夙叨道蔭言念宿世於眞君或有少緣
蒙祐多矣醴泉探符則告以吉凶之祥鸞居求嗣則錫
以龜虵之夢　神休靈貺無所報稱於是羽人求記謹
齋戒綴文以攄丹悃云靖康元年八月三日記

易曰神而明之存乎其人本觀舊記爰自　聖朝靖
康改元中朝奉大夫薛公所作刻諸琬琰意欲傳於
久昨緣兵革蠭起大火縱焚致于泯滅其文則道之
□嘗錄之以行逮今十三載矣經曰　□地運□有
數而□□□道之雖至愚細思　景貺得非　眞君
之密贊耶謹募工重刊于石恭銘
休美云時昭興九年歲次己未中元日前西嶽知殿
兼　觀主賜紫道士雷道之謹記
副觀道士楊子淳　知觀道士楊道誠上石
王文□刊

右小碑本在拱極觀觀已久亡萬歷中有人掊地得此碑置之嶽廟中與宇文周碑竝立其碑文鄙淺無足采然吾於是有以見宋人風俗之厚而黄冠道流猶能念本朝而望之興復其愈於後世之人且千萬也夫紹興九年高宗方在臨安而金人有許和之約考之於史八年十二月丁丑詔金國使來盡割河南陝西故地通好于我令尚書省榜諭九年三月丙申王倫受地于金得東西南三京壽春宿亳曹單州及陝西京西之地四月辛亥命樓炤宣諭陝西諸路十年五月金人叛盟陷永興軍則此地之復歸於宋葢

無多日而雷道之一道士耳能于干戈喪亂之際而繫思本朝辭微旨切以視夫士大夫之靦顔臣僕者不大有逕庭邪余見朝邑藏春塢之記稱阜昌癸丑西安府學有華夷圖刻亦稱阜昌七年而以僞齊劉豫之號而欲壽之貞石豈不見此文而媿死也其没于土中久而後出豈陷金之後觀主埋之如鄭所南井中心史之爲邪金石文字記

按此碑撰人姓名已缺文中有公度凡軀云云雷道之記有云中朝奉大夫薛公所作則當爲薛公度作矣而關中金石記乃云薛存撰或别有所据歟陝西通志拱極觀已無攷据碑文則重和元年降御香宣和七年賜觀名靖康元年刻碑記旋遭兵革至紹興九年重刊當靖康元年八月金人內侵皆在河北河東二路其時關中尚屬晏安逮紹興九年和議已成陝西之境在受地數內故重刻碑記尚覬僥游乃紹興十年永興陷至十二年則全陝悉淪于金矣金地理志京兆府路郡縣皆皇統二年定制即紹興十二年也

賜進士出身誥授光祿大夫刑部右侍郎加七級王昶譔

宋二十六

建康府嘉惠廟牒

石高五尺九寸四分廣四尺作三截書上二截牒文共大小字十六行行三十或三十一并十二十三字不等下截記十六行行十五字正書在上元縣

尙書省牒建康府嘉惠廟

禮部狀准都省付下江南東路轉運司奏建康靈澤夫人祠宇祈求顯應欲望

睿慈特賜加封仍賜廟額本司尋覆行審究得委有上項顯應本司保明詣實本部尋行下太常寺勘會去後今據本寺申撿會近降指揮節文神祠如有靈應即先賜額今來建康府靈澤夫人父老相傳稱呼靈澤夫人本口今依前項指揮合先賜額本部所據太常寺申到事理伏乞朝廷詳酌指揮施行伏候

指揮

牒奉

勑宜賜嘉惠廟爲額牒至准

勑故牒

紹興二年十一月　日牒

簽書樞密院事兼權叅知政事權

叅知政事孟

尙書右僕射同中書門下平章事

尙書左僕射同中書門下平章事

嘉惠廟靈澤夫人之祠也本末源流載于志者甚詳紹興初計臺禱雨獲應申請于　朝遂賜今額自是靈休益著凡有所祈隨叩響荅寶慶改元夏旱時僑適倚貟下邑心實憂之敬往禱焉果獲甘霪農望少蘇於是顧瞻祠宇咨問所元因取賜額勑黃觀之信而有證喟然嘆曰　神之有功于民洪矣嘉惠之褒鐫刻登載因仍闕然歷年寖多恐就湮沒不惟爾神之功不著而　國家所以褒崇爾神爲民祈福之意亦將晦昧而不彰予心歉焉謹以其所賜勑黃刻之堅珉傳示不朽云寶慶改元七月日奉議郎知建康府上元縣主管勸農營田公事借緋趙時僑謹記

仕山釋普寧立　　張彥忠刊

右嘉惠廟牒紹興二年江東轉運司奏建康府靈澤夫人祠祈禱有應勑賜額嘉惠廟牒後宰執押字者四人自左而右曰尙書左僕射同中書門下平章事者呂頤浩也曰尙書右僕射同中書門下平章事者

朱勝非也曰參知政事孟者孟庾也曰簽書樞密院
事兼權參知政事權者權邦彥也後九十四年寶慶
改元知上元縣趙時僑始以所賜勅黄刻於石記其
事於下方潛研堂金石文跋尾

按江寧府志載嘉惠廟在城東南二十五里紹興
元年碑作二年此誤賜額慶元志丞相沈該政和中作邑
上元禱雨應刻詩于祠而不詳所祠何神故靈澤
夫人事蹟無攷

岳飛送張紫巖詩

碑高八尺七寸廣四尺六寸六行通五十七字行書在湯陰

送紫巖張先生北伐

號令風霆迅天聲動北陬長驅渡河洛直擣向燕幽馬
蹀閼氏血旗梟克汗頭歸來報　明主恢復舊神州
紹興五年秋日岳飛拜

按此詩刻者三處一在湯陰一在錢塘墓祠一在
濟南府署此所揭者湯陰本也紫巖即張浚號宋
史高宗紀及張浚岳飛傳紹興五年秋皆無張浚
北伐之事考李幼武名臣言行錄別集載張浚知密院上問大計浚請身任陝蜀之事置
司秦川乃以浚爲川陝等路宣撫處置使浚至漢中上奏言漢中實天下形勢之地號令中原必基
於此謹於興元積粟理財以待巡幸云云此則浚圖北伐以復中原之本計然其事在建炎二年時浚

岳飛方在宗澤軍中爲留守司統制與張浚毫不相涉也是時浚方與趙鼎同
官左右僕射巨寇楊么據洞庭浚請因盛夏乘其
怠討之具奏與岳飛同討楊么湖寇盡平浚遂奏
遣岳飛屯荆襄以圖中原並非北伐至其署欵尤
非宋人體製宋人贈詩標題及自署姓名皆系銜
于上從未有稱其號而謂之紫巖張先生者又姓
名之下亦未有書拜字者似是明人僞託然碑已
傳久忠武詩蹟又爲人所重故特辨之

岳飛墨莊題字

石高三尺九寸五分廣二尺八分二大字直下行書在湯陰

征西將軍岳飛書

墨莊

紹興丙辰良月

北宋劉幾顏其書室曰墨莊厥後忠武岳侯討楊么
道經新邑駙馬劉景暉餉師三日景暉幾同支也忠
武因書墨莊二字遺之劉氏子孫勒之家廟摹石而
流傳之世人寶重懸之室中邪魔斂跡夫忠武之勤
王忠也景暉之餉師義也劉氏子孫世守忠武墨蹟
世之人共寶之忠義之不可磨滅也如斯夫朱軾跋

按朱高安跋語意未晰北宋劉幾史無傳岳忠武

詩楊么在紹興五年所云道經新邑未詳何邑駙馬劉景暉宋史公主傳徽宗女惟顯德帝姬下嫁劉文彥或即景暉然不詳其餉師事此碑在湯陰與所謂道經新邑者無涉碑題丙辰夏月則紹興六年十月也時忠武居母憂起復劉豫遣子麟猊分道寇惟西命率師東下未至麟敗乃還軍當家國憂難之秋而從容書此恐亦未確又是時忠武奉命宣撫河東節制河北路碑題征西將軍系銜亦與史不合姑存以備攷

高宗御書石經

碑殘闕僅存八十七石高廣行字皆不計正書在杭州府學靈星門內左右壁

經文不錄碑多模糊今取各碑起訖處有文可辨者分列如左

左壁三十八碑

易二碑

乾元亨利貞上層起　象曰有命无咎志行也九五休下層止

否大人吉其亡其亡繫于苞桑上層起　九三日昃之

離下層止

書七碑經義考作六碑

上層模糊　攸徂之民室下層

武惟朕文考無罪上層　天降威知我國殷下層殷字缺筆避諱

上層模糊惟乃祖乃父等字可辨　惟我有周誕受多方下層

上層缺角不可征王害不違卜　越五日甲寅若翼日乙下層止

卯上層起　若天棐忱我亦不敢知下層止

終出于不祥上層　詰姦慝刑暴亂下層

上層模糊　下層秦誓終

詩十碑經義考作十二碑

關雎后妃之德也上層起　胡能有定告我不述下層

送子涉淇上層起　青青子佩下層止

悠悠我思縱我不往上層起　維子之故羔裘豹下層止

有杕之杜生于道左上層起　輾轉伏枕下層止

采蘩祁祁上層起　我有嘉賓中心下層止

好之鍾鼓既設上層起　職競由人下層止

取其血膋上層起　何人不將經營四方下層止

何草不黷上層起　于時廬旅于時言言下層止

入覲以其介圭入覲于王上層起　桓桓武王保有厥士下層止

駱有駱有雒上層起　終卷下層

中庸一碑

必自邇譬如登高上層起　下層終卷末空處有印曰御書之印

論語七碑

子曰學而時習之起上層　有反坫管氏亦止下層
有反坫管氏而知禮起上層　一　冉子與之粟五秉赤之
一　適止下層
一　齊也乘肥馬起上層　一　如履薄氷止下層
而今而後起上層　食饐而餲魚止下層
餒而肉敗起上層　司馬牛問君子子曰君子不止下層
不忠信行不篤敬上層起敬字避諱缺口　亦曰君夫人止下層
者與之其不可者拒之上層　下層終卷末有
孟子十一碑
不可以敵强起上層　則何爲不行王止下層

上層缺角寡人好色　管仲晏子之止下層
今此下民起上層　故爲兵魄止下層
之子何爲不受起上層　夫道一而已矣止下層
成覸謂齊景公曰起上層　大哉堯之爲君止下層
惟天惟大起上層　晉國亦仕國也下層
堯舜之道焉非其義也起上層　是天子而友匹夫也
止下層
用下欽上避諱作欽上層起敬　猶人之性與止下層
上層缺角仁內也非外也　指不若人則知惡之止下層　一
下而去之仁者固如是乎起上層　舍則失之是求有

一　益於止下層
上層缺角舜爲天子　是爲馮婦也下層
右壁
左傳四十九碑
上層模糊澗溪沼沚之毛　下層模糊
奚齊既與中大夫成起上層　而告之曰夷吾無禮止下層
夏晉太子禹爲質于秦起上層　忠而能力晉而無親止下層
吾聞姬姓唐叔之後起上層　傳政于子玉曰以靖國
也靖諸內止下層
而敗諸外起上層　治廛辞卿九月甲午晉止下層

侯秦伯圍鄭起上層　孟明視率師伐晉以報殽止下層
晉侯禦之先且民將中軍起上層　戊子敗秦師于令
狐至于止下層
己丑先蔑奔秦士會從之起上層　先使士會士會辞
止下層
于晉公口口相會口口于欒起上層　一　掘而刖之下層
上層模糊公望　非禮也此中二層有一字　下層模糊
晉師救鄭荀林父將中軍上層　衛殺其大夫孔達下層
也我口乃口且告車乘甚衆起上層　下層模糊
臣不任受怨起上層　下層模糊

則是康公絶我好也上層　姬姓日也□姓月也必楚
之王也下層
上層模糊　玫瓌盈其懷從而歌之下層
士鮒逆周子于□□上層　多行不義必自及也其是
之謂乎下層
請□□晉侯不許孟獻子曰上層　下層模糊
上層模糊　晉侯　晉侯有之中層　下層模糊
上層模糊　謂其宰曰尔以帑免我下層
與之邑其從者皆有賜上層　而殺□范氏之徒下層
上層模糊　昭公語祭仲曰必娶之下層
曰歸乎曰君死安歸上層　賦蓼蕭下層
命晉侯拜上層　晉楚之大夫趙孟子木與之言不能
對下層
亦不能對也上層　待其立君而後爲之備下層
趙文子喪上層　而不撫其民其君弱下層
子侈太子卑大夫斂政多門以介于大國上層　君子
務知大者小人務知小者下層
上層模糊　趙孟曰天乎對曰有焉下層
□之聞也此皆然矣上層　銘曰昧旦丕顯下層
況日不悛其能久乎上層　黑而上僂深目下層

上層模糊　子產相鄭伯辭于享中層有此語　下層模糊
上層模糊　丙辰衛侯下層可辨者惟此餘模糊
載寶以出上層　遇公子于馬路之□乃復入楚下層
上層模糊　春王正月葬宋元公下層
晉殺祁盈上層　下層模糊
如不敢逃死君其入也上層　會諸侯于呂陵爲伐楚
下層
上層模糊　于是乎遷鄭于郗而改紀下層
子謂樂□曰惟寡人說子之言上層　圉人曰吾以劍
過朝下層
上層模糊　召午而囚諸晉陽下層
上層模糊　秋九月癸酉齊侯□□卒下層
不如死棄盟逃讎上層　十有一年春齊國書帥師伐
我下層
上層模糊　太叔懿子止而飲之酒下層
乃免胄而進上層　衛侯文子欲納之下層
及瓜而代期起上層　夫人姜氏薨冬十有二月下層
嘉父逆晉侯于隨上層　周內史聞之曰下層
上層模糊　豈其沒于乾谿下層
簡書同惡相恤之謂也上層　末層模糊莫辨　此只三層

二十二年春正月命于口上層同上

上層中二層下層俱模糊莫辨上層模糊下層終卷末有秦檜記與論語碑同見後

臣聞之書曰天降下民作之君作之師自古聖王在上則君師之任歸于一故堯舜之世萬邦咸寧比屋可封者治教之明效大驗也仰惟主上以天錫勇智撥亂世反之正又於投戈之隙親御翰墨盡書六經以及論語孟子左氏傳朝夕從事爲諸儒倡口因得請刊石于國子監頒其本徧賜泮宮堯舜君師之任乃幸獲親見之夫以乾坤之淸口世道之興起一八專任其責所爲經綸於心表儀以身者勤亦至矣所望於丕應者豈淺哉詩不云乎思皇多士生此王國王國克生維周之幹臣願與學者勉之紹興十有三年秋九月甲子太師尚書左僕射同中書門下平章事兼樞密使監修國史兼提舉實錄院提舉詳定一司勅令提舉編修玉牒所魏國公臣秦檜記此記兩見一在論語碑末一在左傳碑末兩碑文同今取左傳碑錄之微有異者治教之明效大驗也論語碑教作道天錫勇智論語碑作衣紹弓口投戈之隙論語碑隙作暇思皇多士論語碑作濟濟多士維周之幹論語碑幹作寧十有三年秋論語碑作癸亥歲三字附記于此

高宗紹興十三年三月出御書左氏春秋宣示館職六月出御書周易尚書委知臨安府張澄刊石頒諸州學十四年正月出御書尚書十月出御書毛詩十六年五月又出御書春秋左傳上又書論語孟子皆刊石立于太學首善閣及大成殿後三禮堂之廊廡淳熙四年二月十九日詔知臨安府趙磻老建閣奉安石經實碑石于閣下墨本于閣上以光堯石經之閣爲名五月二十四日磻老奏御書禮記中庸大學學記儒行經解五篇不在太學石經之數今搜訪舊本重行摹勒以補禮經之闕從之六月十三日御書光堯石經之閣牌賜國子監玉海

靖康丁未夏四月皇宋中興高宗卽大位改元建炎至紹興十三年癸亥通十九年金人侵凌干戈之日居多乃能親御翰墨作小楷以書周易尚書毛詩春秋左傳全帙又節禮記中庸儒行大學經解學記五篇章草語孟悉送成均九月甲子左僕射秦檜請鑴石以頒四方卷末皆刊檜跋語石刻鋪敘

高宗御書六經嘗以賜國子監及石本於諸庠上親御翰墨稍倦卽命憲聖續書至今皆莫能辨四朝聞見錄

陳基西湖書院書目序云杭西湖書院宋太學故址也德祐內附學廢爲肅政廉訪司治所至元二十八

年故翰林學士承旨東平徐公持浙西行部使者節郎治所西偏爲書院後爲尊經閣閣之北爲書庫寔始收拾宋學舊版設司書掌之宋御書石經孔門七十二子畫像石刻咸在焉（夷白集）

世祖至元中致遠爲杭州總管府推官西僧楊璉眞加作浮屠於宋故宮欲取高宗所書九經石刻以築基致遠力拒之乃止（元史申屠致遠傳）

至元二十五年二月毀宋故宮爲佛寺從桑哥及楊璉眞加言凡宋宮殿郊廟悉毀爲寺復欲取宋高宗所書九經石刻爲浮屠基推官申屠致遠力拒止之（續通鑑綱目宋元通鑑續通鑑同續資治通鑑）

宋高宗皇帝御書石經紹興十三年知臨安府事張澂摹勒上石淳熙四年詔知府趙磻老建閣于太學題曰光堯石經之閣置石其下洪邁曾惇楊冠卿葉紹翁李心傳陳騤王應麟潛說友紀之詳矣宋亡學廢爲肅政廉訪司治所西僧楊璉眞伽造白塔于行宮故址取其石壘塔杭州路廉訪經歷申屠致遠力持不可然已損其什一元至正間郎治所西偏建西湖書院以祀先師設有山長掌書庫其後明常熟吳訥乾州宋廷佐先後巡按浙江或覆之廊或甃以瓴甎崇禎末廊圮乃嵌諸壁中左易二書六詩十有二禮記向有學記經解中庸儒行大學五篇今惟中庸片石存爾其南則理宗大書御製序四碑在焉右則春秋左氏傳四十八碑闕其首卷通計八十七碑諸經雖非足本然書法甚工學者所當藏弆若夫秦檜一跋已爲訥椎碎其詞見于學士院中興紀事本末君子無取也（曝書亭集）

高宗御書石經小楷結體整秀有晉人法論孟字體較大而勢稍縱逸結體在眞行之閒其中避諱缺筆如殷爲段恒爲恒又爲恬貞爲貞敬爲敬佶爲仕之

類皆不改字論語欽事而信溫良恭儉遜商因於夏禮得見有常者孟子無辭遜之心措克在位則有責用下欽上則并改字矣然如行不篤敬事君敬其事之類仍不盡改蓋一時隨筆所作無義例也經文大率與今本同唯詩鴟鴞予尾翛翛竹竿遠兄弟父母圜有桃不我知者謂我士也驕不我知者謂我士也罔極左傳焉用亡鄭以陪鄰不闕秦焉取之少齊有寵而死武王有亂十人皆與開成刻同勝於宅本孟子無唐以前石刻此碑內文王事混夷有小民之事亦較今本爲善（潛研堂金石文跋尾）

宋自仁宗至和中刊石經于太學汴京失守悉遭淪陷高宗南渡宗社播遷而汲汲修表章六經之業嘗謂輔臣曰學寫字不如便寫經書不惟可以學字又得經書不忘于是親書諸經宣示從臣館職爲進詩歌諸州爲頒墨本而臨安太學悉命刊列廊廡至孝宗淳熙四年詔京尹趙磻老建閣于太學西北奉安石經御書扁曰光堯石經之閣而又益以七十二賢贊李伯時繪像并理宗道統贊附刻諸經之末宋祚旣亡太學廢爲西湖書院幾遭楊璉眞伽之厄欲悉輦碑石以甃塔基賴廉訪申屠致遠之力阻而止明

初即書院建仁和學其後改建府學徙仁和學于城隅貢院之址而石經亦舁致焉歲深零落踣卧草莽間至宣德元年侍御史吴訥收得百片置之大成殿後兩廡正德十三年監察御史宋廷佐移至府學櫺星門北之兩偏覆以周廊左右屋各二十二楹　國初廊圮乃嵌壁中乾隆三十六年重修學宫增建廊屋而碑之嵌壁者益加完整計碑現存者左壁易二書七詩十中庸一論語七孟子十一左傳四十九理宗序四共實九十一碑與訥所收百片之數殆舉成數而言而參攷朱彛尊經義考所謂書六詩十二左傳四十八則又不合殆誤也碧溪文集

按南宋石經諸書紀述言之詳矣然高宗書經之數諸說閒有不同如秦檜記云親御翰墨盡書六經以及論語孟子左氏傳是論孟左傳之外先有六經而不詳晰其經名据玉海則紹興十三年十六年兩次出左傳十三年十四年兩次出尚書十三年出周易十四年出毛詩十六年出論語孟子是在紹興時先後出者易書詩左傳論孟六經與檜記之論孟左傳在六經外者不合以臆度之檜殆泛指六經非實數也玉海又載御書禮記五篇

不在太學石經之數淳熙四年趙磻老搜訪舊本重行摹勒以補禮經之闕旣云不在太學石經之數是太學原未嘗刻禮記五篇矣而又云搜訪舊本重摹補闕似乎别有石刻補入太學者則玉海所載語未甚晰也据石刻鋪叙言先書易書詩左傳全帙又節禮記五篇章草語孟悉送成均是易書詩左傳四經在前禮記語孟三經在後微與玉海次叙不同而語孟是正行書非章草與今石本不同四朝聞見錄但言御書六經不晰言經名與檜記玉海俱不同續資治通鑑則又言高宗所書

九經石刻爲浮屠基數又不同又考新修杭州府志引錢塘縣志載紹興二年宋高宗御書孝經詩書左傳論語孟子禮記五篇諸家皆不言御書有孝經此有孝經而無易經必是孝經即易經之訛且御書頒於紹興十三年非二年皆志誤也府志又引武林石刻記云春秋三十二碑書六易二詩十論語七孟子十一中庸一所載春秋尚書之數與今不同又引宣德年楊一清記云易二書七詩十春秋四十八論孟中庸十九今左傳亾其十六書經亾其一然則此碑在宣德年已有亾佚反不

及今存之多也經義考所載不同殆据傳說未嘗親見搨本其云通計八十七碑仍與今現存者合潛研堂所收祇七十七碑非全搨也然自玉海以下諸書皆不言當時刻石其若干碑今存八十七碑之外不知亾者實有幾何石刻鋪敘言卷末皆刊檜跋語似乎各經之末皆有檜記今惟見論語左傳二經然尚書中庸皆已見終卷未見檜記毛詩据潛研跋有檜記此搨失之曝書亭集言秦檜一跋已爲吳訥椎碎今兩碑之跋儼然蓋訥所椎碎者乃宣聖及弟子贊之跋非石經也檜記作于

紹興十三年九月是年正月詔以錢塘縣西岳飛宅爲太學其宣示左傳在是年三月其出御書易書刊石頒諸州學在是年六月其以左傳語孟立石太學在十六年五月其建閣奉安諸經在孝宗淳熙四年是紹興十三年六月但以刊石頒諸州學然檜記則已有得請刊石國子監頒其本徧賜泮宫之語是得請立石太學始於十三年至十六年漸次刻成要知此工非一年所能畢也經是高宗御書而四朝聞見錄言稍倦即命憲聖續書憲聖者吳皇后也史傳載后頗知書博習書史善翰

墨寵遇日至由婉儀進貴妃紹興十三年立爲皇后而不詳其嘗續書諸經李心傳建炎以來朝野雜記稱其讀書萬卷翰墨絕人潛說友咸淳臨安志載西湖石人嶺下時思薦福寺有后書金剛經石刻則后之書諸經理固宜然其書經之時亦在立后之前後也此碑爲乾隆壬寅之冬昶在武林修西湖志暇時躬詣府學周覽左右廊壁命工全搨以歸諦審數過惜其殘泐太甚其經文與前代石經及今行監本異同處皆不及詳攷姑就諸說之不同者辨而識之碑在紹興年諸州學皆有賜

本計當時椎拓不下數百十本迨今僅閲數百年
海内州學固皆散佚無存即金石藏弆家從不聞
有宋搨流傳者使得見一本俾有全文可讀且可
校板本之異同其欣快爲何如耶

蕪湖縣新學記

碑除額高五尺七寸廣四尺二十四行行四十六字正書篆額在蕪湖縣學

蕪湖縣新學記

學校者教化之宫美俗善治由此出也三代聖王靡不
尚之自一家一鄉一國上達王都無不立學故能薰蒸
陶冶革易民情不自知而趨於善焉辟諸天地山川之

氣滲漉浸灌無跡可尋而勾萌孚甲短長小大自生自
植孰知亭毒之功哉 皇帝嗣位十有七年即
行在所建國學收召英髦張官立師教養其中天下翕
然知 上意之所嚮也八月上丁蕪湖縣釋奠于
先聖先師邑子鵠立棊布以陪祀事凡在位者百人
童子不獲預升降駿奔之列而觀禮於旁者亦復稱是
鄉人父老咸歎相禮之盛儀矩之肅雖承平無事之前
有不逮及益知上之化下疾於影響也獨廊廡焚圮墻
壁頹壞一室巋然丹堊漶漫生師無所舍禮器無所處
視浮屠老子之宫彼非 朝廷尊崇無學士大夫歸

往其徒嚴奉廟貌儼若縣吏相尤以爲詬病非一日矣
知縣事右承議郎楊援奮然出力知當任咎曰吾嘗儲
材于某積財于某於此不用其將何如立召梓人匠師
相與謀作室規範畚築先興萬杵雷動斤斲朽墁陶茅
丹雘群工獻能疾於薙刈爲講堂齋官廊廡門闕凡四
十楹繪從祀諸子於廡下又率縣僚邑子相與釋菜於
是縣民上下始信學校爲教化之宫而含齒戴髪之類
不可一日亡學也屬筆於僕使爲之記因爲之言曰蕪
湖地里不見於六經前漢尚爲東諸侯之國後漢封蕪
湖侯始見於書晉元帝南渡之後蕪湖名字班班見於

書矣明帝討王敦陰察其營壘帝紀地里志皆以爲于
湖世俗訛而爲湖陰至唐隸宣之當塗 本朝太平興國
中以當塗爲州遂爲屬縣前人故蹟則晉明帝留鞭之
地王敦之故壘温太眞李太白之所經行也餘烈遺臭
歷歷可考宜其學士大夫之盛與後來之秀甲於他縣
然而學之源委要在知正堯舜禹湯文武周孔之宗學
之正統也孟子既没諸子百家蠭起學者無以折衷之
刑名爲申商縱衡爲儀秦清浄爲黃老寂滅爲浮屠去
聖人益遠一時名公卿又各以其所好尚取堯舜禹湯
文武周孔之名緣飾申商儀秦黃老浮屠之實標的一

立遂慕紛然動數十百年未易刮濯是以聖人之學益
泯泯而不著見三代事功亦不見於後世也大哉
吾君之訓曰學者當以孔孟爲師嗚呼非堯舜文王爲
他道捨此將安之邪學既立矣諸君肄業於此游息於
此苟能造次顛沛不忘　大訓而求孔孟之宗僕未
老也尚能見此縣英髦俊造之士彰明先聖人之道發
爲事功於天下尚不負縣大夫所以建立學宮之意諸
君勉之僕非敢勵諸君也亦自勵也紹興十三年歲次
癸亥十二月十日左廸功郎縣尉陳長方記并書丹
右廸功郎主簿章東篆額

右從政郎縣丞錢世忠立石

龍骨塔銘

碑連額高三尺五寸廣二尺五寸十二行行十七字連額並正書在襄城縣福巖寺

隱菴修信述
右□職郎游國佐題額
金華老僧嚴公於所居後洞獲龍牙角各雙并大骨類
若乎類頷齶者十數枚其昔夢巨人縞衣告曰此山
神龍所依樵牧觸穢龍且去矣今德人涖吾境山復清
絜龍當還來此其蛻□□之吉祥嚴公異之乃即洞旁
大磐石上累甓爲浮圖盡取其牙角骨等藏焉是歲紹
興甲子三月也銘曰
邇神龍兮去何之蛻靈骨兮見於斯巨人夢兮審前知
休徵告兮豈吾欺建浮圖兮澗之湄固磐石兮蔭厓巖
德人涖兮境毋穢嗟若龍兮歸何時
按陝西通志福巖寺在襄城縣西南九十里即金
華寺寺前有仙人眞身洞并龍骨塔銘即此碑也
老僧嚴公通志作儼公甲子爲紹興十四年

勅封廣惠侯誥

碑連額高六尺二寸廣三尺五寸作三層書上二層勅旨共十五行行九字七字不等下層除首幹緣市戶錢雙行小字另列外十九行行十三字行書篆額在溧水縣

勅建康府溧水縣正顯廟神惟神夙著惠政懷于一方
遺愛流傳廟食殊久凡雨暘之所禱皆響荅而感通功
既及民可無褒典錫茲美號寵以矦封永孚靈休副我
顯渥可特封廣惠侯奉
勅如右牒到奉行
紹興十七年六月二十二日
告廣惠侯奉
勅如右符到奉行
紹興十七年六月二十四日下
一人皆知作善於顯明之中者必獲陰祐殊不知陰德

一橫被於民者亦有陽報惟　侯惠政在人尸祝之敬
一肇口有口追及　我宋　靈休益顯升聞于下闕
命書鼎來邑人歡喜踴躍思口　聖訓用彰　侯
德既刻堅珉且屬衡爲之詞衡嘗謂神人本一心幽
顯無二道非悟釋氏即色即空達蒙莊口而不言之
說者未易語此後之口茲邑者心存是道而盡力於
民庶被　賢侯可以無愧乾道三年歲在丁亥春正
月庚子朔左口奉郎知建康府溧水縣主管學事勸
農營田公事兼兵馬都監兼主管圩田賜緋魚袋李
衡謹書

幹緣市戶錢口朱并吴升李安柴口口口口張彥陳
貴鐘元翟思慶朱全吴四六尹口口　潘壽隆刊

金石萃編卷一百四十八終

金石萃編卷一百四十九
賜進士出身　誥授光祿大夫刑部右侍郎加七級王昶譔

宋二十七

李龍眠畫宣聖及七十二弟子像贊

像共十五石各橫廣五尺六分高一尺五寸每石五像或六像四言贊八句第一石宣聖贊十二句並正書在杭州府學

高宗御製并書

朕自睦鄰息兵首開學校敎養多士以遂忠良繼幸太
學延見諸生濟濟在庭意甚嘉之因作　文宣王贊
機政餘閒歷取顏回而下七十二人亦爲製贊用廣

列聖崇儒右文之聲復知師弟子間纓弁森森覃
精繹思之訓其於治道心庶幾焉
孔丘字仲尼魯人開元廿七年制追謚爲文宣王
大哉聖宣　斯文在茲　帝王之式　古今之師
志則春秋　道由忠恕　賢於堯舜　日月其譽
維時載雍　戢此武功　肅昭盛儀　海寓聿崇
顏回字子淵魯人贈兗公
德行首科　顯冠學徒　不遷不貳　樂道以居
食埃甚忠　在陋自如　宜稱賢哉　豈止不愚
閔損字子騫魯人贈費侯

天經地義　孝哉閔騫　父母昆弟　莫閒其言
汙君不仕　志氣軒軒　復我汶上　出處休焉
冉雍字仲弓魯人贈薛侯
懿德賢行　有一則尊　子也履之　成性存存
騂角有用　犁牛莫論　刑政之言　恵施元元
冉耕字伯牛魯人贈鄆侯
德以充性　行以澡身　二事在躬　日躋而新
並驅賢科　得顔與隣　不幸斯疾　命也莫伸
冉求字子有魯人贈徐侯
循良之要　在於有政　可使爲宰　千室百乘

師門育材　治心扶性　退則進之　琢磨之柄
言偃字子游吳人贈吳侯
道義正己　文學擅科　爲宰武城　聊以弦歌
割雞之試　牛刀謂何　前言戯尒　博約則多
宰予字子我魯人贈齊侯
辯以飾詐　言以致文　苟弗執禮　亘莫釋紛
朽木糞墻　置不足言　言語之科　亹然有聞
仲由字子路卞人贈衛侯
升堂惟光　千乘惟權　陵暴知非　委質可賢
折獄言簡　結纓禮全　惡言不耳　仲尼頼焉

端木賜字子貢衛人贈黎侯
謙德知二　器實瑚璉　動必幾先　孰並其辯
一使存魯　五國有變　終相其主　譽處悠遠
卜商字子夏衛人贈魏侯
文學之目　名重一時　爲君子儒　作魏侯師
不可後禮　始可言詩　假蓋小嫌　聖亦不疵
林放字子丘魯人贈淸河伯
禮之有本　子能啓問　大哉斯言　光昭明訓
德輝泰山　誣祭莫奮　崇茲祀典　垂永令聞
樊須字子遲齊人贈樊伯
養才以道　聖人兼濟　始謂不仁　問鮑亙喜
寓志農圃　似睽仁義　學稼之辭　豈姑捨是
澹臺滅明字子羽武城人贈江伯
惟子有道　天與異容　狀雖云惡　德則其豐
南止江淹　學者雲從　取士自茲　貌或非公

曾參字子輿南武城人贈郕伯
夫孝要道　周訓群生　以綱百行　以通神明
因予侍師　荅問成經　事親之實　代爲儀刑
公冶長字子長齊人贈莒伯
子長安度　高出倫輩　雖在縲絏　知非其罪

純德偕行　夫子所宗　以子妻之　尤知英桀

公西蒧字子上魯人贈祝阿伯

猗尔子上　魯邦之望　以德則貴　惟道是唱

師聰師明　友直友諒　伯於祝阿　儒風斯暢

原憲字子思魯人贈原伯

軾彼窮閻　達士所寘　邦無道穀　進退孰倫

敝衣非病　無財乃貧　賜雖不懌　清節照人

有若字子有魯人贈卞伯

人稟秀德　氣貌或同　而子儼然　溫溫其容

兩端叢問　未嘗機鋒　以禮節和　斯言可宗

鄭國字子徒魯人贈滎陽伯

伯夫滎陽　實惟令德　優入聖門　過不留跡

道以目傳　妙則心識　倚歟偉歟　後代之則

商澤字子季魯人贈睢陽伯

邈矣子季　睢陽是伯　屏息受業　延教登席

未踐四科　困涉六籍　祀典載之　好是正直

秦非字子之魯人贈汧陽伯

樂善掂士　伯于汧陽　傳道克正　垂名允臧

執德以洪　用心必剛　袞廣業履　式賛素王

曾蒧字掂魯人贈宿伯

惟時義方　有子誠孝　怡怡聖域　俱膺是道

暮春舞雩　詠歌至教　師故與之　和悅宜召

巫馬施字子旗魯人贈鄫伯

天清日明　密雨曷有　師命持蓋　子亦善扣

惟夫子博　三才允究　學者之樂　所得遂茂

公掂哀字季次齊人贈郥伯

周衰僞隆　政在群公　廉恥道微　家臣聿崇

不爲屈節　撝默自容　子於是時　凜然清風

漆雕徒父字子期魯人贈須句伯

遐想子期　挾策聖帷　涉道是嗜　惟士可縻

在德既賢　在名廼垂　洋洋之風　逮今四馳

顓孫師字子張陳人贈陳伯

念昔顓孫　商德與隣　學以干祿　問以書紳

參前倚衡　忠信是遵　色取行違　作戒後人

高柴字子羔衛人贈共伯

婉彼子羔　受業先聖　宗廟之問　一出乎正

克篤於孝　非愚乃令　師知其生　有輝賢行

滎旂字子祺魯人贈雩婁伯

伯茲雩婁　務學實著　三千之位　七十是預

匪善莫行　惟德乃據　紀于前書　式彰厥譽

秦祖字子南秦人贈少梁伯
秦有子南　蜚聲述作　守道之淵　成德之博
範若鑄金　契猶蒺藜　應世明祀　少梁寵爵
陳亢字子禽陳人贈潁伯
惟禽之問　從容其鯉　求以異聞　詩禮云爾
請一得三　誠退而喜　且知將聖　不私其子
梁鱣字叔魚齊人贈梁伯
室家壯年　無子則逐　見於信史　全齊之俗
原本厥初　師言可復　以學則知　揆之宜篤
冉孺字子魯魯人贈紀伯

紀伯子魯　聖學是務　厲己斯的　好問乃裕
周旋中規　容止可度　允矣昔賢　後世所慕
顏之僕字叔魯人贈東武伯
賢行顏叔　親承尼父　志欽所期　道尊是輔
泥在鈞陶　木就規矩　終縻好爵　揚名東武
石作蜀字子明秦人贈石邑伯
在昔石邑　能知所尊　憖依有德　克述無言
鼓篋槐市　揚名里門　此道久視　彼美長存
顏高字子驕魯人贈琅琊伯
琅耶之伯　其惟子驕　微言既彰　德音孔昭

已覩雩舞　同聽齊韶　應千百禩　跂想高標
邽巽字子斂魯人贈平陸伯
彼美邽子　先聖是承　墻仞已及　堂陛將升
艮玉斯琢　寒水必冰　錫壤平陸　茂實騫騰
任不齊字選楚人贈任城伯
任城建伯　其表曰選　淋問雅馳　才華清遠
競辰力行　愛日黽勉　孔教崇崇　令緒顯顯
顏無繇字路魯人贈杞伯
人誰無子　尔嗣標奇　行為世範　學為人師
請車誠非　顧匪其私　千載之下　足以示慈

曹卹字子循蔡人贈曹伯
肅肅曹伯　王室之裔　積習樂道　切瑳明義
惟善則主　尔德是類　史筆有煥　令名永紀
縣成字子祺魯人贈鉅野伯
至聖立教　子祺安雅　擅譽魯邦　啓祚鉅野
煒矣風猷　時哉用捨　出倫離類　後學是假
顏噲字子聲魯人贈朱虛伯
褒錫朱虛　在器輪輿　儒室振領　聖門曳裾
賢業得蘊　美材以攄　百世不刊　載覩成書
孔忠字子蔑魯人贈汶陽伯

惟子挺生　道德之門　佩服至論　鯉則弟昆
三得三亡　所問殊温　君子歸恣　義不掩恩
狄黑字皙衛人贈臨濟伯
仰止狄皙　抱負淵通　游泳德化　揚厲素風
偉識既異　持教乃隆　厥志茂焉　毖祀無窮
漆雕哆字子斂魯人贈武城伯
子斂受封　爰居武城　亹亹其聞　翩翩其英
抠衣時習　領學日明　誕敷孔教　爵里疏榮
申棖字子續魯人贈魯伯
剛毅近仁　志操莫渝　性匪祝鮀　面豈子都

有一於此　剛名可圖　云慾則柔　蓋生之徒
壤駟赤字子徒秦人贈北徵伯
式是壤伯　昭乎聖徒　執經請益　載道若無
詩書規矩　學問楷模　得時而駕　領袖諸儒
施之常字子恒魯人贈乘氏伯
開國乘氏　有德斯彰　參稽百行　贊理三綱
自拔行間　榮名甚光　在史藹藹　應久彌芳
公祖句茲字子之魯人贈期思伯
惟彼子之　錫伯期思　與賢並進　得聖而師
彬彬雅道　翼翼令儀　上目至言　廟食不㬥

伯虔字子析魯人贈郰伯
有懷子析　全魯之彥　儒行既名　郰伯乃建
兢兢受道　弈弈袞弁　懿選嘉訪　世享馨薦
南宮括字子容魯人贈郯伯
先覺既位　簪履並馳　尚德君子　尔乃兼之
羿奡可懈　禹稷可師　三復此道　載覩白圭
公孫龍字子石楚人贈黃伯
黃伯著祀　公孫是云　弥縫中道　協輔斯文
蔵修方異　漸漬其勤　史詞不忘　播爲清芬
廉絜字庸衛人贈莒父伯
兄弟之邦　士有廉庸　涵泳素教　表揭儒宗
杏壇探賾　洙泗從容　作興一時　莒父其封

淋仲會字子期魯人贈瑕丘伯
瑕丘祚邑　子期是爲　親訓有日　廣業于時
四教允隆　五常以持　比肩俊傑　聞望斯垂
商瞿字子木魯人贈蒙伯
易之爲書　彌合天地　五十乃學　師則有是
子能受授　洗心傳世　知機其神　宜被厥祀
司馬耕字子牛宋人贈向伯
手足甚親　志異出處　雖將爲亂　子廼脫去

在汚能絜　危而有慮　內省若斯　何憂何懼
蘧瑗字伯玉衛人贈衛伯
有衛伯玉　夫子與居　寡過未能　荐賛使乎
以屍諫君　友則史魚　果得進賢　爛然簡書
公西赤字子華魯人贈郜伯
學者行道　敝緼亦稱　使齊光華　偶爲肥輕
周急之言　君子所令　荅問允龢　理皆先經
公伯僚字子周魯人贈任伯
人有賢否　道有廢興　子如命何　營營震驚
季孫雖惑　景伯莫平　師資一言　秩祀亦懲

漆雕開字子開魯人贈滕伯
仕進之道　要在究習　具臣而居　咎欲誰執
斯未能信　謙以有立　闕里說之　多士莫及
宓不齊字子賤魯人贈單伯
君子若人　單父之政　引肘寤君　放魚寘令
傅郭勿穫　遂能制命　百代理邑　用規觀聽
燕伋字思秦人贈漁陽伯
師席高振　大成是集　至道克傳　賢達斯執
善道云袠　儒風可立　漁陽之士　得跂而及
申黨字周魯人贈邵陵伯

侁侁中周　四科與儔　逸駕文囿　鼓楫儒流
矜珮既燕　言動允休　邵陵得封　可想淸修
琴牢字子開衛人贈南陵伯
多能鄙事　聖人曲意　惟其知之　是以不試
宗魯雖友　弔必以義　尚師嘉言　祀亦罔替
秦商字子丕楚人贈上洛伯
孔父秦父　相尚以力　俱生賢嗣　相與以德
是父是子　致詰疇克　會弁儒林　令名無極
步叔乘字子車齊人贈淳于伯
勉勉子車　封邑淳于　親炙避席　唯諾趍隅

發微既博　雅道是扶　抑可尚也　不亦美乎
顏辛字子柳魯人贈蕭伯
執封于蕭　實惟子柳　夙飫格言　克遵善誘
明德斯馨　賢業所就　以侑於儒　傳芳逾茂
奚容蒧字子晳魯人贈下邳伯
維容子晳　已望堂室　幼則有造　成則祖述
文采日化　儒効力弼　永覲厥成　德音秩秩
冉季字子產魯人贈東平伯
東平子產　性著盛時　奉師於塾　講道之微
荅問其敏　婉妙以思　升降階序　尚想英姿

后處字子里齊人贈營丘伯

溫溫子里　入聞至聖　撣道之華　秉德之柄

深造閫閾　不乖言行　全齊之封　竹素爲盛

左人郢字行魯人贈臨淄伯

伯彼臨淄　左行稱賢　騎蹤十哲　秀穎三千

心悅誠服　家至戶傳　樂只君子　文聲盍宣

秦冉字開蔡人贈彭衙伯

彭衙高士　經籍是親　賛成德藝　協於彝倫

底績聖道　斯肯素臣　優哉游哉　學以致身

樂欬字子聲贈昌平伯

樂氏子聲　錫爵昌平　信道之篤　見善乃明

引領高節　載惟思誠　先賢聿集　出爲時英

右宣聖及七十二弟子贊宋高宗製并書其像則李龍眠摹所畫也高宗南渡建行宮于杭紹興十四年正月始即岳飛第作太學三月臨幸首製先聖贊後自顏淵而下亦譔辭以致褒崇之意二十六年十二月刻石于學附以太師尚書左僕射同中書門下平章事兼樞密使秦檜記檜之言有曰孔聖以儒道設教弟子皆無邪雜背違於儒道者今搢紳之習或未純乎儒術顧馳狙詐權譎之說以僥倖於功利其意蓋爲當時言恢復者發也嗚呼靖康之禍二帝蒙塵汴都淪覆當時臣子正宜枕干嘗膽以圖恢復而檜力主和議擯斥衆謀盡指一時忠義之言爲狙詐權譎之論先儒朱熹謂其倡邪說以誤國挾虜勢以要君其罪上通于天萬死不足以贖者是也昔龜山楊先生時嘗建議罷王安石孔廟配享識者韙之訥一介書生幸際　聖明備員風紀茲於仁和縣學得觀石刻見檜之記尚與圖贊並存因命磨去其文庶使邪詖之說姦穢之名不得厠于聖賢圖像之後然念流傳已久謹用備識俾後覽者得有所考云

宣德二年歲在丁未秋七月朔巡按浙江監察御史

海虞吳訥識

教諭林賢訓導劉數摹勒于石

右孔子并七十二弟子像上有宋高宗贊附以尚書左僕射同中書門下平章事秦檜記不知何人書檜所謂搢紳之習或未純乎儒術顧馳騁狙詐權譎之說以徼幸於功利蓋指當時言恢復者昔齊襄公復九世之讎春秋大之則夫言恢復者未必與孔子異意也詎可一切以功利目之乎檜作此記時距其卒僅七十六日其罔上誣民之心至死而不已也今其

說猶與圖贊並存口口出之以俟覽者詳焉金華黃晉卿跋

右宣聖及七十二子像贊史記載孔子之言曰受業身通者七十有七人其姓名具于列傳家語所載亦七十七人無公伯僚秦冉鄡單而有琴牢陳亢縣亶惟文翁禮殿圖作七十二人而圖亦罕傳林放蘧瑗二人史記家語不載而禮殿圖有之其它不可知矣攷舊唐書禮儀志載開元二十七年制贈公者一人侯九人伯六十七人與史記七十七人之數合然杜氏通典載諸賢封號則贈伯者實七十二人文獻通考云通典所載除十哲外自計七十三人係增入蘧瑗林放陳亢申棖琴牢琴張六人按琴牢琴張本一人通典於琴張云贈南陵伯於琴牢但云贈伯而無地名蓋重出也蓋十哲之外別有七十二賢兼史記家語禮殿圖所互見者而數之也宋大中祥符二年追封閔子以下九人爲公曾子而下六十二人爲侯并兖國公爲七十二弟子大觀二年追封公夏守等十八侯爵預祀典則仍別七十二賢于十哲之外矣思陵撰七十二子贊較之祥符所追封多廉潔秦商后處樂欬少公良孺句井疆顏何公西輿如不知又何所據諸賢在宋時已經加封而所書仍唐之爵號朱文公嘗言之矣夫治國固有緩急思陵偏安兩浙稱臣于仇讎正復崇儒重道亦何足掩不孝之名則數典而忘祖又在所不足責而如秦檜之姦邪無學亦豈能援引典故以證人主之誤哉碑立于紹興二十六年十二月明宣德二年巡按浙江監察御史吳訥磨去檜跋自爲文識其本末潛研堂金石文跋尾

七十二弟子姓氏爵里異曰攷

顏回字子淵魯人贈兖公

閔損字子騫魯人贈費侯

冉雍字仲弓魯人贈薛侯

冉耕字伯牛魯人贈鄆侯

冉求字子有魯人贈徐侯

言偃字子游吳人家語作魯人贈吳侯

宰予字子我魯人贈齊侯

仲由字子路卞人贈衛侯大中祥符曲阜孔廟碑作魏侯

端木賜字子貢衛人贈黎侯

卜商字子夏衛人贈魏侯咸淳臨安志作衛侯

林放字子邱朱彝尊弟子考不言其字魯人贈清河伯

樊須字子遲齊人本史記鄭康成注家語作魯人朱考同贈樊伯朱考作凡伯

澹臺滅明字子羽武城人贈江伯

曾參字子輿南武城人曲阜碑作魯人贈郕伯
公冶長家語云名萇范甯云名芝字子長曲阜碑作子之齊人本史記家語作魯人
朱考同
公西葴家語作公西與字子上魯人贈祝阿伯史記有二人一曰公西與
如字子上一曰公西葴字子上曲阜碑亦有二人公西與字子上齊人贈重邱伯公西葴字子上魯人贈
祝阿伯朱考亦有二人公西輿如字子上齊人贈重邱伯公西葴字子尚魯人贈祝阿伯
原憲字子思魯人本史記鄭注家語作宋人朱考同贈原伯
有若字子有魯人贈卞伯曲阜碑作汴伯
鄭國本史記李鍇尚史云家語薛邦字子從似史記誤薛爲鄭避漢諱邦作國字子徒魯
人朱考不詳里居贈榮陽伯

商澤字子季家語作子秀朱考同魯人贈睢陽伯
秦非字子之魯人曲阜碑作秦人贈汧陽伯
曾葴曲阜碑作點字晳曲阜碑字子晳朱考同魯人朱考作魯南武人贈宿
伯
巫馬施字子旗本史記家語作子期曲阜碑朱考並同魯人本史記鄭注朱考作
陳人贈鄶伯
公晳哀家語作公晳克字季次齊人家語作魯人贈郳伯曲阜碑作杞伯
漆雕徒父家語作從父字子期家語作子文文史記鄭注作子有朱考云字子文或
云字子友魯人朱考不詳里居
顓孫師字子張陳人贈陳伯

高柴字子羔史記作子皋衛人本史記鄭注家語作齊人朱考云齊人爲衛士師
贈共伯
榮旂家語作祈字子祺家語作子顏魯人贈雩婁伯
秦祖字子南秦人贈少梁伯曲阜碑無少字咸淳臨安志作沙梁伯
陳亢字子禽家語又云字子亢陳人贈潁伯說文云論語有陳伉
梁鱣史記云一作梁鯉咸淳志云梁仲一云鱣字叔魚曲阜碑字子魚咸淳志云字子免一
云叔魚齊人贈梁伯朱考云贈趙伯
冉孺曲阜碑作儒字子魯家語作子魚史記云一作子曾洪适隸續作子魯魯人
贈紀伯
顏之僕字叔家語曲阜碑朱考俱作子叔魯人贈東武伯

石作蜀家語作子蜀字子明秦人史記鄭注作成紀人朱考不詳里居贈石
邑伯
顏高家語名産今本家語作顏刻字子驕魯人贈琅琊伯
邽巽尚史作邽選注云文翁圖作國選葢亦避漢諱改之劉氏作邽巽字子斂家語作子
歛魯人贈平陸伯
任不齊字選家語曲阜碑朱考並作子選楚人贈任城伯
顏無繇字路曲阜碑作子路朱考作季路魯人贈杞伯
曹卹字子循蔡人贈曹伯曲阜碑作魯伯
縣成字子祺本史記家語作子橫隸續作子期
顏噲字子聲魯人贈朱虛伯

孔忠家語作孔弗孔子兄孟皮之子字子蔑魯人贈汶陽伯
狄黑字皙家語作皙之曲阜碑朱考俱作子皙衛人曲阜碑作魯人
漆雕哆字子歛曲阜碑作子斂魯人贈武城伯
申棖字子續魯人贈魯伯咸淳志贈阿伯
壤駟赤字子徒家語作子從秦人贈北徵伯曲阜碑作化徵伯朱考作北衛伯
施之常字子恒家語作子常魯人贈乘氏伯
公祖句茲家語作公祖茲字子之魯人贈期思伯
伯虔家語作伯處字子析家語作子皙曲阜碑作子哲魯人贈聊伯咸淳志作騈伯
南公括本史記家語曲阜碑朱考俱作南宮縚咸淳志作适字子容魯人贈郯伯
公孫龍家語作寵字子石楚人本史記鄭注孟子注作趙人家語作衛人贈黃伯
廉絜朱考作廉潔字庸家語作子曹咸淳志朱考俱作子庸衛人贈莒父伯
叔仲會字子期魯人本家語史記鄭注作晉人贈瑕邱伯
商瞿字子木魯人贈蒙伯
司馬耕家語作司馬黎耕字子牛咸淳志云字牛宋人贈向伯
蘧瑗字伯玉魯人曲阜碑作衛人贈衛伯朱考不列姓名謂孔子嚴事之友不復著錄恐滋後學之惑也

公西赤字子華魯人贈鄁伯
公伯僚史記作公伯繚或云郎申繚曲阜碑咸淳志俱作寮字子周魯人贈任伯
漆雕開字子開本史記家語曲阜碑朱考俱作子若魯人本史記鄭注家語曲阜碑朱考俱作蔡人贈滕伯
宓不齊字子賤魯人贈單伯
燕伋家語作級字思家語曲阜碑朱考俱作子思秦人朱考不詳里居贈漁陽伯
申黨本史記曲阜碑同家語作申續或作續史記正義云或作棠郎申棖朱考亦作棠字周家語曲阜碑俱作子周魯人朱考不詳里居贈邵陵伯按前有申棖字子續此云申黨字周家語但有申續字子周而無申棖隸續云申棖史記作申棠家語作申續然則申棖申黨子續子周實皆一人矣又按後漢王政碑云有羔羊之絜無申棠之欲是亦申棠郎申棖之證
琴牢字子開家語云一字子張衛人贈南陵伯
秦商字子丕本史記家語作丕茲楚人本史記鄭注家語朱考俱作魯人
步叔乘本家語史記廣韻注作少叔乘朱考從之字子車齊人贈淳于伯
顏辛字子柳魯人贈蕭伯朱考作蕃伯
奚容蒧家語作奚蒧字子皙家語作子偕魯人史記正義作衛人
冉季字子產魯人贈東平伯
后處家語作石處字子里家語作里之齊人贈營邱伯
左人郢家語作左郢字行家語朱考俱作子行曲阜碑作子衡魯人贈臨淄

伯

秦冉字開曲阜碑朱考俱作子開蔡人朱考不詳里居贈彭衙伯

樂欬家語作樂欣字子聲碑不詳里居史記正義朱考俱作魯人

右弟子七十二人家語無林放鄭國蘧瑗公伯僚秦冉申棖六人而有公良孺罕父黑薛邦縣亶原抗公肩公夏守句井疆顏相九人又公西蒧之外多公西輿如一人又史記有顏何字冉索隱引家語字稱史記康成注晉人曲阜碑有顏何字子冉魯人贈開陽伯又曲阜碑有公良孺字子幼魯人贈東牟伯句井疆字子野衛人贈漢陽伯

按此碑十五石像贊俱横列像右贊左宋時與石經同在太學明正德年與石經同移於仁和縣學後移杭州府學 大清順治九年歲在壬辰十月朔杭州府儒學教授西莒王元宰捐貲重立叠監固輯有題記在吳訥跋後至今不遭損蝕者皆元宰之功也像爲李公麟畫史傳稱公麟字伯時舒州人第進士歷泗州錄事叅軍用陸佃薦爲中書門下後省刪定官御史檢法元符三年病痺致仕既歸老肆意於龍眠山巖壑雅善畫黃庭堅謂其風流不減古人然因畫爲累此碑吳訥跋所云李龍眠麐所畫龍眠是其自號麐則單舉其名一字而省其公字也公麟致仕於元符三年則當卒于徽宗之世距高宗題贊刻石不過五十餘年殆由畫像流傳江南高宗得而製贊以刻石也然高宗製贊並不言及公麟之畫或其語在秦檜記中今檜記磨去不可知矣像祗七十二人每像所題贈爵皆仍唐開元之舊則宜依唐封七十七人之數而乃少五人且又與眞宗祥符製贊立石曲阜之數不合誠不能明其故也孔子弟子見於諸書者上自史記家語禮殿圖通典通考其製贊立石者

先有眞宗曲阜孔廟碑而此碑之見於紀載者有咸淳臨安志及杭州府志然其姓名字里贈爵皆各有不同今悉取而叅攷之别爲同異考一篇附于諸書碑跋之後大抵諸書所載不能無傳寫之訛曲阜碑雖係石刻亦明人重摹此碑或亦不免沿襲譌誤皆不能定其孰是也龍眠畫世有摹本細筆鉤勒裒成卷子矜爲眞蹟細玩之似皆從此碑摹出者此碑在當時或從眞蹟鉤摹或徑用眞蹟上石皆不可知樂欬贊後有御書之寶并勒于石而不署年月吳訥所云二十六年十二月者殆

亦在檜記中也

妙喜泉銘

碑高一丈三尺廣五尺三寸十二行前銘九行行二十四字後偈三行行四十字行書在鄞縣阿育王寺常住田碑陰

育王爲浙東大道場地高無水僧衆苦之紹興丙子佛日禪師杲公受請住持周旋其間命僧廣恭穿穴茲地爲一大池鍬鍤一施飛泉溢涌知州事姜公秘監見而異之名曰妙喜無垢居士爲之銘曰

心外無泉泉外無心是心卽泉是泉卽心或者疑之以問居士心在妙喜泉是育王云何不察合而爲一居士

曰來汝其聽取妙喜未來泉在何處妙喜來止泉卽發生心非泉乎泉非心乎謂余未然妙喜其決之

紹興丁丑三月丙寅無垢居士張九成書

妙喜老僧宗杲重說偈曰

謂泉卽心謂心卽泉無垢居士作一弗穿有出有入有正有偏居士恁麼妙喜不然徐六檐板如見一邊泉只是泉難喚作心心只是心決定非泉是義不正亦復不偏泉乎心乎亦非棄捐擬議思量十萬八千

山門監寺僧善卿立石

右妙喜泉銘張無垢撰後有宗杲說偈一首皆無垢書也宗杲說法徑山無垢數與往來嘗論大學格物杲曰公祇知有格物不知有物格無垢言下有悟因題不動軒壁曰子韶格物妙喜物格欲識一貫兩箇五百杲深許可秦檜恐其議已令司諫詹大方論劾竄杲衡陽安置張於南安軍檜死乃復杲師號住四明育王寺而張亦起知温州此泉正宗杲在育王所鑿也杲少爲無盡居士張天覺所知名其庵曰妙喜遂以妙喜自號孝宗嘗書妙喜庵三字賜之故茲泉亦有妙喜之目碑刻於唐范的書常住田碑之陰 *潛研堂金石文跋尾*

按碑書於丁丑三月爲紹興二十七年宗杲與張九成以禪學相契合徑山志載宗杲寄無垢居士一絕云上苑玉池方解凍人間楊柳又垂春山堂盡日焚香坐常憶毘耶杜口人

亦樂堂銘

石橫廣四尺四寸五分高二尺二寸二十二行行十字正書在零陵縣朝陽岩

亦樂堂銘

揚雄有言朱丹其轂一敗則赤吾族孔子曰雖在縲絏之中非其辠也夫丹轂榮也雄旨爲憂縲絏辱也聖廼有取憂樂豈關於榮辱也哉上饒方疇耕道建炎戊申

銓同季進士也槩與戊午又同朝是季冬銓𠂆狂瞽被
譴而耕道旋亦去國十有四季而通守丞岡平谿蠻三
十季之寇乙亥𠂆䟽直忤要臣被逮賴上恩寬謫零陵
久之名其堂曰亦樂禮部侍郎張公子韶記之戊□□
盧陵胡銓感仲尼子雲之言而申𠂆銘銘曰
轂丹族赤縲絏不辱陋巷易安鬼瞰高屋蕨補食前患
靡覆餗眉斧伐性妙□獨宿熟哲茲理至樂常□我恩
古人自反而縮

按此銘胡銓所作不見於澹庵文集周必大撰忠
簡公神道碑稱公年二十試太學建炎二年廷對

行在所考官初以冠多士或畏其切直寘第五郎
碑所云建炎戊申銓同年進士也戊申爲建炎二
年紹興和議公上書數千言大略謂王倫誘致金
使欲劉豫我秦檜腹心大臣尊陛下爲石晉孫近
傅會遂叅政事願斬三人頭羈留金使興問罪之
師時八年十一月也辛亥有旨銓書凶悖劫持其
削籍流昭州後改監廣州都鹽倉卽碑所云紹興
戊午冬銓以狂瞽被譴也方疇史無傳張子韶名
九成除浙東提刑力辭與祠以歸未幾召除宗正
少卿權禮部侍郎碑書紹作槩別體字戊□□據

上文耕道以乙亥被逮則此當是戊寅爲紹興二
十八年

澱山普光王寺捨田碑
碑高三尺許廣二尺四寸分上下二截上截又分三格橫列號田畝數左右下橫刻所至處下截刻捨田情旨一通文廿五行行廿三四字不等額題吳興沈君捨田䟽七字並正書在青浦縣澱山會靈三姑廟殿左壁與會靈廟記碑兩背相合此碑牆外東向

係三十五號田一十七畝三角五步　草蕩此在第一格
係三十四號田計八十畝三角五步此在第二格
係三十三號田一百五畝三角二十步此在第三格
西至竟浦之間左邊一行此在第一二格

東至□□之間右邊一行此在第一二格
水瀍左邊一行此在第三格
史伯成田右邊一行此在第三格
北至水瀍此在第三格下橫以上俱上一截
捨田入
澱山普光王寺常住情旨　承節郎沈從言謹封
南贍部洲大宋國平江府崑山縣淠川鄉大石浦西居
住清信奉三寶弟子承節郎沈從言同男將仕郎履息
婦高氏四六娘陳氏五十四娘陳氏廿一娘吉氏四八
娘孫男右修職郎起宗將仕郎佐才將仕郎作德承信

郎作義將仕郎林宗作霖希旦嗣宗朝宗儒宗希召作
俾錢氏廿二娘方氏十四娘與闔家眷屬等
右從言所伸情旨二月十六日恭值
先妣太君朱氏遠諱之辰特發誠心謹將本家產田弍
伯肆畝一角三十步其田係在秀州華亭縣修竹鄉四
十三都坐落所有坵片字號涓段並在契約該說其田
今將捨入
澱山普光王寺常住永充供贍僧行齋粥香火葺修
所得功德先用報荅
四恩三有莊嚴

無上佛果菩提次冀報荐
亡太翁十二承事太婆鍾氏夫人亡翁廿五承事婆呂
氏夫人亡考三承事妣朱氏太君劉氏顏氏太君亡兄
十一承事大承事嫂郁氏太君亡妻周氏太君亡男廿
三司戶廿五縣尉廿八承信三十承信亡女二十娘子
廿五娘子息婦吉氏三九娘子鄭氏九九娘子亡沈氏
六娘子曹氏十一娘子龔氏六娘子盡
門中前亡後化一嗣宗親各願同乘巨善俱遂超升不
入輪迴徑歸極樂然後保祐門閭益秀物業榮昌子孫
傳積慶之風眷愛納自天之祐以至法界有情同霑斯

利從言恭對
金仙敷宣謹疏
紹興弍拾捌年二月　日承節郎沈從言押疏
頭首智肱　定行　知事惠生　有平　道詮
住持傳法道智立石　以上俱下截

按此碑額題吳興沈氏捨田疏捨田者爲沈從言
住崑山縣額稱吳興者其望也碑載捨田分三號
合計其田二百二畝九角三十步然其情旨內則
云本家產田二百四畝一角三十步田以步計似
即今以弓計之制每一步爲一弓也然今制每積

弓二百四十爲一畝不盈畝者則以所餘弓尺畸
零之數用分釐計之未嘗云餘幾弓也此宋制不
能詳攷而其以角計亦未曉其制其碑載田數前
後不合亦所未詳也情旨云其田在秀州華亭縣
修竹鄉四十三啚宋地理志宣和三年改嘉禾郡
爲秀州慶元元年升嘉興府而華亭縣則屬之久
矣此碑刻于紹興二十八年宜爲秀州也紹熙四
年楊潛雲間志華亭管十三鄉第三爲修竹鄉在
縣西九十里三保十二村管里三曰濮陽儀鳳驅
塘而不詳四十三都華亭縣志沿革表明嘉靖二

十二年割縣西北境二鄉之半爲青浦縣尋廢萬歷元年復割置青浦縣而不詳所謂二鄉者何鄉其鄉保卷內則已不載修竹鄉可知修竹鄉屬之青浦雲間志十三鄉在縣西北者爲集賢鄉海隅鄉在縣西者爲修竹鄉華亭志鄉保仍載集賢而不載海隅又可知集賢雖在西北仍屬華亭惟海隅當屬青浦矣青浦志鄉保最爲詳晰有舊時鄉保現在鄉保參攷之舊時者有修竹鄉分中鄉上鄉上鄉內有四十二保三區爲啚五現在者則有華上鄉四十二保三區分五啚曰三啚七啚九啚

十一啚十五啚而七啚內有澱山小圩胡家帶朱家村北夏村疑所謂澱山小圩朱家村即今珠街鎮澱山一帶則現在之華上鄉即舊時之修竹鄉也沈氏捨田在修竹鄉當近澱山因以施之普光王寺俾其便於收穫也情旨內自稱其階曰承節郎男爲將仕郎孫男爲右修職郎將仕郎承信郎又稱亾太翁亾翁亾考亾兄俱爲承事亾男則稱其官爲司戶縣尉又有稱承信者宋史職官志載右職換文資之格從事修職換成忠郎未滿三考保義郎廸功郎換承節郎未滿三考承信郎將仕郎換承信郎保義郎換修職郎承節承信郎換廸功郎進義校尉換將仕郎登仕將仕郎換承信郎未見有所謂承事者又修職亦未有加右字者碑所載諸階大率不過稱謂之美名未必皆實居其職而其爲史志所未備者則亦可資參攷也曾祖曰太翁曾祖妣曰太婆皆僅見此碑其稱婦人曰幾十幾娘亦有稱四六娘四八娘三九娘子九九娘子者去十字者又從言現在只一男履而現在息婦有高氏陳氏陳氏吉氏亾男四人而亾息婦有吉氏鄭氏鄭氏之下有亾沈氏曹氏龔氏但有

亾字而無稱謂皆所未詳也普光王寺賜額在紹興八年沈氏施田距賜額後二十年蓋其時此寺方興也沈氏先世本出吳興爲湖州之望族其遷居崑山不知始於何代據此碑則在南宋時已富而多田緜延至二三百年之久其後人有號萬三者值明洪武時太祖遷東南富戶于鳳陽沈氏與焉故其後遂微所謂萬三蓋有田多至一萬三百頃是以施田至二百餘畝不覺其多也所居泙川鄉瀕臨澱湖今地名萬圩相傳即萬三遺蹟然流俗傳聞不若碑之有據此碑依傍靈祠足垂不朽

而僻在草莽無人著錄今剔抉出之俾其先世祖
孫兄弟銜名從此顯著是亦施田之報矣

四十二章經石七俱橫廣四尺高一尺五寸三分前二石各三十四行餘皆三十五行每行字數十四至十八不等行正書在杭州六和塔

四十二章經經文不錄今惟取書人銜名錄如左

特進尚書左僕射同中書門下平章事吳興郡開國
公沈該
左正奉大夫守尚書右僕射同中書門下平章事縉
雲郡開國公湯□□

左中大夫知樞密院事陳誠之
左中大夫參知政事陳康伯
左太中大夫同知樞密院事王綸
左太中大夫權吏部尚書賀允中
左朝請郎試尚書吏部侍郎兼史館修撰兼侍講葉
義問
左朝請大夫試尚書兵部侍郎兼侍講兼直學士院
楊椿
左朝散郎試給事中兼直學士院兼同修國史周麟
之

左朝散郎試中書舍人兼權樞密都承旨洪遵
左朝散大夫充敷文閣待制提舉佑神觀楊偰
左中奉大夫權尚書戶部侍郎趙令詪
左朝奉大夫權尚書禮部侍郎兼侍講孫道夫
左朝請郎權尚書工部侍郎王晞亮
左朝請郎權尚書刑部侍郎兼權詳定一司　勑令
黃祖舜
左宣教郎試起居舍人兼權中書舍人張孝祥
左朝請大夫太常少卿兼權中書門下省檢正諸房
公事宋棐

左朝奉大夫守宗正少卿金安節
右朝請郎守大理少卿李洪
右朝議大夫司農少卿董苹
右中大夫行太府少卿錢端禮
左朝奉大夫將作監張宗元
左朝請大夫軍器監張運
左朝請大夫尚書吏部郎中楊朴
右朝奉郎守尚書戶部郎中兼權金部郎中莫濛
右奉直大夫尚書刑部郎中路彬

左朝散郎守尚書工部郎中張庭實
左奉議郎守尚書吏部員外郎兼權尚書右司郎官
周操
左朝奉郎尚書吏部員外郎兼國史院編修官兼權
樞密院檢詳諸房文字葉謙亨
左朝奉郎尚書吏部員外郎兼國史院編修官胡沂
左朝散郎尚書司勲員外郎陳俊卿
左宣教郎守尚書司封員外郎鮑彪
左朝請郎尚書考功員外郎陳棠
左朝散郎尚書禮部員外郎楊邦弼

左朝□郎尚書祠部員外郎兼權國子司業張洙
右承議郎尚書刑部員外郎黃子淳
左朝請郎尚書都官員外郎兼　玉牒所檢討官兼
權戶部員外郎楊倓
左奉議郎守尚書比部員外郎沈樞
左朝請大夫行尚書屯田員外郎韓彦直
左承議郎秘書丞兼國史院編修官兼權兵部員外
郎虞允文
左奉議郎秘書省校書郎兼國史院編修官兼權尚
書駕部員外郎洪邁

維祖宗盛時文物彬彬彧然有典謨之風是時搢紳
鉅儒若富公弼賈公昌朝輩分寫金剛經刻琢堅珉
三十二分至今蛟龍虵蜃翔翱踴躍挹之而疑其飛
去也恭惟盛時文章制作上跨三代下峙兩漢道術
奇士輩推明盛典命智曇法師復六和塔以折海勢
各分寫四十二章經鐫石龕山下作江湖間曠代絶
無而僅有一勝事盍散則一大藏演之不足聚則四
十二章藏之有餘其言與大易莊老相表裹旨哉淡
而不隱中而不濫也迦葉竺法譯於前智圓訓於中
駱偃序於後咸未足以備其大哉惟衆賢畢竪典而

一新之故夷齊雖仁得孔子而德益彰顏淵雖篤學
附驥尾而行益顯是經雖微妙宏深際盛時而理益
明其趍一也時
聖宋紹興己卯冬十一月旦跋　西蜀布衣武翃撰
都勸緣住持傳慈恩宗教僧　智曇　立石
此經分寫于偏朱搶攘之年人絶蘗稽字如魯衛且
小朝之日爲雍容文物之舉與般樂放敖玩愒廢日
者同本無足評惟經文之指純正雅馴與我道亦何
以異無有荒唐蒙昧之說也墨林快事
右四十二章經凡四十二人八各寫一章字體大小

踈密不等唯允中端禮朴操四人行書餘皆眞書後有西蜀布衣武翊跋題紹興己卯十一月以史攷之是歲六月沈該罷左相陳誠之亦罷樞密其七月賀允中自吏部尚書參知政事矣此經蓋書於五月以前至仲冬始勒之石也自紹興己卯至今六百餘年字跡完好如新惟思退名爲後人磨去南渡石刻工妙若此者亦不易得矣（潛研堂金石文跋尾）

按四十二章經（萬歷杭州府志錢塘縣志皆誤作二十四章經）在杭州錢塘江岸六和塔內下層嵌壁咸淳臨安志六和塔開寶三年智覺禪師始於錢氏南果園開山建塔

九級後廢紹興十二年奉旨重造二十六年僧智曇因故基成之七層而止据曹勛撰重建月輪山壽寧院塔記云自癸酉仲春鳩功至癸未之春五層告成是年歲晚七級就緒癸酉是紹興二十三年癸未則隆興元年是塔之成非二十六年也武翊跋但言鐫石龕山下作江湖間曠代勝事不云在塔曹勛記亦云此經嵌壁環壁刊金剛經列于上下而不及此經意與金剛經同時而經書于己卯歲在塔成之前四年勛記不及者或嵌壁在塔成之後歟武林石刻記但云在六和塔不詳嵌壁歲月不知何年此碑幸在塔內無一字缺蝕獨思退之名後人磨去殆以其在相位效秦檜所爲猶七十二賢贊磨去檜記之例然猶存系銜及湯字得以知其爲思退也今大藏有佛說四十二章經一卷宋正議大夫安國軍節度使開國侯程輝編佛教西來元化應運略錄云准周書異記說周昭王二十四年甲寅歲四月八日有光來照殿前王問太史蘇由對曰西方當有大聖人生後一千年教流此土至後漢孝明帝永平七年正月十五日夜夢金人身長丈六赫奕如日來詣殿前曰聲教

流傳此土帝旦集羣臣令占所夢時傅毅對以西方聖人聲教流傳陛下所夢將必是乎帝遂遣王遵等一十八人西訪佛法至月氏國遇摩騰竺法蘭二菩薩將白氎上畫釋迦像及四十二章經一卷載以白馬同回洛陽時永平十年丁卯十二月三十日也因以騰蘭譯經之所名白馬寺此四十二章經入中國之緣起也眞宗嘗御注此經今在大藏高宗時重建六和塔成廷臣四十二人取此經各書一章經文無多惟首章百三十餘字餘或數十字少者二十餘字而每章之前各署書人銜

名其人見於宋史表傳及宋詩紀事有可攷者得二十六人沈該史無傳宰輔表紹興二十五年十二月甲午自敷文閣待制前知夔州召除參知政事二十六年五月壬寅授左朝議大夫守左僕射同平章事湯思退史傳字進之處州人宋詩紀事青田人試博學鴻詞科紹興二十五年繇禮部侍郎除端明殿學士簽書樞密院事未幾參大政二十六年除知樞密院事明年拜尚書右僕射侍御史陳俊卿論其挾巧詐之心濟傾邪之術觀其所爲多效秦檜蓋恩退致身皆檜父子恩也碑所載爵號史

則昭之陳誠之史無傳宰輔表紹興二十六年九月乙巳自敷文閣學士除同知樞密院事二十八年二月丙申除知樞密院事陳康伯史傳字長卿信之弋陽人宣和三年中上舍丙科累知泉州秩滿三奉祠垂十年秦檜死累除吏部尚書尋拜參知政事王綸史傳字德言建康人紹興五年進士第累兼直學士院遷工部侍郎二十八年除同知樞密院事賀允中史無傳宋詩紀事字子忱靖康中爲郎中紹興中拜參知政事宋史宰輔表紹興二十九年正月丁亥自吏部侍郎除參知政事潛研

跋云七月自吏部尚書除參政碑云權吏部尚書不云參知政事葉義問史傳字審言嚴州壽昌人建炎初登進士第累通判江州秦檜死湯思退薦之擢殿中侍御史遷吏部侍郎兼史館修撰尋兼侍讀碑云兼侍講則史作侍讀者誤也周麟之史無傳宋詩紀事字茂振海陵人紹興十五年進士中宏詞科擢知制誥翰林學士終于知樞密院事與碑系銜不同洪遵史附洪皓傳字景嚴皓仲子試博學宏詞科中魁選賜進士出身紹興二十八年免父喪召對拜起居舍人遷起居郎兼權樞密院都承旨二十

九年拜中書舍人楊倓史附楊存中傳存中子官工部侍郎宋詩紀事字子寬崞縣人居臨安紹興十五年進士仕至權工部侍郎皆與碑系銜不同趙令詪史無傳宗室世系表太祖次子燕王德昭房有少師昌國公世膺之子贈宣奉大夫令詪不詳其歷官孫道夫史傳字太冲眉州丹稜人貢入優等張浚薦於高宗賜出身累知蜀州遇事明了人目爲水晶燈籠以吏部郎中入對除太常少卿假禮部侍郎充賀金正旦使還擢權禮部侍郎兼侍講黃祖舜史傳福州福清人登進士第累遷右

司郎中權刑部侍郎兼詳定敕令司兼侍講碑不言兼侍講略之也張孝祥史傳字安國歷陽烏江人紹興二十四年廷試第一授承事郎簽書鎮東軍節度判官秦檜死召爲秘書省正字遷尚書禮部員外郎尋爲起居舍人權中書舍人金安節史傳字彥亨歙州休寧人宣和六年擢進士第紹興初范宗尹引爲刪定官秦檜死累除浙西提刑入爲大理卿遷宗正少卿錢端禮史傳字處和臨安府臨安人宋詩紀事云徙台之臨海惟演四世孫少師忱之子以恩補官紹興間通判明州加直祕閣累遷右文殿修撰權戶

部侍郎兼樞密都承旨與碑系銜不同張宗元史無傳附見葉義問傳云義問通判江州豫章守張宗元忤檜或中以飛語事下漕臣張常先宗元道九江常先檄義問拘其舟義問投檄曰吾寧得罪不爲不祥常先白檜罷去碑稱將作監殆檜死後歷官也張運史傳字南仲信之貴溪人宣和三年進士第累兼樞密院檢詳遷軍器監莫濛史傳字子蒙湖州歸安人以祖蔭補將仕郎累除湖北轉運判官未幾知鄂州召除戶部左曹郎中出知揚州碑稱兼權戶部郎中史略之胡沂史傳字周伯

南宋書作周伯紹興餘姚人紹興五年進士甲科陞沈州縣幾三十載至二十八年始入爲正字遷校書郎兼實錄院檢討官吏部員外郎轉右司以憂去史不言兼國史院編修官碑不言轉右司彼此互異陳俊卿史傳字應求興化人宋詩紀事莆田人紹興八年登進士第授泉州觀察推官秩滿秦檜當國察其不附己以爲南外睦宗院教授尋添通判南劍州未上而檜死乃以校書郎召孝宗時爲普安郡王除著作郎兼王府教授累遷監察御史殿中侍御史權兵部侍郎碑所系司勳員外郎史略之陳棠

史無傳宋詩紀事字德召紹興二年進士官祕書少監不言其官考功沈樞史無傳宋詩紀事字持要一字持正德清人紹興間登第歷官太子詹事不言其官比部韓彥直史附韓世忠傳世忠子字子溫以父任補右承奉郎登進士第累拜光祿寺丞二十九年遷屯田員外郎兼權右曹郎虞允文史傳字彬甫隆州仁壽人紹興二十三年登進士第宋詩紀事云按咸淳臨安志紹興二十四年張孝祥牓無二十三年宋史誤秦檜當國蜀士多屏棄檜死用薦除祕書丞遷禮部郎官與碑作兵部者異洪邁史附洪皓傳字景盧皓季

子紹興十五年始中第授兩浙轉運司幹辦公事
入爲敕令所刪定官添差教授福州累遷吏部郎
兼禮部除樞密檢詳文字與碑所載歷官全不同
餘若楊椿沈介王晞亮宋棐李洪董苹楊朴路彬
張庭實周操葉謙亨鮑彪楊邦弼張洙黃子淳楊
倓皆未有攷末武翊跋署云十一月旦跋不繫日
而用旦字此卽近世穀旦之所昉

溧水縣正顯廟碑

碑連額高七尺五寸廣三尺七寸二十二行行四十字隸書額題重修正顯廟碑六字篆書在溧水縣

建康府溧水縣重修正顯廟碑

左承議郎提舉兩浙路市舶王端朝詞并書

溧水東門之側有廟曰正顯蓋城隍神白君祠也君諱
季康唐元和間人爲官清白通濟凡作四縣令而終於
溧水雖歸葬下邽然溧民尸而祝之數百年不忘卽縣
治爲祠水旱疾癘必禱焉五代亂離未有封爵　皇
宋一天下而茲邑密京師餘千里亦不暇上聞　天
子省方東南曁幸建康　光暉所炤百里而近神之
受職厥有顯報紹興十年故戶部侍郎李公朝正寔宰
溧水有祈必獲以聞于　朝錫廟額曰正顯始以陰
功受　帝御書後進封廣惠侯緄[illegible]珪列于五等

神旣嘉享民皆具依桑蠶不傷歲得大稔鰥寡有養奸
宄滅息民德之益深率以府君名其子邑人錢雱朱拚
等以廟宇朽弊徧走大家傍及喜捨寸積銖累日盈月
益增新廣舊不陋不華爲外門三楹中門如之正殿三
楹後寢亦如之挾以副宇繚以周廊獻殿處中露臺高
峙丹青繪事輿衛悉備炳煥光采標冠一時寂屋五十
間歲四月十有八日邑人記侯誕節競爲侯壽鐃歌鼓
吹旌纛節斧森乎其前驅儺釋威儀倡優技巧駢然而
次進侯臨之如生邑人榮之竊嘗以謂幽顯一涂神人
同道生而廉正歿則必僊否亦爲神積功儲行列于上

淸如府君是已於少傅樂天爲叔其家灋可知也叺承
相敏中爲子其義方可知也承相出入將相垂三十年
府君在當時已贈至極品而史不書端朝浮家南來卜
築溧源起居飲食皆神之芘邑人以紀事見屬夫其可
辭詞曰
於惟府君　唐之良吏　有德於民　宜百世祀　偉
芄廟皃　在城之東　萬石之虡　千柱之宮　羽衛
森嚴　丹青顯設　緄衣鷩冕　玉戚金節　侯之涖
止　風雲肅然　顧我溧民　擲祝惟虔　侯之韻止
笳鼓爭進　顧我溧民　盧牟斯盡　侯旣醉止

氣斯大穌　年豐俗樂　民飽而歌　侯旣歸止　里
閭咸仰　尸而祝之　家有遺像　少傅之叔　承相
之父　中興天子　篚冊斯舉　在唐有聞　在宋有
光　佑我溧民　億載無疆
乾道元年冬十一月甲子左朝奉郎知縣事李魚立
石　　刊者潘壽隆
按溧水縣宋屬建康府卽今之江寧府也縣有城
隍廟額曰正顯神爲唐縣令白君諱季康卽唐相
敏中之父兩唐書無傳卽敏中傳亦不附見舊書
敏中傳稱敏中爲居易從父弟新書作從祖弟据

居易之父名季庚宰相世系表季庚爲知節之子
居易從伯非父也今本世系表知節下誤空一格据居易從父名皆季字因更正
之居易父名鍠官鞏令與季康爲從兄弟傳稱居
易其先太原人後家韓城又徙下邽碑故云歸葬
下邽碑又云皇宋一天下而茲邑望京師餘千里
宋史地理志溧水爲次畿蓋南渡後定都臨安則
溧水爲次畿碑亦似指南渡而言若初一天下都
汴溧水去京師較遠不止千里不得爲次畿也廟
爲紹興十年李朝正作令時聞于朝賜額重修朝
正後官戶部侍郎碑紀其治績而史無傳碑立于

乾道元年距修廟又二十六年神以四月十八日
誕節邑人競用鐃歌鼓吹旌纛節斧僊釋威儀倡
優技巧爲壽葢神廟慶誕之儀自宋已然矣撰文
者王端朝署曰詞并書猶有唐人遺法

漢中新修堰記

磨崖高八尺五寸八分廣七尺四寸二十六行行三十三字正書在褒城縣

乾道元年　四川宣撫使判興州吳公朝　行在
所　上龍嘉之□拜上□□爵眞王仍以奉國節髦
移鎭漢中粵自用武而來戎馬充斥民事寖緩　公
至則曰國基於民而民以食爲天凡所以飽吾師彊吾

國者民也民事顧緩而恬不加卹是不知本之甚也其
可乎哉乃申飭賓吏件□　詔令之忠厚愛民與夫
政事之偏而不起者次第施行之給和糴之緡而人無
□□停踰時之賦而困窮以蘇兼并均□□□弗貸嚴
而不□寬以有制至若□蠹除害惠澤流布家至戶到
咸知樂業明年春農務□□□　公□□□內漑浸之
源□□者無若漢□國曹公山河堰導褒水□□木石
□□而疏□□□而西者□於褒城之野行于東南者
悉歸南鄭之區其下枝分派別□□□□□田疇之
渠百姓饗其利惟時二邑久□怠作每歲鳩工度村以

鉅萬計□□□□□□□狡獪者贏其材僥倖者嗇其工
□以異時小夫賤隸染污習熟□丁□□□□爲姦以
故無告蒙害澤不下究　公□然念之鋭意改作與
提點刑獄兼常平使者秘閣張公商搉利病先事
設備偕詣堰所擊鮮格神涓日起役畚鍤如雲萬指齊
作乃檄通判軍府事史祁俾總督之僅兩浹日斷手凡
用工若材眎曩爲省而□捌護□之隄又數百丈祁會
邑宰宣勞殫力往來其間申畫畔岸以杜紛爭檢核精
□以□勤惰如　公指麾人自知畏不□而辦先是
光道□積弊隳廢踰廿年而□□下□□供豪右輸□

之用異時沃野皆化□□民寔病之　公又躬即其
處相方度宜□□□□料簡卒徒官給材用分□方略
遴選使之刻期而就凡以工計者又十萬有□□□□
□雖廣能周槩三萬餘畝復□上腴訖事而民弗預抑
又□爲欽惟　我公□□□□□□□□社稷之衛而
司全蜀之□者歷三紀矣逮茲保釐功崇位極乃復推
□□□□□□事爲　朝廷固不拔之基與黔首垂
無窮之福□非識慮□□者之所能爲也□□異代創
業之輔□□□寔今日　中興之佐先後相望於千
有餘歲其愛人利物之心及所成□不約而同可謂盛

德事也召父杜母何足擬倫褒中之石幸可磨鐫詞□
不腆綽職在是庸敢直書昭示來世乾道二年六月十
五日門生□□政郎充利州路提舉常平司幹辦公事
揚綽記并書
門生右朝奉郎通判興元軍□□□□事兼管內勸
農事史祁勒石　　鐫者程彦忠
此是修棧中道路所立今俗名堰界石又有嘉定七
年刻者亡 關中金石記
按堰界石在褒城縣東三里龍江中陝西通志有
上下二石上一石橫刻使府打量到下鐫古界從

此石至南大宋乾道元十一月初五日眉山史可
觀記下一石鐫制置大使提修道張儀准相命檄
自嘉定三年至七年督責軍人董工治堰嘉定七
年三月記關中金石記所謂嘉定七年刻者亡即
張儀治堰記也此碑是乾道二年六月十五日楊
綽記非乾道元年史可觀記與史不合文是磨崖
非刻于堰界石者關中金石記指爲即修棧道路
所立俗名堰界石者非也記爲築山河堰而作非
爲修棧中道路其誤顯然文云乾道元年四川宣
撫使判興州吳公朝行在所上寵嘉之□拜上□

口爵真王乃以奉國節髦移鎮漢中吳公卽吳璘
宋史孝宗紀及吳璘傳乾道元年四月乙巳吳璘
來朝進封新安郡王判興元府其判興州則在紹
興二十六年興州後改沔州順政郡紹興十四年
爲利西路治所也興元府卽漢中郡傳稱璘至漢
中修復褒城古堰溉田數千頃民甚便之卽此碑
所記也碑云溉浸之源無若漢口國曹公山河堰
導褒水西至於褒城之野東南歸南鄭之區宋史
河渠志興元府山河堰灌溉甚廣世傳爲漢蕭何
所作嘉祐中提舉常平史炤奏上堰法獲降勅書

刻石堰上詔中興以來戶口凋疎堰事荒廢累增
修葺旋卽決壞乾道七年遂委御前諸軍統制吳
珙經理發卒萬人助役盡修大堰濬大小渠六十
五凡溉南鄭褒城二十三萬餘畝史云漢蕭何碑
云漢曹公史云乾道七年吳珙修堰碑云乾道二
年吳璘修堰彼此互異當據碑以證史也

楊從義墓誌

碑高八尺七寸五分廣四尺五寸四十一行行一百二十字正書篆額在城固縣

宋故和州防禦使提舉台州崇道觀安康郡開國侯食
邑一千七百戶食實封一百戶楊公墓誌銘

左朝散大夫新通判成州軍州事主管學事兼管內
勸農事袁勃撰
右朝奉郎權知洋州軍州事主管學事兼管內勸農
事借紫李昌諤書
右朝散郎通判洋州軍州事主管學事兼管內勸農
事賜緋王椿篆

忠義立身之大節知勇爲將之要道此古今不易之論
也使忠義立於內而或料敵不明臨機不果則亦無益
於事功知勇發於外而或偷生以求安避害以畜利則
亦無取於名節有一于此則不足以安國家衛社稷乃
若忠出天資知稱人傑禦大敵於擾攘濟中興於艱棘

卓然在義勇萬人中而獨成義勇之功者其惟楊公乎
公諱從義字子和鳳翔天興人曾祖懷信曾祖妣王氏
祖武晟祖妣李氏皆潛德不仕父仲方以公貴累贈武
功大夫母高氏累贈碩人公幼慷慨嘗以功名自許靖
康丙午金人犯順連破諸國狃於常勝侵軼中原所過
輙下無敢攖其鋒者時太平久兵備寖弛乃 詔陝西
五路募義勇萬人勤 王詔詞有每聞邊報痛徹朕心
之言公聞而歎曰國家艱難正忠臣義士効死之秋豈
可久安田里爲一身計哉卽奮然而起應原州之募太

守杜平見而奇之曰汝志不羣首赴義勇所謂以義伐不義異日唾手富貴居吾右矣建炎初三月虜寇涇原忠烈吳公玠破虜大將婁室于青溪嶺分遣公以奇兵邀擊斬首一百七十餘級補進武校尉權天興縣尉三年八月忠烈遣公覘虜動息公被圍於同州聖山廟公仰天誓曰若出重圍當捐軀報國叱左右矢石交下殺數百人虜治雲梯公急取竹爲籠實之以土號曰土牛有頃雲梯大集遂以土牛摧折之敵亂乘勢大戰而出轉承信郎遷隊將四年九月我師不利於富平五路垂陷忠烈會諸將于隴州八渡議戰公獨進曰虜人侵軼

無敢與爭惟公能挫其鋒於青谿嶺者蓋得形勢之助也今虜已陷涇原將入熙河計非半載未還爲今之計莫若先據地利扼其要害以制之當爲公先取鳳翔復爲基本忠烈曰善即檄公領兵進復鳳翔既入悉降其衆不戮一人得粟三十萬斛時忠烈公方營寶雞西南曰和尚原因貯公所得之粟以資餽餉軍不乏食士卒感悅遂移府事以治之檄公知天興縣事本府駐劄轉保義郎陞部將紹興改元三月虜自熙河復圖鳳翔勢益熾公告二親曰爲人之子非敢蹈於不孝今城中兵寡守死無益不若潰圍求援即泣别而行公與子大勳

卒戲下百餘人力戰至夜半突圍得出忠烈見而勞之曰尔忠有餘矣奈二親何公泣曰昨在圍中勢必俱死萬一天監其衷勠力一戰取之易尔忠烈壯之權遷鋒統領守神岔四月忠烈遣公與敵戰于渭南以奇功轉秉義郎遷副將五月鳳翔虜酋沒立會階州虜酋折合各統五萬衆來攻和尚原忠烈遣公逆擊沒立一軍於神岔大破之獲敵酋潑察胡郎君俘斬二百五十有一轉武略郎兼閤門宣贊舍人陞正將十月虜元帥四太子會諸道兵十餘萬必欲取和尚原先犯神岔以警我師忠烈遣公擊之公賈勇先登接戰三日虜又分兵寇

龍門關統制吳公璘掩擊敗走追及神岔虜援兵大至再合戰公潛以精兵橫貫其腹斷其首尾吳公引兵追及虜大潰俘斬千餘人棄鎧甲牛馬萬計轉武德大夫開州刺史遷統領軍馬兼秦鳳路兵馬都監先是虜恐屢敗遂囚公二親于青谿寨公內不自安二年正月公乞兵以往忠烈許公帶本部出北山斷虜糧道行數日至麻家嶺遇敵接戰翌日至青谿虜會諸寨兵爲援自辰合戰至莫大破虜衆奉親以歸忠烈喜曰公深入重地能破强敵迎還二親可謂忠孝兩全轉武功大夫三年正月虜寇石板谷忠烈遣公禦之公先設伏以待敵

至門奇兵劫之虜衆敗走追襲十餘里斬首數百轉右
武大夫陞鈐轄二月僞元帥四太子擁大軍由商於侵
饒風關犯梁洋經褒斜道出鳳州再攻和尚原忠烈復
遣公引本部由間道應援和尚原以功轉拱衛大夫公
嘗憤虜人侵暴不已得其使命即黥劓而歸之公至和
尚原都統郭浩厲聲曰此虜使至公辱而使歸是激敵
怒今擁衆二十萬來攻請公當之公對曰虜據梁洋遣
人以書見檄言很而色傲欲恃勢脇我儻不辱之誠爲
自弱今日之事决戰而已敵衆百倍何足慮也統制吳
公親率公等於是鼓行而前徑與虜戰于栢村一擊破

其三陣敵衆大敗追襲至渭蹂踐溺死者不可勝計水
爲之咽流吳公因謂衆曰此提楊鈐之力也轉親衛大
夫四年二月虜入寇殺金平自元帥以下盡室而來示
無返意全蜀震恐既戰我師初不利公急據第二堡外
預設鹿角之地率强弩併力迭射一日三戰傷殺甚衆
虜引兵稍卻翌日來攻萬人敵堡統領姚仲重傷公代
之率諸將戮力鏖戰五日所向皆靡大破敵衆餘黨悉
遁自是虜不敢輕舉全蜀之民各安其生者雖吳氏之
功然於攻戰之際公有力焉以奇功轉中亮大夫郢州
防禦使五年辟知洋州兼管內安撫司公事公嘗從忠

烈登殺金平過第二堡門忠烈顧瞻形勢指虜敗處以
策擊鞘謂公曰此衿喉地往歲一戰安危所系非公出
力幾敗大事嘆賞久之九年正月虜歸我河南侵疆十
年五月虜復背盟僞元帥撒離喝領大軍侵犯陝右宣
撫胡公世將擢公同統制與諸軍會於涇州回山原大
戰三日虜氣未衰議者欲潛師而還留裨將以扞公曰
我輩蒙　國厚恩今日當以死戰柰何移禍它人願留
本部兵以拒之公張蓋示以閒暇虜人競進公叱咤力
戰縱我軍數萬衆得出遂下回山轉戰十餘里全師而
還轉協忠大夫七月虜據鳳翔胡公擢公知鳳翔府兼

管內安撫使就守和尚原八月與虜戰于蒲坂河及汧
陽連敗敵衆俘斬數百人奪馬千餘匹轉履正大夫陞
都鈐轄節制鳳翔府忠義軍馬九月遷馬步軍副總管
十一年七月都統楊政出鳳翔公隸焉與敵人戰于陳
倉魚龍川石鼻寨屢戰屢捷生獲虜酋珍珠孛堇諸軍
凱還後三日僞元帥撒离喝整衆再犯和尚原公才千
人進據川金坡敵衆益盛士有懼色公厲聲曰當各奮
壯心以氣吞之聞鼓舉入敢後者斬公率衆先登鼓譟
競進自卯至酉殊死力戰虜衆大敗轉宣正大夫遷統
制軍馬和尚原素號形勝並秦隴必爭之地虜屢欲以

奇取之公扞守二十年竟無可乘之隙及因糧於敵餽運
減省胡公嘉之敷奏于 朝敵既不得意遂伸咊好是
時將迎奉 徽廟梓宮請還 太后鑾輅遂許割和尚
原十二年春 詔宣諭使鄭剛中分畫其地而移公知
鳳州既割和尚原而殺金平復爲要地其傍則仙人原
也四川兵費邊儲萃于魚關三者相距皆十許里有司
謂當得人以守遂遷諸帥無出公右者十七年命公以
本部兵屯仙人原公鎮守其地垂二十年保固無虞轉
宣州觀察使會 朝廷詔大臣舉智謀武略可充將帥
者參政楊公椿首以公應 詔授正侍大夫三十一年

九月虜主完顔亮遽絶和好南自江淮西連秦隴舟車
器甲之盛亘古未有乃分遣僞帥合喜統兵數十萬自
鳳翔至寶雞沿渭水連營列柵占據大散關宣撫招討
吳公謂公曰賊據散關扼吾衿喉當急圖之遂擢公節
制軍馬知鳳州公引兵與敵對壘且相視形勢難以力
取於是晝易旌旗夜增火鼓示不可測虜益增備轉糧
草爲持久計吳公親提大兵出涇秦攻德順軍以分其
勢仍命公牽制散關僞帥合喜果分兵赴援三十二年
閏二月公乘勢遣兵出御愛山詆天池原驚撓敵寨及
斷其餉道又寄遣兵焚其東西兩山樓櫓鼓譟從之聲

震山谷虜人驚駭弃關而走公乘勝進據和尚原則虜
亦宵遁矣翌日有騎數千復來入谷公領兵逆擊之時
天大雨雹風霧晝晦公遴神臂弓射之虜酋中流矢引
衆敗去若神助焉寶雞賊帥恐我師乘勝擊之盡焚大
寨退保鳳翔由是渭水以南復歸版籍以功眞拜和州
防禦使賜爵安康郡開國侯食邑一千七百戸食實封
一百戸公自壯歲從事軍旅未嘗一日在告盡瘁王事
常若不及每自嘆曰吾奮身畎畝荷 國恩寵誓欲捐
軀以効尺寸今年踰七十力所不逮勉強而不可得矣
會王師解嚴遂丐歸田里其請甚確吳公以公精力未

衰止聽解兵職遂辟知龍州寔隆興元年之七月也明
年改知文州又明年吳公移鎮漢中梁洋接境實爲重
地乃辟公復知洋州兼管内安撫使節制軍馬洋人聞
公之來舉酒相賀曰復得吾邦舊使君矣老稚歡迎不
絶于路公暇日嘗讀漢留侯傳至願弃人間事欲從赤
松子游之言公慨然慕之鋭意求退上章力請歸休乾
道二年九月 敕授提舉台州崇道觀介梁洋間居焉
五年二月十八日以疾終于所居之正寢享年七十有
八娶韋氏卒再娶苗氏卒皆贈令人又娶張氏累封令
人子男八人曰大勲右武大夫果州團練使御前右軍

統領權統制彈壓軍馬安康郡侯食邑一千七百□曰大亨武經大夫御前中軍同統制本管軍馬曰大節從義郎御前前軍第三將副將曰大昌秉義郎御前右軍第一將隊將曰大年忠訓郎亡曰大林忠翊郎御前前軍第一將隊將曰大森曰大有皆成忠郎女十人長適武功大夫左部正將丁立亡次適左武大夫御前中軍同統制本管軍馬胡淸次適承信郎張祐亡次適承信郎郭良臣次適承節郎彭宷次適保義郎傅汝弼次適右從事郎城固縣丞張滑餘在室孫男十一人曰祖慶秉義郎成都府路第二將隊將曰祖廉承信郎御前前軍第三將隊將曰祖榮成忠郎曰祖顯曰祖仁曰祖寧曰祖椿曰祖輝曰祖賢皆保義郎曰祖詵曰祖訓皆承節郎孫女十七人長適承信郎李雍次適承信郎張師古次適承節郎劉之義次適保義郎侯詵次適承信郎張寔餘在室曾孫男三人曰世忠保義郎曰世輔曰世傑皆承節郎曾孫女三人在室元孫男二人曰紹先曰紹光皆承信郎諸子以其年三月甲申舉公之喪葬于城固縣安樂鄉水北村生祠之側維楊氏系緒遠矣自東漢太尉震起于關西以淸白遺子孫奕世載德代不乏人公奮乎千載之後自致功名有光于祖可謂天下偉男子矣　朝廷雅聞公名故所賜訓詞有曰知義之貴以勇得名益奮壯心遂成偉績搢紳誦之以爲美談公善射發無不中嘗偕王人劉參贊子羽行饒風嶺有虎突出叢薄間人皆辟易公躍馬而出以一矢斃之故射虎之名喧達都下方二親之在虜也而靑谿之民曰贍其費賴以保全及公破靑谿旣得二親併載其民以歸給田廬家之於梁洋至今賙給不絕　朝廷聞之以孝義特賜旌表公之行不特此也爲郡尤以愛民爲本初洋州有楊塡等八堰久廢不治公皆再葺之漑田五千餘頃復稅租五千餘石又增營田十四屯公私以濟民爲立祠宣撫處置張公浚聞于　上賜　詔奬諭初公至鳳翔也有流民數万在境內或疑其反側悉拘于山谷間公矜其無辜皆縱之後岐雍大歉流民復入關就食公復納之所活甚衆西邊饋運自昔頗艱公至鳳州首創營田四十屯民力減省軍食充足又預築鳳之黃牛堡以塞散關之衝創文之高平原以控西羌之路尔後皆獲成效其先見之明古之名將所不能及公惟寬厚喜士不以其貴驕人接物逮下喜慍不形于色雖部曲偏裨率皆待以恩禮軍旅之暇採摭諸史兵家實効分門成帙釐而爲三十卷曰古今兵要事類漢守張

行成太學博士李石皆蜀名士爲之序引其書遂行于
世初公預爲送終之具嘗託門下士朱滸昆季迹其行
事編爲壁除錄勃偶備員魚梁總幕得親炙公言論一
日公出示所錄委勃爲誌勃竊駭愕因問其故公曰僕
以義自奮以勇立節每遇戰事許國以死萬一得酬素
志則區區之心誰能表褋之故欲先爲之計儻得名卿
鉅儒特書其事他日瞑目無憾矣勃嘆曰自中原俶擾
豈無忠臣謀士力作中興然於出處用捨之際或有愧
焉公始以數百孤軍出重圍不測之親從吳氏伯仲挫
乘勝方張之虜堰楊塡以惠梁洋之民復散關以壯川

蜀之勢起匹夫之微而爵通侯之貴勤勞百戰之餘而
優游乎二千石之艮明哲保身以功名始終蓋未有如
公之全者也使人人皆如公徇國而不徇私懷義而不
懷利則何患乎勳業之不立耶異時載在盟府繪像作
頌血食一方祀必百世其誰曰不宜乃爲之銘銘曰
炎光晦曚　赫然而中　天佑生賢　龍飛雲從　其
賢伊何　翼翼楊公　公來自西　名達九重　惟天
子明　喜得牙距　料敵制勝　允兼文武　膚功上
聞　天子曰嘻　利勢安强　皆汝之爲　忠以禔身
義而報國　智可周物　勇摧大敵　備德有四

孰與之京　風廓霧舒　偉績用成　導利之功　惠
澤無窮　粒食用乂　是敬是崇　氣老愈壯　金湯
是託　或云不弔　遐邇驚愕　梁山峩峩　漢水湯
湯　公名與俱　德音不忘　西周王傑刊
從義字子和以靖康丙午歲應募起隸吳忠烈玠麾
下云建炎二年八月被圍于同州者謂金將婁室作亦
婁宿同取下邽九月破同州事也時公在圍中云四年
九月我師不利於富平者謂金太子宗輔爲副元帥
督師陝西九月敗張浚五路兵於富平也云紹興改
元十月金四太子必欲取和尚原先遣兵攻神坌以

警我師忠烈遣公擊之者謂是年十月玠保和尚原
金將没立自鳳翔烏魯折合自堦成出散關約日會
和尚原折合先期至陳北山索戰玠命諸將堅陳待
之更戰迭休金兵潰散没立方攻箭括關玠復遣將
擊退之會婁室死兀朮復會諸道兵十餘萬造浮梁
跨渭自寶雞連結諸營與玠兵相拒玠復命諸將以
勁弓强弩却之先設伏兵於神坌以待金兵至大亂
縱擊破之是也云三年二月四太子擁大軍由商於
侵饒風關再攻和尚原玠遣公引擊者謂金撒離喝
分兵攻關統制郭仲敗走金兵入興元經略使劉子

羽棄城走三泉玠退保仙人關金兵深入旣由褒斜
谷還興元玠子羽追擊之是也饒風關在今石泉縣
西五十里云四年二月金兵入殺金平自元帥以下
盡室而來示無返意者謂吳璘守和尙原饋餉不繼
玠謂其地去蜀遠命棄之于仙人關右殺金平剏築
一壘移兵守之至是兀朮撒離喝及劉夔等三十萬
騎入侵玠與璘及金人轉戰數晝夜不息是也云九
年金歸我河南侵疆者謂金以陜西地來歸遣使王
倫受地是也云十年五月金背盟撒離喝侵陜右公
與諸軍會於涇州回山原七月金據鳳翔八月與金

戰于蒲坂河者謂是年金兵犯石壁及吳璘與金鶻
眼郎君戰撒離喝入邠州胡世將遣公及王彥分道
摧敗之撒離喝退屯鳳翔九月楊政遣公夜襲金兵
至十一月又襲之寶雞是也至是公隸楊政軍云十
一年七月與金戰於陳倉撒離喝再犯和尙原又戰
郤之者謂是年春正月公旣敗金兵於渭南攻克隴
州與戰於寶雞擒金通檢孛堇是也宋史高宗紀作
十月與此小異是時和議已成朝廷名政還以商秦
之半畀金公亦移守鳳州復退保仙人關垂二十年
無所事者皆公之力也云三十一年金主完顏亮遠

背盟好者謂是年九月金兵攻黃牛堡爲吳璘所敗
也云三十二年閏二月公乘勢出攻金兵宵遁者謂
璘遣公攻拔大散關分兵據和尙原金人走寶雞是
也蓋是時始以功眞拜和州防禦使賜爵安康郡侯
而弃三路之議起璘於是乎班師公於是乎丐歸矣
公以乾道五年二月卒有子八人女十人子及聓並
爲郎官宋史不立公傳其詳並見高宗本紀及璘玠
政等傳因疏出之並見碑刻之爲功於史者不小也
關中金
石記

按此誌撰者袁勃書者李昌謌篆者王椿史皆無

傳誌敘楊從義自建炎初隸忠烈吳玠補進武校
尉繼隸宣撫吳璘逮隆興三年累官至和州防禦
使知洋州賜爵安康郡開國侯計前後四十年所
立戰功不爲不多始終受吳玠吳璘指揮史旣不
爲從義立傳卽吳玠傳中亦無一語及之南宋書
吳玠傳祇附郭浩楊政王俊張超四人而不及從
義且從義武臣未嘗嫻文事乃輯兵要事類三十
卷誌稱張行成李石爲序而行世稽之宋史藝文
志亦失書凡此皆可補史所未備也史稱吳玠卒
謚武安作廟于仙人關號忠烈然則忠烈是吳玠

廟額而誌則稱玠爲忠烈不云武安誌稱公預爲
送終之具託門下士朱澣昆季述其行事編爲壟
除錄此即後世生作年譜行狀之所昉也朱澣必
是幕客而稱之爲門下士則門下士之稱不必專
屬之貢舉門生矣誌載從義事蹟多與史合闕中
金石志疏之已詳茲不贅

金石萃編卷一百四十九終

金石萃編卷一百五十

賜進士出身　誥授光祿大夫刑部右侍郎加七級王昶譔

宋二十八

韓蘄王碑

碑連額高二丈五尺七寸廣八尺九寸額題中興佐命定國元勳之碑十字正書分二行字徑一尺二寸居中有小字題曰選德殿書四字正書徑一寸七分中有御書之寶方三寸額占碑之上半截計九尺四寸文八十八行每行一百五十字多寡不等正書徑七分在吳縣靈岩山西

宋故揚武翊運功臣太傅鎮南武安寧國軍節度使充
醴泉觀使咸安郡王食邑一萬八千三百戶食實封柒
阡貳伯戶進封蘄王謚忠武神道碑

襲□□□□□□□□□□□□□□□□□縣
開國子食邑柒百戶賜紫金魚袋臣趙雄奉　勅撰
闕上中侍郎□□侍講□□□□□太子□□□
□□□□□食邑柒百戶賜紫金魚袋臣周必大奉
勅書

上纘祚之十五年威行德孚丕冒海隅出日罔不畏服
罔不願爲臣妾　上益厲精行健冀大有爲聞鼓
鼙而思勳臣于昕夕不忘乃二月甲午　制曰韓世忠
感會風雲功冠諸將可特賜謚忠武蓋太師韓蘄王之
薨之葬至是已二十有六年而　褒崇益光遂與漢丞

相亮唐汾陽王子儀同謚　宸奎內出不由有司中外
偉之王之子彥古方居蘄國夫人憂聞　詔感泣繼血
卽拜疏謝又拜疏請曰草土臣彥古謹昧死言臣之先
臣世忠發身戎行逮事　徽宗　欽宗皆著
顯效暨委質　太上皇帝自大元帥霸府宏濟于
中興始終實備大任　仰憑　宗社威靈與　太
上皇帝廟謨神筭摧勍敵如拉朽芟劇盜如刈菅　大戰
數十小戰數百　豐功盛烈光照古今不幸早棄　明時亦
既積年　陛下憫念勳勞固嘗爵以眞王錫之美
謚獨墓道之石無名與文惟　陛下哀矜究此
光寵豈獨諸孤顯耀抑先臣有知猶當[illegible]結草之忠
天子曰嗚呼惟乃父世忠自建炎中興實資佐命式
定王國時惟元勳予豈可忘乃　親御翰墨大書曰
中興佐命定國元勳之碑翌日　朝諸將于凌虛閣特
詔彥古戎服入見　面賜　御書俾冠予碑首
顧謂諸將曰世忠有大功於帝室今彥古亦克有志
世其家予惟　寵嘉之是用錫此豐碑諸卿勉哉諸將感
激奮躍益知　國家之不負臣下也忠孝之不可以不
盡也功名之不可以不力也皆趨下再拜彥古亦再拜
而出既又　詔禮部尚書臣雄曰汝其銘世忠之碑臣

雄以謂　聖主褒崇元臣茲事體大顧末學弗稱
且祖諱與王名謚適同尋上書懇辭　上遽批出
略曰君前臣名臨文不諱不許辭免臣雄於是惶恐奉
詔謹拜手稽首上故太師蘄忠武王遺事曰王諱世忠
字良臣姓韓氏韓氏本古列國後爲秦所併子孫自韓
原渡河散居延安以國爲姓故王世爲延安人曾祖諱
則居鄉以義俠聞家故饒財賑貧藥病多所全活既歿
有異人指其所葬地曰代代當生公侯後以王貴贈太
師楚國公曾祖妣郝氏吳國夫人祖諱廣父諱慶皆贈
太師秦陳二國公祖妣高氏妣賀氏冀楚二國夫人楚
國生五丈夫子王其季也始生之夕有光芒出屋間鄉
鄰以爲火各具綆缶馳救至則聞王生皆異焉就襁褓
輒流瞬瞬則目光如電楚國游驚而心奇之少長風骨
偉岸尚氣節能騎生馬駒　諸豪里中惡少年皆俛首不
敢出氣則爭爲之服役或負責不償者王輒爲償負者
後聞亟持所償愧謝里俗爲之一變有寃抑不以謁郡
縣而謁諸王咸得其平由是名聞關陝嘗過米脂寨姻
家會飲日已暮而閽閉王怒以臂拉門開鏁應手而斷
旦視之其木蓋兩拱餘閽吏駭服年未冠以敢勇應募
鄜州挽強弓三百斤嘗乘悍馬手舞鐵槊奔馳天郎山

峭壁間觀者膽裂同列無一人敢鄉者軍府校藝獨用
鐵胎弓所鄉雖金石皆洞貫其騎射絶人類此時崇寧
四年也屬西方多事王每聞邊遽至輒上馬或不俟鞍
而奮喜與交游痛飲資用通有無或不持一錢相從詣
酒肆貰酒期於戰獲爵級以償王出必多獲由是同列
皆饒給銀州之役絲從党万以行父母素鍾愛不許王
固請於陳公曰大丈夫當建功業取公侯豈宜齪齪自
守陳公奇其志乃聽去軍甫至而城閉王直排扉入斬
主將擲首陴外三軍乘之大克繼而夏人以重兵來寇
次高平嶺王與党万悉精銳鏖戰賊解去而突騎忽出

間道擣我營將士驚愕王獨部敢死士殊死鬭賊少卻
時王爲殿見一騎士甚武揮槍而前王問將者爲誰曰
十軍監軍駙馬郎君兀㗰也王躍馬從之斬其首賊遂
大潰由是西邊益服王威名口有司圖上其事且乞優
賞會童貫專制邊事疑耽勇皆勢家子有所增飾止許
補一資衆譁不平而王恬不芥蔕當時識者知王器量
宏遠矣從劉延慶築天降山寨敵據有之延慶令王守
北門王夜縋城而上斬二級劄護城氈以獻繼逢敵於
佛卩寨斬首數級始補守闕進義副尉至臧底河又斬
三級轉進武副尉會妖人方臘起桐廬自號聖公殺掠

吏民自浙河以西至于江南毒流蓋千餘里南方素無
兵備詔調西師討之王部敢勇五十人隨王稟以往
遇别將王淵於杭之北關堰橋會大潦道不通賊掩至
淵惶怖不知所出王造淵說曰今賊據險爭利我不以
智勝而以力拒可乎淵怒曰何人敢爾王益辯議不少
屈淵曰汝雖能言願聞必勝之說王爲條一二且請以
所部邀擊淵命取軍令狀以去明日會戰賊勢張甚王
選敢勇二十餘人伏堰橋傍須臾伏發賊衆大亂王追
至淵舟前斬首數級師遂大克淵乃嘆服曰眞萬人敵
盡以所隨白金器賞焉與淵定交自此始至今杭人呼

堰橋爲得勝橋云時天下忘戰日久盜起倉卒
天子宵旰南顧詔能得渠魁者授兩鎭節鉞王單騎
窮追至睦之清溪洞賊深據巖屋爲三窟諸將繼至莫
知所從入王潛行溪谷問野婦得其洞口即挺身仗戈
而前榛棘嶔崎越險數里擣其巢穴縛僞八大王格殺
數人臘遂就擒併俘以出辛興宗後至領兵截洞口掠
王俘以爲己功故王不受上賞别帥楊惟忠還闕少
伸其事但超轉承節郎朝廷議復燕山調諸軍以行
至則皆潰王往見劉延慶抵瀘沱河獨與蘇格等五騎
俱逢虜騎五千餘從者失色王遣五騎列于高岡戒勿

動値燕山潰卒來會然皆重傷者王卽命艤舟河岸約
曰虜奔卽鼓譟助聲勢王乃獨躍馬薄賊囬折自如虜
疑之分爲二隊據坡以視王出其不意突刺二執旗者
因縱擊格等五騎應於後舟中潰卒亦鼓譟如約虜疑
我伏發遂大潰追斬甚衆是時山東河北盜賊蜂起王
從王淵討捕所在摧鋒於大名境中殺水賊幾盡又破
濠村强盜累奇功轉武節郎以偏將從梁方平經略東
事賊楊天王透手滑聚衆數千寇尉氏一戰擒其渠帥
餘黨悉平臨沂賊武鬍衆數萬與戰於韓王洲又平之
沂州賊徐進衆五萬而官軍不滿五千王止以衙兵五

十餘薄賊誅馘悉盡又青社賊張先水鼓山賊劉大郎
望仙橋賊高托山朱路山賊賈進莒賊徐大郎衆皆不
下萬人大者或跨州兼邑王每身先諸將次第擒滅又
殺獲東海賊張㚇等由濟南振旅而歸於是山東羣盜
悉平轉武節郎　欽宗卽位之初王方從梁方平
防河濬州金人大軍已壓濬境方平漫不顧以爲他盜
王說曰今之來者金虜耳願公速整行陳爲護河計河
一失守　宗社阽危公可忽乎王忠憤由中詞氣激
烈方平怒俾王以三十騎當敵名曰硬探實欲致王死
地王遇敵輒戰以實歸報方平猶以爲紅巾賊不設備

及虜進迫屯子橋則方平脫身遁矣王師既失主帥數
萬之衆皆潰虜騎大至王陷數十重圍中意氣彌壯挺
槍奮躍而前所嚮披靡虜嘆異小卻卽潰圍出殿諸軍
焚橋而歸至京師　欽宗聞王勇冠軍　召對便
殿且　詢方平失律之狀王條奏甚悉轉武節大夫
俄召諸路勤王兵入衛王隸京城四壁爲統領屬虜人
許割三鎮而還王淵爲河北總管辟王爲選鋒統制有
勝捷軍統制張師正者戰敗轉徙大名宣撫副使李彌
大斬之以徇師正所部本童貫牙兵初貫創勝捷軍極
諸軍之選每禁軍一指揮所選止一二人或四三人皆

人物魁梧武義超絕者纔得五千餘人後隸師正師正
死此軍懷反側遂相約爲亂鼓行而東刼掠淄青間影
附脅從者四五萬號二十萬所過亾復噍類山東復擾
王以戍將寓大名雅爲李綱所器重遂檄王以所部五
百人討之至淄河以軍分爲四隊布鐵蒺藜窒歸路令
曰前則有功退則死有怯走者許後隊殺以爲功於是
士皆效死莫敢囬顧至夜半縱兵薄賊營賊既驚擾旦
而接戰大破之斬其魁李復餘悉奔潰王窮追不已賊
卒潰卒數千出我不意王不及介冑上馬邀之矢石雨
下臂指吻鼻中四鏃王怒折笴彀弓拔刀徑前殺爲首

者六人賊衆又奔追至宿遷其衆尚萬餘謂已遠王不
能及方擁所掠子女椎牛縱酒王單騎疾馳夜造其營
呼曰大軍來矣速束戈卷甲吾能保全汝等以其功名
賊自淄河破膽皆跽請命曰願吾父貸死因進牛炙斗
酒王下馬飲啖輒盡衆莫敢動遂束手降黎明見王所
部止此始悔之而業已解甲莫不相顧失色遷左武大
夫果州團練使將所降朝京師　欽宗再賜對慰
奬甚渥賜衣甲槍牌除正任單州團練使就命將所部
屯滹沱河眞定失守王知滹沱形勢已蹙去之趙趙守
蓋王淵云淵得王恃以自固虜再入寇趙知王在焉攻

益急口殫援絶孤城更數日殆破王一夕潛起將三百
人擣其營虜大驚亂翌日遁去後有自虜來者始知大
酋二都統是日披創以斃衆遂不能支除嘉州防禦使
將所部還大名總管趙野辟爲前軍統制　光堯
慈聖憲天體道性仁誠徳經武緯文太上皇帝時以天
下兵馬大元帥駐濟陽王領所部勸進復自濟陽次南
京虜縱兵逼城人心兇懼王據西王臺力戰虜稍却翌
日再至而酋帥白馬三郎以衆數萬薄城王時所將近
千人與賊遇卽單騎突之斬酋帥以還部兵乘勝鏖鬭
虜衆遂潰南京圍解郡守帥父老迎謁居民炷香夾道

多感涕者於是還詣濟陽勸進遂扈　蹕如南京
太上皇帝授光州觀察使帶御器械王請移　蹕長
安下兵取兩河朝議不從始建　御營以王爲左軍統
制　詔平濟州山口賊解大刀李皇等所歸勦除陞定
國軍承宣使依前帶御器械　制曰解趙城之圍威震
河朔御胡馬之牧效著淮陽皆紀實也　車駕幸維
揚王以所部扈從甫至賊有張遇者號一窩蜂旣破儀
眞自金山以衆來降拯城而不解甲扈從者危懼王單
騎造其壘曉以逆順禍福𠯗使速降衆遂解甲聽命李
民擁衆十萬亦旣來降比至維揚復狠顧整勵器械

詔王淵處置淵以屬王王往諭　旨誅梗議者劉彥驅
李民以出縛小校二十九人送淵戮之以民隷王軍分
其衆屬內將張俊等事遂定授王京西等路捉殺內外
盜賊時虜再犯河雒王率敢死士戰于孝義橋所殺已
數千人而别將以後軍先退虜衆乘我王身被鏃如蝟
卒力戰以免後至汴詰先退一軍皆斬左右卧以徇威
令大振自是軍不復敗矣　召還　行在授鄜延路副
總管加平寇將軍承節帶　御營統制如故未幾　詔
王領所部如山東王間　車駕幸錢塘遂由海道趨
行在時建炎三年也未至有禆將段恩者亾至　都

下詭言王兵潰陷虜物情震駭殿前統制苗傅劉正彥
素蓄異心聞王陷沒無復忌憚遂勒兵反殺簽書樞密
院事王淵及內侍數十人奉　太上居別宮因熖
熾甚神武中軍統制官吳湛又陰與同惡王在海上聞
變望　闕慟哭舉酒酹神曰誓與此賊不共戴天舟中
士卒亦皆慟哭思奮時禮部侍郎張浚在平江方議討
亂與諸將環坐計未有出聞王且至更相慶曰韓公能
來此事必辦王至見浚相與號泣曰何猶豫爲卽日與
浚定復　辟之議乃先諸將啓行時道路譁言傅正彥
謀挾　乘輿以出中外兇懼王曰賊素知畏我我至

彼敢爾耶壽命偏將張世慶捜絕諸路郵置使僞命不
行至嘉禾造攻具甚急傅正彥矯制止王且除節鉞王
不受命會江淮浙制置使呂頤浩亦來王迎謁于郊頤
浩問曰賊計無他虞乎王曰彼恃勢憑衆脅取鐵券自
謂不死安有他虞又問可必勝乎王曰以順討逆何爲
不勝頤浩曰知彼知己可以戰矣時楊國夫人及王子
質傅軍防守甚嚴王略無顧念會　隆祐太后宣
見楊國楊國詒傅紿曰太尉作如許事公來矣於太尉
何如傅乃屈膝拜曰願奉兄嫂禮謹具鞍馬傾夫人好
爲言是日入見　隆祐宣問周悉執楊國手垂口

泣曰國家艱危至此太尉首來救　駕可令速清嚴
陛楊國奉　詔馳出都城遇傅弟翊于途告之故翊
色動手自捽耳楊國覺翊意非善愈疾馳一日夜會王
于嘉禾王見之驚曰汝輩在耶俄而明受詔至王曰吾
知有　建炎官家安知明受耶斬其使焚其詔進
兵益急傅等大懼遣將須張永載謝罪且出　御札曰
知卿已到秀州遠來不易朕居此極安寧苗傅劉正彥
本爲宗社終始可嘉卿宜知此意徧諭諸將務爲協和
以安國家王知脅求　詔旨非　太上本意諭永
載曰　天子卽復位事乃可緩不然吾今以死決

之賊得語知不可解卽日復　太上明辟王晨夜
兼行承宣使張俊遣兵三千助王王顧所部或非素所
拊循乃悉收家屬詣軍及合戰臨平檥家屬舟岸下由
是師徒登岸擊賊無一不用命者賊將苗翊馬柔吉以
重兵負山阻河爲陣且於中流植木爲鹿角以梗行舟
岸間塗淖不可馳王乃下馬揮矛令軍中曰今日當以
死報　國若面不帶數箭者皆斬士殊死鬬轉至剪刀
山賊以神臂弓數千持滿而待王瞋目大呼挺刃徑前
賊辟易矢不及發連戰皆大克直造北關門傅正彥自
投江東制置使副提禁旅數萬以遁　朝廷慮其遂

逸去　詔能生擒傅正彥者有官人轉承宣使無官人
授正任觀察使其餘獲逆黨賞各有差王入朝　行
宮拜且泣曰逆賊不道　主辱臣死臣願受　命縛此
二逆因奏曰逆賊擁精兵數萬去甌閩甚邇万一寖成
巢穴愈難擒滅臣請速除之未審　聖意欲生致
之邪抑函首以獻也　太上曰能殺之足矣王曰
臣誓生致之顯戮都市爲　宗社刷恥不然則臣爲
欺天斅前虎賁有宋金剛張小眼者號膂力王乞以從
欲俾護俘來上時所部纔數千人請止以所部行
太上壯之酌巨觥以餞因握手語王曰統制吳湛佐

二判爲逆卿知之乎王曰此易與耳時湛已不自安嚴
兵爲衛王詣湛與語手折其中指遂擒以出門下兵衛
驚擾王按劍叱之無敢動又親擒湛黨王世修同日伏
誅王遂行　詔除武勝軍節度使御前左軍都統制江
浙制置使賊方圍三衢聞　王師來即解去將趨上饒
王恐其或滋蔓閩廣也徑自浦城提出迎之至漁梁驛
與賊遇夜半勒兵距浦城十里賊跨溪據險設伏正彥
屯溪北傅屯溪南相約爲應俄而接戰部將李忠信趙
珉節恃勇陷陳馬彥溥馳救死之王挺槍徑前賊望見
怍曰此韓將軍也乃潰擒傅正彥及傅弟翊遺所乞二

虎賁護俘獻　行宮斬于建康市師還至蔣山
太上遣中貴人賜金合茶藥并　御書忠勇二字
表王旗幟　詔曰餘杭之難卿首奮忠勇已破凶逆朕
之復辟惟卿之功除撿校少保武寧昭慶軍節度使御
前左軍都統制楊國自碩人超封國夫人　制曰智略
之優無愧前史給內中俸以示報焉功臣妻給俸自楊
國始改除武勝定國軍節度使依前撿校少保御前諸
軍都統制兀朮入冦　車駕復幸臨安命杜充以尚
書右僕射守建康王守鎮江兼制海道王方治舟秀之
青龍無何充以建康叛降于兀朮兀朮遂自建康取宣

城直至廣德徑趨臨安　車駕又幸四明王聞之亟
以舟師赴難未發兀朮聞王在京口遽勒三十萬騎北
還王即奏願留江上勒除使無南牧之患遂提兵截大
江以邀之先降其將鐵爪鷹李選　太上賜札曰
比在會稽呂頤浩獻議欲會兵京口邀截歸路遽覽來
奏及圖上方略實契朕懷惟卿忠憤之誠謀慮之審千
里之外不謀而同載觀規圖深所嘉歎今以獲賊資財
物帛盡予將士并降空名告劄二百道用資激賞兀朮
遣使通問王亦遣使臣石皋報之約日會戰戰數十百
合虜終不得渡復使致詞願還所掠假道不聽請益以

名馬又不聽虜乃益兵儀眞勢接建康兀术軍于南撻
辣軍于北王提海艦中流南北接戰相持黃天蕩四十
有八日兀术窘甚求打話王酬答如響時於所佩金鳳
瓶傳酒縱飲示之虜見王整暇色益沮乃祈假道甚哀
王曰是不難但迎還　兩宮復舊疆土歸報
明主足相全也兀术語塞又數日求登岸會語王
以二人從見之復伸前請而言不順王怒且厲引弓將
射之亟馳去虜自知力憊糧竭久或生變而王將帥中
流鼓枻飄忽若神□渡海江口又皆已入面控扼出路
垂絕乃一夕潛鑿小河三十里自建康城外□之江以

通漕渠刑白馬剔婦人心兀术自剺其額祭天□風濤
少休竊載而逃王諜知其謀盡舟師督戰會風力□緩
虜得以輕舸渡去土人稱爲番人河其後秦檜主和更
名新開河云先是王治兵鎮江嘗曰是間形勢無如金
山龍王廟者虜必登此覘我虛實乃□□□□□以二
百人伏廟中又遣二百人伏岸下約曰聞鼓聲岸兵先
入廟兵繼出數日虜至果有五騎闖入廟廟中之伏喜
先鼓而出五騎振策以馳僅得其二有一人紅袍白馬
旣墜復跳馳而覘語二人者一卽兀术也是舉也兀术
僅以身免俘獲殺傷者不可勝計所遺輜重山積所掠

男女獲免者不知數又獲龍虎大王舟千餘艘捷聞
太上賜札曰卿比統帥舟師邀擊虜寇忠勇之節
遠近所聞相拒大江殆彌兩月殺傷莫計俘獲良多所
有已立功人早以功□來上當優與推恩又札曰胡馬
飲江大肆殘虐卿感激思奮慷慨自期獨提全軍往遏
歸路將士用命水陸齊攻捷音遠聞殺獲甚□□念忠
勞不忘□□□□除檢校少師武成感德軍節度使神
武左軍都統制時劇盜數起軍中荆湖震擾朝廷爲出
禁旅遣辛企宗討之師老不能平福帥程邁監司侯慤
等力請改命將帥章四十三上　太上乃除王福

建江西荆湖南北路宣撫□□□孟庾以□□范汝爲
□建安衆□十□至□□黃知微等王曰建居閩嶺上
流使賊沿流而下則七郡皆血肉矣於是選輕銳航海
徑趨福唐□衆而上諸帥迎謁且言賊方銳且少休以
俟元夕王笑曰吾以元夕凱旋見公矣因酌酒以別師
次延平劍潭湍險賊焚橋以拒我師王策馬先浮以濟
師遂濟□氣益倍距建寧百里許賊盡塞途路埋巨木
爲鹿角散布竹簽鐵蒺藜掘陷馬坑凡可以旅拒　王
師者無不用其至王卽命諸軍偃旗仆鼓□□□□
□□□□□□□□遂□□之□□□□

賊□□□城邑□在井底□□巨□天橋□□□道齊攻汝爲畏怖以謂從天而下五日城陷汝爲竄身自焚圃源洞中又有陸必彊葉鐵□陸必元張弓手熊致遠等皆□賊驍將分兵四刼而葉諒者别以一軍出冦邵武王悉擒斬之凡殺賊衆三萬餘人生擒魁首張熊等五百餘人士人之附賊如施逵謝嚮陸棠等皆械送行在所廼令軍人悉駐城上無得下標旗於城之三隅令士民自相别農者給牛穀使之耕商賈者弛征禁爲賊者使民得甘心脅從者貸遣建安之民自以爲蒙更生家立生祠共圖勒功于石至今奉香火惟謹

太上賜札曰省奏范汝爲已就滅亾遂釋南顧之憂其餘畸零賊黨并葉諒等想已招投惟務隨宜處置勿留後患又札曰卿比執訐獲醜安靖一方非特秋豪無犯而又給耕夫之牛使不失時雖古名將何以加諸朕始聞此喜而不寐是能威愛兼得體我至仁加惠斯民者惟卿之勞苦實永朕懷王遂條奏江西湖南羣冦要領以時平定乘勝撲滅勢若破竹詔從之王旋師永嘉將就休息者已而道栝蒼上饒徑至豫章江濱連營數十里賊不虞王之猝至以爲神大驚於是曹成馬友李宏等次弟來降王悉分配諸軍卽日移師長沙山東賊

白氊笠劉忠有衆數萬嘗與兀术轉戰頡頏而南據祁陽之白綿山自縣其額號花面獸山險重複營栅相望凡一年莫敢攖其鋒者王始至卽欲急擊之曰少延歲月湖南生靈無種矣庾不可曰功幸已成而師勞若更趦白綿有如不捷前功盡廢王曰兵家利害世忠策之審矣非參政所知請期半月當馳捷以獻庾不能奪王卽將所部與賊對壘乃奕棊飲酒按兵不動者累日衆莫窺其際一夕獨與親信蘇格便服聯小騎直穿賊營警夜者呵問王曰我也蓋王已諜知賊中約以我字爲號故所鄉不疑遂周覽賊營而出喜曰此天賜也卽下

令明日破賊會食遂命諸軍拔栅前往先遣銳卒二千銜枚夜進伏于白綿山上戒曰賊必空壘來戰若疾馳入奪中軍望樓駐麾張蓋旣而賊以三萬人拒戰兵交自寅至巳賊精兵迭出勝負未分俄而所遣銳卒二千植旗蓋於賊之望樓傳呼如雷賊四顧驚愕進退無所據遂潰亂王乃傳麾令上下夾擊將士爭奮大破之追斬忠于小舟傳首闕下下令敢掠子女者斬湖南遂平戰克之日與庾所斯如合符契詔授太尉賜帶笏又賜札曰出師今將朞歲以爾勞苦繫我憂沖北歲李宏擴拒劉忠敗績蓋張吾武震撓凶徒朕甚嘉

之且以防秋届期狄怨是念卿其振旅來歸竭盡智力
以圖大功而後喜可知也王授鉞以出掃清江左
太上偉其功　詔樞密院以功狀頒示內外諸將各
務奮勵其舉中興以光史冊師還建康乃置背嵬親隨
軍皆勇鷙絕倫者除開府儀同三司節制依舊充淮南
東路宣撫使泗州置司明年以建康鎮江淮東宣撫使
駐鎮江是歲兀朮與酋帥撻孛耶合三路兵入寇騎兵
自泗取揚步兵自楚取高郵塵覆飛鳥　太上賜
札曰覽卿承楚之奏良用駭歎今虜氣正銳又皆小舟
輕捷可以橫江徑渡想卿謀畫已定可保無虞更宜率

勵將士勠力勦除此亦卿前日之所爲奏也浙西趨行
朝無數舍之遠朕甚憂之卿忠憤憂國朕所素知協濟
艱難正在今日切更多算以夾萬全又札曰朕以逆臣
劉豫外挾強虜驅率吾民遣兵東衛觀其措意必欲圖
危社稷人神所共忿覆載所不容卿爲國大臣乃心王
室忠憤之氣想實同之今賊犯眞滁已逼江上而建康
諸渡舊爲賊衝萬一透漏存亡所係卿宜勠力一心以
赴國家之急先飭守備徐圖進取無失事機以殄賊計
朕雖不德無以君國子民而祖宗德澤猶在人心
所宜深念累世涵養之恩永垂千載忠誼之烈興言及

此當體至懷王受詔感泣曰至尊憂勤如
此臣子何以生爲遂自鎮江濟師以前軍統制解元守
高郵候虜步兵王親提騎隊往大儀以當淮泗之驅伐
木爲柵以斷歸路大會將佐曰金人馬步分道並進
車駕方在江南有如不勝必爲社稷憂諸君
奮忠義以報國此其時矣吾平昔恨無死所所以拔
橋斷路示無生還之望遂大饗士俟戰士皆感奮氣自
百倍會朝廷遣魏良臣使虜至維揚王置酒送別
杯一再行流星庚牌沓至良臣問故王曰有詔移屯
守江乃撤炊爨給之良臣竊自喜疾馳去王度良臣已

出境即上馬令軍中曰視吾鞭所嚮於是六軍大集北
行發大儀口時勒爲五陣設伏二十餘處口口戒之曰
聞鼓聲則起而擊良臣至虜虜果問我師動息悉如所
見以對兀朮號知兵聞大軍倉卒南還喜甚與羣酋厲
兵秣馬直趨江口至大儀五里所王縱虜騎過五軍之
東直北傳小麾鼓一鳴伏者四發五軍旗色與虜雜出
虜軍亂我師伍伍迭進步隊各持長斧斫馬足虜至裝
陷泥淖弓刀無所施王東西麾勁騎四面蹂之虜大半
乞降餘皆奔潰追殺數十里兀朮乘千里馬以遁積尸
如丘垤擒其驍將撻孛耶女眞千戶長五百餘人獲戰

馬五百餘匹器械輜重與平山堂齊軍勢大振兀术還
泗上見良臣詰責其賣己將斬之良臣好詞以免解元
至高郵亦遇虜設水軍夾河而陣我師皆願效死虜整
隊迭出一日之間合戰十三士力稍罷相拒未決王遣
成閔將勁騎往援之閔與元軍合復大戰俘生女眞及
千戶長等虜敗去俄而王至窮追于淮虜復大敗奔潰
相蹈藉沒溺死者不可勝計捷書沓至羣臣入賀
太上曰世忠忠勇朕知其必能成功乃　賜札曰聞
卿獨抗大敵勦殺犬羊數以萬計攘逐過淮全師而還
甚慰朕望兀术舉國來寇憑陵邊圉非卿智勇冠世忠
義徇國豈能冒犯矢石率先士卒以寡勝衆儁偉如此
朕深念卿躬擐甲冑之勞將士摧鋒力戰之苦夙宵震
惻痛切在躬得卿來報頓釋朕懷初虜既傾國內侮
朝廷過計有勸　太上他幸者於是降　旨議
散百司物論譁然獨宰相趙鼎與王議合曰戰而不捷
去未晚也至是虜既潰敗王自淮上振旅凱旋江左遂
安故論者以此舉爲　中興武功第一除少保武成
感德軍節度使淮南東路宣撫使鎮江置司王在鎮江
一日方會諸將置酒虜帥撻辣恥前敗覆以書幣來約戰
王卽遣伶人張軫王愈之持橘茗爲瓊報書略曰元帥

軍事良苦下諭約戰敢不疾治行李以奉承指揮也撻
辣謀屈卒不來未幾全軍遁去然諸將徘徊顧望無敢
渡江者王獨請移軍窮邊經理中原　太上賜札
曰昨因虜近議者以經理淮甸爲言人多憚行卿獨慨
然請以身任其責朕用嘉之又曰今聞全師渡江威聲
遐暢卿妻子同行不乍到醫藥飲食或恐未備有所須
一一奏來也改除武寧安化軍節度使依前少保充京
東淮東路宣撫處置使兼營田大使楚州置司兼節制
鎮江時楚累經殘掠邑屋皆丘墟榛棘王至則撫集流
亡通商惠工創新營壘民心安固軍氣日益振厲於是
曩時煨燼瓦礫之場化爲雄都會府隱然爲國長城矣
劉豫聞遣兵入冦輒爲王所敗卻生擒僞知鎮淮軍王
拱及食糧軍數百獻于　朝是年虜又犯漣水王迎
擊殺其將孫統領追至金城時豫之銳卒盡屯宿遷聖
女墩王以輕兵破之轉戰至徐之駕口軍既單弱而虜
援兵詭里耶索賈舍人踵至遂以背嵬輕騎五百衝之
爲虜所圍王突圍拔衆以出復乘銳掩擊過落馬湖五
十餘里殺傷不可計攻淮陽旦暮且下會　詔班師王
亟還道遇僞齊帥劉猊率金國三路都統太一孛堇鼇
山水晶相公青州五路都統東平府總管及兀术舉兵

自河間與諸道會王勒陣向敵遣小校郝彥雄造其軍
大呼曰錦袍氈笠驄馬立陣前者韓相公也衆咎王王
曰不如是不足以致敵及虜騎至王先以數騎挑之獲
其引戰者二人諸將乘之大破虜衆暴尸三十里提闖
太上賜札曰卿誠存報國義獨奮身長驅濟淮
力戰破賊俘獲羣醜撫輯遺黎眷言忠勞實所嘉歎然
王師之出本以弔民上將之威尤宜持重軍旅之外毋
爽節宣深體至懷副朕倚注特授橫海武寧安化軍節
度使賜揚武翊運功臣依前少保充京東淮南東路宣
撫處置使兼營田大使王以承楚單弱正當寇衝寇至

無以守乃增大其城身自督役役不勞而城固民恃以
無恐家立生祠以報先是移屯山陽與敵接境王乃多
遣間結山東豪俊俾緩急爲應東人及太行羣盜多願
奉要束者金人廢劉豫中原軍潰盜起王以爲機不可
失奏乞全師北討招納叛亡爲恢復計懇請誠切
太上賜札曰覽卿來奏備見忠義許國之意深可歎
嘉今疆埸之事以安靜爲先變故在彼不必干預當敦
信約卿其明遠斥堠謹固封疆以備不虞稱朕意焉既
而秦檜議和諸帥已屯建康及武昌詔王徙屯京口
王上奏極論虜情叵測其將以計緩我師乞獨留此軍

蔽遮江淮 太上賜札曰覽奏欲依舊留屯淮甸
誓與敵人決於一戰已悉朕廹於强敵越在海隅每慨
然有恢復中原之志顧以頻年事力未振姑鬱鬱久於
此自去冬敵人深入卿首剉其鋒鼓我六師人百其勇
旣致彼潛師引遁而卿復率先移屯淮甸進取之計恃
此爲機朕甚嘉之前日恐老小或有未便委卿相度今
得所奏益見忠誠雖古名將亦何以過使朕悚然興歎
以謂有臣如此禍難不足平也古人有言閫外之事將
軍制之今旣營屯安便控制得宜卿當施置自便勿復
拘執至於軍餉等事已令三省施行初 國朝軍政

日修虜師屢衂於是陰謀沮撓吾事奏檜還自沙漠力
勸 太上屈已和戎銷兵罷將 朝廷遣使交
割河南境土虜亦遣使來議而使名不遜時檜主議甚
力自大臣宿將萬口和附王獨慷慨泣涕上章以十數
爲 太上開陳和議不可之狀大略以謂虜情詭
詐且陝西諸路出兵產馬用武之地豈肯眞實交割又
曰但恐以還地爲名先要山東河北等路軍民及北人
之歸明者出此聲勢搖動人情我若太加卑屈深慮人
心離散士卒凋沮又曰今當 主辱臣死之時臣願
效死節激昂士卒率先迎敵期於必戰以決成敗若其

不克　陛下委曲聽從事亦未晚又曰如王倫藍
公佐交割河南地界別無符合誑賺　朝廷雖以王
爵處之未爲過當欲乞令供具委無反復文狀於　朝
以爲後證如臣言虛妄日後事成虛文亦乞重寘典憲
其言深切懇到出於忠誠且請單騎詣　闕面奏
太上率優詔褒荅其略曰卿忠勇冠時獨當一面
國威旣震和議漸諧南北兵民可冀休息究其所自卿
力居多卿其保護來使無致疎虞所乞入朝奏事俟有
機會當卽召卿衆方懷疑疆埸事大正倚卿重未可暫
離軍中也其後虜果負約如王所言檜甚恐卽上疏曰

臣聞德無常師主善爲師善無常主協于克一此伊尹
相湯咸有一德之言也臣昨見金國撻辣有講和割地
之議故贊　陛下取河南故疆旣而兀朮戕其叔
撻辣藍公佐之歸和議已變故勸　陛下定弔民
伐罪之計又曰如臣言不可行卽乞行罷免以明孔聖
陳力就列不能者止之義其詞反覆無據由是天下服
王精識而怨檜益深云兀朮旣再陷三京又犯漣水
太上賜札曰金人復來占據已割舊疆卿素蘊忠
義想深憤激凡對境事宜可以結約招納等事可悉從
便宜措置若事體稍重卽具奏來王遂率背嵬軍由泇

口破走兀朮僞守趙榮以宿州降李世輔以亳州降
詔除少師餘官悉如故明年虜都統周太師者以大軍
入寇水陸并進未及渡淮王督士馬拒戰于淮陽又走
之因取劉冷莊設伏掩擊遂至沂水虜溺水不知其數
又遣偏將王勝攻下海州取懷仁諸縣破千秋胡陵大
寨擒虜帥郭太師僞守王中盡得其軍糧牛馬器甲卽
日獻俘　闕下　詔除太保依前功臣三鎭節鉞淮東
宣撫處置使兼河南北諸路招討使營田大使封英國
公是年虜犯淮西殺帥楊存中合宣撫使張浚之師與
戰於鍾離弗克　詔王赴援虜別軍數萬屯定遠王遣

成閔以輕騎擊破之轉戰數日兀朮中克敵弓以走其
衆大潰遂奪鍾離揵關　太上賜札曰聞卿親帥
將士與賊接戰追逼直至城下賊馬一發奔潰過淮卿
已復據濠州卿忠義之氣身先士卒親遇大敵嘉歎何
已況卿前後所料賊情一一必中今日善後之策更爲
深加思慮措置以聞也王因上章極言爵賞之濫乞自
今非破虜復境土不畀崇資以塞倖門時和議復成秦
檜權力益盛異己者禍如發矢王復危言若諫以謂中
原士民迫不得已淪于腥膻其間豪傑莫不延頸以俟
弔伐若自此與和日月侵尋人情銷弱　國勢委靡誰

復振之　太上復賜札嘉獎又乞與北使面議
優詔不許尋再上章力陳檜誤　國詞意剴切檜由
是深怨于王已而盡撤邊備　召諸大將還　闕王及
張俊岳飛除樞密使副王上表乞解樞務避寵丐閑時
論高之時紹興十一年也又上表乞骸骨　不許除太
傅依前三鎮節鉞充醴泉觀使進封福國公賜第都城
奉朝請其秋　顯仁皇后龍駕來歸王朝謁于臨
平　后以北方獨聞王名特　召至簾前曰此爲
韓相公耶慰問良久其後賜餉無虛月明年進封潭國
公十三年進封咸安郡王十七年以　郊恩改鎮南武

安寧國之節　太上數宣召同家人燕于苑中眷
禮冞篤數賜名馬寶劍及其他錫予問勞相踵然王老
矣二十一年秋王病不能朝迺上表謝事冊拜太師問
疾遣使肩摩轂擊于道於是悉召故人列校勉以忠義
大節焚　逋券百萬親視含襚曰吾以布衣百戰致位公
王可以無憾矣以是年八月四日薨于私第之正寢享
年六十有三疾方革　累詔宣醫診視訃聞　太
上盡然爲　輟視朝贈通義郡王賻內帑金帛各三千
匹兩錫尚方名香龍腦香以斂襚服用一品所以慰卹
其家甚至遣　敕使徐伸護葬事以是年十月庚子大

葬于平江府吳縣胥臺鄉靈巖山之原有　詔命奉常
策祭于家又　詔奉常貳卿載祭于都門外子孫次第
進秩妻白氏秦國夫人梁氏楊國夫人茆氏秦國夫人
此下碑文刊去六字子男四人長曰彥直嘗任戶部尚書今爲大
中大夫延水縣開國伯食邑八百戶次曰彥朴奉議郎
直顯謨閣蚤世次曰彥質朝奉大夫直徽猷閣知黃州
次曰彥古起復朝奉大夫充敷文閣待制知平江府兼
節制水軍此下碑文刊去八字女八人長適故朝散郎通判饒
州曹霑次適宣教郎馮用休次適宣教郎知寧國府寧
國縣王萬修次適從政郎劉莒次適宣教郎宗正寺主

簿胡南逢次適承議郎充集英殿修撰主管佑神觀張
子仁二人爲黃冠孫男十六人曰挺奉議郎太社令曰
扶奉議郎直祕閣曰格宣教郎曰樞承務郎曰掄通仕
郎曰相承事郎曰椿承務郎曰楷承奉郎曰林將仕郎
曰森曰休曰楫曰杰曰本曰梓曰樟孫女八人一適將
仕郎王大昌餘未行　今天子乾道紀元之四年
詔特追封蘄王又八年乃　賜謚始王鼎貴嘗戒
戲下及其家人曰忠者臣子不可一日忘不惟所當常
行抑亦所當常言吾雖名世忠汝曹無得以忠字爲諱
若諱而不言是忘忠也吾生不取死不綮也至是得謚

忠武彥古稟述先教不敢辭君子以爲通於孝云嗚呼
王起西陲布衣杖劒從戎不十數年功名與日月爭光
何其盛也爲平寇將軍爲都統制爲宣撫使爲處置使
爲營田大使爲招討使爲樞密使所踐無非達官要職
而能益彰乎全閩夷江西剪湖湘擒苗劉擢兀术鏖大
儀拓東海扞揚楚震淮陽斬獲無非勍敵劇賊而功益
俊偉不可及和議初定虜使稍不恭順王忿其無禮乎
吾君誦言誅之且下令所部州無得少屈虜使
爲之沮戢性不喜便佞事關廟社必傴僂玉陛上
流涕極言之雖不加文飾而誠意眞切理致詳悉

人主知其出於忠實不以爲忤也秦檜用事盡遣中
原人親屬還虜中有戀國恩不忍去必械繫以送至
謀遣趙榮王力爭曰榮不忘本朝以州歸順父母
妻子悉遭屠滅相公尚忍遣之無復中原望耶弗聽岳
飛之獄王不平以問檜檜曰飛子雲與張憲書雖不明
其事體莫須有王艴然變色曰相公莫須有三字何以
服天下于時舉朝憚檜權力皆附離爲自全計王獨於
班列一揖之外不復與親每建大議讜言家人危懼或
乘閒勸止王曰今明知其誤國乃畏禍苟同異時瞑
目豈可於太祖官家殿下喫鐵棒耶言雖質而

意深士君子至今傳之受人恩生平不去心簽樞王淵
識王於微時待遇絕等苗劉之亂淵首遇害王爲請地
厚葬經紀其家不遺餘力初淵輕財嗜義家無宿儲或
勸以治生淵曰國家官人以爵使祿足代其耕也若
切切事錐刀我何愛爵祿不爲大賈富商耶王敬服其
言故握兵三十年未嘗爲乾沒貿遷之私上所
錫賚悉分將士將士故樂爲之用太上高其義
察其功特賜江東永豐圩田以給其子孫王復上書租
賦願與編戶同爲勢家倡太上欲成其美從之
優詔獎諭雖厚撫將士千金有所不愛至一官一

級則靳惜如肌肉嘗謂其將佐曰爲國立功人臣常
分吾所以使汝輩功浮於賞者乃所以遺爾子孫也天
日昭昭爵祿虛受終必爲禍他日爲國爪牙尤當戒
此舊制戰勝第賞必以首級軍人貪得不已至殺平人
以希賞王始建議不許以首級計功然諸帥保奏將士
武功左武各有隊伍惟王所部須實有功乃奏終不以
毫髮假人是以淮東一戰功最多而崇資者少城楚州
與士同力役黃天蕩之戰楊國在行間親執桴鼓家楚
州織薄爲屋將士有臨敵怯懦者王遺以巾幗設樂大
讌會俾爲婦人妝以恥之其人往往感發自奮後多得

其死力其制兵器凡令跳澗以習騎洞貫以習射狻猊
之鎣連鎖之甲斧之有掠陳弓之有克敵皆王遺法
太上以其制下兵部及頒降諸將者是也嘗中毒
矢入骨則以强弩拔之十指僅四指不能動身被金瘡
如刻畫口以口王奉朝請尤能以道卷舒絕口不言功
名蓋自罷政居都城高臥十年杖屨幅巾放意林泉壺
觴間若未嘗有權位者而偏裨部曲往往致身通顯節
鉞相望歲時造門類皆謝遣羣工列辟想聞風采而不
可見則相約於朝班望王眉宇而慰喜焉至於外夷遠
人幽閨婦女皆知有所謂韓蘄王者歲時輒相從詞王

年幾安否以爲天下重如此而王日恣口禪經浮圖法
自號清涼居士故雖權臣孔熾王最爲所忌嫉而能雍
容始終蓋詩所謂明哲保身者屬纊之際神爽益清冠
佩儼然合爪而逝有詔擇日臨奠檜遣中書吏韓珹
以危語脅諸孤令必辭諸孤亦緣王遺意不敢屈勤
君父上表辭免至再太上黽勉從之其始
終恩遇如此臣雄曰自起翦以來山西出將尚矣呼吸
雷風動搖山岳戰勝攻克卓然以勇略聞者班班不絕
于冊書至於達之以智謀本之以忠義如古之所謂名
將者山西益無幾也秦漢而下可以言智謀忠義如古

名將者若諸葛亮郭子儀其庶幾乎王本山西之豪與
起翦相望而其智謀忠義有過前修無不及焉方逆傅
滔天王聞變慟哭士卒皆哭莫能仰視遂自海道徑還
呂頤浩方以賊爲憂王謂賊既取鐵券必無他慮頤浩
又慮賊難勝王則深言逆順之理知其必勝於是頤浩
計乃决傅卒成擒至如中興之初倡議西都長安
深建瓴之勢東鄉以圖中原朝議不從議者以爲深恨
及維揚危急六飛南渡諸將咸欲西趨岳鄂徑
往長沙王獨以爲今已失河北山東惟有淮浙號稱富
實若又棄之更有何地太上嘉納江左立國之

謀於是乎始定臣嘗待罪太史氏獲覩日歷所紀
太上皇帝聖語甚詳最後論戰議和章數十上皆
筭無遺策蓋所謂定大事决大疑忠義禀於天資智謀
出於人表視山西以資略雄者不可同年語矣是以
太上屢賜詔曰雖古名將何以加諸而皇
上特以忠武易名直以王爲亮子儀之流惟二
聖日月之明知臣莫若君德音鏗鍧天下傳誦世忠得
此嘉獎其亦可謂死而不朽也耶臣聞宣王中興
如采芑江漢之詩所述荆蠻來威王國庶定等事雖以
褒大方叔召虎之功然其任賢使能致此巍巍則宣王

盛德之形容光明偉傑不可掩也臣 願頌宋周雅聲爲
銘詩以彰元勳以歌 堯父 舜子知人之明以
稱 明指顯羅韓氏以昭示于億萬世其詞曰
昔在宣靖 崇極而傾 胡酋不恭 神州盡腥
天地重開 眞人龍翔 德業巍巍 周宣漢光
凡此中興 誰實佐命 緊時元勳 王國以定
元勳謂何 維韓蘄王 王奮山西 起蘄之鄉
鐵胎之弓 悍馬長槊 方在童年 氣震山嶽
逮事徽皇 至于欽宗 天下兵動 外阻內訌
王先戎行 是磔是蘄 浙西山東 績用丕顯

霸府肇新 來乘風雲 掃淸南都 大駕時巡
淮海之間 劇盜蝟起 解甲束戈 如父詔子
帝幸餘杭 王征徐方 逆臣乘虛 反易天常
戕虐樞臣 都城喋血 凶燄孔熾 震驚宸闕
王在海上 鬪變號呼 凡爾衆士 今當糜軀
吾與孽凶 不共戴天 山川鬼神 實臨此言
舟師鼓行 雷動電擊 撓彼凶徒 裂膽褫魄
天位反口 乾淸坤夷 生擒渠魁 梟首大逵
有狡汝爲 盜據富沙 流毒全閩 血人于牙
大江之西 重湖之南 蜂屯蟻結 虎猛狼貪

三方百城 地數千里 奪攘矯虔 聲勢相倚
當宁謀帥 宜莫如王 授以斧鉞 往搗其吭
覆其穴巢 鋤其根萌 閱歲未周 三方底平
降旗奔師 捷書相望 貸遣脅從 旌別善良
爾商爾財 我弛爾征 爾農爾田 我貸爾耕
仁義之兵 弔伐是向 帝有恩言 卿古名將
胡馬飲江 充叛以降 金陵不支 流竄上邦
王整虎旅 邀截歸路 虜朮雖強 望風震怖
海艦如飛 江之中流 北剉援兵 南衄歸舟
水戰陸攻 摧枯拉朽 殺傷莫數 俘獲萬計

酋帥小醜 僅脫其身 敵勢浸銷 皇威益信
未猶不悛 纔數年期 傾國南侵 步騎分馳
逆黨成林 塵暗穹蒼 九重制遷 罪已如湯
王曰呼嗟 君父旰食 臣何生爲 矢死報國
部分將佐 直趨淮壖 親室歸途 示無生還
妙筭既定 有司先施 聲言守江 已駐大儀
衆寡雖殊 我整彼亂 虜騎紛馳 馬足俱斷
四面塵擊 若降若屠 積骸爲丘 洒血成渠
折馘獻俘 千里相踵 驍將數百 豈計輜重
偏裨在楚 亦以捷聞 王來窮追 虜師大奔

振旅凱歌　天子曰都　世忠忠勇　膚不足詠
江左人心　恃此寧謐　中興以來　武功第一
淮陽鍾離　莫非俊偉　生平戰多　竹帛莫紀
王屯極邊　志清中原　和議既諧　弛强鑠堅
王之論和　忠憤激烈　利害皎然　黑白區別
聖主命之　權臣讐之　明哲令終　天實休之
孰不爲將　孰不建功　動搖丘山　呼吸雷風
惟王天資　與勇將異　達以智謀　本以忠義
大疑大事　決於片詞　較彼起翦　王其過之
王起寒素　飯糗衣紵　出際盛時　蛟龍雲雨

解衣推食　言聽計行　任用不疑　天子之明
三鎮節旄　三事典策　報功惟優　天子之德
惟聖天子　使臣以禮　哀榮死生　福祿終始
重華神武　志大有爲　眷言勳勞　恨不同時
眞王啟封　貴窮人爵　忠武之謚　如葛如郭
八言充褒　更賸雲章　誰克有勳　上不汝忘
豐碑巖巖　億載有耀　凡百臣子　維思忠孝

太師蘄國韓忠武王世忠墓在吳縣靈巖山西絡興二十一年十月葬敕使徐伸護其事吳長洲二縣令奔走供役孝宗御題神道云中興佐命定國元[illegible]之碑敕趙雄爲文碑高十餘丈趺蓋在焉初敕文而未立龜趺畱木瀆嘉定間以景獻恩例敕葬趙希懌於穹窿相傳磨韓碑爲趙用者其後始樹碑爲樓三成以覆之正與穹窿相直不數月韓氏首喪其長子時有術者言少須幾時穹窿亦未易當繼報景獻薨按碑額乃高宗御題舊府志又云後碑成而額在百步外鄉人云龍陣過揭也今穹碑尚存好事者梯而搨之趙雄文雖未必得其全王事蹟當有與宋史可參攷者蘇州府志

右蘄忠武王韓世忠碑在吳縣靈巖山之麓予少時

偕王德甫吳企晉曹來殷輩爲上沙之游屢摩挲焉歸因從臾有力者拓其文輒以架木懸梯爲難頃陽城張古餘攝守吳郡與予同嗜募工搨十餘紙分其一見貽懸置壁間數十年訪求之勤藉一慰亦晚年快事也其額云中興佐命定國元勳之碑下題選德殿書蓋孝宗御筆碑文首尾萬餘言則禮部尚書趙雄奉勅撰石刻頗有漫漶以杜大圭名臣碑傳所錄全文細校無甚異同碑云娶白氏秦國夫人梁氏楊國夫人茆氏秦國夫人其下空六字以名臣碑傳校之則周氏蘄國夫人也朱錫鬯詩蘄王墓[illegible]

宮曁六夫人祔葬同與碑不合未識何據潘次耕詩碑高三丈字如掌帝製鴻文盛褒獎則誤仞碑文爲御製失之甚矣碑云紹興二十一年八月四日薨享年六十有三與宋史同而元大一統志延安人物傳云紹興十七年卒年六十二蓋修志之時宋史未出志家得諸傳聞故多誤耳碑末未見建立年月而碑首云上纘祚之十五年攷孝宗受禪在紹興壬午次年癸未改元隆興至淳熙四年丁酉恰十有五年此碑必立於丁酉歲也潛研堂金石文跋尾

按此碑連額高約二丈六尺加以龜趺不過三丈

餘蘇州府志謂高十餘丈者未確也額占碑十分之四題額十字之下有小字選德殿書四字選德殿者孝宗建以爲射殿玉海載孝宗皇帝闢便殿於禁垣之東名曰選德規模樸壯爲陛一級中設漆屏書郡國守相名氏羣臣有圖方畧來上可采者黏之壁以備觀覽數延文武講論治道詢求民隱至於中外奏報軍國機務皆於此決暇則紬繹經傳或親御弧矢雖大寒暑不廢据碑題則親御翰墨亦在此殿也文約一萬三千九百字猝視之漫漶難讀而拓本鋪地須極寬敞方能俯躬諦視若地隘而有隔閡者不能讀也文爲趙雄撰雄無文集可攷碑無建立年月錢氏跋据碑首上纘祚之十五年定爲淳熙四年丁酉宋史孝宗紀世忠傳俱不載立碑之事孝宗以紹興三十二年壬午歲六月受禪明年改元隆興宋人撰文敘帝王紀年往往以卽位爲始此碑或連受禪之年計之則十五年乃淳熙三年丙申歲矣且碑載二月甲午賜謚忠武史孝宗紀作三年二月甲申是年三月丙午朔則二月丙子朔甲申爲九日甲午爲十九日其爲三年立碑無疑趙雄及書碑之周必大系

銜已泐史傳雄字溫叔資州人淳熙二年召爲禮部侍郎除端明殿學士簽書樞密院事十一月同知樞密院事碑所系某縣開國子傳略之据名臣碑傳題沂公趙雄撰則開國之爵乃沂國矣碑文云遂又詔禮部尚書臣雄銘碑据宰輔表淳熙三年七月趙雄自朝散郎試禮部尚書兼侍讀兼給事中除端明殿學士簽書樞密院事則其試尚書自三年始而傳又略之周必大字子充一字洪道廬陵人孝宗踐阼除起居郎累權禮部侍郎兼直學士院同修國史實錄院同修撰兼侍講兼中書

舍人未幾辭直學士院張説再除簽書樞密院必大奏以爲不可必大因除建寧府至豐城稱疾而歸久之除敷文閣待制兼侍讀兼權兵部侍郎兼直學士院除兵部侍郎尋兼太子詹事傳載歴官如此而不詳年月攷張説之簽書樞密院宰輔表在乾道七年三月至九年正月除同知密院十月除知密院未見有再除簽書之事與傳不同而其事總在淳熙已前碑於必大系銜尚存侍講太子字亦係淳熙已前官碑云王之子彦古拜疏請立碑特詔彦古戎服入朝面賜御書俾冠碑首是此

碑因彦古之請而立碑載彦古起復朝奉大夫充敷文閣待制知平江府兼節制水軍史無彦古專傳但附世忠傳書其最後官戸部尚書續通鑑載淳熙四年正月戸部侍郎韓彦古云云是四年彦古已爲戸部侍郎碑所載歴官在四年已前又据碑云太師蘄王之薨既葬至是巳二十有六年世忠以紹興二十一年八月四日薨是年十月庚子葬下逮二十六年正是淳熙三年益足據也宋史世忠傳附其子彦直共約七千二百字較碑滅十之五而所載功績與碑大同是史本之於碑錢

士升南宋書世忠傳二千四百字又本之史芟節成文惟畢氏續通鑑取歴年戰功分系於年月之下而其文多與碑同是續鑑亦本之碑也今以碑與史傳續鑑校之有碑詳而史鑑不載者有史鑑載而碑或略之者如碑云授鄜延路副總管加平寇將軍史作平寇左將軍史又云屯淮陽會山東兵拒敵粘罕（南宋書作宗翰）冦襲慶聞世忠扼淮陽乃分兵萬人趨揚州自以大軍迎世忠戰世忠不敵夜引歸敵躡之軍潰于沭陽（南宋書云世忠夜棄其軍走鹽城）閤門宣贊舍人張遇死之（南宋書云麾下輔逵李在等皆散爲海盜）碑云禮

部侍郎張浚在平江聞王且至更相慶曰韓公能來此事必濟南宋書云張浚召世忠于常熟碑云擒傅正彦師還御書忠勇二字賜王史云揭旗以賜碑云兀朮軍于南撻辣軍于北王提海艦中流南北接戰相持黄天蕩四十有八日史云撻辣在濰州遣孛堇太一趨淮東以援兀朮世忠與二酋相持黄天蕩者四十八日太一孛堇軍江北世忠以海艦進泊金山下預以鐵綆貫大鈎授驍健者明旦敵舟譟而前世忠分海舟爲兩道出其背每縋一綆則曳一舟沉之碑云虜一夕潛鑿小河三

十里以通漕渠風濤少休輕舸渡去史云兀朮諸
諸將曰南人使船如使馬奈何募人獻破海舟策
閩人王某者教其舟中載土平版鋪之穴船版以
櫂槳風息則出江有風則勿出海舟無風不可動
也又有獻謀者曰鑿大渠接江口則在世忠上流
兀朮一夕潛鑿渠三十里且用方士術刑白馬剔
婦人心自割其額祭天次日風止我軍帆弱不能
運金人以小舟縱火矢下如雨孫世詢嚴允皆戰
死敵得絕江遁去世忠收餘軍還鎭江南宋書云
翌日風止金人檠舟出疾行如飛世忠舟大輜重

馬騾俱載火矢所及無弗焚者火熯日曝人馬都
盡孫世詢嚴允吉皆戰死世忠墮江楊家洲僧普
倫以小舟出援乃得登岸奔還鎭江碑云卽命諸
軍偃鼓下泐三十餘字史云徑抵鳳凰山頫瞰城
邑設雲梯火樓連日夜併攻碑云山東賊白𧹞笠
劉忠據祁陽之白綿山王至卽欲急擊之續通鑑
云紹興二年六月丙子初韓世忠進師討劉忠是
日至岳州之長樂渡與賊對壘賊開塹設伏以拒
官軍己卯世忠先遣中後左右四軍渡江逼劉忠
寨而屯碑云追斬忠於小舟傳首闕下續通鑑則

云忠據白面山跨三年及是乃敗其輜重皆爲世
忠所得九月丁亥劉忠旣爲韓世忠所破復聚衆
走淮西駐于蘄陽口世忠前軍統制解元以舟師
奄至襲忠大破之忠與其徒數十人遁走北去附
于劉豫以忠爲登萊沂密等州都巡檢使碑作斬忠鑑作
北去彼此互異碑云湖南遂平續通鑑云紹興二年六月
利州觀察使蘄黃鎭撫使孔彥舟叛降僞齊韓世
忠連破湖湘羣賊順流東歸彥舟疑其圖己遂決
策叛去碑云除開府儀同三司節制依舊充淮南
東路宣撫使史云九月爲江南東西路宣撫使置

司建康三年三月進開府儀同三司充淮南東西
路宣撫使置司泗州時聞李横進師討僞齊議遣
大將以世忠忠勇故遣之仍賜廣馬七綱甲千副
銀二萬兩帛二萬匹又出錢百萬緡米二十八萬
斛爲半歲之用碑云至尊憂勤如此臣子何以生
爲續通鑑詳其始末云四年冬十月丙子朔淮東
宣撫使韓世忠奏金及劉豫之兵攻承州楚州帝
謂輔臣曰朕爲二聖在遠生靈久罹塗炭屈己請
和而金復用兵朕當親總六軍臨江決戰趙鼎曰
累年退避敵情益驕今親征出于聖斷諸將[illegible]

決可成功臣等願效區區亦以圖報遂詔神武右
軍都統制張俊以所部往援世忠又令淮西宣撫
使劉光世移軍建康車駕定日起發已卯世忠以
所部至自鎮江復如揚州碑云朝廷遣魏良臣使
虜至維揚王置酒送別續通鑑詳其始末云初奉
使魏良臣王繪在鎮江被旨趣行乃以是月丙戌
渡江丁亥至揚子橋遇世忠遣使臣督令出界時
朝廷已知承楚路絕乃連僞界引伴官牒付良臣
等令爲阻絕處照驗又令淮東帥司召募使臣說
諭承楚州令放過奉使良臣等至揚州東門外遇

先鋒軍自城中還問之云相公令往江頭把隘入
城見世忠坐譙門上頃之世忠留食良臣等辭以
欲見參議官陳桷提舉官董旼遂過桷等共飯世
忠遣人傳刺謝良臣繪且速桷等還桷旼送二人
出北門繪與桷有舊駐馬久之以老幼爲託既宿
大儀鎮翼日行數里遇金騎百十控弦而來良臣
命其徒下馬大呼曰勿射此來講和敵乃引騎還
天長問皇帝何在良臣對曰在杭州又問韓家何
在士馬幾何繪曰在揚州來時已還鎮江矣又曰
得無用計復還掩我否繪曰此兵家事使人安得

知去城六七里遇金將聶呼貝勒舊作聶兒克堇今改同入
城問講和事且言自泗水來所在州縣多見恤刑
手詔及戒石銘皇帝恤民如此又問秦中丞何在
繪答以今帶職奉祠居溫州又言嘗作相今罷去
得非恐爲軍前所取故耶繪曰頃實居相位踰年
堅欲求去無它也又問韓家何在良臣曰來時親
見人馬出東門望瓜洲去矣繪曰侍郎未可爲此
言用兵講和自是二事雖得旨抽回將在軍君命
有所不受還與不還使人不可得而知也碑云兀
木還泗上見良臣詰責其責已將斬之良臣好詞

以免續通鑑云初聶呼貝勒既敗歸召奉使魏良
臣等至天長南門外良臣等下馬金騎擁之而前
聶呼憤甚脫所服貂帽按劍瞋目謂曰汝等來講
和且謂韓家人馬已還乃陰來害我諸將舉刃示
之良臣等曰使人講和止爲國家韓世忠既以兩
使人爲餌安得知其計往返良久乃曰汝往見元
帥遂由寶應縣用黃河渡船以濟右副元帥昌遣
接伴官團練使蕭揭祿少監李聿興來逆聿興見
良臣問所議何事良臣曰此來爲江南欲守見存
之地每歲貢銀絹二十五萬匹兩繪云見存之地

謂章誼回日所存之地聿與又云兵家先論曲直師直爲壯淮南州縣已是大國曾經畧交定與大齊後來江南擅自占據及大兵到來又令韓世忠掩其不備頁臣等云經略州縣事前此書中初未嘗言及止言淮南不得屯兵本朝一如大國所教聿與云襄陽州縣皆大齊已有之地何爲乃令岳飛侵奪頁臣云襄陽之地王倫回日係屬江南後李成爲劉齊所用遂來侵擾欲結揚么裂地而王之江南恐其包藏禍心難以[illegible]即非生事聿與云元帥欲見國書遂以議事迎請

二聖二書授之揭祿又問秦中丞安否此人曾在此軍中煞是好人頁臣等對如初聿與再云奈何更求復地繪云以中間丞相惠書有云既欲不絕祭祀豈宜過爲慽憂使不成國是以江南敢再三懇告若或不從却是使不成國聿與云大齊雖號皇帝然只是本朝一附庸指揮使令無不如意又云此去杭州幾日可以往回繪云星夜兼程往回不過半月聿與曰昨日書元帥已令譯一二日可得見矣碑所謂頁臣好詞以免者如此碑云鎮江置司太上賜札云云續通鑑云紹興五年正月壬

戌韓世忠鎮江府置司時世忠與劉光世張俊相繼入覲世忠奏金人退兵陛下必喜帝曰此不足喜惟復中原還二聖乃可喜耳然有一事以卿等將士賈勇爭先非復宅時懼敵之比所喜益在此也後數日帝以諭輔臣趙鼎等贊帝誠得馭將之道帝曰楚用子玉晉文公爲之側席而坐今敵騎雖退然尼瑪哈等輩猶在朕敢忘此憂乎碑云虜又犯漣水王迎擊云云續通鑑云紹興五年十月乙丑淮東宣撫使韓世忠奏僞齊遣沂海州等簽軍攻犯漣水軍世忠遣統制官吉州刺史呼延通

等擊殪之所脫無幾帝曰中原赤子爲豫逼脅死於鋒鏑良可惜也可令收拾遺骸埋瘞設水陸齋追薦仍出榜曉諭使彼知朝廷矜恤之意乃賜通袍帶將官拱衛大夫貴州刺史王權已下金椀仍以通爲果州團練使與將士推恩有差六年二月乙卯世忠引兵至宿遷縣時劉豫聚兵淮陽世忠欲攻之乃引兵踰淮泗夠符離而北前一日遣統制官岳超以二百人探知邳州賈舍人營亦以千騎南來與之遇衆欲不戰超曰遇敵不擊將何以報敵鳴鼓超率衆突入陳中出入數四敵乃還營

曰世忠引大軍進趨淮陽城下命統制官呼延通
前行世忠自以一騎隨之行三十餘里遇金人而
止世忠陞高邱以望通軍通騎至陳前請戰金將
葉嚇貝勒（舊作牙合孛堇今改）大呼令解甲通曰我乃呼延
通也我在祖宗時殺契丹立大功誓不與契丹俱
生況爾與我讐我肯與爾俱生乎葉嚇卽馳刺與
通交鋒轉戰移時不解皆失杖以手相格去陳已
遠逢坎而墜二軍俱不知葉嚇刃通之腋通扼其
吭而擒之旣而世忠爲敵所圍乃按甲不動俄麾
其衆曰視吾馬首所向奮戈一躍已潰圍而出不

遺一鏃世忠曰敵易與耳復乘銳掩擊敵敗去世
忠攻淮陽敵堅守不下劉豫遣使入河間求援于
金右副元帥宗弼先是金僞與其守將約受圍一
日則舉一烽至是城中舉六烽劉猊與宗弼皆至
世忠之出師也乞援于江東宣撫使張俊俊不能
從世忠乃還道遇金師世忠勒陳向敵遣小校郝
彥雄造其軍大呼云云碑云賜揚武翊運功臣史
云尋詔班師復歸楚州淮陽之民從而歸者以萬
計三月除京東淮東宣撫處置使兼節制鎮江府
仍楚州置司四月賜號揚武翊運功臣加橫海武

寧安化三鎮節度使（續通鑑注云節度開三鎮大將賜功臣號皆自此始）九
月帝在平江世忠自楚州來朝十月引兵渡淮與
金將訛里也力戰劉猊將寇淮東爲世忠兵扼不
得進七年築高郵城民葢安之碑於朝平江事略
爲續通鑑云七年三月癸亥朔帝次丹陽縣京東
宣撫處置使韓世忠以親兵赴行在遂衛帝如建
康碑亦略之碑云太上屈己和戎王獨慷慨泣涕
上章續通鑑詳其始末云紹興八年十月丁丑世
忠乞赴行在奏事先是徽猷閣直學士王倫既與
烏沒阿思謀至金廷金主復遣簽書宣徽院事蕭

哲等爲江南詔諭使使來計事世忠聞之上疏曰
金人遣使前來有詔諭之名事勢頗大深思敵情
繼發重兵壓境逼脅陛下別致禮數今當熟計不
可輕易許諾其終不過舉兵決戰但以兵勢最重
去處臣請當之因乞赴行在奏事馳驛以聞上不
許又十一月辛丑世忠言臣伏讀宸翰鄰邦許和
臣愚思之若王倫藍公佐所議講和割地休兵息
民事蹟有實別無誑同外國詐賺本朝之意二八
之功雖國家以王爵處之未爲過當欲望聖慈各
令逐人先次供具委無反覆文狀於朝以爲後證

如臣前後累具已見冒犯天威日後事成虛文亦
乞將臣重置典憲以爲狂妄之戒先是世忠數上
疏論不當議和帝賜以手劄曰朕勉從人欲嗣有
大器而梓宮未還母后在遠陵寢宮禁尚爾隔絶
兄弟宗族未遂會聚十餘年間民兵不得休息早
夜念之何以爲心所以屈已和戎以圖所欲賴卿
同心其克有濟卿其保護來使無致疎虞世忠既
受詔乃復上此奏詞意剴切由是秦檜惡之史云
世忠又言金人欲以劉豫相待舉國士大夫盡爲
陪臣恐人心離散士氣凋沮且請馳驛面奏不許

既而伏兵洪澤鎮將殺金使不克續通鑑云九年
正月庚寅韓世忠遷少師因講和恩也碑亦略之
碑云兀朮再陷三京又犯漣水王遂率背嵬軍由
泇口破走兀朮史云十年金人敗盟兀朮率撒離
曷李成等破三京分道深入八月世忠圍淮陽金
人來救世忠迎擊於泇口鎮敗之又遣解元擊金
人於潭城劉寶擊於千秋湖碑作千秋胡陵大寨皆捷親隨
將成閔從統制許世安奪淮陽門而入大戰門內
世安中四矢閔被三十餘創復奪門出世忠奏其
功擢武德大夫閔由是知名續通鑑云閏六月丁

酉京東淮東宣撫司都統制王勝克海州先是韓
世忠命勝率統制官王升權等攻海州守將王山
以兵逆戰去城六十里與官軍遇敗走夜二鼓以
舟師傅城北山乘城守而勝命諸軍隨地而攻火
其北門軍士周成先入父老哀金帛以犒軍勝不
受世忠每出軍秋毫無犯軍之所過耕夫皆荷鋤
而觀八月乙亥世忠圍淮陽軍命諸將齊攻之帳
前親隨武翼郎成閔從統制官許世安奪門而入
大戰于門之內閔身被三十餘鎗世忠亦壓中四
矢力戰奪門復出閔氣絶而復甦屢矣世忠大賞

之別將解元掩擊金人於沂州郯城縣敵溺死者
甚衆及班師世安以箭瘡不能騎遂肩輿而歸世
忠怒命世安馬前步行世忠奏閔之功授武德大
夫遥郡刺史遂除涿州團練使九月壬寅朔遣起
居舍人李易赴韓世忠軍前議事秦檜主罷兵召
湖北京西宣撫使岳飛赴行在遂命易見世忠諭
旨時淮西宣撫副使楊沂中還師鎮江府三京招
撫處置使劉光世還池州淮北宣撫判官劉錡還
太平州自是不復出師矣續通鑑又載是歲三月
辛卯賜京東淮東宣撫使韓世忠淮西宣撫使張

俊燕於臨安府以其來朝故也初諸大將入覲閱兵閱于禁中謂之內教至是統制官呼延通因內教出不遜語中丞王次翁乞斬通以肅軍列因言祖宗著令寸鐵入皇城者皆有常刑今使武夫悍卒披堅執銳於殿廷之下非所以嚴天陛也內教遂罷以上諸事碑俱略之碑云賊馬一發奔潰過淮復據濠州續通鑑詳其始末云紹興十一年三月庚子朔金人圍濠州丙午世忠舟師至昭信縣夜世忠以騎兵遇金人於聞賢驛敗之丁未金人破濠州戊申張俊楊沂中劉錡至黃連埠去濠州

金石萃編卷一百五十一　宋二十八　三二

六十里而聞城破俊乃召沂中錡謀之錡謂沂中曰兩府何以處沂中曰惟有戰耳相公與太尉在後沂中當居前有進無退錡曰有制之兵無能之將可御無制之兵有能之將不可御也今我軍雖銳未爲有制且軍士被甲荷糧而趨今已數日本救援濠州濠州既失進無所投人懷歸心勝氣已索又糧食將盡散處迥野此危道也不若據險下寨塹地栽木使根本可恃然後出兵襲人若其引去徐爲後圖乃全師保勝之道諸將皆曰善于是鼎足以爲營仍約逐軍遴募精銳且曰入濠州

遣斥堠數輩還俱言濠州無金人或謂金人破城之後無所藉又畏大軍之來尋已去矣乃再遣騎數百往探皆無所見俊遣將官王禁謂錡曰已不須太尉前進矣錡乃不行惟沂中與王德領二十餘騎往以兩軍所選精銳策應之四更起黃連埠午時騎兵先至濠州城西嶺上列陳未定有金人伏甲騎萬餘於城兩邊須臾煙舉城上伏騎分兩翼而出沂中謂德曰如何德知其勢不可乃曰德統制官也安敢預事太尉爲宣撫利害當處之沂中皇遽以策麾其軍曰那回諸軍聞之以爲令其

金石萃編卷一百五十　宋二十八　三三

走散亂南奔無復紀律其步軍見騎軍走謂其已敗皆散金人追及步軍多不得脫殺傷甚衆己酉韓世忠引兵至濠州庚戌秦檜奏報韓世忠距濠三十里張俊等亦至濠州五十里又岳飛已離池州渡江去會師矣帝曰首禍者惟烏珠戒諸將無務多殺惟取烏珠可也澶淵之役達蘭既死眞宗詔諸將按兵縱契丹勿邀其歸路此朕家法也朕兼愛南北之民豈忍以多殺爲意乎辛亥韓世忠與金人戰于淮岸夜遣游奕軍統制劉寶率舟師泝流欲刼金人于濠州金人覺之先遣人于下流

赤龍洲伐木以扼其歸有自岸呼曰赤龍洲水淺可涉金已遣人伐木欲塞河扼舟船請宣撫速歸我趙榮也諸軍聞之皆以其言爲然世忠亦命速歸而金人以鐵騎追及沿淮岸且射且行于是矢著舟如蝟毛至赤龍洲金人果伐木漸運至淮岸未及扼淮而舟師已去金人復歸黃連埠王子金人自渦口渡淮北歸此事碑載未晰碑云除樞密使副上表乞解樞務乞骸骨除太傅進封福國公賜第都城史云秦檜收三大將權四月拜樞密使遂以所積軍儲錢百萬貫米九十萬石酒庫十五

歸于國十月罷爲醴泉觀使自此杜門謝客絕口不言兵時跨驢攜酒從一二奚童縱遊西湖以自樂南宋書云拜樞密使營中統制官各徑達御前有不服者洶洶蜚言詔令俊飛撫之秦檜縛軍吏胡著將以搖動世忠飛密報之續通鑑云世忠既拜乃製一字巾入都堂則裹之出則以親兵自衛檜頗不喜老學庵筆記云韓蘄王既解樞柄常遊湖山間李晦叔自楚州幕官來改秩而失一舉至冷泉亭愁坐遇韓來矜其狀問之李不識韓見奚狀魁異乃告以實韓曰某有一紙明當相贈李甚

謝明日一吏持牘授之仍助以錢三百千李遂陞京秩修牒詣府謝韓不復見武林紀事云世忠周遊湖山而於冷泉亭尤多盤桓又建亭於飛來峰之半顏曰翠微晚年嘗作小詞甚清逸凡此皆碑所略者碑云紹興十一年進封福國公其秋顯仁皇后龍駕來歸王朝謁于臨平明年進封潭國公十三年進封咸安郡王史云十二年改潭國公顯仁皇后自金還世忠詣臨平朝謁后在北方聞其名慰問者良久是朝謁顯仁在封潭國公之後也高宗紀奉迎皇太后乃十二年八月辛巳事碑作

十一年與史不合續通鑑云十三年正月癸巳韓世忠請以其私產及上所賜田統計從來未輸之税併歸之官從之二月乙丑進封咸安郡王時劉光世始薨舊功大臣惟世忠與張俊在俊勳譽在世忠右特以主和議爲秦檜所厚故先得王至是世忠願輸積年租賦於官乃有此命攷異云韓世忠所以得王墓碑及諸書皆不載其制詞云願以賦租併歸官府重爲遠識實麗前賢蓋度越於常人宜顯須夫異數即指此也碑云二十一年八月四日（續通鑑作壬申）薨于私第之正寢碑前云賜第都城

此云私第正寢而不詳第在何處續通鑑云二十一年九月丁巳增築景靈宮用韓世忠賜第爲之期年而畢是世忠賜第卽景靈宮址也續通鑑先載紹興十三年二月乙酉詔臨安府建景靈宮其後創於新莊橋之西以劉光世賜第爲之据此則劉光世第與韓世忠賜第相連而新莊橋景靈宮乃合兩家賜第爲之不止世忠一第矣咸淳臨安志蘄王府在前洋街紹興間凡兩賜第一在清湖橋西獻以爲左藏庫基一在新莊橋西獻以益景靈宮遂徙今處高宗嘗名其閣曰懋功大書三字賜以爲扁云云景靈宮在新莊橋之西新莊橋亦名祥符西橋在餘杭門內北新隅車馬門之南似卽今杭州府城武林門內教場火神廟之地此則賜第之所在也世忠以八月四日薨至九月四日其第卽改築景靈宮可知宋時賜第生則居之歿卽歸之朝廷子孫不得復居矣碑云錫尚方名汞龍腦香以斂史云賜朝服貂蟬冠水銀龍腦以斂碑云所以慰卹其家甚至遣敕使徐伸護葬事續通鑑云其子直敷文閣彥直直祕閣彥樸彥質彥古皆進職二等又命睿思殿祗候徐伸護葬事碑于冠服及徐伸之官四子之進職皆略而下文敘彥朴云奉議郎直顯謨閣蚤世續鑑則云直祕閣而不言蚤世史併不載彥朴皆互異也碑云王艴然變色曰相公莫須有三字何以服

天下史云岳飛冤獄舉朝無敢出一語世忠獨攖檜怒語在檜傳又抵排和議觸檜尤多或勸止之世忠曰今畏禍苟同他日瞑目豈可受鐵杖于太祖殿下中興紀事本末莫須有作必須有何以服天下作何以使人甘心續通鑑攷異云朱彝尊謂宋史作莫須有未若必須有爲得其實徐氏後編從之今攷熊克小紀作莫須有是宋史所本也据此碑則亦作莫須有又按史世忠傳云語在檜傳檢宋史檜傳並無此語惟岳飛傳云獄之將上也韓世忠不平詣檜詰其實檜曰飛子雲與張憲書雖不明其事體莫須有世忠曰莫須有三字何以服天下語與碑同然則史作語在檜傳者蓋在飛傳之訛也碑云弓之有克敵太上以其制下兵部及頒降諸將者是也續通鑑云十一年六月甲戌詔有司造克敵弩韓世忠所獻也帝謂宰執曰世忠宣撫淮東日與敵戰常以此弩勝朕取觀之誠工巧然猶未盡善朕籌畫累日乃少更之遂增二石之力而減數斤之重今方盡善後有作者無以加矣然續鑑但言詔有司造克敵弓据碑則遂後貌鍪連鎖甲掠陳斧皆下兵部也凡此皆碑略而

諸書加詳者其有碑與諸書小異者高平嶺史作蒿平嶺駙馬郎君兀哆史作兀哆𭁡底河史作藏底河轉進武副尉史作進勇副尉王遂敢勇二十餘人伏堰橋至今杭人呼堰橋爲得勝橋史作兵二千伏北關堰杭州府志云德勝橋一作得勝在覓渡橋直北夾城巷東咸淳志舊名堰橋韓世忠于河掩擊苗劉故名德勝睦之清溪洞史作清溪峒縛僞八大王格殺數人史作數十人獨與蘇格等五騎俱史作五十騎虜騎五千餘史作二千餘勝捷軍統制張師正史作張思正別將以後軍先

退別將史作陳思恭皆斬左右趾以徇史無趾字楊國夫人史云世忠妻梁氏封安國夫人王守鎮江兼制海道史云爲浙西制置使守鎮江以二百人伏廟中史作百人除檢校少師武成感德軍節度使史作少保除王福建江西荆湖南北路宣撫使史作副使白綿山史作白面山兀朮號知兵聞大軍倉卒南還喜甚史作聶兒孛堇聞世忠退云云與虜酋厲兵秣馬直趨江口至大儀續通鑑云撻不野擁鐵騎逼大儀各持長斧斫馬足史云各持長斧上揕人胷下斫馬足擒其驍將撻孛耶史

作撻孛也續通鑑作撻不野除少保武成感德軍節度使改除武寧安化軍節度使史云五年進少保六年授武寧云云東人及太行羣盜東人史作馬秦兼河南北諸路招討使史無南字冊拜太師以是年八月四日薨史于拜太師在八月薨後今本宋史太師誤作太史此皆碑文互異也碑于茆氏秦國夫人六字碑之下刊去六字据碑傳有周氏蘄國夫人六字碑云王之子彥古方居蘄國夫人憂則立碑之時蘄國夫人已卒且彥古似卽蘄國所出不知碑何以刊去此六字也又兼節制水軍下刊去八字碑傳

云今家居終蘄國之制世忠有四子彥朴彥直彥質彥古俱存而請謚立碑獨有彥古則其時彥古官位較顯得以上請也此碑之立距蘄王薨已二十六年王初薨時飾終之禮頗爲簡略殆由和議之成本非王意而岳忠武之獄王在朝堂又直言其誣檜實深銜之故薨時其子未嘗上請直至淳熙三年檜死已二十年始請立碑且得直書罷兵還朝之事耳碑在靈巖山西祀先曾祖贈資政大夫大理寺卿墓在靈巖山北䕫村硯山之下去韓墓不遠每值拜掃過此輒摩挲碑下然穹碑

細字不能詳玩今得張古餘太守所贈搨本始克展讀且以其文至一萬四千之多而與諸書參校仍多所略因詳攷之并互異者備錄以資參攷碑中缺字甚多錢君侗在嘉定有書賈以宋刻杜大圭名臣碑傳求售乃取此文與碑參校凡碑闕字得盡補注然碑傳有與碑字多寡互異且尚有譌誤之處不可從者仍從碑文之舊又碑傳缺一頁自王恕且罵至陸必元止碑於此頁所缺五十餘字無從校補矣今揚州文匯閣鎮江文宗閣杭州文瀾閣貯藏四庫全書名臣碑傳業經錄入好古

之士不難就閣謄鈔則此碑缺字可得其全矣

潼川府學泮橋記

碑高八尺八寸廣五尺三寸十八行行三十四字正書篆額

水與道同體故帝王資巳建學天子曰辟廱諸侯曰泮宮則又其等也潼川古大戜學視泮宮口典肯有泮水湮塞歲久乾道九年夏祿棠郡文學　太守馬公諉巳濬復或謂文明之地埳缺不宜按頫水之制自西而南而東弍方皆水直南當輿梁以道往徠於是卽士爲橋鑿渠通水使東西相承上施欄礎以延波光旁列四趺以固柘植視之流貫若弍凹然其玦也論定役興畚

鍤四集疏闢立就方命釘甃而　馬公奉祠西還
提點刑獄何公兼府事令未及下首圖苛功若出己意卽鳩工伐石具舟運致斲鑿扁礪靁動雲合口砌平布网淪規畫祿適被漕檄試貢士武信暨還則見翳橋飛虹流水印璜風日凝瀾月星澄瑩儒學氣爲頓增爽儼芹藻青衿超然若生於千百載之上而獲游先王之庠序矣士口口古及衢非迒才非不逮也政教失軌物廢習見苟簡志氣無所發越而胥流下也道學之妙口焉而得者深而艱感焉而得者易而樂故職教化者示之德行寓之形器槃盂几杖有銘宮室車服有度皆所

以使學者目擊心悟怡然自得也浮圖老子之居精極詹麗猶能起人敬信矧夫水有澤物之仁淸明之智流行適宜之義盈不踰節之禮進　二不已之誠聖賢寄意於此素類最遠　二公深明制作之本力補壆典之缺諸生入門而見古制升堂而味古書終日所從事者無非先王之舊其胸中豈不翻然有感而思自致於闓人之地哉繼自今賢才輩出然後知泮水之復果益於名教也　馬公名騏字德駿立　朝爲中書舍人
何公名熙志字忠遠立　朝爲御史臺撿濾官
道學政事藹然俱蜀苛輩其所建立可紀類如此淳熙

元年六月旣望門生從事郎充潼川府學教授白祿記
門生廸功郎新劍州陰平縣主簿主管學事胡鼎書并
篆額

魏城縣通濟橋記

碑高九尺六寸廣四尺四寸十三行行二十七字正書

承議郎知魏城縣事尹商彥書

縣兩蜀道長安道襄漢畢出於魏城縣車輿步騎往來
日繹屬縣繚大谿其深二十尺廣六倍官舊爲梁叢木
參土歲漲潦不能支輒蕩去吏循故牘徵木於民得大
小六百章廼復就民勞於成毀病之而販貧細人適當

壞多涉溺溪之上有爲浮圖幢石者招其險虓也余爲
之宰始命伐石于西山得爲柱者十有六爲版爲栿者
半牽巨壯力敵百鈞板其趾穿植以柱柱爲三門壓以
栿又爲方砥層累於兩柱之間架木爲宋閣其上凡二
十楹其廣如溪從十有八尺飛簷列檻其楹如前丹雘
輝明氣象偉傑北道千里行者創見經始於淳熙己亥
十月之望斷手於庚子二月之朔是役也費甚廣以僦
工市材而民不知橋成越四月水大至濤鼓風湧與梁
爭高而砥柱岌立飛閣渠渠若丘陵焉驚流無以肆其
暴於是可以紓民之役而還行道之安也通濟舊號大
其字以揭之庶後之君子由其號以知其實有以敬其
事是年秋余秩滿去邦人具石請記以文謝不能姑爲
誌其略

按魏城縣宋時屬綿州巴西郡總隸于成都府路
其地北達關中東通荆襄碑故云長安襄漢畢出
于魏城縣也入元以後縣省入綿州今仍之碑無
建立年月据碑云斷手于庚子十二月之朔則當
立于淳熙七年

友石臺記

碑共四石各高七尺六寸廣三尺五寸三分第一第四兩石皆六行餘俱七行每行皆十九字行書在建

寧府

友石臺肇慶吳公南園勝處也臺因墩形不事培剗旁
有大柟樹如側蓋然風藤月篠從而附益之淸蔭周覆
可容六七客肇慶羣石置其上所以悅觀瞻而供遊
憩也石出吾里無嵌空奇怪之姿特以其介然若英毅
之氣鍾結而成者皆取以自近焉倚立參錯如拱如伏
遊其間者莫不神竦意動吾知肇慶之不苟爲此戲也
徐而物色之老而耄耄有若純臣者示人以忠不玉其
佩有若祈子者示人以孝容儀偉麗有若奮威者示人
以勤詞氣剴切有若徂徠者示人以直有數焉而對若

御史之謹者有穴城而戰若統軍之雄者異派同宗斷
斷凛凛是以知肇慶之所取亦吾平昔之所樂親也附
猬介而沉者次之爲勇力所驅者次之能言以恠除三
品以冒除隕星以妖除化婦以執除一有是玷雖瑰瑋
亦棄是以知肇慶之所擯亦吾平昔之所欲疎也夫以
咫尺之地數拳之石寓意深遠如此則周旋於斯孰不
砥礪苟逐物從好以玆爲小而陋也則雖擴六合爲基
立五嶽爲塊鄧林蔽其左江漢流其右自達人觀之亦
掌中之一物耳曾何足大焉惟隨見而足恬然理會則
又何大小之別主人方刈柳源之稻釀明月之泉數招
客徜徉于臺上儻以此說爲是與則倚而歌據而瞑皆
吾之三益也因以文記之此　屏山先生紹興甲午
年間之所撰後學朱熹於淳熙己酉登臺誦記仍稽年
譜而知　閩憲吳公所築乃肇慶榮滿時仰慕高風拜
手敬書以遺　公之孫子焉

友石臺記朱文公淳熙己酉年書記後書云此屏山
先生紹興甲午年間之所譔按宋史儒林傳劉子翬
字彥沖學者稱屏山先生以大儒之文得朱夫子書
之而益彰矣朱夫子書似不一格他所見者不具論
惟舊得家傳詩禮四大字筆法端嚴此書則極流動
然端嚴者自逸流動者不放要是中正和平之氣流
溢于筆墨間者也是碑在福建建寧府載天下金石
志中　觀妙齋金石文攷略

按此碑無建立年月末有朱子跋云此屏山先生
紹興甲午年間之所撰後學朱熹於淳熙己酉登
臺誦記云云紹興無甲午甲午歲爲淳熙元年攷
宋史劉子翬傳卒年四十七不詳何年傳稱父韐
死靖康之難子翬廬墓三年服除判興化軍計其
時當在建炎末年羸疾辞歸武夷山不出者十七
年其作此記當在此十七年中而以意度之所謂
甲午乃甲子之訛是紹興十四年也傳又稱熹父
松且死以熹託子翬及熹請益卒爲儒宗蓋朱子
從學于劉子翬故跋此記稱後學跋作于己酉爲
淳熙十六年距子翬作記又四十六年是時朱子
當是主管太一宮兼崇政殿說書力辞除秘閣修
撰奉外祠之時也跋稱登臺誦記似記已刻于臺
上然無明文而又有紹興甲午之訛不敢竟定爲
甲子則碑無可系因系于朱子作跋之年

金石萃編卷一百五十終

賜進士出身　誥授光祿大夫刑部右侍郎加七級王昶譔

宋二十九

漢陰鳳凰山神碑

碑高七尺三寸廣五尺三寸二十六行行四十五字正書篆額在漢陰

宋鳳凰山神昭烈公廟碑

□□漢陰之鳳凰山爲山鎮最鉅禹導嶓冢內方驛於
夏書不迹顧僥風女□牛山峙其西東□氣象獨磊落
雄秀□□□鉅海瀆之爲望宜建嶽號降　神宅靈
日大振纘按圖經山亦□□□□巒排嶂疊爲屏□十有
二□□□□□□□如翔羽矗立千仞綿亙盤踞蹄數
百里漢江繞其陽月河注其陰上列三湫下流萬頃雷
風雲雨□□□□蛟龍□□山祇木魅百怪屏衛異時
宿將營拔其險以備攻守其亦□□臣伏嶺陸戎曠行
於□□□□□□□□□□不斷　神之啟當□□
□□□□□□式祝號加公爵曰昭烈賜廟額曰靈□
以禜□□□□□□□□□不規□帶京□至
帝□□發祥□□□□之祝融炎之臺駘□司□山鳳
□□□□□□□□□□□□□□在國之封內□□
祀秩水旱疫癘則□□□祭元豐初　神以□□雨

雪錫□□□□□□□□□□□□□□□附□□□
□□□□□□　神之聰鑒□歆依民和□相影響
暨□□□□□□□□□□□□□□□□□□□焰
鳳立祠□同委□壞惟　神之貌象物儼然宣撫岳
飛奏請申□命□□□□□□□□□□□□□□□
　神冠□玉立慘氣威□駭心動目恍若見其驂馭
羣龍揮斥雷風漢紀將軍生面□□□□□□□□□
□□□□烈矧惟邃殿寢宮長廊崇廡脩門廣庭潭
潭巍巍其齋□祠室井靄庖廩列豆□□□□□□□
□□□□□□□□華煥鮮麗於　神之府享稱其
尊虔且於茲山增輔壯□□□之祝史則□□□榱棟
摧□□□□□□□□□□蝕繪□□厥初除地薙草
滋甚於黷□　守帥四明楊公□□往返展敬愀然屬
□邑令何君□□□□□□　神均德茲土廟之
獘是忝於　神而愧　公之志敢不恪恭勅事於
時道洽民格□□□□□□□□□□□□緒以充役
費竹木瓦甓鐵石丹堊以枚數斤會者四萬八千有奇
百工鳩力計□給□□□□□□□□□□□□□之
隳廢經始於紹熙改元八月癸未訖事於中冬之戊寅
比　公持本道漕節歸重臺府□□□□□□□

□□賦二詩冠冕前作又大書廟之額榜侈其光華歲
遂大熟無水旱疾癘先是己酉冬　公以□□□□
□□□□□鐵石之心始敷寄雲已布水沉之炯未斷
雨雪其雰之語揭於謝文士夫老交□爲美□□□□
□□□□□□□公像以誌棠陰仲以爲君子忱誠通
天寅燮之柄實總理百神　公抱負道學德業初遷
撫□□□□□□□□威伸於雷霆之餘迺沐以春
和之膏澤有如去横費禁苛斂安邊陲和軍心典學校
作士類重農政□□□□□□□險灘綱舉條叙寄轄
宏化列城叢祠方率職惟謹鳳亭繪像何翅涵大江之

月升太山之雲然令與民敬□□□　神屬仲記循
甫工役因詔遺思於無窮嗚呼宇内山多以鳳名玆山
獨倚　神爲重　神之祠又倚　公爲重異時
山可磨滅　公之德永配　神不朽石泉寄在景
帥令具碑文請亟書刻之仲三薰臨文□之古碣其□
□雪風雷祥既異兆書之殆不勝書第欲鏟去箕筆删
鬼愁志怪推顯晉□□章僊翁飛蛻之逝□□□□□
□□□□□之德與山俱高令青城忠義故家擴仲之言
曰然是爲記紹熙二年十一月二十四日奉議郎宣差
知金州石泉縣兼管勸農公事王仲記承直郎宣差知

金州漢陰縣主管勸農營田公事何謇書眉山家應龍
篆額

按是碑乃宋紹熙時所立鳳凰山神廟記碑爲風
雨所蝕幾不可句讀就其文觀之知山神於宋時
曾加公爵并賜廟額宣撫岳公又奏請褒脩貌像
殿宇頗稱宏敞其云上列三湫下瞰萬頃當是謂
龍神也鳳凰山在漢江左岸故曰漢江繞其陽月
河注其陰月河即水經注所稱之月谷川也今漢
陰城實在漢水之北五十餘里襟帶月水地無高
山峻嶺左右坡坂殆即水經注所謂月坂歟鳳凰
山峻嶒江岸高揷雲霄宜爲宿將據守以備攻討
攷北史謂之金鳳山昶官陝右時因公至此徧訪
地志旁詢鄉民山神祠宇絶無人知惟殘碑斷碣
委棄榛莽而已

山河堰落成記

磨崖高七尺四寸八分廣一丈九尺八寸四分共十六行行九字字徑六寸許隸書在褒城縣

紹熙五年山河堰落成郡太守章森常平使者范中蓺
戎帥玉宗廉以二月丙辰徠勞工徒堰别爲六凡九百
三十五丈醴渠四百一十丈木冒工計七十二萬四千
九百有奇工以人計一十五萬九千八百有奇先是四

乖夏大水六堰盡決炼使者被　旨兼守事會凡役慨念民輸當四倍於每歲之常廼官出錢萬緡爲民助查沆賈嗣祖晏袤張柄實董其事

按宋史河渠志山河堰祗載乾道七年吳珙發卒助役修堰之事此後無文自乾道七年至此僅二十餘年乃以紹熙四年大水決六堰此堰被決遂致重修晏袤臨淄人知南鄭縣見鄐君碑題記

顏魯公送劉太冲叙

碑連額高五尺二寸廣二尺五寸兩截書上截十三行行十二至十四字下截十七行行十七字行書額正書

□□□□□城之華望者也自開府垂嗣於宋室澤州考績於　國朝道素相承世傳儒雅尚矣夫其果行脩絜斯文彪蔚鄂不照乎棫華龍驤乎雲路則公山叵禮築高足於前沖與太眞嗣家聲於後有日矣昔余作郡平原拒胡羯而淸與從事掌銓吏部第甲乙而超升等第尔來蹉跎猶屑卑位雖才不偶命而德其無鄰故沖之西遊斯有望矣江月弦魄泰淮頂潮君行句溪叵及春水扇哉之子道在何居魯郡公顏眞卿叙

右顏魯公帖□番本廼送劉太冲叙也併及其仲氏太眞□舊唐史文藝有太眞傳不紀其與伯氏繼登天寶上第文集三十卷見館閣書目墓在縣北號柘塘神市八月有祭禱必應溧陽人尤神之神道碑裴度譔蔣潼書昔曾易置□屛旋轉縣齋援到官初得之縣庖下僅存□百七十有九字同郡李兼經從相與起□鄉賢出其家藏顏帖再摹入石并斷碑□□廳壁叙言彭城華望以劉於此邑爲著□□纂云宣城陳留是也開府澤州公山叵禮表其先世也平原從事銓部甲乙顏常汲引□也蹉跎卑位悼其窮也句溪春水此邑時屬宛陵也鄭薰北望樓記言元載貶顏夷陵别駕後遷廬陵刺史道出莆塘有左伯桃詩第序腦亡太冲彭三字考汝越帖亦然莫可補闕云慶元已未上巳宣城戴援跋邑人秦堣書額

顏魯公送劉太冲叙　毗陵潘壽仁模刻

趣米元章謂如龍蛇生動見者目驚不虛也宋四家書泒皆出魯公亦只爭坐帖一種耳未有學此叙者豈當時不甚流傳耶眞跡在長安趙中舍士楨家以余借摹遂爲好事者購去余凡一再見不復見矣淳熙秘閣續帖亦有刻畫禪室隨筆

右叙載魯公集行書華華作折釵股法爲顏書之冠

按宣城戴揆跋云得劉太眞墓碑于縣庖下同郡李兼經因出顏公送太沖眞蹟遂刻石同置縣齋此碑蓋刻于慶元間趙氏已不及見然眞蹟猶藏于陝西東氏吾邑宋閔叔遇東孝廉于京師獲見之紙碧如玉墨黝于漆歷數百年如初落筆者首闕劉太冲彭四字與刻本合冲弟太眞史有傳登天寶上第文集三十卷神道碑文裴度撰壽潼書史旣不爲太沖立傳而太眞傳又不及其兄微此碑沖幾湮沒無聞矣米元章書史云此序碧牋書王欽臣故物也華陰王宏撰云此序眞蹟爲渭上大宗伯南子與先生故物

一孝廉借觀未還而逸其姓豈即東孝廉也耶 金石錄補

劉太冲帖碧牋書宋時爲唐垌所收其子常語米老謂與智永千文柳公權等書同藝則世間已無此帖矣而董思翁跋又謂在趙中舍士楨家當時有客爲王詵購去之語豈果爲晉卿所得故流傳至今耶又米氏書史稱垌將才不偶命而德其無隣九字剪去今此帖九字無恙獨闕首行五字不可解也蓋唐人善鉤摹或別有搨本亦未可定此序不記所作之年按序中有秦淮頂潮句溪春水之語亦當在刺江寧時公以乾元二年六月自饒州移刺江寧明年二月追爲刑部侍郎在江寧者僅八月則知此序與送蔡明遠叙同時皆當在乾元二年也又叙中言昔在平原拒胡羯而請與從事乃知公以平原刺史拒祿山時太冲實與有功而舊史但稱淸河客李蕚不及太冲非有此序則太冲一段謀畧幾沒殺千古矣則知此序關係太冲不小非直移贈而已此序碧牋書碧牋宜墨故在顏書中獨爲腴潤 竹雲題跋

此序淳熙續帖亦有刻與世間流傳本逈不同其鬱屈飛動處更出今本之上今本首行全闕劉太冲者彭五字或以小楷書補之淳熙本首闕上半行太冲

彭三字尙完冲字有微闕劉字闕右半劉上尙闕三字則不可知何字矣 虛舟題跋

寧遠記

碑連額高六尺二寸五分廣三尺七寸八分兩截書上記十九行行二十五字下條目二十行行十五字正書隸額在杭州府學

寧遠記

國子司業王介記

國子錄陳一新書

開禧二年今兵部侍郎戴公溪爲司成有李廸功壽朋者老矣不仕養於學謁司成具道太學有義家久弗葺

司成樂聞之亟訊其顛末云昔淳熙間故待　制張公宗元以所得分地七畝餘弃之學以葬遠方士子之不幸而死者名廣惠山出清波門並城而南過劉寺五六里道梯子領步漸高坡隴相屬至方家塢即其所也山之東爲官衢西直循王府山其南接民家方氏墓北距郎主簿山廣袤十有五丈幽靜閒寂面勢頗稱舊有守者廩稍不繼棄之去以故殯者少地益不治司成命學錄李君元白孫君瀾往視之舊殯凡九各有表識胃然歎曰朋友死無所歸於我殯是非學校之責乎乃裒金錢加修焉即土周而甃以石循山趾而繚以籬徹舊門

而改作之增爲三間以備時祀之所廣出入之路復命守者給以劵食既成祭以安其神又定津送之費官以給之制時祀之式使歲舉行之榜曰寧遠司成之惠甚渥也嗚呼士不幸而死又不幸而貧或遠不能以歸葬則殯於此者豈不愈於寄之僧舍乎朋友致歲祀墓丁供酒掃致使有家殆不過是昔延陵季子葬其子於嬴博之間三號遂行孔子以爲合於禮然則斯殯也而遂葬亦豈不可雖然廩廩不繼時祀不修則朋友義廢而寧遠之意荒矣尚其永念之哉

嘉定元年九月日

條目如后

一每歲清明舉錄前期關諸齋每齋率錢叁鐶省委公厨具雞黍之屬至日舉錄一員輪請長諭二員同詣義冢致祭遇晴則行其儀用雞黍從食果子共十豆酒各三酌墓神用雞及果子共三豆酒亦三酌並備祝文香茶之屬祭畢以所餘給墓丁並隨行僕從元造長卓貳隻用畢仍寄留墓丁家

一兩學生員有不幸身故家貧地遠合葬義冢之人本齋長諭保明申舉錄備申本監請官會貳拾千充結砌等費委舉錄長諭及其鄉人營辦非就義冢安

葬者不給葬之日請本齋集正直日送至墓所

一募丁陳勝月給係轉運司給到小劵一名專充看守不許本監人輒行攙請如或運司給付不時許墓丁經監投狀本監即與施行　　陳口口刊

按此碑杭州府志引武林石刻記僅載撰書姓名及高廣行字之數不言碑舊立處所李制府衛西湖志金石卷并不載此碑可知此碑之不顯於世久矣碑云開禧二年今兵部侍郎戴公溪爲司成宋史儒林傳戴溪字肖望（沈光作戴溪春秋講義序云字少望）永嘉人淳熙五年爲別頭省試第一（按宋史選舉志孝宗時在朝清要官

期親許牒子弟作待補國子別號考校此別頭省試疑即別號之訛監潭州南嶽廟
紹熙初主管吏部架閣文字除太學錄兼實錄院
檢討官正錄兼史職自溪始升博士除慶元府通
判未行改宗正簿累官兵部郎官開禧時和議成
知樞密院事張巖督師京口除授參議軍事數月
召爲資善堂說書由禮部郎中六轉爲太子詹事
兼祕書監權工部尚書除華文閣學士嘉定八年
以宣奉大夫龍圖閣學士致仕卒傳載溪之歷官
如此據碑則開禧二年官兵部侍郎已前官司成
史皆畧之碑云出清波門並城而南過劉寺五六

里道梯子領至方家墺劉寺者咸淳臨安志云紹
興十八年建十九年賜褒親崇壽額西湖游覽志
云俗稱劉孃子寺劉貴妃父懋因金人南侵獻錢
二萬緡以助軍費高宗嘉之遂令建寺以爲功德
畱青日札云西湖褒親崇壽寺乃紅霞帔劉貴妃
香火院故俗稱劉寺紅霞帔者宋宮人品名也江
湖後集載周端臣劉寺墳園詩萬頃蒼寒擁寺門
寺牌金字御書存其規模可想梯子領同嶺字似即
梯雲嶺在慈雲嶺東方家墺今作方家峪咸淳臨
安志在錢湖門外路通慈雲嶺梯子嶺按爾雅釋

水注谿曰谷或从山集韻墺四方土之可居也又
水厓曰墺是峪墺義同而音亦相近然今人皆不
知有方家墺之稱矣至碑載循王府山郎主簿山
皆不可攷寧遠二字是太學義冢祠門之題榜記
中所列條目三則制簡而儀倫想見南宋太學師
生用意忠厚可以風世其云每齋率錢叁鐶省者
正字通云凡圜廓有孔可貫繫者謂之鐶是鐶與
貫同宋史食貨志錢幣不詳省字之義嘗見南渡
初製銅牌文云臨安府行用準二百文省準三百
文省準五百文省宋時民間行用有以八十及八

十五爲百者疑即此省字之義歟昶在西湖修志
日搨得此碑及主講敷文乘暇日徘徊方家峪尋
此記中所載各舊蹟則荆榛彌望詢之山樵野牧
無有知之者矣並詳於此以志慨

瀫山會靈廟碑

碑高三尺許廣二尺四寸文廿四行行廿七字正書
額題會靈廟記四字篆書在青浦縣瀫山廟左壁

會靈廟記

祀天下之大典也德不被物功不及民者不在是典禮
所以報歲功也凡水旱疫癘螟螣則黜其方之神然則
在是典者庸尸素哉嬴秦時　邢氏三女子死而有靈

能役鬼工各開湖洄潴亂流以弭水患　　澱湖之
靈其季也罔罟之利舟楫之益民歌叟豐菑害不生一
方之氓均飫其惠嘉定七年孟夏大旱奔走群望有禱
輒爽知縣事李伯壽命主簿陸垕躬至巖扃檀木始然
水立晝昏濺沫飛濤沮洳冠裳傍睨辟易陸固自若不
衡不倚若有相者得魚得蛙速雨之徵必冀所求不獲
不已白魚既躍蛙亦隨至霈雨滂注三日足用歲大有
秋申聞　　朝廷錫號會靈揭榜之辰陸乃肅齊員
奉其行以侈　　君賜以荅　神貺觀者如堵震動
山谷水天一碧幽顯咸若黃耇鮐背歎未曾有相眂而

作曰　神來止茲福我茲土千有餘歲不知幾縣吏之
禱於斯也一朝潛德撤覆於吾賢父母之手久矣吾
神恒其德而斂其惠也褒封之後凡所以惠我者亦豈
有加於疇曩而貳其心哉嘉吾賢父母能講明政之
所先務使　　朝廷恩渥不及尸素之鬼足以風厲
素食怠事之人俾敏厥修予聞而嘉之遂檃括其言而
文之俾修歲時之祀者歌之歌曰
湖山兮蒼蒼湖底兮天泱泱樓臺空虛突兀兮金銀錯
舳艫兮轉輸秔稌兮繞湖不知其幾千萬兮寄豐凶於
慘舒烟冥冥兮雲澹風蕭蕭兮葭菼貝闕兮龔𪚥窅物

不疵癘兮民不領顑煥兮榜題雨露兮新滋　神之靈
兮聽之
嘉定九年孟秋既望前台州報恩光孝禪寺住持嗣
祖居簡記
寄理　　勑賜進士出身嘉興華亭支鹽官建安
徐榮叟書并篆額
澱山普光王禪寺住持傳法僧　　立石　高舉刊
按此碑撰者僧居簡書篆者徐榮叟居簡自稱前
台州報恩光孝禪寺住持雲間志載明行院記則
云勑差臨安府淨慈光孝禪寺住持北磵居簡記

嘉熙初元立此碑立于嘉定九年彼碑則在後二
十一年矣　四庫全書錄其所著北磵集稱居簡
字敬叟潼川王氏子嘉熙中敕住淨慈光孝寺因
寓北磵日久故以名集其集詩文各爲一編宋代
釋子兼有詩文者惟契嵩與惠洪契嵩之文博而
辨惠洪之文輕而秀居簡此集不摭拾宗門語錄
而格意清拔自無蔬筍之氣据此則居簡工文覯
此碑可得其槩矣居簡晚年又嘗住嘉定南翔寺
今尚存二碑是其所撰也徐榮叟宋史有傳字茂
翁煥章閣學士應龍之子及考應龍傳不詳何貫

朱竹垞洞霄宮提舉題名記作浦城人此碑自稱
建安與題名記異傳稱榮叟嘉定七年舉進士歷
官通判臨安府累至端明殿學士簽書樞密院事
未嘗載其初任華亭支鹽官葢史略也碑云勅賜
進士出身此爲後人系銜用賜進士出身之所昉
而此上有寄理二字未曉其義以臆揣之當與權
攝治理同謂支鹽官非其本職一時暫寄耳其云
嘉興華亭則此時秀州已升嘉興府也支鹽官宋
史職官志食貨志皆不載此官雲間志倉庫有支
鹽倉在縣西北三十五步乾道六年閏五月奉朝

旨移置本縣又廨舍凡十支鹽官廨舍列于第十
是其職居于各官之末葢卑甚矣廨舍在縣南二
百一十步榮叟之居此官志亦無傳可攷碑云嘉
定七年孟夏大旱知縣事李伯壽命主簿陸垕躬
至巖扃檀木始然水立晝昏濺沫飛濤沮洳冠裳
傍睨辟易陸固自若不衡不倚得魚得蛙速雨之
徵白魚旣躍蛙亦隨至霈雨霶注三日足用朝廷
錫號會靈揭榜之辰陸乃肅齊賫奉其行覩者如
堵震動山谷云云雲間志不載災異華亭縣志祥
異不載嘉定七年之旱知縣事李伯壽雲間志僅

載知縣題名云李百壽嘉定七年任而亦無傳百
壽伯壽志與碑異或志有傳寫之訛主簿陸垕則
雲間志與松江府志華亭縣志皆不列于題名雲
間志載主簿廨舍在縣西七十步又亭館條下云
公餘風月在簿廳後嘉定九年簿四明陸垕建始
知垕是四明人也以求雨有應之主簿可謂賢矣
而志乘無傳賴有此碑傳之咸淳臨安志載陸垕
號盤隱官府判嘉定中與僧居簡倡和而不詳其
貫四明可据以資互證又檢靈隱寺志載垕所作
冷泉亭放閘水一詩云泉聲飛出鬧委折綠陰間

此地原無暑多時不入山草欹疑石墜水定見魚
還難得同猨鶴游吟半日閑附錄于此以見其兼
能詩也碑書䄍與蜡同從廣韻也其云民歌婁豐
與唐石經周頌婁豐年句同漢書屢俱作婁說文
有婁無屢新附始有之可知南宋時所行毛詩尚
仍唐本今監本汲古閣本則皆作屢矣澱山今在
平陸登巔望澱湖遠隔二十里外碑云水立晝昏
濺沫飛濤則宋時山猶在湖中矣祈雨取水以得
生物爲驗若今旱禱龍洞求得蜥蜴迎歸而雨降
是也得魚得蛙想亦蜥蜴之意故魚躍蛙至爲所

求之俱遂也沮洳冠裳旁睨辟易則風浪中見神之降矣朝廷賜榜屋親捧而來故觀者震動山谷大抵神舊有祠至此始有賜額也祠之創始無從追攷陸廣微吳地記但云秦時有女子入柘湖爲神即此祠也雲間志云柘湖今堙塞爲蘆葦之場神亦弗祠今澱湖中普光王寺亦有三姑祠靈甚湖旁三數十里田者與往來之舟皆禱焉故老相傳秦時姓邢氏女兄弟三人即柘湖所祠也至元嘉禾志稱三姑祠一在府南七十里柘湖一在東北七十二里澱山湖嘉興府志載海鹽縣秦置後

陷爲柘湖移縣武原鄉漢時又陷爲當湖移於今處然則柘湖舊屬海鹽三姑祠舊在柘湖因湖堙而弗祠則柘湖之祠廢久矣不知何年建於澱山雲間志未能詳也宋何松年三姑祠記則云秦始皇時邢氏有三姑長曰雲鶴夫人主沈湖次曰月華夫人主柘湖季曰降靈夫人主澱湖則是三女分主三湖而三夫人之號不能詳其爲何代所封今志乘可攷者惟柘湖與澱湖其沈湖之所在及有祠與否從無述及者此碑云邢氏三女子死而有靈能役鬼工各開湖泖瀦亂流以泖水患澱湖

之靈其季也是亦以在澱湖者爲季女在別湖者爲長次二女但柘湖沈湖無明文耳然松年記又云夫人邢其姓家澱湖東地曰柘谿降聖夫人少奉普光王之戒故其後遂蒞澱湖夫普光王釋典向無此佛名至唐中宗時僧伽建寺請名普照王寺中宗以照字是天后諱乃改爲普光王寺語見曝書亭詩集註安得謂秦女奉普光王之戒耶莫儔澱山建塔記義燈禪師建塔夢中有榜題曰普光王寺後請額以符其夢其柘湖秦爲海鹽城在嘉興府南七十里安得謂秦女家於澱湖東之柘

谿耶然則舊說之訛傳自宋時已然矣今觀祠宇在普光王寺山門外左首數弓之地建屋二進前爲廟門後即神殿各三楹不甚宏敞而門前殿後別無餘地可以再增屋宇似此形勢顯係先有寺而後有祠者松江府志以神爲寺之伽藍非無因也寺初建於建炎元年賜額於紹興八年則其剏基不過在建炎已前當不甚遠農田餘話稱舊有登禪師者始結廬於山居人捕魚竟日不得就師問故師曰但以爾舟載土詣吾山當遂所願積累既久因以建寺蘊山本低小賴漁舟載土積累始

寛所謂登禪師或卽莫儔記所稱之義燈則建炎
已前建寺建炎以後建祠無可疑者碑云神來止
茲福我茲土子有餘歲葢祖述何松年祠記之語
耳神最靈異謁祠者稍涉褻慢卽有禍災故祠門
常閉不敢輕啟碑在廟庭左壁與沈氏捨田碑內
外相背在牆外者蔓草荒翳從無人摩挲椎拓昶
昔總修青浦縣志採訪者不能蒐及遂致失載雖
會靈碑文錄其大要而首尾不具茲幸朱君朗齋
錢君同人以重九登高啓巖扃陟荒逕尋得此二
碑亟為備錄于此俾後日續修郡邑志時取以補

入也又檢曝書亭集有偕陳同知昂四人登瀆山
寺謁秦女祠分得合字成三十韻又陳君緘寄普
光王寺二碑成詩三十韻二詩中皆無一語述及
紹興二十八年沈氏捨田及嘉定七年華亭主簿
陸垕祈雨請額之事是陳君當時緘寄別是二碑
迥與此碑及捨田碑不同而詩內又不言陳君所
寄之二碑何代鐫刻何人撰書所記何事詳玩楊
謙箋註此詩引用莫儔建塔記又載入青浦縣志
者有何松年三姑祠記皆宋人作似應有石刻則
陳君所寄或卽彼二碑今普光王寺內外遍尋除

會靈廟嵌壁二碑之外並無別項宋碑詢之寺僧
亦皆無有見而知之者竹垞作詩在康熙庚辰距
今祇百餘年昔所搨者今不可尋今所得者昔亦
未見甚矣蒐羅金石之難也

羅池廟迎送神辭碑

碑高九尺三分廣五尺五寸十行行十六字正書後又小字跋五行行書在馬平縣

荔子丹兮蕉黃雜肴兮進侯之堂侯之船兮兩旗渡中
流兮風汨之待侯不來兮不知我悲侯乘白駒兮入廟
慰我民兮不嚬兮以笑鵞之山兮柳之水桂樹團團兮
白石齒齒侯朝出游兮莫來歸春與猿吟兮秋與鶴飛

北方之人兮謂侯是非千秋万歲兮侯無我違願侯福
我兮壽我驅厲鬼兮山之左下無苦濕兮高無乾秔稌
充羨兮蛇蛟結蟠我民報事兮無怠其始自今兮欽于
世世

宰相進退百官賢之遇否係焉
柳侯名重一世竟老遐陬繄誰之責嘉定丁丑春艮
赴柳幕道長沙謁　帥相安公先生臨別授坡公大
書韓昌黎享神詩俾刻之廟傷其不遇也艮甫到官
攝邑柳城繼易僉賓州冋白郡太守　桂公慨然從
之於戲　侯賢而口誠獲遇　先生必始終光顯于

朝奚至一擯不復用韓之文得蘇而益妙蘇之書待
先生而後傳邦人聚觀咸嘆謂若昔不遇疇非遇
於今耶　先生察百官之進退有賢如　柳侯何憾
如韓如蘇蓋同一際遇大慶也重陽門生從政郎柳
州軍事推官權僉判天台□□謹跋立石勅奉郎權
知柳州軍州事借紫永興桂如篪命廸功郎柳州州
學教授豫章廖□□書丹

右東坡書羅池廟迎亨送神詩筆意甚佳然較沈傳
師所書碑不同者十數字當以柳碑爲正東里續集

東坡公書柳子厚羅池銘辭遒勁古雅是其書中第

一碑內步有新船秋鶴與飛昔人證之已明無足論
者子厚英秀鬱鬱未吐沒爲明神亦是常理獨惟嫚
客死當是伊偃文態未洗盡耳弇州山人四部稿

余無此石刻本然有一墨本乃鄞張君所惠似是先
用鉤法具間架後乃更用筆書之者穠艷而勁發有
勢疑是南禺先生所臨因此思其原本必絶妙今跋
稱是坡公第一碑諒不誣也羅池神能使嫚者死世
俗驚畏正在此司寇乃以偃文態嗤之是董狐筆書畫跋跋

按原碑沈傳師書久佚集古錄言昌黎集本作蕉子
黃沈無子字是刻與沈同又云沈作而秋鶴與飛誤
是刻作秋與鶴飛無而字吟下有兮字與集本同粵西金石錄

按此碑韓文蘇書嘉定丁丑天台□□重刻於柳
州馬平縣羅池廟舊說相傳估客過柳江者搨一
紙即無風波之虞遭亂失去雜入築城磚石中每
當築處城輒圮有司知其異物色出之仍置廟中
□缺其姓官柳州推官而署其跋云重陽門生所
未詳也丁丑爲嘉定十年碑當立于是時跋云□
赴柳幕道長沙謁帥相安公先生安公當是安丙

宋史安丙傳丙字子文廣安人累升資政殿大學
士四川制置大使兼知興元府嘉定七年三月同
知樞密院事兼太子賓客賜手書召之行次廣德
軍進觀文殿學士知潭州湖廣安撫使□道經長
沙則詣潭州謁安撫爲便也碑刻異同已詳諸跋
不具論

新葺金陵學西廳記

碑高四尺四寸廣二尺七寸十八行行三十字正書在江寧

余同年進士諸王宮教授四明范君之子光分教金陵
貽書於余曰金陵學官舊惟一員今西廳是也　紹興

初留守尚書石林葉公以行都請增置故東西對立西廳歲月最久棟宇寖壞殆不可居尭到官之初懷一日必葺之念而未遑及其私旣七月學政粗舉始請于郡留守侍郎隆興李公慨然興念捐金與材委吏督工撤而新之其規摹位置受成於尭而財物出入則有司存經始於嘉定十四年十月之庚午落成於十二月之丙寅舊門由學宫以出今易而南西直秦淮横挹鍾阜朝夕縱覽心目開明亦足自壯幸爲我記之余辭不獲命因廣其意以復之曰天下之理内外本末初無二致君子居室一日必葺亦猶吾身心不可須臾不加省察

而使各循乎理也故積基而堂架梁負棟室奥深嚴門戶無壅君子之居也正其衣冠尊其瞻視望之儼然即之也温君子之容也如鏡之明如水之定泛應縱横無適非正君子之心也自内以及外由末以求本豈容異觀哉子之學旣得於家傳又能從先生長者游其必有見乎此想其横經退食招諸生登斯堂燕私從容凡心目所寓亦必講明乎此不然則一室之安一身之便耳豈子之志哉嘉定癸未上元日朝散大夫起居舍人兼

國史院編修官兼　實録院檢討官鄭自誠記宣義郎充江南東路轉運司幹辦公事趙與懃篆額

右重建建康府教授西廳記景定建康志天聖建學置教授一員紹興九年因左丞葉公奏照西京例增置一員分東西廳東廳在學之左西廳在學之右宋史職官志但載列郡各置教官而京學教授有二員畧不之及亦其疎也篆額者爲宣義郎江南東路轉運司幹辦公事趙與懃攷宗室世系表未見與懃名惟秦王德芳九世孫有與勤或即其人乎潛研堂金石跋尾續

治平寺藏輪殿記

碑連額高七尺二寸廣三尺七寸十三行行三十六字正書額題建藏殿記四字正書

祈澤治平寺建藏殿記

勑額治平其來遠矣因初師置覆鉢之地故後人營環堵之宫左眷金陵傍鎮驛道祝龍救旱靈感六朝蓋古石書有可考焉自嘉定之己卯有檀越李子濤者距寺不二里占籍寺東古彭城上團也每出郊行不厭入寺家世潤屋不慕經營見聞慈善雅所敬重其先捐錢披剃本寺之僧曰一十有餘人法超遠濤寶海慶屢遠濤寶而他剎又有公之施者多不此紀也與夫築梁通津微恩涓惠未易僂許忽一日入山修設與族弟釋法超從容話次廼曰此山僧衆足矣但延置禪衲歲無生計可供齋厨不若闢堂左隙地而建藏輪焉姑欲寡助常住不亦可乎況

木植合用吾廬有之既而諸請僧員法超法起爲之幹
造次以命工計慮獨啓巨誠鼎新創造天宫法輪寶殿
一所及下彫鑾像儀毋容裒外工畢更餙藏輪佛金一
面其興事僝工愈多愈費隨胥隨有畧不憚煩纔僅越
朞之月已慶落成之舉如土石竹木之工計者奚翅十
萬炒貲粮緡費之計者奚翅一萬而寺無毫髮之補彼
亦奚慮及耶不虞幹造二釋殿成七八相繼圓寂悉以
藏事委於寶華者而寶華雖不能任得代師起之衣鉢
不容辞焉善哉且人之一發慈言則千里福應况李君
建佛塔廟者乎其功德爲如何念惟月浸歲深日更時
異謹刊諸石永爲善信之士之規鑒云旹鉅宋癸未嘉
定十六年七月十五日攝藏事寶華記

時衆徒弟僧普寧志立善達法誠法圓寶海寶江

都勸緣住持釋

鄂州重修北榭記

碑連額高七尺九寸廣四尺四寸二十五行行四十二字正書額題鄂州重修北榭之記八字篆書在江夏縣

鄂州重修北榭記

鄂渚之勝以南樓北榭並稱南樓繇　元祐改作　元
符未脩口黃公魯直嘗見於題詠惟北榭冠子城之顛
在郡公堂之後不知自何時建立　乾道中于湖張安
國爲大書扁牓厥後達官名人稍有爲賦詩者然距今
亦五十餘載矣棟宇隘庳日就圮廢莫或顧省一夕大
風震蕩摧屋山飄瓦如墜葉舞空屋隨以傾壓不可復
支子城亦久弗治土石墮阤榛莽蒙翳狐狸所窟虺蜴
所蟠於是昉議更葺先增甓北隅袤二施崇三丈有竒
南袤尋有半崇與北等遂改建榭屋闊而大之敗楹腐
桷悉易以新既成宏敞翬翼與南樓嶷然相望始於一
郡面勢爲稱雖其高無所不矚而北望爲尤宜嘗試相
與憑檻遐睎則煙沙蒼茫天水無際西陵郢杜安陸諸
山隱隱出没雲外雲夢之泱漭漢沔之縈洄皆可目略
而指喻羣鴻匹鶴飛翔上下平蕪斷浦杳杳如髮暇日
尚羊不涉級數十武而坐得千里絶特之觀殆前所未
有也惟漢江夏太守所統疆域至遠今光黃蘄安信五
郡之地皆故屬邑春秋時吳楚交戰出師往來之地水
如清發澋澨山如内方大小别雖丘邑變遷而勢勝猶
在與夫孫伯符之所討擊周公瑾之所摧敗陶士衡之
所平殄其遺跡猶可諏訪而考求郛城臨江故堞宛然
嘗笑其規橅特淺淺耳庾元規志驕才輕亦弗克有成
三關九阨之塞魏梁交攻或得或弃南北強弱係焉以

見昔人爭戰之力不爲無意夫以地之相距雖有數百里之遠而據其要會實皆在吾環顧規畫卷舒伸縮之中况郡居全楚上游與江陵襄陽實相爲表裏諸葛忠武嘗欲舉荆州之軍以出宛洛公瑾亦謂據襄陽以蹴操北方可圖二人之言若合符節而宋何尙之顧言夏口當荆江之中直通雍梁實爲津要豈非以地勢便兵力接故耶抑嘗据此論之若昔自南而圖北則易爲功自北而入南則難爲力故梁末曰陸濮和之敗郡雖暫屬高齊慕容儼死守半歲雖能拒退侯瑱等然卒棄之還南五季杜洪襲據州城遙附朱梁以扞淮南之侵朱梁三遣兵援之皆至近地然無救於洪訖爲淮南將劉存所克身隕國絶豈天塹之設果足以限南北耶抑或彼或此亦存乎人之圖回智略如何耳夫惟俊傑之士有志於當世要必討論之素精討慮之素熟異時行遊坐息朝思夕維未嘗不在於此故一旦發而見諸施爲則必卓偉絶人非臨事隨應率意而爲之者所可及傳曰登高能賦可以爲大夫趙孟過鄭請七子皆賦以觀其志夫所謂能賦者豈徒吟詠一時之風物景色哉必也升高而望遠憂深而謀長覽山川之形勝考古今之成敗究昔人謨議之得失與今日時措之宜其所蓄積

操存因感觸而發見所賦之志於是乎在王茂矚新亭之感逸少冶城之諷大較亦兹意也夫是則高明其居處緬邈其臨眺豈但以逸其一身而自適於耳目之間而已哉榭之廢興似未足書然余攺作之意非游觀之爲則不可不明著以貽後之同志者俾得以周覽而繹思焉嘉定甲申三月丙午眉山李壆記

按此記撰者李壆但叙攺作北榭之故而不自述其官位宋史附見兄李壁傳壁壆皆燾之子眉州丹稜人燾先以文學著而壁壆又齊名蜀人比之三蘇史言如此不能知其因何攺作北榭也記云乾道中于湖張安國爲大書扁牓史張孝祥傳字安國烏江人高宗朝累知撫州孝宗卽位累知潭州復待制徙知荆南湖北路安撫使其書此牓當在是時孝祥號于湖工翰墨嘗書奏劄高宗見之曰必將名世癸辛雜識又載其知京口時大書多景樓扁郄公帑潤筆

金石萃編卷一百五十一終

金石萃編卷一百五十二

賜進士出身　誥授光祿大夫刑部右侍郎加七級王昶撰

宋三十

句容縣五瑞圖并題記

碑高五尺二寸廣三尺一寸二分分作三截上繪圖中七行行七字下二十行行九字正書在句容縣

特秀之芝兩岐之麥同本之竹竝蔕之瓜蓮有一於此足爲上瑞况五者來備予然則　邑大夫與其同僚所以召和迎祥者亦必有道矣

紹定己丑寒食日漫塘叟劉宰

寶慶丙戌邗城張君偘來宰斯邑越兩歲而五瑞集

爲士民歌誦盈耳蓋自有不能已者　漫塘聘君劉先生言語妙天下平昔不輕許可其歸美於感召之所自者信矣　山陰王令君亦有跋語暨諸賢序贊連篇累牘未易悉紀　大夫初不自矜至有謝同僚之詩曰賸喜聯官忘爾汝故令元化奪胚胎及惠邑士之詩又曰山川淸美天下稀五瑞同時盍紀碑碑上只言人物盛若言德政愧無之吁大夫其謙矣哉是歲五月旣望免解進士充縣學學長江千里謹書

句曲司成刊

按五瑞圖題記漫塘劉宰爲句容邑宰張偘作也宋史劉宰傳宰字平國金壇人紹熙元年舉進士調江陵尉眞州司法授泰興令父喪起爲浙東倉司幹官黙觀時變頓不樂仕尋告歸監南嶽廟理宗初卽位乞致仕乃以直祕閣主管仙都觀端平元年升直寳文閣未幾遷太常丞就道至吳門拜疏歸進直顯謨閣主管玉局觀　卒著有漫塘文集集三十六卷今錄入四庫全書提要云宰著作甚富淳祐初王遂裒其遺稾十僅得四五爲編訂作序名曰前集理宗收入祕閣世遂無傳明正德間大學士靳貴從內閣鈔出因授王臯鋟梓釐爲三十六卷集中漫塘一賦尤爲世所傳誦宋詩紀事云寧宗朝韓侂冑枋國不復仕自號漫塘病叟卒謚文淸此記題紹定己丑寒食日己丑爲紹定二年是時正主管仙都觀也江千里稱之爲漫塘聘君未詳所謂邗城張偘史無傳宋詩紀事亦不見錄其遺句賴見此碑江千里充縣學學長之有長始見於此

陳盛父仙足巖題記

石橫廣八尺六寸高四尺十一行行七字正書

魯國陳盛父位希賈兄晦叔元煇姪朱子俊胡子儀韓仁父盛父餞德寛兄之官古中是日謁□山遊眞巖丹桂遺香黃花發釆舉盃相屬尙羊□晷臨分援筆以紀歲月時紹定壬辰季秋旣望

龍壽禪寺復田記

碑連額高五尺九寸廣三尺二寸六分二十一行行四十三字正書篆額

雲蓋龍壽禪寺復田記

從事郎饒州德興縣主簿裘由庚撰

前奉議郎知安豐軍六安縣事胡逸篤書

朝奉郎改差充江南西路安撫司幹辦公事劉克遜篆額

敎有廢興時有衰盛物有得喪而理無古今存亡之閒士君子平心揆事權衡於予奪之際者以其理也山林枯槁之士視外物之去來得喪何有而有失則斯有復

者以其敎也繇物之往復以占其時卽時之隆替以觀其敎此吾西山龍壽禪寺復田記之所爲作也寺興於唐天復中鍾傳據豫章日奏置以處光化禪師官給田三千頃至　我朝祥符閒白石道者智新居之徒衆益盛易律而禪當其盛也唱道鳴敎宗主其徒代有其人時往事遷人亾敎泯鐘魚如故而瓶笠之游鮮至矣雖在籍之田棄而不有亦漫不復省紹定壬辰　連帥李公壽朋因法席適虛聞僧祖開道價卽具威儀迎致開早忝清簡庵得臨濟法隨後讀華嚴入大自在法□至之日□□藹聞禪□□集開知□□可鸋也□歲大歉食□□給慨然□嘆有言寺故有田濱樵□曰裏湖爲居民侵冒者八百六十餘畝開命閱籍果不誣謁諸邑大夫　胡侯梲侯仁勇士　委官按視諗不妄盡理而歸諸寺開欲誌侯之德不忘踵門而謁至再予辭不獲則告之曰子之敎以壞色爲衣以行匃爲食田於何有後之人始華屋廣居豐衣美食田連阡陌無藝矣然其歸欲其徒一意精進無衣食以累其心則一也有國者病其無藝之蠹吾民也爲之經制不得貨鬻如世業比則田之有者不可使無失者不可不復亦□其理然耳君子之爲政一揆諸理起而正之於民無怨於僧奚

德子將安所誌乎爲子之徒奉子之敎撞鐘伐鼓數座展鉢於一餐一供思所自來以山谷道人食時五觀自律以無盡居士掬溪賁藜自警不徒使大儒旁觀有三代禮樂盡在是之歎則廢可興衰可盛侯之功不唐捐矣吾旣以爲開勉然見姑蔑之旗者必取呼餘皇之舟者必復侯宰邑以最聞將去爲郢州别駕北望中原志淸河洛得時與位挈輿地而歸　本朝使　廼祖忠簡公義不臣虜之志一伸於六七十載之後則功烈偉矣吾重以爲侯勉紹定六年七月日記

頭首　道宣　應堅　祖安　知事　宗起　宗智

淨聰　住持傳法沙門祖開立石

太學靈通廟牒

碑高八尺四寸三分廣四尺一寸五分作六截書每
截或二十一行或七行每行或四字或二十九不等
正行書在
杭州府學

尚書省牒

存心齋諭學生林居雅篤信齋長學生黃恭服膺齋長盧方春齋諭林公槐禔身齋長章汝鈞齋諭黃綱習是齋長朱應元齋諭龔琦允蹈齋長王日新齋諭陳一中存心齋長周彧守約齋長陳季彊齋諭吳附鳳養正齋長張玘齋諭顏復之特志齋長水丘褒齋

諭周景厲節性齋長陳鼎新齋諭蔡夢雷經德齋長姜文龍齋諭林拾誠意齋長高嘉齋諭戴鑫率履齋長陳揚譽齋諭潘震孫循理齋齋長胡夢高齋諭蔡廣時中齋長胡嗣家齋諭李時琇篤信齋齋諭林旂果行齋長陳將齋諭陳士登務本齋長邵忱齋諭閭丘成貫道齋齋長章士元齋諭黃時若觀化齋長徐信卿齋諭臧元孫立禮齋長王若訥齋諭葉寔劄子居雅等竊見神祠之立　國典所繫自太學初興廟貌隨建禬禳祈禱靈異未易殫述如今歲五月初倉猝哉暴九月初潛弭火警陰有感孚如響斯答惟是曩立神祠私以護學靈通爲稱未該

賜號近者生員陳懿孫形之夢兆以謂不當私畀名稱合經

朝廷陳乞神之有知能爲斯言揆之理義殊合典制䂮今際遇

聖君賢相優崇學校若蒙寵榮特畀

恩秩命以徽號使神人兩安爲惠實溥伏候

指揮

牒奉

勅宜特賜靈通廟爲額封正顯侯牒至准

勅　故牒

端平貳年十二月　日牒

同知樞密院事兼權叅知政事鄭　押

叅知政事崔　未上

右丞相　押

特進左丞相　押

勅太學靈通廟神右我先王各因其方以祠后土示有主也矧司我首善之地而不褒表之歟

口興建學爾以聰明正直妥靈其間凡鼓篋而入解褐而去莫不駿奔走在廟用物宏多厥靈炳著不但呵星

妖氛鬼怪而蒸我髦士發揮斯文以爲邦家光斯亦有
陰助焉矣錫之徽侯都以徽號尚庶幾敬祭重祠之意
可特封正顯侯奉
勅如右牒到奉行
端平三年正月九日
特進左丞相淸之
右丞相行簡
參知政事與之 不上
同知樞密院事兼權參知政事性之
給事中咨夔

兼權中書舍人□
正月十四日午時都事郭□□□□受
倉部郎中□□崔端純 差除 付吏部
特進左丞相淸之
右丞相行簡
參知政事與之 未上
同知樞密院事兼權參知政事性之
吏部尚書闕
工部尚書兼權□□
吏部侍郎闕

告正顯侯奉
勅如右符到奉行
主事徐元麟
權員外郎 令史高之才 書令史周裕 主管院
相
端平三年正月十四日下
按南宋太學乾道臨安志云紹興元年於凌家橋
東以慧安寺故基重建有六齋曰升俊經德敦厚
彌新責文富文此所指乃臨安府學非太學也宋
史選舉志紹興十三年兵事稍寧始建太學續資

治通鑑紹興十二年四月甲申起居舍人楊愿請
以臨安府學增修爲太學從之是以府學爲太學
也續鑑又載十三年正月癸卯詔以錢塘縣西岳
飛宅爲國子監太學舊太學七十七齋今爲齋十
二曰褆身服膺守約習是允蹈存心持志養正誠
意率履循理時中據咸淳臨安志京城圖凌家橋
在豐豫門內 卽今湧金門 湧金池河之東此是初刱府
學之舊基錢塘縣治在錢塘門內之南岳飛宅稍
在其東北紀家橋之東其後卽建國子監太學武
學也然則太學非卽府學舊基矣 續鑑云在縣西與圖不同其址

今爲浙江按察使署碑載二十齋曰存心篤信服膺禔身習
是允蹈守約養正持志節性經德誠意率履循理
時中果行務本貫道觀化立禮校之續鑑增多篤
信節性經德果行務本貫道觀化立禮八齋餘十
十二齋名同續鑑此二十齋僅見此碑諸書皆不
詳不知所謂七十七齋者又皆何名据云舊太學
似指汴都然史無攷碑載存心篤信二齋有齋諭
學生齋長學生其餘但稱齋長齋諭不云學生不
知是官是生宋史選舉職官二志皆不詳其制碑

載勅文廟是太學后土神祠其靈異之蹟與夫額
賜靈通侯封正顯稽之史志皆不載則此碑足備
武林掌故匪淺尠矣牒以端平二年十二月降三
年正月九日行正月十四日下勅後系銜云同知
樞密院事兼權參知政事鄭者鄭性之也參知政
事崔者崔與之也時與之由知廣州召除故注云
未上右丞相不著姓乃喬行簡也特進左丞相不
著姓乃鄭淸之也皆据宰輔表知之此後又列銜
名六行四宰輔外增給事中咨夔者洪咨夔也兼
權中書舍人泐其名此後又列銜名四宰輔外諸
倉部郎中崔端禮等八人不能悉攷矣

嘉熙題名

石高五尺四寸廣二尺三寸三分三行行七字正書

嘉熙己亥歲□□□□□泓□希□携家過此與諱侍行

理宗道統贊

碑十六石俱高五尺七寸廣三尺惟第三石四行餘俱五行每行或十一字七字八字不等正書在杭州府學

御製并書

朕獲承　祖　宗右文之緒祗遹　燕
謀日奉　慈極萬幾餘閒博求載籍推迹道統之
傳自伏羲迄于孟子凡達而在上其道行窮而在下其

教明採其大指各爲之贊雖未能探賾精微姑以寓尊
其所聞之意云爾
紹定三年所製淳祐改元孟春祗謁　先聖就賜
國子監宣示諸生

伏羲

繼天立極爲百王先法度肇建道德純前八卦成爻三
墳不傳無言而化至治自然

堯

大哉帝堯盛德巍巍垂衣而治光被華夷聖神文武四
岳是咨揖遜之典萬世仰之

舜
於皇聖德至孝盡倫所以爲大樂善取人惟精惟一帝
心之純垂拱無爲堯道是循
禹
克勤于邦烝民乃粒疇敷在躬厥中允執惡酒好言九
功由立不伐不矜振古莫及
湯
順天應人本乎仁義以質繼忠匪曰求異盤銘一德桑
林六事人紀肇修垂千萬世
闕

闕
闕
武王
受天眷命繼志前人遐邇悅服偃武修文惟賢是寶法
度彰明建用皇極爰叙彝倫
周公
美哉公旦翼輔成周施兼四事才藝俱優制禮作樂惠
澤敷流有大勳勞宗社延休
孔子
聖哉尼父秉德在躬應聘列國道大莫容六藝旣作文
教聿崇今古日月萬代所宗
顏子
學冠孔門德行科首聞一知十若虛實有樂道簞瓢不
易所守口趨聖師瞻若其後
曾
守約博施反躬三省孝爲德先祿仕不忍聖道正傳意
會神領一唯忠恕門人深警
子思
閒居請問世業克昌可離非道孜孜力行發揮中庸體
用有常入德樞要治道權衡

孟子
生禀淑質教被三遷傳通儒術氣養浩然深造自得亞
聖之賢高揖孔氏獨得其傳
右理宗道統十三贊前有庚寅御書印後有辛丑御
書之寶印今在杭州府學即南宋之國子監玉海所
謂淳祐聖賢十三贊也（潛研堂金石文跋尾）
按此碑杭州府志題曰歷代帝王聖賢贊据碑贊
凡十三帝王惟伏羲堯舜禹湯文武聖賢惟周孔
顏曾思孟則不得以歷代賅之理宗御製序謂推
迹道統之傳自伏羲迄于孟子是專爲道統作贊

也宋史道學傳序曰道學之名古無是也三代盛時天子以是道爲政教大臣百官有司以是道爲職業文王周公旣没孔子有德無位與其徒定禮樂明憲章删詩修春秋讃易象討論墳典期使三五聖人之道昭明於無窮孔子没曾子獨得其傳傳之子思以及孟子孟子没而無傳此理宗之傳所以上自伏羲以迄孟子專明道統不及他人也理宗紀載淳祐元年正月甲辰詔曰朕惟孔子之道自孟軻後不得其傳至我朝周惇頤（續通鑑避諱但稱周頤）張載程顥程頤眞見實踐深探聖域千載絕學始有指歸中興以來又得朱熹精思明辨表裏混融使大學論孟中庸之書本末洞徹孔子之道益以大明于世朕每觀五臣論著啓沃良多今視學有日其令學官列諸從祀以示崇獎（王安石削去從祀亦在此時）戊申幸太學謁孔子遂御崇化堂命祭酒曹觱講禮記大學篇監學官各進秩一等諸生推恩賜帛有差製道統十三贊就賜國子監宣示諸生碑所載與史合又理宗本紀贊曰宋嘉定以來正邪貿亂國是靡定自帝繼統首黜王安石孔廟從祀升濂洛九儒表章朱熹四書丕變士習視前朝奸黨之碑僞學之禁豈不大有徑庭也哉身當季運弗獲大效後世有以理學復古帝王之治者考論匡直輔翼之功實自帝始焉蓋以黨碑僞學相較論正謂此碑之於帝王治道大有關係也碑惟闕三行是文王贊餘俱完好前有庚寅御書印後有辛丑御書之寶印庚寅是紹定三年辛丑是淳祐元年然則此贊是辛丑重書上石矣碑在杭州府學今之府學卽南宋臨安府學非國子監也（國子監址詳見前）

太常大樂編鍾欵識

（鍾高九寸腹徑六寸三分二行行五字正書）

淳祐新鑄太常大樂編鍾

右淳祐編鍾一器於枚景間楷書淳祐新鑄大常大樂編鍾二行凡十字重十三斤十二兩以漢尺度之高九寸舞廣六寸舞修六寸七分銑徑七寸鼓徑六寸三分枚三十六自角及銑竟體作雲雷紋極細緻其形不圓而下垂特微有裂痕音響不甚清越耳（王昶記）

按欵識但言淳祐新鑄而不詳何年理宗本紀及續通鑑亦不載淳祐年鑄大樂編鐘之事惟宋史

樂志云理宗享國四十餘年凡禮樂之事式遵舊章未嘗有所改作紹定三年行中宮冊禮並用紹熙元年之典及奉上壽明仁福慈睿皇太后冊寶始新製樂曲行事當時中興六七十載之間士多嘆樂典之久墜類欲蒐講古制以補遺軼於是姜夔乃進大樂議于朝夔言紹興大樂多用大晟所造有編鐘鎛鐘景鐘有特磬玉磬編磬三鐘三磬未必相應云云然無改鑄編鐘之文史無夔傳惟宋詩紀事稱夔于慶元中嘗上書乞正太常雅樂得免解訖不第而卒則其議大樂亦在慶元年此

鐘鑄於淳祐年或是舊鐘敝損偶有新鑄非因新定樂器而鑄也諸家記載無聞識以備攷

大學忠顯廟勅牒

碑殘缺僅存高六尺四寸廣四尺一寸六截書每截九行至二十一行行四字至九字不等行書在杭州府學

缺人倫忠於缺必有缺之缺昭缺有功不缺謀帥之風

缺凛若春秋復缺此維與宅以赫缺遡其生之自來檻

缺頷冠帶不左缺干羽在缺極於隆名宜廟食增崇於

命紀英烈言言可畏而仰以迄于今辟雍湯湯永觀厥

成有相之道尚福茲士式勸爲臣可特封忠文王

奉

勅如右牒到奉行

景定二年二月　日

太保右丞相益國公□道

知樞院事兼叅知政事□

簽書樞密院事兼權叅知政事龍榮

時暫兼權給事中□孫

中書舍人□

二月□□午時知事

左司郎中

太保右丞相益國公

知樞密院事兼叅知政事

簽書樞密院事兼權叅知政事

權吏部尚書

吏部侍郎

告忠文王奉

勅如右符到奉行

主事傅起巖

郎中　令史陸宗機

書令史劉必昌

主管院□□

景定二年二月　日下

忠顯廟佐神

張憲可特封烈文侯

徐慶可特封昌文侯

董先可特封煥文侯

牛皐可特封顯文侯

李寶可特封崇文侯

□貴可特封尚文侯

勑忠顯廟佐神張憲等文武之道二而貫之以一曰忠而已其有忠於所事死生以之此有國者所務旨也爾爲偏將實佐戎旃視姦鈇逆鼎而如飴凛義烈英風之未沫觀其所主可使懦夫立匪唯有功於干城亦有助於名教封侯廟食維以勸忠可依前件奉

勑如右牒到奉行

景定二年二月　日

太保右丞相益國公□道

知樞密院事兼參知政事□

簽書樞密院事兼權參知政事龍榮

時暫兼權給事中□孫

中書舍人

二月□□午時知事童受

左司郎中　付吏部

太保右丞相益國公

知樞密院事兼參知政事

簽書樞密院事兼權參知政事

權吏部尚書

吏部侍郎

告烈文侯

告昌文侯

告煥文侯

告顯文侯

告崇文侯

告尚文侯

奉

勑如右符到奉行

主事傅起巖

郎中令史陸宗機

書令史劉必昌

主管院□□

景定二年二月　日下

按此碑前段勅文殘泐文有辟雍湯湡永觀厥成有相之道云云後有忠顯廟佐神一行知其爲太學忠顯廟碑也稽之杭州府志金石門載五碑一曰封太學靈通廟爲正顯侯符勅牒文共一石端平三年刻一曰封張憲等爲侯勅文暨寧宗國子監詔旨俱理宗御書(俱引錢塘縣志)一曰岳王廟尚書省牒端平三年正月牒一曰淳祐寶祐加封淳祐六年五月牒一道寶祐四年八月牒一道碑額篆書一曰景定勅封廟額景定元年八月碑額篆書(俱引武林石刻記)五碑皆不詳建立所在寰宇訪碑錄載五碑一曰太學靈通廟牒端平三年正月一曰加封太學土地文忠侯勅牒淳祐六年五月下列刻寶祐四年勅牒一曰加封太學土地文忠英濟侯勅牒寶祐四年九月與淳祐六年牒同刻一石(俱在仁和)一曰太學靈通廟勅賜忠顯額牒碑景定元年八月一曰勅封忠文王及佐神張憲等牒殘碑景定二年二月(俱在錢塘)二書所載太學靈通廟牒端平三年正月者已見前矣其府志所載封張憲等爲侯勅文即訪碑錄所載勅封忠文王及佐神張憲等牒殘碑皆即謂此碑也但府志於張憲勅文下又云暨寧宗國子監詔旨俱理宗御書訪碑錄所不及而今拓本亦無此碑或所引錢塘志有誤也又所載景定元年八月碑府志但云景定勅封廟額訪碑錄則云太學靈通廟勅賜忠顯額則是先有賜額碑在勅封忠文王碑前一年而今亦未見然據此語是忠顯額即與靈通廟合矣府志祠廟門不載忠顯廟惟有忠佑廟云在按察司署門外左偏宋紹興三十一年(建太學是十三年此語誤)以岳武穆王故宅爲太學立土地祠以祀王(此語亦未晰以岳宅建太學在紹興十三年其時未必即奉岳武穆爲土地以意度之初建學時以靈通廟爲土神其後乃祀岳王也)卒時有女尚幼痛父寃抱銀瓶赴井死元至正中附于祠俗呼銀瓶孃子廟然則銀瓶之祔祀始于元至正時其在宋時止祀岳王也太學土地既有靈通廟正顯侯(端平三年牒)又有文忠英濟侯(淳祐六年牒)并此忠文王合之是太學土地有三矣此碑勅云尚福茲土式勸爲臣可特封忠文王確是爲土地之證然府志稱廟額爲忠佑此碑爲忠顯彼此不同訪碑錄又載德祐元年正月有太學忠祐廟勅封告據碑其忠祐實有其廟非即忠顯之訛疑不

能明也府志忠佑廟只載附祀王女而不及張憲等六人注引方象瑛謁岳忠武家廟其時太學已廢故稱忠佑爲家廟記云中爲王廟張憲等六人配享與碑合此碑後列一勅云忠顯廟佐神張憲烈文侯徐慶昌文侯董先煥文侯牛皐顯文侯李寶崇文侯王貴碑渺其姓據鄭元祐精忠廟記作王貴尚文侯此六人皆武穆部將則正祀之忠文王爲武穆無疑但宋史岳飛傳孝宗時建廟于鄂號忠烈淳熙六年謚武穆嘉定四年追封鄂王寶慶元年改謚忠武未嘗有忠文王之號張憲等六人皆用文字爲封疑用之太學故皆用文字而史於飛傳及張憲等傳皆不載

府志所載端平三年正月岳王廟尚書省牒不知廟在何處然與太學靈通廟同時頒降疑所謂岳王廟即忠顯廟也六侯事蹟史惟張憲牛皐有傳憲傳云憲飛愛將也飛破曹成憲與徐慶王貴招降其黨二萬飛遣憲復隨州進兵鄧州遇賊兵數萬迎戰與王萬董先各出騎突擊遂復鄧州紹興十年金人渝盟入侵憲戰潁昌戰陳州皆大捷憲將徐慶李山復捷于臨潁會秦檜主和命飛班師憲亦還未幾檜與張俊謀殺飛密誘飛部曲以能告飛事寵以優賞卒無人應乃誘王貴告飛劾以私事貴懼而從又有王俊者以姦貪屢爲憲所裁張俊謀以憲貴俊皆飛將使其徒自相攻發張俊自爲狀付王俊妄言憲謀還飛兵令告王貴使貴執憲張俊親行鞫煉使憲自誣謂得雲書命憲營還兵計憲被掠無全膚竟不伏張俊手自具獄成告檜械憲至行在下大理寺矯詔召飛父子至万俟卨誣飛使子鵬孫革致書憲貴令虛申警報以動朝廷雲與憲書規還飛軍憲坐死紹興三十二年追復龍神衛四廂都指揮使閬州觀察使贈寧遠軍承宣使牛皐傳云皐字伯遠魯山人隸岳飛

軍金人入寇破襄陽六郡敵將王嵩在隨張憲攻之月餘不能拔飛遣皐行裹三日糧未盡城拔斬嵩悉推功與憲僞齊驅甲士五千薄廬州飛遣徐慶與皐赴援敵人逼城皐遥謂曰牛皐在此爾輩何爲見犯衆鄂然不戰而潰飛分其功以畀慶從平揚么么計窮投水皐赴水縛么金人渝盟皐戰汴許間功最歷轉河南副總管紹興十七年上巳日都統制田師中大會諸將皐遇毒亟歸明日卒或言秦檜使師中毒皐云此憲皐二人之始末也董先史附見張玘傳云成州刺史董先爲制置司

前軍統制玘佐之紹興元年金將高瓊率衆取商
州董先禦之玘乘鋭奔擊明年春偕先緜藍田渡
渭規取長安時劉豫據京師先軍乏食僞降豫不
挈家玘事其夫人如舊豫使人迎其妻先密書報
玘勿遣且逃必還意三年春先自僞齊歸玘還兵
柄退就位此先與張玘之始末也其餘諸人並附
岳飛傳云建炎四年兀朮攻常州宜興令迎飛移
屯焉盜郭吉聞飛來遁入湖飛遣王貴傅慶追破
之紹興二年賊黨姚達饒青逼建昌飛遣王萬徐
慶討擒之二年賊曹成以衆十餘萬守蓬頭嶺飛
破其衆成奔連州飛遣張憲自賀連徐慶自邵道
王貴自郴桂招降者二萬與飛會連州進兵追成
成走宣撫司降三年春虔吉盜連兵寇掠帝乃專
命飛平之飛受其降授徐慶等方略捕諸郡餘賊
皆破降之餘寇高聚張成犯袁州飛遣王貴平之
秋帝授飛江南西路沿江制置使又改神武後軍
都統制李山吳全吳錫李横牛臯皆隸焉四年除
飛荆南鄂岳州制置使飛渡江抵鄂州僞將京超
乘城拒飛飛鼓衆而登超投崖死復鄂州遣張憲
徐慶復隨州飛趣襄陽李成迎戰飛舉鞭指王貴

曰爾以長槍步卒擊其騎兵指牛臯曰爾以騎兵
擊其步卒成夜遁復襄陽進兵鄧州成與金將劉
合孛堇列砦拒飛飛遣王貴張憲掩擊賊衆大潰
五年飛如鼎州楊么方浮舟湖中飛亟遣兵擊之
舉巨木撞其舟盡壞么投水牛臯擒斬之六年命
飛宣撫河東節制河北路首遣王貴等攻虢州下
之僞齊屯兵窺唐州飛遣王貴董先等攻破之十
年金人攻拱亳劉錡告急命飛馳援飛遣張憲姚
政赴之又遣王貴牛臯董先楊再興孟邦傑李寶
等分布經略西京汝鄭潁昌陳曹光蔡諸郡凡此
皆六人歷次助飛戰功之大略也六人中惟王貴被誘告飛劫以私事貴懼而從究不如五人之忠于飛也史有李寶傳玩其文別一河
北人自金拔身從海道來歸者未嘗隸飛麾下歸
朝立功高宗書忠勇李寶四字表其旗幟卒贈檢
校少保恐非從祀之李寶也牛臯封顯文侯據鄭
元祐重建精忠廟在西湖北山岳墓左記亦載此六人牛臯
作輔文侯府志冢墓門又載西湖東山衕有烈文
侯張憲墓棲霞嶺北有輔文侯牛臯墓定香橋有
贈少保忠勇李寶墓觀其系銜不云崇文侯似係
河北歸朝之李寶非崇文侯李寶也又府志祠廟

門引錢塘縣志載昌文侯祠在府學爲本學土地
神爲徐文慶（文字衍）宋岳武穆王部將有戰功孝宗
朝褒崇及其部將遂賜爲昌文侯（此是理宗志誤作孝宗）牒
充太學土神（此語更誤）後改爲郡學仍奉以祠又有貲
福廟在江干祀宋烈文侯張憲景定二年追封今
稱郡城都土地廟又有張烈文侯祠在東山衖口
墓所唐梟撰祠記云侯蜀之閬州人武穆愛將或
曰其壻也墓與祠在棲霞嶺西去武穆不遠百步
許地又有忠烈二侯祠在衆安橋南棗木巷祀宋
封繼忠侯岳雲烈文侯張憲武穆死于獄二侯就

戮此地里人鄰其冤立祠祀之凡六人之有祠墓
可考者如此並附錄備攷碑于勅文年月後列銜
名四段其同者曰太保右丞相益國公口道（泐名上一字）乃賈似道也曰知樞密院事兼叅知政事泐其
名一字乃沈炎也曰簽書樞密院事兼權叅知政
事龍榮乃皮龍榮也並據宰輔表餘官多寡不等
不悉攷

景定鍾欵

（形製高廣悉與淳祐大樂編鍾同止一行六字正書）

景定甲子新鑄

右景定鍾一器亦於枚景間楷書景定甲子新鑄一
行凡六字重九斤其高廣修徑及枚數雲雷之紋皆
與淳祐鍾同形製音響亦如之（王尚珏記）

按甲子爲景定五年此鍾形製雖與淳祐鍾同而
其重則較前減十之四鐘之用不一此鐘無大樂
編鐘等字不知其何所用也

朱子書易繫辭

（碑八石每高六尺八寸八分廣一尺八寸七石各二行行八字行書末一石七行行廿五六字不等篆書）（在常德府學）

經文不錄

朱熹書蔡元史刻

紫陽先生墨跡原刻在楚常悳余既重修彭衙　廟
季鐫　先師小影暨　大司寇像於廡因摹此刻
于明倫堂北徒托金石以傳不朽入廟瞻　像登堂
睹墨　師模儼然儀形式法是在吾同志口時
大明萬曆弍十弍年夏六月吉立知白水縣口西
蜀劉夢陽口識　　邑人經魁林　汀篆書

考是書在宋乾道間書孔子易繫辭說卦三節凡八
碑在明倫堂東壁依堂壁逆行至國朝正統三年戊
午歷年二百五十舊刻漫滅知府周鼎重刻刊正順

行教授廬陵　慶有跋王功載記

右朱文公書易有太極一段蔡元定刻在常德府學明正德乙亥吉水鄧璞爲嘉定縣儒學教諭復摹勒于吾邑之尊經閣下今移置明倫堂西南向刻手不精遜原本遠甚海隅士大夫罕見文公書得重刻本猶珍而祕之予在都門琉璃廠書市得此本益猶常德元刻筆法險勁精采四射殊可喜也潛研堂金石文跋尾

困齋銘

石横廣三尺三寸五分高三尺五分十七行行十八字隸書在湖南零陵

大谷山劉芮

方耕道通判武岡疵直而好義臨事不避難力平溪洞積年之冦一境安靜施及旁郡亡何忌嫉者不欲顯白其功附勢者又能文致其罪坐獄踰年賴　天恩深厚姑謫零陵耕道感激循省思有以報稱於是胡邦衡名其室曰困齋張欽夫記之耕道又以銘見屬芮何敢辭銘曰

澤无水困有言不信柔能揜剛樂天弗競豈无人爲拯此困病拔本塞源遂志致命我覩聖人惟深惟幾三而陳之窮測萬微或以樂死或以憂生或明而晦或晦而明春水發源漫漫浮天霜風冽冽艸枯木折六爻升降吾義則正二體變化吾心則定澤下而谷剛得其中水上而冽惟塞必通嗚呼至哉德辯益明窮通寓怨誰謂困中有此至善

橋亭卜卦硯銘

硯縱廣七寸横寬四寸五分上横題橋亭卜卦硯五字篆書銘二行分左右邊草書背四行程文海銘四字一行在右下角宋謝侍郎硯大字一行居中趙元記二行在左並正書

此石吾友也不食而堅語有之人心如石不如石堅誰似當年採薇不食守義賢也

程文海銘

宋謝侍郎硯

大明永樂丙申七月洪水去橋亭易爲　先生祠掊地得之　閩後學趙元□□

硯歙材石質堅駁蒼潤益宋謝文節公物也按史稱公弋陽人寶祐中成進士以江東提刑江西招諭使知信州元師東下公以兵逆戰於團湖坪張孝忠中流矢死信州不守公變姓名入建寧唐石山轉茶坂日麻衣躡屨東鄉哭已而賣卜建陽市上一統志載建陽縣南門外有朝天橋宋紹興中建跨南溪醮水十三道覆以屋七十三間又云謝疊山祠在縣南朝天橋合之趙元所識則橋亭信有徵已特公被魏天

祐强逼北行時硯當不及攜遂致淪没永樂間復出
於土其後三百餘年不知何時硯亦北來今完好如
初向爲天津周明經月東焯所藏月東工詩文善大
小篆居城東逆河東岸雍正初偶游城西海潮庵見
僧榻下一硯積土甚厚拂拭之知爲謝公物亟以米
易歸日摩挲於案夜卽抱以寢因以卜硯名其居余
與月東善時過其家考古書畫金石必出硯示余乾
隆丁卯秋月東染末疾旣卧床余數過視仍抱硯見
一夕謂余曰君每觀此撫之不忍去諸手是珍之也
我死當歸君已余由農曹之官粤西與月東不復
相見庚午夏月東抱硯且死語其孤曰是硯許查子
恂叔矣今恂叔官瘴鄉道雖遠言不可食其孤封題
寄粤以書述治命余潸然不自知其涕之交頤也是
硯自閩之燕之粤往復萬幾千里歷數百載而無少
刓損謂非神物護持耶 查禮記
按宋史傳稱謝枋得字君直寳祐中舉進士乙科
除撫州司戶參軍卽棄去明年復出試教官兼經
科除教授建寧府未上吳潛宣撫江東西辟差幹
坐事謫居興國軍咸淳三年放歸德祐元
年知信州二年呂師夔定江東地枋得以兵逆之

敗奔信州師夔下安仁進攻信州不守枋得乃建
寧唐石山寓逆旅中已而賣卜建陽市中有來卜
者惟取米屨而已元至元二十三年集賢學士程
文海薦宋臣二十二人以枋得爲首辭不起二十
五年福建行省參政魏天祐欲薦枋得爲功枋得
見天祐傲岸不爲禮天祐怒强之而北枋得卽日
食菜果二十六年四月至京師問謝太后攢所及
瀛國公所在再拜慟哭已而病遷憫忠寺見壁間
曹娥碑泣曰小女子猶爾吾豈不汝若哉留夢炎
使醫持藥雜米飲進之枋得棄於地終不食而死
李道源撰神道碑至元廿六年八月子定之奉柩
還廣信明年九月葬其鄉之玉亭龔原門人誄而
題之曰文節先生謝公墓又据行實載公四月初
一日至燕京初五日死于驛不云在憫忠寺此疊
山歷官殉節之大略也橋亭福建通志在建陽縣
南朝天橋舊名濯錦明永樂十四年圮于水十七
年縣丞趙璧重建橋上有謝疊山祠祀宋謝枋得
枋得嘗賣卜于此橋上邑人祀之此橋亭卜卦硯
之可考者也硯銘識云程文海銘宋謝侍郎硯大
明永樂丙申七月洪水去橋亭易爲先生祠掐地

得之閩後學趙元丙申爲永樂十四年與通志合此銘爲閩人趙元所鐫而云程文海銘宋謝侍郎硯疊山官止於知信州未嘗爲侍郎其號疊山者謫居興國軍時謫所有西山層疊因有千載西山疊疊青之句遂以自號云疊山文集後附明山東道監察御史李奎褒崇忠節奏詞稱宋忠臣謝枋得弋陽人弋陽自歷代以來擅道學忠節之名者獨枋得一人而已枋得妻李氏永樂初巳蒙朝廷登載烈女傳足以垂耀不朽奈枋得祠宇未立封謚未加後人無所稱仰如蒙准言乞禮部定謚褒

贈仍行原籍有司創立祠宇歲時致祭云云而不詳是時朝廷准行與否又集後附行實不著撰人時代姓名有云至元甲申黄華平大赦枋得乃出得還寓于茶坂設卜肆于建陽驛橋榜曰依齋易卦小兒賤卒亦知其爲謝侍郎也侍郎之稱蓋始見于行實朱彝尊日下舊聞引韓襄毅公集載韓雍請謚宋臣謝枋得疏竊見宋禮部侍郎謝枋得乞勅禮部翰林院議加贈謚云云是韓雍具疏以前先有禮部侍郎之官究不知加于何時又引景泰實錄載景泰七年九月以巡撫江西右僉都御

史韓雍之請事下禮部於是少保大學士陳循等議按謚法道德博聞曰文謹身制度曰節請謚曰文節帝如所議行是文節之謚由於景泰禮臣之議並不因門人誄題之文皆所未詳也程文海字鉅夫避武宗廟諱以字行故元史傳名鉅夫傳稱鉅夫入元授宣武將軍管軍千戸世祖召見置之翰林爲應奉翰林文字進修撰至元二十年加集賢學士二十三年首陳興建國學乞遣使江南搜訪遺逸三十年出爲閩海道肅政廉訪使是疊山之被文海薦在二十三年却聘書流傳不知雖鄉

塾童孺皆能誦而習之其被强入都不食而死在二十五年硯銘皆述疊山不食之事似乎疊山入都時未嘗攜此硯行卒後流傳人間而鉅夫官閩海因以銘之据陳太常兆崙詩注稱文海曾任閩海廉訪使適其時始獲此硯乃爲銘而仍歸之亭吏則此硯沈埋建陽橋下由亭吏失守所致越百二十餘年之後因建橋而掘土得之又越三百年輾轉入於京師爲宛平查氏所得查諱禮字恂叔號鐵橋宛平縣人得此硯時官粵西太守其後陞任蜀中終湖南巡撫宦轍萬里恒以自隨海內文

人多作詩其時昶亦有詩紀其事畢秋帆尙書裒詩詞爲上下二卷并摹硯形銘記刻以傳世名卜硯集今恂叔子湖南觀察淳尤護惜之昶得其搨本重疊山忠節故他硯銘皆不錄而獨存此并識之

金石萃編卷一百五十二終

金石萃編卷一百五十三

賜進士出身　誥授光祿大夫刑部右侍郎加七級王昶譔

遼

涿州雲居寺四大部經記

碑高四尺一寸廣二尺五寸共二十五行行五十二字至六十五字不等正書在房山縣

涿州白帶山雲居寺東峯續鐫成四大部經記

殿試進士趙遵仁撰

鄉貢進士王詮書

蓋聞嚴相好具慈悲師天人出生死者　諸佛之願力也開羣迷入聖道薰種性達因緣者諸法之功德也佛之願力既如彼法之功德又若此　佛法之道大矣哉然則三身應現資化以談其眞三學對明惟經以摽其右爲聖凡之宗要濟像末之根本有緣斯格無福靡臻是以周兆不祥化身以之西滅漢警宵夢像教由是東來遂得貝籍靈文時臻於近代就唐譯梵歲出於諸家釋教流通自兹濡盛若乃一軸一藏半偈半言或摸以香檀或書之細卷尙能獨見苦而滌宿業締上緣而成妙果利益廣大思議其難矧有勒石傳文鑿山開室錄寶軸之妙說藏金口之微言水火不可漂燒風雨不可漬壞以備湊滅傳之無窮寔所謂施最上法盡未來

際者也燕都之有五郡民最饒者涿郡首焉涿郡之有
七寺境最勝者雲居占焉寺自隋朝所建号自唐代所
賜山在郡之西北五十里寺在山之陽掌寺之東望有
峯最高故曰東峯峯頂上有石室七焉經佇是室先自
我朝太平七年會故樞密直學士韓公諱紹芳知牧
是州因從政之暇命從者遊是山詣是寺陟是峯暨觀
遊聞乃見石室內經碑且多依然藏佇遂召當寺耆秀
詢以初迹代去時移細無知者既而於石室間取出經
碑驗名對數得正法念經一部全七十卷計碑二百一
十條大涅盤經一部全四十卷計碑一百二十條大花

嚴經一部全八十卷計碑二百四十條大般若經五百
二十卷計碑一千五百六十條又於左右別得古記云
幽州沙門釋淨琬精有學識於隋大業中發心造石經
一藏以備法滅遂於幽州西南白帶山上鑿爲石室以
石勒經藏諸室內滿即用石塞戸以鐵錮之其後雖成
其志未滿其願以唐貞觀十三年奄化歸眞門人導公
繼焉導公沒有儀公繼焉儀公沒有暹公繼焉暹公沒
有法公繼焉自琬至法凡五代焉不絕其志乃知自唐
已降不聞繼造　佛之言教將見其廢耶公一省其事
喟然有復興之嘆以具上事奏於　天朝我　聖宗皇

帝鋭志武功留心釋典暨閒來奏深快宸衷乃委故瑜
伽大師法諱可元提點鐫修勘訛刊謬補缺續新釋文
墜而復興楚匠廢而復作琬師之志因此繼焉迨及我
興宗皇帝之紹位也孝敬恒專眞空夙悟菲飲食致
豐於廟薦賤珠玉惟重其法寶常念經碑數廣匠役程
遥藉檀施則歲久難爲費常住則力乏焉辦重熙七年
於是出御府錢委官吏佇之歲析輕利俾供書經鐫碑
之價仍委郡牧相承提點自兹無分費常住無告藉檀
施以時繫年不暇鐫勒自太平七年至清寧三年中間
續鐫造到大般若經八十卷計碑二百四十條以全其

部也又鐫寫到大寶積經一部全一百二十卷計碑三
百六十條以成四大部數也都揔合經碑二千七百三
十條若夫攝九類四生歸眞寂無餘者莫尊於大涅盤
大乘頓教方廣眞筌一句之內包法界一毛之中安刹
土者莫出於大花嚴破有歸無泯相逐性作衆經之軌
躅爲諸法之元宗者莫歸於大般若求佛智見入佛境
界斷纏縛之愛心去執着之妄想者莫如於大寶積如
是經典鐫之以石藏之以山四部畢備壯矣哉亦釋門
中天祿石渠也噫竹乾殘而　佛聲寢靈山壞而法不
作後數百年熾然興者豈非時有遇而教有緣乎清寧

三年五月十二日大寶積初成郡守蕭公諱惟平天子
股肱法門墻塹下車之後以六條布政副　聖上之
倚毗退公之餘惟三寶留誠稟　如來之付囑欣其
遭遇寔謂寅緣乃請召余謂曰四大部經今續鐫畢見
聞之下幸會攸難願製好辝以爲刊記余弓裘未襲苦
塊居憂又以先父前剖是郡亦於經事私積願誠冐任
未遷遽嗟奄逝敢以順先父之願遵良牧之請罔愧孱
蕪直以爲記大契丹淸寧四年三月一日記
安國軍節度邢洺磁等州觀察處置等使崇祿大夫
撿挍太師左金吾衛上將軍使持節邢州諸軍事邢

州刺史知涿州軍州事兼管內巡撿安撫屯田勸農
等使兼御史大夫上柱國蘭陵郡開國公食邑三千
二百戶食實封叁伯貳拾戶蕭惟平
漆水郡夫人耶律氏
西頭供奉官銀靑崇祿大夫撿挍國子祭酒兼監察
御史雲騎尉男佶
司徒娘子耶律氏
女小娘子三寶奴　孫女興哥
房山縣西南四十里有山曰白帶山生䒷題草又曰
䒷題山藏石經者千年矣故曰石經山亦曰小西天

云北齊南岳慧思大師慮東土藏教有毀滅時發願
刻石藏閟封岩壑中坐下靜琬法師承師付囑自隋
大業迄唐貞觀大涅槃經成其夜山吼生香樹三十
餘本六月水浮大木千株至山下構雲居寺焉唐明
皇第八妹金仙公主修之洪武二十六年又修之正
統九年又修之山上雷音洞高丈餘四壁刻經四柱
刻像前石有扉維以開閉几案瓶鑪皆石臺有欄楯
與堂亘堂左洞二右洞三堂下洞二皆經唐及元代
有續刻經目列石幢人傳洞火龍所穿也山下左右
東峪寺西峪寺西峪寺後香樹林香樹生處也夢唐

菴唐夢堂師居處也林後琬公塔也山多石碑二隋
碑一仁壽元年王臣騻碑一仁壽元年王邵碑五唐
碑一開元十年梁高望碑一開元十五年王大悅碑
一元和四年劉濟碑一景雲二年竇思道碑一太極
元年王利貞碑二遼碑一趙尊仁碑即此碑也碑作遵仁一天
慶八年沙門志才碑二元碑一至正元年賈志道碑
一至正二年釋法貞碑帝京景物畧
䒷題山椒楮垣聳立曰小西天山下卽西峪雲居寺
有塔二在寺北者曰北塔在寺南者曰南塔北塔下
四角有唐時小石塔四旁刻銘頌西北角者爲景雲

二年寗思道書撰人名嵌入墻中不可考西南角者爲太極二年王利貞文無書人名東北角者爲開元十年梁高望書無撰人名東南角者爲開元十五年王大悅撰無書人名燕都游覽志云王大悅撰并書誤也至小西天即石經洞洞寬廣如殿中供石佛四壁皆碑石疊砌即隋靜琬法師所刻佛經也字畫端好有歐褚楷法無一筆殊缺左壁兩層共碑三十六枚右壁三層亦三十六枚後壁三層共四十一枚前門左右壁及門頂共三十三枚總共一百四十六枚刻妙法蓮華等經後壁昏黑燭照始能辨其外又有八小洞皆石窟錮閉鎔鐵灌樞自牕櫺闚之碑石或卧或立時見一二大洞之右第一洞刻佛說恒水流樹第經第二洞刻陀羅尼集等經大洞之左第一洞刻令生歡喜名無垢等經第二洞刻金剛般若波羅蜜等經其下有石井石井之左第一洞刻菩薩瓔珞等經第二洞刻摩訶般若波羅蜜等經石井之右爲伽藍殿殿右第一洞刻文殊師利普超三昧等經第二洞刻千手千眼觀世音菩薩廣大圓滿無礙大悲心陀羅尼等經大洞之左又有心經碑一金剛般若波羅蜜經碑二伽藍殿旁又有金剛般若波羅蜜經

卧碑一餘碑林下不勝紀惟遼初續鐫四大部經一記于刻石事頗詳今誌其畧于此記云東峰頂上有石室七四大部經摠合經碑二千七百三十條云云首云涿州白帶山雲居寺東峰續鐫四大部經記大契丹清寧四年殿試進士趙遵仁撰考東都事略梁王隆緒立年十二自稱天輔皇帝尊母燕燕爲承天皇太后改大遼爲大契丹國又云治平二年洪基改元曰咸寧二年改國號大遼按隆緒即聖宗洪基即道宗是聖宗初立之年至道宗咸寧元年皆稱大契丹國也但聖宗初立之次年即改元統和而東都事略則云立八年始改統和道宗即位即改清寧清寧之十一年改元咸雍並無咸寧之號東都事略于道宗初年失載清寧此又以咸雍爲咸寧誤矣遼史于太宗紀大同元年稱建國大遼于聖宗紀不載稱大契丹于道宗紀不載復稱大遼頗爲疎漏此碑稱大契丹清寧四年並見東都事略之有據余舊有汪退谷所書唐人題雲居山寺詩三章首爲范陽縣丞吉頊作詩云到此花宮裏觀身火宅中有爲皆是幻何事不成空晚籟鳴寒谷秋山響暮鐘欲歸林下路新月上前峰次爲軒轅偉作詩云不着登山屐捫蘿也

上躋石梁分鳥道苔逕過雲霓梵宇千花裏秋聲萬
籟齊周遊興未盡鐘磬度前溪次爲吉騶駼作逾從
子也詩云石室最高峰攀躋到此中白雲連晚翠清
磬度秋風未悟無生理寧知有想空且歸山下寺還
欲問支公汪跋云此三詩今在房山縣石經山全唐
詩未收特爲錄之予既閱石經洞諸碑三詩竟未之
見石井二又大石井一俯視深遠僧云鑿井時以斗
米易斗石始成有唐大中六年碑略記鑿井事碑陽
卽元和四年涿鹿山石經堂記幽州盧龍節度支度
營田觀察處置等使開府儀同三司檢挍司徒兼侍

中彭城郡王上柱國劉濟撰又尋觀音洞約三里許
再上卽曝經臺唐碑一年月已模糊尋别逕下山游
香樹菴菴在雲居寺左有金泰和二年廣公禪師塔
記還寺至南塔下小石塔一刻大遼涿州涿鹿山雲
居寺續秘藏石經記燃題沙門志才撰後有石經目
錄天慶八年戊戌五月建志才文已載入日下舊聞
惟目錄未載二十一日曉行寺左右蔬圃中于右得
元至正二年釋法禎碑帝京景物畧作法正誤于左
得遼統和乙巳王正碑正邑人鄭熙書并篆額碑左
又有大唐涿鹿山雲居寺新鐘記碑剥落殆盡撰人

一年月無考查禮燃題上方二山紀遊集
按白帶山漢書地理志清河郡有燃題縣顔師古
注燃古莎字雲居寺在白帶山西峪石經在小西
天石洞中四大部者一曰涅槃部一曰華嚴部一
曰般若部一曰寶積部其說查恂叔紀遊集已言
之詳矣碑記云太平七年故樞密直學士韓公諱
紹芳知牧是州暇遊是山見石室經碑且多皆沙
門靜琬於隋大業中所造奏於天朝出御府錢歲
析輕利俾供書經鐫碑之價自太平七年至清寧
三年續鐫造成四大部數清寧三年五月十二日

大寶積初成郡守蕭公惟平召余製辭刊記按遼
史傳韓延徽幽州安次人孫紹勲紹芳紹芳重熙
間叅知政事加兼侍中出爲廣德軍節度使卒遼
史地理志乾州廣德軍上節度本漢無慮縣地聖
宗統和三年置以奉景宗乾陵傳載紹芳之爲廣
德節度在重熙以後而不載其太平七年知牧是
州郡守蕭惟平史無傳蕭作簫借用字結銜稱崇
祿大夫史百官志不詳官階崇祿之階無攷未載
其男佶之婦爲司徒娘子亦未詳撰者殿試進士
趙遵仁其父前剖是郡亦不知其名史無選舉志

惟於禮志嘉儀下載進士接見儀進士賜等甲勅
儀進士賜章服儀三條而不詳殿試之制遼本紀
聖宗諱隆緒母蕭氏小字燕燕乾寧四年九月癸
丑即位統和元年六月甲午上皇太后尊號曰承
天皇太后群臣上皇帝尊號曰天輔皇帝與東都
事畧合

賜臺山清水院藏經記

碑本高廣行字皆不計
正書在京師大覺寺

賜臺山清水院創造藏經記

燕京天王寺文英大德賜紫沙門志延撰

鄉貢進士李克忠書

賜臺山者薊壤之名峯清水院者幽都之勝槩山之名
傳諸前古院之興止於近代將構勝緣旋逢信士今優
婆塞南陽鄧公從貴善根生得淨行日嚴咸雍四年三
月捨錢三十萬葺諸僧舍又五十萬募同志印大藏經
凡五百七十九帙創內外藏而龕措之藏事既周求爲
之記聊叙勝因俾信來裔

咸雍四年歲次戊申三月癸酉朔四日丙子記

燕京右街檢校太保大卿沙門覺苑

通天門外供御石匠胥辯鐫

按清水院在京城西七十里距　圓明園三十餘
里宛平縣所屬山半有泉下注如垂紳至山麓則
有龍潭以豬之山側有鸕鷀谷見明王嘉謨薊邱
集今無攷矣清水院之額始于遼而沿于金帝京
景物畧載金章宗有八院此其一也後易名靈泉
明宣宗宣德三年建寺更額大覺今仍之寺中穹
碑易見者惟明碑兩面刻宣宗英宗御製文此碑
在寺內龍王堂遊蹟所不到故傳搨絕少乾隆戊
戌九月二十七日昶從寒蕪落葉堆中搜得之摩
挲雒誦回環數四因歎北方石刻可証遼金史者

甚夥惜無好事者搜抉出之也碑額書奉爲太后
皇帝萬壽大王千秋皇帝即道宗太后則道宗母
仁懿皇后蕭氏也遼史傳蕭氏小字撻里興宗后
道宗即位尊爲皇太后清寧二年上尊號曰慈懿
仁和文惠孝敬廣愛宗天皇太后大王者遼百官
志初名夷離堇太宗會同二年改稱大王有南北
二院皆分掌部族軍民之政謂之知大王事道宗
紀咸雍二年三月以東北路詳穩耶律韓福奴爲
北院大王三年十二月以東北路詳穩高八爲南
院大王以臆度之燕京當爲南院所稱大王

或即高八也碑云賜臺山者薊壤之名峯清水院者幽都之勝槩薊壤即薊縣唐建中二年析薊縣置幽都縣遼開泰元年改幽都爲宛平碑蓋從今稱也遼地理志玉河縣本泉山地劉仁恭於大安山創宮觀師煉丹羽化之術于方士王若訥因割薊縣分置以供給之在京西四十里遼之薊縣改名析津今爲大興遼之玉河析宛平地置而云割薊縣者當由兩縣犬牙相錯之地也志明云在京西今之順天府遼爲南京析津府遼言京西正與今同則清水院似在玉河縣地今山左右尚有南

安窠北安窠之名或即遼志所謂大安山之南北也鄧從貴爲南安窠村人所居近清水院也檢畿輔通志建置沿革不載玉河山川內不載賜臺山朱氏日下舊聞不載志延藏經記皆失之疎畧因詳識之碑末沙門覺苑結銜稱檢校太保大卿大卿之稱金百官志無攷

行滿寺尼惠照建陁羅尼幢并記

幢高六尺六寸八面其第一第三第五第七四面面廣九寸七分或九寸八分餘四面廣六寸八分或六寸九分除最後一面四行皆刻人名不算外共計大字二十九行行三十一字正書在京師

唐開元三朝灌頂國師和尚□□□□□□開府儀同□□□□□□食邑三千戶食實封三百戶□□□□□□□□□□□□□□□□寺三藏沙門□□譯

佛說佛頂尊勝陁羅尼咒文不錄

觀自在菩薩如意輪陁羅尼咒文不錄

法念相眞言文不錄

大吉祥大興一切順陁羅尼咒文不錄

受戒弟子優婆塞范陽王□□製文

噫尊莫尊于　師長重若重于　君親義本在三恩無與二況　華昨承　法雨潤未離身俱想雷聲猶在耳痛舊山而忽隱　毫相驚新塔而已外

瓩依差無化火之能恨不異雲而從今但壇哀座下抆淚庵前求　道癒泛明則梁本其壞思　法恩之報則昊天罔極其不可已當如之何迺建妙撞上利寄印託難思之句義變無盡之光明穢增　聖道之緣兼塞妄情之戀願於北地開　天眼以照臨不捨下根運　神力而加被用擕信手直至道場期此消塵少報萬一

維大康元年歲次乙卯七月辛酉朔二十四日甲申庚時建

門人傳三□戒□法大德講經論賜紫沙門裕□

講經律論沙門裕景　講經律論沙門裕英
□□大德講經律論沙門裕□　□□大德講論賜
紫沙門裕□　業論沙門裕□　裕淨　裕正　裕
□裕□　裕世　裕顯　裕轉　裕振　裕權
裕□　裕徵
□□□□□□□□□上座□行大德沙門
□□
建幢施主行滿寺講經律論尼惠照　悟寂院傳大
教尼志覺　趙文保　妻張氏　男士林　士章
士英　出家男□□男□式孫男稅金奴孫女師

□□　娘□女　□□□氏　□□王氏　何惟□
妻張氏　男何年　新婦□氏　孫蓮兒
涿州傅陵郡石匠邵文景成造
按此幢前刻佛頂尊勝陁羅尼咒次刻如意輪陁
羅尼咒次刻大吉祥大與一切順陁羅尼咒後列
范陽王□□記沕其名又列沙門等名內裕淨裕
正裕世裕顯裕轉裕振裕權裕徵名與下幢同此
幢大德講論賜紫沙門沕其名當是裕仁裕正下
沕二八名當是裕祥裕諦並據下幢證之記內甑
依當卽贍依借用字求道癮泛明當是求道癊之

明别體字

京西戒壇寺陁羅尼幢并記

幢高六尺二寸五分八面其第一第三第五面面廣八寸九分各五行第二第六面廣六寸九分第四面廣六寸七分各四行以上共二十七行行皆三十七字其七面廣九寸四分第八面廣六寸六分此二面一八行一六行刻沙門及邑人姓名字數每行五十八至九十五不等正書記行書在京師

唐開元三朝灌頂法師和尚三藏沙門　奉詔譯
聖千手千眼觀自在菩薩摩訶薩廣大圓滿無礙大悲
心密言（文不錄）
佛說寶篋印眞言（文不錄）
於戲道尊德貴自古而然生榮死哀□□能致惟感

人之深者則報禮之重焉伏自　我故壇主大師能
事旣周化緣忽盡四生孺慕號咷如喪於所天七衆
心摧擗踊疑無於厚地雖賓棺備禮□甑送終倘增
難捨之哀莫抑無窮之戀遂當遺塔前建勝幢仰憑
佛印之大威上荅　慈雲之巨蔭庶茲塵影俱變
光明嚴因地而速見法身滿果海而長爲佛事今德
滋等共思追遠所集至微豈能必報深恩聊用表其
誠意
維大康三季歲次丁巳三月辛亥朔十四日甲子坤
時建

奉爲　故壇主崇祿大夫守司空傳菩薩戒大師特
建法幢記　門人傳戒大師講經律論賜紫沙門裕
經　三學寺經法師詮圓大德講經律論沙門裕貴
□□大德講經律論賜紫沙門裕林　淨戒大德
講經律論沙門裕文　通淨大德講經律論賜紫沙
門裕仁　講經律論沙門裕和　業論沙門裕淨
裕正　裕祥　裕諦　裕世　裕顯　裕轉　裕振
裕權　裕□　裕徹
寺主□□大德講經律論賜紫沙門裕依　當寺圓
通大德賜紫沙門裕住

崇國寺大兜率邑　邑人前管內左街僧録淨慧大
師賜紫沙門裕方　邑人前東京管內僧録詮論大
師賜紫沙門裕企　邑人提點張□恒　邑長康德
從　邑證石王　邑録那文正
邑人陳□正　邑人康卞　邑人□從□　邑人□
景　邑人楊士□　邑人□□　邑人□貴　邑人
□從諒　邑人王惟□□　□勾當邑人□□
邑人高詮
邑人判官陳□□　邑人□□　邑人楊□　邑人
范□　邑人□□□　邑人馬□　邑人李□□

邑人劉□　邑人平□　邑人陳□　邑人王□
邑人孫□　邑人張華　邑人張珪　邑人賈□
邑人孫文式
邑人王□□　邑人李□　邑人周□　邑人賈□
□　邑人齊□　邑人張□□　邑人□□□　邑
人趙□□　邑人揚□　邑人李□□　邑人祁□
□　邑人劉□□　邑人魏□□　邑人吳延□
邑人劉守秦　邑人劉化　邑人高文智　邑人劉
俊　邑人郭善
邑人王　邑人郭□　邑人石□　邑人李□

邑人劉□　邑人張文□　邑人張文□　邑人張
□□　邑人李□　邑人李□　邑人孫惟辛　邑
人張□□　邑人張□□　邑人張□□　邑人李
諫　邑人劉□　邑人李從一　邑人王守□　邑
人段德
邑人劉□□　邑人趙□　邑人王□　邑人陳□
邑人朱□　邑人劉□　邑人杜□　邑人田□□
邑人李□　邑人鄭□　邑人馬□　邑人傅文
□　邑人賀從令　邑人孟日辛　邑人王亭　邑
人曹德方　邑人胡德義　邑人郭德　邑人李文

秀
邑人王□　邑人王□　邑人李□　邑人王元
邑人齊□　邑人齊□　邑人梁□　邑人張□
邑人王□□　邑人孫□　邑人董□□　邑人李
□　邑人大□寧　邑人李□□　邑人齊□□
邑人□昇　邑人郝善　邑人□惟進　邑人李德
方
邑人□□　邑人□□　邑人□□　邑人田□
邑人王□□　邑人陳□　邑人趙□□　邑人劉
□　邑人□維正　邑人陳□□　邑人劉文□

邑人魏慶　邑人王□□　邑人曹□□　邑人齊
□□　邑人李從正　邑人李用　邑人楊從正
成滌□子人張德正歸□
邑人故邑長王□□　邑人故舉事高□□　邑人
高□□　邑人業鄉貢進士□□　邑人成守□
邑人□□　邑人邊德均　邑人馮□　邑人韓□
邑人張□　邑人劉進　邑人陳□　邑人康□
□　□□
書幢文人三司書表康□
按此幢前刻大悲心密言次刻寶篋印真言文皆與今本多不同後記不詳撰者何人記稱幢爲故壇主大師而作壇主結銜但曰崇祿大夫守司空傳菩薩戒大師而不詳其名號後列門人寺主等十九人內裕淨裕正裕世裕顯裕轉裕振裕權裕徵名與陁羅尼幢同又列邑人道俗一百四十二人書幢人康□一人幢建於大康三年大康爲道宗紀元下署甲子坤時建坤時疑即申時或當時書體多借用字此蓋借坤爲申也然陁羅尼幢署甲申庚時建則用幹不用支此幢之建與前祇隔三年似同一例不應作申殊不可臆斷

憫忠寺石函題名
石函共四面橫廣二尺九寸高二尺五寸統計七十四行字數二十至三十一不等正書在大興縣
大遼燕京大憫忠寺紫褐師德大衆等
天水嚴甫書
故燕京管內懺悔師鈔主崇祿大夫守司徒慈智大師
賜紫沙門覺晟
故懺悔主燕京管內左右街都僧錄崇祿大夫守司徒
聰辯大師賜紫沙門善製
□燕京管內左右街僧錄提點宏法竹林揔覺大師賜
紫沙門惟道

囗囗燕京管內左街僧錄判官寶集講主覺智大師賜
紫沙門文傑
華嚴講主通法大德賜紫沙門藴囗
講神變囗辯慧大德賜紫沙門藴潛
講經論文範大德賜紫沙門義徽
講經論演奥大德賜紫沙門義霑
講經論慈智大德賜紫沙門惟軫
講經詮微大德賜紫沙門義融
前校勘法師證教大德賜紫沙門藴寂
三學論主辯正大德義景

寺主兼寶塔主沙門溥滋
尙座沙門惟常
都維那沙門智印
閣主沙門文瑩
閣主沙門道義
殿主沙門智揀
藏主法藏大德文該
太子殿主沙門省純
東塔主沙門善祥
西塔主沙門通潤

囗囗 囗囗 囗囗 囗囗 栖及 崇杲 允的 思雨
廣深 惟顗 嶠仁 囗囗 道存 昭信 允祥
志操 淨慧大德悟景 義樞 法才 思行 道囗
仁峭 善超 智行大德惟整 崇忍 文鼎 文式
崇均 智敵 囗囗 囗囗 法與 文存 從福
瓊滋 道遷 志深 文贍 覺忍 囗囗大德文惠
惟贍 嚴護大德文峭 善通 道遠 義琛 智矩
溥津 囗囗 思悟 法實 義辛 覺恒 志偁
文迪 文定 善崇 寧進 囗惠 思澄 思整
志偹 文㬈 文偹 法詮 惟撿 從因 文思

囗表 瓊般 崇秘 智遠 行奇 道辛 文偲
文揔 文寂 惟曉 囗指 善諶 惟謙 文暉
文蹟 師遵 法昧 令宿 揔提大德元操梵書
囗囗 藴鋭 鮮祐 德俊 戒懿 義表 法遵
圓與 仁英 文僑 囗祥 悟囗 文安 瓊積
方敎 思岐 藴肅 道祥 藴奇 藴耆 凝元
智遍 文勢 文逈 紹極 師戒 善壇 法舟
覺初 法千 囗因 智倩 善覘 法信 善巧
義潛 崇諦 行寂 方智 方諫 囗囗 囗囗
囗囗 囗囗 道覺 義竦 文偉 師哲 思儇

瓊白 口口 文僖 惠愷 法照 義聰 方允
令祥 運舟 行蘊 方温 口口 文遜 義卞
運初 文鮮 遵裕 文聘 義戩 圓述 義稽
口琮 文儇 道泉 悟了 道涓 道殊 了非
道邃 融侶 圓瓊 口口 法口 義存 悟元
圓坰 裕達 智燈 文昱 方迥 文諦 口口
思非 圓徹 義存 溥濁 道奇 從訓 圓昜
戒企 文循 師口 諦延 行確 思齊 文亶
方運 義澄 道永 方省 弃塵 口口 鮮曦
令宵 義敷 圓揆 文端 蘊廸 師偉 思宏

道逾 口瓊 諦遠 智淵 方忖 義貞 云敷
了名 師延 戒琮 圓宗 口融 智微 遵行
令珪 義泉 道炳 圓琛 覺戒 善安 士謹
口口 遵儀 了忠 省謙 惠報 思惠 蘊穆
圓湛 義宣 圓性 口口 方桂 圓心 口煜
悟直 文演 義澄 融徹 裕著 融性 口口
文儼 志殊 圓蓋 言遜 義遠 智照大德蘊季
義性 義賢 口口 道如 圓仝 裕勲 圓燈
圓成 圓幽 鮮景 恒殊 文廣 口口 圓深
瓊昜 圓翌 義深 崇彥 覺性 瓊彥 師訓

思沖 口口 裕遍 師證 令矩 師賢 悟儔
宗正 鮮凝 圓智 悟圓 口口 口口 方戒
行灌 行本 省微 師暎 瓊潤 融鮮
口口 智如 融昶 圓英 口口 口口 智頴
融智 行蓮 鮮詠 口口 融鮮 圓吉 蘊如
詮口 口口 口口 詮睿 行果 圓求 口口
圓修 義俊 善旻 惠雲 義口 智幽 義元
蘊謙 行彝 口口 志裕 義隆 行充 裕艮
即均 志固 義沖 融口 方榮 口口 圓相
道慈 道沖 遵止 志誠 覺沖 義窺 道口

瓊行
口口口口勤口共二百四十八人內六十八人講流
誦法華經一百三十八
故蓋閣都作頭右承制銀青崇祿大夫兼監察御史
武騎尉康日永
蓋殿寶塔都作頭右承制銀青崇祿大夫兼監察御
史武騎尉姪敬
前閣主法資
舍利一十二粒銀鶴鉼內圓性
新添佛事諸物等

小金餅一崇國寺樞大師施
銀觀音菩薩一尊當寺通法大師施并諸餘口物有
碣子
銀塔一坐當寺竦座主施
玉錢一韓家小娘子施
銀淨瓶一內有舍利九粒　銀錢一　火鏡兒一
火珠一　珠子藥袋一已上物千齡院尼寺主守因
施
金結裘一　勃海珠子兩个　珊瑚一　玻璃一
水晶垂頭一　花銀錢二　玉羊兒一　玉猶兒一
玉夾板墜子一副　玉墜子一　玉弼口一　銅
猶兒一　銀釵子一　玉匣兒一　銀餅一　龍腦
兩斤　舍利五百粒在藥玉餅內　鍮石淨餅一
鍮石匙筯一　小金剛子數珠一串上有珠子一十
五个玉錢一　金楞玉滴子一對尼雲開施
口合一內有舍利一百餘粒仙露寺尼歸正施
當寺蘊謙施甃餅一內舍利伍粒
制置同知夫人施銀筒子一內舍利三十粒
閣殿砌匠作頭蔡惟亨　世千
太原王惟約刻

憫忠寺內戒壇前有遼幢一乃為寺尼薦福刻者幢後置有石函一函四周刻字首行標題大遼燕京大憫忠寺紫褐師德大衆等次書覺晟等四人以下駢書諸僧名凡三百七十八人又書康日永等三人天水嚴肅書太原王惟約刻最後刻布施諸物石函不記年號相傳為藏舍利用者其舍利等則不可考矣欽定日下舊聞考

按石函題名不紀年號題稱大遼燕京大憫忠寺前有賜紫沙門善製與下碑舍利函記之功德主同名下碑為大安十年則此碑當與同時矣題稱紫衣為紫褐猶見此碑其僧職有曰懺悔師鈔主有曰懺悔主亦他碑所未見後列職官二人曰蓋閣都作頭曰蓋殿寶塔都作頭似係修寺時權宜設置之官也石函多紀施舍利之事其藏器有銀鵲餅小金餅銀淨瓶藥玉瓶鍮石淨餅銀筒子其增飾諸器者有玉錢銀錢花銀錢火鏡火珠勃海珠珊瑚玻璃金結裘水晶垂頭玉羊玉猶玉墜子玉弼銅狗銀釵玉匣龍腦鍮石匙筯此外有銀觀音菩薩一尊銀塔一坐小金剛子數珠一串金楞玉滴子一對裘似與球通用垂頭似與墜頭通用

猶字見韻會本作狗字鍮石見玉篇鍮石似金格
古要論云自然銅之精也据此所紀想見當時物
力饒裕故所施之美麗如此

憫忠寺舍利函記

石高廣俱二尺五寸十六行行
十七字正書在京師憫忠寺

燕京大憫忠寺觀音菩薩地宮舍利函記

門人義中書

恭聞應物爲現利樂無窮者大聖觀音有感克從功德
叵測者靈蹤舍利金言所載寶幖攸存善製肇紀巨社
會萬人金玉之資欲滿宿心塑百尺水月之像將圓寶

相先實地宮化壇那近百千家穫舍利餘一萬粒封以
金匱貯以石函圓淨璨然寔爲神異所冀光徹無間之
獄福洽有頂之天良因不虛巨利斯在上願
我國家二儀齊於聖壽兩曜等於文明三寶長隆四方
永肅八難除一十四種之怖畏四生見三十二應之威
神獲圓通之法門願大作於佛事
大安十年歲次甲戌閏四月辛未朔二十二日壬辰
甲時
功德主燕京管內左右街都僧錄崇祿大夫檢校太
師行鴻臚卿聰辯大師賜紫沙門善製

帝京景物略云寺中一碑下半斷裂可讀者其上段
字有燕京大憫忠寺觀音地宮舍利函記金大安十
年沙門善製按是碑文字悉完未嘗斷裂末云大安
十年歲次甲戌閏四月辛未朔二十二日壬辰申時
功德主燕京管內左右街都僧錄崇祿大夫檢校太
師行鴻臚卿聰辯大師賜紫沙門善製門人義中書
日下舊聞
碑所稱大安十年乃遼道宗年號帝京景物畧目爲
金時物葢金衛紹王亦改元大安因致譌耳考金衛
紹王稱大安者祇三年此云十年可知其非金大安

金石萃編卷一百五十三 遼 三

矣其撰文之僧名又見前所載遼時石函上葢同時
物也 欽定日下舊聞考

涿州雲居寺續祕藏石經塔記

幢約高五尺八面面廣八寸七分至九分不等前四
面皆五行行卌四字後三面皆七行行四十字其弟
五面六行二行屬前四行屬後正書在房山縣

大遼涿州涿鹿山雲居寺續祕藏石經塔記

慇題沙門志才撰

古之碑者用木爲之乃葬祭饗聘之際所植一大木而
字从石者取其堅而久也後人銘功其上不忍去之自
秦漢已降生而有功德政事者亦碑之欲圖不朽易之

以石雖失其本從來所尚不可廢焉噫秦梵書後聖人
經典多刻貞石亦類碑而已矣且　浮圖經教來自
西國梵文貝葉此譯華言盡書竹帛或邪見而毀滅或
瀑水而漂溺或兵火而焚爇或時久而蠹爛孰更印度
求請與由是教壞理隱行亾果喪群生蠢蠢盡陷苦途
實可悲夫　有隋沙門靜琬深慮此事厲志發願於
大業年中至涿鹿山以大藏經刻於貞珉藏諸山竇大
願不終而掩化門人導公儀公暹公法公師資相踵五
代造經亦未滿師願至　大遼留公法師奏
聞聖宗皇帝賜普度壇利錢續而又造次

興宗皇帝賜錢又造相國楊公遵勗梁公穎奏
聞道宗皇帝賜錢造經四十七帙通前上石共計一百
八十七帙已厝東峯七石室內見今大藏仍未及半有
故上人通理大師緇林秀出名實俱高教風一扇
草偃八宏其餘德業具載寶峯本寺遺行碑中師因遊
茲山寓宿其寺慨石經未圓有續造之念興無緣慈爲
不請友至大安九年正月一日遂於茲寺開放戒壇仕
庶道俗入山受戒叵以數知海會之衆孰敢評之師之
化緣寔亦次之方盡暮春始得終罷所獲施錢乃萬餘
鏹付門人見右街僧錄通慧圓照大師善定校勘刻石

石類印板背面俱用鐫經兩紙至大安十年錢已費盡
功且權止碑四千八十片經四十四帙題名目錄具列
如左未知後代更更繼之又有門人講經沙門善銳念
先師遺風不能續扇經碑未藏或有殘壞遂與定
師共議募功至天慶七年於寺內西南隅穿地爲穴
道宗皇帝所辦石經大碑一百八十片通理大師
所辦石經小碑四千八十片皆藏瘞地穴之內上築臺
砌甎建石塔一坐刻文標記知經所在昔蘇州重玄寺
法華院石壁經請白樂天撰碑有水火不能燒漂風日
不能搖消等文乃國手大才今命余作記口合抱慙閣

筆奈是善緣勉而直書
通理大師所辦石經小碑四千八十片經四十四帙
大佛頂如來密因修證了義諸菩薩萬行首楞嚴經十
卷詩一帙　菩薩地持經十卷賢一帙　菩薩善戒經九卷
淨業障經一卷剋一帙　優婆塞戒經七卷梵網經二卷
受十口戒經一卷念一帙　菩薩瓔珞本業經二卷佛藏
經四卷菩薩善戒經一卷作一帙　菩薩內戒經一卷
優口塞五戒威儀經一卷大乘三聚懺悔經一卷菩薩
五法懺悔文一卷菩薩藏經一卷三曼陁颰陁羅菩薩
經一卷菩薩受齋經一卷舍利弗悔過經一卷文殊悔

過經一卷法律三昧經一卷十善業道經一卷聖帙一
大智度論一百卷十帙德建名立形端表正空谷　十
地經論十二卷傳帙一　弥勒菩薩所問經論五卷大乘
寶積經論四卷寶髻菩薩四法經論一卷聲帙一　佛地
經論七卷金剛般　若論二卷虛帙一　金剛般若波羅
蜜經破取著不壞假名論二卷文殊師利菩薩問菩提
經論二卷堂帙一　勝思惟梵天所問經論四卷涅盤論
一卷涅盤經本有今無偈論一卷遺教經論一卷三具
定經論一卷無量壽經論一卷轉法輪經論一卷習帙一
瑜伽師地論一百卷十帙　聽禍因惡積福緣善慶

尺　顯揚聖教論二十卷辟非帙二　瑜伽師地論釋一
卷顯揚聖教論頌一卷王法正理論一卷大乘阿毗達
磨集論七卷寶帙一　大乘阿毗達磨雜集論十六卷中
論四卷寸陰帙二　般若燈論釋十五卷十二門論一卷
十八空論一卷百論二卷廣百論本一卷是競帙二　大
乘廣百釋論十卷資帙一　成唯識論十卷盡帙一　大丈
夫論二卷入大乘論二卷大乘掌珎論二卷大乘五蘊
論一卷大乘廣五蘊論一卷大乘起信論一卷寶行王
正論一卷命帙一　摩訶衍論十卷寧帙一　大乘本生心
地觀經八卷壁帙一　大乘理趣六波羅蜜經十卷杜帙一

道宗皇帝所辦石經大碑一百八十片　十住斷結經
碑五片　花手經碑二十五片　佛名經碑二十片
大威德陁羅尼經碑二十八片　摩訶摩耶經碑一片
菩薩瓔珞經碑一十一片　大法炬陁羅尼經碑三
十片　五千五百佛名經碑一十三片　不空羂口神
變眞言經碑七片　賢劫經碑一十八片　入法界體
經碑一片　須眞太子經碑一片　佛說德護長者經
碑二片　超日明三昧經碑五片　佛說浴像功德經
碑一片　未曾有因緣經碑二片　不思議功德諸佛
所護念經碑三片　佛說成具光明定意經碑一片

佛說妙法決定業障經碑一片　佛說寶網經碑一片
過去莊嚴劫千佛名經碑一片　未來星宿劫千佛
名經碑一片　見在賢劫千佛名經碑二片
天慶八年戊戌朔五月戊午十七日戊戌甲寅時建
燕臺沙門惟和書
夫見古之墓壙得銘石者其石溫潤其字分朗今經碑
穿地穴秘藏者取久固不毀者也　沙門志德雋
當寺首座沙門志玥　寺主講論沙門志懲
尙座講經沙門善相　都和講經沙門志興
按此石經塔記卽帝京景物畧所載天慶八年沙

門志才碑是也記稱雲居寺石經遼時聖宗興宗
皆賜錢續造至是則道宗又賜錢造之而猶未圓
至大安九年十年兩次鐫經凡碑四千八十片經
四十四帙後列歷次辦經目錄每十卷爲一帙皆
標千字文爲號與今大藏同例碑建於天慶八年
戊戌朔五月戊午十七日戊戌甲寅時天慶爲天
祚紀元距遼之亡僅七年耳戊缺筆作戌六朝書
體如此天慶八年爲戊戌歲此云戊戌朔意不可
曉五月戊午不加朔字乃月建也下云十七日戊
戌甲寅時戊戌是日推其朔乃壬午不用朔而用
建又一例也

慈悲菴大德幢記

幢高五尺三寸八面各廣六寸二分四行每行字數三十七八九不等正書在京師黑窰廠

故慈智大德佛頂尊勝大悲陁羅尼幢
唐開元三朝灌頂國師和尚特進試鴻臚卿開府儀
同三司肅國公食邑三千戸實封三百戸贈司空謚
大辯正大廣智大興善寺三藏沙門不空奉　詔譯
講律論比丘德麟書
呪不錄
大遼燕京大憫忠寺故慈智大德幢記

師諱惟脹俗姓魏氏瀡陰田陽人也丱歲禮憫忠寺守
淨上人落髮誦白蓮經遇恩得度師志在雜花行依四
分其他典論有口力通後因遊方止于上都別創精藍
掛錫而住大安九年會門人覺智大師詔赴　闕庭因
遠　黈聽乃特賜紫衣慈智之號壽昌四年三月九日
因疾奄化于歸口講院至五年四月十三日葬于京東
先師塋側師行也以精進心口不退輪以勇健力拯無
畏鼓講說群經口口口口讀雜花宙一百遍儀範所攝
惠用所誘貴高增慢罔不欽伏其威重如是心行禪身
持律起居動息皆有常節雖冱寒隆暑風雨黑夜禮佛
誦經手不釋卷四十餘年凡十二時未嘗闕一其精進
如是師既疾亟四大將壞無戀着念無猒離想門弟子
饋藥數四師報之云色身終壞烏用是爲言訖怡然就
化其了悟如是臨終之日暴風忽起晝如暗夜對面莫
覩洎師遷逝倏然乃止門人仰師之德感師之恩遷靈
骨於其下樹窣幢於其上欲存不朽以示將來時壽昌
五年歲次己卯四月十三日乙時記
門人管內左街僧錄判官覺智大師賜紫沙門文傑
門人黍元沙門文偉　法孫五人圓心　圓全
圓成　圓昱　圓欽

按此幢前刻大悲陁羅尼咒比邱德麟書後刻幢記不著撰者何人葢為其師惟脤作也記云惟脤㴻陰田陽人遼史地理志㴻陰縣屬南京析津府本漢泉山之霍村鎮田陽地名無攷記作於道宗壽隆五年已卯歳碑云壽昌者即壽隆也碑署年月下云四月十三日乙時不用支而用幹與戒壇寺陁羅尼幢同皆當時書碑之一例

金石萃編卷一百五十四

賜進士出身　誥授光祿大夫刑部右侍郎加七級王昶譔

金一

慈悲菴石幢

幢高一尺八寸四面各廣五寸二面四行行十二字一五行行五字俱梵文一六行行十八九字不等正書在京師黑窰廠

觀音菩薩甘露陁羅尼文不錄

智炬如來心破地獄陁羅尼文不錄

淨法界陁羅尼文不錄

諦甘

天會九年□□□

慈悲菴在黑窰廠菴西偏即陶然亭也慈悲菴康熙二年重修侍讀北平田種玉碑謂剏於元治於明則招提勝境由來舊矣菴北院內有遼壽昌五年陀羅尼幢又庭前有金天會九年四月石幢四面各鏤佛像其三隅文刻咒文皆用西域梵書而標以漢字惟一隅漫漶僅辨年月下欽定日下舊聞考

皇弟都統經略郎君行記

碑高一丈八尺廣八尺三寸記在碑之中女直書五行譯正書六行行二十三字額題大金皇弟都統經略郎君行記十二字篆書在乾州

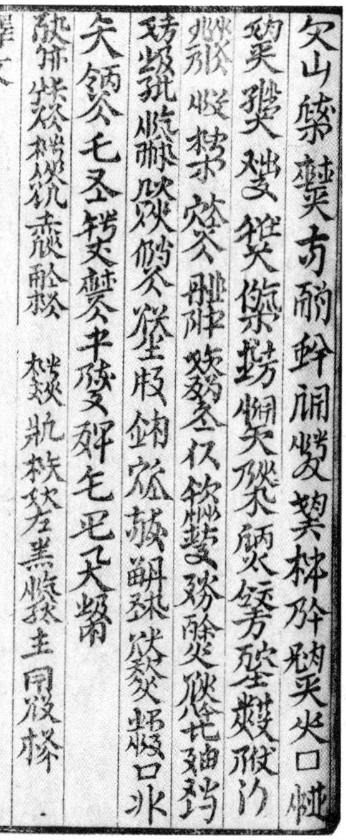

譯文

大金皇弟都統經略郎君禦吕疆埸無事獵于梁山之陽至唐乾陵殿廡頹然一無所睹爰命有司鳩工修飾今復謁陵下繪像一新廻廊四起不勝欣然與醴陽太守酣飲而歸時天會十二年歲次甲寅仲冬十有四日

尚書職方郎中黃應期

宥州刺史王圭从行奉　命題

右譯前言

郎君稱皇弟無姓名天會十二年記當爲太宗之弟按金史世祖子十一人自康宗太祖太宗而外尚八人未知誰是碑一字不能辨蓋女直字如是王元美所錄明王愼德四夷咸賓八字正與此同法而此凡一百五字后有譯書漢字字刻乾陵無字碑上石墨鐫華

此刻乾陵無字碑上攷天會九年金以陝西地賜齊則其時地猶屬劉豫劉豫帝齊惟撻懶宋史作撻辣以左監軍鎭撫之撻懶穆宗子也爲太宗之弟文稱皇弟而不著名合之史當即撻懶無疑關中金石記

右記文稱皇弟都統經畧郎君而不署名金石家或以宗輔當之然宗輔乃太祖之子太宗之姪碑刻於太宗時不當稱皇弟也或以撻懶當之攷金史紀傳其時撻懶又不在陝西予謂此郎君蓋撒离喝也撒离喝本金之宗室又爲世祖養子則與太宗爲昆弟行宜有皇弟之稱李心傳建炎以來繫年要錄云紹興元年即金天會九年十月宗弼爲吳玠所敗自河東還燕

山左副元帥宗維即粘罕也金史作宗翰與宗弼在軍中更以副統撒离曷與喝同爲陝西經畧使此云都統經畧正與繫年錄合蓋由副統遷都統也繫年錄又云婁宿引兵來犯吳玠擊敗之撒离曷懼而泣金人因目爲啼哭郎君是撒离喝本有郎君之稱矣金史本傳不載除都統經畧使殊爲闕漏當依繫年錄及石刻補之撒离喝今譯改爲薩甲干云潛研堂金石文跋尾

按此碑前爲女直書後有譯文女直書別無傳者僅見此碑因摹錄之据譯文云獵于梁山之下至唐乾陵乾陵乃唐高宗陵也長安志在奉天縣西

北五里梁山鄉丈八青仁埪子三村界周八十里有于闐國所進無字碑此記卽刻于無字碑上奉天縣者唐書地理志文明元年析醴泉始平好畤武功邠州之永壽五縣置以奉乾陵梁山卽乾陵所在在乾州北十里奉天縣北五里奉天縣至元元年省入州後卽爲州治乾州志稱梁山高三百七十四丈周九里廣二里正南兩峯並峙直北一峯最高與九嵕五峯太白□南遙拱爲一州大觀孟子太王去邠踰梁山史記秦始皇三十五年幸梁山宮皆卽此梁山與禹貢治梁及岐毛詩奕奕

梁山自别彼梁山在雍州卽今同州府韓城縣蓋前人已辨之矣皇弟不署名潛研跋考定爲撒离喝其語甚覈金史太宗紀天會十二年二月丁酉撒离喝敗宋吳玠軍于固鎮碑卽以是年仲冬獵梁山謁乾陵而記其事正相合矣然潛研謂撒离曷有帝吳郞君之稱可據以證碑之稱郞君宋史吳璘傳金又有鶻眼郞君以三千騎衝吳璘爲璘所敗事在宋紹興十年爲金熙宗天眷三年要之郞君乃金人貴臣之稱謂不獨撒离喝爲然

沂州府普照寺碑

碑不連額高一丈二尺廣四尺文二十四行行六十二字正書篆額在沂州府城普照寺

中□□□尙撰

集唐柳公權書

伊川□□暐篆額

琅邪之佛祠在郡治者凡六區其五爲毗尼其一爲禪郁今普照是也當子□之西南有□臺巋然出於城隅臺之西復有廢池流潦□焉耆舊相傳臺曰曬書池曰滌筆其地蓋東晉右將軍王羲之邈少故宅也昔晉祚中缺元帝渡河臨沂諸王去亂南遷乃捨宅爲梵寺世祀緜邈眞僞莫考往歲嘗得斷碑於土中字雖漫滅尙

髣髴可讀按招提復興之代實自後魏至有唐孝明皇帝卽位之九年始賜額曰開元宋崇寧初輔臣建言請詔天下每郡擇□□寺一更爲禪林遇皇上誕彌之月爲祈延景命之地制從之郡以開元應選自是改稱天寧萬壽禪寺遠廢齊居攝專用苛政理國郅衆不附尤狹中多忌凡浮屠老子之居曩日所嚴奉以祈福者一切□華遂易天寧之牓以普照開元遺址因古臺爲基下侷闔闥棟宇偏□□□法中所當有者皆廢缺未備不稱寶坊之制歲在丁亥妙濟禪師覺海始來住持入院之四年乃議改作衆懼難成姑欲因陋經始之初

異論口起拱手旁觀待其自敗師志先定屹如山立終
不可搖時奉國上將軍渤海高公名和式適守是邦與
師昔於過去刼在無量佛所曾植宿因至是機緣會遇
針芥相投公命首塗雉堞以遠蔽阻又架石爲梁跨望
月湖南臨廣路於指顧間已盡闕湫隘爲空曠之境矣
復召百工授以成規自當陽聖位次及方丈下逮僮隸
所偃息皆標立區所期盡新之並出資力往給經費且
示苦忍降伏偷惰畚鍾斤斧所嚮輒以身先於是郡人
感其誠莫不風靡遠方檀施亦破慳捨塵助作大緣憧
憧往來相踵於路以故貲用饒益魔失其便寒暑未幾

悉滿初頭師又於大雄殿之北創立廣夏聚竺土所傳
調御所說五千四十八卷之經爲大轉輪藏發機於地
棲匭於輪鏤此岸旃檀諸香口須弥山及阿耨池八方
龍鬼出於光際各持金華視護法相諸天寶宫弥覆其
上一一天宫有諸寶欄楯一一欄楯有諸寶天女執妙
音樂歌舞讃佛復有無數化身如來坐師子座爲百億
天衆放光顯瑞說無言法機輪一動聖凡出没千變萬
化金碧相錯耀人心目如刼初時風激水口湧爲七珎
蓮華藏世界不可說宫殿次第口成徵妙奇巧工告訖
事師擇九月辛未集山東十八郡大長老洎傳戒宿德

建龍華會七晝夜以落其成幢蓋鍾鼓塡溢衢市緇素
數萬人遐邇咸會覩是勝相皆讃歎隨喜請採石斲碑
紀述希有傳信無窮求文於中陶仲汝偁以記其事汝
偁曰先佛世尊口口口樹口口餘歲至東漢二葉教流
震旦訖於梁氏始宏闡有爲出口空術盡成名相我達
摩初祖自天竺西來救其末流俾涅槃妙心巍巍堂堂
猶星口月並光耀口像法自此天下之言禪者皆以明
道說理爲宗不泥教律惟師口口西蜀棄萬金之產來
爲沙門親近知識求無上道叅承咨决已得法要固當
高提祖印直指人心乃建塔廟嚴像設同二乘小果希

人天福報此禪流後學所以竊議致疑於師也然汝偁
嘗聞師之言曰實際理地不受一塵佛事門中不捨一
法吾以如幻三昧遊戲世間雖化大千盡爲佛刹其中
寶供最勝第一種種具足吾之妙口未始有作也昔眞
際之住東院不聽大檀越動一口以廣其居是誠古佛
用心然不可爲叢林法吾懼末世比丘喜虛誕者競爲
大以欺佛遂有假如來衣竊信施食視法宇之成壞若
行路之過逆旅曾不介意或問其故輒謬曰古之人固
如是也以至上雨旁風覆壓是虞乃挈鉢囊遐巡告去
有如諸方建化率由此轍則寶莊嚴道場往往鞠爲茂

草如來遺法其能久住世乎敢畏多言汝尚唯唯乃序寺之廢興緣起俾刻石以告來者時皇統四年十月二十日記

奉國上將軍行沂州防禦使事兼管內安撫使統押沂海路萬戶兵馬高召和式

沂州普照禪寺住持傳法賜紫□濟大師覺海立石

中陶□□□刊

撰文者爲仲汝文粗能其家言第云寺故右軍王羲之捨宅者妄右軍渡江時未十歲當是淮南公捨耳（弇州山人四部稿）

柳書露筋骨易於摹刻故雖自碑刻鉤勒來亦不甚失金狄但知立碑集書者固中原人耳（書畫跋跋）

唐文皇曠世雄才削平海內以其餘力恣意臨池其臣又有率更永興輩其成之故能集書聖教師法千秋自此而后集書未有及之者普照碑建自金源當兵戈草昧之後有仲汝尚文頗盡致而集公權書方整遒勁緊密處殊勝公權自書不啻與聖教代興碑署仲汝義刻疑集書卽出其手不有君子其何能國金之謂矣碑云寺是王右軍故宅未辨眞僞而王元美直以爲淮南公捨是又增一妄也（石墨鐫華）

文云子城之西南有臺巋然出城隅臺之西復有廢池者舊相傳臺曰曬書池曰澤筆其地蓋晉右將軍王羲之逸少故宅予攷東觀餘論稱逸少以晉穆帝升平五年卒而昔人又稱右軍三十三書蘭亭序右軍年五十有九以永和九年年三十三推之當卒于孝武太元四年二說不同按晉書謝安傳嘗與王羲之登城悠然遐想有高世之志羲之謂曰夏禹勤王手足胼胝文王旰食日不暇給今四郊多壘宜思自效而虛談廢務浮文妨要恐非當今所宜安之得政在寧康太元之際則太元初逸少尚存以爲卒于升

平五年者誤矣永嘉之亂琅邪陷于劉石其時逸少尚未生也安得有故宅在瑯邪且有澤筆之池乎碑文集柳誠懸書檀字右旁缺筆避金熙宗御諱也（潛研堂金石文跋尾）

武虛谷云右碑斷裂書撰人名氏僅有中尚二字可辨案之文內所載知爲中陶仲汝尚也于氏作齊乘去金未遠其載此碑猶全後題銜奉國上將軍行沂州防禦使事兼管內安撫使統押沂海路萬戶兵馬高召和式卽與覺海復葺此寺者也金史廢帝紀正隆四年十二月乙卯以樞密副使張暉爲尚書右丞

歸德尹致仕高召和式起爲樞密副使又高彪傳
彪本名召和失辰州渤海人爲武寧軍節度使頗黷
貨嘗坐贓海陵以其勲舊杖而釋之改忻州防禦使
以碑證之忻當作沂傳刻誤也其階奉國上將軍及
兼官傳皆遺之山左金石志

長淸靈巖寺寶公開堂疏

碑高六尺四寸五分廣三尺八寸五分十八行行二十八字連額並正書在長淸縣靈巖寺

徵事郎濟南府錄事夏緯書山門監事僧宗安立石

濟南府

今請靈巖禪寺
寶公長老開堂演法爲
國焚修祝延
聖壽者
竊以丈室駐錫便知祖道之興諸天雨花喜遇禪林之
伯判發訛之公案舉宗上之因緣不有能仁難安勝境
伏惟
寶公堂頭和尚早具鍛金之爐韛妙傳出世之津梁枯
木寒灰宴坐於千峯影裏騰蛟起鳳進步於百尺竿頭
茲緣緇素之依歸有請
省廷而允可唱少林之曲調踞靈巖之道場信堂堂龍
象之姿赴肅肅人天之會白雲堆裏不妨依舊經行碧
眼胡邊無惜斬新拈出永洪
睿筭廣震潮音謹疏
皇統九年八月　日疏
承事郎濟南府推官權判官李德恭
府判官闕
宣威將軍濟南府少尹完顏沒里虎
安遠大將軍同知濟南尹事南陽縣開國伯食邑七
百戶韓爲殷
特進行濟南府尹上柱國莘國公完顏篤化叔
李彥刋字

右碑額題開堂疏三字横列徑四寸疏文後年月下
有印方一寸八分文曰濟南府印後列銜五人内府
判官闕餘人皆未載府志山左金石志

按長淸縣别有寶公禪師塔銘文見山左金石志
彼碑下截損闕不知寶公之名上一字爲何也但
稱師姓武氏相州里人靈巖虛席府尹韓公爲殷
運使康公淵保申行省云云郎此疏所云有請省
廷而允可也韓爲殷塔銘稱府尹此碑作同知尹
事蓋塔銘刻於大定十四年在此碑之後由同知

而升授正尹矣

溥公禪師塔記

石連額高二尺三寸廣二尺六分二十一行行三十字額題故溥公禪師塔銘並正書在耀州

前□□十方妙德禪院溥公禪師塔記

登仕郎□□陽府□□□□撰

登仕郎耀州司候温□書

師諱善溥京兆城東人也俗姓馮氏五代宰相可道六世孫母祿氏夜□□□□光貫胷覺而有姙祿氏心許出家師既生天資醇厚始絕乳弗喜□□□□□□京兆卧龍禪院主僧惠初爲師克勤持誦至二十二歲試

經剃□□□□□□□僧者本欲越愛河登彼岸豈反脩飾人事遨覓齋供如蠶自縛□□□□□□十餘年間雲門雪峯一皆叅歷及再歸依香嚴謹禪師□□□□公□□□□□孟嘗門下新添劍客首座進曰鏌鄉未用利鈍焉知公曰伯□□□□□□是知音者若善溥□開正眼了見根□但□欲傳非子不可翌日□□□法時宋宣和元年董待制知府事請師□脩聖壽自是之後或住天□或居□□爰經兵火歷更數郡禪剎至皇統三年知耀州李寧遠以妙德珂□告□□□其人一日幕屬以師舉之公欣然具禮就京兆還居妙德開堂之後郡中□□□可其志者或勸師以女衆爲言師曰雲房無鎖鑰□莫惹塵埃□是妙□□□僧少造其室者惟師自處寂無纖翳不半載閭閻父老雲集座下師□□□□□脩葺堂殿表裏一新殊未常化人以施財爲念惟是郡民之誠持□□□□□而□□門人一名曰覺道至天德二年忽感疾於當年二月十三日□□□□□□□皆侍左右師曰大丈夫當去住分明及午刻師遂整衣命筆□□一□云清風自清風明月自明月白雲消散後老僧無可說付以覺道結跏而化享年六十有六僧臘四十有四當月十五日覺道舉師喪

葬于華原縣流□鄉待賓村宋家莊而起塔焉工告畢覺道煮茗爲余曰先師自提祖印六座道場今既殁忽以平昔之善與草木俱腐欲書之堅石以示後學一以□和尚之美一以表覺道之誠可乎余既哀其誠又惜其善何辭以讓因書其實而繫之以銘云

嗚呼溥公　摸範禪叢　雲門雪竇　正眼皆同　久提祖印　開鑿盲聾　今其何在　明月清風

承事郎充耀州軍事判官王□立石

叅學善友劉深　元貞　劉本□　李□□彥徐

□王本顯　張本□　□本唐　辛草　樊本淨

張本因　勇本檜　安本曇　史本暭　□□　王
本□　□本□　雷本□　暘本發　党本□　秦
典　劉本省　陳本復　□本近　同本言　李本
應　黃本□　王本□　□本□　姜本兆　張氏
劉皐　謝勝　劉本浩　恵本姓　本見
施墳地弟子曹本仁　曹□□　王□　公孫本
有　□觀李自然　李本脩　秦本震　馬立　王
本玉　會首郭本廸等　小師　僧
承事郎充耀州軍事判官□□
按碑題妙德禪院稽之陝西通志寺觀卷已無考

文稱師諱善浦俗姓馮氏五代宰相可道六世孫
毋祿氏可道卽馮道之字碑敘其先世不稱名而
稱字又一例也（薛五代史道有六子平吉某某義正此善浦不知爲何人之裔）祿
姓出于紂子祿公之後然從無一人入史傳者則
其姓亦希矣碑以僧蠟爲僧臘恐是筆誤

京兆府重修府學記

碑高六尺七寸六分廣二尺九寸五分三十行行七十字正書篆額在西安府學

三代之治莫隆於周藹藹王多吉士維君子使媚于天
子後世追仰風猷常歎其不及者何耶非世態淳於前
而澆於後也非人物與於古而衰於今也蓋以庠序學
校之設成於當時者備涵濡長養之方盡於其道也久
故教化有所格器質有所就而賢人衆多能爲邦家立
太平之基矣豈以澆淳與衰有前後古今之異哉晚周
東鶩王室衰微　吾夫子患聖人之道熄刪詩書
定禮樂贊易道述春秋皇皇然轍環天下歷聘諸國以
徵言大義垂世立教授三千之徒於洙泗之間祖述堯
舜憲章文武蘄帝王之道坦明於時俾民受其賜於萬
世之後嗚呼其念天下後世之重如此至於嘆鳳鳥之
不至泣麟出之非時豈獨爲一身而已哉暨乎夢奠兩
楹異端並起繼以秦焚漢濫得煨燼之餘者不絕如綫

當是時也微　吾夫子之道其誰與歸斯所以明
君哲后有意帝王之治者莫不詔郡縣立學春秋享
　先聖先師于廟焉京兆舊學在府城之坤維地非
亢爽前宋崇寧二年命郡縣建學以賓興賢能府帥樞
密直學士虞公（策）承命詣學謂諸生曰魯修泮宮有思
樂泮水薄采其芹之頌是知泮水以育人材也今府城
之東南隅水易就下地且文明欲改卜其處可乎諸生
怡然曰諾乃範湖州規製經營建立廟學之成總五百
楹宏模廓度冠偉一時水潤木陰凊泠欝欝儒衣冠而
入者日不啻千人絃誦之聲洞澈霄漢厥後學古入官

貢名于桂籍登書于天府者未嘗一二數也自罹兵革
殘毀幾盡貞元乙亥歲河間　韓公希甫亞尹京兆
視事之三日謁奠于　文宣王酌獻禮畢見諸生
於學喟然嘆曰我　國家經文緯武進用賢能每
三歲設科以經史取士鄉升之府府升之　朝而
皇帝臨軒賦業見賢焉然後用之誠夸越質古
之制也謹按　尚書省批送禮部節文應有
宣聖廟去處即便修整今此廟兒傾圮黌宇頹弊何以
仰副　明天子作成之意遂即議於　府尹完
顏公胡女遵奉　朝廷之命鳩工討役拾墮瓦於

廢基掄堅材于壞屋新寢祠而重儼像搠脩廊而繪列
賢師儒講誦之有堂生員居處之有廬以至齋祭之室
庖湢之所各有其序補苴罅漏剔蠹治蕪期年而成
韓公又出己俸重修祭器俎豆之屬大率皆備乃延
諸生入學肄業仍與　漕使李公　同知張公　副
運周公　暨諸幕屬共議申勅　朝廷養士著令
具饌焉繼而　府推張公仲堪　下車提領教綱力贊
其務而又　府判畢公棣　入幕之初首督斯舉能事
於是畢矣學正來昌國帥其徒請記於臬臬以鄙陋少
文屢辭屢屬牢不可讓且告之曰在昔宗周作都豐鎬

人材萃出一本於學故詩人謂文王曰於樂辟廱謂武
王曰鎬京辟廱以至世之不顯厥猶翼翼思皇多士生
此王國王國克生維周之楨濟濟多士文王以寧且京
兆處宗周之域被文武之化薰陶漸漬数千百載之後
風聲氣俗宜乎不改今　諸公克承朝廷美意主張
吾道重建廟學豈非翼翼然思皇多士復生我
國家如文王時耶勒銘金石不足以歸美于　上
諸生當勉學夫子之道處則孝於其親友於兄弟出則
忠於其　君施于有政抱道懷德陞名仕版爲當
世之顯儒遠不忝宗周習俗之美仰不負　吾皇
樂育之誠俯不媿　諸公主張之德使諸公異時聞諸
生行業於　廟堂之上奚復有慊於心歟大金正
隆二年十一月十有五日京兆前進士李臬謹記
河南潘師雄書丹開封錢義方題額學正來昌國等立
石

齋諭韓觀　齋長姚褒　司書宋端弼
直學任保　學諭曹誼
監修使臣唐安
監修學忠顯校尉充京兆府軍器庫副使兼知作院
武騎尉李宏
監修學奉信校尉可充京兆府軍器庫使兼知作院

飛騎尉劉端
提振修學昭信校尉行京兆府錄事飛騎尉王景暉
提振修學奉政大夫專一規措京兆府耀州三白渠
公事驍騎尉王堪
學爲府尹完顏胡女修建文云舊學在府城之坤維
地前宋崇寧二年命郡縣建府帥樞密直學士虞策
改築于此據之則宋金時學非復唐國子監舊址也
關中金石記

按碑云京兆舊學在府城之坤維前宋崇寧二年
府帥虞策詣學卽今府城東南隅改卜其處陝西

通志西安府學但云在府治東南卽宋金學校舊
址不言宋金以前舊址所在關中金石記乃云據
文則宋金時學非復唐國子監舊址也攷宋敏求
長安志載唐京城萬年縣所領朱雀門街第二街
北當皇城南面之安上門街東從北第一務本坊
半以西國子監監東開街若兩坊街北抵皇城南
盡一坊之地又曰當日之城南面朱雀門有南北
大街曰朱雀門街東西廣百步萬年長安二縣以
此街爲界萬年領街東五十四坊及東市則是朱
雀街因朱雀門爲名門在京城之正南萬年縣所

領在東街而街東又分五街國子監在第二街以
京城大勢揣之監正在東南隅不知碑所謂府城
坤維之舊學是何時之學坤維是在西南與唐國
子監地不合府尹完顏胡女金史無胡女有活女
爲婁室之子傳稱天眷三年爲元帥右都監累歷
京兆尹修學在貞元乙亥歲距天眷三年得十六
年或是時卽活女作尹或金國語傳寫之譌也末
列銜有監修學二人提控官又有提振修學二人
史百官志凡修舉之事有提控官而無提振此提
振或卽提控之義王堪規措京兆府耀州三白渠

公事志載規措官正七品其屬有縣檢渠堰官一
員可知當時特重渠事故設官專一規措也

金石萃編卷一百五十四終

賜進士出身 誥授光祿大夫刑部右侍郎加七級王昶譔

金二

乾州思政堂記

碑連額高七尺八寸五分廣三尺七寸二
十三行行四十九字正書篆額在乾州

大中大夫行乾州刺史兼知軍事輕車都尉滎陽郡
開國伯食邑七百戸賜紫金魚袋鄭彥文述并書
徵事郎充乾州軍事判官崔旻篆額

乾本漢池陽縣至唐改奉天後置爲州梁乾化中升威
勝軍後唐同光年乃復今名距京兆不越數舍其地平

敞四達自昔關中有事亦用武之地也比年以來宿師
多壘應辦浩大瘡痍未平風物凋弊而不振号爲難治
大定戊子歲余刺北豳庚寅被　命移守來此丁雨
暘不時傷我穡事在牧民者當得安養拯恤之方載循
空疎瞖鈍怵惕軫慮惟恐隳失致以罪去昔集賢校理
太原王公爲池州日治其後堂命曰思政謂其出政於
南嚮之堂思之於此也曾子固作記美王公不敢忘政
其於治民之意勤矣余愛其言之有理与余意合私竊
慕之而未克遂志適此公署廳事之次有屋一區雖劇
宏壯然以廢置之久上下頹圮隅角墊缺風雨摧剝鳥

鼠攸宅不可居處乃檄計司得報命工重加完繕補葺
罅漏塗墍丹雘乃復充堂衍宇之舊觀爽朗軒豁以便
遊息爲退食之所亦以思政榜之蓋欲踵武太原王公
雅志高躅焉嘗聞子大叔問政於子產子產曰政如農
功日夜思之思其始成其終行無越思其過鮮矣余敢
忽之哉値乾路當衝要軺車馹騎電掣星馳迎餞旁午
加之諸邑租庸征賦公務鞅掌民案訴牒吏鈐紙尾幾
不勝聽剖析決遣若匪三復審諦寧不有誤者哉每公
餘吏散正襟危坐于其中澡瀹神觀疏剔荒塞私自訟
曰尔於事　君之忠有未盡乎行已之道有未得

乎學校有未修乎鰥寡有未恤乎獄訟有未平乎農桑
有未勸乎謹當誦前言而不敢違庶幾幸免曠斥少圖
補報　國恩以寬尸素之愧焉堂之側亦有茂林
翠竹可以招邀風月領略芳華或隱几以休詩書或酌
酒以娛賓客雖在談笑觴豆徜徉巾履中念所以爲政
之本未始造次而忘也嗟余束髮登仕代匱州縣之職
雖一再鳴而起校吏事於朱墨簿書中奉行　天
子教條惟恐不克仰副　委付之意冑遊而河曁
陝服不啻萬餘里奔走匏繫垂五十年其羈僑亦久矣
疲頓亦甚矣今年踰七十黛於職守失思慮而致譴黜

寧不負平昔之志哉昔東坡先生守膠西治新寢於黃
堂之北名曰蓋公堂且自作記蓋慕其人也余与坡公
賢愚固不同而傚太原王公思政名堂余豈不得慕其
人而襲其遺範哉於是乎書置之左右庶朝夕臨觀以
自警其不逮云大定辛卯歲冬十二月初一日
昭武大將軍同知乾州軍州事上輕車都尉隴西郡
開國伯食邑七百戸李仲仁上石

文有云乾本漢池陽縣至唐改奉天後置爲州梁乾
化中升威勝軍後唐同光年復今名以唐志合之改
縣爲州乃乾寧二年也太平寰宇記云李茂貞建後

覃王出鎮爲威勝軍文又云距京兆不越數舍寰宇
記東至長安一百八十里關中金石記

按陝西通志乾州知州署在城內西偏即唐德宗
行在故址後改爲州治金大定戊子刺史鄭彥文
修二堂顏曰思政堂即謂此碑也文云乾本漢池
陽縣至唐改奉天後置爲州考池陽縣在周爲焦
穫地秦爲涇陽邑漢惠帝四年即其地置池陽縣
屬內史後屬左馮翊後漢因之迨苻秦時於池陽
東南析置涇陽縣宇文周時廢池陽不復置歷代
至今但有涇陽縣其縣今屬西安府並非乾州地

乾州始於唐睿宗文明元年析醴泉始平好畤武
功豳州之永壽置奉天縣以奉乾陵至昭宗乾寧
二年以縣置乾州其地與池陽東西相距截然兩
處碑云本漢池陽縣者誤也鄭彥文大定庚寅移
守來此庚寅是大定十年碑立于辛卯則十一年
矣金史百官志州刺史正五品同知正七品判官
從八品文階從四品上曰大中大夫正五品上曰
中議大夫中曰中憲大夫下曰忠順大夫正七品
上曰承德郎下曰承直郎從八品上曰徵事郎下
曰從仕郎武階正四品上曰昭武大將軍碑於刺

史鄭彥文以正五品官而用正四品上之大中大
夫階同知李仲仁以正七品文官不用文階而用
正四品上之昭武大將軍武階史志無明文可攷
其制莫詳

莊嚴禪寺牒

石高廣俱三尺二寸大小字共十四行每行字數不等下層刻僧衆及各村人名行書在高陵縣

尚書禮部牒莊嚴禪寺

尚書禮部牒
尚書戸部差委京兆府發賣所據京兆府高陵縣慶安
鄉幡干村院主僧法淳善江宗昉狀告見住本院自來

別無名額已納訖合着錢參伯貫文乞立莊嚴禪寺名
額勘會是實須合給賜者
牒奉
勅可特賜莊嚴禪寺牒至准
勅故牒
大定四年五月　日令史向昇押主事安假權郭
押
奉直大夫行太常博士權員外郎劉
中憲大夫行員外郎李
宣威將軍郎中耶律押

侍郎
中奉大夫禮部尚書兼翰林學士承旨知制誥修國
史王
本村賈福　賈永興　鄭再興　徐志　南順　孫
展　張安　史再立　張俊　韓廣　進義校尉韓
卞　朱琦　韓浦　韓永興
蕭張村王昺　王仁美　劉志
許村進義校尉王儀　進義校尉孫喜　柳昇　丁
進
小王村進義校尉姚順　牛直　牛彥

坳下村進義校尉劉潤　進義校尉曹榮　進義校
尉劉清
僧永琦　智顯　智雲　僧永堅　智響　僧智存
智隱　僧智賢　法均　法詮
講瑞應經僧文緩　講唯識論僧文慶　講唯識論
僧智英　講經僧法振　僧口口
大定十六年歲次丙申二月丁丑朔二十一日丁酉
住持僧法淳上石
講經律論傳大乘戒沙門善江
按大定初年寺觀納錢請賜名額之事金史無攷

今所得於陝西者凡十四碑文稱尚書禮部牒是
牒由禮部發也又稱尚書戸部差委某州發賣所
是戸部設官差委外州發賣牒文也金史百官志
戸部既無發賣所之官禮部亦不載牒文格式及
發賣錢數但詳僧尼道女冠限度試經之數與夫
中選給據之法而已據同官縣靈泉觀記云大定
初王師南征軍須匱乏許進納以賜宮觀名額者
然則是大定初權宜設置之事非常制也十四碑
中在長安者五碑在涇陽者七碑在同官者一碑
在高陵者一碑似其制獨行於陝西殆即辦軍須

之所也其牒起於大定二年迄四年是時世宗初
即位用兵契丹因暫行此制想四年以後即停也
牒文之式不一大定二年秖稱陝西各路轉運司
三年以後則有尚書戶部差委京兆府發賣所又
有差委耀州發賣所是發賣所始於三年而各州
皆有也其錢數大定二年但云已納訖合着錢數
三年以後則著明錢壹伯貫至四年四月清凉禪
院牒錢壹伯伍拾貫五月莊嚴院牒錢叁伯貫逾
時未久牒價懸殊不能知其故也諸碑皆稱發賣
所獨福勝院牒稱發給所小有不同有額名同者

如洪福院有二牒一在京兆府一在涇陽縣同爲
洪福字前爲禪院後爲院清凉院有二牒一在長
安縣一在涇陽縣同爲清凉字前爲院後爲禪院
也或當時院與禪院畧有辨歟凡請牒必由狀告
與唐宋之制不同詳識于此亦可備一時掌故牒
雖多種俱于大典無關今録此一牒以志大概其
餘牒內官既無名可考亦無文字可傳姑從刪削

凝眞大師成道記

碑連額高五尺五寸廣二尺七寸分三層上層繪成道圖中層記二十九行行二十字下層田土地基三十六行行二十餘字不等正書額題驪山靈泉觀凝眞大師成道記篆書在臨潼縣

故靈泉觀主凝眞大師成道記

李輔書

大師諱子鬱姓劉氏開封人也生有奇相人知不凡年
甫數歲居然厭俗自投牒於太清宮受業爲道士既守
眞戒奉行教法功德不可思議旁通醫術能匙砭劑全
活者不可勝數歷歲滋久升聞於朝前宋　仁宗召
赴闕廷師之入見也年已幾耄鬚髮皆黑面有壯容進
趨如儀登對有法帝曰壯哉詔賜號曰　凝眞大師換
紫衣　勅授靈泉觀主賜秦帝陵旁并諸庄地土計一
百五十頃及山林湯泉水磨臨潼縣地基房廊盡充靈

泉觀常住道業　師既莅事一新規畫數載之後租入
有餘謂侍座李藏用曰此觀實唐之華清宮也今圮廢
如此幸有積貯可以繕脩於是創般閣立堂齋鑿新湯
築花圃成之不日壯麗可觀迨至和元年正月二十日
師忽沐浴更衣而出擊鐘集道衆遺言曰公等自愛我
今歸去言畢遂兩手結印端坐而化是時方春林巒秀
茂鸞鶴飛翔空中髣髴有樂音衆皆瞻仰望　師隱隱
而昇矣後經一月有客自西蜀來者云我於今年正月
二十日逢一道士騎青騾者自稱曰我是靈泉觀主劉
子鬱煩你傳語在觀道衆衆聞斯語欽仰讚歎曰師達

者也自師西昇迄今百有餘祀其後代門人馬景陽陳
守靜劉守沖携師之行狀踵門而求記於予至于再至
于三予嘉其勤而諾曰試卽其行狀直書以敘云爾大
定丙申四月初五日渭南王鏞記
劉仲永　惠□一　王守恭　姚若谷　曹仲昌
郄仲弼　楊守中　劉守冲　王慶道　寇仲實
陳仲寧　龐仲先
監觀道士馬景陽　觀主道士陳守靜等重立石
武略將軍行京兆府臨潼縣主簿兼縣尉飛騎尉李
温敖

宣威將軍行京兆府臨潼縣令上騎都尉蘭陵縣開
國伯食邑五百戶蕭麻鞋　南圭刊
靈泉觀山林水磨田土地基
一山林一所東至大澗水西七盤谷南至分□□□□
□□□
一東宮城裏外并瞭牆東□角□毬場上下耕種地土
□□三十二頃五十畝
一毬場官道北東西畛地二十八畝東西至□南至道
北民田
一望仙橋河南菓園地東至河西至觀下車院牆北河

南□
一西宮城裏外并磑子谷村□磑窠五聖觀上下□城
北菓□地共八段計八頃三十三畝
一丹霞泉西南山坡耕種田□計四頃五十畝
一□□山坡地土計二十頃二畝東至天河西道南水
溝
一南衛村官□下地土□段計四十五頃□畝東至□
西北溝
一鶩村谷底并東西□塘□□地土計四頃□□畝
一□邊村東西畛地土計一頃二畝東西南並至道北

□
一西輔村南北畛地土計八十畝東西至民田南□□
□
一秦始皇陵廟周廻地土計四十二頃四至並外陵牆
一觀門東南畏角地基計三十八間東至石堎道西至
官道南至觀客院北至官街
一簿尉衙東客院東南門裏石堎頭地基計五十八間
西至簿尉衙東南北並至觀
一觀門西南畏角地基三十一間東至宮道西官南觀
北官街

一倉門南面西裏角地基二十二間半東倉牆西街東南觀倉口巷口西南民田北倉門道
一倉門北面西裹角地基一百二十五間口尺東至倉城牆南至口門道西至街道北至望仙河民田
一北十字街南東壁上面西向街地基一十二間內九間長一百五十尺東至民田西至官街南至衙牆北至民田
一新巷南街西面東地基一十二間東至街西新巷南民田北新巷道
一水巷街東南裹角地基八間東至官地西至街南至街北至口
一水巷街東面西地基二十五間東至官地西街南觀北民田
一水巷街西南裹角地基三十三間東至水巷西至民田南至街北至觀相接係菜薗地北至墲
一水巷街西面東地基二十五間半東至官街西南觀北民田
一城西街南面北并上西門街西地基四十一間東口口口口西至舊城牆南至墲北至下西門口口口西口口口地基東至街及街東面西地基東至民田西至街古城牆南北至觀下墲

碑陰題名 三行行七字八字不等草書

少華喬元龍趙勉功同登朝元氣象豁然因題於壁

少華党元之率鄉人喬子堅楊質夫登朝元於壁間見元龍草瑆惜其慢滅遂書于後元符庚辰中秋日質夫題

靈泉觀主姚有祥　上座蘇有志　直歲馬恩口重陽日立石　安延年刊

按陝西通志靈泉觀卽華清宮晉天福中改賜道士故以觀名華清宮在臨潼縣南唐咸亨二年始名温泉宮天寶六載更曰華清碑前載觀主凝眞成道記乃宋仁宗時事師歿於至和元年此記作於大定十六年丙申距師西昇一百二十三年矣記後載山林水磨田土地基四至畝數凡二十四條有東宮城西宮城之名卽謂華淸宮城也有秦始皇陵廟在臨潼縣東一十五里可見其觀地自南而東亦云廣矣年月後列衙縣令曰宣威將軍主簿曰武翼將軍金史百官志赤縣令正七品文階上曰承德郎下曰承直郎諸縣令從七品文階

上曰承務郎下曰儒林郎主簿皆正九品文階上曰登仕郎下曰將仕郎武階正七品上曰承信校尉下曰昭信校尉從七品上曰忠武校尉下曰忠顯校尉正九品上曰保義校尉下曰進義校尉至宣威將軍乃正五品中階武畧將軍乃從六品下階此碑系銜縣令不用文階而用正五品中之武階主簿不用文階而用從六品下之武階皆未詳其制金碑中多類此者後不具論

三清觀鐵盆記

盆未知大幾許茲就銘而計周圍環一丈四尺七寸寬四寸九分單行凡一百九字正書

維大金大定十七年歲次丁酉八月戊辰朔十五日壬午三清觀道士趙師通　小師趙惟壽　鄉貢進士鄭時舉獻銘曰

金當鎔兮柔而貞兮採摸晁氏蹤跳虎形不踴不躍大器混成不曰鍾乎徒希其聲不曰鼎乎姑旌其名茲惟仰象告於神明動天之德也蘸祭惟馨奚取夫罇俎之腥

禮部令史題名記

石二一橫廣二尺八寸一橫廣一尺高各一尺八寸四分共計三十八行行十七字至二十二字不等正書在京師法源寺

初大定乙酉歲既刻題名爲諸部倡猶以不能備紀始末爲未足至崔君頴士廼更刻石悉書鄉里官品與夫入部及出職歲月所以示君子仕進之難持已既廉從事旣勤而又積日絫久無簿書文墨之失然後可以有立非徒記姓名銜階秩而已也夫仕宦窮達固繫時□□□在於自爲者如何前刻謂今之貴顯□□此出如諸君奚患不榮更在審其所以自爲者勉之戊戌秌八月三日儒林郎國史院編修官武騎尉賜緋魚袋党懷□記

武畧將軍崔頴士貫滄州大定八年五月到部正定州軍判

武畧將軍張瑾貫□州大定□年三月到部嵩州軍判

昭信校尉鄭愿貫遂州大定十年十二月到部

張□貫濟南府大定十五年正月到部

忠翊校尉李徵貫大興大定十五年五月到部沃州軍判

昭信校尉柴庭貫□□大定十六年八月到部宣德州軍判

石璋貫□□大定十七年四月到部

張範貫晉□大定十七年□月到部

忠翊校尉蘇暘貫□大定十七年八月到部
忠翊校尉傳愿□□□□□十七年九月到部
修武校尉王仲□□□□□□十九年十一月到部
敦武校尉周□□□□□□□□月到部
敦武校尉王□□□□□□□□□□到部
昭信校尉李□□□□□□二十一年三月到部
敦武校尉李嗣温□□□大定二十一年九月到部
保義校尉石亨□□□□□□□□年□月到部
保義校尉□□
保義副尉□□□□□□□大定二十九年十月到部

進義校尉魏慎□貫延安府明昌元年三月到部
保義副尉王谷貫平州明昌元年三月到部
馬伯禎貫順州明昌元年三月到部
和僅貫蠡州明昌元年九月到部
保義副尉李浩然貫延安府明昌元年九月到部
□□貫□州明昌元年十月到部
□□□□州明昌二年六月到部
□□□□□明昌三年正月到部
□□□□□明昌三年五月到部

按金史百官志禮部令史十五人內女直五人譯史二人通事一人此碑題名凡二十六人不見有女直譯史通事之别文云大定乙酉既刻題名至崔君頴士廼更刻石悉書鄉里官品與夫入部出職歲月今碑題名始于大定八年正是乙酉歲是合前後并刻也但所書止有到部年月並無出職歲月與記不同題名自大定八年至明昌三年而止凡二十五年此後不復續刻禮部官品止於主事其令史有官無品職亦卑矣乃刻石題名爲諸部倡亦是勤于職業之一端然未見諸部有碑能仿而行之者獨此碑流傳於世亦可珍也党懷英

作記歲在戊戌爲大定十八年傳稱懷英字世傑馮翊人大定十年進士除汝陰縣尹國史館編修應奉翰林文字翰林待制兼同修國史能屬文工篆籀當時稱爲第一據此碑結銜是尚未官待制時也題名諸人史俱無傳

重修漢太史公墓記

碣高一尺四寸廣二尺五分二十一行行十五字正書在韓城縣

嘗考漢史司馬太史公生於龍門十歲誦古文二十而南遊江淮上會稽探禹穴窺九疑浮於沅湘北涉汶泗講業齊魯之都以觀孔子之遺風過梁楚以歸焉於是

遷仕爲郎中父没三年而爲太史令乃述陶唐以來至于麟趾紬石室金匱之書據左氏國語采世本戰國策述楚漢春秋上恊六經馳騁古今不虛美隱惡可謂命世之良才及其卒也葬於梁山之崗至今韓人享祀不絕惜乎時代歷久舊塚傾頹今春姚定乃率里人命工修復其意欲以光華文史之風激勵褒鄙之俗屬余爲記但以文荒才謬爲愧堅不獲辭直書日月耳

時大定己亥清明後二日進士趙振記

稷山石匠王遇段珙　塼匠張立王正

化主任　道成　施栢樹伍拾根杜村張吉

開沽芝川酒塲本縣韓樂坊姚定立石

水經注陶渠水又東南逕司馬子長墓北墓前有廟廟前有碑永嘉四年漢陽太守殷濟瞻仰遺文大其功德遂建石室立碑樹桓太史公自序曰遷生龍門是其墳墟所在矣攷陶渠卽芝川水今墓在水南俗說云漢武帝于此得芝草改名也關中金石記

按陝西通志太史公司馬遷墓在韓城縣南二十里芝川鎮墓前有坡因號司馬坡西枕梁山東臨大河氣勢雄闊古柏數十百皆蒼老如鐵懸於兩崖作蛟龍狀邑令翟世祺築高砌以磚石層級而上冢漸圮縣令康行僴重修之而獨不載姚定重修之事姚定開沽芝川酒場無守土之責而尚賢崇古可謂賢矣碑立于己亥歲爲大定十九年

九陽鐘銘

鐘十二方橫廣二尺三四寸不等高各一尺八寸每方或七行至十三行字數七至十七各不等正書在臨潼縣

臨潼縣令柴震題

鐘乃古樂制於聖人不石不播可扣可聞固將設之以饗嘉賓固將奏之以和鬼神豈特於斯仍告朝昏

本觀先於元豐年官鑄九陽神鍾到今百有余年今

篆銅冶　宣差到觀爲見銅鍾破裂委官别行

鑄造永爲嘉用旹大金大定二十一年辛丑歲四月十七日壬戌重鑄記

知庫田仲和

直歲馬仲□

監条□

尚座郄仲㣧

副觀王慶道

知靈泉觀事兼本縣監觀劉守冲

監觀道士馬景陽

助緣人等姓名不錄
助緣道士姓名不錄
本觀道士姓名不錄
助緣人等姓名不錄
保義校尉猛安千戶王明
昭信校尉猛安千戶劉昌
昭信校尉知事□景淵
忠武校尉府推官任企□
少中大夫府判官郭元康
昭毅大將軍統軍判官耶律□□□

昭毅大將軍府少尹兵馬副都總管□□成
定遠大將軍同知府尹兵馬都總管□□
陝西路統軍都監
尹本路兵馬都總管夾谷清臣
龍虎衛上將軍陝西路統軍使兼京兆規措銅冶鑄
錢所麻
宣差中大夫尚書吏部員外郎規措銅冶鑄錢所張
宣差朝散大夫尚書戶部郎中
轉運司都目官扈彥
孔目官姓名不錄

押司官姓名不錄
司吏姓名不錄
櫟陽縣金火匠程用男程彥
進義校尉商酒同監郭元貞
修武校尉商酒都監孫備
宣武將軍行縣尉孛朮魯□不
文林郎前主簿
委監鑄官耶律德
承信校尉行京兆府臨潼縣令使府差
昭毅大將軍支度判官孫□□

奉訓大夫鹽鐵判官李必說
宣武將軍都勾判官劉仲仁
奉直大夫陝西東路轉運副使陳訥
明威將軍陝西東路轉運使高蘇
京兆府孔目官姓名不錄
司吏姓名不錄
本縣司吏姓名不錄
高陵縣姓名不錄
本縣助緣人姓名不錄
臣佐

皇帝萬歲

千秋

臨潼縣九陽鐘銘縣令柴震所作淺陋無足觀周遭刻官吏及助緣人姓名殆遍其最貴者曰宣差朝散大夫尚書戶部郎中規措銅冶鑄錢所張曰宣差中大夫尚書吏部員外郎規措銅冶鑄錢所麻曰龍虎衛上將軍陝西路統軍使兼京兆尹本路兵馬都總管夾谷清臣曰陝西路統軍都監曰定遠大將軍同知府尹兵馬都總管李口曰昭毅大將軍府少尹兵馬副都總管段成功曰昭毅大將軍統軍判官耶律

一里哥其餘不能悉數矣攷金史食貨志大定十二年正月以銅少命尚書省遣使諸路規措銅貨能指坑冶得實者賞十八年代州立監鑄錢命震武軍節度使李天吉知保德軍事高季孫往監之而所鑄斑駁黑澀不可用詔削天吉季孫官落職更命工部郎中張大節吏部員外郎麻珪監鑄即此鐘所列張麻二人也史稱大節工部郎中此刻云吏部者蓋由工部轉吏部耳 潛研堂金石文跋尾

按鐘在靈泉觀重鑄於大定二十一年前銘後記皆臨潼縣令柴震所題次列觀中道職七人存其姓名以後助緣人等四十八人助緣道士九人本觀道士十五人又助緣人等七十八人姓名俱不錄此後監鑄各官銜名十四人又火匠以上暨轉運使銜名十二人其中孔目官五人押司官四人司吏十九人京兆府孔目官五人司吏三十八人本縣司吏二十二人高陵縣五人又本縣助緣九人姓名俱不錄

博州重修廟學記

碑高八尺五分廣四尺二寸二十九行行字數不等行書額題新修廟學之記六字篆書在東昌府學

博州重修廟學記

石硤王去非記

庭筠書

東平党懷英篆額

夫有國家者欲成長久之業建不拔之基莫大乎厚風俗厚風俗之道莫大乎興學校蓋學校者教化所由出也孟子曰夏曰校殷曰序周曰庠皆所以明人倫也此之謂矣昔孔子欲行是道而不得其時乃修六經以詔後人孔子既沒之後雖復揚墨于戰國火于秦佛老于晉宋齊梁然其道揭日月卒使天下尊之以爲　先聖自京師至郡縣咸立廟學春秋釋奠與社稷通祀之

至今不能易者何耶蓋自暴秦之後二千有餘歲其間願治之君有能尊夫子而行其道者効著于當年澤流于後裔故也略以近古治化寖隆者明之漢唐之興莫不敦尚經術開設學校爲先務而繼體承流者復能守而不失間得人如文翁常袞由是漢唐之風忠信廉耻庶幾三代及其季也先吏治而後德教政令因而失叙水旱緣以爲災是時雖有外陵內侮之虞而國祚猶能綿綿不絶至于三四百年之久者豈非人被先王之澤情止乎禮義之効與卽是以觀則崇學校以宣教化有國者不可緩也　本朝興太學于京師設祭酒司

業博士之員以作新人材又與天下府學州縣許以公府泉修治　文宣王廟舊有贍學田產經兵火沒縣官者亦復給于學此　國家崇儒重道之意也州縣能體　是意而奉行之不無其人而能如王公所居必興學見諸生以爲政先出於中心之誠者幾何人哉公由　太子司經來倅博州兼提舉廟學事旣下車謁　宣聖廟是時惟大成殿始新而未完餘屋皆敝塑像置平地土中　公因諸生侍坐而問其故有對者曰始徐大夫興崇廟學置贍學之資逮兵火廟學爲灰燼天眷間趙大夫爲學官以此地創建幾

於苟完今弊若此適太守完顏國公欲修崇之旣□新大成殿俄去郡厥功是用弗集公聞而歎曰今不嗣續其功殆非體　上意而昭吾道也於是確乎以興作爲己任必欲凡所謂廟學者無一不具焉乃請於州頼　太守金吾劉公賢明樂善欣從其請於是正其址而垣之廣袤伍畝有奇鳩材募工自大成殿始塗墍潤色役不踰時而制作粲然　宣聖之貌則取乎闕里之像顏孟之容則法乎秘閣之本皆作藻井華蓋以尊嚴之升堂之像自袞而下繪壁之像自鷩而下皆備其禮制而飾之其贊則有唐名臣之文講堂雖仍舊增

檩以廣其制使寬而有容儀門復改作增土以高其基使翼然其正從祀畫像之廡經籍祭器之庫肄業之館庖廚之室高下相對凡四十楹皆創建而一新之壯麗宏敞合禮應圖以至堦序之布列垣墉之環繞水竇之濬治花木之栽植一一如式計其費無慮五百萬皆贍學之羸也原　公之意以爲苟不如是徒有修學之名耳自非知教化之原惟在於學者其誰能之昔漢之文翁爲蜀郡守乃選明敏有材者親自飭厲毎行縣益從學官諸生明經飭行者与俱吏民榮之由是大化蜀地學比齊魯于時人材有至郡守刺史者唐之常袞由

宰相出福建觀察使治臨於粤至爲設鄉校民有能誦
書作文辭者与爲客主鈞禮觀游燕饗與爲俗一變歲
貢士与內州等于時歐陽詹獨秀出學旣成舉進士登
第与韓退之輩同中選謂之龍虎榜今　　王公東漢
彥方之苗裔家聲赫奕文釆風流則与文翁常衮不相
上下若乃勸學則加於二人一等矣若二人止能待士
以禮　　王公又能課諸生以文奬其勤以厲其游倘
其能而勉其未至其肯承口講指畫爲文者皆有法度
可觀推此則過於二人爲不妄博闗號爲上州從來服
儒冠道先王語登科者舉不乏人今又化　　王公之

德將見豪傑之士應時所選比肩繼踵而出豈如蜀粤
止稱文常所得人材而已哉去非耄矣無能爲也郡庠
諸君屬之作記去非旣嘉　　王公之興學又感諸君
之知待不敢以鄙拙辭去非曰自徐公之守是邦當宋
元豐戊午距　　聖朝大定辛丑益百有餘年矣歷
官者不爲不多能推至誠與崇廟學者不可一二數是
知漢唐之治數百年史稱文翁常衮興學校移風俗其
美爲二人所專爲不妄噫　　王公方宣　　天子
崇儒重道之德意學者方嚮　　王公之化風俗將益
厚矣博人何其幸哉公名遵古字元仲好學守道天下

目爲遼東夫子其爲政也緣飾以儒雅故所口稱治云
學正晉紳　　信武將軍口口州口候騎都尉高陽
縣開國男食邑三百戶耿　得中
金吾衛上將軍充博州防禦使上護軍彭城郡開國
侯食邑一千戶食實封壹伯戶劉　義　立石
碑陰
碑陰記文十四行行三十三五字不等
行書額題廟學碑陰之記六字籀文
熊岳王遵古記
博州廟學廞惟舊哉宋元豐間徐公爽以已俸葺房廊
施於學以贍學者厥後值宋季兵火廟學被薙學之故

基因擾攘間保聚爲縣署所占今聊城縣廨是也
聖朝天眷間學正祁彪始謀指射舊都監廨基以議
興建學錄向戢輔之適趙公懿來爲教授公与㠯錄戣
力規畫以贍學之資郡人之施建版堂三間兩廡十六
間儀門三間門樓一間又塑宣聖顏孟三像旣成郎中
甄公格宅有舊十哲像施於學又繪七十二賢像於兩
廡亦可謂之苟完矣後十餘年防判趙紹祖与學正成
奉世創葢講堂三間至大定甲午歲防判馮子翼爲釋
奠行禮之隘以作新大殿請於州方委正錄晉紳路應
辰以贍學錢市材木築基址會太守完顏國公允節來

守是邦知諸生當此重任力不能勝乃假以力功未及成移守於淸此數君子有權輿庠序者有分祿養賢者有富貴而好禮者宜專其美爲不朽之傳而廣道諸儒歸功於僕葢欲使後來者用心益勤將有大於是者遵古惟堕成是懼故孜孜然卒其事安敢有其功哉若夫教化流行風俗移易人識廉隅國興仁讓然後語其成功不負數君子之志僕亦以此仰望於後來者焉

大定辛丑季夏晦男庭筠書門人李穀篆額

齊西王世永模刊

東昌府學有三絶碑金大定間重脩文廟王去非撰記党懷英篆額王庭筠書丹時號三絶山堂肆考

金王庭筠號黃華老人善寫梅書法沉頓雄快與南宋諸老各行南北元初巙子山諸人不及也六研齋筆記

王庭筠在金與趙秉文党懷英輩同負書名而庭筠酷似南宮此書是也攷是時庭筠父遵古實成廟學事王去非記之而令庭筠書之故尤爲得意篆額者即懷英也石墨鐫華

王去非三人俱有傳庭筠之父遵古時爲博州倅以興學自任而去非作記時年八十有一耄而能文亦可稱也遵古字元仲好學守道當時稱遼東夫子官至翰林直學士而庭筠傳中祇一見其名未免略矣廟學碑陰記遵古撰亦庭筠書而筆勢尤縱逸以古文篆題其額者遵古之門人李穀亦不減党承旨筆法也末行自題熊岳王遵古熊岳縣屬東京路之葢州故有遼東夫子之稱金史庭筠傳以爲河東人誤潛研堂金石文跋尾

按此碑正面王去非撰文稽之東昌府志已載入學校卷中碑陰王遵古撰記府志不載東昌府宋金時皆謂之博州聊城縣倚郭當時祇有一學州縣合之故元豐間徐爽所建廟學其後淪爲聊城縣廨至金天眷間祁彪即舊都監廨重建今府學是也碑云始徐大夫興崇廟學即謂徐爽不詳其里居永樂舊府志稱其元豐中知博州捐貲修學校有惠政碑又稱趙大夫爲學官趙大夫者名懋時爲教授碑又稱太守完顏國公者名允節又太守金吾劉公者名義即碑末列銜者也碑陰王遵古撰記遵古字元仲其子庭筠兩面碑文皆庭筠所書庭筠時爲恩州判官金史文藝傳云庭筠字子端河東人中州集稱庭筠爲熊岳人碑遵古自署亦作熊岳文亦稱遵古天下目爲遼東夫子或

者金時之所謂河東與唐宋以晉陽爲河東者自
別歎庭筠卒後章宗以御製詩賜其家其引云王
遵古朕之故人也乃子庭筠又以才選直禁林是
王氏父子受知於章宗如此撰文之王去非無攷
篆額者党懷英傳稱其爲馮翊人而此碑自署東
平未詳

賜進士出身　誥授光祿大夫刑部右侍郎加七級王昶譔

金三

重修中嶽廟碑

碑高一丈三尺九寸五分廣六尺四寸三十三行行七十字正書篆額在登封縣

大金重修中嶽廟碑

中憲大夫充翰林待　制同知　制誥上騎都尉江夏縣開國子食邑五百戶賜紫金魚袋臣黃久約奉
敕撰

奉政大夫充翰林修撰同知　制誥兼　國史院編修官驍騎尉賜緋魚袋臣郝史書

承直郎應奉翰林文字同知　制誥兼　國史院編修官雲騎尉賜緋魚袋臣党懷英篆額

大定二十二年十月庚申以重修嵩山　中嶽廟成未有紀述　制詔臣久約書其事于石臣學術荒蕪實懼不克奉　詔然忝屬翰林以文字爲職雖甚愚陋其何敢辭於是承　命戰兢而書之臣聞五嶽在宇宙間繇胚胎剖判之初鍾造化神秀之氣鎮墜厚地奠安一方噴薄風雷蒸騰雲雨材用繇是乎出寶藏繇是乎殖形勢巍然非它名山鉅鎮所可方擬若夫挺峻

極之狀著高大之稱据天地之中央得五行之正位嵯
峩岌嶪俯瞰河洛號衆山之英者惟嵩爲然爰自書契
以來事跡靈口非一祝融降而啓夏申甫生而興周浮
丘公混俗以僑居王子晉得道而僊去自餘高眞遊覽
元聖棲遲圖諜所傳不可殫舉維　神尸之聰明正
直克相　上帝保佑生民是宜歷代帝王靡不崇奉
凡巡狩四方往往款謁其下而封爵之隆所以褒大之
每有加而無替也舊有廟在東南嶺上年祀緜邈莫知
其經始之由魏大安中嘗徙于神蓋山唐開元間始改
口於此遭宋靖康兵革之難海內儆擾饑饉荐臻郡邑

凋殘寇盜充斥齊國建立創痍未瘳用兵不休賦役煩
重故伊維淮甸之間戶口蕭條爲甚廟之基構僅存而
繕修不時上漏旁穿風雨騫剝譏歲愒日殆不能支歲
時祭奠牲酒寂寥皷鐘不設　神弗顧享可勝嘆哉
皇朝混一區夏方隅底寧解嬈除苛政教清肅涵
養休息復見太平自爾公私獻功稍就完葺然積久獘
陋未足以稱　神之居且當　國家開拓之初地
大物衆經營締構不失先後緩急之宜顧興作起獘之
功力或未暇如有待者洪惟　主上纂明昌之緒題
熙洽之期蒐獵遺文禮樂備舉嚴奉　宗廟肇禋郊

丘懷柔百神無文咸秩至於崇飾海內前代祠廟恒敬
不忘況嶽瀆之在祀典有功烈于斯民者宜如何哉先
是十四年秋九月　敕遣口人諭　指宰相諸嶽
廟久闕修治宜加增飾其選使馳傳遍詣撿視以聞明
年使者復命即以諸應費材用工徒與夫百物之數具
圖上之粵十月壬午乃有重修之　命且　詔有
司凡一夫之役一物之用悉從官給無得煩民仍寬與
之期戒勿倉卒涉于不敬以稱所以事　神爲民祈
福之意維　中嶽口河南府登封縣之境內尙書省
迺以其事下於府二以是下之縣地官則以其費用屬

本道轉運司出公帑之口合廟中前後供施餘利騐其
數以時給之冬官則以其夫匠均賦河南及旁近諸郡
發其驂馭役夫之羨卒闕或不足則募諸遊手之民隨
時之高下而優予其直以付本縣令臣張子夏監護役
事又命同知河南尹事臣宋嗣明總治之諏日鳩工衆
作畢舉廟制規摹小大廣狹位置像設悉仍其舊無事
改作視其棟楹榱桷之撓折朽敗者則徹易之垣墉階
戺之缺罅摧圮者則更築之髹彤黝堊藻繪之湯滅不
鮮者則加飾之煥然一新窮壯極麗吏無遺力人不告
勞揔爲屋二百三十有八間其西齋廳以待每歲季夏

遣使祭祀之次舍不與焉始事於十六年四月丁未絶
手於十八年六月戊子費錢以貫計之爲一萬四千九
百六十有四用力以工計之爲四萬八千三百六十有
二落成之日丁壯垂白執持香花遠□畢湊皆大知會
不謀同辭咸謂物之廢興成敗自有數存乎其間殆有
非人力所能致而致者夫以五十年囙循委靡之獘一
旦變爲殊絶偉麗之觀匪夫遭時隆平　聖天子在
位文明勤儉無爲而成何以臻此嗚呼休哉昔漢武帝
元封□嘗登□山從官吏卒咸聞呼萬歲者三流傳後
世至今稱美矧　吾君壽考與山齊等永永無極其

陰相之功又豈特區區徒見于祝願之間而已耶臣既
序其本末以展歸美之報敢拜手稽首作爲頌詩繫之
于後頌曰
瞻彼崧高維嶽之雄穹窿隱轔屹然地中奕奕　神宮
權輿東阪繇魏以來再徙寬衍上棟下宇揭虔妥靈規
摸顯敞氣象峥嶸遭時否屯兵火饑饉天方厭難人不
堪命酒埽有闕喙頽弗支上雨旁風過者咨大金受
命恢闢疆宇煥休撫摩躋民□土　皇帝御極寢兵
措刑山川鬼神亦莫不寧維時　神宮久未遑卹
皇帝曰嘻我心之惻廼諭近輔廼詔羣司去舊取新經

之營之毋資民財毋勤民力一出於公訓其成式千柱
眈眈萬□差差金鋪璇題輝映陸離落成之初四遠咸
集峰巒増明雲煙改色籩豆在席笙皷在庭　神之格
思松風泠泠工祝無求施則甚厚雖不望報　神其致
後厥報維何篤生賢人左右　王室如甫如申
天子萬年永宅□有巍巍堂堂如山之壽下臣獻頌以
相工歌刻之豐碑萬世不磨
此碑正書方整遒勁書者名郝史不立傳亦無書名
觀其結構王庭筠輩似不及也党懷英號爲能書乃
任篆額不任書知郝書在當時亦自知名碑立于大

定中與博州碑同時世宗勵精政事頗稱太平故以
其暇得修祀事耳石墨鐫華
此碑與宋盧多遜王曾陳知微碑體制豐崇相等今
列立於崇聖門外左右各二人呼四狀元碑內銜名
俱翰林官兼騎尉文臣兼領武職附紀以備官制之
考嵩說
碑述大定重修中嶽廟始於十六年四月丁未絶手
於十八年六月戊子二十二年十月庚申制詔臣久
約書其事于石按黄久約字彌大東平須城人也金
史有傳稱其雋朗敢言性友弟爲文典贍云碑作郝

史書尚可識而庚子銷夏記云書者止云吕䣜不著其名石又完好非泐也蓋未諦視之党懷英金史有傳稱其工篆籀當時爲第一童鈺河南府志云中嶽廟按唐韋行儉廟記云魏徙廟于嶽之東南卽黄久約所謂舊有廟在東南嶺上者也行儉謂元魏徙廟而黄以爲莫知其經始記文偶疏耳至黄謂魏大安徙于神嵩山韋則不及合觀二記則元魏兩徙廟也初徙于東南嶺上又徙于神嵩山所謂東嶺者今廟東南玉案峯也所謂神嵩山者今廟東黄嵩峯也又峻極中峯上傳爲元魏中嶽廟遺址是又曾徙廟山上矣童珏字二樹山陰人所修方志典核可觀近今著述之善者 中州金石記

靈巖寺滌公開堂疏

碑高七尺四寸廣三尺六寸十三行行三十一字正書額題開堂疏三字篆書在長清縣

僧義瑄書

左平章政事

今請

滌公　長老住持濟南府十方靈巖禪寺爲

國奘修開堂演法祝嚴

聖壽者

口吕達磨不西來孰能鷹祖盧公旣南度始見分枝雖無毫髮示人要在承風乳證例開法施各踞名坊厥有濟南靈巖佛寺利洽鄒齊襟吞兖曾二百年叢林浩浩三千里香火幢幢飛閣蓮宫粹容金界不期偉匠焉振宏綱伏惟

滌公　長老守文三代接武四禪應歷下之機緣續方山之勝蹈遂使白蓮眞蹟無根而鬱鬱騰芳青社餘光不鏡而綿綿照世正好高提祖印獨步大方祝

吾皇萬載之昌圖繼古佛一乘之慧壽謹疏

大定二十三年九月　日疏

金紫光祿大夫平章政事宗國公蒲察通

山門知客僧宗秀道璘立石

右碑額題開堂疏三字橫列徑四寸前列左平章政事末題大定二十三年九月空日不書中銜平章政事印最後題金紫光祿大夫平章政事宗國公蒲察通名案金史世宗紀大定二十一年三月尚書左丞蒲察通爲平章政事二十三年十一月丙寅平章政事蒲察通罷據此疏左平章政事卽左丞也通居此官爲宰相之貳故當時亦云左平章政事矣始請滌公在二十三年三月之前及疏文立石實爲二十三

年故前云左平章政事後書平章政事官序可案如
此通本傳大定十七年拜尚書右丞轉左丞閱三歲
進平章政事封任國公百官志封號小國三十內有
莘云舊爲宗以避諱改据是則通封宗國其後當避
睿宗諱易號任國史本此書之耳山左金石志
按靈巖寺有皇統九年竇公開堂疏請者爲濟南
府尹此疏爲左平章政事所請則其禮愈隆矣月
日中間有印方二寸五分文曰平章政事之印亦
與竇公疏之用濟南府印者同例文云祝嚴聖壽
他碑皆云祝延聖壽殆以音近而通用耶未署平

章政事不加左字與首行異金史蕭察通傳但云
進平章政事不加左字百官志尚書省尚書令一
員左丞相右丞相各一員平章政事二員亦無左
右字然平章政事既有二員自應分左右與左右
二丞相分列碑之前有左字者可据也

華州城隍神新廟碑

碑連額高七尺五寸廣二尺九寸五分二十五行行五十六字正書篆額在華陰縣城隍廟

華州城隍神濟安侯新廟記
鄉貢進士張建謹記
鄉貢進士蔚口篆額并書

嗚呼唐室之衰也豈一朝一夕而然哉其所由來者漸
矣自安史之亂置軍節度而號爲方鎮鎮之大者連州
十餘小者猶兼三四故兵驕則口口而自立帥彊則叛
上而不朝魏博鎮冀奮臂而唱於前淄青澤潞躡跡而
和於後皆互相表署合從連衡欲效戰國肱髀相依以
土地傳子孫口口稅爲私有天子不問有司不可含育
貸忍百有餘年以爲後世子孫背脊疽根此大釁自元
所以守邦也乾寧三年鳳翔李茂貞以兵犯京師口口
將奔太原次渭北華州刺史韓建遣其子允請天子幸
華州昭宗畏偪復欲如鄜建追及昭宗於富平泣而言

曰藩臣倔彊非止茂貞若捨近口口巡極塞車駕渡河
不可復矣昭宗亦泣遂幸華州時天子孤弱獨有殿後
軍及定州三都將李筠等兵千餘人爲衛以諸王將之
建已得昭宗口口制之因請罷諸王將兵散去殿後諸
軍昭宗難之建自率精兵數千圍行宮以諫請誅李筠
以淸君側昭宗不得已遽斬筠以謝廼悉散殿後口口
都衛兵幽諸王於十六宅建又使中尉劉季述誣諸王
謀反以兵圍十六宅諸王皆登屋號呼遂皆見殺是夜
建袒劒詣行宮將及御幄有神口口御幄旁厲聲叱曰
汝陳許間一卒爾蒙天子厚恩至此輒敢爲弒逆事乎

建蒼惶而退亦莫知為誰明日物色訪之迺華之城隍
神也昭宗亦口口遂徙其神於行宮明年八月己未車
駕還京師甲子御端門肆赦改元光化以華州為興德
府封城隍神為濟安侯遭五季亂離典籍廢滅史逸口
事而不傳然華之父老至今能言之而言之未嘗不流
涕也當是時王珂鎮河中羅紹威鎮魏博趙匡凝鎮河
陽朱全忠鎮汴梁李克用鎮太原口行密鎮淮南李仁
福鎮靈夏錢鏐鎮吳越皆能蹲虎踞垂涎舐掌幸時之
亂以飽其欲曾不能遣偏裨將率老弱兵為勤王衛社
稷之計乎今此神口縛草傳泥彩色外飾假以成像尚

能赫怒奮威呵叱不祥拯天子於至危極難中以此知
當時藩鎮大臣皆土木之不若也蒼天蒼天此何人哉
口何心哉自五代歷宋以行宮為太守之署迄今因之
署之東北其祠在焉大定甲午　太守完顏公口晝錦
是邦每布政之暇常憫此祠處于隘口百姓朔望奠酹
艱於出入而葺飾不繼棟宇朽落貌像黯昏神雖不言
若有所待公屢出言如有財力之士而能遷建增廣者
許之州人張鐸口口楊林暨前道正韋道機聚父老而
謀曰吾鄉雖屢遭兵革殘毀之甚口而不被弒逆之名
者賴此神之力也盍遷其廟於外以便祀享衆允其請

口口得爽塏地於子城之東南隅正當离向拱揖佑德
之觀宜其神明得所安焉遂平其坳垤以基以築百堵
既興寢殿斯構迺立高門門有閎口口乙未五月旦
日以牲幣告神而遷于新廟禮也於是輦石北山礱而
碑之求文於僕以紀神之英烈且俾後世亂臣賊子聞
之有所戒懼焉吾口口之父老篤於忠義不忘我侯濟
安之德既已記其營建之始又為作迎享送神之詩以
遺華人俾歲時歌以祀焉其辭曰
聰明正直兮惟神之德矯誣竊攘兮惟神是殛謂唐室
之衰兮神猶主乎山川謂唐民之匱兮神尚歆乎血食

何凶悍之難制兮敢乘幾而肆逆口震怒兮威聲雷吼
彼姦孽兮掩耳而走主雖弱兮時獲載寧城雖危兮民
得固守華之父老兮至今思之念昔艱難兮悲歌涕洟
感神之德兮家口而戶奠荅神之休兮秋嘗以春祠薦
有蔬兮刈王井之芳蓮進酒醴兮挹渭水之清淵神之
來兮揄綵霞翻神之醉兮覌舞風旋父老兮欣欣傴口
兮拜神願神兮無斁降福兮孔均日將暮兮神聿歸風
蕭颯兮雨霏微雨公田兮及我私望有年兮其庶幾
大定二十四年十月初一日里人張瑀立石　　刊石王口

按碑敘乾寧三年李茂貞犯京師韓建請昭宗幸華州語與唐書本紀合以下敘建誅李筠散殿後軍圍十六王宅殺諸王是夜建補劍詣行官將及御幄有神厲聲叱退明日訪之迺華之城隍神云云本紀書於乾寧四年而於城隍神之事略焉五代史韓建傳載其父叔豐謂建語與城隍碑於此段神叱退之語略同殆儒者不語怪之意失書四年二字下文遂云明年八月己未車駕還京師甲子改元光化以華州爲興德府封城隍神爲濟安侯所謂明年者似三年之明年則四年矣碑誤也改元光化是五年八月事升興德府據唐

書地理志實是四年事碑蓋牽連書於改元之後未分晰耳升府與封神自是一時之事升府旣在四年則封神亦在四年亦爲碑所牽連也然升州爲府本紀四年不書至光化元年八月壬戌書至自華州此下乃紀改元事設使華州已升爲府則紀當云至自興德府矣此事雖碑誤而紀與志亦不能無疑因附識之碑文作於乙未爲大定十五年其立石則在二十四年濟安侯廟碑唐光化二年別有李巨川撰文柳懷素正書王弇州顧亭林朱竹垞諸家皆有䟦惜搨本未備附識之

同官縣靈泉觀記

碑高八尺二分廣三尺三寸文刻牒之下截三十行行五十五字正書篆額在同官縣

華原竹溪散人楊峻撰

邑士劉利賓篆額

月山鄉貢進士劉光書

粤以元璞未分窈冥而含五太淵宗至寂恍惚而蘊二神雖寓强名難窮妙體上無復祖惟我是身在乎太初太易之前生乎無象無形之内塵刼雖壞亘古常存分淸濁而犀乾坤運化育而誕景曜允爲萬炁之祖宏闢衆妙之門鑽仰而彌高弥堅究詰而至靈至妙孰知空

洞而內隱別體寧測太無而中蘊至眞肇自公孫黃帝之登極也以道化天下志洞淸虛心傾妙有感西王母而降駕授帝玉像元始天尊帝置宮中道觀之上辰夕朝謁然宮觀之号繇黃帝之始也厥後漢唐仙宮道觀碁布天下去縣之北僅二里餘有靈泉觀者寔岱宗之行宮鎭銅川之福地形勢雄壯殿宇崢嶸西㡳嶺峰之雲嵐翠侵戸牖東瞰漆水之煙浪潤徹軒楹南面孤祠暮雨猶孟姜之泣淚北覘神水鹿苑隱梵僧之譯經周迴顧盼嵐光堆裹松蘿影中覆闕連雲重樓聳漢誠一方之奇觀也政和初道士口景安迺元魏天師謙之苗

裔酷厭塵網栖心物表飄然而至此忻然曰吾頤眞之
地也未逭再葺創營北極殿于西嵓之上日以焚修爲
事逮四十餘載而羽化師法眷孫党存信繼而住持性
頗敦厚心尙恬澹言論朴直授伏魔籙戒律嚴肅擬碧
潭之明月淸無纖翳駈邪療病應猶谷聲挈幼扶耄以
求救治獲痊愈者不爲尠矣由是父老莫不欽慕其行
業暨召齋醮遠邇雲臻迄大定初　王師南征軍須
匱乏許進納以賜宮觀名額法師喜曰斯廟雖膀東嶽
聖帝之廟名然非　朝廷攽賜竊觀廟有甘泉痠
癘者飲之輒愈鄉老目之曰靈泉不若具厥事跡陳告
儻得一額玆亘古亘今之難遇也諸道友咸懌其說法
師遂以狀聞　省部迨于　勅下賜今名額
法師欣然曰况吾教中立觀度人冣爲鴻因今契吾昔
循之志矣由是萌心營葺鳩工市木創建三淸殿重修
岱嶽殿炳靈公殿嘉應侯殿西齊王殿法堂三門客廳
廊廡厨庫寮房咸罄嚴備塐像繪壁尤極臻妙若斯經
營三十餘載厥工告畢參差殿閣瓦砌鴛鴦而凝煙屈
曲廊廡堦甃琬響而晃日重門啓鑰風光凝壺中之洞
天危檻橫虹眼界擬海面之閬苑莓苔氈徑薜蔓繡墻
曉捲珠簾聳天峰醮揉藍之碧夜凉玉宇和月泉飛素
練之寒雖曰華胥未易過也法師曰生平之願足矣或
曰大道無形上眞非象胡爲勞役形神而事土木之工
耶師荅曰道雖無形無形莫宏其道眞雖非象非象奚
彰其眞雖微妙而差別終有無以相依昝黃帝睿聖聰
哲尙事玉象于道觀之上余何人哉安敢不營葺觀宇
欽事眞聖哉至大定歲次大荒落師春秋七十有五八
月十五日而羽化門人有二長曰李冲虛次曰党冲惠
孫前管內威儀裴宗微小師党冲惠謂余曰本觀爰古
嶽祠不知元起何代也先師住持垂逮三紀晝不暇餐
夕不暇寐罄竭囊帳事事經營暨于完就然厥勤勞固
非一朝一夕矣况本觀額名雖荷　宸恩所賚非
先師亦不克得也冲惠雖不肖濫叨冠裳夙昝追省誠
慮先師平昝之勤績湮滅于千載之下荐恐後世罔知
創賚觀額之由煩公爲我記之刋于翠響庶俾後人知
本觀肇起之根因耳余辭曰峻沮濵布衣假使有倚馬
之才難免雌黃不若求文于權貴雖匪吐鳳之句褒踰
金玉冲惠曰此輿瞽之識見况文章天下之公論幸公
勿辭僕不獲已勉書記銘曰
至道希夷麤精一　烝視聽無形生先象帝寔侣淵宗靡
知誰子難窮難詰强名强字宏犀妙門溥育羣彙昭明

兗烏顯㬪天地中誕人居上竪君治逮于軒皇洞究至
理格彼靈女寮授輿旨玉像欽崇道觀肇起宮闕葺修
秦漢奢熾黃冠党公紫府傑士佩籙捧符皺妖剪崇德
服者艾行播遠邇殿宇經營囊筍捐棄聳雲樓臺晃日
金翠福鎮銅口碓莅漆水皇恩優渥寶額頒賜勤勩一
身住持三紀遭擴元因迺書銘記萬載千春永播休美
武義將軍行耀州同官縣主簿兼縣尉飛騎尉李拱
宣威將軍行耀州同官縣令上騎都尉汝南縣開國
子食邑五百戶周允中
大定二十五年歲次乙巳重陽日住持觀事法籙道
士党冲惠立石　汾水高宇刻

右碑兩截上截即刻三年牒文下截刻此記文甚華
贍字法亦似褚虞金人碑刻之最佳者關中金石記
按陝西通志靈泉觀在同官縣治北崖下有靈泉
飲之已疾禱之能雨因以名觀碑云靈泉觀者寔
岱宗之行宮鎮銅川之福地東瞰漆水之煙浪南
面孤祠暮雨猶孟姜之泣淚云云通志載岱岳廟
在同官縣北二里金山之麓金山在縣西北三里
有姜女祠靈泉在山之西麓自石罅中湧出旱禱
有應銅川即銅官川一名同水在縣東北一里西
南流合漆水入耀州界漆水在縣東北五十里以
地多漆木而名其水善溢甚爲邑患南面孤祠者
謂孟姜女廟也廟在金山巖下

淳化縣重修岱嶽廟記

碑高六尺八寸廣二尺六寸五分二十三行行六十七字正書在淳化縣

邠州淳化縣重修岱嶽廟記
武義將軍行邠州淳化縣尉飛騎尉劉景山篆額
夫太極初分兩儀肇判萃爾精英之秀爲乎山嶽之靈
嶽之最尊首稱於岱鎮彼兗州之域巖然魯邦所瞻位
居五嶽之伯號美上天之孫不歆季氏之旅祭豈假秦

皇之升封掌人倫之總籍主生死之權輿言其神則微
妙無方變通莫測繫人之吉凶禍福有感必至應如影
響焉言其體則巍巍崇崇風雲會聚雷雨蒸騰扶持造
化茲爲地之德也爰自歷代以來封崇旌顯表其神異
者莫越是嶽乎昔虞舜之爲君也望于山川徧于羣神
歲二月東巡守至於岱宗柴夏禹之時別九州也奠高
山大川九山刊旅唐錫元圭告厥成功焉周之受命也
武王既定天下載戢干戈載櫜弓矢歌時邁之詩至于
方岳之下告口口口口大漢之興武帝放古巡守之事
薦禮百神封泰山禪梁父以刻石紀功焉頌於詩載於

書編於史傳皆帝王之休功茂烈丕著莫不率由舊章
嚴修祀禮稽周禮大宗□□□□祭用牲用蜃大司樂
廼奏蕤賓歌函鍾舞大夏所以儐鬼神也故得陰陽和
風雨時五穀熟草木茂禽獸蕃財用於是出焉寶藏於
是興焉無一物不資其生成無一□□□□□育者也
洪惟　聖朝奄有四海　懷柔百神　保社稷
等山河之固　任公卿法台岳之靈以增修於□□
□□□於諸祥惟　嶽瀆之神載於祀典者秖邑宮
屬歲時祭饗夫淳化爲邑在城之東北依山之險誓崖
府君祠後人易爲東嶽廟歲月寖久楹欹棟橈瓦墮壁
摧塈□□□□□下濕殆將頹仆寔可歎惜加之基址
褊隘人皆相與非稱事神之所有邑人郭洨等廼啓願
言化到市民曹成曹珪□□□已業稅地周圍玖畝零
在於舊廟之□□□□爽塏之區復葺是廟繪塑締構
累年於茲猶未畢備至大定癸卯之夏也　太谷白
公來宰是邑下車之始敬謁　祠下遂覩修葺之事
勸諭工師莫肯怠墮繼□□□亢旱率其僚佐精意以
禱神神歆其誠屢降膏澤或旹之疫癘民之疾疹復致
哀禱即獲康愈公之用心益加嚴奉庶幾變凶歉爲豐
穰變愁嘆爲懽謠豈惟一方之民得□□□之祐助抑

亦百里之內蒙　公之庇廕今廟也殿宇宏麗門墉
崢嶸碧瓦煥目雕甍飛空體辰極之正位名蓬元之洞
天迴環廊廡二百餘椽繪畫神靈七十四案既□□□
革故無兩剎以風拔神之燕喜以來寧人皆鼓舞而瞻
仰嗚呼天下之事言之易爲之難作之於始者易廢而
復興者難是廟起於將廢作之於難爲甚可慶也與人
□□□□是宜刻之琬琰傳之永久來請於僕欲紀其
實愚固鄙陋上不能發揚　公之美事下不足副衆
意之懇求安上義不獲已謹述此廟之廢興而爲之詞
以遺其民使□□□祀神其詞曰
岱嶽巖巖　萬古尊嚴　于天駿極　爲國具瞻　丘
墟雲雨　主宰烝黔　靈鑒昭格　害盈福謙　於皇
時周　□□□謳　哀時之對　來朝諸侯　魯僖之
世　秩祀嘗修　霈然徧雨　協氣橫流　漢武欽崇
歲至元封　王母親降　圖受眞容　唐興在位
稱其岱宗　天齊爲聖　美號穹隆　梨園舊址　□
□□矣　仲山之陰　古廟頹毀　邑人二三　有汾
陽氏　豈憚艱難　神宮載徙　于彼高尚　莫此一
方　培塿鏟凸　補陋薙荒　繡甍畫桷　廣殿長廊
繕飾未備　屢換星霜　粵有白宰　□□靈祠

因歲旱暵　憂民阻飢　用伸懇禱　甘霈應期　勿
黍勿稌　如京如坻　公之推誠　喜是經營　廟貟
奕奕　民皆樂成　有餚既馨　有酒既清　薄奠匪
報　于心震驚　神之來速　聲口應谷　神之聆響
民之為福　災害不生　豐登屢卜　文賴神功
誰不祇肅

大金大定二十七季歲次丁未三月二十八日建

進義校尉可淳化縣商酒同監張居信口報劉松
修武校尉可淳化縣商酒都監李紹先　劉禹

典史　馮翊　恕希　董彧　魏晁　張慶　彌宣
　　　劉昭　張摠　張庾　孫鎬　翟沂　楊輝

馬遷　口口　助緣
張唐　傳祐

將仕郎邠州淳化縣主簿斜卯劉家
朝散大夫行邠州淳化縣令騎都尉南陽縣開國男
食邑三百戶賜紫金魚袋白偉立石

按岱岳廟在淳化縣北二里高岡上其山名壽峯山或謂即甘泉賦所云三巒山也今俗呼為三楞山文選甘泉賦服虔注椽巒為甘泉南山又李善云三巒即封巒觀疑椽巒為三楞山而三巒為觀名也今封巒觀已無攷或後人即其址為崔府君祠久之又易為東嶽廟也碑於年月後列銜一曰進義校尉淳化縣商酒同監一曰修武校尉淳化縣商酒都監金史百官志酒使之官使從六品副使正七品掌監知人戶醞造麴蘖辦課以佐國用都監正八品掌簽署文簿檢視醞造凡京都及貞定皆為都麴酒使司它處置酒使司課及十萬貫以上者設使副小都監各一員五萬貫以上者設使副各一員一萬貫以上者設使及都監各一員不及一萬貫者為院務設都監同監各一員不及千貫之院務止設都監一員此碑有都監同監當是不及一萬貫者矣然謂之商酒則史志所無又攷官階之制武散官正九品下曰進義校尉從八品上曰修武校尉今淳化縣都監用從八品階同監用正九品階亦史志所未詳也碑青實藏於是央焉央是興之省筆俗書葢昉於此

蓮峯真逸詩刻

石高一尺四寸廣二尺八寸詩九行行十字跋十三行行十六字二十二字不等行書在薊州

興慶池

華蕚樓傾有故基路人空讀火餘碑可憐興慶池邊月
曾伴寧王玉笛吹（家集中伴作照）

李氏園

泱泱水泉漱竹籬一林寒玉鏁煙霏青裙白髮人何處

閑殺南樓冷翠微

故大理丞喬君先生以文章起家迹其德業宜有後者也正隆之亂丞蒲邑保全一城關陝至今稱之京兆所留題咏雖一時游戲然今日運會有足奇者先生仙去十年於兹其子德容以戶曹來光遺跡公餘搜訪得數絶句命刻之石豈特使芝蘭久而益芳圭璧久而益貴將見菑田構室不負所托矣天祿鄉里晚進嘗接餘論方漫令長安此一段因緣喜與德容共之不揆狂斐於是乎書大定戊申正月上沐古唐申天祿跋

此□得之錄事□□明昌七年二月因府衙委錄事司□整與慶流杯亭以此石置之壁間錄事馬釗錄判馬祥記

右蓮峯真逸與慶池李氏園二絶句喬君名扆字君章洪洞人元裕之中州集稱其詩樂府俱有名然所錄詩止一篇又不著其歷官本末據此刻知喬君官至大理丞正隆之亂丞蒲邑保全一城可補中州集之闕矣喬德容當爲京兆戶曹中州集亦未載戊申葢大定紀元之二十八年上沐猶言上澣也申天祿時爲長安令 潛研堂金石文跋尾

按中州集稱喬扆字君章初名逢辰洪洞人天德三年進士所載詩祇淩虛堂五律一首碑所刻二絶句俱闕焉詩後申天祿跋云正隆之亂丞蒲邑保全一城關陝至今稱之葢自登進士至此越十一年矣金史海陵紀正隆六年六月備法駕入于南京九月上自將三十二總管兵伐宋命河中尹徒單合嘉爲西蜀道行營兵馬都統制平陽尹張中彥副之由鳳翔取散關駐軍以俟後命十月宋人攻秦州臘家城德順州克之申跋所謂蒲邑一城保全者殆即此時事也申跋作於大定戊申云

先生仙去十年于兹則喬扆之卒在大定戊戌距正隆之亂又十六年其子德容名字中州集稱其八歲能鼓琴名入東宮顯宗稱其不凡大定十六年登科貞祐初爲益都按察轉運使與田琢器之俱歿兵間顯宗者太宗之子楚王允迪大定二年五月壬寅立爲皇太子二十五年六月庚申薨二十九年正月世宗崩章宗即位二月癸亥追尊爲皇帝廟號顯宗德容名入東宮約略在大定七八年德容時年八歲則其生在大定初年當申天祿作跋時德容以戶曹來京兆是登科後十二年自

戊申後越二十五年爲貞祐初其時德容官益都
按察遂遇兵難計其年可五十五六矣此碑移置
流杯亭壁在明昌七年二月是作跋後九年不知
德容是時居何官也明昌無七年是年十一月始
改元承安故二月仍得稱七年洪洞喬氏父有功
於蒲邑子被難於兵間兩世忠貞久無傳述金史
旣不爲立傳省志又不詳事蹟賴中州集略述其
父子而尤賴此碑之存與中州集參攷得其大槩
備載於此俾作志者或有取焉

雲寂院鐘款

鐘不知大幾許分上下截書每截界爲八區上截每區一字下截書勸緣監鑄及與會諸人姓名正書在淳化縣

皇帝萬歲臣佐千秋
大定二十九年十月十七日雲寂院住持僧道演
都會首沙門僧守彦
勸緣衆法口僧義逵　義遠　守進　守嚴
講經論沙門僧守固
講經論沙門尊宿僧守一
鑄鐘大鑑富平縣畣名村劉閏　劉信　冦榮
同監女口烈查剌

蒋界都監大珪
忠翊校尉淳化縣商酒都監郭彬
口武將軍淳化縣尉義騎尉叻古信年
登仕郎淳化縣主簿干邦達
顯武將軍縣令騎都尉路豐縣開國男食三伯戸楊
定

按雲寂院今謂之雲寂寺在邠州淳化縣西南一
里陝西通志不詳其興建始末此鐘鑄於大定二
十九年而院之剏始亦無攷款列住持僧以上至
淳化縣令止凡十七人姑存其姓名內有鑄鐘大

鑑富平縣畣名村劉閏畣字不可識此後周刻男
女姓名一百三十餘人大都皆助緣人今皆不錄
然其中村名有曰崇德村李譚空村盈倉村口保
村口泉村甘村車馬村安樂村俱口村西甘村巨
店東埪村百家谷畣砦村小磑社東草市賀莊村
孟堠村秋社村四泉村西陽口屯庄北步昌東甘
皆金時村庄之名可資志乘攷證者識此以備採

金石萃編卷一百五十六終

金石萃編卷一百五十七

賜進士出身　誥授光祿大夫刑部右侍郎加七級王昶譔

金四

三官宮存留公據碑

石高三尺九寸廣二尺三寸四分上截公據十九行下截記二十三行每行字數十六至十九二十餘不等正書在高陵縣

三官宮奉聖旨存留公據之碑

京兆府

□□□　尚書祠部□節□承

都省劄□備奉

聖旨楊□制□後創造到□名額寺觀者□是尽行□

□仍令除去緣其間有□繪塑□佛容像□不忍除毀

特許存留其創造罪名□與免放若今□有犯本人科

違

制司縣中知□不□依制斷□仍並解見□□委司縣

正官一員遍詣應有寺觀神祠等處一一躬親點檢如

係自□□□塑繪□神佛容像□□所□官并司縣先

□□□具申州府令司縣并僧道□及州府□□□籍

仍從各州府排立字號□□□簽印□合同公據賫付

住持寺觀人等□執并造一般合同文簿申覆使府備

坐□□隨處遵依委官點檢施行去後據申到事因除

別外□管□司縣數內高陵縣奉政坊

三官宮內□□□□□

右今出給公據付□□□□□□□□執照大定二十年

十一月　日

使

茲者三官宮元在官道之西起自唐宋迄今數百餘年

累□兵火殿像俱廢至　皇統甲子有村人馬志買到

上件地基及員與邵顯亦捨已地方得完備與衆社人

同議徙於此處修蓋堂宇聖像一□幸而繼□　大

定庚子使府降到　聖旨存留公據□慮年深片

紙湮沒遂刻金石傳之永久旹明昌二年八月一日崆

峒趙□□記今具社人于右　下有社人姓名不錄

按高陵縣三官宮今已無攷但存此碑金史世宗

紀大定十八年三月己酉禁民間無得剏興寺觀

此碑所云奉聖旨嗣後創造到無名額寺觀者盡

行除去卽此事也碑又云有繪塑佛容像不忍除

毀特許存留創造罪名並與免放是以禮部出給

公據執照稽之史志不得其詳公據降到在大定

二十年越十二年爲明昌二年而後立碑年月後

有社人姓名五十餘人今不錄內有助緣者曰塑三官人曰粧三官人當時粧塑蓋分二事也又有爨興姓名爨姓不見於史惟華陽國志昌寧大姓有爨習蜀錄有交州刺史爨深此爨興或卽其苗裔歟

高曼卿增修宣聖廟記

石高五尺廣三尺八寸十一行行二十五字正書在曲阜孔廟

僕鄉爲令長山被檄泰安嘗謁
宣聖廟歷觀前人碑志自漢魏以來代無不修其舊制稍隘未足以副天下之望茲者
朝廷右文命開州刺史　高公曼卿特爲增葺凡弊者新之狹者廣之下者高之舊所無者創之莫不曲盡其善僕與公有一日之雅喜而謂曰公爲吾儒獲膺此委而能大其規橅俾雄麗如此可謂無負矣明昌辛亥復因奠拜過此安陽[illegible][illegible]十月二十有七日題

武亭鐘欵

欵共六方各横廣二尺七寸高二尺二寸或四行或六行八行至十行行或四字至十六字不等正書在乾州

皇帝萬歲臣佐千秋國泰民安法輪常轉
尚書禮部牒

牒奉
勅可□
勅故牒
金明昌叁年朱月　日令史向昇　主事安□□權
郎
中憲大夫行員外郎□
宣威將軍郎中耶律
侍　郎
奉政大夫禮部尚書兼翰林學士承旨知制誥修國史王

鄜州鄜城縣陽務村鑄鐘大□
維大金國歲次明昌叁年壬子二月癸卯初一日甲戌　記
陝西京兆府路乾州武亭縣界崇敎禪院
先住持祖師僧□□先師僧□照
𩙪建屋舍聖像鑄鐘都會首住持沙門僧

崇敎禪院本在武功于金爲武亭縣是鐘于康熙中出自河畔時廵撫某公方修薦福寺因載歸焉鐘後有尚書禮部牒文關中金石記

按陝西通志崇敎禪院一名慈德寺在乾州武功

縣治南郎唐慶善宮故址金大定十六年修勅賜
崇教禪院今據鐘欵前刻明昌三年禮部勅牒則
崇教之賜額在明昌三年或修院在大定十六年
也鐘刻破地獄眞言寶樓閣眞言大明六字神咒
及助緣三十餘人姓名今俱不錄

高陵縣張公去思碑
碑連額高七尺八寸廣三尺一寸五分二十行行四十九字正書在高陵縣

大金京兆府高陵縣令張公去思之碑
將仕郎充書畫局直長張建撰
文林郎楊庭秀書

隴西李居中篆額

太史公序循吏傳曰奉法循理之吏不伐功不矜能百
姓無稱亦無過行予始疑其說以謂循良之吏必有赫
赫之名著人之耳目或號霹靂手或號神明政而曰百
姓無稱何也豈不以循理之吏不求近功有愛民之誠
心使民陰受其賜歲月既久民知其愛已故思之無已
非若沽名釣譽之徒內有所不足急於人聞而專苛察
督責以祈當世之知求其愛民之誠心則蔑如也久之
情態俱露誚亦隨之是以民視吏之去如越人之視秦
人肥瘠了不加意斯人也烏足謂循理之吏乎故吏之
良者不伐其功人所以高其功不矜其能人所以稱其
能及受代之後人思其德繪其像而事之此其所以謂
之良吏也□川張翔字子翔博學有才識著名於時大
定十三秊登進士第釋褐授單州軍事判官尋遷狄道
高陵北海三縣令東京留守推官今爲解鹽副使自公
之去高陵也既更三政矣而民猶念之豈非有愛民之
誠心教之以孝悌廉恥不爲鉤距詭異之行雖嘗加刑
責者亦服其義而稱頌之初公之莅職於是也有訴其
男毀奪女姊之粧奩者公以子之長幼妻之前後諭之
其□悔悟而去有妯娌不睦日相詬詈聲徹縣署者公

遣女婢以義責之其人慚而止三朞之間所斷訟獄不
滿數十百使人修省改過皆此類也歲或亢旱公爲
焚禱無不感應士或惰學公爲之誨諭無不勸勵今□
□□夾谷公尹京兆暨陝西路提刑使栢德公同尹日
凡幕職有闕必委公權行其事非廉能夙著何以致此
公解職之明年　朝廷遣使廉問備得公善政之
詳不數歲三遷其職任邑人曹璋率諸父老繪公之像
構祠堂而事之朝夕瞻望而不忘其德如周人勿剪甘
棠而思召公也明昌五秊春友人王彥達赴試來
京師丐文於予□□□之政予曰昔子產爲政三年而

人歌之孔子所以謂古之遺愛者以其久而不忘也今張君去職八年而人尚思之是亦口之遺愛也予既嘉張公之善政且喜高陵之民不忘公之德故系之以銘曰

猗歟張公　治適厥中　人樂其政　不自爲功　其功不有　積而愈厚　賢者德業　可大可久　爵之小民　競利紛爭　感公之化　禮義由生　昔之士子　佻兮達兮　服公之教　翱書暮詩　今公既去　繪像於堂　千載之下　以配甘棠

按高陵縣名始於周秦之間三國魏及後魏嘗改高陸隋大業初復名高陵相沿至今此碑前云高遷狄道高陵北海三縣令下云自公之去高陸也既更三政矣後云且喜高陸之民不忘公之德蓋高陸高陵今古之名互用也碑云口川張翱字子翔陝西通志循吏傳張翔字子翱淄川人名與字與碑倒互當由志誤而淄川則可補碑之泐文撰文者張建金史附呂中孚傳稱建字吉甫蒲城人有詩名明昌初授絳州教官召爲宮教應奉翰林文字以老請致仕章宗愛其純素不欲令去授同知華州防禦使仍賜詩以寵之自號蘭泉有集行於世此碑立於明昌五年而張建系銜爲將仕郎充書畫局直長不云應奉翰林文字殆未任此官時也然碑所系銜傳則略焉金史百官志應奉翰林文字從七品書畫局直長一員正八品掌御用書畫紙札屬祕書監其文散官階從七品上曰承務郎下曰儒林郎正八品上曰文林郎下曰承事郎正九品上曰登仕郎下曰將仕郎此碑張建蓋以正八品官而用正九品下之階以系銜所未詳也首引太史公序循吏傳語据今本史記循吏傳太史公曰法令所以導民也刑罰所以禁姦也文武不備良民懼然身修者官未曾亂也奉職循理亦可以爲治何必威嚴哉祇此數語與碑所引全不同銘詞後列進士李文本等六十七人姓名皆邑人無知名者今不錄

劉仲游詩刻

詩刻在多寶塔碑右側共四行字數不等草書在西安府

觀京兆府學　大成殿後古碑題六言詩兩首

寶墨銀鈎蠶尾豪文玉振金聲一覽古碑辭翰頓還舊觀神明

西秦觀覽古字碑刻長安最多未勝家藏墨跡羲之帖

換羣鶩

明昌五季二月八日中大夫同知京兆尹兼本路兵馬都總管府事提舉學校事燕臺劉仲游書

按劉仲游詩不見中州集金史亦無劉仲游傳据碑仲游自署其貫曰燕臺而史有劉仲洙傳字師魯大興宛平人累官定海軍節度仲洙有兄仲淵皆與仲游名同用水旁而又同貫或卽仲洙弟兄行也

靈巖寺詩刻

二詩刻在一石石横廣三尺八寸高一尺八寸前詩廿九行行八字後詩十行行八字十字不等在長清縣靈巖寺

琛公堂頭和尚有題超然亭頌因次其韻

冀州節使路伯達

六合空明現此亭本來無垢物華清客來便與團欒坐萬偶何妨信手成

明昌五年二月十五日十方靈巖禪寺住持傳法沙門廣琛立石　濟南梁宗誠同李堅摸刊

巡按詣靈嵓名刹禮佛焚香憇坐于超然亭覽堂頭琛公佳製謾繼嚴韻

山東路提刑王珩

鍾山英秀草堂靈林下相逢話愈清聞道謀身宜勇退得閑何必待功成

明昌五年十月十五日十方靈嵓禪寺住持傳法沙門廣琛立石　濟南梁宗誠同李堅摸刊

案金史地理志山東東西路提刑司此王珩結銜稱東路提刑卽巡按濟南諸屬也冀州節使天會七年置安武軍節度是也路伯達見中州集云伸顯字伯達冀州人正隆五年進士明昌初授武安軍節度使據金史本傳伯達字仲顯與中州集稱字伯達者異今詩刻爲其自題不宜署字是名伯達無疑爾本傳稱改鎭安武

宋朝事實冀州慶歷八年陞安武軍節度金蓋依其舊名而中州集爲武安倒訛之故也伯達詩爲遺山所採山左金石志

按靈巖寺有明昌六年周馳撰田園記見山左金石志記云明昌三年提刑司援他山例許民採伐由是長老廣琛訴於部省五年琛復走京師詣登聞院陳詞蒙奏斷用阜昌天德所給文字爲準盡付舊地云云据此則琛公自明昌三年以迨六年皆住持靈巖也當明昌三年時許民採伐之提刑不知何人假使卽此和詩之王珩則不應縱民採

伐致琛公有奔告跋涉之苦矣此碑二詩一刻於明昌五年二月十五日一爲十月十五日不知琛公走京師又在何月王珩詩不載中州集廣琛超然亭原倡亦無攷

安陽縣重修唐帝廟記

碑高六尺七寸廣三尺二寸五分兩面刻各十六行行三十三字正書在安陽縣

彰德府安陽縣乞伏村重修唐帝廟記

前應奉翰林文字同知　制誥趙秉文撰并書題額

夫道足以爲萬世法而澤足以爲萬世祀是將有以備制法闕百聖參天地之化育後天地而不亡者矣故桀

紂爲獨夫而仲尼得通祀景公有千駟而夷齊到今稱之德之在人焉可誣也況乎有聖人之德都天子之位首出百王之上而幾傳百世之下者哉傳曰惟天爲大惟陶唐則之今夫日月星辰之昭回雷風雨露之鼓蕩寒暑陰陽之變化春生而秋殺明來而晦謝以終始萬物者豈非天之化也哉今夫君臣父子之懿仁義道德之實金木水火土穀之用壯者力於作而老者休於廬生者養而死者葬以衣被天下後世者豈非陶唐氏之遺化也哉陶唐氏之化在於斯民日用之間而莫能名其所以然非天也耶然則去之千百世如將見之廟而宇之尸而祝之以鼓舞斯民者亦天也是非所謂不亡者耶嘗謂帝之德當世思之可也後世何自而思之賢者知之可也野人何自而知之舊邦饗之可也佗邑何自而饗之譬之説食必飽説穢必噎此亦人之情也有人於此暴其人之孤識與不識必環視而怒匍匐而往救之親與不親必相顧而歎親非在己而喜怒爲用凡所以爲彼者爲我而已且夫帝既外□身以先人亦所以爲天下後世是故教莫正於敘彝倫降二女以刑家則志在和□□矣法莫公於傳神器捨其子以禪舜則志在爲蒼生矣德莫大於振大災治水以命禹則志在

利萬世矣功施於彼而利及於此恩加於當時而廟食於後世生而不以黃屋爲心沒而享崇軒之貴生而不以彩椽爲飾沒而都華構之安康衢古謠也後世里歌社舞簫鼓嘈雜有遺音者矣土鉶土簋昔所御也後世山肴野蔌羶薌苾芬有遺味者矣易曰咸感也夫咸至於有心則不足以有感矣相之西六十里而遠有聚落曰乞伏帝之祠在焉西挹太行北枕漳水古木森然上閱漢晉居人張伯厚等易其榱棟之朽折者而新之治其垣甓之毀缺者而復之廟成謁文於僕竊惟相古邑也若殷王甲之居相文王之居羑里皆有祠廟載在祀

典獨唐帝之祠義若無所出意其神不相於茲土也顧
嘗以爲帝之神如雨露之在天水泉之在地何所往而
不在獨惠彼而遺此豈理也哉嗚呼以如神之智變化
往來其有方乎以如天之仁徧覆包函其有殊乎以釐
象授時之政安知不佐歲功以成物乎以博施濟衆之
心安知不相　明天子以惠於惸獨乎生而厚其恩
没猶被其賜展敬乞靈烏可已也敢爲之銘銘曰
鬼神睢盱伏羲受圖人文權輿彝倫既敘五教既敷唐
文煥乎披昏抉塗藥民之愚有典有謨位非我娛萬民
其孥丹朱爲疎陸水其都人蟲其居吁嗟都俞恩漸於

膚今其已夫祀焉忽諸遺祠路隅田婦耕夫或覡或巫
白馬彤車淸風肅如神來有無淸漳之墟歲孰一區神
游藐孤　明昌有道千載同符擊壤康衢走不知乎
今之世陶唐氏之民歟
明昌六年六月望建　觀臺張居仁刊
案金史地理志彰德軍節度明昌三年陞爲府以軍
爲名記在六年稱府與史相符又傳載趙秉文明昌
六年入爲應奉翰林文字同知制誥亦與碑符文內
引傳曰惟天爲大惟陶唐則之易堯爲陶唐蓋以堯
爲名臨文避之惟稱論語爲傳尚書序正義凡書非

經則謂之傳言及傳論語孝經正謂論語孝經是傳
也漢武帝謂東方朔云傳曰時然後言人不厭其言
又漢東平王劉雲與其太師策書云傳曰陳力就列
不能者止又成帝賜翟方進策書云傳曰高而不危
所以長守貴也是漢世通謂論語孝經爲傳也以論
語孝經非先王之書是孔子所傳說故謂之傳所以
異於先王之書也據此記亦名論語爲傳殆本於此
然唐宋以來如昌黎集燕喜亭記引傳曰知者樂水
仁者樂山新唐書魏徵傳引傳曰君使臣以禮臣事
君以忠劉貢父公是先生集序傳曰不知言無以知

人也亦沿是稱因跋此并及之安陽縣志
碑云榻之西六十里而遠有聚落曰乞伏帝之祠在
焉西挹太行北枕漳水古木森然上閱漢晉又云相
古邑也若殷三甲之居相文王之居羑里皆有祠廟
載在祠典獨唐帝之祠義若無所出予按太平寰宇
記云永定縣本漢內黃縣地隋開皇十八年改爲堯
城縣因堯所居之城爲名唐末改爲永定縣又云丹
朱墓在縣東一里堯之子也攷永定廢縣在今府城
東四十里宋省入安陽縣則其地祠堯實當以此丹
朱墓亦在府東南嚴郜趙秉文不能遠考故以爲義

無所出耳中州金石記

太一靈湫詩

石横廣二尺三分高一尺六寸十六
十三行行十字正書在西安府

太一靈湫

直疑仙掌捧龍津落葉無留愈覺神福地尙將魚鳥護
不思哀憫望雲人

右一

終南見說畜靈湫秋旱虔誠徑一求石磴未容穿屐歷
夜窗喜聽聚簷流已便客枕消殘暑將見農家慶有秋
自愧書生無異報强搜佳句荅神休

右二

明昌六年中元日知先天觀事奉香火道士何元濟
立石

按太一靈湫在長安縣終南山漢書地里志太一
古文以爲終南五經要義曰太一一名終南山在
扶風武功縣初學記引福地記曰終南太一山左
右四十里內皆福地靈湫卽湫池宋敏求長安志
池上有澄源夫人湫廟今縣有顯應夫人廟當是
澄源夫人改封在終南山炭谷去縣八十里唐封
澄源夫人湫池尙在韓昌黎有題炭谷湫祠堂詩

卽此靈湫也昶在長安六七月旱亦嘗遣官求之
取水往往有應此碑刻太一靈湫詩七絕一首七
律一首不著作者姓名玩詩意皆是爲靈湫禱雨
而作碑刻于明昌六年中元日不知是追刻前人
之作抑是當時禱雨有應之作詩稱自愧書生知
非守土之官亦非奉香火之道士也

靈巖寺記

碑高八尺四寸廣四尺五分十九行
行四十八字隸書篆額在長清縣

十方靈巖寺記

翰林學士朝散大夫知　制誥兼同修　國史上護
軍馮翊郡開國侯食邑一千戶食實封壹伯戶賜紫
金魚袋党懷英撰并書篆

名山勝境天地所以儲靈蓄秀非福力淺薄者所能棲
止必待僊佛異人建大功德以爲衆生無量福田泰山
爲諸嶽之宗□峯巒拱揖谿麓回抱神秀之氣尤鍾於
西北而西北之勝莫勝於方山昔人相傳以爲希有如
來於此成道今靈巖是其處也後魏正光初有梵僧曰
灋定杖錫而至經營基構始建道場定之至也蓋有青
蛇前導兩虎負經四衆驚異檀施雲集於是空崖絕谷
化爲寶坊歷隨至宋土木丹繪之功日增月葺莊嚴

天下之冠四方禮謁委金帛以祈福者歲無慮千萬人
佛事口興而居者益衆分而爲院者凡卅有六趣嚮既
異遂生分別主僧永義律行孤介以接物應務爲勞力
辭寺事時開封僧行口方以圓覺客理講示後學衆共
推舉可以住持乃更命詳實來代義仍改甲乙以居十
方之衆實熙寧庚戌歲也越三年癸丑仰天元公禪師
以雲門之宗始來唱道自是禪學興行叢林改觀是爲
靈巖初祖爾後瀌席或虛則請名德以主之而不專口
宗暨今琛公禪師廿代矣其傳則臨際裔也師至之日
屬山門魔起規奪寺田四垣之外皆爲魔境大衆不安
其居師爲道口猛卒以道力摧伏羣魔山門之舊一旦
還復衆遂安焉師以書屬懷英曰吾寺之名著於諸方
舊矣錄希有至於定公則不口計其歲月錄定至於今
幾七百年中更衰叔歷朝刊紀斷泐磨滅蕩然無餘而
佛祖之因地建置之本來與夫禪律之改口口派之承
傳後來者鮮或知之念無以起信心鎮魔事雖然佛瀌
堅固與虛空等而魔者如浮雲浮雲彈指變滅而虛空
無有口盡何憂乎魔事惟是著述銘勒佛事門中舊所
不廢子無以有爲誰我奈爲我一言余報之曰諾已乃
敘師之所欲言者書口遺之若夫山川光怪靈蹟示現

山中老宿皆能指其所而詳之此不復道也明昌七年
炑九月十有九日記
首座僧郎敏　書記僧普實　知藏僧蘊奧
知客僧宗徹　知閣僧廣仲　殿主僧宗堅
監寺僧瀌敘　副寺僧普遷　維那僧悟寶
典座僧普守　直歲僧志功　庫頭僧覺譚
明昌七年十月十四日當山住持傳瀌嗣祖沙門廣
琛立石　歷山賈德摸并刊
碑陰
題名二段第一段詩及僧名共十行行十一字正書間雜古篆

遊靈巖留題
天下三巖自古傳靈巖的是梵王天羣峯環寺連叢柏
雙鶴盤空湧二泉此日登臨驚絕景當年經構仰良緣
停雲[illegible]憶　寥休子好伴　眞游方公禪師社白蓮
丙辰冬至日蓬山劉惠淵識
監寺淨善維那淨悅典座正寧直歲善全住持清安
野叟提點行實都綱普蓮命工刊
又一段題名五行行書
冠氏帥趙侯濟河帥劉侯率將佐來游好問與焉丙申
三月廿五日題

右碑額題十方靈巖寺記撰書篆額皆党懷英一人兼之碑陰兩段一題丙辰冬至日蓬山劉悳淵識丙辰當是蒙古憲宗時也一題冠氏帥趙侯濟河帥劉侯率將佐來游好問與焉丙申三月廿五日題遺山手蹟世不多見書字勁逸不失古法武虛谷云丙申爲蒙古太宗之七年于時金亡三年矣趙侯者案遺山集冠氏趙侯先塋碑稱冠氏帥趙侯天賜字受之今爲東平左副元帥兼分治大名府路同知兵馬都總管事宣授將軍千戶者卽此題趙侯也遺山嘗客冠氏又與趙侯銘其先人宜其有此勝遊耳山左金石志

按此碑党懷英撰文書篆一人兼之惜搨工每行失搨一字使文不全然存者皆完善也碑稱琛公之傳爲臨際裔臨際卽臨濟齊乘載濟陽大定六年避金主允濟諱改曰清陽允濟遇弒復舊此碑刻於明昌七年宜遵大定制爲衞紹王諱也鐘於西北鐘卽鍾通用字廣琛住持靈巖當明昌三年提刑司援他山例許民採伐由是琛公訴於部省才得地之十一二至五年走京師詣登聞鼓院陳詞蒙奏斷用阜昌天德所給文字爲準盡付舊地周馳爲記趙渢書党懷英篆額碑立於明昌六年越一年又立此碑蓋在復地事定之後碑故稱琛公以道力摧伏羣魔所謂羣魔者指侵地之輩其事起於提刑之許民採伐而其禍遂及於羣奸之侵地此是立碑要旨文故特書之

太平院石幢

幢高二尺五寸四面各廣一尺六分皆分上下截書上三面皆象一面刻年號二行行八字下四面各刻眞言或五行或八行或九行每行二十二字至十四五字不等正書

佛母準提神咒文不錄

熾盛光佛消災吉祥陁羅尼文不錄

延壽眞言

破地獄眞言

文殊五髻眞言

僧伽吒密語

滿願眞言文俱不錄

旹明昌七年　月　日太平院沙門

按明藏經有準提慧業以六梵字爲用與無量壽及觀世音大勢至所說不同蓋西方之教大勢至法王子與其同門攝念佛人歸于淨土至有五十二菩薩故準提亦其一耳今蘇州城西有準提庵明唐寅所居相近來往修習其間故庵內有文徵

明祝允明及寅像設焉

重修文宣王廟碑

碑連額高一丈七尺一寸廣六尺二十九行行七十四字隸書額題大金重修至聖文宣王廟之碑十二字篆書在曲阜孔廟

大金重修　至聖文宣王廟碑

翰林學士朝散大夫知　制誥兼同修　國史上護
軍馮翊郡開國侯食邑一千戶食實封壹伯戶賜紫
金魚袋臣党懷英奉　勑撰并書丹篆額

皇朝誕受　天命　累聖相繼平遼舉宋合天下
爲一家　渙仁厚澤以福斯民粤自　太祖暨于

世宗撫養生息八十有餘年庶且富矣又將教
化而粹美之　主上紹休　祖宗以潤色
洪業爲務　即位以來　留神政機革其所當革
與其所當與飭官厲俗建學養士詳刑讞議禮樂舉遺
修舊新美百爲期與萬方同歸文明之治以爲興化致
理必本於尊師重道於是　爰謁　先聖以身先之嘗
謂侍臣曰昔者　夫子立教於洙泗之上有天下者
所當取灋迺今遺祠久不加葺且其隘陋不足以稱
聖師之居其有以大作新之有司承　詔度材庀工
計所當費爲錢七萬六千四百餘千　詔竝賜之仍

命選擇幹臣典領其役役取於軍匠傭於民不責
亟成而責以可久不期示侈而期於有制凡爲殿堂廊
廡門亭齋廚黌舍合三百六十餘楹位敘有次像設有
儀表以傑閣周以崇垣至于握座欄楯簾櫳罘罳之屬
隨所宜設莫不嚴具三分其役因舊以完葺者才居其
一而增剏者倍之蓋經始於明昌二年之春踰年而土
木基址成越明年而髹漆彩繢成先是羣弟子及先儒
像畫於兩廡既又以埏素易之又明年而衆功皆畢圖
有遺制焉　上既加　恩闕里則又澤及嗣人以
其雖襲公爵而官職未稱與夫祭祀之儀不備特

命自五十一代孫元措首階中議大夫職視四品兼世
宰曲阜十六年又以祭服祭樂爲　賜遣使策祝并以崇
成之意告之方役之興也有芝生於林域及尼山廟與
孔氏家園凡九本典役者采圖以　聞且言瑞芝之生
所以表　聖德之致廟成之日宜有刊紀敢請并書
于石又廟有層閣以備庋書願得　賜名揭諸其上以
覩示四方　詔以奎文名之而　命臣懷英記其
事臣魯人也杏壇舊宅猶能想見其處今幸以諸生備
職藝苑其可飾固陋之辭考摭討工謹諸歲月而已乎
敢竊敘　上之所以褒崇之實備論而書之而後

系之以銘臣嘗謂唐虞三代致治之君皆相授以道至
周末世不得其傳而　夫子載諸六經以俟後聖降周
訖漢異端竝起儒墨道德名灋陰陽分而名家而以六
藝爲經傳章句之學歸之儒流不知六藝者　夫子所
以傳唐虞三代之道衆流之所從出而儒爲之源也後
世偏尚曲聽沿其流而莫達其本用其偏而不得其醇
自是歷代治蹟常與時政高下洪惟　聖上以天
縱之能典學稽古游心於唐虞三代之隆故凡立功建
事必本六經爲正而取信於　夫子之言夫惟信之者
篤則其尊奉之禮宜其厚歟臣觀漢魏以來雖奉祠有

封況埽有戶給賜有田禮則修矣未有如今日之備也
初廟傷得甓廢池發取石甃以爲柱礎鉺砌之用浚井
得銅以爲鋪首浮漚諸飾餘是省所費錢以千計者萬
四千有奇方復規畫爲它日繕治無窮之利然則非獨
今日之新蓋將愈久而無弊也銘曰　維古治時
以道相繼　不得其傳　粵自周季　天生　將聖
遺世不綱　垂統六經　以俟後王　六經維何
爲世立道　有王者興　是惟治要　於鑠　我
皇　聖性自天　玩意稽古　傳所不傳　建學釁文
崇明儒雅　躬禮　聖師　率先天下　乃睠　闕

里　祠宇弗治　矧其舊制　既隘且庳　乃詔有司
乃疏泉府　掄材庀工　衆役具舉　梓人獻技
役夫効功　隘者以闊　庳者以崇　崇焉有制　闊
焉惟灋　卽舊以新　增其十八　植植其正　翼翼
其嚴　魯人來思　歎息仰瞻　魯人有言　惟今非
昔　叠伊魯人　四方是式　瞻彼尼山　及其林園
有芝煌煌　表我　聖恩　聖恩之隆
施于世嗣　顯秩峻階　視舊加異　廟樂以雅　祭
服有章　錫爾奉祠　名教是光　有貞斯石　有銘
斯勒　揚厲鴻休　以詔無極

碑陰
凡十六段承安二年月日銜名一段五行隸書居中餘十五段多元人題記及詩四周刻之字體不一附列于後

監修官從仕郎曲阜縣主簿權縣事劉攟
同監修徵事郎　宣聖廟教授聶天覺
四十九代孫　璪　瑭　璘　摹勒
五十代孫　摃　揚　同摹勒
承安二秊三月旦日訖功　楊元刊
高口等題記四行行五字六字不等行書左行
龍山高口同弟民範拜謁　林廟承安二年夏四十

日

又耿懷義等題記三行行十字十二字不等行書

晉臺耿懷義同雲中魏伸古蓚史煜敬謁　林廟承

安五年閏二月初六日

又蕭元題記七行行六字正書

東遼北野山黃冠蕭元從　五十一代襲封特來款

謁　林廟壬寅歲十二月謹題

又魏璠等題記九行行十二字十一字不等行書

雲中魏璠上谷劉詡陳郡徐世隆汴梁李紱隆安張

澄泊男孔孫自鄆道兗至曲阜恭謁　林廟凡留三

日遍覽　聖蹟時經亂已久　廟貌未復追想盛時

不勝慨嘆然聖道隆替繫時咸休衰崇之典豈無所

待云甲辰秋七月廿有一日世隆謹題

又元好問等題記八行行九字八字不等行書左行

太原元好問劉浚明京兆邢敏上谷劉詡東光句龍

瀛蕩陰張知剛汝陽楊雲鵬東平韓讓恭拜　聖祠

遂奠　林墓乙巳冬十二月望日謹題

又嚴忠濟題記六行行八字正書

歲在己酉率諸將佐恭拜　林廟周覽　聖蹟留三

日而去二月四日東平嚴忠濟謹題

又王玉汝等題記六行行九字正書

東平王玉汝燕山畢英范陽盧武賢清亭杜仁傑從

行臺公拜奠　祠林歲舍己酉立秋日上谷劉詡謹

識

又張德輝等題記六行行十字隸書

太原張德輝由眞定抵東平從闕里諸吞敬拜　林

廟周覽勝跡留一夕而去男復侍行歲乙卯夏五月

二十五日識古兗丁丕顯同來

又郝經題記五行行七字六字不等行書左行

乙卯秋九月十有三日陵川郝經拜謁　祠下遂奠

墳林

又高詡題詩十三行行七字行書

庚子歲七月上旬盍津高詡敬謁　聖師祠下謹題

二絕句以誌其來

帝王而下幾興亡銷盡繁華作戰場獨有　東家詩

禮在子孫萬古讀書堂

六經不幸火于秦日月曾何礙片雲用捨從來關治

亂皇天本不喪斯文

又楊奐詩六行行十一字十字不等行書

會見春風入杏壇奎文閣上獨憑欄淵源自古尊

洙泗祖述何人似孟韓竹簡不隨秦火冷楷林空倚
魯城寒飄零蹤跡千年後无分東家老一簞
又文劇詩六行行九字十字不等行書
萋萋野草翳雩壇回首尼山一凭欄空想文風復鄒
魯登知俗學尚申韓虛堂書寂禽聲雜高閣春深檜
影寒樂道獨憐紫陽子忘情軒冕羨瓢簞
又劉謝詩六行行十二字十一字不等草書
秉閑杖策上郊壇絕勝登樓辭倚欄千古遺蹤思
孔孟百年雅集數楊韓泉通鼇背波紋冷月照龍門
夜色寒此去闕西有東魯柳塘沙路口壺簞紫陽方有歸秦之典故及之
又劉文等題記十行行十二字行書
朝列大夫山東東西道肅政廉訪副使劉文因理東
原等處郡邑獄囚路經曲阜率分司書吏徐介周瑞
奏差羅文郁從　嗣聖五十四代孫中議大夫襲封
衍聖公孔思晦偕三氏子孫教授王不矜學錄賈淳
德掌書任明善敬謁　林廟瞻仰奠拜禮成而還時
延祐歲次己未六月二十又五日也
又祭文二十行行十七字十六字十五字不等行書
大元延祐六年歲次己未六月乙酉朔越二十五日
乙巳朝列大夫山東東西道肅政廉訪副使劉文謹
以清酌之奠敬致祭于
大成至聖文宣王
惟王爰出乎類自生而知德配乾坤道光日月總無
極於覆載破未悟以通明為古今師懷帝王器全集
大成之教決開榮進之源希用報章式陳明薦尚饗
兖國公
惟公位崇亞聖名冠四科鼓瑟自怡樂道為任有攀
鱗附翼之志無施勞伐善之心禮祀大賢光隆永世
尚饗
鄒國公
惟公生稟淑質名推大才立王化之基治儒術之道
遵行仁義距放邪淫垂萬世之憲言宜諸生之禮祀
尚饗
按此碑党懷英奉敕撰書篆額其立石在承安二
年三月署于碑陰檢曲阜縣志金石卷中載此碑
云明昌二年立蓋由未見碑陰但見文內有明昌
二年字遂以為明昌二年立也據碑云經始於明
昌二年之春踰年而土木基構成越明年而髹漆
綵繪成又明年而衆功皆畢六年又以祭服祭樂

為賜歷年如此其多非明昌二年立石明矣章宗建號明昌只六年其第七年為章宗承安元年玩文內所載至六年止則文為明昌六年所撰書遲之兩年而後刻石承安二年者乃刻石之歲月也書碑時党懷英歷官翰林學士碑與傳合至承安二年則致仕矣衍聖公孔元措以承安二年二月始兼縣令其修廟興工時倘是他姓權縣事故碑陰題監修官曲阜縣主簿劉某權縣事也此數行雖隸書與碑文筆法迥異非党書數行之外周刻題記十五段內承安二年承安五年二段金人所

題其壬寅歲蕭元題壬寅係元太宗崩後之次年六皇后稱制之初年甲辰七月魏璠等題甲辰乃元太宗六皇后稱制之三年乙巳冬元好問等題乙巳為元太宗六皇后稱制之四年己酉二月嚴忠濟題己酉為元定宗崩後之次年嚴忠濟乃東平行臺嚴實之子己酉立秋日王玉汝等題與上段同歲所稱行臺公亦即嚴實也乙卯五月張德輝等題乙卯為元憲宗五年乙卯九月郝經題元世祖即位郝經以翰林侍讀學士使宋被留此時謁林廟當在世祖即位以前為憲宗五年也庚子

七月高翊題詩庚子是元太宗十二年此下皆題詩不能定其年歲其末為延祐六年劉文等題又有延祐六年祭文三篇以上各段皆年歲參錯今依碑文隨錄不加詮次云

承安鏡文

鏡圓徑三寸
八分正書

承安四年上元日陝西東運司官造監造錄事任押提控運使高押

按金史百官志都轉運司使掌稅賦錢穀倉庫出納權衡度量之制其屬有同知副使都勾判官戶

籍判官支度判官鹽鐵判官都孔目官知法司吏人事譯史通事押遞公使惟中都路置都轉運司餘置轉運司陝西東西路則置漢知法一員餘官皆同中都此鏡題陝西東運司官造蓋陝西東路轉運司所造也錄事之官志惟諸府節鎮有錄事司錄事一員正八品又諸府鎮都軍司都指揮使條下有云仍與錄事同管城隍其轉運司所屬不見有錄事此鏡有監造錄事又有提控運使大抵以節鎮錄事為監造官也

圓覺禪院鐘款

鐘界十五區每區高廣俱一尺七寸五分字多寡不等正書在韓城縣

皇帝萬歲臣佐千秋風調雨順國泰民安

圓覺禪院受業僧

都會首傅大　戒沙門廣（以下僧名及助緣姓名俱不錄）

前進士何孜　保義副尉口酒同口口口　忠武校尉口酒都口高口口　口信校尉行縣尉完顏口

衛事郎行主簿石昺　口勇大將軍行同州韓城縣令納罕

□□府襄陵縣郭　大鑑進義校尉許　男

□德　許全　許成　孫許一　許二　許三　元

□壽　伯壽　倚壽　念四　念六　高僧

□承安四年四月一日畢

出韓城北郭不半里許有高原突起頫視城中數千家如平沙列萬幕然曰圓覺禪院闊傑壯麗俗所謂北閣寺者是已山門東偏有亭架鐵鐘一口聲甚宏亮寺爲金大定十三年重建鐘則鑄於承安四年土人云鐘自黃河浮來今按其款有官莊郝周村薛村少梁相里保芝川店諸地名皆屬韓城則闔邑率錢共鑄已有明証土人之言誤或云相傳鐘初成工戒以勿擊俟行數十里擊之工行二十里遽擊之由是芝川以南不聞鐘聲此又因括地志所言嘉興德藏寺鐘而傅會者也至縣尉完顏某主簿石昺縣令納罕可據以補志乘職官之缺（古石琅玕）

按圓覺禪院今名圓覺寺在韓城縣北門外唐建高爽宏麗爲一邑勝槩宋咸平元年重修王欽若書額至金時又有修建鑄鐘之事款題皇帝萬歲臣佐千秋是向來寺觀碑識多如此此獨增風調雨順國泰民安八字近代各處寺觀梁柱鐘鼎率書此八字蓋昉于此矣此鐘周刻僧名及助緣男女姓名二百餘人今俱不錄內如北流水慶善坊□官莊社周村董村相里保趙村王村馬村北薛村芝川店客義坊北里村東少艮紅神底落村張莊顏家莊西王莊論公村皆村庄古地名可資志乘家考證者不僅如古石琅玕所云也餘如稱謂之異者有魚𡚱驢馬小官人姚大行者因學究張教書皆足供談資又有書卞氏者二人卞當卽錢字俗書省文已見於此併識之

驪山詩刻

石橫廣二尺七寸二分高一尺八寸連跋共二十三行行八字十七字不等正書在臨潼縣

陝西路按察使移剌霖

驪山有感

蒼苔逕滑[illegible]珠殿落葉林荒羯鼓樓渭水都來細如綫
若為流得許多愁

詩之興也久矣其源本出於國風之什濫觴於漢魏派演於六朝下逮唐宋汪洋大肆靡所不至大率以鍊格鍊意鍊句鍊字為法而能少相兼自各名家而已必求其粹然可稱道者亦不多得焉嗚呼詩道之難也如此　按察相公人品高秀天性奇穎始以儒[illegible]舉一游場屋芥拾甲科已而事與願違投筆就[illegible]於翰墨之間初未廢其寸陰大篇短什率皆[illegible]心不到處士子仰之如泰山北斗向提憲[illegible]嘗有題華清宮三絕句遠近傳誦不啻膾炙方以不多見為恨頃因再遊復留一絕格愈老意愈新句愈健字愈工恬然備四鍊體自非深於文章者其孰能與於此友人賀吉甫已作傳遠計廼命遼東孫吉之書諸石九峻徐從周刻其字晉陽舊部吏聞而喜之復識歲月于後云承安屠維協洽書雲後七日

謹跋

移剌郎耶律金史有移剌履元好問集作耶律履是其証齊[illegible]增修華清宮記有太傅移剌公疑即其人後有跋　署晉陽舊部吏而無姓名陝中金石記

按此詩不見於中州集陝西通志藝文卷載此詩題下注云二首選一則是此題有詩二首矣据此碑詩後跋語但云頃因再遊復留一絕是原只一首不知通志所不選者又何詩也此跋又云提憲關中嘗有題華清宮三絕句通志亦不錄跋後紀歲月云承安屠維協洽書雲後七日蓋承安四年己未歲冬至後七日也

金石萃編卷一百五十八

賜進士出身　誥授光祿大夫刑部右侍郎加七級王昶譔

金五

綏德州新學記

碑連額高一丈一尺二寸廣四尺二十四行每行下缺大約六十四字正書篆額在綏德州

新修州學之記

秦并天下以赤翟故地十五縣爲上郡郎今綏德是也
漢初入於匈奴唐通於土蕃五季領於李仁福蓋其民
不沐中國涵養之德爲已久矣且求（闕下）以得名者亦以
夷狄□□上欲撫綏安輯之而已至於教化遽暇及哉

學□之與今殆百年民漸知化然以州據形勝襟
帶關隴控制靈夏實爲用武之地又蒞政者率多武人
故學者比內地爲少衰承安四年東原（闕下）名進士爲軍
事判官繼而亳社秦君守正復以通儒來守相與謀
先聖先師而廟居州之西北夾城地汚下廣不盈畝
庭序像設不具惻然以爲陋謀徙而大之明年得地於
州之東南極亢爽遂營新宮宮（闕下）夫子於陳蔡者像之
登於堂餘六十二子繢於兩廡簠簋籩豆罍樽坫俎春
秋祀事凡所以用之者如禮郎其宮爲學堂筵齋講庖
□廩庫（闕下）所以資之者無不備鑿宮前土山闕其屏以
臨通達方其營宮也凡業學以吏者約割月奉餘亦率
私錢以助幾百萬市材徵工神校□基（闕下）尚書工部爲
郎中高獨典其事自夏及秋六月而工畢由是境內及
旁郡來學者眾廼且書走東垣請予爲記予以謂王者
之治教化□本（闕下）也古者國家黨遂之閒有學有序有
庠有塾所以涵養其民爲至詩書六藝射鄉食饗以習
耳目以易心志以充其四體而變其風俗（闕下）腹之慾日
用而不去閒陛其材以爲天下用其或不率然後束之
以法令威之以刑罰其治本末如此故天下之勢安危
□□（闕下）吏受其民而收之者當奉教化宣之於

民□期會刑罰法令一二胥史職耳然非知治
之審則亦未嘗不本末倒置蜀舊不知（闕下）嚮柳俗弃襄
子厚不鄙其民動以禮法爲新廟學亦自矜奮噫當文
公子厚之時循吏爲多至使天子之教化遠被夷貊獨
善二子者（闕下）而能推其本也今秦高於蒞治之始建學
校作士氣以奉　天子教化爲己任使其民知中
國涵養之德釋然以慰秦漢唐五季之不幸其功豈下
蜀與柳耶可謂知本而得爲　天子之吏之體矣
是以樂爲之書昔
大金泰和改元歲次辛酉春正月上澣日記

忠翊校尉綏德州司候劉完提控監修　儒生張翥
同口口
從仕郎知法馬世安　監修命王亮
文林郎知臨洮府康樂寨事賜緋魚袋劉
徵仕郎保安州軍事判官慕容
登仕郎綏德州義合寨主簿鄒
儒林郎守平陽府霍邑縣令賜緋魚袋李
承事郎綏德州軍事判官高
鎮國上將軍同知綏德州軍州事護軍廣平郡開國
一千戶食實封

大綏德州刺史兼知軍事上騎都尉天水縣
開國子食邑五百戶

碑後有綏德州義合寨主簿鄒口知臨洮府康樂寨事劉完金史地理志云綏德州有義合寨置弟二將臨洮府有康樂縣康樂當是先爲寨後升爲縣也又有知軍州事天水縣子同知軍州事廣平郡侯兩銜文中稱秦君守正以通儒來守高君口口以名進士爲軍判官當卽兩人姓名關中金石記

按碑云秦并天下以赤翟故地十五縣爲上郡今綏德是也翟卽狄通用字左傳晉侯以樂之半賜魏絳曰子教寡人和諸戎狄以正諸華國語不窋失官自竄于戎翟此狄翟通用之證也狄有赤白二種春秋宣公八年晉師白狄伐秦此白狄也宣公三年秋赤狄侵齊此赤狄也史記秦本紀惠文王十年魏納上郡十五縣此卽碑所云十五縣爲上郡也地理通釋上郡今麟延丹坊鄜銀夏綏德保安之地皆是也又史記趙世家趙惠文王三年滅中山遷其王于膚施膚施在上郡卽十五縣之一也又匈奴傳武王放逐戎夷涇洛之北名曰荒服晉文公攘戎翟居於西河圁洛之間元和郡縣

志綏州春秋白狄所居戰國屬魏爲上郡鄭氏通志白翟及秦同州今鄜坊綏延皆古白翟地綜此數說皆謂白翟未有謂赤翟者此碑云赤翟故地恐是紀載之訛也陝西通志學校卷云綏德州學舊在州城西北金承安四年刺史秦守正移州治東嵯峨山南一百步泰和元年增修有記卽謂此碑也据碑則秦守正以承安四年來守是州明年建學自西北移於東南是爲承安五年自夏及秋六月工畢明年泰和改元撰文立石碁自移建至立碑首尾三年而通志乃云泰和元年增修誤也

嵯峨山漢書地理志左馮翊池陽縣嶻嶭山在北師古曰嶻嶭即今俗所呼嵳峩山是也按嵳峩山疑與此嵯峨山名同地異此山即疏屬山一名雕陰山在州城內山海經貳負之臣曰危與貳負殺窫窳帝乃梏之疏屬之山元和郡縣志龍泉縣有疏屬山亦名雕陰山龍泉縣即膚施縣地唐天寶初更名隋大業中廢綏州置雕陰郡盖因山得名也然以碑文按之山不甚高文云鑿宮前土山闢其扉以臨通道其大勢可知矣年月後列銜惟劉完張翥馬世安王亮署名餘皆有姓無名又碑之一例也

泰寧宮鐘款

款二一橫廣二尺五寸三分高二尺十二行行十字至十三字不等一止書年月五行行三字正書在渭南縣

維大金泰和陸年歲次丙寅上元日

竊以將崇　至道敢忘神宇之修欲振　眞風須假鯨音之作故鳩哲匠用鑄鴻鐘縻金索以高懸建寶樓而迭擊庶使群迷聞至音而開覺抑令滯魄仗餘韻以超昇伏願集此善緣仰增　聖筭時和歲稔國泰民安普暨一切有情莫不均蒙福利

昔泰和丙寅歲癸未月丁酉日記

三原縣后土廟記

碑連額高一丈廣三尺五寸二十二行行六十二字正書額題重修后土廟記篆書在三原縣

耀州三原縣荊山神泉谷后土廟記

懷城鄉貢進士王希哲撰

美田鄉貢進士劉光書并篆額

竊原混沌旣判陰陽遂分穹窿而在上者謂之天盤礴而居下者謂之地天氣資始而不能資生能資生者莫大於地地勢坤坤至柔以和順奉天卒能生成於物易曰至哉坤元萬物資生乃承順天坤厚載物德合無疆

此贊美坤之爲用也伊六合之外邈無端倪難以形詰置而勿論姑以禹治九州之限論之取人易信內有嵩泰衡華恒五嶽互列江河淮濟四瀆旁流上中下三壤有敘山林川澤丘陵墳衍原隰五土各殊此上所產之物並有所宜皆坤[illegible]所載而隸主之可見祖萬物子百靈長養無極含宏有餘者矣略陳人所賴者稼穡人之食桑麻人之衣棟宇取材於山林器用運土於埏埴珍藏有金玉珠璣異貨有羽毛齒革以至疾病有請禱之法出入有所向之方靜而思之人生一世未有須臾不資於地者故物理論稱其德曰母神曰祇亦曰媼大而

名之曰黃地祇小而名之曰神州亦曰后土黃地祇舉八極之外地神州舉王畿千里之內地所在皆得言之凡立祠廟尤所宜矣若夫三原洒漢池陽之舊境也縣之東有　后土廟在神泉鄉今名龍泉鄉出郭門直行十餘里至大王村右轉北向入浮山或云釋典所載耶象西方佛國脾浮羅原與此無異可不偉歟又名荆山禹貢所載導岍及岐至于荆山疏云在馮翊懷德縣南是也其實一山而兩呼之谷行不遠已達于廟清流逶迤溉數頃以常收古木凌空歷四時而俱好三門三間十二架過樂臺正殿曰坤柔五間三十架獻殿并撲

水八間二十架仰瞻神像以婦道配天繪塑冠服一如帝后之狀側有五嶽殿三間十五架兩廊靈官堂禁神位子孫司客廳通計二十五間七十架次東北隅翼然有亭三間十二架以上屋宇皆山節藻梲曲盡其妙亭下有湫周圍與亭頗等水色澄湛深不可測餘水出于正南凡遇歲旱至誠祈禱即日雨作生民蒙潤多矣三輔閭閻往往取水于茲登高四望東連唐高祖憲陵西接武宗端陵二陵相照屹然而起爲廟之肘腋也南對長川瞰渭陽之春樹北依大阜背漆水之驚波爲廟之襟帶也谷中地勢或掩或抱或高或低奇詭不一難於

具陳據此形勝寔耀下之爲冣也每當季春中休前二日張樂祀神遠近之人不期而會居街坊者傾市而來處田里者捨農而至肩摩踵接塞于廟下不知是報神休而專奉香火是縱已欲而徒爲佚遊何致民如此之繁夥哉粵有里人梁再興梁勝梁玘昆仲等嘗記遠祖創始之日誠心所感致有祥雲瑞靄垂覆于地地係已業即於其地南北取五十步東西二十五步不受鄉人助緣獨力修成人稱爲梁家廟至今古老猶話其事祖父梁棟於宋慶曆四年重修父梁再成於紹興十年黐修欽遇　聖朝太平日久梁氏昆仲於大定二十五

季明昌元年承安五年泰和元年四次添改修建至於完備一所無缺克遵先訓止辦家財亦不假鄉社一毫之助難乎其人矣故世世相承居處廟之右出入廟之下永爲廟主噫刱廟成功非是一朝之夕勒碑頌德庶傳千載之名戒尓子孫敬哉無替先蒙求記僕謂池陽多才俊善屬文老夫惛憒不能爲也其請益堅謾索枯腸而書其大槩云耳時泰和五年乙丑歲季春上休日謹記

六年丙寅三月壬午朔十八日己亥主廟梁再興

梁玘　姪梁進等同立石　懷城楊瑞刊

按此碑題云耀州三原縣三原縣自五代迄明初皆屬耀州宏治三年改屬西安府至今因之碑云三原廼漢池陽之舊境漢書地理志池陽惠帝四年置屬左馮翊自北魏太平眞君七年改名三原相沿至今中間唐武德四年嘗更名池陽六年改華池貞觀七年復名三原元和郡縣志三原者以其地西有孟侯原南有豐原北有白鹿原也碑云后土廟在神泉鄉今名龍泉鄉陝西通志后土廟本名泰寧宮在三原縣東北四十里唐村廟神泉谷中神泉一名白馬泉又曰白龍泉其泉澄澈旱

禱卽應碑云出郭門直行十餘里至大王村右轉北向入浮山又名荊山禹貢所載導岍及岐至于荊山疏云在馮翊懷德縣南是也其實一山而兩呼之三原縣志浮山在縣北二十里孟侯原西富平縣志荊山在縣西南十里元和郡縣志荊山在富平縣西南二十五里禹貢導岍及岐至于荊山孔傳山在岐山東漢書地理志褱德縣褱與懷同禹貢北條荊山在南懷德縣者卽富平縣地漢書地理志不著建置之年屬左馮翊後漢省入頻陽晉卽其城置富平縣自是不改以臆度之富平之西南與三原之東北接壤山在富平謂之荊山入三原境則謂之浮山也碑云登高四望東連唐高祖憲陵西接武宗端陵唐書本紀高祖葬獻陵碑作憲陵與史互異据陝西通志高祖獻陵在三原縣東北四十三里龍池鄉唐朱村武宗端陵在三原縣東北三十里神泉鄉騰張村碑載二陵雖有東西之別其實同在縣東北不過遠近相去十三里耳

眞清觀牒

石高七尺一寸五分廣三尺八寸八分分兩截書上截牒大小字共十二行行字多至卄九字止下截田契三十五行行二十一字正書

尚書禮部

據登州棲霞縣第一都太虛觀丘處機狀告同懷州修武縣劉志敏狀告伏爲懷州修武縣七賢鄉馬坊村有道庵一所自來別無名額於東平府納米請買到日字号空名觀額一道乞書塡爲眞清觀者

牒奉

勑可特賜眞清觀牒至准

勑故牒

大安元年五月　日令史王貞主事翟昌言

奉直大夫翰林修撰同知制誥權員外郎趙

朝請大夫禮部員外郎納蘭
中憲大夫禮部郎中兼國子監丞王
翰林學士承旨中奉大夫知制誥兼禮部侍郎同修
國史提點司提口士張
皇弟開府儀同三司判禮部尚書韓王
本觀置買地土文契
出賣地業人修武縣七賢鄉馬坊村故稅戶馬愈男
馬用同弟馬和自立契將本戶下口口地二段共計
弍畝叁厘立契賣与全眞門弟子王太和王崇德爲
永業修蓋全眞道庵準得價系壹拾陸貫文各七口

九伯並拋卽目見定交割謹具開坐如後
一出賣村南竹菌地一段南北畛東長弍拾陸步伍
分西長弍拾陸步伍分南闊壹拾陸步北闊壹拾步
并次東一段東長弍拾陸步西長弍拾捌步半南闊
壹拾步北無步東至大河西自至南自至北自至並
拋系業主對目商議定所有地內差稅物力實系照
依通撿去馬愈戶下貯脚　俱輸所拋地內竹竿樹
木不係賣數
天雨水透流車牛出入一依仍舊通行
右件前項出賣地土賣与全眞門弟子等爲永業並
不是裹私卑幼口交亦不是債欠準折並無諸般違
礙又加立契日一色見系交領並口別無懸欠恐人
無信故立此文爲拋
大定二十八年十二月自立契出賣地人馬用押
同立契人馬和　押
引領人部下王守抄　押
寫契人本村王[illegible]　押
稅訖價系壹拾陸貫文　廿三日
按此牒爲大安元年所賜與前大定二三四等年
勅者微有不同前牒或由本路轉運司或由戶部

差委發賣所此牒則但由尚書禮部據某縣某人
狀告而已前牒皆著錢數此牒則云東平府納米
亦不言米數前牒無字號此牒則有日字號餘式
並與前同牒後載本觀置買地土文契所列各條
與今人文契體例相仿契中年月後一曰立契出
賣地人卽今之賣主也一曰同立契人卽今之賣
主親族也一曰引領人卽今之中人也一曰寫契
人卽今之代書也自大安至今越六百餘年而買
賣地土之格大致相符可知凡事皆有緣起亦留
心世務者所宜知也

大安磚刻

磚高一尺二寸八分廣一尺五行行六字正書

大安二年四月三十日未時老爺感化趙門白氏捨地
建廟

按此不知爲何神之廟然文云老爺感化則必爲山神土地之祠非仙佛廟也蚩氓頑婦自昔已然存此以見陋俗之緣起

貞祐寶券

券高一尺五寸廣一尺二分作三層書第一層貞祐寶券四字與券首伍貫二字俱横寫第二層五行中三行行六字正書旁兩行各五字篆書下層十行行十五字

貞　字料
祐　伍貫八十足陌
寶　字號
券
京兆府合同
准　行寶券並同見錢行　不限年
月　京兆平涼府官庫　券
寶券庫　押　專副　攢司　押
僞造者斬賞寶券叁伯貫仍給犯人家產
貞祐　年　月　日
車庫　攢司　押

寶券庫使押　副　判官
庫使押　副押　判官
尙書戶部句當官　押
平涼府合同

右貞祐寶券予辨其文一云平涼府合同一云京兆府合同按金史食貨志金海陵遷都置交鈔與錢並用宣宗貞祐二年五月權西安軍節度使烏林達與言關陝軍多供億不足所仰交鈔則取於京師徒成煩費乞降板就造便七月改交鈔名曰貞祐寶券又百官志設交鈔庫於上京西京北京東平大名益都

蔚咸平眞定河間平陽太原京兆平涼廣寧等府瑞平清通順薊等州三年罷之此券有不限年月許於京兆平涼府庫倒換語知爲京兆平涼所刻板也潛研堂金石文跋尾

楊振碑

碑高七尺四寸廣三尺八寸七分二十七行行五十五字正書在乾州

前進士河東元好問撰
前進士武功□□書丹
前進士華陰□□□篆額
□諱振字純夫一字德威姓楊氏唐鄜國十九世孫鄜

國□於□□以□□之□□□□□□之□□□□□縣人
鄴公以□□嗣行□生棻棻生温温生幼言幼言生鬻
鬻生皐皐生免免生珍珍生□贇□贇生□□□□□
□□□□□□御史襲封□□□□□乃□□人彭城
劉氏有子十二人長曰公□次曰公神公畱公□公洪
公素公□公□公□公□公□公□始□世□□諸房
所居號□□□□總謂之□楊氏公□之子舜靖舜靖
之子信信之子禹禹之子言言之子□□之子□□配
裴氏於公爲□父□金□□以太宗之家□祭祀□□
□楊葬皆從西臺君子超道超道配尚氏正隆□避王

統制之亂寓乾州南自□族人號□□翁公□□翁次
子也幼喜讀書與□□張子□□嘗手抄經傳尤愛王
符□論與賓客談時稱誦之弱冠仕州縣爲屬□□與
郡王□□西□□□知公名遂之□從甚信重之公□
爲王□□與民皆吾人奪彼與此其利安在王嘆曰我
正以此□罪今日之役□命□□□□□□言哉□□
吏有□□山□□名□一□以□□當之□公謂同列
□奪人之□又誣以罪豈朝廷意耶吏□□泰和□見
公府文移□□□□□謂所□□我往在丹州時見□
□□□□□□□以□文相欺比來官□殆似之□

及泰和律下閱之踰月不樂者□之□亂□□□□
□□□□□不如□□□統不□如制聖人立法□從
□□人情不□□□亦□我於法□未嘗見一事可與
相當者□比附爲□□□□□□□□□□□□乃
事□先爲之防□猶□□□□以障江河必無是理知
不可行將□□□易紛紛不已安得不亂□□□□□
□□□□□□□□□□□□□□令□□□富□□
□□□安□□□□時皆處□像公率爲□禮又大學顯
道□□□以事□上官幾□□□□□之□□□□
□□□喜□□大官公之知人多□□□□學古文戒

之曰無獨與同輩較優劣能似古人乃古文爾吾雖□
能想理當□□以□□□□公□公□□若欲吾
見讀此耶必欲學詩□當從毛詩讀耶不然亦須讀杜
工部詩耳我見界上官□□兩國□□買□□□□無
的□□□□□□乎復何望焉所謂讀毛詩者□如□
□□姤欲兒輩就地頓買之耳以□祐三年三月二十
有五日春秋六十有三終□□□□□□□□□
崔氏生子燧繼室閔鄉程氏□子□□□□煒燁繼室
晁氏生子□□炳舉進士與□辟東省□□□恒安撫
司經歷官□部令□諸孫六□以明年正月七日葬公

於州南小□村新塋□南翁墓次三夫人□焉禮也公
□雅重儀矩可觀家居未嘗有惰容子弟見者必□□
□乃前有所問□反復思之不敢對也當官公□所□
反甚多嘗夜□□里□兒爲其父作黃□召諸子告之
曰某家作□事人□之有孝心我視之殆兒戲耳此人
□同列其斷獄□知之矣人有□曲世人□有不□□
之爲直者□欲賂神耶我平生執法過誤或有之至於
故以□□物□□無□也後日□不諱愼□爲此以爲
識者笑耀人李安□□□□公嘗贈以□□引云純夫吏
業而儒行家貧而好客居今之世而□□金帛而□□

塋是四反也□□名流其□□公如此故嘗論關中風
土完厚習俗不數易正隆大定間去平世爲未遠公生
於其間世族之所□風化之所□□以資□之美君子
之言長□之事宜不學而能之況志於學如此□今煥
□學爲通儒有關中夫子之□往在□□□宰相□信
□□□禮□□□□□□□□□□□□□李都
□□□□□司之純皆所□行與□蓋自百餘年以來
□中士大夫□重名者皆莫能□□右□□□□知
□□銘曰
鄗唐虞□世□奉天子孫下衰混□齊編□公□□□

□□全□□□□□□□□□□□則□□□
□□□□□殆造物□□之□□□□窮之□
然則古所謂□聖□□□命所下闕

唐書宰相世系表載鄭國公侑子行基行基子棻棻
子温温子紡言自幼言以下不及之碑云幼言生顒
顒生臯臯生兗兗生珍珍生光贊光贊生懷順懷順
官金紫仕至西臺御史襲封至五代漢國始除此可
以補唐史之缺又云西臺有子十二人長曰公俟次
曰公神公留公賢公淇公素公石公祚公艮公通公
濱公伏號十二楊村公俟子舜靖舜靖子信信子禹

禹子言言子宗宗子懋懋子超道公爲超道之次子
攺唐以奉天之地四百頃賜楊氏故子孫遂爲縣人
好問作楊奐碑文云譜系之詳見君自叙然則此卽
本奐所叙述矣奐卽振子元禮華陰人見奐碑關中金石
記

按碑文元好問撰間段缺泐遺山集不載無從校
補據楊奐碑云父振則此碑爲奐之父也首行云
公姓楊氏唐鄭國十九世孫鄭國公諱侑卽隋恭
帝遜位於唐封鄭國公据姓苑楊氏出宏農天水
二望是在宏農者其一也隋書高祖紀稱高祖宏

農郡華陰人推而上之東漢楊震亦宏農華陰人則振之世居華陰不因唐之賜地關中金石記誤矣自鄭國公以下唐書無傳僅見宰相世系表至五世而止此碑叙振事實大都習吏事而喜讀書者中及泰和律金史刑志承安四年覆定令文泰和元年所修律成凡三十卷名曰泰和律義振大意謂聖人立法從順人情今法令紛紛不已安得不亂又論學古文無獨與同輩較優劣能似古人乃古文爾又論學詩當從毛詩讀亦須讀杜工部詩又言嘗夜聞里中兒爲父作黃籙召諸子告曰

某家作佛事人謂之有孝心我覩之殆兒戲耳後日我不諱愼毋爲此云云觀此可想見其爲人矣

濟州李演碑

碑連額高一丈六寸廣三尺九寸二十二行行六十字正書額題大金故贈中順大夫濟州刺史李公碑銘十六字篆書在濟寧州學泮池東

大金故應奉翰林文字贈濟州刺史李公碑銘并序

朝列大夫□王府文學兼記室參軍騎都尉賜紫金魚袋臣崔禧奉　勅譔

翰林直學士□議大夫知　制誥輕車都尉天水郡開國伯食邑□百戸賜紫金魚袋臣趙秉文奉　勅書

尚書省令史承直郎雲騎尉賜緋魚袋臣潘希孟奉　勅篆額

勇而易發此强悍者之喜爲也然臨難畏死者有之柔而不武此仁賢者之常行也然見義捐生者有之蓋人之忠節皆繇心理取舍之□□在虖辭氣之强与柔也平居之時從容自許至於行義之共孰不有是言哉及勢而直往肆忿而輕死眞倡勇也倉卒之變惑亂□撓保身毀節向之剛猛皆虛氣所使安足恃哉其有天資純固涵養正理眗眗然常有温粹之容低首歛氣退然

似不足者不幸而與禍會則明誠審決義不內顧雖狂鋒虐燄樂□□就是豈前弱後勇哉惟其所畜之深有激則奮必將絶世驚俗凜然爲天下之英烈是可重也然則節義者士之所素學以爲名教大法豈若世間淺淺□□苟合偷生者耶其爲有國家者之旌賞也宜矣粤貞祐之初兵久不解虜騎南下攻圍係戮肆毒侵淫二年正月至於濟郡人李演以前應奉翰林文字□□居此因之□□者爲備禦三日虜不能得併召其黨大集□城下勢不敵城陷公被執彼固疑其衣冠也曰若非李應奉乎蓋虜中素聞其名意欲得而使之也□承

問曰然虜喜事之跪曰大官可得也公曰我進士第一人重有祿位汝何禽畜吾豈爲汝使哉賊忿擊其脛碎之終不屈縋中以刃至死猶駡云嗚呼懿哉是豈仁者之眞勇與已而虜退　朝廷遣使宣撫山東廉得其實奏請加贈　上意矜恤隧以濟州刺史之章仍令勒碑致祭淵乎　聖慮其知所先務矣惟平亂定難在曉人以逆順之理而起其忠義之氣今賞典首及死節之士其於驅策將士深得口鼓舞之術也臣禧承　命拜手爲之銘曰

君子所守　唯義之爲　威武不屈　死生不移
世教舉此　以爲常理　此而不知　安足爲士
英英李公　初以文稱　循常謹甚　衆未謂能
孰知其中　慨有事在　志吞萬兵　氣葢四海
胡鶵雖鷙　甚翫而輕　姦鈇雖憯　視之猶生
高節終完　素心不愧　聖主知賞　忠魂尤慰
鉅野茫茫　黃流湯湯　樹碑其側　名与之長

旹貞祐四年歲次丙子八月一日昭信校尉濟州倉草場都監權司候孛术魯監修

奉國上將軍濟州刺史兼知軍事提舉河防常平倉事廣平郡食邑　戸護軍紇石烈立石

金石萃編卷一百五十八　金五　三

案金史本傳李演字巨川任城人泰和六年進士第一官應奉翰林文字丁憂里居值元兵圍任城墨衰守禦不屈死年三十餘特詔有司爲立碑今題銜撰書篆額皆云奉敕者此也後列銜孛术魯紇石烈二人氏而不名其云濟州倉草場都監案百官志草場使防刺仍舊置都監一員濟州中刺史也草場設都監與史合而以倉并于草場則史未載也山左金石志

按李演以泰和六年舉進士第一至是殉難而死首尾相去僅八年卒後二十年而金亡則當衰亂之秋而猶能不沒其忠贈官銘墓可見朝廷之紀綱固猶未盡壞已孛术魯紇石烈皆金國部落之名碑立于貞祐四年所紀乃二年正月元兵圍濟州之事金史宣宗紀貞祐二年正月但載大元兵徇彰德府益都府懷州而不及濟州金貞祐二年於元爲太祖九年元史太祖紀九年不書正月事而於八年書是秋帝與皇子拖雷爲中軍取雄霸莫安河間滄景獻深祁蠡冀恩濮開滑博濟泰安濟南濱棣益都淄濰登萊沂等郡據此碑則濟州之陷在二年正月既與元史異且陷而復退仍受金人宣撫又元史所畧也元史地理志濟寧路至

太宗七年始割屬東平府而未詳其入版圖在何年要之貞祐二年猶未爲太祖所取可据碑以證也此碑撰者崔禧篆者潘希孟史皆無傳書者趙秉文傳稱字周臣磁州滏陽人登大定二十五年進士第泰和末累官兵部郎中兼翰林修撰俄轉翰林直學士貞祐二年上言願爲國家守殘破一州以宣布朝廷恤民之意上曰方今翰苑尤難其人卿宿儒當在左右不許碑結銜與史合李演墓在濟寧州城西二里碑應立於墓上不知何年移立州學碑書芙郎美字隧同襚字

進士題名記

碑殘缺僅存高二尺九寸廣一尺七寸五分字數行數無攷正書隸額在西安府

阜昌六缺下

第一甲　朱希亻缺下

第四甲　劉晉　錄事司　缺下

皇統二年狀元宋端卿牓下

第四甲　鄭之純　錄事司　經𠀎缺下

皇統九年狀元王堪牓下　第缺下

第四甲　蕭簡　咸寧縣　承安缺下

正隆二年狀元鄭子聃牓下　第三缺下

第三甲　孟師顔　咸寧縣　王缺下

大定十六年狀元張璧牓下　恩牓缺下

第三甲　程少連　錄事司　第口缺下

貞祐三年狀元程嘉善牓下　第二甲馮辰　臨潼縣

第三甲王格　櫟陽縣　崔元亮　錄事司　缺下

貞祐三年經義狀元劉汝翼牓下　第二甲吳口錄事

興定口年狀元張仲安牓下　第三甲楊天德　高陵縣

缺下

張[illegible]缺下

按此碑殘闕玩其文乃金朝京兆府進士題名也

所題自阜昌六年迄興定口年八科進士之名下截既闕而左右亦不能定其止於此否無記文序述可攷見其立碑之原委金史選舉志進士舉人之設始于天會元年十一月二年二月八月凡再行焉五年詔南北取士號爲南北選熙宗天眷元年五月詔南北選各以經義詞賦兩科取士海陵天德二年始增殿試之制更定試期三年併南北選爲一罷經義策試兩科專以詞賦取士世宗大定二十二年詔宰臣曰漢進士魁例授應奉若行不副名不習制誥之文者卽與外除二十八年復

經義科章宗承安四年諭宰臣曰一塲放二狀元非是後塲廷試令詞賦經義通試時務策止選一狀元餘雖有明經法律等科止同諸科而已遂定御試同日各試本業詞賦依舊分立甲次第一名爲狀元經義魁次之恩例與詞賦第二人同餘分爲兩甲中下人並在詞賦之下宣宗貞祐二年御史臺言明年省試以中都遼東西北京等路道阻宜於中都南京兩處試之興定二年特賜經義進士王彪等十三人及第史志之可攷者大畧如此金史本紀凡賜進士某人等及第或書或不書故

狀元之名不能備攷此碑首載阜昌六三字蓋是阜昌六年也金史劉豫傳甚略不足據宋史豫傳載阜昌四年二月策進士又七年春策進士獨不及六年與碑異碑載皇統二年狀元宋端卿九年狀元王甚正隆二年狀元鄭子聃大定十六年狀元張璧貞祐三年狀元程嘉善經義狀元劉汝翼興定口年泐一字據後題名碑是二年狀元張仲安宣宗紀貞祐三年四月丁未詔自今策論詞賦進士第一甲第一人特遷奉直大夫第二人以下經義第一人並儒林郎第二甲以下徵事郎同進士從事郎經童將仕郎但詳其授階而不詳姓名据碑知兩狀元爲程嘉善劉汝翼也碑載諸狀元中惟鄭子聃金史有傳餘人無攷傳稱子聃字景純大定府人及冠有能賦聲天德二年廷試中第一甲第三人子聃頗以才望自負常慊不得爲第一甲第一人正隆二年會試畢海陵以第一人程文問子聃子聃少之海陵問作賦何如對曰甚易因自矜且謂他人莫已若也海陵乃使子聃與翰林修撰等同進士雜試七月癸未海陵御寶昌門臨軒親試以不貴異物民乃足爲賦題忠臣猶李子爲詩題憂

國如飢渴爲論題上謂讀卷官翟永固曰朕出賦題能言之或能行之未可知也詩論題庶戒臣下丁亥御便殿親覽試卷中第者七十三人子聃果第一海陵奇之此狀元鄭子聃事實之可攷者也碑載進士里貫有注縣名者有注錄事司者金史百官志諸府節鎮置錄事司凡府鎮二千戶以上則置之是府鎮之民不隸於諸縣而隸錄事司者也

程震碑

碑高八尺五寸廣四尺二十四行行六十四字正書在偃師縣

金故少中大夫御史程君墓碑

河東元好問撰
東勝李微書
欒城李冶題額

君諱震字威卿先世居洛陽元魏遷兩河豪右實雲中
三州遂爲東勝人曾大父獲慶大父總質直尚氣鄉人
有訟多就決之至於婚嫁喪葬不能給者亦借力焉父
德元自少日用俠聞嘗與羣從分財多所推讓州里稱
之後以君貴封少中大夫雷內翰淵述世德之舊備矣
少中子七人長曰鼎臣孝友仁讓閨門肅睦有古君子

之風以六赴廷試賜第調濮州司候判官次曰雷由武
弁起身官懷遠大將軍行軍副統君其第三子也資嚴
毅雖所親不敢以非禮犯之幼日夢人呼爲御史故每
以諫輔自期　章宗明昌二季經童出身補將仕
佐郎泰和中年及注授臨洮府司獄忻州司候判官以
口幹西南路招討司奏辟提控沿邊營城糧草爭擢王
綱牓詞賦進士乙科換偃師主簿　宣宗幸汴梁
入爲尚書省令史時相知其可用不半歲特授南京警
巡副使秩滿例爲廣盈倉監支納官興定初辟舉法行
用薦者除陳留令將之官白府尹言縣務不治令自任

其責丞簿佐史輩無預焉幸無擾之使令得盡力尹諾
之旣到官事無大小率自負荷次官奉行而已時秋大
旱冬十月乃雨歸德行樞密院發民牛運糧徐邳君爲
使者言吾麥乘雨將入種牛役興則無來歲矣使者不
能寬十日程耶民事果集雖乏軍興吾不辭也使者怒
而去君力畢農種糧運亦如期而辦行院仍奏君要譽
小民不以軍食爲急　朝廷不罪也旣受代大司農奏
課爲天下第一御史臺察能吏亦爲奏首且言可克臺
諫京東揔帥府奏辟經歷官不許乃拜監察御史君蒞
職慨然有埋輪之志卽劾奏平章政事荆王以　陛

下之子任天下之重不能上贊君父同濟艱難顧乃專
恃權勢減棄典禮開納貨賂妄進退官吏從臾奴隸侵
漁細民名爲和市其實脅取諸所不法不可一二數
陛下不能正家而欲正天下難矣書奏　宣諭御史
臺程震敢言如此侘御史不當如是耶且有　旨切責
荆王出內府銀償物直杖司馬杖大奴而不法者數人
於是權貴皆爲之斂手東方頻歲饑饉盜賊蠭起特
旨以君攝治書侍御史兼戶部員外郎運京師糧八萬
碩賑徐邳君經畫饟道十里一置驛羅弓力以防寇欵
具斧斤以完器用備醫藥以起病疾勸助耤以通留滯

聾運相仍如出衽席之上饑民踵來凡所以爲貸爲糴
爲賑贍計度肥瘠無一失其當州民請於京東帥司願
留我程御史以福殘民帥司奏君爲行部官　詔再往
徐邳判王積不平密遣諸奴誘姦民徐璋造飛語訟君
於臺諸相不爲奏而王獨奏之　宣宗頗直君欲
勿問王執奏再三乃從之時　太子領樞密院事遣醫
藥官王子玉諭　旨推問官程御史爲縣治行第一監
察又稱職有罪無罪勿爲留難已而璋伏誣告君當還
臺在律官人與部民對訟無罪猶解職王諷大理寺御
史言天下事在所皆部民竟用是罷官君泰然自處都

無已仕之慍衆書深讀蓋將終身焉天不假秊以正大
元年三月二十有一日春秋四十有四終於京師嘉善
里之私第積官少中大夫夫人史氏封安定郡君先君
殁子一人思溫舉進士四弟皆補君廕頤監西木場晉
監楨州稅務恒監緱氏酒務升　宣授招撫使以是秊
十月二十有七日舉君之柩祔於金昌府芝田縣官莊
里少中君之新塋禮也嗚呼生才爲難盡其才重爲難
使君得時行道坐於廟堂分別賢否其功烈可量也哉
方行萬里而車折其軸有才無命古人所共歎雖然地
遠而位卑身微而言輕乃以一御史犯强王之怒卒使

權貴落膽縉紳增氣雖不遇而去信眉高談亦可以無
媿天下矣尚何恨耶乃爲之銘曰
曲士賁直見豺而慄鄙夫媕婀與皃同波犯父子之至
難孰絞訐而上劘橫潰我障剛癉我訶鍊心成補天之
石奮筆爲却日之戈古有之和臣不忠忠臣不和彼容
容者之所得奚後福之能多有山維崧有水維河程君
之名永世不磨
中統四年歲次癸亥秋七月己卯朔弟恒建
太原高僴刊

童鈺按程氏塋在今緱氏縣程家村東據元好問墓

表稱太中大夫而舊府縣志俱以爲少中大夫似誤
偃師縣志
億按程震金史有傳皆約取遺山此碑中有少異者
傳言與其兄鼎俱擢第碑云少中子七人長曰鼎臣
較史稱單名者不符碑下刻震兄內有雷亦一字單
名而長獨雙名莫知其義也或臣字當作以字以字
連下讀字形涉似勒石者誤耳傳載劾判王語今舉
碑文後言未幾坐爲故吏所訟質之此碑乃部民徐
璋造飛語非故吏也史文欲約其事而義反不著皆
此類也碑言芝田縣官莊里今官莊在緱氏鎮東南

十餘里又碑前題兩程夫子之後妄庸人附會誤鐫耳碑中統四年立金石攷乃謂至大七年若未覩此碑者皆踈舛之甚也又童氏據遺山集云太中大夫當由未見石搨今碑正言少中大夫足徵舊府縣志非誤而遺山集傳刻者誤也偃師金石遺文

按此碑爲元遺山撰檢遺山文集校之有不同者質直尙氣集下有節字後以君貴集以作用封少中大夫集作太中凡碑言少中集俱作太中少中子七人集作八人長曰鼎臣集無臣字孝友仁讓集作孝弟調濮州司候判官集無判官二字官懷

遠大將軍行軍副統集無行軍副統四字以口幹渤一字集作廉幹西南路招討司集作爲西京招討司則無來歲矣集作則無來歲計矣而欲正天下集無欲字程震敢言如此集作程某償物直集償上有使字杖大奴而不法者數人集而作尤金史震傳判傳俱同王計度肥瘠集作忖度京東帥司集作帥府下文同爲行部官集作行爲部官詔再往徐邳集作徐宿邳時太子領樞密院事集作哀宗時在春宮四弟皆補君廕以下二十九字集皆無以是年十月二十有七日集作以某年月日官莊里集作

某里生才爲難集作實難銘詞剛瘅我訶集作我阿有山維嵩集作維嵩盍撰文與鐫碑定集皆不同時宜乎文有小異也程氏墓碑見于偃師金石遺文者有三一卽此碑一爲程思廉碑思廉者震弟恒之子也一爲程思茂碑思茂者震之叔德懋之孫也思茂碑爲元翰林直學士尙野撰載程氏世系規置遷葬事極詳凡此碑所稱少中思茂碑皆作太中內有云贈太中大夫震可知震官止于少中不知何年贈太中故思茂碑稱震之父仍爲少中稱震皆爲太中遺山集或亦因此改之也思

茂碑叙先世云居洛陽上程聚西晉侍中咸封上程侯元魏遷兩河豪右實雲中三州始居豐徙振武凡四遷爲東勝人較此碑更詳可以廣所未備碑云雷內翰淵述世德之舊備矣雷淵金史有傳字希顏一字季默應州渾源人官至翰林修撰碑稱少中子七人長曰鼎臣次曰雷三卽震末云四弟頤晉恒升遺山集作八人而不載震之四弟無從考定据思茂碑載少中第四子頤第五子晉第六子惠第七子恒第八子升是集作八子者不誤碑所以作七子者始惠巳早卒也七子皆單名獨

長子名鼎臣遺山集又無臣字思茂碑同武虛谷遂疑
臣當作吕字形相近而譌然碑下文即云以六赴
廷試賜第此句不當用以字與下文複且文義亦
不合虛谷之說未確也震以明昌二年經童出身
金史選舉志經童之制凡士庶子年十三以下能
通二大經三小經又通論語諸子及五千字以上
府試十五題通十三以上會試每場十五題三場
共通四十一以上爲中選据碑震以正大元年卒
年四十四推其生在大定二十一年至明昌二年
年才十一也碑云西南路招討司集作西京路金

史百官志招討司有三處西北路西南路東北路
則集作西京者誤也宣宗幸汴梁乃貞祐二年事
碑云興定初辟舉法行用薦者除陳留令金史選
舉志興定元年令隨朝七品外路六品以上職事
官舉正七品以下職事官年未六十不犯贓堪任
使者一人三年定辟舉縣令制稱職則元舉官減
一資三品以上舉縣令稱職者仍量升除五年以
舉官多濫罷辟舉縣令之制据此則震之被舉在
五年以前矣劾奏平章政事荊王金史列傳荊王
守純本名盤都宣宗第二子貞祐元年封濮王三

年爲樞密使四年拜平章政事興定三年三月進
封英王時監察御史程震言其不法宣宗切責杖
司馬及大奴尤不法者數人哀宗即位正大元年
正月進封荊王葢震劾奏之時守純封英王而文
稱荊王者從其後封也徐璋造飛語事荊王傳不
書從略也震以正大元年十月葬遺山撰文宜即
在此時若待立碑之時爲中統四年則遺山卒後
七年矣遺山生卒本傳及墓銘俱不詳惟王鶚撰
遺山文集後引云余與子同庚甲考元史王鶚傳
稱至元十年卒年八十四推其生在金昌宗明昌

元年庚戌歲金史元好問傳稱好問卒年六十八
與鶚同庚甲則亦生於明昌庚戌由庚戌下推六
十八年爲元大朝丁巳歲以此知遺山撰此碑不
在中統四年也立碑者震之弟恒署名而不署其
官据思廉碑稱恒官宣授沿邊監榷規運使下缺思
茂碑載程氏先世居洛陽後遷東勝從伯父太中
震調官偃師始復先世居青龍甲午天下甫定奔
走先塋陵谷變遷尋訪百至偶自民井怺見一穴
持火下視棺志宛然贈少中大夫輕車都尉安定
郡伯德元也旁近隱然二封鑿之乃儒林郎濮州

司候判官贈驍騎尉安定縣男鼎監察御史攝治
書侍御史□□
君仕從吏戶部員外郎贈太中大夫加二輕車都
尉進封安定郡開國伯邑缺百戶賜紫金魚袋震
也然則震與兄鼎同祔父塋而爵邑皆此碑所略
碑云祔葬金昌府芝田縣官莊里金昌府者即河
南府興定元年所更芝田縣爲宋之永安縣乃析
鞏縣地置者金貞元元年更名入元乃廢今官莊
里在緱氏鎮緱氏鎮舊爲緱氏縣宋時省入偃師
故今偃師縣志載此碑遺山仕金終於翰林知制
誥金亡不仕故其所作雖刻于元例得錄入于金
後楊奐碑仿此

京兆府學教養碑

碑高六尺二分廣三尺四寸三分二十五
行行四十八字正書篆額在西安府學

大金重修府學教養之碑
奉天楊煥書
徵事郎張邦彥篆額
蓋聞擾攘之後必有惟新之圖憂患之餘必有增益之
智不然安得勳高前古措世隆平者哉　我國家應
天順民雖馬上得天下然　列聖繼承一道相授以
開設學校爲急務以愛養人材爲家法以策論詞賦經
義爲擢賢之首天涵地育磨礪而成就之是以將相全
材磊落間出其大者俊偉雄傑光華汗簡其次者猶能
以謹朴廉潔自重從源徂流遍稱多士郁郁彬彬追蹤
三代及乎妖孛纏次氛翳元都素教皇風開闢未暇仰
惟　行省　參政　金源完顏郡公　卓然忠節深結
主知名高建武之功臣親沐貞觀之政化英風義
繫北伐南征沙漠江淮威名大震輕裘緩帶歌雅投壺
碩德元勳超今邁古軍國議餘乃會　參議知府石盞
公　尚書張公暨　潭府英髦而謂曰自兵㐫以來貴
胄氏族子弟流離溺于者爲多伍庸隸儕浮民恣意於
蒲博彈弋之間相與扇慝爲惡未見能善其後也事有
似緩而急者其此之謂乎聞之府庠贍士田舍皆前賢
清俸所營吝而弗與何以副　明天子崇儒設學之
意乃發廩粟出帑資以爲葺塩之費而教育之慮規矩
之不肅以　行省　郎中宏文裴滿蒲先外郎　集賢
上黨張士貴都事裴滿世論龍山高誼桂石　廟堂著
龜帷幄胃中萬卷書筆下數千言道學淵源爲世摹範
俾提舉焉　奉政兀顏德正承直邳邦用皆當世聞人
老於學問俾教授焉於是檄有司督工役支傾補缺聯
斷洗昏植踣碑於茂草基廢址於鞠蔬殿宇翬飛石經

堵立齋廚廊廡煥然一新濟濟乎洋洋乎聚秀異而誨
焉易以經之禮以緯之詩書以成之春秋以斷之標準
語孟鼓吹韓柳傳采於歷代史氏日漸月滋作爲文章
華國藩身厥績茂矣可謂過鼂董壓卿雲誠貫道之器
異夫雕花草而狀風雲也每月旦　二公洎學官鎖院
私試擇掾屬馳聲場屋者同考之選猶禮貢嚴類棘圍
明鏡前乎衡下蚩妍即辨銖兩不差士子得占榜者同
華衮之賜其勉勵又可知已屢以　省醞百壺見貺助
醉經之餘旨講鄉射之遺風酌唐舜薰釀味周孔醇厚
斥諸子之磽漓黜老生之淡泊吸幽挹竅發爲英華陶
然於洪鈞之中豈設醴之比哉將見直玉堂待金馬謀
王體斷國論詔感卒泣檄愈頭風一書下燕國三箭定
天山執謂秦無人也諸生其勉旃勿負我　艮相賢大
夫教養作成之意正大二年十二月中澣日蒙泉劉渭
謹記
直學元善長張師德　學錄吴聽　學正安濟
直學蒲察貞固顏蓋公直　學錄蒲鮮元慶　學正
蒲察成
朝列大夫長安縣令賜紫金魚袋范昂霄　少中大
夫咸寧縣令賜紫金魚袋紇石烈阿鄰督役

宣武將軍錄判張和　奉國上將軍錄判完顏得哥
宣武將軍京兆府錄事孫立立石
承直郎　省差教授賜緋魚袋邳邦用　奉政大夫
京兆府教授賜緋魚袋兀顏德正立石
長安樊世亨刋
右重修府學教養碑其云行省參政金源完顏郡公
者完顏合達也金史哀宗紀正大元年三月以延安
帥臣完顏合達戰禦有功授金虎符權參知政事行
尚書省事于京兆合達傳則云元光元年正月遷元
帥左監軍權參知政事行省事於京兆未幾眞拜年
月互異要當以本紀爲正傳不云封金源郡公蓋史
文之漏也書石首者爲奉天楊奐即元史之楊奐煥
乃奐之俗體非異文潛研堂金石文跋尾
按此碑劉渭撰楊煥書以頌行省參政金源完顏
郡公教養京兆府學諸生之德政也碑立于正大
二年十二月其時官行省參政者完顏合達金史
百官志封爵郡公有十郡金源其首也金史列傳
多不書封爵非獨合達爲然故合達傳中不言其
封金源郡公其官京兆行省傳作元光元年正月
哀帝紀作正大元年三月碑文不著到京兆歲月

不能定其孰是然以教養學校大事傳無一語及之史之略也據傳載正大二年七月陝西旱甚合達齋戒請雨雨澍是歲大稔民立石頌德碑立郎在是年十二月而文中亦無一語及之或碑文作於七月以前歟陝西通志名宦傳僅節取史傳未嘗採及碑文以著其培養士子之功尤疏略之甚也文中稱參政知府石盞公行省郎中裴滿蕭先外郎集賢張士貴都事裴滿世論教授奉政兀顏德正承直邳邦用其在年月後者有若直學蒲察貞固顏盞公直紇石烈阿鄰皆無傳可攷金國語解姓氏門完顏漢姓曰王裴滿曰麻兀顏曰朱蒲察曰李顏盞曰張紇石烈曰高獨於石盞闕焉史有石盞女魯歡傳亦不能攷其漢姓爲何邳姓不見於諸史列傳惟史記晉世家有邳鄭後無聞焉

全眞教祖碑

碑高一丈一尺廣五尺三十六行行八十四字正書在盩厔縣

終南山神仙重陽子王眞人全眞教祖碑

前金皇叔開府儀同三司上柱國密國公金源璹譔

葆眞翾靜大師前諸路道教提舉李道謙書篆

皇圖啓運　必生異人大定隆興道圖賢哲夫三教各有至言妙理釋教得佛之心者達磨也其教名之曰禪儒教傳孔子之家學者子思也其書名之曰中　庸道教通五千言之至理　不言而傳不行而到居太上老子無爲眞常之　道者重陽子王先生也其教名之曰全眞屏去妄幻獨全其眞者神仙也先生名喆字知明應現於咸陽大魏村仙母孕二十四月又十八日生按二十四氣餘土氣而成眞人也先生美鬚髯大目身長六尺餘寸氣豪言　辯以此得衆家業豐厚以粟貸貧人惠之者半其濟物之心略可見矣弱冠修進士舉業籍京兆府學又善武略　聖朝天眷間收復陝西英豪獲

用先生於是捐文場應武　舉易名德威字世雄其志足可以　知還被道氣克餘善根積著天遣文武之進兩無成焉於是慨然入道改今之名字矣會廢齊攝事秦民未附歲又饑饉時有群寇劫先生家財一空其大父訴之統府大索於鄰里三百餘戶其所亡者金帛頗復得焉　又獲賊之渠魁先生勉之曰此乃鄉黨飢荒譬如乞諸其鄰者亦非眞盜也安忍陷於死地縱捨使去里人以此敬仰先　生愈甚咸陽醴泉二邑賴先生得安是後於終南劉蔣村刱別業居之置家事不問半醉高吟曰昔日龐居士如今王害風於是鄉里見先

生日害風來也先生即應之蓋因自命而人云正隆己
卯季夏既望於甘河鎮醉中啗肉有兩　衣氈者繼至
屠肆中其二人形質一同先生驚異從至僻處虔禱作
禮其二仙徐而言曰此子可教矣遂授以口訣其後愈
狂詠詩曰四旬八上始遭逢口訣傳來便有功明年再
遇於醴泉邀飲肆中酒家　問之鄉貫　年姓荅曰濮
人年二十有二姓則不知也其異歟畱歌頌五命先生
讀餘火之文載全眞集中自此棄妻子攜幼女送婣家
曰他家入口我與養大弗議婚禮畱之而去又爲詩故
以猥賤語詈辱其子孫其末後句云相違地肺成歡樂

擡入南京便得眞後乃號重陽子於南時村作穴室居
之名曰活死人墓後遷居劉蔣村北寓水中坻凡肆口
而發皆塵外語鄉人唯以害風謔而未始詢其意遇游
則挈一壺行歌且飲有乞　飲者亦不拒或以壺取
水與人但覺其釀香冽異常後復遇至人飲以神瀵因
止酒唯飲水焉人聞先生口鼻間醺酣之氣而已醉矣
大定丁亥四月忽自焚其菴村民驚救見先生狂舞於
火邊其歌語傳中具載又云　三年之後別有人來修
此庵口占詩有修庵人未比我風流之句夌晨東邁過
關攜鐵罐一枚隨路乞化而言曰我東方有緣爾七月

至山東寧海州郡豪有馬從義者先夢南園仙鶴飛翥
未幾先生至馬公信猶未篤先生於鶴起處築全眞庵
鎖門百日化之或食或不食又絕水火庵至馬宅幾百
步復隔重街馬公寢於宅中樓上門戶扃閉先生遇夜
親對談論不知從何而來人欲寫其神左目右轉右目
左轉或見老少肥瘠黃朱青白形色無定人不能狀之
馬夢母曰有客呂馬通者未嘗語人次日先生訓馬公
名曰通馬復夢有梓匠周生者傳道與馬即辭乃尊有
關中之行被席出家見一道士入族人馬戶曹邸馬亦
隨入見先生與道士對坐有　馬九官人者求術於二

老先生目公曰教馬哥代我於是馬公誦歌一首約二
百餘字夢覺唯記歌尾　三兩句云燒得白煉得黃便
是長生不死方翌日先生訓馬公法名曰鈺号丹陽子
又夢隨先生入山及旦先　生便呼公曰山侗至於出
神入夢感化非一有譚玉者患大風疾垂死乞爲弟子
先生以滌面餘水賜之盥竟眉鬢儼然如舊頓覺道氣
蕭洒訓名處端号長眞子又有登州棲霞縣丘哥者幼
亡父母未嘗讀書來禮先生使掌文翰自後日記千餘
字亦善吟詠訓名處機号長春子者是也後願禮師者
雲集先生詬罵棰楚以磨鍊之往往散去得先生道者

馬譚丘而已八年三月鑿洞崑嵛山於嶺上採石爲用
不意有巨石飛落人皆悚慄先生振威大喝其石屹然
而止山間樵蘇者懽呼作禮遠近服其神變又或餐瓦
石或現二首坐　庵中人見游於肆或齧之飯預言
來餽者何神通應物不可槩舉至八月間遷居文登姜
氏庵在姜氏家食童子輩見目前琉璃瑪瑙珍珠衆寶
競來乞取餘人則不能見於文登建三教七寶會九年
己丑四月寧海周伯通者邀先生住庵牓曰金蓮堂夜
有神光照曜如晝人以爲火灾近之見先生行光明中
寧海水至鹹鹵先生呪庵之井至今人享其甘潔於是

就庵建三教金蓮會至福山縣又立三教三光會至登
州游蓬萊閣下觀海忽發颶風人見先生隨風吹入海
中驚訝間有頃復躍出唯遺失簪冠而已移時却見逐
水波汎汎而出或言先生目秀者即示以病眸或誇先
生無漏者即於州衙前登溷凡爲變異人不可測者皆
此類也在　登州建三教玉華會至萊州起三教平等
會凡立會必以三教名之者厥有旨哉先生者蓋子思
達磨之徒歟足見其冲虛明妙寂靜圓融不獨居一教
也萊人從之者衆獨納劉處玄者号長生子有鈎罷將
歸又見鰲之什此四子者世所謂丘劉譚馬也又於寧

海途中先生擲油傘於空傘乘風而起至查山王處一
庵其傘始墜至擲處已二百餘里也其傘柄內有叅陽
子号王自髫齔間嘗遇麡庭宮主空中警化今呼云玉
陽子是也與寧海州署相對有卜隱郝生鬻肆先生倒
坐於其間郝曰請先生迴頭先生曰爾不迴頭拂袖而
去郝亦隨悟乃廣寧郝大通也馬公之妻孫不二者亦
同入道早明心地世云孫仙姑者四哲之亞先生門人
又有此三太　士矣先生一日告衆曰時將至矣
明日西行道友乞詩詞自旦至夜留詩曰登途上路不
由吾雲霧相招本性甦萬里清風常作伴一輪明月每

爲徒山青水綠程程送酒白粱黃旋旋沽今夜一杯如
有意放開紅燭照冰壺　筆尙未投從外有史公者來
送酒一座大驚先生勸人誦道德清淨經般若心經及
孝經云可以修證明日率馬公等四人徑入大梁於磁
王家旅邸中宿止時遇歲除舉衆別曰我將歸矣衆乞
留頌先生曰我於長　安樂村呂道人庵壁上書矣枕
左肱而逝衆皆號慟先生復起曰何哭乎於是呼馬公
附耳密語使向關中化人入道至十年庚寅正月四日
口授頌曰地肺重陽子呼名王害風來時長日月去後
任西東作伴雲和水爲鄰虛與空一靈眞性在不與衆

人同頌畢儼然而終是後馬公傳道四海大行伏遇世
宗皇帝知先生道德高明二十八年戊申二月遣使訪
其門人應命者丘與王也命丘主萬春節醮事職高功
五月見於壽安宮長松島講論至道聖情大悅命居於
官庵又命塑純陽重陽丹陽三師像於官庵正位丘累
進詩曲其辭備載磻溪集中八月懇辭還山至承安丁
巳六月章宗再詔王處一至闕下特賜号體玄大師及
賜修眞觀一所十月召劉處玄至命待詔天長觀自重
陽丹陽長春曁諸師皆有文集傳於世嗚呼先生起西
州化行山東道滿於天下名聞天子開發後人使盡道

遙之遊豈不偉歟後先生五十六年嗣法孫汴京嘉祥
觀提點眞常子李志源中太一宮提點洞眞子于善慶
二大士眞實道行讚揚祖道者也殷勤求文於玉陽子
友人楞軒居士居士援筆而爲之銘曰
咸陽之屬曰大魏村山川溫麗實生異人幼之發秀長
而不群工乎談笑妙於斯文又善騎射健勇絕倫以文
非時復意于武戢定禍亂志欲斯舉文武二進天不我
與蓋公宿緣道氣爲主慨然　入道眞仙□□□刻授
之口訣秘語人呼害風先生承當或歌或舞以酒徜徉
維摩非病接輿不狂肆□而發皆成文章燒却庵舍拂

袖關中乞化而往全眞道東寧海因緣萊陽通融丞顯
神異東人畢從陶汰　眞實杜絕□□□□長春大啓
其門遭遇聖朝爲王之賓先生高蹈望若星雲瀛海渺
然仙跡宛存此道大行逍遙乎下闕
至元乙亥歲中元日陝西五路西蜀四川道教提點
兼領重陽萬壽宮事洞觀普濟圓明眞人高道寬
重陽萬壽宮提點悟眞了一襲明眞人申志信
術眞復朴純素眞人張志悅立石　長安虛靜大下闕
功德主昭勇大將軍京兆路總管兼府尹兼諸軍奧
魯營繕司大使趙炳

營繕司副使王海
京兆等路採石提舉謝澤
副提舉段德績
按道家全眞教至元始有此名以王重陽爲之祖
此碑蓋述重陽之道行也撰者題云前金皇叔密
國公金源璹碑刻于元世祖時故稱璹爲前金金
源者建國之號也金史地理志上京路即海古之
地金之舊土也國言金曰按出虎以按出虎水源
於此因取以建國而璹乃用以著其籍也璹史有
傳附越王傳後越王者世宗子諱永功元妃張氏

所生其昭德皇后生子諱允恭爲世宗第二子允恭生子珣嗣位爲宣宗尊允恭爲帝廟號顯宗宣宗生子守緒嗣位爲哀宗碑文撰於哀宗之世璹父越王與顯宗同爲世宗子璹與宣宗同爲世宗孫故哀宗稱璹爲叔父也傳稱璹本名壽孫世宗賜名字仲寶一字子瑜喜爲詩工眞草書正大初累封密國公與文士趙秉文楊雲翼雷淵元好問李汾王飛伯輩交善天興初臥疾是時曹王出質璹見哀宗曰聞訛可欲出議和訛可年幼不苦諳練恐不能辨大事臣請副之上慰之曰承平時叔父未嘗沾溉無事則置之冷地緩急則置于不測叔父盡忠固可天下其謂朕何于是君臣相顧泣下未幾以疾薨生平詩文甚多自刪其詩存三百首樂府一百首號如庵小藁其詩今見於中州集者四十一首而文無傳焉遺山云密國公璹百年以來宗室中第一流人也少日學詩于朱巨觀學書于任君謨文筆亦委曲能道所欲言所居有樗軒又有如庵自號樗軒老人此碑序末自稱樗軒居士者以此文叙重陽子示現神異之蹟大都皆本其法孫所陳事實多羽流夸誕之詞不足深論

其云重陽到處立會必以三教爲名因以重陽比之子思達磨似欲援儒釋爲輔佐使其教不孤立無他意也惟云重陽之教名之曰全眞屏去妄幻獨全其眞是全眞之教顯然爲王重陽所立据陶宗儀輟耕錄乃云金主亮貞元元年有吏員咸陽人王中孚者捌全眞之教談馬邱劉和之其教盛焉云云談馬邱劉本重陽弟子七眞中之四人重陽别無中孚之名與字其自關中至山左訪此四眞在大定七年丁亥歲上距貞元元年癸酉且十五年重陽以正隆四年己卯遇仙成道亦距癸酉七年然則輟耕錄語或皆傳聞之訛也七眞者曰馬鈺號丹陽子寧海州人曰譚玉名處端號長眞子東牟人曰邱處機號長春子登州棲霞縣人曰劉處元字通妙號長生子萊州人曰王處一號玉陽子東牟人曰郝大通號太古廣寧人曰馬鈺之妻孫不二號順德世稱孫仙姑重陽化後七眞皆傳其教寧海神清觀七眞皆有塑像而邱處機遇元太祖於奈曼問攻戰言必在乎不嗜殺人問爲治以敬天愛民爲本問長生久視以清心寡欲爲要太祖契其言戰伐生全者毋慮一二三萬人語詳

元史釋老傳又賜號長春眞人居大都太極宮改額曰長春詳見日下舊聞重陽好爲詩碑中摘取其句者九處又掖縣志載劉長生於鄰壁上見頌二句俄遇王重陽於衆中又掖縣青蘿觀有王重陽詩碑刻五言絶句一首又有詩碑刻悟眞歌一篇並見山左金石志又掖縣志仙釋傳載劉處元遇王重陽時重陽遺之詩曰鈞罷歸來又見鼇巳知有分到偃曹鳴榔相喚知予意躍出洪波萬丈高此碑但載首句今据以補足碑云邱處進詩曲其辭備載磻溪集中又稱重陽丹陽長春諸師皆

有文集傳于世今惟邱處機磻溪集及譚處端水雲集顧氏採入元詩選餘則道藏所錄甚多曰重陽全眞集十三卷王嚞同撰集郎碑所謂文載全眞集中者是也重陽教化集三卷重陽分梨十化集二卷此重陽居馬丹陽家化其夫婦賜混梨令丹陽食之凡元談妙理裒集得三百餘篇重陽金關玉鏁訣重陽授丹陽二十四訣皆論修眞漸次及修養丹法附馬自然金丹口訣論性命至理又仙樂集五卷劉長生造詩詞歌頌漸悟集二卷馬丹陽集詩詞歌曲又自然詩詞集一卷洞元金玉集十卷皆馬丹陽述詩詞歌頌又丹陽神光燦一卷亦馬丹陽撰又靈光集四卷王玉陽撰詩詞歌頌長春子磻溪集六卷邱長春所撰詩詞歌曲譚先生水雲集三卷譚長眞述詩頌詞太古集詩詞歌賦序文共一十五卷郝廣寧撰皆在道藏弟同氣連枝交友七字號內惹七眞之中惟孫仙姑無專集耳重陽所爲詞今盩厔劉蔣村重陽宮爲重陽成道處其始門人建祖師庵元初乃賜額重陽萬壽宮有重陽手書無夢令碑又有蘇武慢詞碑並見陝西通志重陽以金大定十年化去後五十

六年李志源于善慶二法孫求文于壽計其時爲哀宗正大二年又五十年爲元世祖至元十二年乙亥歲始立此碑統計距重陽之化百有六年矣盩厔縣樓觀元初改額宗聖宮又十八年乃刻高翿篆書道德經又刻正書道德經並列於說經臺皆完好無缺可知當時道士振作宮宇之勤如此此碑亦在說經臺王弇州稱之云道流李道謙書道偉有法洵不虛也碑中多空格想因石有裂文讓出之非闕字

温泉風流子詞

石橫廣三尺三寸高一尺八寸十五行行九
字後記共八行行十七字正書在臨潼縣

古齊僕散汝弼　良弼

三郎年少客風流夢繞嶺蟲瑤環看浴酒發春海棠睡
暖笑波生娟荔子漿寒況此際曲江人不見偃月事無
端羯鼓數聲打開蜀道霓裳一曲舞破潼關　馬嵬西
去路愁來無會處但淚滿關山賴有紫囊來進錦韈傳
看嘆玉笛聲沉樓頭月下金釵信杳天上人間幾度秋
風渭水落葉長安

近侍副使　僕散公博學能文尤工於詩昔過華清
嘗作風流子長短句題之于壁其清新婉麗不減秦

晏四方衣冠爭誦傳之稱爲今之絕唱恐久而湮滅
命刻于石以傳不朽正大三年重九日承務郎主簿

慕蕑記

明威將軍縣尉李春
定遠大將軍縣丞楊永達
奉國上將軍臨潼縣令僕散希魯立石
僕散希魯跋云宋元至今刻石甚多殆難勝紀而當
以此爲第一其詞幽麗悽惋字畫勁峭有如拱璧因
砌而珍之　關中金石記
按碑刻風流子詞一闋僕散汝弼所作慕蕑記稱

其博學能文尤工於詩而遺山中州集未收此詞
亦不見錄於竹垞詞綜及萬紅友詞律云風流子
有二體一體三十四字一體雙調一百十字又名
內家嬌其一百十字者載宋張耒一闋此詞亦不
載以此詞與張耒詞校多一字下闋但淚滿關山
句按之張詞只四字不應有但字蓋是又一體爲
百十一字者詞律失採然詞律注引升庵語正謂
此詞云于驪山見石刻一詞必元人作卽詞綜所
選三郎年少客一首也圖譜竟於風流子外另收
此詞別加一名曰驪山石因而分字句處與風流

子兩樣云云据此是詞統圖譜皆收此詞獨詞綜
遺之也升庵謂必元人作者蓋匆匆見石刻未及
細檢記有正大三年字耳

重摹唐太宗慈德寺詩

碑高六尺三寸六分廣三尺三寸詩共九行行二
十六字後跋七行行五十一字正書在武功縣

唐太宗文武大聖大廣孝皇帝御製詩
貞觀六年幸　慈德寺舊宅四韻
新豐停翠輦朝邑駐鳴笳園荒一徑斷臺古半階斜前
池消舊水昔樹發今花一朝離此地四海遂成家
貞觀十六年重幸　慈德寺故宮十韻

壽丘唯舊跡酆邑乃前基粤予承累聖懸弧亦在茲弱
齡逢運改提劒鬱匡時指麾八荒定懷柔萬國夷梯山
咸入欵駕海亦來思單于陪武帳日逐衛文䡥端扆朝
四岳無機任百司霜節明秋景輕冰結水湄蘲黃遍原
隰儲峙積京坻共樂還譙識歡比大風詩

大唐太宗文皇帝登極後忽夜夢太后若平日既寤
潸然不自勝越翌日詔有司發倉廩賑濟貧窮及於
慶善宮側剏寺一所用荅劬勞之德故以慈德爲名
貞觀六年幸是寺顧謂侍臣曰朕始生於此念母后
永訣育我之德將何以報感而大慟左右亦爲之流
涕題嚴祀於正寢及燕羣臣題詩屋壁至十六年警
蹕重還故宮復題詩十韻憶孝思不忘此聖人無加
之德也住持沙門法号子寧闡道之餘慱覽羣書每
讀大中繼明佛堂院碑嗟御製詩章久而無聞迨正
大丙戌偶獲二詩於縣令盧公處乃天聖中宰公种
世衡石刻也奈風雨侵剝字畫損壞住持惜之復命
工刊立于安養堂前庶使後之人得觀覽焉其帝之
功業有本紀在故不書丁亥歲中順大夫前平陽府
判上騎都尉隴西郡開國子食邑五百戶賜紫金魚
袋李文本跋首陽山老僧惠鑒書草堂嗣祖了印梁

山賈玭助緣　懷遠大將軍武亭縣令盧振
子成德淸道明德珂德秀德珍子瑞德瑨德潤德澤
幸緣幸俊都目趙昇南郊王玠刊字

按武功縣志慈德寺在縣治南卽唐慶善宮故址
金大定十六年修勅賜崇教禪院宋崇寧元年趙
茂曾記云按唐紀太宗文皇帝以隋開皇十七年
十二月戊午生于武功之別館有二龍戲門外三
日而去是京兆武功之南有唐慶善宮今爲慈德
寺乃其所也此碑刻唐太宗二詩一題曰貞觀六
年幸慈德寺舊宅四韻一題曰貞觀十六年重幸
慈德寺故宮十韻考全唐詩載太宗詩此二詩在
焉貞觀六年者題曰過舊宅二首次于後十六年
者題曰幸武功慶善宮次于前並未嘗謂之慈德
寺也葢慈德寺名乃宋時所題金大定十六年又
賜崇教禪院額而此二詩題云慈德者當卽宋天
聖中种世衡刻石時所加非舊題也此碑刻于丁
亥歲爲正大四年其時已改崇教禪院而李文本
跋中不云崇教者何歟豈縣志語未確耶唐書太
宗紀貞觀六年九月己酉幸慶善宮十六年十一
月甲子幸慶善宮與碑合其六年幸舊宅詩全唐

詩載二首碑所刻祗五言四韻尚有五言七韻一首碑所未刻葢正大丙戌得於縣令盧公者佚其次首也以全唐詩校之與碑異者譙邑駐鳴笳碑作朝邑一朝辭此地四海遂爲家碑辭作離爲作成十六年重幸故宮詩十韻全唐詩亦有與碑異者日逐衛文槐碑作景逐衛文貔無爲任百司碑作無機禾穎積京畿碑作儲峙積京坻共樂還鄉宴碑作共樂還譙讌似全唐詩别有所本不從碑録也新唐書禮樂志九功舞者本名功成慶善樂太宗生于武功之慶善宫貞觀六年幸之宴從臣賞賜閭里同漢沛宛帝歡甚賦詩起居郎吕才被之管絃以童兒六十四人冠進德冠紫袴褶長褏漆髻屣履而舞號九功舞進蹈安徐以象文德舊唐書樂志慶善樂太宗所造也冬至享燕及國有大慶與七德舞偕奏于庭此二條全唐詩系于十韻詩之下而碑則以四韻者爲六年作十韻者爲十六年作詳玩史志作被管絃自當用十韻不應祗是四韻且自當以第一次幸故宫詩被管絃不應用第二次則六年作者爲十韻十六年作者爲四韻疑碑誤爲倒互也

濟瀆靈應記

碑高五尺四寸五分廣二尺四寸十七行行五十二字正書篆額在濟源縣

鄉貢進士淇水韓時舉撰并書丹

河陽梁邦瑞篆額

歲在戊子　天子以去冬不雨　宵旰憂民粤春王正月　遣資政大夫中常侍兼上林署提點宫籍監使内□□□□□□藥局直長高佑衔　命降香于濟瀆顯祐清源王　天語一發不浹辰而雨至者三使車在路雪復盈尺民熙熙然咸曰大哉　王言一哉王心二月□□使高佑□自□京師由三城戴星而行未及巳刻巳抵祠下謹黙致　聖意及所　賜香酒拜祝於　淵德殿尊奠紙於海紙立下如掣俄頃風行□□勢忽洶涌有　神物出其閒狀大數圍俗所謂二將軍者延頸被紙䬅首東南且進且退如舞如蹈凡數四有望闕謝　聖恩意中使高佑敬懼釃酒　神廼前□及數危悠然而去觀者如堵以謂　聖主之德至誠感　神躍魚之祥桑林之應方之　皇朝邈不及矣　天且不違况於　神乎　神且不違况於人乎　中興之功日月可冀畢祀皆合爪致禮鼓舞而退吏□□爲□□未之睹也懇請立石以紀　聖感之

嵩一敬謝不敏拜手稽首以書之　至大五年春社
後二日謹記
從行降香官嘉議大夫內侍局承應御直張節用
從行降香官龍虎衛上將軍同知防禦使事上護軍
彭城郡開國侯食邑二千戶食實封一伯戶蒲察黑
厮
宣權從宜經略使奉國上將軍知孟州防禦使護軍
金源郡開國侯食邑一千戶食實封一伯戶僕散桓
端建
里人棐天瑞司□劉□刊

監刻碑人州吏趙源　同知廟道士李缺
通真大師賜紫知廟事楊缺
碑述高佑銜命降香浹辰得雨之事稱爲濟瀆顯祐
清源王按金史禮志云明昌間封濟爲淸源王此有
顯祐二字是史脫文也中州金石記
按濟瀆廟在濟源縣是時都汴自汴都西至濟瀆
廟載星而行其程甚速也碑立於正大五年春社
後二日盖二月也文云天子以去冬不雨宵旰憂
民粤正月遣高佑降香於濟瀆顯祐清源王天語
一發不浹辰而雨使車在路雪復盈尺金史哀宗
紀及五行志正大四年冬皆不書旱惟五年春書
大寒二月乙巳朔雷雨雪木之華者皆敗此卽碑
所云使車在路雪復盈尺也二將軍者不知何神
物能銜紙舞蹈而碑又云躍魚之祥則是魚類矣
文稱其狀大數圍延頸被紙以臆度之殆黿之屬
也是時元兵日逼不六七年而金亡文有云中興
之功日月可冀盖亂極思治之心猶惓惓也金國
語解僕散氏漢姓曰林蒲察氏漢姓曰李僕散桓
端官知孟州防禦使其曰宣權從宜經畧使者隨
時暫設之官非常制也諸州防禦使從四品而桓

端階從三品上之奉國上將軍蒲察黑厮官同知
防禦使正六品而階正三品上之龍虎衛上將軍
皆不能明其制也

重修濟瀆廟記

石連額約高五尺三寸廣三尺六寸廿二行字多寡不等連額並正書在濟源廟

種竹老人譔
河陽梁邦端書丹
大金正大戊子歲自前冬不雪迄今春未雨二麥頗旱
百姓惶惶然　皇帝之心憂民不啻遣資政大夫中
常侍兼上林署提點　宮籍監使　內侍局令侚藥直

長高佑載星馳驛受　命呈香禱于　濟瀆顯祐
清源王復日至　祠正衬整服潔體齋心夙啓　天
誠夜獲嘉應膏雨已容耕春雪又及尺俄有神物出海
領將吞酒朝　闕如　謝使者廻　京都異事
奏　上　上深敬悅　賜銀二万五千星委自
孟州長吏防禦使僕散桓端提控同知納蘭和倘辞職
監修攜大廈之良材鳩三昧之妙手重簷疊甃操碧繪
金嚴榮　聖像謹飾從尊鶱瓦紺天鳳門輝日役未十
旬功興萬數殿廊齋廚創作一新也市民嬉游無不祝
讚匪　靈應之　神君豈可達於　朝廷非　聖明

之　天子莫能肅於　廟貌物成有日易舊更新聖
哉　神力德哉　王言德耶聖耶猶不能盡述焉
正大五年六月十五日監修州吏趙源　知廟道士
楊知謙李得頼
郭知常元知一
武節將軍行濟源縣令兼管勾河防常平倉事修廟
接手官納蘭抄合
昭勇大將軍遥授歸德府治中兼同知孟州防禦使
事上輕車都尉廣平郡開國伯食邑七伯戸　省部
委差監修納蘭和倘
宣權孟州從宜經略使奉國上將軍知防禦使護軍
金源郡開國侯食邑一千戸食實封一伯戸　省部
委差提控監修僕散桓端立石
石匠桑吉　劉通
按此碑與前碑同爲正大五年紀濟瀆廟請雨降
香之事前碑記于春社後二日此碑立于六月十
五日葢因神著靈異奏請賜銀修廟未十旬而工
竣遂立此碑知孟州防禦者仍是僕散桓端同知
則易爲納蘭和倘矣金國語解有納剌氏漢姓曰
康而無納蘭氏史傳有納蘭胡魯剌納蘭綽赤而
納剌氏無其人此碑撰者署其號曰種竹老人而
不署姓名文云賜銀二万五千星不知以兩爲星
抑以銖爲星皆不見於他碑

金石萃編卷一百五十八終

金石萃編卷一百五十九

賜進士出身　誥授光祿大夫刑部右侍郎加七級王昶譔

金六

改建題名碑

碑連額高七尺二寸廣三尺七寸作三截上截二十四行行十六字中截三十行下截十三行俱人名字數參差不等正書篆額在西安府

改建題名之記

濩澤吳聽書丹

涇渭盧元撰額

府庠舊有題名然附他貫者皆闕而不書議者疑之正大乙酉　行省　外郎　集賢上黨張公以幕府餘暇閱月校試因覽是碑謂諸生曰　國家設學之意教育均矣每遇大比牓不乏人至於紀錄獨取此舍彼則恐于獎厲之道未備迺命耆宿參訂名籍自高平李公簡之而下得二十有八人列之貞石以發幽光使朋來求價者履跡景慕指某人隸業於此而登第某氏宦游於此而成名思與並驅爭先其益可勝既耶舊碑之建也制度頗狹歷年滋久得人加多凡來書榮者或投隙抵罅僅容數字一何略也今茲告成極其宏壯前所不載者俱見攟錄顧不偉歟噫後之登科者請隨牓如式書之儻易舊矩而作新意非所望也敢以此告是年十二月中澣日門人孔叔利謹記

大定十九年張行簡下　李仲略高平　賈益通州

大定二十二年張甫下　焦炯開封

大定二十五年徐璉下　李秉鈞大定

明昌五年張檝下　趙去非定州

經義楊雲翼下　趙思文定州

承安二年呂造下　賀天祐三原　劉光謙大興　高國鈞鶴野

經義李著下　馮璧眞定

承安五年閻詠下　武洵直武功　高嵩遂城　劉從謙安邑

泰和三年許天民下　王嗣初同州

大安元年經義第一　邢天祐浮山

崇慶二年黄裳下　仇庭用扶風

貞祐三年程嘉善下　馮扆盩厔　王元舉扶風　高宇恩牓

興定二年張□安下　李介遼陽

興定五年劉遇下　□猷臣□□　蘇遘臨晉　李獻誠河中　李恒亨河津

經義喬松下　李獻甫河中
正大元年王鶚下第二人劉繪獻州司張柔中大同楊
侯大興張邦憲信州李元偃師牛炳河中吳芝澤州
邳邦用定安
經義張介下　張琚京兆張珪京兆
正大四年盧亞下　孔叔利平陽吳聽澤州張珩京兆
正大七年李瑭下　任嘉言汾州劉源雲陽龐漢太原
郭士元□晋
經義孟德淵下　盧翔豊潤
學錄吳聽

學正安濟　長安樊世亨刋
承直郎　省差教授賜緋魚袋邳邦用立石
太中大夫東運司戸判兼提舉學校李暐

按此與前碑同爲京兆府學進士題名之碑前碑止於興定二年所載祇京兆本貫之登進士者此碑專載他貫之肄業京兆而登進士者起大定十九年迄正大七年凡十五科共四十三人据孔叔利記祇得二十八人殆立碑後增刻十五人也記文有云某人隸業於此而登第某氏宦游於此而成名可知當時取士之途亦甚廣矣金史載狀元姓名惟哀宗紀正大元年書詞賦進士王鶚以下四年書詞賦經義進士盧亞以下七年書經義詞賦進士李瑭以下追攷以前興定五年但書經義進士考官於常額外多放喬松等十餘人其詞賦進士劉遇則不書至興定二年但書武舉温迪罕緻住以下一百四十人及第又書詞賦經義進士及武舉人入見賜誥命章服而姓名不書碑書張□安泐一字賴證以前碑知其爲張仲安也自此以前則紀皆不書矣碑載貞祐三年程嘉善爲詞

賦進士第一人攷金史李獻能傳獻能貞祐三年特賜詞賦進士廷試第一人宏詞優等授應奉翰林文字中州集亦云獻能年二十一以省元賜第廷試第一人皆與碑不同碑載詞賦經義第一者凡十八人內張甫一人金史有傳係武人非此碑張甫餘有可攷者七人張行簡金史傳字敬甫大定十九年進士第一人除應奉翰林文字累官翰林學士承旨貞祐三年卒謚文正中州集稱其天下言家法言禮樂言文章言德行者唯張氏爲第一張檝中州集字巨濟先世泰州長春人有官於

山陰者遂占籍焉檝明昌五年詞賦第一人仕至鎮戎州刺史文賦詩筆截然有律度時人甚愛重之楊雲翼金史傳字之美其先贊皇檀山人六代祖忠客平定之樂平縣遂家焉明昌五年進士第一詞賦亦中乙料授應奉翰林文字累官禮部尚書兼侍讀正大五年卒年五十九謚文獻中州集云百餘年以來大夫士身備四科者惟公一人而已李著中州集字彥明眞定人承安二年經義第一人在翰林七年累遷彰德府治中城陷避搶上掘搶倒而死閻詠中州集作閻長言字子秀濟南長清人少日慕張忠定之爲人故名詠避衛紹王諱改焉衛紹王諱永濟其即位在泰和八年閻詠登第在承安五年爲衛紹王即位前八年其時未避諱好學工詞賦嘗以第一流自負平生多竒夢果魁天下士論厭服在翰苑十年出爲河南府治中被名以道梗不得前卒王鶚元史傳字百一曹州東明人工詞賦金正大元年中進士第一人出身授應奉翰林文字累官左右司郎中天興三年蔡陷將被殺萬戸張柔救之輦歸世祖即位建元中統首授翰林學士承旨五年乞致仕十年卒年八十四謚文康張介金史傳字介甫平州人正

大元年經義進士第一時爲國用安參議中州集云介彭城人歷輦轂熟二縣令幼有賦聲以上皆第一人之可攷者也進士四十三人中有可攷者十一人李仲略史附李晏傳晏子字簡之澤州高平人登大定十九年詞賦進士第調代州五臺主簿累授山東東西路按察使泰和五年卒謚襄獻性豪邁剛介特立所任以幹濟稱賈益史附賈少冲傳字損之通州人中大定十九年進士調河津主簿累爲太常卿元光九年卒趙思文中州集字廷玉永平人明昌五年進士貞祐中陷没都城間關南渡累拜禮部尚書壬辰天興二年卒官劉光謙中州集字達卿潞州人泰和三年進士累官司農少卿碑載光謙大興人承安二年進士未審即一人否馮璧史傳字叔獻眞定縣人承安二年經義進士制策復優等累官同知集慶軍節度使致仕正大九年河南破北歸又數年卒年七十九中州集璧別字天粹致仕後居崧山龍潭者十餘年諸生從之游與四方問遺者不絕賦詩飲酒放浪山水間人望以爲神仙山中多蘭中春作華山僧野客人持數本詣公以香韻清絕爲勝少劣則有罰謂

之鬬蘭所釀松醪東坡所謂歎幽姿之獨高者惟
叔獻能盡之是後松醪鬬蘭遂爲山中故事馮辰
中州集字駕之臨潼人碑作盩厔貞祐三年進士辟涇
陽令九歲知作詩李獻誠史附李獻能傳河中人
先世有爲金吾衛上將軍者時號李金吾家迨獻
能昆弟皆以文學名從兄獻卿獻誠從弟獻甫相
繼擢第故李氏有四桂堂李獻甫傳字欽用獻能
從弟興定五年登進士第歷咸陽簿㝷遷鎮南軍
節度副使兼右警巡使死蔡州之難年四十張邦
憲史附忠義禹顯傳字正叔泰州人碑作信州人登正
大中進士第碑作正大元年爲永固令天興二年避兵徐
州卓翼率兵至城邦憲被執遂遇害張琚中州集
字子玉河中人碑作京兆人刻意於詩五言所長詩人
喜稱道之至有張五字之目不言其登進士此碑
載張琚是正大元年經義進士未詳是一是二麗
漢中州集字茂宏平晉人碑作太原人正大末年進士
待次內鄉北山兵亂遇害碑載麗漢正大七年詞
賦進士正大尚有八年未可云末中州集小異諸
進士之可攷者如是至劉從謙無攷而史有劉從
益傳渾源人大安元年進士碑載從謙安邑人貫
與渾源相近或爲從益之兄弟行李恒亨無攷而
史有李復亨傳榮州河津人與碑載恒亨同貫或
亦兄弟行識以備攷題名止於正大七年哀宗紀
是年四月大元兵平鳳翔府兩行省棄京兆遷居
民於河南而國勢日蹙踰三年而亡進士之試不
復舉行然則是碑竟與金運同其終矣

黃華老人詩刻

碑四紙各高七尺廣三尺一寸五分四行行字數不等行書在大理府雙塔寺

王庭筠

王母祠東古佛堂人傳棟宇自隋唐年深寺廢無僧住
滿谷西風栗葉黃
手拄一條青竹杖與來日掛百錢遊名陽欲下山更好
深谷無人不可留
帝遣名山護此邦千家落落嶺西窓山人乞與山前地
鶴托先開二十雙
掛鏡亭西掛玉龍半山飛雪舞天風與雲欲上三千尺
人道高歡避暑宮

按此碑刻黃華老人七絶四首不署題及年月雲
南通志雜記卷載黃華老人詩金翰林王庭筠四
絶句原在黃華山嘉靖間僉事崔官攜帖至榆李

元陽重摹之今碑在大理雙塔寺所載詩正與此四詩大同惟字句稍異者碑云興來日挂百錢遊志作自挂深谷無人不可留志作深林千家落落嶺西窓志作千家瑟瑟欹西窓鶴託先開二十雙志作招客先開四十雙挂鏡亭西挂玉龍志作臺西寒雲欲上三千尺志作直上又帝遣名山一首碑作第三志作第四挂鏡亭西一首碑作第四志作第三此恐志別有所本也金史王庭筠傳字子端河東人登大定十六年進士第調恩州軍事判官累調館陶主簿明昌元年四月名庭筠試館職

中選御史臺言其在館陶嘗犯贓罪不當以館閣處之遂罷乃卜居彰德買田隆慮讀書黃華山寺因以自號中州集不載此四詩其小傳云子端詩文有師法高出時輩之右字畫學米元章其得意處頗能似之平生愛天平黃華山水居相下十年自號黃華山主河南通志黃華山在彰德府林縣西二十里林慮山內山有三峯名仙人樓玉女臺魯般門其頂突出雲表名摩雲峯連峙若屏名連屏峯羣峯磊落如人名聚仙峯下有黃華谷志併載王庭筠詩三絕句一帝遣名山一王母祠東一挂鏡臺西而次首手拄一條云云志所不載其次序與碑異者王母祠東一首碑作第一志作第二帝遣名山一首碑作第三志作第一挂鏡亭西一首碑作第四志作第三其字之異則河南志與雲南志同大抵崔官所攜之帖詩與黃華山舊本同而河南志刪其一首也庭筠隱黃華在明昌元年以後而其作此詩不知在何年黃華山寺與雙塔寺兩處之刻詩亦皆無年月可繫今姑附金末

楊奐碑

碑上闕四字揭本高六尺廣二尺五寸二十四行每行存五十三字末行以後文不全正行書在乾州

金故河南路課稅所長官兼廉訪使楊君神道之碑□□

河東元好問撰

柳城姚燧書并篆額

君諱奐字煥然姓楊氏乾之奉天人唐鄭國公之二十世孫也譜系之詳見君自敘載之先大夫墓銘茲得而略之曾大父楙大父超道父振是爲蕭軒翁及上二世皆在野母程嘗夢東南日光射其身旁一神人以筆授之已而君生蕭軒以爲文明之象就爲制名君甫勝衣嘗信口唱歌有紫陽閣之語扣之不能荅也未冠夢游紫陽閣景趣甚異後因以自號年十一丁內艱哀毀如

成八日蔬食誦孝經爲課八以天至稱焉又五年州倅
宗室永元謂翁曰若老矣守佐重以椄牘相煩聞若有
佳兒姑欲試之卽檄君爲倉典書時調度方殷君掌出
納朱墨詳整訖歲終無圭撮之誤倅愛之謂他日當有
塋勸之宦學師鄕先生吳榮叔指授未幾迥出倫輩賦
業成卽有聲場屋間不三十三赴廷試興定辛巳以遺
誤下第同舍盧長卿李欽若欽用昆季惜君連蹇勸試
補臺掾臺掾要津仕子慕羨而不能得者君荅書曰先
夫八毎以作掾爲諱僕無所似肖不能顯親揚名敢貽
下泉之憂乎正大初朝廷一新庶政求所以改弦更張者

君慨然草萬言策詣闕將上之所親謂其指陳時病辭
旨剴切皆八所不敢言保爲當國者所沮忠信獲罪君
何得焉君知直道不容浩然有歸志卽日出國門而西
教授鄕里者五年歲己丑乾州請爲講議安撫司辟經
歷官京兆行尚書省以便宜署君隴州經歷皆辭不就
再以參乾恒二州軍事親舊爲言世議迫隘不宜高蹇
自便始一應之庚寅京師春試授館左丞張公信甫之
門張公嘗謂八曰諸孫得君主善老夫沾丐抑多矣癸
巳汴梁陷微服北渡羈孤流落八所不能堪君處之自
若也冠氏帥趙侯壽之延致君待之師友間會門生朱

極自京師輦書至君得聚而讀之東平嚴公喜接寒素士
子有不遠千里來見者嚴公久聞君名數以行藏爲問
而君終不一詣或問之故曰不招而往禮歟且業已主
諸侯矣將無以我爲三三乎戊戌　天朝開舉選特詔
宣德課稅使劉公用之試諸道進士君試東平兩中賦
論第一劉公因委君考試雲燕俄從監試官北上謁領
中書省耶律公一見大蒙賞異力奏薦之　宣授河
南路徵收課稅所長官兼廉訪使　陛辭之日言於
中令公曰僕不敏誤蒙不次之用以書生而理財賦已
非所長又河南兵荒之後遺黎亡幾亨鮮之喻正在今

日急而擾之糜爛必矣願公假以歲月使得拊摩創罷
以爲　朝廷愛養基本萬一之助中令甚善之君初
莅政招致名勝如蒲陰楊正卿武功張君美華陰王元
禮下邽薛微之澠池翟致忠太原劉繼先之等日與商
略條畫約束一以簡易爲事按行境內親問監務月課
如干難易若何有循習舊例以增額爲言者君訶之曰
剝下罔上若欲我爲之邪減元額四之一公私便之官
長所臨率有餽餉君一切拒絕之亦有被刑責没財物
于官者不踰月政成官民以爲前乎此葢未有漕司惠
吾屬之如是也在官十年乃請老于燕之行臺以猶子

元楨襲職壬子九月　王府驛召入關尋被　教
參議京兆宣撫司事累上書乃得請閒居鄉郡築堂曰
歸來爲佚老之所雖在病卧猶召子弟秀民與之酒諭
之曰吾鄉寄邇豐鎬民俗敦朴兒輩皆當孝弟力田以
廉慎自保毋習珥筆之陋以玷傷風化及病革處置後
事明了如平時敕家人吾且死勿以二家齋醮貽識者
笑遂引觴大噱望東南炷香命門生員擇執筆留詩三
章恬然而逝春秋七十實乙卯歲九月之一日也後五
十七日葬於郡東南十里小劉里先塋之次夫人陳氏
劉氏祔焉禮也君三娶吳氏子男四人保垣元肇嵩山
綣山皆早夭元肇者在孕有異風骨不凡齠齔知讀書
八九歲聞君授即通大義尋爲人講說十二以羸疾至
于不幸君喪之盡然有童烏之慼女四人長嫁郡人張
僥次華陰王亨二幼者在室初泰和大安間入仕者惟
舉選爲貴科榮路所在人爭走之程文之外翰墨雜體
悉指爲無用之技尤諱作詩爲其害賦律尤甚至此下碑闕
今據集補於經爲通儒文爲名家不過翰苑六七公而已君
授學之後其自望者不碌碌舉業既成乃以餘力作爲
詩文下筆即有可觀嘗撰扶風福嚴院碑宋內翰飛卿
時宰高陵見之奇其才期君以遠大與之書曰吾子資

禀如此宜有以自愛得於彼而失於此非僕所敢知也
君復之曰辱公特達之遇敢不以古道自期飛卿喜曰
若如君言吾知韓歐之門世不乏人矣興定末關中地
震乾守吕君子成徧禱祠廟請爲祝文凡二十有四首
援筆立成文不加點在鄠下日中秋燕集一寓士忌君
名諷諸生作詩請君屬和君被酒謂客曰欲觀詩者舉
酒欲和以次唱韻意氣閑逸筆不停綴長韻短章終夕
成三十九首長安中目爲鄠郊即席倡和詩傳之性嗜
讀書博覽強記務爲無所不闚真積力久猶恐不及寒
暑飢渴不以累其業也中歲之後目力漸減猶能燈下
閱蠅頭細字夜分不罷作文剗刮塵爛創爲裁製以蹈
襲剽竊爲恥其持論亦然觀刪集韓文及所著書爲可
見矣禮部閑閑趙公平章政事蕭國侯公內翰馮公屏
山李公皆折行位與相問遺御史劉公光輔編脩張公
子中諸人與之年相若而敬君加等河朔士夫舊熟君
名想聞風采又被三接文衡又有在所過求見者應接
不暇其爲世所重如此暮年還秦中秦中百年以來號
稱多士較其聲聞赫奕聳動一世蓋未有出其右者前
世關西夫子之目今以歸君矣有還山集一百二十卷
緊言十卷紀正大以來朝政號近鑑者三十卷正統六

十卷其自敘曰正統之說所以禍天下後世者凡以不出於孔孟之前故也且夫湯武之應天順人後世莫可企及猶曰予有慙德武未盡善後世僻王槩以正統之傳非私言乎今立八例曰得曰傳曰襄曰復曰與曰陷曰絶曰歸始皇十年貶絶陷者何懲任相之失也太宗傳之而曰得者何志奪宗之惡也責景帝者何短通喪也責明帝者何啟異端也與明宗者何有君人之言也與周世宗者何世宗而在禮樂可與也如是八例其說累數十萬言以謂不如是則是非不白治亂不分勸戒不明雖綿歷百千萬世正統之爲正統昭昭矣此書往

往人間見之有詰難者則曰吾書具在豈復以口舌爲辨後世有賞音者君不治生產不取非義仕宦十年而家無十金之業然其周困急䘏孤遺扶病疾助葬祭習以爲常力雖不贍猶强勉爲之與人言每以名教爲言有片善則委曲奬藉唯恐其名之不著或有小過失必以苦語勸止之怨怒不計也評者謂君志立而學富器博而用遠使之官奉常歷臺諫掌辭命治賓客必有大過人者白首見招日暮途遠有才無命可爲酸鼻丙辰冬十月予閒居西山之鹿泉員生自奉天東來持京兆宣撫使商挺孟卿所撰行狀以墓碑爲請且道君臨終

念念不相置留語殷重以誤述爲顧惟不腆之文曷足爲君重竊念風俗之壞久矣冰雪沍寒往復四千里爲其師爲不朽計門弟子風誼如生者幾人此已不可辭見於平生之言乃勉爲論次之而系以銘其銘曰

有文者轄於跌者龜是爲關西夫子楊君之碑顧瞻佳城泣焉涕洟學道之難成使人傷悲君擅名場深蘖孤龍追乎駢儷而變古雅快潛蛟之雲飛謂君不逢歟奪回谿而澠池一命而佩金紫何若若兮纍纍鄙賓於唐世久衰微河潤九里蔚松櫝兮增輝謂君爲逢歟徒以文窮而自喜斬伐俗學力涸筋疲世無元聖之矣望伯

起其庶幾白首太元坐爲悠悠者之所譏繫正統之無適從職予奪之非宜君排諸儒斥偏執與詭隨彼月旦之有評且曩是而今非豈有一定罪功之名而槩終世之成虧我黜我升我招我麾不主故常不貸毫釐自我作古奚竊取爲自非慨然任當仁之重能不懼於西河之見疑維鼎之爲器也雖小而重屹神寶而弗移執謂漢唐甚盛之際亦不免於窮運之攸歸我車司南爾軏背馳傳者嗟誰異時有如君家子雲者出邈千載兮求知

中統五年建巳月立元好問撰文姚燧正書并篆額

在乾州碑文往往與史合惟作萬言策未及上歸教
授鄉里後安撫使辟經歷官京兆行尚書省以便宜
署君耀州經歷皆辭不赴應參乾恒二州軍事庚寅
春試授館張公信甫之門等事史不及之耳又史言
著還山集六十卷天興近鑑三卷碑云還山集一百
二十卷紀正大以來朝政號近鑑三十卷亦異燧與
之弟三女壻關中金石記

按此碑全文二千六百餘字當時或有碑陰或刻
二石今搨本僅得一紙自於經爲通備以下全闕
約一千六百餘字此搨上截每行整闕四字又闕

有泐文左上角石已損闕今取元遺山文集補全
不復旁注取其瞭然可讀也立碑歲月元集不載
據關中金石記稱中統五年建巳月立當由得見
全搨也元遺山卒于丁巳歲此碑撰于丙辰十月
在未卒之前一年姚燧書篆自署柳城人元史燧
傳稱燧字端甫世系見燧伯父樞傳樞傳則云柳
城人後遷洛陽碑署柳城者從其祖貫也史言燧
生三歲而孤育於伯父樞樞謂燧蒙暗教督之甚
急燧不能堪楊奐馳書止之曰燧令器也長自有
成爾何以急爲且許醮以女年十三見許衡於蘇

門十八始受學於長安二十四始讀韓退之文試
習爲之云云此碑云女四人長嫁郡人張箎次華
陰王亨二幼者在室不言第三女許姚燧考燧傳
至大元年年七十除承旨學士四年得告南歸明
年復名不赴卒于家年七十六當爲延祐元年甲
寅歲推其生在元太宗已亥歲至丙辰遺山撰文
之年得十八歲若燧書碑在是年碑文應有三女
嫁姚燧之明文何以云幼在室也奐史傳僅五百
七十字較碑祇存十之二然皆取碑文有删無增
京兆府學教養碑奉天楊煥書當即此楊奐是楊

名又作煥也碑云壬子九月王府驛名入關所稱
王府即世祖故傳云世祖在潛邸驛名奐參議京
兆宣撫司事元史世祖紀壬子帝駐桓撫間奏立
從宜府於京兆夏遣王府尚書姚樞立京兆宣撫
司以孛蘭及楊惟中爲使關隴大治奐之參議正
在是時碑云奐以乙卯歲九月一日卒後五十七
日葬是十月二十七矣而文以丙辰十月始撰又
九年而始立碑皆不與葬同時中統無五年是年
八月丁巳改元至元碑以巳月立故仍稱中統傳
稱賜謚文憲而不著何年此碑亦未載則在立碑

以後矣奐之葬所碑稱在郡東南十里陝西通志
載楊掾史振墓在乾州東南十里子奐與父振葬
同處振以貞祐四年正月七日葬於州南小劉村
新塋城南翁墓次據碑不詳父振爲掾史而振號
蕭軒翁不號城南翁未知通志又何本也碑云戊
戌試東平兩中賦論第一耶律公薦之宣授河南
路徵收課稅所長官元史食貨志太宗甲午年始
立徵收課稅所凡倉庫院務官并合干人等命各
處官司選有產有行之人充之其所辦課程每月
赴所輸納邵遠平元史類編楊奐傳引奐自著還
山集云歲己酉中書耶律公以軍國大計舉近世
轉運司例經理十路課稅易司爲所黜使稱長相
豐歉察息耗以平歲入聽中書省總之此碑題課
稅所長官正是易司爲所黜使稱長之時則當在
己酉年矣碑云所著有還山集一百二十卷槩言
十卷記正大以來朝政號近鑑者三十卷正統六
十卷史傳載還山集六十卷天興近鑑三卷正統
書六十卷今攷四庫全書有還山遺稿文一卷詩
一卷乃明嘉靖初南陽宋廷佐掇拾殘賸之本而
永樂大典未經錄入則其集之亡在明以前矣又

四庫提要云考集中贊僅記稱所著有還山前集
八十一卷後集二十卷近鑑三十卷韓子十卷槩
言二十五篇硯纂八卷北見記三卷正統記六十
卷所載與碑詳略不同然則當撰碑時奐所著書
已多亡逸也正統記雖亡幸碑載其序例可以得
其大指近鑑一書碑傳卷數懸殊至其紀號碑曰
正大傳曰天興天興距金亡僅三年若正大以來
尚得十年據碑稱正大初朝廷一新敝政君草萬
言策指陳時病後知直道不容浩然有歸志然則
近鑑一書因不上策而成者似碑所載爲確也顧
俠君元詩選錄奐詩百零五首不知與宋廷佐所
輯同否邵氏元史類編所引還山集中語亦不知
所見何本皆當俟攷碑云丙辰冬十月員生自奉
天東來持京兆宣撫使商挺孟卿所撰行狀以墓
碑爲請員生似即奐臨終時執筆爲詩之門生員
擇其人無攷元詩選有員炎小傳稱其字善卿衛
州人歲己亥故人楊奐主漕洛師愍其窶用監嵩
州酒已而隨所徵上謁奐方據案坐堂上吏皂雁
行立炎挂布囊掖下杖巨梃直前曰楊使君不相
知置我于此吾不能爲汝再辱遂揖而去此人當

是員擇族人碑不載己亥年事亦可廣碑所略史禹挺傳字孟卿曹州濟陰人年二十四汴京破北走依冠氏趙天錫與元好問楊奐遊東平嚴實聘爲諸子師癸丑世祖在潛邸受京兆分地聞挺名遣使徵至鹽州楊惟中宣撫關中挺爲郎中明年惟中罷廉希憲來代陞挺爲宣撫副使据此則其時宣撫使是廉希憲挺實爲副疑遺山集脫副字也

國書碑

碑連額高七尺廣二尺五寸二十三行字數多寡不等連額並國書

[illegible] 額

[illegible] 題

[illegible]

[illegible]

[illegible]

[illegible]

按此碑全是國書無譯文不能知其所紀何事姑依碑摹錄備攷碑文間有漫漶僅据現存點畫摹之其訛與否俟諸博識者攷定焉

附

齊

重置饒益寺石刻記

石高一尺七寸二分廣二尺八寸二十行行十三字正書在朝邑縣

左馮之東南踰三十里縣曰朝邑由縣之直南林木蓊鬱小徑縈紆約十里有鎮曰新市鎮有寺曰饒益乃陝右之名藍也路當秦晉要衝枕山河之形勢自唐宋以來名臣賢士經由往返莫不稅駕投憩於此或題名於壁或留詩於牌不可勝數前後主僧慮歲漫滅悉勒之于石寺遭兵火焚毀殆盡如前人石刻往往埋沒於頹垣遺基之下抃承乏領鎮事至此恨不及見饒益全盛之時實爲不足每暇日命僮僕事鍤築搜抉于荆榛瓦礫之間雖獲名公大臣行記詩刻例皆斷折訛缺讀之

令人悲惋即其稍完者萃而置之於藏春軒壁冀後之游觀者興葺之不替然周覽環視必思其人焉時阜昌癸丑九月初一日東萊新市監趙抃謹記

饒益寺住持僧道顯立石

抃自署爲新市監金史地里志朝邑縣有新市鎮是也寺在鎮之西梁天監中建唐貞觀二年起浮圖以明嘉靖地震圮文稱自唐宋以來名人賢士經由往返莫不於此題名主僧勒之于石案今題名惟宋政和中賈炎謝卿材二石尚存唐人名跡皆無之矣關中金石記

按今之同州府在後漢時謂之左馮翊建安初乃置馮翊郡碑故云左馮之東南縣曰朝邑也饒益寺在縣南十里今尚有鎮名新市者藏春軒壁即藏春塢關中金石記云今惟宋政和中賈炎謝卿材二石尚存謝卿材賈炎二題名巳錄見前謝題乃元豐六年三月賈題亦宣和六年四月皆非政和中關中記偶誤耳此記刻於癸丑爲阜昌三年劉豫自阜昌二年金太宗定陝西以其地賜豫故同州境地爲豫所有刻石紀年乃用阜昌也趙抃爲監鎮之官而乃裒聚石刻於兵亂之餘俾垂久

遠可謂好古者矣

孟邦雄墓誌

石高三尺七寸廣三尺八寸四十四行行四十四字正書在偃師縣學

大齊故贈通侍大夫徐州觀察使知河南軍府事兼西京留守河南府路安撫使馬步軍總管兼管內勸農使孟公墓誌銘

朝奉大夫前祕書少監編修國史賜紫金魚袋李杲卿撰

尚書禮部太史局中官正賜緋魚袋李肅書口篆蓋

公諱邦雄字彥國西京永安人也　曾祖諱順妣安氏

祖諱晏妣趙氏累葉不仕　考諱恩贈口口大夫母
口氏封恭人　公爲兒詩已剛介不羣既壯强鷙善騎
射以氣聞里中賢豪有能談兵者必屈折禮事以奥有
得焉而後已用是諸家兵法略知大義前宋靖康建炎
間中原喪亂盜賊蜂起嗣王走江浙海內洶洶遞相殘
噬公乃招集亡命旬月間得萬人號曰義師保全一方
力拒羣盜京城留守使司嘉其忠義便宜借補進義校
尉兼差權永安縣尉既而借補承信郎權知永安軍事
累遷修武郎京西河北河東路招捉使以　公有心力
能撫軍衆便宜補敦武郎兼閤門祗候仍差河南府西
六縣都巡檢建炎三年三月本路安撫使司改差知汝
州寳豐縣四年正月累獲大功京城留守使司便宜遷
武功大夫榮州刺史仍差權知河陽南城兼管內安撫
使四月差充京城留守司同簽書判官廳公事兼主管
侍衛步軍司仍遷右武大夫榮州團練使許從便宜五
月遷翊衛大夫六月遷中亮大夫改忠州防禦使
大齊開基阜昌改元　公適時知變乃以中亮大夫忠
州防禦使權知河南府兼西京留守管內安撫馬步軍
總管司公事兼管內勸農使歸附　聖朝　朝廷
優加顯秩遷中侍大夫依舊忠州防禦使餘並如故

公迺謂人曰大丈夫事主當一心建功立名期不朽豈
可乍服乍叛以速夷滅哉方思建立以固恩寵適京西
北路安撫總管翟興阻兵負險隔絶道路跳梁不軌殘
忍尤甚　公迺厲志竭忠乘機奮發勸督將士協力赴
功竟致渠魁破蕩巢穴厥績顯著　天子嘉之乃遷
徐州觀察使自是西至關中南至漢上凡兵火隔絶曠
日人迹不通之地一旦水陸舟車田野耒耜賈游於市
商通於路　朝廷得以車書隴右開拓巴蜀皆　公
之力也十月　皇帝遣使賜金帶以光寵之三年六
月　宣詔赴闕上殿　皇帝問以邊事辯對稱
旨無所疑滯　天子愛之賜廣撫封俾臨一路仍
正使號增重帥權特授依前中侍大夫徐州觀察使知
河南軍府事兼西京留守河南府路安撫使馬步軍總
管兼管內勸農使明年正月西賊叛逆順商號三州相
繼變亂虜掠百姓攻圍城邑大兵未集遽入西洛　公
不幸被執賊留之軍中意欲活而用之公乃毅然不屈
請即死之遂力被害享年四十六先是厥　父恩被傷
致殞男安世同日被禍三世忠孝萃于一門舍生取義
不失全節方之古人殆無媿也　朝廷哀憫其忠義
贈通侍大夫賜錢千緡及賻贈羊酒米麥等差諸縣夫

役百人以助葬事許其弟武經大夫閤門祗侯河南府
路副總管邦傑不妨本職以領葬事七月二十日癸酉
葬于永安軍芝田鄉蘇村之原公娶劉氏封恭人男一
人安世贈朝奉郎女二人並未嫁侯嫁日各賜夫承節
郎　公天性純厚明敏辯博事父母尤孝能以智帥人
與士卒同勞苦資糧與均故人樂任使多立奇功其在
西洛不唯威聲四馳見於將略至於撫衆治民政平訟
理皆出愁歎有古良吏風古之爲將者或以智略或以
壯勇或以死節苟得其一不害爲名將後世將弱兵驕
其能智略壯勇與夫死事奇節顯顯名世者幾希故其

伺敵之來往往內懷怯心外爲威色畏避矢石不敢前
臨時去就心挾二三幸勝則要功力屈則降敵若人者
安能死節王事願死馬革中以報　國家哉　公獨
能兼是數者卒死忠義並驅古人非天賦英烈未易如
是也僕不識　公之面友人將仕郎黃億實客於
公之舍一日狀　公行事之實見祝爲文辭不獲已因
爲之銘曰
帝造區夏　志清多壘　兇醜跳梁　速誅干紀　公
適時變　赤心款附　氣吞羣盜　亂庶遄沮　帝用
嘉之　以廣撫封　正彼使號　以旌有功　留鎮西
洛　克服商虢　舟車隴蜀　咸厎偉績　董賊亂常
兇焰熾張　死節被執　斷頭不降　以忠捐軀
禍及三世　死馬革中　是謂得志　帝用憫之　厚
葬斯舉　錫以千緡　贈以異數　□安窀穸　永□
幽宅　巍巍嵩高　與功無極

汴京楊青刊

碑新出土字蹟工秀得虞褚規模良可愛也阜昌爲
劉豫年號豫以宋建炎四年爲金所立中州金石記
億按孟邦雄事附劉豫傳後云孟邦雄發永安陵即
其人也今邦雄墓亦爲土人掘井出之獨匿此石五

十餘年予宛轉屬覓搆之乃詳其始末蓋邦雄永安
人自劉豫僭號遂降豫授僞職至中侍大夫徐州觀
察使知河南軍府事兼四京留守河南路安撫使馬
步軍總管兼管內勸農使案四京以史證之豫升東
平爲東京改東京爲汴京又僭位大名及河南府西
京并爲四京誌文所云四字蓋謂是也誌稱京西北
路安撫總管翟興阻兵負險隔絕道路跳梁不軌殘
忍尤甚公乃厲志竭忠乘機奮發勸督將士協力赴
功竟致渠魁破蕩巢穴攷與本傳爲京西北路安撫
制置使兼京西北路招封使此文乃易安撫招討名

為總管又傳劉豫將遷汴以興屯伊陽憚之遣蔣頤
持書誘興以王爵興斬頤焚其書誌文謂興跳梁不
軌殘忍尤甚當指於此至傳所云豫計不行乃陰遣
人啗裨將楊偉以利偉殺興攜其首奔豫則此誌以
邦雄勸督將士竟致渠魁是於興之隕殁皆由邦雄
所致與史頗不相符惟興本傳內小註或云賂偉為
內應以兵徑犯中軍與奮擊墜馬死則邦雄乘機奮
發卽當時以兵犯中軍者事亦或然也然則史小註
宜為可據而傳故兩存之也偃師金石錄

按誌云邦雄西京永安人也葬于永安軍芝田鄉

蘇村之原今河南府鞏縣宋景德四年析置永安
縣金貞元元年改名芝田縣元時廢入鞏縣所謂
芝田縣者蓋卽以鄉為名則邦雄葬所當在鞏縣
地此石不知何以入於偃師誌載翟興與匪兵負險
事以宋史傳攷之在紹興二年亦卽阜昌二年此
誌蓋脫二年字也其云西賊叛逆順商虢三州相
繼變亂虜掠百姓攻圍城邑云云宋史劉豫傳紹
興二年二月知商州董先以商虢二州叛附豫十
二月襄陽鎮撫使李橫敗豫兵於揚石乘勝趣汝
州偽守彭玘以城降三年正月庚申李橫破潁順

軍偽守蘭和降壬戌敗豫兵于長葛甲子橫引兵
至潁昌府攻下之三月豫聞橫入潁昌求援于金
豫亦遣將逆戰橫敗績橫軍本羣盜恃勇無律勝
則爭取子女金帛故及於敗四月陷虢州誌所稱
西賊似卽指李橫然銘詞有云董先亂常兇焰熾
張死節被執斷頭不降是邦雄死于董手不知董
為何人豈卽董先耶誌云黃億狀公行事之實見
祝為文祝與囑同音猶今人言見囑也据本字文
義亦卽祈禱之意猶言祈求也

新祭忠武王碑

碑連額高九尺廣四尺作兩截上截祭文省牒共三十一行行二十四字下截記二十三行行二十七字正書篆額在宜川縣

將仕郎臣王寵書

廸功郎臣孟醇篆額

維阜昌六年歲次乙卯九月辛未朔二十一日辛卯
皇帝遣武節大夫閤門宣贊舍人權知丹州軍州事兼
管內安撫司公事兼勸農事劉議昭薦于　咸寧郡
王維　神昔奮節義為時名臣當奉天之難唐室傾
危致命匡主克殄妖氛載在信史勳庸蔚然故能死而
不朽廟食咸寧英爽凛凛如生有祈必應民受賜焉適

者時雨久愆官僚精禱挹彼　靈祠之淸泉遂獲嘉
澍槁苗勃興歲事有成長吏以聞深切嘉歎是用祗遣
使人持此名薰式陳明薦庶荅　神休維　神其監
之尚　饗
尚書禮部
都省付下本省奏禮部呈丹州知州劉議奏爲春旱率
吏民詣唐　咸寧郡王謚字犯徽祖廟諱武渾瑊廟祈雨不
及旬日遂獲霑足契勘渾瑊前朝雖曾用當時謚號寘
封兼所賜封爵今來正犯　徽祖皇帝廟諱合行
迴避欲望以今來祈禱有應民賴生全特加美號八月
十三日奏得　聖旨指揮封爵犯　廟諱字依已
降　指揮不須別改外內祈雨感應事依已降　指揮
只特嚴潔　勅祭以謝今具下項須至符下一恭
依　聖旨差使臣張整賫　御香祝版前去
一勅祭用籩豆貳簠簋壹牲牢止用少牢壹牲幣帛壹
其合用篚箱罍洗酒罇爵盞燎草差官行禮儀制並令
本州差長吏依祭祀社稷禮數排辦行禮籩貳壹實鹿
脯壹實魚鱐豆貳壹實芹壹實鹿臡闕以羊代簠壹實稻米
簋壹實黍米俎案壹羊腥幣帛壹長壹丈捌赤小赤丹
州主者仰恭依前項　聖旨指揮排辦行禮施行

符到奉行
阜昌六年八月　日下
員外郎押
員外郎押
唐將咸寧郡渾王在德宗朝爲時名臣履折衝之任禦
侮定亂休功偉績著在信史貞元中繇樓煩郡王徙封
咸寧追謚忠武後世興建祠宇血食茲土從本封也丹
陽之民蒙賴德澤凡有祈禱應若影響阜昌乙卯歲自
春徂夏久旱不雨民心皇皇郡刺史躬率吏民敬謁祠
下屢獲嘉應前此以守臣有請雖錫寘封然止因舊謚
未足以稱褒崇之意仍以封號犯　徽祖廟諱抗
章有請乞別加美號以荅　神休九月辛卯
天子遣使者頒　尺一詔書賫　御香祝版
太常定儀式以祀社稷禮遣守臣武節大夫閤門宣贊
舍人權知丹州軍州兼管內安撫司公事兼勸農事劉
議　勅祭祠下是日也秋高氣爽祥烟瑞靄飛浮
棟宇巖谷生光士民□□　神人交慶咸以謂自
貞元迄今寥寥數百年　神之功烈被民垂光後世
荐被褒嘉寔一時之盛事而　聖天子不以踈遠
爲聞嘉良吏二千石愛民之意特垂　聽納如與

輔相近臣都俞於一堂之上以成康濟之功盛美流□
□□歆羨莫不嘆服而仰慕豈不韙歟阜昌七年正月
初四日奉議郎權丹州軍事推官臣王蔚謹記
承議郎權丹州軍事推官臣王蔚
朝奉大夫特差權通判丹州軍州事兼專一管內勸
農事臣張几
武節大夫閤門宣贊舍人權知丹州軍州兼管內安
撫司公事兼勸農事臣劉議　立石
刊字人臣麻永

碑爲僞知丹州軍事安撫使劉□立議以渾忠武王

諡犯徽祖廟諱抗章請□徽稱□豫之祖也李心傳繫年要錄稱紹興二年四月庚寅豫遷都汴奉祖考于宋太廟尊其祖忠曰毅文皇帝廟號徽祖宋史以爲四月丙寅非庚寅者誤也是月壬戌朔庚寅月之廿九日也史又云豫名迪功郎王寵不至此記爲寵所書不至之說恐未必是孟醇趙宗室王蔚字叔文史有傳　關中金石記

按忠武王渾瑊廟在延安府宜川縣城東南五里鳳翅山谷廟中有惠澤泉歲旱禱於此唐書渾瑊傳瑊以平朱泚論功受封緜樓煩郡王徙咸寧郡之咸寧至宋太平興國初省入宜川屬丹州故宜川有廟即瑊所封之地也瑊在唐本封咸寧郡王宋元豐中追封忠武王亦即瑊之諡也文避劉豫祖諱仍稱咸寧郡王此碑因旱禱雨有應有司上請遂降香勅祭所謂抱彼靈祠之清泉者即惠澤泉也碑首云阜昌六年歲次乙卯劉豫以宋建炎四年九月爲金所立奉金正朔仍稱天會八年十一月改明年元爲阜昌明年者辛亥年也則乙卯是五年此云六年者連□立之始年勅祭在六年而立碑在七年逾年□一月而豫廢矣

禹蹟圖

圖高廣各三尺四寸二分在西安府

禹蹟圖　圖不繪

圖劉豫時刻攷豫以宋紹興元年爲金所立則是年當丁巳亦金天會之十五年也每折地方百里所載山川多與古合唐宋以來地圖之存惟此而已攷宋毛晃禹貢指南稱先儒所刻禹蹟圖黑水在雍州西北而西南流至雲南之西南乃有黑水口東南流而入南海中間地里闊遠今此圖黑水與毛說合是爲宋以前相傳之舊也唐書稱賈耽繪海內華夷圖廣

三丈縱三丈三尺以寸爲百里中國本之禹貢外夷本班固漢書古郡國題以墨今州郡題以朱豈此圖之權輿與圖象之學自古重之山海經前五篇乃伯益經其後十二篇爲周秦以來釋圖之言故往往雜以後代郡縣今案其文有云在其東或在其北云捕魚水中云兩手各操一蛇云右手指青邱北之屬皆據形言之耳山海經本有圖故陶潛以之入詩張駿郭璞以之作讚始知班固藝文志入之形家有以也不知者乃以爲域外之言堪輿之學非聖經矣又史記言蕭何收秦圖書大宛傳言天子案古圖書

三王世家有御史奏輿地圖漢書言李陵圖所過山川地形元帝示後宮人單于圖明帝賜王景禹貢圖又班固案秦地圖虞喜志林薛瓚注漢書皆案漢輿地圖晉書言裴秀自製禹貢地域圖十八篇李吉甫元和郡縣圖志言起京兆府盡隴右凡四十七鎮每鎮皆圖在篇首今俱不存則此圖之傳良足寶矣地理之學古今互異試條其得失附以鄙証爲讀禹貢者有所採也　又案圖嶓冢山在秦州東南深合自漢以來相傳之說攷水經禹貢山水澤地所在言嶓冢在隴西氐道班固地理志言在隴西西縣漢氐道

及西縣治皆在今秦州自魏收地形志以嶓冢山爲在華陽郡嶓冢縣括地志元和郡縣志並承其誤山乃移今之寧羌州矣然唐人猶兩存其說據魏收以駁班固自胡渭禹貢錐指始　又案圖西漢水出秦州南至涪州入江東漢水出興元府東至漢陽入江亦合于班固地理志之說其圖西漢水不通于東漢則不合于古何則余嘗謂禹貢言嶓冢導漾是言水之在今甘肅秦州者也東流爲漢是言水之在今陝西漢中府者也又東爲滄浪之水則言水之在今湖北省者也西漢至寧羌州西北有水通于東漢故班固

所云東漢水首受氐道水郭璞爾雅音義謂之潛水水經注謂之通谷水括地志謂之後水云出利州綿谷縣龍門山今俗以爲燕子河也其水于圖當自興元府南承東漢水流至利州北合于西漢而殊未之及今四川廣元縣是唐宋利州治寧羌州是其東北境龍門山在州北百五十里卽李吉甫所云利州東北有龍門山者也樂史又云龍門山下有燕子谷或水之所以名矣郭璞既稱舊云卽禹貢沱潛缺之非也　又案圖黑水是三危之黑水黑水實有二余攷華陽黑水惟梁州孔安國言東據華山之南西距黑

水張守節史記正義案括地志黑水源出梁州城固縣西北太山以此釋梁州黑水較長酈道元案諸葛亮牋稱朝發南鄭暮宿黑水卽此諸家解書以二黑水爲一非也今水在漢中府城固縣西北五里案圖漆沮之洛至同州南入于河古說皆入渭是洛自宋金時改流入河近韓邦靖著朝邑縣志云洛水明成化改流入河不察甚矣　又案圖無漆沮葢洛卽漆沮孔安國書傳水經見史記注晉灼所引今本無之闞駰皆言是也李季卿三墳記石刻亦云漆沮之溢馮翊昏墊是唐人猶存其說矣漢人言漆縣西有漆水入渭在今麟遊縣合雍入渭者爲詩自土沮漆之漆古但有兩漆水耳水經注洛水下又有漆水又引開山圖長安西有漆渠俱非禹貢之漆然自樂史宋敏求以來所在多漆水矣關中金石記

華夷圖

圖高廣各三尺四寸二分在西安府

華夷圖圖不繪

右華夷圖不著刻人名氏題云阜昌七年十月朔岐學上石葢劉豫時所刻其年十一月豫爲金人所廢阜昌之號終于此矣唐貞元中宰相賈耽圖海內華

夷廣三丈從三丈三尺以寸爲百里斯圖葢仿其製而方幅縮其什之九京府州軍之名皆用宋制開封爲東京歸德爲南京大名爲北京惟河南不稱西京未詳其故也碑云四方蕃夷之地賈魏公圖所載凡數百國今取其著聞者載之又參考傳記以敘其盛衰本末至如西有沙海諸國西北有奄蔡北有首利幹東北有流鬼以其不通名貢而無事于中國故略而不載此亦見其去取之不苟矣潛研堂金石文跋尾

按禹蹟華夷二圖高廣尺寸相同禹蹟圖界方格每方折地百里列禹貢山川名古今州郡名古今山水地名阜昌七年四月刻石華夷圖阜昌七年十月刻圖中所載多及宋契丹通貢之語有建隆乾德寶元年號其爲宋時所圖固無可疑然其稱契丹云卽今稱大遼國其姓耶律氏似乎作圖猶及遼盛時又渤海夫餘之間有女貞國名女貞一作女眞避宋仁宗諱改名女直然在宋則避之遼人尚仍其舊稱以此證之疑是遼人所繪故有大遼字若是宋人則當避貞字若金人則宜加大金之稱說矣然遼以幽州爲南京此圖仍作幽字而宋之四京獨詳其三又似宋人所作甚不能遽定也

劉豫以七年十一月丙午被廢而十月朔尙刻華夷圖者蓋廢豫之舉不過奉詔降封並無干戈擾攘之事僞齊全境恬然安之當刻此圖之時初不料逾月即亡也兩碑但紀歲月不著所以刻石之故而華夷圖則有岐學上石字殆由學校中得此二圖舊本刻石以示諸生耳餘說已詳關中金石記不復述

金石萃編卷一百五十九終

金石萃編卷一百六十

賜進士出身　誥授光祿大夫刑部右侍郎加七級王昶譔

南詔

南詔德化碑

碑前半巳剝蝕殆盡石約高一丈三尺一寸廣八尺六寸行數不可考每行約九十字行書在雲南大理府

清平官鄭回撰

恭聞清濁初分運陰陽而生萬物川嶽旣列樹元首而定八方道治則中外寧政乖必風雅變我贊普鍾蒙國大詔性業合道智覩未萌隨世運機覲宜撫衆退不負德進不慙容者也王姓蒙字閤羅鳳大唐特進雲南王越國公開府儀同三司之長子也應靈傑秀含章挺生日角標奇龍文表貴始乎王在儲府道隆三善位即重離不讀非聖之書嘗學字人之　撫軍屢聞成績監國每著家聲唐朝授右領軍衛　兼陽瓜州刺史洎先詔與御史嚴正誨謀靜邊　大日統軍打石橋城差詔與嚴正誨攻石和子父子分師兩殄兇醜加左領軍衛大將軍無何又與中使王承訓同破劍川忠績載揚賞延于嗣遷左金吾衛大將軍而官以材遷功由幹立朝廷照鑒委任兵權尋拜特進都知兵馬大將二河旣

宅五詔巳平南國止戈北朝分政而越析詔餘孽千䐕
侍衆猜驕瀘江結彼兇渠擾我邊鄙飛書遣將皆輒拒
遣詔弱冠之年巳負英斷恨茲殘醜敢逆大豚固請自
征志在掃平梟于瞻之頭傾伏藏之穴鐸稍盡獲寶物
並歸解君父之憂靜邊隅之祲制使奏聞酬上柱國天
寶七載先王即世皇上念功旌孝悼往撫存遣中使黎
敬義持節冊襲雲南王長男鳳迦異時年十歲以天寶
八朝授鴻臚少卿因冊襲次又加授上卿兼陽瓜州刺
史都知兵馬大將既御厚眷思竭忠誠子弟朝不絕書
進獻府無餘月將謂君臣一德內外無欺豈期奸佞亂

常撫虐生變初節度章仇兼瓊不量成敗妄奏是非遣
越嶲都督竹靈倩置府東爨通路安南賦重役繁政苛
人弊被南寧州都督爨歸王昆州刺史爨日進梨州刺
史爨祺求州爨守懿螺山大鬼主爨彥昌南寧州大鬼
主爨崇道等陷煞竹倩兼破安寧天恩降中使孫希莊
御史韓洽都督李宓等委先詔招討諸爨畏威懷德再
置安寧其李宓忘國家大計躡章仇詭縱務求進官榮
宓阻扇東爨遂激崇道令煞歸王議者紛紜人各有志
王務遏亂萌思紹先續乃命大將軍段忠國等與中使
黎敬義都督李宓又赴安寧再和諸爨而李宓矯偽居

心尚行反間更令崇道謀煞日進東爨諸酋並皆驚恐
曰歸王崇道叔也日進弟也信彼讒構煞戮至親骨肉
既自相屠天地之所不祐乃各興師召我同討李宓外
形中正佯假我郡兵內蘊奸欺妄陳我違背賴節度郭
虛己仁鑒方表我無辜李宓尋彼貶流崇道因而亡潰
又越嶲都督張虔陀嘗任雲南別駕以其舊識風宜表
奏請為都督而反誑惑中禁職起亂階吐蕃是漢積讎
遂與陰謀擬共滅我一也誠節王之庶弟以其不忠不
孝貶在長沙而彼奏歸擬令間我二也崇道蔑盟構逆
罪合誅夷而却收錄与宿欲令讎我三也應與我惡者

並授官榮与我好者咸遭抑屈務在下我四也築城收
質繕甲練兵密欲襲我五也重科白直倍稅軍糧徵求
無度務欲敝我六也于時馳表上陳屢申冤枉皇上照
察降中使賈奇俊詳覆屬豎臣無政事以賄成一信虔
陀共掩天聽惡奏我將叛王乃仰天嘆曰嗟我無事上
蒼可鑒九重天子難承咫尺之顏萬里忠臣豈受奸邪
之害即差軍將楊羅顛等連表控告豈謂天高聽遠蠅
點成瑕雖布腹心不蒙矜察管內酋渠等皆曰主辱臣
死我實當之自可齊心戮力致命全人安得知難不防
坐招傾敗於此差大軍將王毗雙羅時□牟苴等揚兵

送檄問罪府城自秋畢冬故延時序倘竹王命冀雪事
由豈意節度使鮮于仲通已統大軍取南谿路下大將
軍李暉從會同路進安南都督王知進自步頭路入既
數道合勢不可守株乃宣號令誡師徒四面攻圍三軍
齊奮　先靈冥祐神炬助威天人協心軍蟇全拔
虔陀飲酖寮庶出走王以爲惡止虔陀罪豈加衆舉城
移置猶爲後圖即便就安寧再申衷懇城使王克昭執
惑昧權繼違拒請遣大軍將李克鐸等帥師伐之我直
彼曲城破將亡而仲通大軍已至曲靖又差首領楊子
與雲南錄事叅軍姜如之齎狀披雪往因張卿議構遂

令蕃漢生靖贊普今見觀釁浪穹或以衆相威或以利
相導儻若蚌鷸交守恐爲漁父所擒伏乞居存見亡在
得思失二城復置幸容自新仲通殊不招承勁至江口
我又切陳丹欵至于再三仲通拂諫棄親阻兵安忍吐
發唯言屠戮行使皆祇訴呵仍前差將軍王天運帥領
驍雄自點蒼山西欲腹背交襲於是具牲牢設壇墠叩
首流血曰我自古及今爲漢不侵不叛之臣今節度背
好貪功欲致無上無君之討敢昭告於皇天后土史祝
盡詞東北稽首舉國痛切山川黯然至誠感神風雨震
雷豢直言曰彼若納我猶吾君也今不我納即吾讐也

闕軍之機疑事之賊乃召卒伍攔然登陴謂左右曰夫
至忠不可以無主至孝不可以無家即差首領楊利等
於浪穹參吐蕃御史論若贊御史通變察情分師入救
時中丞大軍出陳江口王審孤虛觀向背縱兵親擊大
敗彼師因命長男鳳迦異大軍將段全葛等於丘遷和
拒山後贊軍王天運懸首轅門中丞逃師夜遁軍吏欲
追之詔曰止君子不欲多上人况敢凌天子乎既而合
謀曰小能勝大禍之胎親仁善鄰國之寶遂遣男鐸傳
舊大酋望趙佺鄧楊傳磨侔及子弟六十人齎重帛珍
寶等物西朝獻凱屬贊普仁明重酬我勳効遂命宰相

倚祥葉樂持金冠錦袍金寶帶金帳牀安扛傘鞍銀獸
及器皿珂貝珠毯衣服駝馬牛犛等賜爲兄弟之國天
寶十一載正月一日於鄧川册詔爲贊普鍾南國大詔
授長男鳳迦異大瑟瑟告身都知兵馬大將凡在官僚
寵幸咸被山河約誓永固維城改年爲贊普鍾元二年
漢帝又命漢中郡太守司空襲禮内使賈奇俊帥師再
置姚府以將軍賈瓘爲都督僉曰漢不務德而以力爭
若不速除恐爲後患遂差軍將王兵各絶其糧道又差
大軍將洪光乘等神州都知兵馬使論綺里徐同圍府
城信宿未踰破如拉朽賈瓘面縛士卒全軀三年漢又

命前雲南郡都督兼侍御史李宓廣府節度何履光中使薩道懸遜惣秦隴英豪兼安南子弟頓營隴玶廣布軍威乃舟楫備修擬水陸俱進遂令軍將王樂寬等潛軍褒造船之師伏屍遍毘舍之野李宓猶不量力進逼遂川時神州都知兵馬使論綺里徐來救巳至巴蹻山我命大軍將段附克等內外相應競角競衝彼弓不暇張刃不及發白日晦景紅塵翳天流血成川積屍壅水三軍潰衄元帥沉江詔曰生雖禍之始死乃怨之終豈顧前非而忘大禮遂收亡將等屍祭而葬之以存恩舊五年范陽節度安祿山竊據河洛開元帝出居江劍賛

普差御史賛郎羅于恙結齎勅書曰樹德務滋長去惡務除本越嶲會同謀多在我圖之此爲美也詔恭承上命卽遣大軍將洪光乘杜羅盛段附克趙附于望羅遷王遷羅奉淸平官趙佺鄧等統細子藩從昆明路及宰相倚祥葉樂節度尚檢賛同伐越嶲詔親帥太子藩圍逼會同越嶲固拒被僇會同請降無害子女玉帛百里塞途牛羊積儲一月館穀六年漢復置越嶲以楊庭琎爲都督兼固臺登賛普使來曰漢今更置越嶲作援昆明若不再除恐成滋蔓旣舉奉明旨乃遣長男鳳迦異駐軍瀘水權事制宜令大軍將楊傳磨侔欺急歷如數

進齊入越嶲再掃臺登滅除都督見擒兵士盡擄於是揚兵邛部而漢將大奔迴旆昆明傾城稽顙可謂紹家繼業世不乏賢昔十萬橫行七擒縱略未足多也爰有尋傳疇壤沃饒人物殷湊南通渤海西近大秦開闢以來聲教所不及羲皇之後兵甲所不加詔欲革之以衣冠化之以義禮十一年冬親與寮佐兼總師徒刊木通道造舟爲梁耀以威武喻以文辭欵降者撫慰安居抵捍者顕繫盈貫矜愚解縛擇勝置城裸形不討自來祁鮮望風而至且安寧雄鎮諸爨要衝山對碧雞波環碣石鹽池鞅掌利及牂歡城邑綿延勢連戎僰乃置城監

用輯攜離遠近因依閭閻櫛比十二年冬詔候隙省方觀俗恤隱次昆川審形勢言山河可以作藩屏川陸可以養人民十四年春命長男鳳迦異於昆川置柘東城居二詔佐鎭撫於是威懾步頭恩收曲靖頒誥所及翕然俯從

我王氣受中和德含覆育才出人右辯稱世雄高視則卓爾萬尋運籌則決勝千里觀釁而動因利興功事叶神衷有如天啓故能攻城挫敵取勝如神以危易安轉禍爲福紹開祖業宏覃王猷坐南面以稱孤統東偏而作主然後修文習武官設百司列尊叙卑位分九等闡三教賓四門陰陽序而日月不愆賞罰明

而奸邪屏跡通三才而制禮用六府以經邦信及豚魚
恩霑草木戹塞流潦高原爲稻黍之田疏決陂池下隰
樹園林之業易貧成富徒有之無家饒五畝之桑國貯
九年之稟蕩穢之恩屢沾蠢動珍帛之惠遍及耆年設
險防非憑隘起堅城之固靈津蠲疾重巖湧湯沐之泉
越賧天馬生郊大利流波濯錦西開箏傳祿鄭出麗水
之金北接陽山會川收琵琶之寶南荒濟湊覆詔顧爲
外臣東蠻悉歸步頭已成內境建都鎮塞銀生于墨觜
之鄉僕陳省方駕憩于洞庭之野盍由八僰地靈物華
氣秀者也於是犀象珍奇貢獻畢至東西南北煙塵不

飛退邇無剽掠之虞黔首有鼓擊之泰乃能驤首邛南
平睥海表豈惟我鍾王之自致實賴我聖神天帝
贊普德被無垠威加有截春雲布而萬物普潤霜風下
而四海颯秋故能取亂攻昧定京邑以息民兼口侮亡
册漢帝而繼好時清平官段忠國段等銓等咸日有國
而致理君主之美也有美而無揚臣子之過也夫德以
立功功以建業業成不紀後嗣何觀可以刊石勒碑志
功頌德用傳不朽俾達將來口成家世漢臣八王稱乎
晉業鍾銘代襲百世定于當朝生過不天再罹衰敗賴
先君之遺德沐求舊之鴻恩改委清平用兼耳目心懷

吉甫愧無贊於周詩志効奚斯願齊聲於魯頌紀功述
績寔曰鴻徽自顧下才敢題風烈其詞曰
降祉自天禍流後孕瑞應匪虛正祥必信聖
主分憂遐夷聲振襲久傳封爰符兼印兼瓊
秉節貪榮構亂開路安南政殘東蠻竹倩見
屠官師潰散賴我先王懷柔伏叛祚不乏賢
先膺是繼郡守詭隨貶身遐裔禍連虔陀
亂深豎嬖殃咎匪他途豕自殪仲通制節不
詢長久徵兵海隅頓營江口矢心不納白刃
相守謀用不臧逃師夜走漢不務德而以力

爭興師命將置府層城三軍往討一舉而平
面縛羣吏馳獻天庭李宓總戎猶窮覆轍
水戰陸攻援孤糧絕勢屈謀窮軍殘身滅祭
而葬之情由故設贊普仁明審知機變漢德
方衰邊城絕援揮我兵戎攻彼郡縣越嶲有
征會同無戰雄雄嫡嗣高名英烈惟孝惟忠
、乃明乃哲性惟溫良才稱人桀邛瀘一掃
軍郡雙滅觀兵鋒傳舉國來賓巡幸東蠻懷
德歸仁碧海效祉金穴薦珎人無常主惟賢
是親土宇克開煙塵載寢殺擊犁坑愒熙羣

品　出入連城　光揚衣錦　業留万代之基、倉貯
九年之廩　明明贊普　揚于之光　赫赫我王　實
賴之昌　化及有土　業著無疆　河帶山礪　地久
天長　辯稱世雄　才出人右　信及豚魚　潤深瓊
玖　德以建功　是謂不朽　石以刊銘　□□可久
其十二
碑陰
四十一行俱書官名下半剝蝕字數無考正書
上闕帶段忠國　清平官大軍將大金告身賞錦袍金
帶□□□上闕下闕□虫皮衣楊傍佺　清平官小頗弥
告身賞錦袍金帶上闕下闕頗弥告身賞二色綾袍金帶纍
守□　清平官大金告上闕下闕李□□　大軍
將開南城大軍將上闕下闕□大大虫皮衣趙眉丘　大
軍將士曹長大頗弥□□賞紫袍金上闕下闕□衣楊細□
大軍將賞二色綾袍金帶王琮羅鐸　大軍下闕
上闕□袍金帶兼大夫虫皮衣張驃□于　大軍將前
戶曹長拓東□下闕賞二色綾上闕下闕綾袍金帶王波鐸
大軍將前法曹長大頗弥告身賞二色綾袍金帶
楊上闕下闕□軍將小金告身賞二色綾袍金帶楊羅望
大軍將小金告身賞錦袍金帶上闕下闕大軍將賞二色

綾袍金帶尹瑳遷　大軍將小金告身賞紫袍金帶
楊龍棟上闕下闕身賞二色綾袍金帶尹附酋　大軍將
賞紫袍金帶趙□□□　大軍將兵曹下闕紫袍金帶
趙逸羅□上闕下闕色綾袍金帶兼大大虫皮衣孟綽望
軍將士曹長小銀告身賞紫袍金帶楊鄧佺下闕法
曹長小頗弥告身賞□□綾袍上闕下闕大軍將小銀告身
賞二色綾袍金帶楊各酋　大軍將賞二色綾袍金
帶趙龙細利　客曹□□□弥告身賞二□綾袍下闕
上闕賞二色綾袍金帶□□羅疋　大軍將兵曹長小
頗弥告身賞紫袍金帶段君利　大軍將　小
銀告身賞上闕下闕大軍將小銀告身賞二色綾袍金帶尹
□□　大軍將小銅下闕綾袍金帶周上闕下闕賞二色
綾袍金帶唐酋□　大軍將賞紫袍金帶喻酋□
大軍將賞上闕下闕倉曹長小銀告身賞二色綾袍金帶
兼大大虫皮衣□盛顛　大軍將賞紫袍金帶上闕下闕
□定　大惣管小銀告身賞二色綾袍金帶兼大虫
皮衣□□□□　軍將□法曹上闕下闕綾袍金帶洪羅
棟　大惣管小銅告身賞二色綾袍金帶□
軍將兼上闕下闕色綾袍金帶段旋忙湊　軍將戶
曹長小銅告身賞紫袍金帶□□□堅　大惣管下闕

上闕怔湊、　軍將羣牧大使小銀告身賞紫袍金帶楊
瑳白奇　都□□兼知表詔小銀告身下闕上闕和　大
惣管兼押衙小鍮石告身賞二色綾袍金帶石覆苴
大軍將小銀告身□□□□□段□□邏下闕上闕帶李
奴鄧　客曹長賞紫袍金帶王　大軍將
小頗弥告身賞□□□帶□諾地下闕上闕弥告身賞紫袍
金帶阿忍　大軍將小頗弥□□□□紫下闕上闕大軍將
賞二色綾袍金帶黑嵩□□　大軍將賞紫袍金帶
下闕上闕□　大□編賞紫袍金帶□白伽　軍將□
瑜石告身賞紫下闕上闕軍將賞紫袍金帶兼大蟲皮衣劉

望□□　軍將賞□袍金帶下闕上闕軍將前兵曹□官小
銅告身賞紫袍金帶杜頗伽下闕上闕趙充□□　軍將
兵曹副小銀告身賞紫袍金帶下闕上闕盛　軍將士曹
副賞紫袍金帶楊鄧四羅　□□□□□袍金帶□□
□□下闕上闕軍將大鍮石告身賞紫袍金帶段下闕上闕伽瑳
軍將賞紫袍金帶楊滂□□下闕上闕軍將傔人佐揚
邏歛　軍將□紫下闕上闕紫袍金帶尹求寬下闕上闕將賞
紫袍金帶張趙邏　軍將賞紫袍金帶下闕上闕軍將賞
紫袍金帶□□利　軍將□紫袍金帶下闕上闕斂　詔
親大軍將大金告身賞二色綾袍金帶李外成苴下闕上闕

軍將兼白崖城大軍將大金告身賞二色綾袍金帶李
下闕上闕詔親大軍將小銀告身賞二色綾袍金帶李些豊
滂下闕上闕詔親大軍將賞二色綾袍金帶放苴　詔
親下闕上闕金告身賞錦袍金帶獨磨下闕

按此碑文約三千八百字存者約八百字葢泐其
三千字矣今取雲南通志所載文補其泐字注於
旁乃可讀也碑稱王姓蒙字閣羅鳳大唐特進雲
南王越國公開府儀同三司之長子也唐朝授右
領軍衛大將軍兼陽瓜州刺史尋拜特進都知兵
馬大將加上桂國天寶七載先王卽世上遣使持

節冊襲雲南王長男鳳迦異入朝授陽瓜州刺史
都知兵馬大將初節度章仇兼瓊奏遣越巂都督
竹靈倩李宓等委先詔招討諸爨王乃命大軍將
與李宓和諸爨而李宓行反間東爨諸酋乃各興
師召我同討李宓妄陳我違背又越巂都督張虔
陀誣惑中禁職起亂階于時馳表上陳屢申寃枉
皇上一信虔陀奏我將叛王乃連表控告天高聽
遠不蒙矜察節度使鮮于仲通等統大軍至曲靖
又齋狀披雪仲通殊不招承仍自點蒼山西欲腹
背交襲於是昭告皇天后土縱兵親擊大敗彼師

遂遣男鐸傳及子弟六十人西朝獻凱贊普賜爲
兄弟之國天寶十一載正月一日册詔爲贊普鍾
南國大詔授長男鳳迦異都知兵馬大將改年爲
贊普鍾元二年十四年春命長男鳳迦異於昆川
置柘東城居二詔佐鎮撫時清平官段忠國段尋
銓等刊石勒碑志功頌德云云以唐書南蠻列傳
攷之南詔或曰鶴拓曰龍尾曰苴咩曰陽劒本哀
牢夷後烏蠻別種也夷語王爲詔其先渠帥有六
自號六詔曰蒙嶲詔越析詔浪穹詔邆賧詔施浪
詔蒙舍詔蒙舍詔在諸部南故稱南詔居永昌姚

州之間鐵橋之南東距爨東南屬交趾西摩伽陀
西北與吐蕃接南女王西南驃北抵益州東北際
黔巫王都羊苴咩城別都曰善闡府王蒙氏父子
以名相屬自舍龙以來有譜次可考舍龙生獨邏
亦曰細奴邏高宗時遣使者入朝賜錦袍細奴邏
生邏盛炎邏盛炎生炎閤武后時盛炎身入朝妻
方娠生盛邏皮喜曰我又有子雖死唐地足矣炎
閤立死開元時弟盛邏皮立皮邏閣授特進封臺
登郡王炎閤未有子時以閤羅鳳爲嗣及生子還
其宗而名承閤遂不改開元末皮邏閣逐河蠻取

大和城又襲大釐城守之因城龍口夷語山坡陀
爲和故謂大和以處閤羅鳳天子詔賜皮邏閣名
歸義當是時五詔微歸義獨彊乃厚以利啖劍南
節度使王昱求合六詔爲一制可歸義已并羣蠻
遂破吐蕃寖驕大入朝天子亦爲加禮又以破洱
蠻功馳遣中人册爲雲南王于是徙治大和城天
寶初遣閤羅鳳子鳳迦異入宿衛拜鴻臚卿七載
歸義死閤羅鳳立襲王以其子鳳迦異爲陽瓜州
刺史初安寧城有五鹽井人得煮鬻自給元宗詔
特進何履光以兵定南詔境取安寧城及井復立

馬援銅柱乃還鮮于仲通領劒南節度使卞忿少
方略故事南詔嘗與妻子謁都督過雲南太守張
虔陀私之多所求丐閤羅鳳不應虔陀數詬靳之
陰表其罪由是忿怨反發兵攻虔陀殺之取姚州
及小夷州凡三十二明年仲通自將出戎嶲州分
二道進次曲州靖州閤羅鳳遣使者謝罪願還所
虜得自新且城姚州如不聽則歸命吐蕃恐雲南
非大唐有仲通怒囚使者進薄白崖城閤羅鳳遂
北臣吐蕃吐蕃以爲弟夷謂弟鍾故稱贊普鍾給
金印號東帝揭碑國門明不得已而叛嘗曰我上

世世奉中國累封賞後嗣容歸之若唐使者至可指碑澡祓吾罪也按字書無祓字疑祓字之譌史文與碑詳畧不同攷雲南通志古蹟載閣羅鳳刻二碑一曰南詔碑在城西南注云天寶間閣羅鳳歸吐蕃揭碑國門明不得已而叛西瀘令鄭回撰文今無可考一曰蒙國大詔碑卽德化碑也是南詔羣臣頌德之碑注云在城北鄭回撰文杜光庭書今剝落殆盡云云是南詔有二碑皆鄭回撰文其刻石國門之碑朱子綱目系其事於天寶十一載此碑則在大歷元年兩碑之立相距十五年而前碑已亡則此碑雖剝落亦可貴矣碑陰上下皆闕中所存者若姓名及告身袍帶之類皆無可攷其官名有清平官大軍將兵曹士曹法曹倉曹戶曹客曹並有長有副又有大摠管羣牧大使唐酋口喻酋口等名色唐書南詔傳云官曰坦綽曰布燮曰久贊謂之清平官所以決國事輕重猶唐宰相也曰酋望曰正酋望曰員外酋望曰大軍將曰員外猶試官也幕爽主兵琮爽主戶籍慈爽主禮罰爽主刑勸爽主官人厥爽主工館萬爽主財用引爽主客禾爽主商賈皆清平官酋望大軍將兼之然碑中所

載諸曹長副及總管羣牧之官則史所不載雲南通志雜紀卷載南詔官職王左右有羽儀長八人清平見王不得佩劍惟羽儀長佩之爲親信有六曹長曹長有功補大軍將大軍將十二與清平官等列自曹長以降繫金佉苴尙絳紫有功加錦又有功加金波羅卽虎皮也此所載較史爲詳可與碑陰參攷然史有云西人不鷩剖波羅樹實狀如絮紐縷而幅之則波羅是樹名非虎皮也

崇聖寺鐘欵

欵作上下兩層每層各界六區皆像上層區高二尺五寸餘廣二尺二寸餘下層區高一尺三寸餘廣一尺七寸正書在大理府崇聖寺

金剛波羅蜜

智寶波羅蜜

大輪波羅蜜

妙法波羅蜜

勝業波羅蜜

口響波羅蜜以上上層

增長天王

大梵天王

廣目天王

多聞天王
天主帝釋
持國天王
維建極十二年歲次辛卯三月丁未朔廿四日庚午
建鑄以上下層
銅鐘高丈餘在大理府崇聖寺前樓鑄作兩層上層
鑄金剛智寶大輪妙法勝業梵似作慧響波羅蜜下層
鑄增長大梵廣目多聞天主帝釋持國各天王像末
鑄建極十二年建盛南詔世隆年號在唐武宗懿宗
僖宗時也杜鈞跋

按崇聖寺在大理府城西北蓮花峯下雲南通志
稱寺有觀音像高二丈四尺唐蒙氏時董善明鑄
又稱唐天寶間崇聖寺僧募造大士像未就夜驟
雨旦起視之溝澮皆流銅屑卽用鼓鑄立像高二
十四尺如吳道子所畫細腰跣足像成白光彌覆
三日夜云云而不及鑄鐘之事此鐘但詳年月亦
不言鑄者何人鐘爲建極十二年鑄建極者乃南
詔世隆年號世隆唐書南蠻傳作酋龍傳云閤羅
鳳子鳳迦異鳳迦異子異牟尋請歸天子爲唐藩
輔德宗嘉之册爲南詔王元和三年異牟尋死子

尋閤勸立明年死子勸龍晟立長慶三年死弟豐
祐立宣宗崩時豐祐亦死坦綽酋龍立遂僭稱皇
帝建元建極自號大禮國懿宗以其名近元宗嫌
諱絕朝貢史文如此按唐元宗諱隆基惟南詔名
酋龍是以云名近嫌諱如果名世隆則直犯元宗
正諱不得謂之嫌諱然據馮甦滇攷實是世隆滇
攷云大中十三年八月宣宗崩命內臣告哀世隆
初立卽因狠悖慢謂我國亦有喪朝廷不弔問詔
書亦賜先王于是以草具進使者而遣還又南詔
向係父子以名相屬獨豐祐之子世隆名不相承

新安倪蛻撰滇雲歷年傳云蛻按豐祐或云勸利
晟之弟或云勸利晟之子諸葛元聲滇史稱豐祐
慕中國始不連父名但南詔野史云名晟豐祐當
是勸利晟之子而又曰石刻爲勸豐祐則又承尋
閣勸而爲勸利晟之弟矣且以後世隆之子隆舜
隆舜之子舜化依舊父子相承則不連父名者僅
世隆一代耳滇史未確也至唐書斥世隆爲酋龍
以其觸犯僭悖而僇辱之非果名酋龍也昶按此
語亦未確南詔官名有酋望龍爲鱗蟲之長酋龍
二字竝非僇辱之稱當由朝廷避諱改稱酋龍而

史沿其舊文耳建極十二年在唐爲懿宗咸通十
二年跋者杜鈞江西新建人官大理府太和縣令

崇聖寺中塔題字

石二各高四尺六寸廣一尺六寸五分每石各四字正書在雲南太和縣

法界靈通　明眞乘塔

右八字作兩行書在崇聖寺前三塔中最高一塔第一層重簷蔽之故完好無剝蝕痕中間一碑磨平無一字蓋南詔時立不知何代剗去也杜鈞識

按雲南通志崇聖寺有三塔其一高十餘丈十六級其二差小各鑄金爲頂頂有金鵬世傳龍性敬

塔而畏鵬大理舊爲龍澤故以此鎭之此所題字二行在三塔中最高一塔卽十六級之第一級

大理

石城碑

石刻高四尺四寸廣二尺六寸五分作上下兩截書上十一行行十三字左行下八行皆人名行書在南寧縣

明政三年歲次辛未宣諭蹁奉承　眷首統犖戎行
委服背　恩撫安邊塞是以剪除迎衆鎭長奇宗求州
首領代連弄兎覆磨乃等三邑口置延衆鎭以二月八
日洄逭□月七日到省城更討打賊卽羽拴兩楞由
洄合集卅七部㚢伽諾十二將弄略等於四月九日研
羅沙一遍兼須賜職賞故迺其約盟誓務存人長上對
衆　聖之鑒知下揆一德而歃盃
三軍都統　皇𪰹布燮段子琛
都監三軍禮樂奕長附馬布燮段彥貞彥賁　宇覽
揚連永揚永彥
侍內官久贊段子惠李善
昝奕王清志
貼侍內官贊衛揚定存
摸陀道揚定福

隴栖袁永智蕪晟興

按雲南通志石城廢縣在曲靖府城北二十餘里唐貞觀四年置莊州領縣七石城其一也石城碑在城北二里許昔段氏破楊干貞與三十七部落會盟立東方黑爨松爨共有三十七部其名曰陽城堡部休臘部嘈峨部強現三部王弄部舊處甸部伴溪落恐部鐵容甸部官桂思陀部屈中部師宗部落蒙部彌沙部邑車部維摩部彌勒部磨彌部羅雄部納垢部夜苴部落溫部吉輪部褒惡部羅部仁地部自鹿部掌鳩部法塊部藻統部于矢部維婆部洪農祿勸部華竹部強中部休制部步雄部羅伽部其會盟之所在曲靖北十五里康熙十八年營兵於土中掘出碑字猶存文云明政三年歲次辛未明政一作明正辛未爲宋太

祖開寶四年滇史載開寶二年段素順立改元明
正在位十七年卒私謚應道皇帝南詔之事唐書
所載自昭宗以後中國亂不復通史無可攷宋史
載大理國傳始於熙寧九年以前亦無可攷故自
唐末迄宋初僅見滇考及南詔野史二書稱唐宣
宗大中十三年豐祐死子世隆立改元建極號大
理國僖宗乾符四年世隆死子隆舜立改號大封
民國建元貞明昭宗乾寧四年隆舜爲湯登所弒
子舜化貞嗣天復二年凊平官鄭買嗣弒舜化貞
自立爲帝僭號大長和國改元[illegible]國家氏之絕梁
太祖開平三年鄭買嗣死子旻[illegible]唐莊宗同光四
年鄭旻死子隆亶立改元天應明宗天成元年南
詔東川節度使楊干貞弒鄭隆亶而立侍中趙善
政改元尊聖次年改天應四年楊干貞自立改國
號曰大義寧改元光聖又改興聖長興元年又改
大明晉高祖天福元年通海節度使段思平討楊
干貞干貞自縊死二年段思平自立號大理國改
元文德晉齊王開運二年段思平死子思英立改
元文經三年羣臣廢思英而立其叔思良改元至
治周太祖廣順元年段思良死子思聰立改元明
德居位十七年改元順德是年死傳子素順宋太
祖開寶二年段素順立改元明正卽此碑所稱之
明政也雲南當宋初爲太祖所棄史稱乾德三年
正月王全斌平蜀欲以兵威取滇進滇地圖帝鑒
唐之禍以玉斧畫大渡河唐書作大度河曰此外非吾有
也由是滇南與中國不通大渡河在建昌城北源出吐蕃合金沙入大江趨東海其所經繞在嶲昆明之間素順之立史既不載而此碑所
載明政三年集三十七部討賊約盟之事卽滇考
野史亦不詳此碑出土逾百二十餘年文僅泐一
字餘完好可貴也

地藏寺梵字塔幢

幢八面二面橫廣二尺三寸二面二尺二寸餘各一尺一寸五分高九寸三分一面二十行二面十九行一面二十四行二面二十七行一面二十行二面二十一行一面二十二行字數八字或十字十一字不等正書在雲南府

佛說般若波羅蜜多心經文不錄

大日尊發願文不錄

發四宏誓願文不錄

大理國佛第子口事布燮　　敬造佛頂尊勝珄幢

記

皇都大佛頂寺都知天下四部衆洞明儞釋𢇁口大

帥叚進全述

原夫一氣始弁二儀初分三光麗於穹隆五岳鎮於磅
礴爰有擬秀愚智辦立君臣掩頊於八區空籠於四海
隨抆而設理運口而育風常讀八索之書非學六邪之
典淨邊遏綏定遠夷姦東海浪澄於鷩波楚天霄淨於
譏霧君臣一德州圀一心只智喆才能乃神謀聖運者
則袁氏祖列之義也由乃尊卑相承上下相繼協和四
海嬈同親而相知道擬九州訝連枝而得意承斯鋒銳
不起飢荒無名鍾皷義而明明玉帛理而穆穆可謂求
人而得人亦袁氏之德也至口敉高　生則大將軍高

觀音明之中子也其高明生者文列　夘万匡卜寘而
宣威神氣神風千將口擢而留世悲夫四大九無主六
蘊空去來天地橫口不慈大運口將不意口哉雲郁郁
兮窮天口雨霏霏兮盡山悲楚方罷喧口京口聣本州
為兄第之士將相口上下之權子小紹暹系口亞脫若
布變口口者至忠不可以無主至孝不可以無親求毅
術於宋王口王果成功於務夲得夲將乃後嗣踵口化
及口口霜風口而一海颾秋春雲布而万物普潤懷其
義者日用不知挹其源者游泳莫測此袁口口口口
口也聖人約法君子用口口德而不可不傳以傳而借

遠有義而不可不記以記而口常口夕哀哀終　剔威威
尊思大義孔聖宣於追遠慎終欲月元文釋尊勸於酬
恩拜德妙中得妙讚理知讚善住復七返輪廻如來說
一部勝教曰如來智印口尊勝琁幢託其墳際而建之
鐵圍口成極樂臨其寒林而起矣地獄變為蓮花即到
於菩提道場速會於常寂光土次祝非口口於生我育
我而先口於恩余建余復利於重義輕生盡口於下身
報主大義事專以懷此敬節日日以惟新建梵幢而圖
功勒斯銘而標記

護法明公德運碑贊

碑高八尺八寸廣六尺五寸二十五行行四十六字左行行書在雲南楚雄府

口口護法明公德運碑贊

大理圀高相國公仲子之孫諱日量成自幼有大器及
長思欲立大功定寰宇而道未合俄然四夷八蠻反逆
中國途路如蝟毛百姓離散天不早命公斯民墜矣
於時領義兵口鄉勇掃除烽燧開拓乾坤安州府於亂
離之後收遺民於虎口之殘四海清肅路不拾遺帝勅
号曰口口口口口口口周道不行商道商以擅為實
局以會為實公累与諸蠻會而不會擅故行周道非獨
行周道代亦周代口口口口口放口口口關門不閉

傳曰進賢受上賞蔽賢受誅戮齊有仲父鄭有子產竹
帛溥之為民之父母孔子□誠之為□進賢也□□賢
□□有德□□八紘宗族同一心四海為一家詩曰濟
濟有衆此之謂也語云生而知之者上也公自幼孤久
失庭訓不喜盤遊弱冠歲餘天地合德日月同明溫良
五備□六藝三□隨而有之所謂生而知之者上也
不閑書史而所為動作皆合書史公以禮義為衣服以
忠信為甲冑以智勇為心肝□之來者割地而封之不
歸化者興兵而討之自是天下大化□□□□地了了
性源興修白□喜建伽藍衆山蘭若無不周備所謂
其根而□其實種其福而積其基帝□□精勤有道□
□濟民皆在斯焉再勅号曰護法公公在位几年乃讓
位与其姪中国公中國公心腹股肱爪牙皆公之為也
公爵地威楚府牟州石桒弄□處威楚府西隅去□□
十里地名□溪山林茂盛是賊巢穴採樵刈草皆為賊
所□公□□剏居處建宮室賊散去不知其幾千里也
泉甘而山茂公之□處仲尼有云仁智者也四夷八蠻
累會於此八方羣牧□□於此雖夷狄之深仇部曲之
怨恨到此善歸方寸惡竟冰釋抽刃懷刀一時捐弃甘
辭艷語以發喜戲古人有云人傑地靈也八紘四海歸

命於此可謂大矣樹異山靈□□□□松杉□□□
□□□白雲□□庭前栖□兩□瑞□明月侍座清
風掃門喜聽法鼓明心不聞塵囂聒耳真□□□□
□□□□□□□□貧而生喜色況公功業
蓋天地道德高古人尚和光同塵而不貧自高自大之
意□□□□□□□□□皆以身為天下□
危詩不云乎愷悌君子民之父母伍員者古之□□忠
孝之士也□□□□□□□□□尚不能忍將□
軍而代楚破塚鞭骨而冤未消□如公挂□深仇大讐
骨禮坦然□□不□此皆能仁之行□□□□□□
宋司建武軍進士兩戰場□畫虎无成□□南國十□
六年蒙公清照如□□人□命□□□□□□□
□□□□□□史記修春秋褒貶合宜爲乃世之信書
而發微言曰知我者其惟春秋乎罪我者其惟春秋乎
□□□□□□□□□□□□公者百之一二□
尚未盡善也□之高氏如有聰明俊□克己復禮能□
□□□□□公□□□□□□□□□□
□□亦高□世世之□也与叙之不足乃作銘曰
□出祖□　□位克己　□君奇□　□□□□　衆
星其北　是水潮東　道毋古今　公比周公　小室

鄯域內混眞流 □□□□ □□□□ 樂山樂
水 仁哉智哉 紫雲□□ □□□□ 手拓山河
化洽乾坤 □□□□ 公名尚存
時□□□□□□□□月 □□□□武冥進士□
□□□□士 奉命記 □先生□孫□□□謹書

按載記叚正淳立於宋哲宗紹聖三年號後理國高
泰明相之稱爲高國主此碑年代剝落篇首稱高量
成爲相國仲子之孫則當在南宋之中葉繫國仍以
大理則改號之說恐無據又通志古蹟云高量成碑
在楚雄城西四十里紫溪山猢猻箐此碑當是也

李宗陛識

按碑在楚雄城西四十里紫溪山猢猻箐[illegible]南通
志山川卷不載猢猻箐而紫溪山則云在楚雄府
城西三十里薇溪山之右松竹陰森峯巒秀麗梵
宇琳宮踞一郡山水之勝又古蹟卷載德江城在
府城西北二里宋段氏時高昇泰執國柄封其兄
子明亮於此因築此城又名德江村昔高量成避
位居此一村化其德是即碑所云威楚府西隅去
府五十里地名紫溪公翔居處建宮室也今之大
理府在宋時大理段氏以其地屬姚州名曾[illegible]城
後改威楚郡碑故謂之威楚府也高相國之始由
于段氏以南詔野史滇攷滇史滇記參攷之段氏
之先爲武威郡人自段儉魏從鳳伽異敗鮮于仲
通于西洱河蒙氏擢爲淸平官易名忠國六傳而
至思平爲通海節度使楊干貞忌之晉高祖天福
元年討平楊干貞二年自立號大理國開運二年
思平死子思英立三年羣臣廢思英而立其叔思
良周太祖廣順元年思良死子思聰立宋太祖開
寶二年思聰死子素順立太宗雍熙三年素順死
子素英立眞宗大中祥符三年素英死子素廉立
仁宗乾興元年素廉死姪素隆嗣天聖四年素隆
避位爲僧禪于素眞康定元年素眞死孫素興立
慶歷三年國人廢素興而立思平曾孫智思之子
思廉神宗熙寧六年思廉避位爲僧子廉義嗣元
豐三年廉義爲其臣楊義貞所弒義貞自立簒位
四月岳侯高智昇命子昇泰起東方兵誅之而立
廉義之姪壽煇以靖難功加高智昇太保封德侯
此高氏之始 子昇泰封鄯闡侯代智昇爲相于楚雄築
外城號德江城以封其姪子量成 此高量成之始 四年壽
煇避位爲僧立思廉孫正明哲宗紹聖元年正明

避位爲僧國人奉高昇泰立之號大中國二年昇泰有疾遺命還國段氏而卒四年昇泰子泰明遵遺命立段氏正明之弟正淳改稱後理國以高泰明爲相徽宗大觀二年正淳避位爲僧子正嚴嗣政和七年徽宗詔使勅封正嚴爲大理國王是年高泰明卒追封國師以其弟高泰運爲相國高宗紹興十七年正嚴避位爲僧子正興嗣十八年六月高量成討三十七部叛夷平之以姪壽貞爲中國布燮自號中國公退居楚雄卽此碑所載之事也據此碑則中國公乃其姪壽貞之號非量成自號量成固勅號曰護法公也高國主之稱始于高泰明而逮及于高量成滇記載政和三年高正嚴向慕中國與國主高量成謀入貢從廣南東道請之倪蛻撰滇雲歷年傳疑之曰此時高泰明爲相何以又有國主高量成國主非官名恐是柵主之譌高泰運曾爲柵主或量成繼之耳此蓋倪氏未及詳玩此碑所謂國主者卽中國公之稱非謂大理國之主也碑無歲月以量成退居楚雄考之于時爲段正興永貞元年在宋爲紹興十八年

石刻高五尺二寸廣一尺八行行五十字左行正書在姚州興寶寺

褒州陽派縣嵇肅靈峯明帝記

夫自人而粹者天之道也自天而純者神之道焉運乾坤而變化何窮妙萬物而陰陽不惻至哉自天地凡岳得其道者無不以清以寧以淵以靈故流爲江河結爲山嶽者艮之象也易曰終萬物始萬物者莫盛乎艮言其止而不動也噫含澤布氣以調五神積高厚下而安四極山岳之理可得而言歟有褒州陽派縣嵇肅靈峯明帝者德播鎮地高極配天秀出太虛之中結成元氣之精育靈孕聖懷寶含章誰足生甫之神獨稱應昴之傑千年卓立驚神□之干宵万仞削成□青蓮之出海霏霏膏澤豈道徐州之車靄靄丹霞似擁芒碭之蓋庶泉相渙衮竹茂清靈變元端雲雷未惻盍天府之巨鎮此方之靈祐也　公奉命登庸政成清謐雅頌一變山川再榮顧此靈峯鬱爲保障乃修崇望之理備方伯之儀□□無窮永申如礪之約令聞不已豈無勒石之功余志望郭生愧述崑峯之贊才非謝子敢題廬嶽之文畧叙風□以旌盛烈

時元亨二年敦牂歲徂暑月哉生明　□□楊才照

奉命記

坎北碑在姚州興寶寺右側題稱褒州陽派縣稽肅靈峯明帝記唐書地理志諸蠻州有裒州武德七年置本弄棟地南接姚州縣二楊彼樂邏据方輿紀要姚州有揚波廢縣在大姚縣東武德四年置褒州領揚波强樂二縣後廢二書所載州縣名互異不能定其孰是然以此碑證之題曰褒州與紀要合則唐書作裒者疑譌縣名陽派則唐書紀要二書之作楊彼揚波似皆以形似而訛雲南通志稽肅山在姚州城西七十里山有泉入陽派河據此則縣以河得名似陽派爲有據也惟碑稱明帝無攷文云天府之巨鎮此方之靈祐似明帝謂稽肅山神下文又云公奉命登庸政成清謐修祟望之理[illegible]禮追用備方伯之儀似係守此土者奉祀稽肅山神而立此碑但未詳所謂公者何人碑無姓名可攷碑立于元亨二年敦牂歲徂暑月哉生明段氏自宋孝宗乾道八年正興避位子智興嗣改元利貞又改盛德嘉會元亨安定滇雲歷年傳不詳元亨之號建于何年碑但稱敦牂歲是午年而不署何干据下碑二年丙午則元亨建于乙巳碑立于丙午歲六月三日也雲南通志古蹟卷載姚

州有稽肅碑在城西十七里上有天福二字今此碑未見有此二字是所搨未全也

興寶寺德化銘

碑高五尺二寸廣三尺二寸二十七行行五十字尾六行刻於右側側寬六寸五分左行正書在姚州興寶寺

大理國上公高踰城光再建弄棟華府陽派郡興寶寺德化銘并序

皇都崇聖寺粉團侍郎賞米黃繡手披釋儒才照僧錄闍梨楊才照奉命撰

盖聞率性之謂道妙物之謂神混成天地之先獨化陶均之上體至虛之宅无毒无門運不隔之方何固何執未嘗不出入五扐誰惻至變之端周流六虛旁行大衍之數知大始者由之揆務作成物者宗之致能行象分而變化斯奇動靜常而剛柔乃斷元凝易簡之理昭升久大之功引而申之觸類而長之天下之能事畢矣異哉仰觀俯察弗昧幽明之宗原始反終遂知生死之說由有口有難保口於幻夢之常從迷積迷几窮況於風浪之起至寂豈盧靈覽大覺忽目隨眠弗諼四誓之言永矢大千之化觀淨姓於日種孰類鄒人驗白為於協生豈丕虹渚昭四門之遺識忻猒馳而交懷甘六歲之

幽求苦樂審其非道術求舊於往證之口濟惟新於所
化之生發神足於道塲吉祥暫鋪草座入慈定於樹下
波旬立慟輿尸光縱鹿園五老頓忘於本制德勝火室
三愚遂服於仁風示化橋而擢我人指恒河以明生滅
大教旁收於五性不化而自行法輪妙衍於三時不言
而自治旭亡照之極耀幽蔀圓鑒動希聲之大音盲瞶
傳圻遂使九十六種貫殞而聽命氵品拔茹以成羣門
微塵而開大經傾寶口而賑諸有莫不十度成叙六趣
捐關束名實者息肩於巋圜尚清淨者同味於大道時
來舍衛鷲子奉命於祇園暫上天宮優王遂與於僧像
卽穢土以闢淨刹寄有相以述眞常欲使住三界之歸
依爲像法之洲渚妙哉恍惚无得而稱焉盖此寺者大
彖知軍事布燮楊禎之所刱也年鐘建極口佐兵口口
蜀衛藩惟公是倚外則弼諧帝道事竭於君内則翼扇
眞風心亡於法卜玆勝地刱此精藍歲月巳淹痛哉圮
毁有公子高踰城光者曾祖相圀明公高泰明祖定遠
將軍高明清巳備圀史考口公高踰城生者定遠將軍
之長子也口剛柔之粹德鍾岳瀆之休靈清明在躬鑑
澄波之千傾風神絶倍擬巨岳之万尋䆠昰授於明朝
善弥縫於覇業降德惟忻口種口恩未憚及人戰則如
神鄙圮橋之取履政則凝化踵合浦之還珠口口四方
功高五伯懿哉寔口期之明哲也公高踰城光者婁當
再索慶襲餘芬天質白朱龍章特異鳳蘊風雲之氣早
實仁義之懐和口内凝奐華外發器莪識口之嵗蘭桂
有芬志高丞洛之年清暉自遠敬義无失忠節更堅龍
行而異虺吞聲鶚口而群翔鍛口噫未及涟訓傷素冠
之兢兢口口天倫慕花蕚之韡韡恭盡秋霜之戒友垂
冬日之暄肅肅焉穆穆焉輸至誠於君兄循肌膚於伯
父嗟乎義以道合事由口口不意蠅玷成瑕南箕自遠
及與口口公及先君諸舊臣等議曰大義不可無方丕
不可无主惟其平圀大宰忠遠將軍君臣之義家
叔姪之分尤重不異霍光輔漢姬旦匡周盛衰惟終安
危同力在我子孫後嗣弁玆歷世垂休孤立一隅介于
大圀其不謂事之末乎然狐豸首丘葵能衛足不忘本
也姑可忽諸乃與中圀行成獨與廟計自此散從釋衛
縮甲抑戰公兄弟之力也至哉難不讓於歷試位則退
以居謙鬱其千里之才擢以百成之命奉旨則二讓已
洽下車則清風載興簞食壺漿歌來甦而滿路逸民波
吏輟考盤以登朝乃煦以秋陽威以夏日坐甘棠而聽
訟設涟燎以思賢振口惠而字小人宏義讓以畢君

民識廉恥咸習管子之風家足農桒旁口孟軻之
理之暇澡德竃源恨不手布黃金幸齊肩於善
留心白馬庶接武於漢明傷德本之未滋痛斯藍之
燬遂乃役子來之衆鳩心竟之工妙啓新模式仍舊貫
喜得上棟下宇盡合大壯之宜矢棘翬飛屈起斯干之
勢窮山水之幽致溢煙霞之口趣西則松風發口鷩口
芒空之音南則江月□朝忽認靈臺之鏡東瞻霧闕近
接應僕之賢北枕平坡遠嫌釣鼇之客一一美麗専
新奇盛矣哉信華州之嘉境也夫作而不紀非盛德焉
乃聘儒流祖陳風烈其辭曰

率性曰道　妙物稱神　混成天地　獨化陶鈞　其一
形象乃分　剛柔斯判　幽明迭興　生死相擾　其二
幻夢勿固　風濕非常　至寂豈默　一覽獨彰　其三
四口弗誒　八相斯假　瑞景固天　徵烏衛社　其四
四門昭戒　六載幽求　道成樹下　法演鷲頭　其五
鶖子標藍　塡主刻像　三界歸依　群生瞻仰　其六
口哉此寺　肇自楊公　心亡於法　事竭於忠　其七
翊此德基　忽遭煽燬　不絕人望　誕生公子　其八
寧祖靜域　顯考佳邊　積善餘慶　口嗣口王　其九
口事天倫　敬而无失　恭履秋霜　友垂冬日

難則歷試　位乃居謙　擢以百里　德化清廉　其十一
政理之餘　留心喜捨　想布黃金　思題白馬　其十二
乃仍舊貫　式建仁祠　斯干盡制　大壯得宜　其十三
礱功既凝　貞珉可紀　其彼天長　盡善盡美　其十四

元亨二年歲在丙午七月十五日

按雲南通志古蹟卷載姚州有興寶寺碑在城西十八里段智興元亨二年立實宋淳熙十三年即謂此碑也又通志寺觀卷興寶寺在姚州城西十五里元宣光間建元無宣光之號其誤顯然据碑則寺爲大蒙建極年知軍事布燮楊貞之所建于蒙氏時矣建極之元建于唐宣宗大中年則元宣光者或是唐宣宗之訛碑題稱高踰城光再建自刱建至是閱歲三百四十餘年宜乎再建也高踰城光曾祖即高泰明祖高明清考高踰城生高泰明即大中國王高昇泰之子宋紹聖四年昇泰臨死遺命還國段氏段正淳立以昇泰爲相語已詳前此碑蓋紀興寶寺興建之由因述高氏之世德謂之德化者猶言功德也前碑題姚州陽派縣此碑題弄棟華府陽派郡唐書地理志姚州（郎褒州）本弄棟地方輿紀要姚州唐天寶末

南詔爲弄棟府治大理段氏仍置姚州據此段氏尚稱弄棟未改姚州然謂之華府又以陽派縣爲陽派郡其建置諸書皆無攷碑載釋儒大照之官曰粉圃侍郎又曰賞米黃繡手披假印袈裟之屬皆僅見此碑銘詞十四章章各四句又一體也碑書千頃作千傾百城作百成考槃作考盤似皆借用字

淵公塔銘

碑高五尺廣三尺厚八寸五分三面刻前面二十三行側五行後面二十行行俱五十字左行正書在雲南

大理國淵公塔之碑銘并序

楚州趙佑撰

淨徹照融精眞冲邃虛明靈體曠閒靈微豈可以闊狹知其邊際稱量議其深淺且倏熏亡照之所覺勞而照性已迷覩彼太虛之形翳本圓明之體四大都起萬象交羅夢中重夢迷裏又迷故頭無得失之非見有忽狂之客自此已往相去遠矣因差路殊非法身大士奚能破塵出經安往法界者我　淵公隨緣白地誕粹于高氏之族故相國公高太明之曾孫政國公明量之孫護法公量成之子也母則王女諱成宗厥考護法公義武定天下仁政法乾坤威行如秋仁行如春戎夷棄甲而遠遁朝廷高枕而无虞中國蒙其惠異俗震其聲恩倖造化而澤潤草萊德被生民而模範天下則公之爲公之子也英姿卓茂氣韻清遠昂昂若雲鶴之處群雞也自有不羈之態視榮貴如幻炎執身心我人爲甚倒概然有出世之心不肯爲凡夫年臯二十一日辭父兄出家知其志不可奪不得已壯而許之公侯將相朝士大夫及輿臺阜隸等皆曰今失命世之才莫不銜恨者故以經論以言之將入道門欲得其正如人造象先辦眞金象成之後體無增減用眞心修无上菩提如將金爲

器器器皆金用妄心修无上菩提如將瓦爲器器器皆瓦故若於因地以生滅心爲本修因欲求佛乘不生不滅无有是處此諸聖之要言修行者之正因今公之發菩提心也可謂得其正矣如不以喜怒哀樂發菩提心富貴榮利發菩提心即當以離前塵分別性發菩提心稱法界性發菩提心如此則文殊師利菩薩不動智佛主伴明矣如淸涼謂啓明東廟智滿不異於初心寄位南求因圓不逾於毛孔則龍女善財豈迂滯哉是以鬢髮自兹而落俗裳自兹而變戒品冰潔威儀調順號智元字皎淵衣鉢之外分寸无餘猶虛室頹頹妙用難窮

因自念創學之流未諳教跡執權爲實迷不進修不以
聖教爲繩墨明師作指南菩提涅槃尙在遥遠豈能會
諸地於先心短長刼於一念遂師於　元凝尊者所以
崇德廣業虛心外身拂傲慢於賁法除人我於進修攝
漏塵之妄識鉢裏之雀密遮撿放逸之幻身井中之虵
深怕緣緣自淨物物无心謙尊而光界而不可踰增上
慢者見之而暴慢革无明固者遇之而智慧生爲法修
忍三忍之行圓爲法除蔽六蔽之元淨振古佛之宗風
參祖師之公案本分作家手段量度鍜佛鉗鎚毀罵露
珠電掌讚善水月空花故當進齊乎佛界亍弥於法界

雖能亦能不能於能者也　凝師於是曰[illegible]个光昭先
覺可謂不忝後昆自非得悟□人安能有如是法乃機
緣俱會遂悟旨於言下即以證入法界智如來果德理
體妙慧爲修行之正因如王寶印一時普印无前後成
文也故乃得生空之揔持除闡提之不信臻妙有之不
極起万行以無疲　利貞皇叔於公世則渭陽之親也
達磨西來之□祖祖相傳燈燈起焰自漢暨于南國代
不失人至於王弟甚的見公之於法也機深於玫門也
進求以身爲逆旅未曾㝵於身以心爲緣相豈可滯於
心貪如瘴海而不入嗔比誅戮而常離於是相與爲善

知識无二三其心以無作根本智□□行之因修法空
之妙慧行□利以無窮出聲聞之淸水擢凡夫之淤泥
如彼蓮花斗頓馨香无物以喩也又與　戒遵長老求
法界之游爲新漫之友以无言之深言詮言絕之深理
以无爲之妙行應无作之妙心融眞俗以無跡鎔靜亂
而不偏壞其可壞遠離諸離智悲拂跡而雙入行願忘
照以競輿五蘊付於雲夢三界寄於電炮張四心之仁
羅諸類以无遺展四攝之義導生品以咸歸大哉生死
無以牽其慮涅槃无以住其心悲智交羅自在運用眞
大丈夫之學佛者也乃參經論以符契心亡證微言以

俯同元旨思以因深果奧行廣位高當處毅揮无非佛
事貴與泰山之高利與滄溟之深而无以爲心則其□
□□□□之善无不爲塵點之悪无不翦則其戒深矣
舟本无人奚司其吝則其忍廣矣因果交馳慣習中濟
則其進大矣境□□□□□□□□□□□則其定凝
矣妙有昭廓而臨機變化靈鑒无極則其慧明矣觀其
臨時三昧觸事解脫者如或有憚公之調深行遠規矩
難摹故致嬈之不置公嗒焉似喪其偶而不知其所也
公之友謂於公曰此不尊其尊无禮甚矣□當叱之公
曰何謂其然也彼其之子焉能使予不類哉吾之所學

者佛也所貴者法也可以小不忍而亂法界大謨乎子不聞乎菩薩口口如飲鴆酒子當怒以怨乎公之友曰吾儕闒茸未能至於此也然吾不忍見公之修忍也以餅錫雲游乎又有畔寒之役公之弟公子口戰敗績而爲人所擒拘之久矣而守者依公之友奏於公曰當解拘以送之謂予不信有如皦日公曰无之文王拘於羑里而天命有歸天其有命矣信則信矣以吾弟之賢[illegible]曹送之則其事必矣然非吾佛法中事菩薩見詐口畏犲狼吾可以行詐乎其万行芬披十蘂窮萌多斷此[illegible]同日而語哉鄕酒唯心回轉而善成同時具足而相[illegible]盡如來[illegible]境界同異之性亦滅淨昭[illegible]而明生明圓徹而覺滿異同之所不知无爲之理分明盡法界一眞如際發妙用而鑑窮沙界蔭慈雲而覆涅槃海非歷刼之功濟離念之蘊修豈能以定慧照用身心如之圓通也公以病故辭　凝尊者鳳麘之元庚申之冬栖託於茲山焉順行而至巳矣由是德行星羅寶澤雲涌智周萬法而不爲悲等衆情而非巳雖修万行不狀世間因果交徹單複互融如毘楞伽寶一切皆現其中如夜夢千秋覺巳隨滅矣且夫子以經義推其始終之事行位重重事理融徹如此觀之則文殊初心普賢万行弥勒極果明矣其家譜宗系者自觀音傳于施氏施氏傳于道悟國師道悟傳于元凝元凝傳於公公之族子有慧辯追蹤景行唯嗅薝蔔而嘗醍醐者公器之[illegible]傳焉嗚呼公其來也化身歟其去也補處歟方網三昧之運用歟非世俗準儀言論云爲之所及耶以天開十[illegible]年甲戌歲十月二十四日端坐泊如也一念圓融具德安住法界矣公以巳巳歲生修行位中四十有六[illegible]其之生六十有六年其嗣法弟子起塔于山辨事如[illegible]已　帝命禮號塔曰實際諡曰頓覺禪師餘事備如[illegible]其[illegible]孫[illegible]明生妬高善祐雖妙年而敦[illegible]其衷謂[illegible]己來一[illegible]而已可以將示來者故俾公弟高觀音政撿挍措意如公弟扶危撫弱防巢之義深者因申上聞琢石立碑命臣佑輒書其大略也如公之大遠者非吾所與焉銘曰

法界之滓　天地是生　法界之靈　聖人是明　高不可仰　深不可撐　緣謝歸无　獨悲衆情　千秋万歲　物是人非　松風踈散　苔葉因依　白雲其性　山鳥猶歸　塔以表靈　碑以傳徽

時天開十六年庚辰歲八月十五日　貴國先生曾孫蘇難陁智奉命書　釋戒護撿挍　金襴杜隆義

雕書　王長連琢石

按淵公卽相國護法公高量成之子高量成事巳詳前碑淵公年二十一出家天開十年甲戌歲端坐而化年六十有六天開乃大理段智祥建元智祥以宋寧宗開禧元年立改元天開至十年淵公卒推其生在宋高宗紹興十九年是時其父高量成討平三十七部叛夷以姪壽貞爲中國布燮自乃退居楚雄也

憶自乾隆壬寅之夏少司寇述庵先生方丁內艱里居適浙中大吏重修西湖志請先生總其成館寓湖上就莊友人項君金門爲先生門字弟子談讌間齒及文藻姓名遂詣就莊晉謁獎許過當旋俾文藻與分纂之列每執卷商榷之餘輒與論讀書稽古詩文格律從源泝流皆切要實學逾年先生奉

恩命起復直隸臬使道移關中公事之暇蒐訪金石書來致屬謂文藻篤武林所交皆藏書家凡山經地志說部文集有涉金石題跋悉爲採錄以資考證因隨見覽少[illegible]百[illegible]陝客緘致迨先生移節滇南道遠而止[illegible]歲先生以少司寇請假暫歸文藻適有之行紆棹謁先生於三泖漁莊把酒話別於淸華閣矣洽甚摯是冬先生假滿入都甲寅春蒙

恩予告歸里棹經任城時文藻倘留黃小松司馬署中獲侍杖履至州學摩挲漢碑留連竟日互相唱和而別先生嗣是林泉淸暇發篋陳編取所錄金石摹文詳加考訂閱數年而次第成編嘉慶辛酉歲主講武林敷文書院文藻候問出示所定初稾百餘鉅冊倘須刪汰訂定招文藻襄其役是夏卽攜具山齋與嘉定錢君同人共晨夕明年春先生辭講席歸漁莊仍令文藻與錢君

侗世父詹事公博通經史尤愛蒐羅金石文字少與青浦少司寇王述庵先生同學長而同登進士第凡讀書疑義無不相與參互攷訂勉為名山不朽之業司寇與世父嗜好既同敭歷中外四[illegible]年足跡幾遍天下所至輒喜訪求金薤遺文雖山陬海澨窮幽極險悉能蒐而致之故兩家所蓄亦相等世父中年解紱得以從容稽攷先後刻潛研堂金石跋尾四集頗為藝林愛重而司寇亦據生平所得宗歐陽文忠公遺旨繫以跋語幾欲仿洪文惠公隸釋隸續之例寫錄全文綴以前人論議一一詮釋[illegible]明之萃為專書[illegible]後學幸以吏牘旁午未[illegible]成也[illegible]由後屢主書院[illegible]以事往返京師者再亦無暇悉心撰次迨嘉慶壬戌春卸軛家居乃盡出篋笥所藏拓本自三代迄遼金幾一千通重[illegible]稿刪其繁蕪補其漏失以侗侍世父年久稍習歐趙以來諸家之書招致三泖里第畀以編校之役因偕仁和朱先生文藻司堂彥權司寇撫為詳定凡三易稿五[illegible]寒暑始竣事而後付之梓人蓋其體大思精海涵地負集眾說之異同正史文之譌缺實為嚮來金石家所未有而侗等得以皮傳淺學廁名簡末誠厚幸矣所可慨者是書至今年冬剞劂甫竟而世父先於去冬辭世未

供其事旋付梓人校寫校刊迄于今始竣蓋文藻之嘗得親炙先生言論丰采者五年于茲矣竊幸文藻畢生能窺金石之美富殆有天焉先是客京師寓大學士韓城王文端公邸第值文端充續西清古鑑館總裁得見內府儲藏尊彝古器摹本三百餘種後客任城小[illegible]司馬署得見濟寧一州古今碑拓數百種遂手自[illegible]錄成濟寧金石志繼客濟南赴阮中丞芸臺先生之招時視學山左遍蒐碑碣得見全省拓本千數百種贊成山左金石志刻以行世今又得見先生所藏寰宇碑摹幾一千餘種刻成金石萃編一百六十卷夫拘墟寒[illegible]有金石之好者[illegible]藏則無貲欲遠[illegible]則無事茲文[illegible]後所見多至四千餘種自幸以為海內嗜古之士企及此者亦難矣文藻年逾七旬桑榆景迫快覩鉅編之成爰詳敘顛末以誌忻幸之私懷云爾嘉慶乙丑秋仲仁和朱文藻跋

由一見其成此則司寇不能無伯牙絕弦之感而侗之
所爲退而泣然者已時乙丑十一月門下士嘉定錢侗
敬識